中国社会科学院创新工程学术出版资助项目

提高宏观调控水平与保持经济平稳较快发展研究

刘霞辉 袁富华 等著

中国社会科学出版社

图书在版编目（CIP）数据

提高宏观调控水平与保持经济平稳较快发展研究/刘霞辉等著.—北京：中国社会科学出版社，2017.9
ISBN 978-7-5161-9889-6

Ⅰ.①提… Ⅱ.①刘… Ⅲ.①宏观经济调控—关系—经济发展—研究—中国 Ⅳ.①F12

中国版本图书馆 CIP 数据核字（2017）第 038063 号

出 版 人	赵剑英
责任编辑	卢小生
责任校对	周晓东
责任印制	王　超

出　　版	中国社会科学出版社
社　　址	北京鼓楼西大街甲 158 号
邮　　编	100720
网　　址	http://www.csspw.cn
发 行 部	010-84083685
门 市 部	010-84029450
经　　销	新华书店及其他书店
印　　刷	北京明恒达印务有限公司
装　　订	廊坊市广阳区广增装订厂
版　　次	2017 年 9 月第 1 版
印　　次	2017 年 9 月第 1 次印刷
开　　本	710×1000　1/16
印　　张	33
插　　页	2
字　　数	545 千字
定　　价	138.00 元

凡购买中国社会科学出版社图书，如有质量问题请与本社营销中心联系调换
电话：010-84083683
版权所有　侵权必究

参编人员

课 题 主 笔：刘霞辉　袁富华

其他主要课题组成员：张　平　陈昌兵　王宏淼　黄志钢
　　　　　　　　　　陆明涛　付敏杰

目 录

主报告

第一章　中国经济长期增长路径、效率与潜在增长水平 …………… 3

　第一节　引言 ……………………………………………………………… 3
　第二节　长期经济增长的三个统计现象 ………………………………… 5
　第三节　中国经济增长阶段Ⅰ的问题和增长阶段Ⅱ的特性 ………… 9
　第四节　中国经济潜在增长率测算及情景分析 ……………………… 20
　第五节　政策建议 ……………………………………………………… 25

理论探讨篇

**第二章　技术、创新与人力资本如何驱动经济增长：
　　　　新增长理论述评** …………………………………………… 33

　第一节　导论 …………………………………………………………… 33
　第二节　新古典增长模型的理论与现实挑战 ………………………… 34
　第三节　技术内生化的内生增长模型 ………………………………… 36
　第四节　拓展的议题 …………………………………………………… 49
　第五节　政策研究与启示 ……………………………………………… 56
　第六节　结语与讨论 …………………………………………………… 60

第三章 长期增长过程的"结构性加速"与"结构性减速":一种解释 73

第一节 引言 73
第二节 数据及数据应用说明 75
第三节 经济增长速度及其主要因素分解 77
第四节 经济增长的"结构性减速" 84
第五节 "结构性加速"与"结构性减速"之间:结合中国经济问题的进一步分析 90
第六节 结论 93

第四章 结构变迁过程的资源错配:发展中国家的增长迷途 100

第一节 引言 100
第二节 经济增长的两个演化世界 102
第三节 发达国家的"正确"增长路径 104
第四节 发展中国家的资源错配 107
第五节 资源错配、效率损失与增长徘徊 111
第六节 资源错配与中国经济的隐忧 115

第五章 工业化的国际比较与中国劳动力"工业化不足" 135

第一节 引言 135
第二节 理论回顾及分析方法 137
第三节 发达国家"工业化的峰"的标定 139
第四节 对比分析:发达国家与发展中国家工业化的本质差异 143
第五节 对工业化和发展理论的重新审视:中国的实际 147

第六章 中国宏观调控的理论分析 159

第一节 宏观调控内涵辨析 160
第二节 宏观调控中的问题 163
第三节 进一步完善宏观调控政策 164

增长路径篇

第七章 新中国六十年来的经济增长 ········· 169
- 第一节 经济表现 ········· 170
- 第二节 全社会福利状况 ········· 176
- 第三节 中国经济的未来 ········· 195

第八章 折旧率、资本存量和弹性参数的估计 ········· 201
- 第一节 文献综述 ········· 201
- 第二节 初始资本存量测算 ········· 206
- 第三节 模型及估计方法 ········· 210
- 第四节 模型估计及蒙特卡洛模拟检验 ········· 213
- 第五节 资本存量的测算及比较 ········· 221
- 第六节 可变弹性系数的估计 ········· 232
- 第七节 小结 ········· 249

第九章 低碳经济、节能减排与经济增长 ········· 252
- 第一节 引言 ········· 252
- 第二节 文献评述 ········· 253
- 第三节 方法与数据 ········· 256
- 第四节 潜在增长核算 ········· 261
- 第五节 增长因素及增长转型期问题分析 ········· 270
- 第六节 结论和建议 ········· 272

第十章 城市化与投资率和消费率之间的关系研究 ········· 282
- 第一节 引言 ········· 282
- 第二节 文献综述 ········· 284
- 第三节 实证分析 ········· 286
- 第四节 政策建议 ········· 297

第十一章　中国从中等收入向高收入国家迈进的问题与对策 …… 303

第一节　中国从中等收入向高收入国家迈进面临的基本问题 …… 303

第二节　中等收入陷阱及跨越 …… 309

第十二章　经济结构调整、人口结构变化及减排约束下的中国潜在增长趋势研究 …… 313

第一节　潜在增长率国际标准计算方法综述 …… 313

第二节　中国潜在增长水平的研究方法 …… 319

第三节　数据趋势分析与中国生产函数结构模拟 …… 327

第四节　中国长期增长情景分析 …… 348

宏观稳定篇

第十三章　总量调控还是结构调控？ …… 361

第一节　目前我国宏观经济形势分析 …… 362

第二节　总量调控还是结构调控？ …… 367

第三节　城市化、工业化和内外再平衡 …… 376

第四节　小结及建议 …… 391

第十四章　资本化扩张与赶超型经济的技术进步 …… 394

第一节　经济资本化中的投资和技术进步：基本逻辑 …… 396

第二节　中国的资本形成、增长模式和技术进步的性质 …… 400

第三节　中国资本化过程的扩张效应与 TFP 变动 …… 405

第四节　资本化扩张的可持续性问题 …… 409

第五节　结论和政策建议 …… 411

第十五章　金融发展、宏观稳定与经济增长 …… 423

第一节　中国金融发展和经济增长关系的典型化事实 …… 425

第二节　动员型金融对产出规模扩张的激励逻辑 …… 433

第三节　开放经济中平衡规模扩张与通货膨胀的机制 …… 440

第四节　从动员型金融向市场配置型金融的转型 …………… 443
　　第五节　宏观政策选择 ………………………………………… 447

第十六章　城市化、财政扩张与经济增长 ……………………… 453

　　第一节　结构变动过程中的增长型政府财政行为：基本
　　　　　　逻辑 …………………………………………………… 455
　　第二节　理解地权和土地财政：宏观有效性与微观不合理 … 458
　　第三节　公共投资和土地贴现的增长效应与边界 …………… 462
　　第四节　公共资本增加的聚集效应与宏观成本 ……………… 467
　　第五节　政策建议 ……………………………………………… 474

第十七章　为什么中国经济不是过冷就是过热 ………………… 481

　　第一节　导言 …………………………………………………… 481
　　第二节　基本模型 ……………………………………………… 483
　　第三节　动态分析 ……………………………………………… 486
　　第四节　中国的货币变动与经济波动：两个实例 …………… 489
　　第五节　结论 …………………………………………………… 493

第十八章　结构性减速与中国经济再调整 ……………………… 498

　　第一节　"结构性"经济减速 ………………………………… 498
　　第二节　中国经济再调整的内外部环境 ……………………… 503
　　第三节　结构性减速的逻辑 …………………………………… 506
　　第四节　中国经济面临的挑战与机遇 ………………………… 510
　　第五节　中国经济再调整："稳速增效" …………………… 513

主 报 告

第一章　中国经济长期增长路径、效率与潜在增长水平

摘要：本章研究中国将要经历的增长阶段转换问题，主要结论是：（1）高投资和出口驱动的经济增长阶段Ⅰ，已逐步失去经由干预提升效率的动力，以结构调整促进效率提高的增长阶段行将结束，城市化和服务业的发展将开启经济稳速增长阶段（阶段Ⅱ），效率提高促进结构优化是本阶段的主要特征；（2）促使增长阶段Ⅰ向增长阶段Ⅱ转型的三大主导因素是：人口结构变化和劳动力拐点的出现，长期增长函数要素弹性参数逆转以及经济结构服务化趋势的逐步形成；（3）东部发达省（市）如北京、上海、广东、浙江等已经进入经济减速通道，2016年后，随着全国城市化率的不断提高、结构服务化加快、人口红利的下降，如果劳动生产率不能持续提高，中国经济减速势成必然。

第一节　引言

长期经济增长，是一个结构演进到均衡路径逐步达成的过程，经验表明，大致划分为两个阶段：前期结构变动促进增长的经济追赶阶段；后期要素/产出比例趋于稳定的均衡增长阶段。[①] 持续的资本积累、接续的主导产业以及有利于创新涌现的制度，促动工业先行国完成了两个增长阶段的转换，进而跻身于世界发达经济行列。然而，由于自身体制的缺陷，后发工业化国家在增长阶段转换中，却发生了各种各样阻碍经济持续成长的问题，只有极少数国家和地区（如战后亚洲"四小龙"）顺利完成了转型。

---

① 即以效率持续提高为根本动力的增长阶段。

本章研究中国将要经历的增长阶段转换问题，主要结论是：(1) 高投资和出口驱动的经济高速增长（阶段Ⅰ），已逐步失去经由干预提升效率的动力，以结构调整促进效率提高的增长阶段即将结束；(2) 城市化和服务业的发展将开启经济稳速增长（阶段Ⅱ），效率提高促进结构进一步优化是本阶段的主要特征。这种结构性加速到结构性减速增长路径的转换，符合发达国家经验和长期增长统计规律（袁富华，2012）。

本章的基本结论来源于如下观察：(1) 20世纪90年代中期以来，中国工业化的迅速推进，使得增量资本产出率（ICOR）处于高位且大幅波动；(2) 2000年以来，第二产业劳动生产率增长率在大多数省（市、自治区）开始发生停滞或持续下降，工业化节奏放缓迹象显著。而且，结构服务化带来的经济减速，在诸如北京、上海等经济发达区域已经发生；结构服务化、实体经济效率提升乏力等现象也在东部地区逐步出现。

我们也观察到，中国高速增长阶段Ⅰ深层次的结构问题日益凸显：(1) 由于区域投资分布不均衡，占全社会资本形成50%的东部地区的投资减速，在不能为中西部地区投资增长所抵消的情况下，东部地区经济减速可能预示着中国整体经济将逐步进入减速通道；(2) 由于人口结构正在发生变化，劳动力供给拐点将于近几年出现，这会抑制中国经济增长速度，而劳动力供给负增长的长期存在，则会进一步拉低潜在增长预期；(3) 由于长期增长函数要素弹性参数逆转问题的存在（参见本章第二节），当产出资本弹性由高增长阶段的0.6—0.7转换为0.6之下，或当经济增长与收入分配政策调整而导致劳动力报酬份额不可避免地持续拉升时，较低的增长速度将逐步变成事实；(4) 由于服务业相对第二产业较低的劳动生产率，当这种效率问题不能通过资本驱动路径而须经由创新解决时，潜在增长降低预期也会发生。因此，以效率提高促进结构调整的稳速增长阶段Ⅱ会相应产生。本章试图勾勒出两个阶段接续转换的增长路径。

关于中国长期增长的研究文献较多，稍早一些的文献，如王小鲁、樊纲（2000）认为，2001—2020年中国潜在经济增长低于7%；林毅夫等（2003）的结论是，2004—2014年为8.5%，2014—2024年为7.1%；近几年的文献，如高路易（Kuijs，2009）认为，2015年中国潜在增长率为7.7%—7.9%，2020年为6.7%；刘世锦与张军扩等（2011）运用不同方法进行估计，认为中国经济潜在增长率很有可能在2015年前后降至

6.5%—7.3%；蔡昉与陆旸（2012）认为，中国 GDP 潜在增长率将逐渐降至 2011—2015 年的 7.19%、2016—2020 年的 6.08%。本章的研究一方面立足于类似文献中常用的核算框架，另一方面更注重中国长期增长远景及问题分析。中国经济由高速增长向稳速增长路径转换的分析，是基于中国东部、中部、西部经济阶段差异和城市化演进的事实。然后，我们结合全社会要素弹性参数逆转预期和劳动力供给及全要素生产率趋势分析，在增长方程框架下得到潜在增长路径的情景。对于潜在增长率，我们的基本结论是：2016 年之后，随着城市化和经济服务化的推进，中国经济将逐步进入减速通道，潜在增长率将降到 8% 之下，但这是一个逐步演进的过程。

第二节　长期经济增长的三个统计现象

欠发达经济增长分析的立足点，可以概括为这样两个问题：我们走到了哪里？下一步会走向何方？本节提供了发达国家和发展中国家长期增长的三个统计现象，我们的一系列认识和实证逻辑，都围绕这些经验规律和事实展开。

一　统计现象Ⅰ：长期增长路径的结构性加速与结构性减速

如果把增长当作一种结构演变过程来看的话，那么，我们可以得出发达国家长期经济增长速度呈"钟"形演变路径的结论。以潜在增长率为观测变量，工业发达国家普遍经历了工业化阶段的经济加速和城市化阶段的经济减速过程。这个过程中，由于工业和服务业比重的变化影响了经济增长速度的变化，我们把这样一条长期增长路径概括为"结构性加速"和"结构性减速"两个阶段。

上述结论来源于以下认识：相对于工业而言，服务业具有相对较低的劳动生产率增长率，发达国家公共服务需求在第三产业中占有越来越大的比重，如社会保障、教育等支撑高质量生活的部门，通常具有较低的产出增长速度。尽管如此，正如研究普遍认同的那样，为了保持资本主义的创新活力，这些日益扩大的部门又是经济持续发展所必需的。另外，从时间标定看，20 世纪 70 年代以后，发达国家普遍出现经济减速现象，一些有意思的研究，如艾肯格林等（Eichengreen et al., 2011）通过统计分析对减速拐点进行了确认。

需要强调的是，作为一种长期趋势，结构性减速并不意味着工业增长速度必然降低。原因是，由于工业份额的逐步下降，即使特定时期工业增长率相对较高，但是，这种加速有可能被较低的工业增加值或就业份额所抵消。再者，结构性减速的含义是产出或劳动生产率增长速度的下降，而不是产出或劳动生产率绝对水平的下降，在这种意义上，长期经济增长速度的"钟"形路径，与产出或劳动生产率水平（绝对值）的"S"形成长趋势的含义是一致的。

二 统计现象Ⅱ：长期增长函数的要素弹性参数逆转

下面我们提供发达国家的要素弹性参数逆转统计事实和发达国家及欠发达国家国际横截面的比较分析。发达国家和不发达国家以及发达国家不同增长阶段的对比表明，不同经济发展阶段，劳动或资本要素在总产出中的份额会发生变化。即伴随着人均国民收入的提高，劳动力分配所占份额逐渐提高。要素弹性沿着长期增长曲线发生变化。

基于标准增长核算方程，我们可以将长期增长函数的要素弹性参数逆转规律描述为：资本/产出弹性（α）和劳动/产出弹性（$1-\alpha$）在不同经济发展阶段数值有异，发达国家和发展中国家的经验对比表明，随着经济向更高阶段演进，资本/产出弹性将逐渐走低，相应劳动/产出弹性逐渐提高。原因是，根据"分配净尽原理"或"欧拉定理"，在规模报酬不变的假设下，要素弹性等于要素份额。[①]

标准增长核算方程的要素弹性与要素参与分配的份额相等，这一结论预示着增长历程由工业化向城市化过渡，与收入向劳动者倾斜之间有着内在关联。这种关联同时意味着，若把城市化过程看作与工业化过程不同的发展阶段，那么，该阶段经济结构的转变有可能导致要素弹性参数的变化，因此，弹性参数与经济增长的福利变化密切相关。

库兹涅茨（1989，中译本）的研究结果是（见表1-1），主要工业发达国家劳动收入在国民收入中的比重，普遍历经了比较显著的上升时期，英国在100年的经济发展中，劳动收入份额由19世纪60年代的不到50%提高到20世纪60年代的70%；其他发达国家，如德国、法国、美

---

① 令w、y表示工资率和劳均产出，W、Y表示总工资和总产出，基于分配净尽原理和边际产出新古典定义，有：$1-\alpha = \dfrac{w}{y} = \dfrac{W}{Y}$。

国，劳动力收入份额突破60%也都经历了比较漫长的时期。与发达国家相比，发展中国家较低的工业化水平导致了国民收入中劳动力份额的低下。中国改革开放以来，工业化水平逐步提升，农村剩余劳动力持续转移，在这种二元经济结构条件下，劳动要素份额长期处于较低水平。现有的研究结果表明，中国国民收入中劳动/资本份额的比值为0.3∶0.7或0.4∶0.6。

表1-1　　发达国家劳动收入占国民收入的份额长期变化趋势　　单位:%

英国		法国		德国	
时期（年）	份额	时期（年）	份额	时期（年）	份额
1860—1869	47	1911	43	1895	39
1905—1914	47	1943	45	1913	47
1920—1929	59	1920—1929	50	1925—1929	64
1954—1960	70	1954—1960	59	1954—1960（联邦德国）	60
加拿大		美国			
1926—1929	59	1899—1908	54	1929	58
1954—1960	66	1919—1928	58	1954—1960	69

资料来源：库兹涅茨（1989），中译本第四章"产值和收入的分配"。

三　统计现象Ⅲ：发展中国家长期增长的结构失衡

以下分析发达国家与发展中国家长期增长的差异，主要表现为发展中国家长期存在的现代部门发展不平衡和结构均衡演进效率的损失。

（一）发达国家符合比较效率的产业结构演进路径

基于我们的前期研究，图1-1展示了10个工业化国家1970年以来第三产业相对于第二产业劳动生产率的变动趋势：总体来看，在产业结构服务化的长期趋势中，工业化国家第三产业劳动生产率普遍高于或等于第二产业劳动生产率。随着第三产业规模的扩张和劳动力向服务业部门的持续转移，工业化国家第三产业生产率出现递减趋势，第二产业生产率逐渐接近甚至超过第三产业劳动生产率。可以预期的是，随着产业结构的持续演进，第二、第三产业劳动生产率趋同是一种潜在趋势。[①]

[①] 并且，基于米切尔（Mitchell，1998）数据库，20世纪70年代以前，发达国家的产业演进也表现出服务业/工业相对劳动生产率大于1或接近于1的趋势。

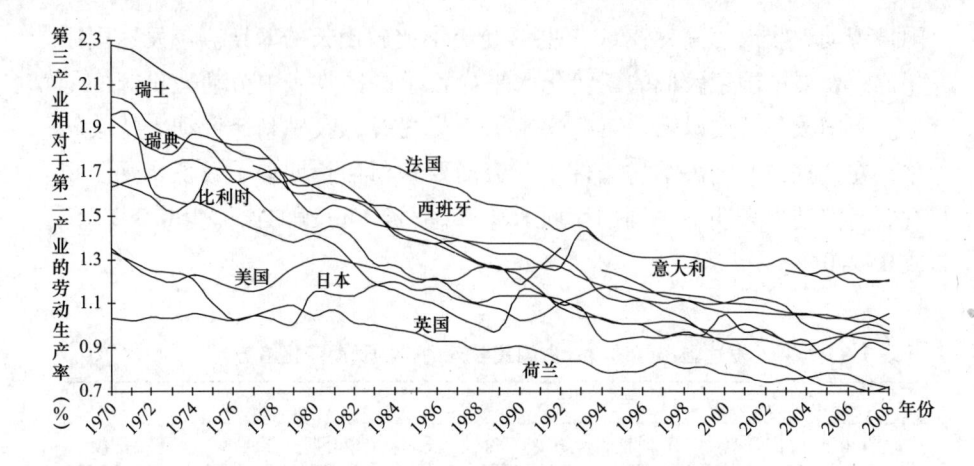

图 1-1　发达国家的第三产业相对于第二产业的劳动生产率（第二产业劳动生产率 = 1.00）

资料来源：联合国数据库。

（二）发展中国家效率低下的产业结构演进路径

图 1-2 展示了拉美六国 1975—2008 年第三产业相对于第二产业劳动生产率的变化路径，且与图 1-1 相比，呈现出截然相反的趋势。也就是说，发展中国家经济增长与发达国家经济增长在两个截然不同的世界里演

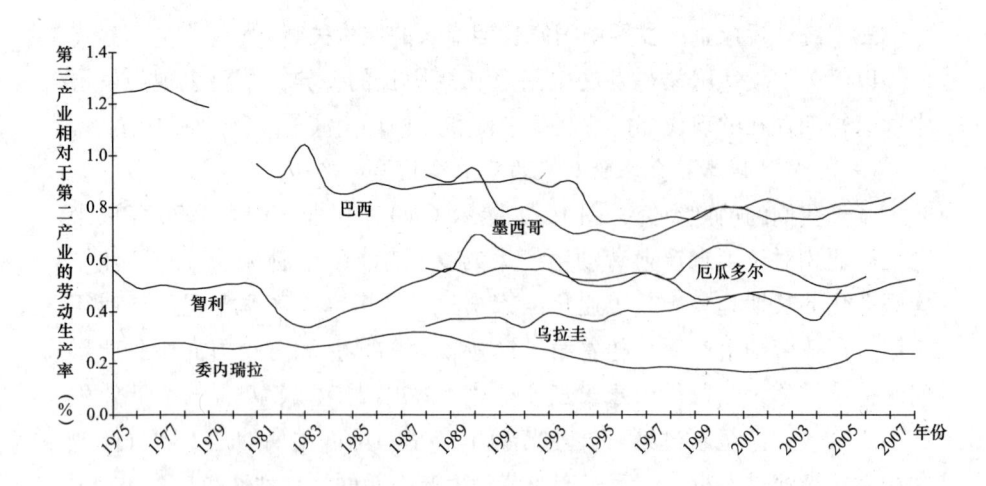

图 1-2　拉美六国第三产业相对于第二产业的劳动生产率（第二产业劳动生产率 = 1.00）

资料来源：联合国数据库。

进着。具体而言，拉美国家第三产业劳动生产率普遍低于第二产业，因此服务业相对劳动生产率一般在小于1的区域里演化，如厄瓜多尔、智利、乌拉圭、委内瑞拉第三产业/第二产业相对劳动生产率都位于显著小于1的数值区间里。不仅如此，基于联合国数据库（UNDATA），增长绩效较为显著的一些亚洲新兴经济体，如中国、泰国、印度尼西亚、菲律宾、马来西亚等，其服务业相对劳动生产率也普遍位于显著小于1的数值区间里。

发达国家服务业份额的扩大及相应就业和产出比重的上升，遵循了比较效率的经济学原则：第三产业劳动生产率高，所以该产业就自然地成长。而发展中国家，典型的如拉美国家，第三产业是在相对于第二产业较低的劳动生产率路径上扩展的。虽然这些国家的服务业份额或许达到60%—70%，但经济"服务化"这种路径却是在违背比较效率的条件下演化的。同样的情景也发生在亚洲的新兴工业化国家里。

我们把发展中国家产业结构演进过程中普遍出现的服务业劳动生产率低于第二产业劳动生产率的现象，称为产业结构演进无效率。之所以做出这样的判断，原因有两个：（1）产业结构演进无效率一旦出现，那么，随着第三产业规模的扩大和（就业、产出）份额的上升，经济"服务业化"趋势会进一步强化低效率的第三产业，进而缩小整体经济效率的提升空间。换句话说，在这种情况下即使工业保持了较高的劳动生产率增长率，但其就业或产出份额的显著减少，对整体经济效率的拉升能力会显著下降。（2）一旦结构演进无效率出现，低素质劳动力会大量涌入服务业，甚至导致大量非正规就业出现，此时，服务业弱质性问题凸显，进一步削弱服务业效率的提升。一个弱质的服务业，不可能促进工业的发展，使整体经济效率低下，宏观经济不稳定问题随之产生。拉美国家20世纪80年代经济增长幅度大起大落与增长乏力的现象从一个侧面说明了以上问题。

第三节　中国经济增长阶段Ⅰ的问题和增长阶段Ⅱ的特性

上述三个统计现象，有的在中国工业化过程中正在发生，有的即将发生。统计现象Ⅰ在中国部分发达城市，如北京、上海已经出现；统计现象Ⅲ在中国各个省（市、自治区）的经济增长中已经发生；统计现象Ⅱ随着中国收入分配政策的调整，未来经济阶段中也将逐步变得显著。

一 干预型经济：高速增长阶段Ⅰ的三个效率问题

改革开放以来，中国高速增长是在干预型经济模式下取得的，即国有企业对资本资源的掌控，政府对投资领域和投资规模的调控，以及政府对资本、劳动力价格的长期压低。工业化起飞阶段，干预型经济在动员全社会资本和劳动力资源方面起着重要作用，这种作用也为经典发展理论所认同。但是，随着工业化进程步入成熟及经济结构服务化趋势增强，高速粗放式的资本驱动，也相应出现投资效率递减问题。加之经济建设投资的高度动员而导致的居民消费滞后，以及长期重工轻商导致的服务业发展素质低下，整体经济增长效率较低和增长严重偏离均衡的不可持续问题也相应发生。我们认为，中国高速增长阶段Ⅰ的效率问题，可以归结为资本效率低下、分配效率低下和结构效率低下三方面。

（一）资本效率低下与投资驱动方式的不可持续

我们通过增量资本产出率（ICOR，$I/\Delta GDP$）这个指标，来对高速增长阶段Ⅰ的投资效率问题进行简要分析。经济快速增长阶段资本密集型行业，如交通等基础设施投资，有可能拉高ICOR，但中国现阶段投资效率下降问题确实存在（张习宁，2012）。

1. 全社会资本效率不高

全社会资本形成的ICOR状况（见图1-3）表明，改革开放以来经济高速增长的30多年里，中国全社会ICOR经历了两个阶段的变化：第一阶段是1979—1995年的低ICOR时期，17年间平均为2.3；第二阶段是90年代中期之后，随着工业化进程的加快，ICOR大幅度上升，1998年、1999年达到了5.0、6.0的水平，1996—2011年平均为3.5。相对于相似增长阶段的发达国家而言，中国现阶段ICOR数值明显较大，如20世纪50—70年代处于工业化向城市化转型时期的日本，其资本形成的ICOR基本维持在2.0的水平。

2. 第二、第三产业资本效率较差

其一，第二产业投资的ICOR在2000—2008年保持在3.0左右的水平，2009年以来大幅提升，投资效率进一步下降。

其二，长期以来，第三产业投资效率比工业更差，其 ICOR 持续在 4.0—6.0 的区间里变化。

下文的分析将进一步揭示第二、第三产业投资效率的这种差异，与服务业相对于第二产业的低水平劳动生产率恰好相对应。这种高投资背后的结构性效率扭曲，是在服务业快速发展的转型时期发生的，如果得不到扭转，全社会投资低效率的问题将进一步强化。

3. 区域资本效率普遍不高

1979—2011 年，东部、中部、西部地区资本形成 ICOR 的结果为：90 年代中期以后，三个地区 ICOR 均呈现出了与图 1-3 中全社会资本形成 ICOR 相类似的上升过程。其中，西部地区显著较大的 ICOR，与大开发战略下基础设施投资的较快增长有关。近 10 年来，中部地区与东部地区表现出了基本相同的 ICOR，说明较发达地区投资效率并不比工业化城市化滞后地区好多少，因为东部地区的高 ICOR，并不是在创新投资成为普遍经济现象的状况下发生的。

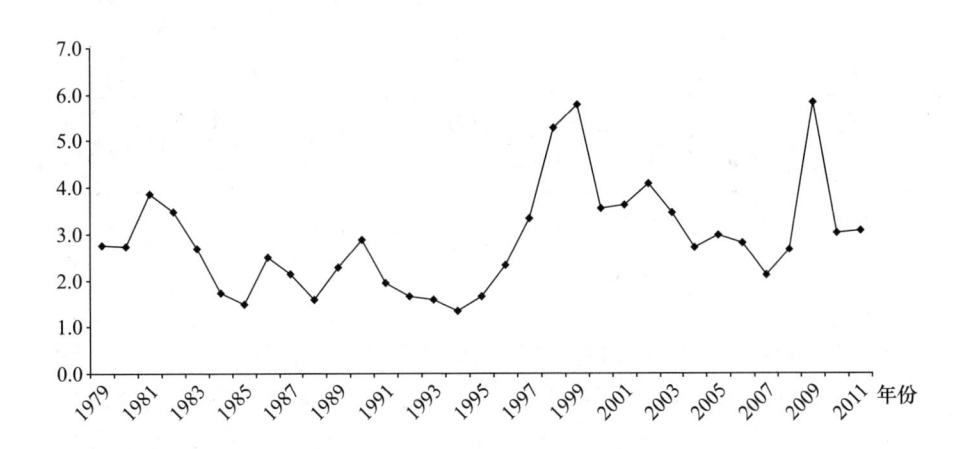

图 1-3 1979—2011 年全社会资本形成的 ICOR

资料来源：历年《中国统计年鉴》。

（二）分配效率与要素弹性参数特征

中国现阶段增长核算方程参数与发达经济体的差异，在于分配向资本倾斜导致的产出/劳动弹性参数相对较小，产出/资本弹性相对较大。表 1-2 提供了中国高速增长阶段 I 劳动份额的统计说明，总体而言，中国产出/劳动弹性（1-α）长期以来维持在0.4—0.5的水平，相应资本弹性为0.6左右。我们想表达的一个认识是：随着中国高增长阶段Ⅰ的结束，在向下一个增长阶段演进中，如果劳动份额不能通过国民收入的提高而自动提升，那么，强制性的收入分配倾斜政策，在提升国民福利的同时，也相应会改变长期增长函数的参数。如果发生这样的事情，则增长速度就会因为资本弹性参数的降低，经济便由减速通道进入稳速增长阶段Ⅱ。

表1-2　　　　　　　　其他学者计算的劳动份额　　　　　　　　单位:%

年份	劳动份额（a）	劳动份额（b_1）	调整后的劳动份额（b_2）
1980	51.2	51.2	40.9
1985	52.9	52.7	43.4
1990	53.4	53.3	45.3
1995	52.6	51.4	45.7
2000	51.5	48.7	44.4
2005	41.4	41.4	40.4
2006		40.6	39.9
2007		39.7	39.2

注：(a) 根据白重恩、谢长泰、钱颖一（2006）提供的资本份额推算；(b_1)、(b_2) 来自张车伟（2010）。

（三）结构效率低下与服务业的被动扩张

与投资驱动增长阶段Ⅰ和低劳动收入份额相关的是中国结构效率的扭曲。我们基于第三产业与第二产业劳动生产率差异来对这种现象进行分析。

表1-3提供了高速增长阶段Ⅰ产业劳动生产率偏离均衡路径的景象。按照二元经济理论，资本积累推动剩余劳动力转向现代部门是一个平滑过程，即剩余劳动力被工业和服务业按照边际收益原则吸收。但是，中国的现实却是，在劳动力资源被资本吸收过程中，工业与服务业规模越来越大，但两者的效率也出现越来越大的缺口，劳动力没有按边际收益原则吸收。这个缺口的产生，表现为工业化进程吸收了相对高素质的

劳动力，而把大量低素质的劳动力驱赶到非正规就业广泛存在的服务业，导致服务业的被动扩张和效率长期低下。发展中国家产业结构过度服务化及由此导致的低生产率和低增长陷阱问题，Cimoli 等（2006）、Rada（2007）等文献对此进行了较为详细的阐释。①

表 1-3 　中国省（市、自治区）际第三产业相对于第二产业的劳动生产率（第二产业劳动生产率=1）（基期是 1985 年）

年份	北京市	天津市	河北省	山西省	内蒙古	辽宁省	吉林省	黑龙江省	上海市	江苏省
1990	0.89	0.81	0.87	0.70	1.07	0.89	0.77	0.87	0.86	0.97
1995	0.77	0.76	0.61	0.58	1.00	0.67	0.62	0.80	0.53	0.65
2000	0.62	0.60	0.48	0.47	0.73	0.40	0.37	0.53	0.51	0.51
2005	0.41	0.46	0.56	0.42	0.54	0.33	0.29	0.46	0.34	0.50
2010	0.35	0.35	0.55	0.34	0.39	0.24	0.27	0.35	0.32	0.56

年份	浙江省	安徽省	福建省	江西省	山东省	河南省	湖北省	湖南省	广东省	广西
1990	0.77	0.60	0.75	1.09	0.70	0.85	0.66	0.83	1.02	0.53
1995	0.36	0.47	0.43	0.52	0.47	0.51	0.39	0.41	0.41	0.26
2000	0.27	0.39	0.39	0.35	0.37	0.48	0.26	0.33	0.38	0.18
2005	0.34	0.48	0.39	0.36	0.32	0.42	0.27	0.31	0.29	0.15
2010	0.39	0.42	0.38	0.36	0.31	0.41	0.28	0.28	0.33	0.27

年份	海南省	四川省	贵州省	云南省	陕西省	甘肃省	青海省	宁夏	新疆	
1990	0.63	0.69	0.51	0.51	0.80	0.70	0.66	0.79	0.79	
1995	0.40	0.46	0.39	0.41	0.51	0.61	0.66	0.73	0.76	
2000	0.32	0.39	0.23	0.36	0.32	0.53	0.40	0.67	0.56	
2005	0.25	0.35	0.18	0.36	0.27	0.49	0.31	0.55	0.52	
2010	0.22	0.29	0.18	0.33	0.32	0.43	0.31	0.44	0.46	

资料来源：中经网数据库。

这种服务业被动扩张现象的存在，一方面压抑了服务业持续增长潜力，另一方面也导致工业发展与服务业发展良性互动通道的阻断，因为服务业的扩张不是工业的自然延伸，而是作为工业化驱除的"劣质劳动力"的储存渠道而勉强存在。

---

① 发展中国家过度服务化问题的分析，陆梦龙和谢珣（2012）提供了一个很好的综述。

二 向均衡增长过渡：稳速增长阶段Ⅱ的核心趋势和三个特性

资本驱动的高速增长阶段Ⅰ已经不能促进经济效率的持续提高，迫使中国经济进入以效率提升促进结构进一步升级的稳速增长阶段Ⅱ。

我们把这个正在发生的经济时期称为稳速增长阶段Ⅱ（张平、刘霞辉、王宏淼，2011），是因为以效率提高为主要标志的该阶段具有较阶段Ⅰ显著不同的三个特质和内涵：（1）投资减速迫使经济进入减速通道；（2）人口结构转型和劳动力供给拐点的发生抑制甚至持续拉低经济长期增长；（3）资源向均衡路径配置的要求迫使干预型经济向市场效率转换。基于这三个因素的相互作用，增长平稳减速通道的逐步构筑成为阶段Ⅱ的核心趋势。

鉴于中国区域经济显著的增长差异，我们有必要立足于空间结构对相关问题进行观察。其中，人口转型及劳动力区域流动具有不确定性和复杂性，适合从全社会总量角度进行观察，因此，为突出分析重点，我们着力于区域和产业结构角度的投资减速及效率转换趋势问题。

（一）投资减速通道与区域依趋势增长

我们把产业结构与区域结构结合起来，观察增长阶段Ⅱ的投资减速通道是如何形成的。

先对"区域依趋势增长"这个概念进行说明。经济高速增长阶段Ⅰ的一个重要结果，是中国区域经济发展不平衡，表现为投资、劳动力由内陆地区向东部沿海地区集聚。这个集聚过程分化出了一个层次分明的发展阶段"雁"字排序：率先进入工业化和城市化较高阶段的东部地区；在工业化路径上追赶东部的中部地区；以及大规模工业化活力正被激发的西部地区。从东部向中西部看下去，那么，现阶段东部地区呈现出来的景象，就可以作为中西部地区未来10年或20年的镜像，未来全社会增长趋势的判断，大致是处于递进过程中的各个地区的加权。判断区域增长阶段及可能发生的趋势减速，有两个结构性标志：

标志1：服务业份额达到50%的临界转换区域。
标志2：城市化率达到56%的临界转换区域。[①]

1. 中国结构性减速的真实景象：对北京、上海经济最发达城市的观察

中国经济最发达的两个东部城市北京和上海，在向产业结构服务化

---

① 请参见本章第四节的计量分析。

演进过程中，经济减速正在发生。北京和上海在20世纪90年代中期以后，第三产业增加值份额超过50%，几乎同时进入现代化阶段。不同的是，其后北京服务业份额增加更快，2011年达到76%，上海为58%。图1-4展示了两个城市全社会资本形成增长速度的长期趋势，90年代中期以后，伴随着结构服务化趋势的增强，资本形成增长速度较工业化时期明显放缓且持续下降。

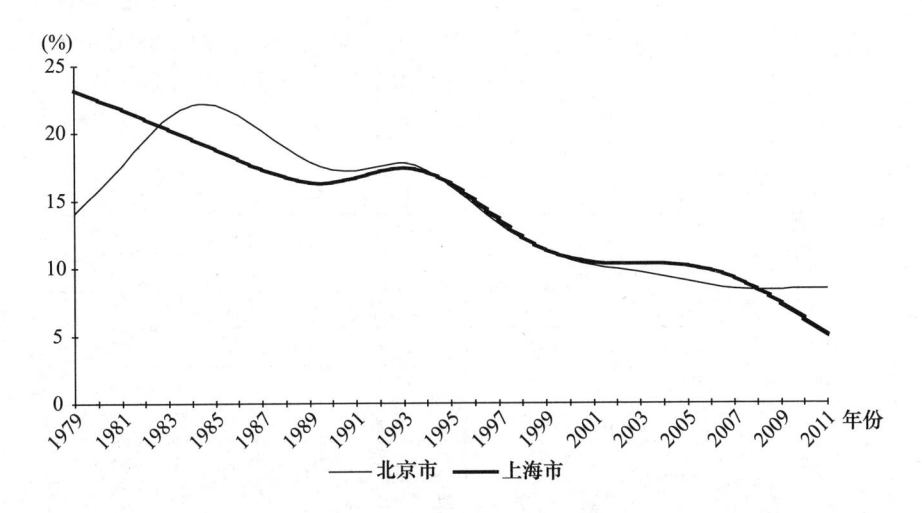

图1-4　1979—2011年北京、上海资本形成增长速度（HP滤波）

注：资本形成实际值以1978年为基期的区域GDP减缩指数缩减，2011年为固定资本投资数据。

资料来源：历年《中国统计年鉴》。

结构性减速的另一个重要表现是潜在GDP增长速度的明显降低。表1-4对这种趋势提供了一个估算，目的是揭示在经济结构高度服务化情境中北京、上海高增长速度表象下的深层原因。限于行业投资数据的可获得性，我们就近10年的情境进行观察。单纯从统计年鉴的数据看，北京市2003年以来服务业增加值比重达到70%的高水平，仍然多年维持着10%以上的GDP增长速度仿佛是个奇迹，因为在世界上所有发达国家的城市化过程中，从未出现过如此惊人的增长速度，尤其是服务业份额占比极高的城市化阶段。北京的这种增长现象，源于20世纪90年代末期以来日渐高涨的房地产投资的拉动，只有把这层不可持续的增长"面纱"揭开，我们才能触及真实的增长景象。正如表1-4所显示的那样，如果除去北京市房地产投资对经济增长的拉动,其潜在增长的真实水平可能只有7%—8%,基本符合城市化发展时期中国的现实。上海的情况基本类似,所不同的是,相比于北京,由房地产投资拉动高增长的短期行为稍弱一些。

表1-4　　　　　　　　北京和上海真实GDP增长的估计　　　　　　单位:%

北　京

年份	房地产投资占总投资比重	GDP增速	HP滤波GDP增速	HP滤波房地产投资增速	扣除房地产投资增长对GDP增长贡献后的真实增长
2002	55.5				
2003	56.4	11.0	13.1	9.9	9.8
2004	59.0	14.1	12.7	10.6	9.2
2005	54.8	12.1	12.4	11.3	8.4
2006	54.7	13.0	12.0	12.0	8.0
2007	53.8	14.5	11.6	12.8	7.4
2008	52.7	9.1	11.2	13.5	6.8
2009	55.7	10.2	10.8	14.2	6.3
2010	59.2	10.2	10.4	15.0	5.4

上　海

年份	房地产投资占总投资比重	GDP增速	HP滤波GDP增速	HP滤波房地产投资增速	扣除房地产投资对GDP增长贡献后的真实增长
2002	35.3				
2003	37.1	12.3	13.8	12.3	11.2
2004	41.2	14.2	13.2	11.9	10.5
2005	39.4	11.4	12.6	11.5	9.7
2006	35.8	12.7	12.0	11.1	9.4
2007	33.0	15.2	11.4	10.7	9.1
2008	32.8	9.7	10.8	10.3	8.8
2009	31.1	8.2	10.2	9.9	8.3
2010	40.7	9.9	9.6	9.5	7.9

注:房地产投资实际值以1978年为基期的区域GDP减缩指数缩减;房地产投资对GDP增长贡献=房地产投资份额×房地产投资增速×产出的资本弹性参数(根据资本要素收入占GDP的份额近似估算,北京和上海都取0.6)。

资料来源:历年《中国固定资产投资年鉴》和《中国统计年鉴》。

2. 城市化与服务业发展的关系

相对于北京和上海这样的经济发达城市而言，其他省（市、自治区）的城市化和服务业发展相对滞后。但是，从国际发展经验看，城市化的高速发展对服务业发展具有巨大的带动力，这种关联有利于我们观察未来产业结构变动和增长趋势。从趋势来看，中国正处于城市化加速（城市化率50%）到城市化成熟（城市化率70%以上）的过渡阶段。基于本课题组城市化逻辑曲线的前期研究（张平等，2011），中国的高速城市化进程大约在2016年结束，城市化率跃过50%的关键点，而后城市化速度逐步放缓，2030年达到约70%的水平。在这个过程中，中国服务业发展将由增长阶段Ⅰ的工业化推动，转变为增长阶段Ⅱ的城市化集聚效应推动。

对于不同城市化阶段上的服务业结构变化，我们认为，综合前文关于增长阶段Ⅰ的效率问题分析以及适当的统计计量推断，或许能澄清一些问题。第一，城市化率。1996年中国城市化率超过30%，进入城市化快速增长阶段。1996—2011年，城市化率以年均1.4个百分点的速度提高，2011—2015年预期将维持这样的速度；根据本课题组的前期研究，2016—2025年，城市化率的增长速度年均约为1个百分点。第二，城市化率与第三产业就业比重。本课题组的前期研究依据城市化逻辑曲线和城市化与第三产业就业比重的回归方程，对2011年之后的基本看法是，城市化率每提升1个百分点，第三产业就业比重提高0.7个百分点左右。第三，城市化率与第三产业增加值比重。从中国城市化率与服务业的长期统计关系看，1978—2011年，城市化率增长1个百分点，带动服务业增加值上升约0.5个百分点。[①] 对于第二、第三个统计结论，我们有进一步深入分析的必要。

第二个统计结论是：依据城市化与第三产业就业比重的回归方程（城市化率提高1%推动第三产业就业比重上升0.76%），预测值也采用了0.76这个系数项。结合第三个统计结论，我们会发现，第三产业劳动份额比就业份额增加快，这正是前文关于增长阶段Ⅰ结构效率低下问题的简洁表达形式。既然我们已经认识到中国增长阶段Ⅰ发生了显著的第

---

① 1978—2011年全国第三产业比重与城市化率的回归关系：第三产业增加值比重 = 15.63 (2.38) + 0.56 (3.36) × 城市化率 + 0.84 (6.91) × AR（1）+ 0.44 (2.55) × MA（1）。调整的 $R^2 = 0.97$，DW = 2.03。

二产业与第三产业相对效率差异问题，那么，论及未来服务业发展时，我们不得不对一些看法进行修正。因为第三产业效率低下以及"劳动力驱赶效应"的存在，在长期中是危险的，如果盲目推进城市化，那么，结果不仅是造就一个效率越来越低的服务业，而且还有可能导致所谓城市化过度及类似于拉美结构服务化的增长缓慢和停滞问题。

因此，对于快速城市化到城市化成熟的增长阶段Ⅱ，注重服务业效率的提高是一个重要问题。为了扭转中国现阶段服务业的低效率，服务业产出比重的增加要求有一个至少不低于服务业就业份额的增长速度。这种效率改善的逻辑意味着长期中国服务业增加值比重的提高速度，至少要跟上城市化速度。

3. 东部、中部、西部地区省（市、自治区）进入减速通道的次序

根据前面的分析，2011—2015年，若城市化率年均增长1.4个百分点且在中短期内服务业效率不能得到逐步改善的情况下（城市化率增长1%拉动服务业增加值份额增加0.5%），到2015年，服务业增加值份额提升约3个百分点，依据2011年各省（市、自治区）服务业份额，天津、浙江、广东和海南4个省（市）服务业份额有望达到50%的水平。因此，投资减速效应将在随后的时期里逐渐变得显著（表1-5提供了服务业份额变动趋势的比较起始点）。2016—2025年，若延续2011—2015年的服务业发展势头，从增长和服务业效率提高两方面考虑，城市化率提高1个百分点应该至少拉动服务业增加值份额上升1个百分点。从2011年服务业的份额看，这种情景可以推动全国2/3的省（市、自治区）的服务业份额达到50%及以上水平（服务业份额偏低的地区，如河北、广西、山西、内蒙古、安徽、江西、河南、四川、青海、新疆，其比重也可以提高到接近50%的水平），投资减速通道因此形成。

（二）人口转型过程中的要素弹性参数变化

可以粗略地认为，要素弹性参数逆转是伴随经济增长由工业化向城市化阶段迈进过程中的现象。高速增长阶段Ⅰ中发生的高资本积累，源于相应的建设资金动员能力。就中国经济增长经验看，强大资金动员能力的一个主要来源，是要素分配向资本的倾斜。在下一个阶段，中国经济将要发生的一个重要变化是增长福利函数的改变，即新时期国家分配政策的实施和对于民生改善的强调，对于要素分配格局产生影响，本质上带来产出/资本弹性参数（α）和产出/劳动弹性参数（1-α）的逆转。

也就是说,要素分配比例变化牵引要素弹性沿长期增长曲线滑动,从而产生资本弹性 $\alpha \approx 0.6$ 向预期资本弹性 $\alpha < 0.6$ 的转换。

表1-5　　　2011年各省(市、自治区)第三产业增加值份额　　单位:%

地区	北京	天津	河北	辽宁	上海	江苏	浙江	福建	山东	广东
份额	76	46	34	36	58	42	44	38	38	45
地区	广西	海南	山西	内蒙古	吉林	黑龙江	安徽	江西	河南	湖北
份额	34	45	35	34	35	36	32	31	29	37
地区	湖南	四川	贵州	云南	陕西	甘肃	青海	宁夏	新疆	
份额	39	33	46	38	35	36	33	39	32	

资料来源:原始数据来自中经网数据库。

依据二元经济理论,劳动力拐点的出现将倒逼劳动力市场定价机制的调整和工资的上升,进而导致要素分配格局向劳动力倾斜,对于一个人口红利即将耗竭的转型经济而言,人口结构的变化和劳动力拐点的出现是一个不好的消息,劳动力供给的缓慢增长甚至负增长,将在长期中抑制经济增长,就日本的经验看,这种冲击甚至是巨大的。后面的情景分析将提供中国经济增长过程中劳动、资本弹性的趋势估计,要素弹性参数逆转问题也因此得到进一步说明。

(三)干预型经济向市场效率转换过程中的TFP

对中国全要素生产率趋势的看法,如 Wang 和 Yao(2001)认为,中国1979—1998年的TFP增长为2.4%;Chow 和 Li(2002)对中国1978—1998年TFP增长率的估计结果是2.6%;Young(2003)认为,中国1979—1998年的TFP增长为1.4%;张军、施少华(2003)认为,中国1979—1998年的TFP增长为2.8%;王中宇(2006)的测算认为,1978—2005年,中国TFP增长率大多数年份在1.8%—2%波动。伍晓鹰(Wu,2011)根据不同的算法得出中国1979—2008年TFP增长率为2.7%—4.3%,但2001—2008年TFP增长率相对1991—2000年有较大幅度下降。总体看来,中国全要素生产率增长对于经济增长的贡献份额在20%—30%。

技术进步对于经济增长的贡献份额的低下,是增长阶段Ⅰ要素驱动的典型特征,暗含了要素收益递减及增长的不可持续,同时也为增长阶段Ⅱ以效率提高促进经济持续增长提出了要求。因此,从供给角度看,增长阶段 I 的高投资驱动，在增长阶段 II 将被技术进步逐步替代，投资减速过程中的效率提高成为增长阶段 II 的重心。这方面的典型例子是，根据麦迪逊（1996）的测算，1913—1950 年，日本技术进步对 GDP 增长的贡献份额不到 20%，而 1950—1973 年工业化、城市化加速时期的贡献份额超过了 50%。

第四节　中国经济潜在增长率测算及情景分析

基于前文阐述，在这一节中，我们对中国未来潜在增长路径提供了一个启发性数值模拟。过程分为三步：第一步，提供投资变动与城市化之间的统计关系，将结构变动分析转换为城市化问题分析；第二步，给出要素弹性参数的数值估计；第三步，在投资趋势和要素弹性分析的基础上，得出长期增长水平估计。

一　1994—2010 年中国 31 个省（市、自治区）城市化率与投资率关系的统计分析

我们设定：资本形成率（caprate）为资本形成额占 GDP 的比重；城市化率（u）为城镇人口占总人口的比重；工业比重（inshare）为工业产值占 GDP 的比重；投资增长率（capgrowth）为资本形成增长率；则城市化率与投资率关系的计量方程如表 1-6 所示。

表 1-6　　　　城市化率与投资率关系估计的计量模型

模型 i：城市化率与投资率倒"U"形关系 $caprate_{it} = \alpha_0 + \alpha_1 u_{it} + \alpha_2 usq_{it} + \alpha_3 x_{it} + \varepsilon_{it}$	caprate 为资本形成率，u 为城市化率，usq 为城市化率的平方，x 为影响投资率的其他因素。各变量序列取对数值
模型 ii：投资增长率与资本形成率的线性关系 $capgrowth_{it} = \beta_0 + \beta_1 caprate_{it} + \varepsilon_{it}$	capgrowth 为投资增长率，caprate 为资本形成率。各变量序列取水平值
模型 iii：城市化率与投资增长率倒"U"形关系 $\widehat{capgrowth} = \beta_1 \widehat{caprate}$	$\widehat{caprate}$ 为模型 i 中资本形成率 caprate 的估值，β_1 为模型 ii 的估值，$\widehat{capgrowth}$ 为投资增长率估值

基于模型 i 和中国统计数据应用支持系统数据库，1994—2010 年，中国 31 个省（市、自治区）投资率与城市化率回归结果如下：

$$\text{caprate}_{it} = \underset{(-0.27)}{-1.07} + \underset{(3.48)}{0.52} \times u - \underset{(-2.79)}{0.0046} \times usq + \underset{(9.57)}{0.87} \times \text{inshare}, \text{调整的}$$
$R^2 = 0.66$

城市化率的一次项系数为 0.52，二次项系数为 -0.0046，刻画出投资率随城市化程度提高而发生的倒"U"形趋势。取各省（市、自治区）第二产业比重均值为 44%，则城市化率与投资率关系的模拟情景是：当城市化率小于 56% 时，投资率随着城市化率的提高而上升；当城市化率大于 56% 时，投资率随着城市化率的提高而下降。2011 年，中国城市化率为 51%，根据现阶段城市化快速发展的状况，2016 年后将突破 56% 的水平，投资率呈现下降趋势也在模型的预期之中。

进一步地，我们可以得到投资增长率与城市化率的关系。利用 1991—2010 年 31 个省（市、自治区）的数据对模型 ii 进行估计，结果为[①]：

$$\text{capgrowth}_{it} = \underset{(3.82)}{3.06} + \underset{(13.55)}{0.23} \times \text{caprate}_{it}, \text{调整的 } R^2 = 0.82$$

联系模型 i 和模型 ii 的估计值，假定随着结构调整和服务业发展，工业增加值份额在 2016—2030 年逐步下降到 30%，则模型 iii 估计的资本形成增长率将由现阶段的 11% 降低到 9%。相应地，考虑到资本存量增长率一般慢于资本形成增长率 [中国 1979—2010 年资本形成增长率（HP 滤波）为资本存量增长率（HP 滤波）的 1.1 倍]，那么，基于模型 iii 估计的资本存量增长率将由现阶段的 10% 降低到 8%（见图 1-5）。

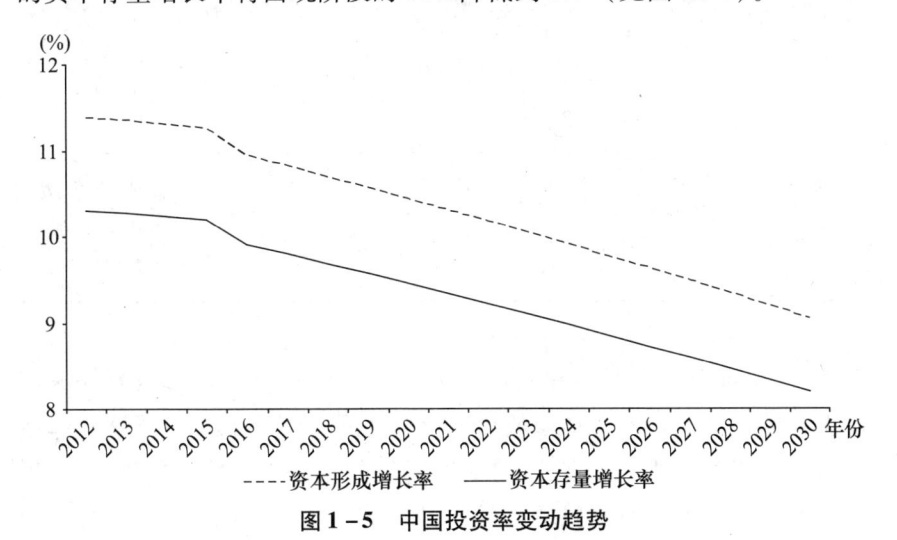

图 1-5 中国投资率变动趋势

[①] 运用 Gauss GPE 软件包，检验可知采取截面随机时间固定效应估计模型 ii。

二 可变要素弹性参数估计

本节提供了 1978—2011 年中国生产函数要素弹性参数的估计方法和估计结果。首先来看表 1-7 的模型，分为两类：

（一）生产函数：$Y = AK^{\alpha(\ln K)} L^{\beta(\ln K)}$

这个函数设置的目的有两个：一个是用它来考察存在规模报酬效应时弹性参数 $\alpha(\ln K)$、$\beta(\ln K)$ 的"现实"表现，即不施加任何约束下弹性参数的表现。另一个是观察长期资本积累对于 $\alpha(\ln K)$、$\beta(\ln K)$ 的影响，这里，要素弹性参数 α、β 被设置成对数化资本存量 $\ln K$ 的函数。

（二）生产函数：$Y = AK^{\alpha(t)} L^{1-\alpha(t)}$

这是规模报酬不变假设之下的生产函数，要素弹性 $\alpha(t)$、$1-\alpha(t)$ 是时变参数。这个模型设置，主要是考察"均衡"路径上要素弹性的表现，以便与存在规模报酬效应的"现实"弹性参数进行对比。同时，我们也把规模报酬不变条件下弹性参数的时变趋势，作为未来增长过程中弹性参数变化的一个镜像。

表 1-7　　　　　　　不同生产函数的计量模型

i. 生产函数： $Y = AK^{\alpha(\ln K)} L^{\beta(\ln K)}$	$\alpha(\ln K)$ 和 $\beta(\ln K)$ 为资本存量 $\ln K$ 的一次展开式： $\alpha(\ln K) \approx \alpha(\ln K_0) + \alpha'(\ln K_0)(\ln K - \ln K_0)$ $= \alpha_0 + \alpha_1 (\ln K - \ln K_0)$ $\beta(\ln K) \approx \beta(\ln K_0) + \beta'(\ln K_0)(\ln K - \ln K_0)$ $= \beta_0 + \beta_1 (\ln K - \ln K_0)$	估计方法： 资本存量的 非参数线性 局部估计
ii. 生产函数： $Y = AK^{\alpha(t)} L^{1-\alpha(t)}$	$\alpha(t)$ 为时间的一次展开式： $\alpha(t) \approx \alpha(t_0) + \alpha'(t_0)(t-t_0) = \alpha_0 + \alpha_1 (t-t_0)$	估计方法： 非参数线性 局部估计

表 1-8 是模型估计结果：（1）第二、第三列是弹性参数 $\alpha(\ln K)$、$\beta(\ln K)$ 的估计值，不施加参数约束的条件下，30 多年来中国资本弹性 $\alpha(\ln K)$ 呈现基本平稳的态势，在 0.8 左右；劳动弹性 $\beta(\ln K)$ 从 20 世纪 90 年代末期以来呈现缓慢的上升趋势，最近 10 年的平均值约为 0.3。（2）第四、第五列是弹性参数 $\alpha(t)$、$1-\alpha(t)$ 的估计值，在施加报酬不变约束的条件下，弹性逆转现象得以显现。资本弹性 $\alpha(t)$ 由

20世纪80年代中期以前的0.7左右下降至目前的0.5左右,劳动弹性 $1-\alpha(t)$ 则由早期的0.3左右上升至现阶段的0.5左右。

表1-8　　　　　　　　要素弹性参数估计

年份	1. $Y=AK^{\alpha(lnK)}L^{\beta(lnK)}$ 非参数线性局部估计值		2. $Y=AK^{\alpha(t)}L^{1-\alpha(t)}$ 时变弹性系数估计值	
	$\alpha(lnK)$	$\beta(lnK)$	$\alpha(t)$	$1-\alpha(t)$
1978	0.83	0.29	0.73	0.27
1979	0.83	0.29	0.73	0.27
1980	0.83	0.29	0.72	0.28
1981	0.83	0.28	0.71	0.29
1982	0.83	0.27	0.70	0.30
1983	0.82	0.27	0.70	0.30
1984	0.82	0.26	0.69	0.31
1985	0.81	0.25	0.68	0.32
1986	0.80	0.24	0.67	0.33
1987	0.80	0.23	0.66	0.34
1988	0.79	0.22	0.65	0.35
1989	0.78	0.21	0.64	0.36
1990	0.78	0.21	0.63	0.37
1991	0.77	0.20	0.62	0.38
1992	0.77	0.20	0.61	0.39
1993	0.76	0.20	0.60	0.40
1994	0.76	0.20	0.59	0.41
1995	0.76	0.21	0.58	0.42
1996	0.76	0.22	0.57	0.43
1997	0.76	0.22	0.57	0.43
1998	0.76	0.23	0.56	0.44
1999	0.76	0.24	0.55	0.45
2000	0.76	0.25	0.54	0.46
2001	0.76	0.26	0.54	0.46
2002	0.76	0.27	0.53	0.47
2003	0.76	0.28	0.53	0.47

续表

年份	1. $Y = AK^{\alpha(\ln K)} L^{\beta(\ln K)}$ 非参数线性局部估计值		2. $Y = AK^{\alpha(t)} L^{1-\alpha(t)}$ 时变弹性系数估计值	
	$\alpha(\ln K)$	$\beta(\ln K)$	$\alpha(t)$	$1-\alpha(t)$
2004	0.77	0.29	0.52	0.48
2005	0.77	0.30	0.52	0.48
2006	0.77	0.31	0.52	0.48
2007	0.77	0.32	0.52	0.48
2008	0.77	0.34	0.52	0.48
2009	0.77	0.34	0.52	0.48
2010	0.78	0.35	0.52	0.48
2011	0.78	0.36	0.52	0.48

三 潜在增长情景模拟

未来资本存量增长趋势来自图1-5，弹性参数变动趋势来自表1-8的对比分析，在设定技术进步和节能减排冲击效应的条件下，中国潜在增长水平的情景分析如表1-9所示。

表1-9　　　　　中国潜在经济增长情景分析

时间(年)	α	$1-\alpha$	潜在增长率(%)	资本增长率(%)	劳动增长率(%)	技术进步份额(θ)	节能减排冲击效应
2011—2015	0.7	0.3	7.8—8.7	10—11	0.8	0.2	-1
2016—2020	0.6	0.4	5.7—6.6	9—10	-1	0.3	-1
2021—2030	0.5	0.5	5.4—6.3	8—9	-0.5	0.4	-0.5

注：表中劳动力变动趋势序列，来自课题组数据库；节能减排冲击效应，2011—2020年数据采用张平等（2011）的数据，2021—2030年假定为-0.5。

2011年，中国人均GDP是5432美元，根据表1-9的GDP增长速度预期值以及人口增长速度预期值①，我们可以估算出人均GDP水平（以

---

① 假定2030年人口增长达到峰值，人口自然增长率为0，那么各个时间段的人口自然增长率为：2011—2015年约为0.4%，2016—2020年约为0.3%，2021—2030年约为0.1%。

2011年的人均GDP和汇率为基准，人均GDP增长速度取均值）：2015年为7349美元，2020年为9226美元，2030年为15259美元。也就是说，在经济减速的情景下，2020年中国人均GDP可望达到10000美元左右的水平，2030年达到15000美元左右的水平，跨越中等收入陷阱，进入发达国家行列。因此，从人均GDP的水平来看，表1-9中2016年之后的经济增长速度并不算低，这也是我们称为"稳速增长"的原因。

在投资减速和节能减排的抑制下，为了保持未来增长的稳速，技术进步为长期结构调整政策所关注。当然，表1-9的数据是从供给角度做出的平滑预期，不可否认，随着中国对世界经济的日益融入，短期外部冲击有可能间断性地打破这种平滑趋势，所以，短期调控政策也是经济稳定所必需。

第五节 政策建议

从供给面看，有三种主要力量主导未来中国经济增长路径：正在发生的人口结构转型、要素弹性参数的逆转和经济结构服务化的形成。中国分配调整力度的加大以及劳动力拐点的出现，将结束持续30多年的高投资驱动模式。正是立足于这些长期增长因素变化的分析，本章对稳速增长阶段Ⅱ的趋势和特征进行了归纳，结构服务化和减速预期下经济均衡持续发展的要求迫使中国未来经济发展要转到效率提高上来。因此，以效率提高促进经济结构转型自然成为稳速增长阶段Ⅱ的重心。这就要求劳动、资本密集型工业向技术、知识密集型工业转变，民生改善引致增长福利目标函数的确立。因此，创新要素及经济活力的培育成为重中之重。

一 深化改革

一是深化价格改革，形成有效反映企业真实效率的价格机制。价格是市场运行的指针，合理的相对价格体系能有效引导市场参与者的行为，使整个经济运转效率提高。我国经济体制改革，就是从价格改革开始的。但目前有部分价格却没有市场化，如资源、基础设施、准公共品（如教育、医疗）、利率等重要价格还有待改革，相对价格体系不合理，企业真实效率的高低无法显示。如果价格体系合理化了，企业投资会保持高水平，创新也会更活跃。

二是放开市场准入，使投资主体多元化。有学者统计，目前垄断行业约占我国GDP的40%，从而制约了人力资本和技术进步水平的提高，也降低了投资信心。要保持高潜在增长率，应在深化国有企业改革的基础上，给所有经济主体以平等的待遇，从而形成规范的市场环境，促进人力资本和技术进步水平的提高。

三是适当降低企业税负，减轻企业负担，提高企业投资预期收益率。企业投资是要效益的，效益的高低又取决于预期收益率的高低。我国30多年的高速经济增长，得益于高投资，而高投资的基础就是投资的预期收益率比较高。测算结果表明，近几十年来，我国实体经济投资的预期收益率平均超过了15%，但是，这个数字近几年在下降，原因是劳动力成本上升，企业的税收和社会保险负担也在上升。要保证高投资率，使企业有投资热情，投资的预期收益率就不能太低，不然企业就会把钱投到房地产和其他非生产性的领域中去。所以，为了使投资投到实体经济领域，政府要采取措施减轻企业负担。

二 以效率改进推动我国产业升级

考察发达国家和发展中国家的产业结构调整历史，可以总结出两个经验事实：一是发达国家工业保持高就业份额。它们在工业化过程中大都经历过一个持续近百年的劳动力集聚时期，这个时期工业的劳动力份额维持在30%—40%甚至50%的高位，而第一产业劳动力份额则显著下降。同时，工业的扩张带动了服务业的发展和就业扩大。与此相对照，发展中国家的就业没有出现劳动力持续大规模向工业集聚的现象。这表明，发展中国家的工业化程度较低，竞争力不高。二是发达国家第三产业劳动生产率普遍高于或相当于第二产业。这实际上是经济逐步服务化的效率基础，表明发达国家第二、第三产业结构的演进遵循了比较效率的原则，即服务业规模的扩大是建立在自身高生产率基础上的。这种效率提高引导的结构演进，恰恰是发展中国家普遍缺乏的，发展中国家第三产业的劳动生产率长期低于第二产业。

由此可见，发展中国家产业结构演进存在的问题在于，只是复制了发达国家产业结构服务化的外壳，但缺少效率支持，从而可能导致资源错配，向经济严重服务化和低效率路径演进，与发达国家的差距持续扩大，并可能落入中等收入陷阱。所以，产业结构调整的正确选择应是劳动力和资本首先向劳动生产率较高的第二产业倾斜,在提高整体经济效率的基础上发展服务业。事实上,亚洲成功地实现赶超的几个经济体走的就是这条路。

而且,产业结构调整受到如下几个机制的作用。

一是效率提高是牵引产业结构调整的动力。现代生产方式的表现是分工深化,通过规模化生产获得规模收益,其核心是劳动效率持续提升。库兹涅茨的研究表明,劳动力从低效率的农业转向高效率的工业是推动经济增长的重要力量,这被称为库兹涅茨定律。如果把这一定律加以拓展,可以认为,现代生产方式推动了产业结构调整,不仅是从农业转向工业,而且会进一步转向更高效的服务业。在此过程中,效率提高会同时推动农业、工业和服务业的发展,直到产业间效率均衡、结构稳定。

二是需求结构变化决定产业结构调整方向。恩格尔定律认为,随着人们收入水平的提高,食品占消费支出的比重不断下降。考察各国居民消费支出的变化可以发现,随着人们收入水平的提高,物质消费占总消费支出的比重下降,而非物质消费占总消费支出的比重上升,这可以称为广义的恩格尔定律。这样,社会需求结构变化也会拉动产业结构调整,使服务业比重越来越高。

三是需求偏好决定产业结构调整进程。需求偏好相似定律认为,如果两国(地区)的平均收入水平相近,则它们的需求结构也相似。该定律表明,随着人们收入水平的提高,消费升级是以模仿更高收入者为目标的,进而带动产业升级。近年来,我国整体消费需求逐步与中高收入经济体趋近,消费需求升级、生活质量提高成为产业结构调整的拉动力。

三 建立公平且适合国情的社会保障网络

为了保证经济的长期稳定增长,社会和经济资源一定要有相应的积累,如果国民总收入中用于社会保障、社会福利、社会服务的支出过快增加,用于积累和扩大再生产的资金就要相应地削减,维持高增长就困难。从世界各国社会保障体系的实际运行看,社会保障支出是政府需要花大钱的社会事务,一些发达国家社会福利的建设,是在经济发展达到很高水平以后才敢做的事情。有些福利国家因为大量资源用于社会保障支出,导致用于经济增长的积累不够,而使经济长期陷入低水平的增长状态;有些国家因为要维持高水平的社会保障而负债过度,国家风险加剧;部分拉美国家追求社会保障的赶超,许诺过高,不仅损害经济增长,还掉入中等收入陷阱,导致社会不稳定。我国在目前的经济发展阶段,应该避免这些问题的发生。

目前,我国已进入中等发达国家行列,人们对国家提供基本的社会保障,以及不断提高福利水平有越来越强的要求,特别是老龄化冲击日益临近,以上愿望越来越迫切。我国现在的社会保障网络,还适应不了社会的要求,主要问题表现在:一是社会保障的覆盖面不够宽,而且保障制度不统一,城乡分割、地区分割。二是社会保障支出增长过快,保障标准相互攀比,给地方财政造成困难,负债增长快,对长期经济增长造成损害。目前,中央财政用于民生的支出比重已经达到了2/3,地方福利竞赛愈演愈烈。从长期看,社会福利具有很大的刚性,人们的要求并没有上限。社会福利如果转向税收融资,必然会带来财政收入在国民经济中的比重的更快上涨,损害经济增长。党的十八大提出,总体GDP和人均收入2020年翻一番。我们认为,GDP增长是源,人均收入是果,如果没有经济增长作为前提,人均收入和社会福利是上不去的,即使上去了也无法维持。所以,构建一个适合我国国情的社会保障网络已势成必然。

适合我国国情的社会保障网络应该是覆盖面广而享受标准不能高。受计划经济影响,我国社会保障网络不健全,把人分为三六九等,使社会保障的公平性丧失,这种状况正在改变。社会保障网络建设要注意的核心问题是标准过高,相互攀比。这种状况的延续,不仅破坏了社会保障覆盖面的空间拓展(因为缺钱),而且加大各级政府的财政风险,扭曲政府行为,阻碍经济增长和社会进步。所以,我国社会保障网络统一标准,量力而行,势在必行。

参考文献

[1] 白重恩、谢长泰、钱颖一:《中国的资本回报率》,美国《布鲁金斯经济问题论文》2006年第2期。

[2] 蔡昉、陆旸:《人口转变如何影响中国的潜在增长率》,工作论文,2012年。

[3] 陈昌兵:《城市化与投资率和消费率间的关系研究》,《经济学动态》2010年第9期。

［4］林毅夫、郭国栋、李莉、孙希芳、王海琛：《中国经济的长期增长与展望》，北京大学中国经济研究中心讨论稿，2003年。

［5］刘世锦、张军扩、侯永志、刘培林：《陷阱还是高墙：中国经济面临的真实挑战与战略选择》，《比较》2011年第54辑。

［6］陆梦龙、谢珣：《经济结构演进的国际经验比较——基于Kohonen算法的数据探索分析》，工作论文，2012年。

［7］［美］麦迪逊：《世界经济二百年回顾》，改革出版社1996年版。

［8］［美］库兹涅茨：《现代经济增长》，北京经济学院出版社1989年版。

［9］［美］钱纳里等：《工业化和经济增长的比较研究》，上海三联书店1995年版。

［10］王小鲁、樊纲：《中国经济增长的可持续性》，经济科学出版社2000年版。

［11］王中宇：《"技术进步"迷思》，《创新科技》2006年第10期。

［12］袁富华：《长期增长过程的"结构性加速"与"结构性减速"：一种解释》，《经济研究》2012年第3期。

［13］张车伟、张士斌：《中国初次收入分配格局的变动与问题——以劳动报酬占GDP份额为视角》，《中国人口科学》2010年第5期。

［14］张军、施少华：《中国经济全要素生产率变动（1952—1998）》，《世界经济文汇》2003年第2期。

［15］张平、刘霞辉、王宏淼：《中国经济增长前沿Ⅱ》，中国社会科学出版社2011年版。

［16］张习宁：《中国宏观经济的投资效率分析》，《海南金融》2012年第3期。

［17］Chow, G. and K.-W. Li, 2002, "China's Economic Growth: 1952-2010", *Economic Development and Cultural Change*, Vol. 51, No. 1, pp. 247-256.

［18］Cimoli, M., Primi, A. and Pugon, M., 2006, "A low-growth model: informality as a structural constraint", *CEPAL Review*, Vol. 88.

［19］Eichengreen, B., Park, D. and K. Shin, 2011, "When Fast Growing Economies Slow Down: International Evidence and Implications for China", *NBER Working Paper*, No. 16-19.

[20] Kuijs, L. , 2009, "China Through 2020: A Macroeconomic Scenario", *World Bank China Office Research Working Paper*, No. 9. Washington D. C. : The World Bank.

[21] Mitchell, B. R. , 1998, *International Historical Statistics*: 1750 – 1993 (4th ed), New York: Stockton Press.

[22] Rada, C. , 2007, "Stagnation or transformation of a dual economy through endogenous productivity growth", *Cambridge Journal of Economics*, Vol. 31, No. 5.

[23] Wang, Y. and Y. Yao, 2001, "Sources of China's Economic Growth: 1952 – 1999: Incorporating Human Capital Accumulation", *Policy Research Working Paper* 2650, World Bank, Development Research Group, Washington D. C. .

[24] Wu, H. X. , 2011, "Accounting for China's Growth in 1952 – 2008: China's Growth Performance Debate Revisited with a Newly Constructed Data Set", *RIETI Discussion Paper Series*, No. 11 – E – 003. Tokyo, Japan: The Research Institute of Economy, Trade and Industry.

[25] Young, Alwyn, 2003, "Gold into Base Metals: Productivity Growth in the People's Republic of China during the Reform Period", *Journal of Political Economy*, 111, pp. 1220 – 1261.

理论探讨篇

第二章 技术、创新与人力资本如何驱动经济增长：新增长理论述评

摘要：本章对新增长理论的发展脉络及主要理论认识进行评述。从理论发展来看，现代经济增长理论已经经历了古典增长理论、以哈罗德—多马增长模型、索洛模型、拉姆齐—卡斯—库普曼斯模型等为代表的新古典增长理论阶段，进入了"新"增长理论阶段或"内生"增长理论阶段，而"新"增长理论，根据由经济现象抽象出的不同假定，又可区分为多种理论分支。传统的新古典经济学将增长率解释为技术进步（或简称为索洛余项），但缺乏对技术进步的解释；而内生增长理论则对技术进步进行了细致的分析，将经济增长解释为技术、人力资本与创新的原因，从而为理解经济增长提供了更为深刻的理论视角。内生经济增长模型内涵丰富，应用广泛，其中最重要的模型包括 AK 模型、产品多样化模型、质量提升模型，以及在新古典基础上发展起来的人力资本模型，这些模型分别从不同侧面阐述了技术进步、创新与人力资本对生产率提升和产出增长的重要作用。

第一节 导论

正如卢卡斯（1988）所言，当一个人开始集中精力思考经济增长的时候，他就不会再考虑别的问题了。经济增长理论无疑是经济学中一个振奋人心的研究领域，其对于一国经济总量增加的研究似乎更符合经济学"经世济民"的外在表象和亚当·斯密对于国家财富本源探究的初衷。经济增长理论研究已成为中国乃至世界经济学界重要的热门研究领域。特别是20世纪80年代以来，新增长理论的崛起使得为各国经济增长提出解释和诊断意见成为经济学家的重要课题，更凸显了经济学显学的地位。

从理论发展来看，现代经济增长理论已经经历了古典增长理论、以哈罗德—多马增长模型、索洛模型、拉姆齐—卡斯—库普曼斯模型等为代表的新古典增长理论阶段，进入了"新"增长理论阶段或"内生"增长理论阶段，而"新"增长理论，根据由经济现象抽象出的不同假定，又可区分为多种理论分支。传统的新古典经济学将增长率解释为技术进步（或简单称为索洛余项），但缺乏对技术进步的解释；而内生增长理论则对技术进步进行了细致的分析，将经济增长解释为技术、人力资本与创新的原因，从而为理解经济增长提供了更为深刻的理论视角。内生经济增长模型内涵丰富，应用广泛，其中最重要的模型包括AK模型、产品多样化模型、质量提升模型，以及在新古典基础上发展起来的人力资本模型，这些模型分别从不同侧面阐述了技术进步、创新与人力资本对生产率提升和产出增长的重要作用。较为全面的经济增长理论的深入介绍可参考阿塞莫格鲁（Acemoglu，2009）、巴罗和萨拉·伊·马丁（Barro and Sala-i-Martin，2004）、琼斯（Jones，2002）等经典著作，有关新增长理论的深入讨论可参见阿吉翁和霍伊特（Aghion and Howitt，2009）、阿吉翁和霍伊特（Aghion and Howitt，1999）、格罗斯曼和赫尔普曼（Grossman and Helpman，1991）等著作，有关经济增长理论的近期发展综述可参见阿吉翁和杜洛夫（Aghion and Durlauf，2005a，b）。

为了深入讨论新经济增长理论的发展脉络与政策启示，我们首先对新古典经济学及其问题进行一个简单回顾，然后对几种新增长理论模型的主要思想和基本结构进行介绍，在基准模型的基础上再对相关的主要发展领域的扩展议题进行综述和梳理，并对基于内生经济增长模型的政策研究与政策启示进行述评，最后对内生经济增长理论进行总结和讨论，以得出未来研究的可能方向。

第二节　新古典增长模型的理论与现实挑战

新古典经济增长模型是由索洛（1956）和斯旺（Swan，1956）提出的索洛—斯旺模型所开创，并由拉姆齐（Ramsey，1928）、卡斯（Cass，1965）和库普曼斯（Koopmans，1965）的拉姆齐—卡斯—库普曼斯模型所发展。这些模型由于理论简洁明了，与经典的新古典模型假定完全一致，即要求生产函数符合要素投入产出递减、不存在规模收益等假定。模型采用一般均衡分析框架，对家庭与厂商的最优化行为进行了刻画，使经济增长这一宏观经济表现具有了微观基础。我们在这里给出经典的索洛—斯旺模型与拉姆齐—卡斯—库普曼斯模型，以作为内生增长模型的对照。

索洛—斯旺模型首先假定生产函数是资本存量 K 的函数，满足凹函数假定及稻田条件（Inada Conditions），即有 $F'(K) > 0$，$F''(K) < 0$，$\lim_{K \to \infty} F'(K) = 0$，$\lim_{K \to 0} F'(K) = \infty$。假定资本存量每年的折旧率为 δ，每年按照固定的储蓄率即投资率 s 将总产出的固定比例 sY 进行投资，则每年的净投资为 $K = sF(K) - \delta K$。由于 $sF(K)$ 是凹函数，与折旧曲线必相交于一点 K^*，从而决定了资本的稳态水平，即资本水平达到 K^* 之后，折旧增长将快于资本积累的速度，因而资本水平将下降，长期经济的资本存量水平将稳定在 K^* 上，因而经济增长也会趋于 0。

由于索洛—斯旺模型没有包含消费者行为的假定，而是直接将储蓄率外生给定，因而其对现实经济刻画过于简略。拉姆齐—卡斯—库普曼斯模型在其基础上加入了消费者最优化行为的分析，使储蓄率成为消费者效用最大化的理性选择，形成了包含消费者行为与生产者行为的一般均衡分析框架，成为新古典经济学的基准增长模型。该模型假定经济中都是由完全同质的消费者与生产者组成。在离散的新古典增长模型中，有如下消费者跨期消费最优条件：

$$\frac{u'(C_t)}{\beta u'(C_{t+1})} = 1 + r(K_{t+1}) \tag{2-1}$$

在常见的连续状态下，欧拉方程可以进一步推导：

$$\frac{u''(c_t)}{u'(c_t)} \dot{c}_t = \frac{1+\rho}{1+r} - 1 \approx \rho - r \tag{2-2}$$

例如，在效用函数为不变相对风险厌恶系数（CRRA）形式时，即：

$$u(c_t) = \frac{c^{1-\varepsilon} - 1}{1 - \varepsilon} \tag{2-3}$$

其中，$\varepsilon > 0$。此时，欧拉方程变为：

$$-\varepsilon \dot{c}_t / c_t = \rho - r \tag{2-4}$$

设消费增长率为 g，则欧拉方程变为：

$$r = \rho + \varepsilon g \tag{2-5}$$

欧拉方程表明，折旧率、利率、风险厌恶系数（或跨期消费替代弹性）对消费增长有着重要影响，特别是 r 与 ρ 之间的大小比较将决定居民所选择的人均消费数量的增减变化。

从索洛—斯旺模型和拉姆齐—卡斯—库普曼斯模型可以看出，新古典经济增长模型结构简单，实证容易，已成为经济增长理论的基准模型。但随着学术研究的进步，新古典模型的理论假定越来越不能适应研究的需要，也越来越难以解释经济增长过程中一些新现象与新问题。新古典经济增长理论中，由于生产函数主要只包括劳动与资本两种生产要素，其余的都被归结到并没有解释的索洛残差中，因而在资本边际报酬递减规律的作用下，经济不会长期增长。因而新古典经济增长模型"能解释一切现象，唯独长期增长不能解释"（巴罗，2004）。同时，新古典经济增长模型表明，在不存在技术变化的情况下，经济最终将收敛于"零增长"的稳态。虽然新古典增长模型也在得到不断发展，如扩展了资本的概念，将人力资本引入生产函数，从而在一定程度上可以规避因资本边际报酬递减而带来的增长收敛，但在长期仍然难以避免报酬递减（Savvides and Stengos，2009）。新古典经济学有关各国经济增长最终将收敛的理论命题与世界经济现实不符，这促使了新增长理论即内生经济增长理论的产生。

第三节 技术内生化的内生增长模型

一 AK 模型

AK 模型是最为简单的内生增长模型，但很多教材对 AK 的介绍是直接假定生产函数为技术生产率参数 A 与物质资本 K 的乘积形式，但作为一种内生增长模型，AK 形式的生产函数完全是可以内生决定的。

AK 模型是建立在对哈罗德—多马（Harrod - Domar）模型进行发展的基础上的。哈罗德—多马模型的假定蕴含了 AK 模型的基本思想。这一模型假定总量生产函数为 $Y = \min(AK, BL)$，其中，A 和 B 分别是资本与劳动的效率系数。当 $AK \leq BL$ 时，产量就由 AK 决定。在哈罗德—多马模型中，对固定储蓄率的直接假定就决定了资本的增长率，而 A 和 B 都为固定系数的假定也就使产出增长率等于资本增长率，即有：

$$g = \dot{Y}/Y = \dot{K}/K = sA - \delta \qquad (2-6)$$

但是，随着 K 的增长，当 $AK = BL$ 时，BL 开始成为模型的决定因素，人均产出将停止增长。由生产要素不可替代假设所导致的人均产出停止增长与经济现实严重不符，这是哈罗德—多马模型为什么迅速被经济学家所抛弃的原因。

弗兰克尔（Frankel, 1962）在哈罗德—多马模型的基础上提出了可替代生产要素的增长模型，但与索洛模型一样，他的模型没有包括消费者最优化。为分析简便，假定经济中共有 N 个企业，每一个企业 i 的生产都只有一个劳动者，代表性企业的生产函数取 $y = Hk_i^a$，其中，H_t 是一个发展水平系数，如可假定其由资本积累水平所决定，这使模型具有"干中学"的特点，即 $H = a(\sum_{i=1}^{N} k_i)^\gamma$。由于所有企业都假定同质，则资本数量与资本—劳动比一定相同，令 $K = \sum_{i=1}^{N} k_i$，代入代表性企业的生产函数并加总可得总量生产数为 $Y = aNK^\gamma (K/N)^a$。该生产函数表明，代表性厂商的投资不仅通过直接投资进行生产，而且还能通过提高整体投资水平扩大产出。

若令 $A = aN^{1-a}$，上述模型变成 $Y_t = AK_t^{a+\gamma}$，则根据不变储蓄率的假定，在当 $\alpha + \gamma$ 取不同值时，可得到不同的增长形态。当 $\alpha + \gamma < 1$ 时，"干中学"的收益无法抵消资本报酬递减，总量经济中边际资本的产出递减，从而经济总量将收敛于一个稳态，长期经济增长率为零，经济总量呈现出新古典增长的形态。当 $\alpha + \gamma > 1$ 时，"干中学"效应使经济增长率不断上升，经济增长将不再收敛，出现爆炸性增长。当 $\alpha + \gamma = 1$ 时，总量生产函数变为 $Y_t = AK_t$，则总增长率由式（2-6）给定，产出随着资本的增加而成比例地提高（Aghion and Howitt, 2009）。

第一个包含消费者最优化行为与生产者最优化行为的 AK 增长模型是由罗默（1986）提出的，该模型沿袭了弗兰克尔（1962）有关生产部门的设定，并加上了一个消费者效用最大化问题。在一个消费者就是一个生产者的假定下，消费者的效用最大化问题为：

$$\max \int_0^\infty \frac{c_t^{1-\varepsilon} - 1}{1-\varepsilon} e^{-\rho t} dt \qquad (2-7)$$

s. t. $\dot{k} = Hk^a - c$

其中，H 仍然沿用弗兰克尔（1962）的设定。由于在同质的生产者假定下，所有企业在均衡时都将雇用相同数量资本，于是可求出欧拉方程为：

$$-\varepsilon \dot{c}/c = \rho - \alpha a N^\eta k^{\alpha+\eta-1} \qquad (2-8)$$

有关增长的形态分析在罗默模型与弗兰克尔模型中是相同的，但罗默模型中的个人最优化问题的求解带来了一些重要的福利启示。由于单个企业投资能带动社会资本水平的提高从而促进经济增长，但这种外部效应并不能使企业得到补偿，因而竞争均衡的投资水平将低于社会最优水平，从而经济增长率要低于社会计划者所希望达到的最优增长率水平。

AK 模型的主要问题是，它虽然比新古典经济增长模型更能解释经济的持续增长，但却不能给在世界经济发展历史中观测到的一定范围内存在的俱乐部收敛提供一个令人信服的答案。虽然 AK 模型能够证明长期经济增长的存在，但建立在 $\alpha+\gamma=1$ 假设上的 AK 模型表明，各国经济增长率将保持一致，因而初始水平不同的经济体不会出现增长趋同的现象。这一问题使后续许多研究对 AK 模型进行了辩解与扩展。如阿塞莫格鲁和 Ventura（2002）在 AK 模型中引入国际贸易条件的分析，从而使 AK 模型能够解释增长率的收敛。AK 模型假定一国最终产品的生产还依赖来自外国的中间产品的投入，而中间产品投入又受到贸易条件的影响，因而最终推导出的 AK 模型的系数 A 就是贸易条件的函数，因此，本国经济的较快增长提高了对外国中间产品的需求和价格，从而导致本国贸易条件恶化，进而降低本国资本积累率和经济增长率，形成增长率收敛的情形。然而，这一模型仍然缺乏必要的经验证据来证明其假说和结论。

AK 模型的另一个缺点在于其没有区分资本积累和技术进步在经济增长中的不同作用，从而不能为经济增长研究提供更为贴切的微观基础，也不能对现实经济中的技术进步推动经济增长的机制给出合理的解释。随后一些学者在 AK 模型的基础上引入了人力资本，试图通过扩大资本的范畴以提高 AK 模型的解释力。然而，人力资本研究的发展突破了 AK 模型的框架，我们随后专门讨论人力资本模型的内生经济模型。

与其他内生经济增长模型相比，虽然 AK 模型仍略显粗糙，但其简单的模型设置与清晰的理论命题使其更适用于经验研究和政策讨论，也容易成为进一步研究经济增长中的其他经济现象的基准模型。琼斯和曼纽利（Jones and Manuelli，2005）对 AK 模型的扩展进行了全面细致的介绍，如运用 AK 模型框架讨论经济增长不确定性的影响等。

二 产品多样化模型

为了更好地解释经济增长与收敛，更好地内生化技术进步，以罗默为代表的经济学家提出，一类重要的技术进步表现为产品种类的多样化，即通过增加新的产品种类，生产率得到提高，从而促进经济发展。产品多样化模型是罗默（1990）建立在迪克西特和斯蒂格利茨（Dixit and Stiglitz，1977）所开创的垄断竞争模型的基础上的，这种模型通过假定不同企业专注于生产不同种类的产品，产品数量的增加也体现出了分工的进一步深化，从而将斯密与杨（1928）的专业化分工促进经济增长的思想得以体现。

罗默模型设计精巧，逻辑严密，然而正由于其分析的复杂性，许多研究将其精简以突出其重要理论特点。我们采用阿吉翁和霍伊特（2009）的简化模型以探讨产品多样化模型对新古典经济增长模型缺点的弥补和理论的发展。假定经济中生产要素主要包括劳动 L 和技术 A[①]，其中，资本由最终产品即消费品（不区分资本品与消费品）数量来衡量；劳动是指简单的体力劳动，以劳动人口数计算；技术是指面向公众的"非竞争产品"，代表知识溢出使生产具有的外部性，因此新技术的发现者不能独自从中获益。

假定经济中存在三个部门，即使用最终产品制造新设计方案 A 的研究部门，使用最终产品和研究方案生产耐用品的中间品部门，以及使用劳动与耐用品生产最终产出的最终产品部门。假定研究部门是完全竞争的，中间品部门则是完全垄断的，为简单起见，可以理解为研究部门设计出某一方案后就用这一方案进行这种中间品的垄断生产，而最终产品部门则是完全竞争的。

假定最终产品 Y 的生产函数为柯布—道格拉斯形式，即：

$$Y_t = L^{1-\alpha} \sum_{i=1}^{A_t} (X/A_t)_i^\alpha \qquad (2-9)$$

也可以写成连续形式：

$$Y_t = L^{1-\alpha} \int_0^{A_t} x_i^\alpha \mathrm{d}i \qquad (2-10)$$

[①] 罗默模型包括资本与技术，省略资本与人力资本的处理，有助于更清晰地理解该模型相对新古典增长模型的改进。

式（2-9）和式（2-10）表明，产品种类增加可以提高总体经济生产率。这种关于中间品的可加性表明，中间品的边际产出与所使用的其他中间品数量无关，因而一种新产品既不是其他产品的直接替代品，也不是直接互补品，从而不会使得任何新产品被淘汰。

假定中间品部门要生产一个单位的中间品，需要一比一地投入最终产品，用于中间产品生产的最终产品数量记为 X，则有：

$$X = \sum_{i=1}^{A_t} x_i = \int_0^{A_t} x_i \mathrm{d}i \tag{2-11}$$

由于在最终产品的生产过程中，所有方案 x_i 的进入方式没有差异，因而可以认为，所有类型 x_i 的方案使用水平是相同的，均为 $x = X_t / A_t$，因而式（2-10）可简化为：

$$Y_t = A_t^{1-\alpha} L^{1-\alpha} X_t^{\alpha} \tag{2-12}$$

t 期的技术水平被定义为从一个包括所有设计方案的无限集合 $\{x_1, x_2, \cdots, x_t\}$ 中抽取已有设计方案形成的子集 $\{x_1, x_2, \cdots, x_t\}$，对于这一无限集合，可令 $x_i = 0$，$\forall i > A$，则我们可以用 A 表示当前技术的指数。对于研究部门而言，技术 A 可以是无限增长的，技术可以通过投入最终产品而得到进步，即：

$$\dot{A} = \sigma R_t \tag{2-13}$$

其中，σ 是保持为正的产出效率系数。

现在考虑中间产品的生产。由于中间产品厂商 i 垄断了该产品的生产，垄断者面临着以最终产品计算的利润最大化问题：

$$\Pi_i = p_i x_i - x_i \tag{2-14}$$

由于最终产品是完全竞争，其价格为该中间产品作为生产要素在最终产品生产中的边际产品价值，即：

$$p_i = \frac{\partial Y}{\partial x_i} = \alpha L^{1-\alpha} x_i^{\alpha-1} \tag{2-15}$$

因而，从该中间产品的垄断厂商利润函数可求得最优 x 的数量，由于各种中间产品的对称性，各中间产品的均衡数量是相同的：

$$x = x_i = L\alpha^{\frac{2}{1-\alpha}} \tag{2-16}$$

从而，最终产品生产函数可写成：

$$Y_t = AL^{1-\alpha} x^{\alpha} \tag{2-17}$$

由式（2-17）可以看出，在没有人口增长等情况下，经济增长率完全由产品数量 A 来决定。根据式（2-13），我们还能够求出 A 的增长率。由于研究部门完全竞争，其利润必将为 0。若每一发明的价值为 Π/r，即 Π 的贴现值，则其利润为 $(\Pi/r)\alpha R_t$。根据利润最大化的一阶条件，可得"科研套利方程"：

$$r = \lambda \Pi \tag{2-18}$$

若代表性消费者效用函数采用如式（2-3）所表示的 CRRA 形式，则可将式（2-18）和式（2-14）代入消费者最优化问题所导出的欧拉方程式（2-5），可得经济增长率为：

$$g = \left(\lambda \times \frac{1-\alpha}{\alpha} \times L\alpha^{\frac{2}{1-\alpha}} - \rho\right)\Big/\varepsilon \tag{2-19}$$

式（2-19）表明，随着产品种类的多样化水平逐渐提高，经济增长率不断提升。

上述基准模型可以进行多种方式的拓展，如进一步将该模型扩展到将劳动作为研发唯一投入的情形下进行考虑，进一步假定劳动在研发和制造两个部门间分配，并假定中间产品种类 A 的增长率还取决于科研活动中的劳动投入，仍然会产生相似的结果。

罗默（1990）的原始模型则是一个更为精妙的模型，考虑了更多复杂的情形。该模型假定经济中有四种生产要素，分别是资本（K）、劳动（L）、技术（A）和人力资本（H），其中，资本由最终产品即消费品（不区分资本品与消费品）数量来衡量；劳动是指劳动者数量；技术是指面向公众的"非竞争产品"；而人力资本是指由教育和培训带来的个人所拥有的作为"竞争产品"。技术的非竞争性意味着知识溢出，使生产能够具有外部性，因此，新技术的发现者不能独自从中获益，而投资于人力资本的个人则能够获得人力资本的垄断性回报。这种人力资本投资的外生性使单个企业投资对经济总产出带来的效益并没有全部得到回报，因而会使竞争均衡下人力资本的投资水平低于社会最优水平，这与罗默（1986）的 AK 模型分析有类似之处。与此同时，由于人力资本的主要产出是研究，作为完全竞争的研究部门却面临着居于垄断地位的中间产品市场的购买，在垄断的市场条件下人力资本的价格将被低估，从而压抑了人力资本的投资。即便采用专利制度，仍然不足以使人力资本获得全部边际产品价值。

产品多样化模型为经济增长提供了有用的模型分析，这类模型明确地提出了生产率提高的一种机制。这种从水平层面上增加产品数量从而促进生产率提高乃至经济增长率提高的理论模型也得到了许多扩展。如有研究将多样化模型运用到最终消费产品不断增加的分析（Grossman and Helpman，1991），可以得到类似的结论。Gancia 和 Zilibotti（2005）对一些重要的扩展进行了较为全面的介绍和梳理，主要包括"实验—设备"等理论的发展。

三 质量提升模型

由于产品多样化模型中产品种类只会不断出现，不会被淘汰或消失，另一类内生经济增长模型旨在克服这一缺陷。与注重产品种类增加的水平创新模型相比，这类模型建立在熊彼特（Schumpeter，1942）提出的"创造性毁灭"思想基础上，用随机质量改进创新解释经济增长模型。沿着这一思路，重要的成果包括阿吉翁和霍伊特（1992）、格罗斯曼和赫尔普曼（1991）等。

我们采用阿吉翁和霍伊特（2009）对格罗斯曼和赫尔普曼（1992）的简化模型来介绍这一模型的主要思想。首先考虑只有一个创新部门的模型。与产品多样化模型相似，经济中存在研究部门、中间产品部门与最终产品部门，为简便起见，可将研究部门与中间产品部门视为由一个决策者决定。最终产品部门生产函数如下：

$$Y_t = (A_t L)^{1-\alpha} x_t^\alpha \tag{2-20}$$

其中，x_t 是中间产品使用数量。中间产品部门厂商仍旧是垄断者，他们利用最终产品作为唯一的投入一比一地生产中间产品。研究部门的投入也是最终产品，但其产出是不确定的，其产出为一种新形式的中间产品。如果研究者（或称企业家）研究成功，则本期使用的中间产品的生产率是上期的 γ 倍，即从 A_{t-1} 提高到 γA_{t-1}；如果未能成功，则生产率不变。假定研究成功的概率为：

$$\mu_t = \phi(R_t/A_t^*) = \phi(R_t/\gamma A_{t-1}) = \phi(n) \tag{2-21}$$

其中，第二个等式基于这样的假定：现有技术条件越先进，就越难以进行改进。令 $n = R_t/\gamma A_{t-1}$，可得第三个等式。假定函数满足稻田条件，或直接假定该函数为柯布—道格拉斯函数形式 $\phi(n) = \gamma n^\sigma$。

有了上述假定，我们就可以对厂商行为进行刻画。由于中间产品部门厂商为垄断者，则该厂商的目标是最大化其利润 $\Pi_t = p_t x_t - x_t$，其中，p_t 为中间产品相对于最终产品的价格。由于垄断厂商的产品是最终产品部门的生产要素，而最终产品部门则是完全竞争市场，因而中间产品作为生产要素的价格将是其在最终产品生产中的边际产品，由生产函数式（2-20）求出中间产品的价格，继而可求出均衡时中间产品的数量 x 与垄断利润，从而可以求出最终产品生产函数为：

$$Y_t = \frac{2\alpha}{\alpha^{1-\alpha}} A_t L \quad (2-22)$$

对从事研究的创新者而言，可求出科研套利方程，从而得出均衡时的科研水平 n 和创新概率 μ 如下：

$$n = (\alpha \lambda \pi L)^{\frac{1}{1-\sigma}} \quad (2-23)$$

$$\mu = \lambda^{\frac{1}{1-\sigma}} (\sigma \pi L)^{\frac{\sigma}{1-\sigma}} \quad (2-24)$$

由式（2-22）可知，最终产品产出与生产率参数 A_t 是成比例的，因而在人口 L 为常数的前提下，经济增长率由 A 的增长率决定。由于 A 的增长是随机的，研究者以 μ 的概率实现创新，使经济增长率达到 $g_t = \frac{\gamma A_{t-1} - A_{t-1}}{A_{t-1}} = \gamma - 1$；而研究者失败的概率是 $1 - \mu$，没有创新导致没有增长，$g_t = 0$，因而经济增长率的期望值为：

$$g_t = E(g_t) = \mu(\gamma - 1) \quad (2-25)$$

将式（2-24）代入式（2-25），可得平均增长率为：

$$g_t = \frac{1}{\lambda^{1-\sigma}} (\sigma \pi L)^{\frac{\sigma}{1-\sigma}} (\gamma - 1) \quad (2-26)$$

由此可以看出，平均经济增长率由创新成功的概率与创新质量程度的乘积决定，而创新成功的概率一方面与创新投入有关，另一方面也与已有的技术水平有关，这就表明，对于远离世界技术水平前沿的经济体更容易实现技术创新，从而更容易实现经济快速增长，同时，加大对创新研究的投入，是经济增长的重要条件。经济增长还受到创新生产率指数 λ 的影响。这表明，通过大力发展教育，特别是高等教育可以通过促进创新生产率的提高来促进长期经济增长。

上述模型是建立在经济中只有一个创新部门的假设条件下，若将模型推广到经济存在多个创新部门时，即中间产品为 [0，1] 之间的连续统，各种中间产品都可用于生产一种同质的最终产品，则每种中间产品生产最终产品的生产函数可表示为 $Y_{it} = (A_{it}L)^{1-\alpha} x_{it}^{\alpha}$，由于最终产品是可以加总的，最终产品总量生产函数为 $Y_t = L^{1-\alpha} \int_0^1 A_{it}^{1-\alpha} x_{it}^{\alpha} di$，其中，$x_{it}$ 表示

时刻 t 使用的中间产品 i 的数量，A_{it} 表示由产品质量决定的生产率参数。仍然假定每种中间产品的创新是随机的，因而不同产品的生产率参数不同。对经济总体而言，定义总体生产率参数为 $A_t = \int_0^1 A_{it} di$。

由于存在无数个中间产品部门，所以也需要同样多的研究部门。假定每个部门都有一个研究者，采用最终产品进行研究，成功的概率为 $\phi(n_{it}) = \gamma n_{it}^\sigma$，其中，$n_{it} = R_{it}/A_{it}^*$，$A_{it} = \gamma A_{i,t-1}$。与单部门分析类似，中间产品 i 的研究者垄断了该中间产品的供给，因而我们可以得出类似于式（2-16）的 x_{it} 的均衡数量为 $x_{it} = \alpha^{\frac{2}{1-\alpha}} A_{it} L$ 以及均衡利润 $\Pi_{it} = \pi A_{it} L$。从而将 x_{it} 代入最终产品生产函数，可得 $Y_t = \alpha^{\frac{2}{1-\alpha}} A_t L$。对研究部门而言，通过求解"科研套利方程"，也可得出经过生产率调整的科研开支以及创新成功的概率分别为：

$$n = (\sigma \lambda \pi L)^{\frac{1}{1-\sigma}} \tag{2-27}$$

$$\mu = \lambda^{\frac{1}{1-\sigma}} (\sigma \pi L)^{\frac{\sigma}{1-\sigma}} \tag{2-28}$$

式（2-27）、式（2-28）表明，创新成功的概率在各部门之间是相同的，这是多部门熊彼特模型的一个重要特征，其原因是已有先进水平的部门所得到的更高回报会被其更高的创新成本所抵消。

类似地，由最终产品生产函数可知，总产出与 A 是同比例的关系，因而计算创新生产率的增长率就是经济增长率。对于任意部门 i，创新成功的概率为 μ，则对于整个经济而言，有比例 μ 的企业创新成功，效率比上一期提升 γ 倍，则总量经济的平均生产率水平为：

$$A_t = \mu \lambda A_{t-1} + (1-\mu) A_{t-1} \tag{2-29}$$

则经济增长率为：

$$g = \mu(\gamma - 1) \tag{2-30}$$

可见，经济增长率与单部门熊彼特模型相同，从而其进一步分析也能得到与单部门分析相同的结果。

上述质量提升模型都没有包括物质资本，霍伊特和菲利普（Howitt and Philippe，1998）的研究弥补了上述两个模型的缺陷，他们假定知识生产需要投入劳动与资本，从而物质资本积累与劳动之间就能形成相互促进的作用，资本积累扩大了研发获得的利润，促进了研发投入与知识积累及技术进步的增长，而这又反过来促进资本边际回报率的提高，使家庭提高储蓄，提高总产出中的资本积累。

由对产品多样化模型与质量提升模型的简单分析可以看出，这两种理论具有较大的相似性。事实上，从两者分别被称为"水平创新"模型和"垂直创新"模型就可以看出两种模型的内在联系。严成樑和龚六堂（2009）的综述甚至直接将两种模型统称为熊彼特增长理论。但与产品多样化模型相比，熊彼特模型对于质量提升与创新升级的描述具有更强的解释力。基于熊彼特模型的内生经济增长理论研究层出不穷，成为内生经济理论的重要研究分支。严成樑和龚六堂（2009）梳理了两种创新增长模型，区分了早期内生熊彼特增长模型、半内生熊彼特增长模型与完全内生熊彼特增长模型。他认为，早期内生熊彼特增长模型具有强调知识溢出、劳动供给不变、经济规模效应等理论特点，但知识溢出效应和经济规模效应一直是对这一理论范式的争议要点，因而引出由琼斯（1995）、科特姆（Kortum，1997）、塞杰斯特罗姆（Segerstrom，1998）等发展的半内生熊彼特模型，这些模型假定知识生产的技术机会递减导致的只是边际生产率下降，因而需要研发投入劳动与人口增长率的增长。但半内生熊彼特增长模型认为，经济增长率与人口增长率呈正相关及政府政策不能影响经济增长的两个理论命题是该理论的重要缺陷，因此，杨（1998）、帕累托（Peretto，1998）、Dinopoulos和汤普森（Thompson，1998）、霍伊特（1999）等研究提出了基于融合水平创新和垂直创新的内生熊彼特增长模型。这一研究路径假定水平创新部门没有溢出效应，而垂直创新部门中溢出效应较强，经济增长率取决于两种创新的速度，水平创新与人口增长率相等，政府政策可通过影响总产出或劳动力中用于垂直创新的比例来影响经济增长。

熊彼特模型也具有巨大的应用价值，在这一内生增长体系上，可以深入分析许多经济问题。阿吉翁和霍伊特（1999）利用熊彼特模型的发展来分析许多与增长有关的问题，如失业、经济周期、市场结构、不平等及分配等，建立了具有高度系统性的熊彼特增长理论体系。格罗斯曼和赫尔普曼（1991）结合产品多样化模型与质量提升模型构建了一个全面的创新增长理论框架，并运用这一框架研究了全球经济中的国际贸易、要素流动、政策传导、知识扩散等经济现象。严成樑和龚六堂（2009）也对相关模型进行了细致的梳理和介绍。

四　人力资本模型

正如前面所述，人力资本曾在新古典框架内被引入作为规避资本边际报酬递减带来的增长收敛问题，但从长期来看，即便存在人力资本与物质资本及它们之间的替代关系，经济增长机制也没有得到明确清晰的解释。因而，旨在揭示人力资本对生产率乃至整体经济增长的促进作用的内生增长模型不断得到发展，成为内生经济增长模型中的重要分支。

事实上，在产品多样化模型与熊彼特模型中，我们也能找到人力资本扮演的重要角色，但是，这些模型并没有对人力资本进行刻画，因而也未能解释人力资本是如何被生产出来的，从而难以为政府提供促进人力资本加快经济发展的理论依据。在这个方面，卢卡斯（1988）提出了一个极好的人力资本基准模型，在宇泽弘光（Uzawa，1961）的基础上深入探讨了人力资本对于经济增长的重要作用，后被称为卢卡斯—宇泽弘光模型。

卢卡斯（1988）模型是建立在完全同质的个人与厂商的基础上的，因而其分析相对简单。假定代表性个人的效用函数取 CRRA 形式，人口增长率为 g_L，则效用函数可写为：

$$u = \int_0^\infty \frac{c^{1-\sigma} - 1}{1 - \sigma} e(\rho - g_L)t \tag{2-31}$$

假定代表性个人将自己的时间分为求学和生产两个部分，求学是消费者投资人力资本的途径。将个人的全部寿命/时间单位化为 1，记求学时间比例为 z，则劳动时间为 $1-z$。假定通过学习，代表性个人的人力资本与他花费在求学上的时间成正比，即有：

$$\dot{h}(t) = \zeta z(t) \cdot h(t) \tag{2-32}$$

其中，ζ 表示经济中人力资本积累的效率。这一方程刻画了个人将如何决定人力资本投资水平。由于时间是生产人力资本的唯一投入要素，代表性个人的收入约束条件不受影响，但由于有人口增长，则收入约束为：

$$\dot{k}(t) = y(t) - c(t) - g_L k(t) \tag{2-33}$$

代表性企业的产出函数为：

$$y(t) = A k(t)^\beta [(1-z(t))h(t)]^{1-\beta} [h_A(t)]^\gamma \tag{2-34}$$

其中，$h_A(t) = \sum h_i$ 表示全部代表性个人的人力资本总水平，这表明

个人的人力资本 $h(t)$ 不仅直接进入生产函数决定总产出水平（即卢卡斯所说的内部效应），全部个人的人力资本水平也进入生产函数（即外部效应）。将产出即收入水平式（2-34）代入收入约束式（2-33），得出资本动态方程：

$$\dot{k}(t) = Ak(t)^{\beta}[(1-z(t))h(t)]^{1-\beta}[h_A(t)]\gamma - c(t) - g_L k(t) \quad (2-35)$$

由目标函数最大化式（2-31）和物质资本与人力资本动态方程式（2-35）及式（2-32）组成了一个动态最优化问题，采用最优控制理论方法即可求解。经过繁冗的计算可得到该模型达到稳态（即 k、h 和 c 以不变速度增长，$1-z$ 固定不变，且 k 的增速与 c 的增速相同）时的各投入与产出增长率：

$$g_c^* = g_k^* = \frac{(1-\beta+\gamma)}{1-\beta} g_h^* \quad (2-36)$$

$$g_h^* = \frac{(1-\beta)(\zeta-\rho)}{\sigma(1-\beta)-\gamma} \quad (2-37)$$

$$g_Y^* = \frac{(1-\beta+\gamma)(\zeta-p)}{\sigma(1-\beta+\gamma)-\gamma} \quad (2-38)$$

也能求出最优人力资本投资水平为：

$$z^* = \frac{(1-\beta)}{[\sigma(1-\beta+\gamma)-\gamma]} \frac{(\zeta-\rho)}{\zeta} \quad (2-39)$$

由式（2-38）可以看出，即便没有人力资本的溢出效应（$\gamma=0$），经济也能持续增长，而且可以知道，人力资本由于有外部效应，假设存在一个由社会最优计划者决定的长期经济，则社会最优计划者决定的人力资本水平要高于个人自行决定的稳态水平。采用类似的最优控制理论方法，也能求出最优计划者决定的最优人力资本增长水平为：

$$g_h^{*S} = \frac{(1-\beta)(\zeta-\rho)+Y\zeta}{\sigma(1-\beta+\gamma)} \quad (2-40)$$

从而最优人力资本投资水平为：

$$z^{*S} = \frac{(1-\beta)(\zeta-\rho)=\gamma\zeta}{\zeta\sigma(1-\beta+\gamma)} \quad (2-41)$$

很明显，最优计划者决定的人力资本增长水平式(2-40)要大于稳态水平式(2-37)，人力资本投资水平式(2-41)也要大于稳态水平式(2-39)。

Rebelo（1991）在卢卡斯—宇泽弘光模型基础上，在人力资本生产方程中引入物质资本，并在最终生产函数中引入实时人力资本与生产率之间的扩散，即式（2-34）和式（2-32）分别变为：

$$y(t) = A_1[\phi_1(t)k(t)]^\beta \{[1-z(t)]h(t)\}^{1-\beta} \qquad (2-42)$$

$$\dot{h}(t) = A_2\{[1-\phi_1(t)]k(t)\}^\eta [z(t)h(t)]^{1-\eta} \qquad (2-43)$$

其中，$[1-\phi_1(t)]$ 和 $\phi_1(t)$ 分别表示用于人力资本积累和最终生产函数的物质资本比例。Rebelo 首先求出了静态效率条件，即由物质资本与人力资本投资的边际产品应相等所决定的条件：

$$\frac{1-\beta}{\beta}\frac{\phi_1 k}{(1-z)h} = \frac{1-\eta}{\eta}\frac{(1-\phi_1)k}{zh} \qquad (2-44)$$

并求出了在稳态时 k/h 比例不变情况下最终生产部门资本投资边际产出应与人力资本积累部门的人力资本投资边际产出相等，即：

$$\beta A_1 \left(\frac{\phi_1 k}{(1-z)h}\right)^{\beta-1} = (1-\eta)A_2\left(\frac{(1-\phi_1)k}{zh}\right)^\eta \qquad (2-45)$$

从而可得出以下条件：

$$\frac{\phi_1 k}{(1-z)h} = \left(\frac{A_1}{A_2}\frac{\beta}{(1-\eta)}\right)^{\Gamma_1/\eta}\left(\frac{(1-\eta)}{\eta}\frac{\beta}{(1-\beta)}\right)^{\Gamma_1} \qquad (2-46)$$

$$\frac{(1-\phi_1)k}{zh} = \left(\frac{A_1}{A_2}\frac{\beta}{(1-\eta)}\right)^{\Gamma_1/\eta}\left(\frac{(1-\eta)}{\eta}\frac{\beta}{(1-\beta)}\right)^{-\Gamma_1(1-\beta)/\eta} \qquad (2-47)$$

其中，$\Gamma_1 = \eta/(1+\eta-\beta)$。将物质资本与人力资本的比例代入物质资本回报方程可得：

$$r^k = A_1^{\Gamma_1} A_2^{1-\Gamma_1} \Gamma_2^{\Gamma_1}$$

其中，$\Gamma_2 = \beta^\beta(1-\beta)^{1-\beta}\eta^{1-\beta}(1-\eta)^{(1-\beta)(1-\eta)/\eta}$。在经历较为复杂的计算后，可得出 Rebelo 模型的最终产品的稳态增长率为：

$$g_y^* = \max\left(\frac{A_1^{\Gamma_1} A_2^{1-\Gamma_1} \Gamma_2^{\Gamma_1} - \delta_K - \rho}{\sigma}, -\delta_K\right) \qquad (2-48)$$

式（2-48）表明，Rebelo 经济中存在角点解，即经济中存在零投资的稳态解。当经济中存在正投资时，增长率是固定的，取决于 A_1、A_2 以及经济中的其他参数。由于人力资本的积累能够提高物质资本的边际产品，从而能鼓励物质资本的积累，这反过来又能提高人力资本的边际产品，促进人力资本的积累。因而在这一经济中，经济增长是持续不断的，即便单个生产要素的边际报酬递减，但两种要素之间的交互作用使得经济具有持续增长的性质，也使模型具有与人力资本新古典增长模型类似的特点。

第四节 拓展的议题

在上述模型基础上，经济学家利用新增长理论对许多经济学理论进行深入考察，推动了相关领域的研究进展，其中，最引人注目的是，对资本理论的发展、人口变迁的内生化、技术进步研究的深化、市场与分工研究的细化、国际经济联系与比较及制度因素的发展等方面。我们在这里不打算对各个领域自身发展进行全面回顾，而主要关注内生增长理论对于这些领域研究的推动和贡献。

一 资本理论的进一步发展

由于资本是经济增长至关重要的变量，其在经济增长理论中也占有重要地位。内生经济增长理论中，对资本理论的进一步发展也是重要的发展分支。除人力资本外，资本理论还扩展到公共资本、年份资本和社会资本等发展上。

公共资本的引入将资本区分为私人资本和公共资本。一般假定私人资本是普通商品，而公共资本则是公共物品，表现出投资的外部性，从而为政府干预提供了理论依据。本书不打算对公共资本如何促进经济增长的相关研究进行全面梳理，这种综述可参见 Romp 和 De Haan（2007）、左大培和杨春学（2007），我们这里主要讨论公共资本理论研究与新增长理论的联系与发展。

早期有很多研究在新古典增长框架下进行了公共资本的跨期最优化研究，如 Aschauer（1989），Baxter 和 King（1993），Aschauer（2000），Devarajan、Swaroop 和 Zou（1996），Devarajan、Xie 和 Zou（1998）等。也有一些基于 AK 模型内生经济增长框架下的公共资本研究，如巴罗（1990）、Turnovsky 和 Fisher（1995）、Fisher 和 Turnovsky（1998）、Turnovsky（2000）等。

巴罗（1990）为公共资本研究提供了一个基准模型，在一个简单的 AK 模型中引入公共资本，将公共资本作为与私人资本并行的一种生产要素进入生产函数。由于公共资本具有外部性，分散最优化决策框架不能得到最优解，因而必须由政府提供。这些研究大多运用动态最优化方法，对公共资本及其拥堵性、最优公共资本规模等对经济增长的影响进行了较为细致的探讨，得出了许多富有意义的结论。

将公共资本从总资本中与私人资本区分出来，对于各种实证与政策研究有着重要意义，能够解释跨国经济差距的一大部分。然而，从方法论上说，这种做法对于经济增长研究和理解仍然沿袭了基本的新古典经济增长理论和 AK 增长理论的做法，其理论贡献主要在于对公共资本拥堵性的测度与影响评估。另外，公共资本往往被简单地作为与私人资本并行的一个投入要素进入生产函数，这对于我们理解经济增长的机制并无太大帮助，即便是假定公共资本对全要素生产率有促进作用，在常用的柯布—道格拉斯生产函数中，公共资本是否通过影响全要素生产率而进入生产函数实质上都是一样的，最终都将构成一个扩展的 AK 模型，如果对于产出弹性系数没有明确限制的情形下，甚至是否属于内生增长模型框架都较难分辨。因此，简单地将公共资本纳入生产函数，无论是直接或是通过影响全要素生产率的间接方式，都并没有深刻地揭示公共资本影响经济增长的机制。杜格尔、萨尔茨曼和克莱因（Duggal、Saltzman and Klein，1999）试图将公共资本（基础设施资本）作为技术约束从而影响全要素生产率，但模型缺乏微观基础，不是一般均衡模型。因此可以预计，将公共资本理论对于创新、技术变迁等经济增长动力的重要机制进行更深入的揭示，特别是将公共资本放入产品多样化模型、质量提升模型、人力资本模型等内生增长理论框架中进一步研究，有可能是未来公共资本研究的可行路径。

年份资本增长理论是对于经典经济学中标准投资理论有关资本品均质与外生折旧率等假定的修正。传统经济学假定所有组成资本存量的各种资本对产出都有同样的边际贡献，这就使得不同时间投入的资本对于技术进步有着相同的贡献，这一假定事实上也否定了投资速度与技术进步之间的关系，因而是不现实的（Boucekkine、de la Croix and Licandro，2011）。同时，对于企业而言，不同类型的资本折旧率可能有很大不同，资本利用率等因素都有可能影响资本折旧率，资本品价格、资金成本等对于厂商更新资本也有很大影响（方文全，2012），因而有必要对资本理论进行发展以解决传统理论与现实不符的假定，这就是年份资本理论产生的原因。

根据 Boucekkine、de la Croix 和 Licandro（2011）的梳理，年份理论实际上早在 20 世纪五六十年代就已经涌现出了一大批研究成果（Johansen，1959；Solow et al.，1966），到了60年代后，由于论战和统计数据的缺乏等原因消失了，但在90年代后又因戈登（Gordon，1990）所发展的耐用品价格时间序列等统计数据的完善与以最优控制理论与数值方法为主的数理工具的发展而重新崛起，虽然原有理论方法很多被否定，年份资本理论在增长核算、最优控制方法和年份人力资本三个方面得到了重大的突破与发展。早期的年份资本增长理论主要是对资本按所体现的技术进步率进行折旧，90年代后，在新古典经济学框架下，年份资本增长理论主要试图说明引入年份资本后对新古典经济增长的影响，以及在最优增长模型中探讨丢弃资本的时机与规则。由于年份资本理论本身就体现了技术进步，与内生增长理论有着相似的研究兴趣，因而随着内生增长理论的发展，年份资本也能够很好地用于对内生增长理论的扩展研究中。但是，Boucekkine、de la Croix和Licandro（2011）指出，将年份资本和研发部门结合起来是比较困难的，因而目前有关研究并不是特别多，代表性的有Krusell（1998）、Boucekkine等（2005）、Jovanovic和Yatsenko（2012）、方文全（2012）等。

社会资本本来是社会学中的概念，后来经济学家开始将其引入制度经济学分析，用来分析经济活动中角色之间的互动行为（Durlauf和Fafchamps 2005年等的综述）。最近，也有一些研究开始将社会资本引入内生经济增长理论。例如，Chou（2006）研究了社会资本对于内生经济增长的三条路径，分别是协助人力资本的形成、通过促进集体信任和社会规范影响金融发展、加速企业间有关商业和技术创新的网络效应，并探讨了如何促进社会资本形成的条件与政策措施。Beugelsdijk和Smulders（2009）考察了两类社会资本对经济增长的不同影响：一类是需要花费大量时间建立的社会关系，由于其减少了生产时间，从而不利于经济增长；另一类是能减少寻租、增加信任的社会关系，这种社会资本能促进经济增长。Bartolini和Bonatti（2008）在一个包含"干中学"与技术扩散的内生经济增长模型中发现，市场的增长与扩大，与社会资本成反比关系。Sequeira和Ferreira-Lopes（2011）在假定社会资本的生产需要耗费人力资本的内生增长模型中，考察了社会资本如何与人力资本相互作用及其对经济增长的影响，研究发现，随着经济的发展对于人力资本的需求越来越多，人力资本相对于社会资本对于经济增长的重要性越来越高。可以看出，由于经济学家对社会资本的定义、内涵和测度有着不同的看法，因而不同的模型有着完全不同的分析方式,从而尚未形成有重大影响的研究,但是,社会资本对于经济增长的重要性已经得到学者们的认可,纳入社会资本概念的内生经济增长理论有望得到更大发展。

二 人口变迁的内生化

与新古典经济增长理论类似,经典的内生增长理论模型也将人口与劳动供给视为外生给定,这样更能抽象出资本、技术等重要的可人为地改变生产要素对增长的影响。但近数十年来,发达国家和包括中国在内的许多发展中国家相继面临着严峻的人口老龄化形势的挑战,使生育率的高低及其决定因素已成为经济学的重要研究问题。与此同时,随着各国社会福利水平的逐步提高,劳动参与率也发生了重要变化,这使劳动参与率即劳动供给意愿也成为经济学家的研究兴趣所在。在这两个社会背景下,对生育率和劳动参与率的研究就成为新增长理论的重要研究问题。

巴罗和贝克(Barro and Becker,1989)是最早对出生率对于经济增长影响的重要研究文献之一,但这些文献大多是在新古典框架中研究生育选择与消费之间的权衡关系。贝克、墨菲和塔姆拉(Becker,Murphy and Tamura,1990)最先在内生增长理论中研究生育率的选择,从而为生育率选择提供了一个经典的基准模型。

与我们前面所梳理的新古典和内生增长理论不同,由于生育率选择都是由成年人决定的,因而需要在模型中引入代际结构,因而这些模型大都采用了世代交叠模型分析框架。贝克、墨菲和塔姆拉(1990)的研究是建立在人力资本模型基础上的,在父母对子女关心的利他主义、父母养育子女需要花费时间成本、父母对于子女数量与质量选择存在折中等假定下,他们在一个世代交叠模型中考察了人力资本等经济变量如何决定生育率的内生选择。他们证明了人力资本水平与生育率水平呈反向变换的关系,模拟出了增长停滞的马尔萨斯均衡与持续增长均衡。近期许多新的研究进一步讨论了包括人口结构在内的经济结构如何从马尔萨斯均衡实现向持续增长均衡的转变,如加洛和韦尔(Galor and Weil,2000)、汉森和普雷斯利特(Hansen and Prescott,2002)、多普克(Doepke,2004)。有关这一问题的综述,可参见加洛(2005)、Guinnane(2011)等。

三 技术进步研究的深化

技术作为新增长理论中经济增长的根源，随着内生增长理论的发展而得到更为细致的剖析。对于技术本身的研究深化体现在对特定类型技术的深入研究上，内生经济增长理论区分出了通用技术、有偏或定向的技术进步等类型。

Bresnahan 和 Trajtenberg（1995）最先提出"通用技术"这一概念并对其进行了理论分析。据他们的定义，通用技术是指在许多部门都有广泛运用的潜力且技术演进富有技术活力的技术，随着通用技术的发展演化，这种技术逐渐扩展到整个经济各部门，从而带动了经济生产率的提高。通用技术的典型代表是蒸汽机、电力、半导体、计算机、网络等重大技术变革。Bresnahan 和 Trajtenberg（1995）提出了通用技术的树形结构，主要发起技术位于树形结构的顶部，从主要技术向四周扩散出各种衍生技术，从而提高整个经济的技术水平。赫尔普曼（1998）提供了通用技术的多个一般均衡模型框架，其中有多个模型是在包括熊彼特模型在内的内生增长理论模型的基础上发展的，这些模型理论讨论了通用技术对要素市场的影响、对资本存量的影响、对垂直整合的影响等，也被用来分析诸如劳动分工、工资不平等、生产率减速等问题，显示出了很强的解释力。

阿吉翁和霍伊特（2009）引述了一个基于熊彼特增长理论的通用技术模型（Helpman and Trajtenberg，1998）。该模型的基本思路是：通用技术由于普遍需要巨大的重置和调整成本，因而其产生过程不是平稳的，也是不能预料的，与传统的技术进步理论中有关与技术进步能促进经济增长的结论不同，初始的通用技术进步会造成短期内的产出、生产率与就业水平的降低。这是因为，对于通用技术而言，原有中间产品和生产技术都不再适用，需要重新开发，这就使企业要等到原有的通用技术足够低效才会开发新技术。因而从新的通用技术被发现直至其在经济中被全面实施，由于许多资源被用于开发新通用技术而暂时不能发挥生产作用，产出、生产率与就业水平可能都将下降。更新的通用技术研究的综述请参见 Jovanovic 和 Rousseau（2005），Hornstein、Krusell 和 Violante（2005），系统性的理论阐述请参见 Lipsey、Carlaw 和 Bekar（2006）。

有偏或定向技术进步主要是学者们在研究美国等发达国家战后经济发展过程中出现的一些与传统经济增长理论不相符的经济现象时所提出

来的理论解释，这些现象包括虽然拥有大学学历的劳动者数量在持续上升，但他们的平均劳动报酬越来越高于没有大学学历的劳动者；虽然美国劳动与资本的产出份额一直持续保持不变，资本劳动比在稳步上升。经济学家们认为，这两个现象分别表明，美国经济表现出了技能偏向技术进步和劳动增进技术进步。

阿塞莫格鲁（1998）最先使用技能偏向技术进步概念揭示了美国的工资不平等现象，他在阿吉翁和霍伊特（1992）以及格罗斯曼和赫尔普曼（1991）模型的基础上，引入了技能补充型和劳动补充型技能改进的差异，提出技能型劳动者数量的增加为技能补充型技术提供了更大的市场，从而促进了这种技术改进，提高了生产率，虽然在短期减少了技能的回报，但在长期通过促进技能偏向技术改进而提高了技术回报，这一理论能够很好地解释美国20世纪八九十年代大学毕业生的工资相对上升现象。阿塞莫格鲁（2002）在借鉴Rivera－Batiz和罗默（1991）的实验室—设备设定、创新可能性边界以及Rebelo（1991）的增长模型框架的基础上，探讨了技术进步偏向方向的决定因素，一个决定因素是生产要素的可替代性，两种生产要素替代性越强，市场规模效应越强，就越有可能出现偏向于要素丰富部门的技术进步；另一个决定因素是创新可行性边界的状态依存程度，后者是指创新的未来相对成本与现有的研发状态即R&D组成部分的关联程度。阿塞莫格鲁和Zilibotti（2001）采用这一概念揭示了发达国家与发展中国家之间的生产率差异。他认为，由于新技术都是发达国家根据本国要素结构开发的偏向型技术进步，发展中国家引进与模仿这些技术会导致发展中国家技术与技能的不匹配，从而不能带来赶超和增长，这一模型对于发展中国家和发达国家生产率差异有着较好的解释力。有关偏向或定向技术进步研究的理论综述，可参见Daron（2002）、Gancia和Zilibotti（2005）第四节的综述。

四　国际贸易与世界经济收敛

以AK模型、产品多样化模型、质量提升模型、人力资本模型等为代表的内生增长模型虽然解决了新古典经济增长理论无法实现持续增长的问题，但也出现了增长率无法收敛的新问题。为了在内生增长理论框架下实现增长率收敛，基于新古典和新增长理论的许多模型得以发展。一些学者认为，增长率收敛的原因主要是高收入国家的原创技术扩散到低收入国家，从而提高了低收入国家的技术水平，促进了低收入国家收入向高收入国家的收敛,这就使学者们发展出了技术扩散模型。也有一些学者从格申克龙(Gerschenkron,1962)的后发优势入手,考察远离世界技术前沿的不发达国家如何实现迅速增长,探讨从富国向穷国的技术转移问题。

最早的技术扩散模型由纳尔逊和菲尔普斯(Nelson and Phelps,1966)提出,他们探讨了人力资本对于技术扩散的重要性,这里的技术扩散主要是指技术从发明到采用的过程,教育通过提高人力资本可以加速这一过程。最先将技术扩散运用到国际贸易理论中的是克鲁格曼(1979),在这一模型中,发达国家垄断创造新技术,然后将新技术产品出口到不发达国家之后不再生产该产品,不发达国家吸收该技术后生产该产品出口到发达国家,从而揭示了由技术扩散引起的国际贸易的原理,但正如作者自己所指出的,该理论模型缺乏对创新和技术扩散的原因及速度的刻画,同时对于生产过程也进行极度的简化,只包括劳动一个生产要素。

20世纪90年代以来,许多模型开始在内生增长理论中考虑国际贸易所蕴含的技术扩散与创新过程,如Jovanovic和Lach(1991)在罗默(1990)的框架中引入了随机技术冲击,试图讨论技术扩散对于国际收入差距的影响。格罗斯曼和赫尔普曼(1991)则在他们所发展的结合产品多样化模型与质量提升模型的创新增长理论模型中讨论了由产品多样化、质量竞争、要素均等化、质量升级、知识扩散、产品周期等原因造成的国际贸易动态过程。Rivera-Batiz和罗默(1991)在罗默(1990)的框架中讨论了发达国家之间的经济整合与经济增长的关系。巴罗和萨拉·伊·马丁(1997)则认为,这些研究大都仅考虑稳态条件下的知识扩散的效果,并没有分析技术扩散的动态转移路径,因而巴罗和萨拉·伊·马丁(1997)在他们的基础上,对由技术扩散引起的发达国家与不发达国家增长率收敛进行了正式讨论,建立了一个技术扩散理论的基准模型。

巴罗和萨拉·伊·马丁(1997)假定发达国家经济(即创新者)与不发达国家(模仿者)的生产函数都遵循产品多样化生产函数,且创新者的中间产品种类要多于模仿者,假定模仿成本为常数,则两个国家都不会出现收益递减。模型结果表明,只要模仿者能够成功地模仿发达国家新技术并运用于国内最终产品的生产,由于模仿成本低于开发成本,不发达国家就倾向于追赶上领先经济体,而不需要收益递减的约束。

与技术扩散理论不同，技术转移理论关注的是不发达国家的创新过程。技术由发达国家向不发达国家转移不是自然地、无代价地产生的，不发达国家也需要投资于创新，虽然这种创新与发达国家的前沿 R&D 不同，但这种创新也是对技术转移必要的投入（Cohen and Levinthal, 1989; Griffith, Redding and Reenen, 2004）。一些研究在熊彼特模型框架内解释了由这种技术转移或跨国技术外溢带来的经济增长收敛，如霍伊特（2000）、霍伊特和迈耶－福尔克斯（Howitt and Mayer – Foulkes, 2005）等。

第五节 政策研究与启示

由于内生增长模型是对新古典经济增长模型的修订与发展，对于经济的理解更为深刻，对于经济增长机制的刻画更为准确，因此，根据新增长理论，我们可以得到更有助于促进经济增长的政策启示。事实上，许多学者在内生经济增长理论框架下，也开展了大量有关研究，得到了许多富有价值的政策建议。下面从微观经济政策、宏观经济政策、制度设计与改革等方面对有关政策启示进行梳理。

一 微观经济政策

从微观方面看，与新古典经济增长理论相比，内生经济增长理论所假设的经济环境、市场结构、经济主体行为、约束条件等都有所不同，因而根据内生经济增长理论得到的微观经济政策就具有一些不同的特点。

内生增长理论首先引入了外部性问题，由于外部性的存在，一些内生经济增长模型的竞争均衡并不是帕累托最优状态，因而需要政府采取不同的政策以纠正市场失灵。在引入公共资本或人力资本的 AK 模型中，由于公共资本或人力资本得不到其边际收益作为补偿，个人或企业对于公共资本或人力资本就不会有动机进行投资，因此需要政府对公共资本或人力资本的提供与生产进行干预或直接提供，事实上，基础设施、基础教育已成为典型的公共物品，是政府可以采取适当措施纠正市场失灵的主要内容。在罗默（1986）模型中，由于个人或厂商投资知识的行为也有外部性，竞争均衡时对于知识的投资水平要低于社会最优水平，因而政府必须通过补贴个人或厂商以促进知识投资，使经济增长率趋于社会平均水平。同样，在罗默（1990）等的产品多样化模型中，研究者也未能获得科研的外部性报酬，因而竞争均衡的科研水平和产出水平也低于社会最优水平，因而也可以由政府进行补贴。对外部性投入要素的生产给予补贴这一结论，还可以推广到巴罗（1990）、卢卡斯（1988）等内生增长理论表示的经济中去。

对于熊彼特增长模型而言，由于企业和工人的退出与更新是实现创造性毁灭的重要环节，否则低效率的企业和工人停留在经济中势必降低经济整体效率，因而在技术前沿附近，劳动市场与产品市场的流动性是保持创新效率的重要条件，因而政府政策应当努力确保产品与要素的流动性。

熊彼特的质量提升模型为市场规制提供的政策启示。虽然最初的熊彼特模型倾向于将市场的竞争程度与企业的创新能力理解为成反比关系，新的熊彼特模型大都认为竞争能够促进创新。阿吉翁、哈里斯和维克斯（Aghion，Harris and Vickers，1997），阿吉翁等（2001）在经典熊彼特模型基础上，将在位者被进入者完全超越的跳跃式假定修正为不彻底的逐步超越，从而允许同一产业的企业平行竞争，使竞争中的企业不得不加强创新以便能大幅度超越对手，从而提高整体经济生产率与产出绩效。这种市场竞争有助于创新的理论假说也获得了实证支持，如阿吉翁等（2005）。因此，政府对于市场竞争的规制，有助于创新与生产率的提高。

类似地，有关市场进入与退出的研究也证实了保持市场的开放与流动性对于创新与生产率提高的重要性。阿吉翁等（2004，2009）在熊彼特增长模型中证明，进入和退出的威胁通过进入者的创新和在位企业为摆脱进入者的竞争所投入的创新促进了生产率的增长，因而进入、退出和转手的存在对于创新促进的经济增长有着重要的意义。

从人力资本角度也能得出许多有益的政策启示。阿塞莫格鲁（1997）、雷丁（Reddding，1996）的研究表明，政府对教育的补贴和对R&D 的补贴存在策略互补性，两者都有助于摆脱低发展水平的陷阱，然而在现实中，由于 R&D 由单个企业分散进行，不便于控制和质量监控，因而对于政府而言，对教育进行补贴是更为适当的政策选择。至于应当发展初级和中级教育，还是高等教育，Vandenbussche、Aghion 和 Meghir（2006）给出了一个理论模型，证明国家距离世界技术前沿越近，则高等教育投资的边际增加越能促进该国生产率增长，因而对于处于技术领先地位的发达国家应当努力发展高等教育，而技术水平相对落后的国家应当努力发展基础教育。这一结论也得到 OECD 国家增长历史和美国各州发展历史的支持（Aghion and Boustan et al.，2005）。

二　宏观经济政策

本小节主要探讨宏观经济政策与经济增长的互动关系。由于宏观经济广义上包括短期的应对波动与国际收支平衡的财政政策、货币政策、贸易与汇率政策等，也包括为了长期经济增长的经济政策。从原有的经济模型中我们很容易得出一些促进增长的经济政策启示，如通过补贴、减税等方式扩大教育投入、鼓励企业增加研发投入，但具体而言，怎样的政策工具最适宜促进和保持长期增长，这就是经济增长政策研究的主要目的。但是，对于短期宏观经济政策与技术和创新的关系则首先要解答为什么需要宏观经济政策的影响。在新古典经济增长理论中，很难证明短期宏观经济政策对长期经济增长能产生深刻的影响，因此，在很长一段时间内，经济增长理论与经济周期理论是互不交叉的。随着内生经济增长理论与真实周期理论的产生与发展，人们逐渐找到了将经济增长与经济周期联系起来的路径。如 King 和 Rebelo（1988）、Stadler（1990）、琼斯、Manuelli 和 Stacchetti（1999）等在 AK 模型中考察了生产率冲击带来的经济波动，Barlevy（2004）在熊彼特模型中引入研发投资的周期性，阿塞莫格鲁和 Zilibotti（1997）则在熊彼特模型中探讨了存在融资约束时创新活动所引起的经济波动性。在内生经济中产生了波动，自然就存在宏观经济政策操作的空间。下面，我们主要从财政政策与货币政策两个方面分别进行梳理，在每组政策中先讨论短期波动政策，再讨论经济增长政策。

财政政策方面，有关短期财政政策如何在内生经济增长框架内影响经济增长的研究基本上很难找到，但阿吉翁等（2007）进行了一个颇有意思的实证研究，他们就 OECD 国家反周期财政政策对经济增长的影响进行了回归测算，研究结果表明，逆周期预算的财政政策对金融发展水平较低的国家更有利于经济增长，阿吉翁、巴罗和 Marinescu（2006）进一步细化分析发现，主要是逆周期的公共投资和对私人企业的直接补贴（稍弱）更有利于经济增长，而社会保障、国防开支、政府消费都不显著，可参见阿吉翁和霍伊特（2006）的综述。从长期财政政策（如长期政府债务等）来看，在采用卢卡斯（1988）类似框架的研究中，政府投资一般被证实对于经济增长有促进作用,如琼斯、Manuelli 和 Rossi (1993)、巴罗和萨拉·伊·马丁(1992)、Agénor(2008)。在 AK 模型中结论也大都如此,罗默(1986)的经典研究也引入了长期税率,他证明恰当的税收和补贴政策能克服模型所产生的外部性问题,从而提高生产率和经济增长率。但圣·保罗(Saint-Paul, 1992)证明,在内生经济模型中由于不存在动态无效率,财政政策挤出了原本可用于提高生产率的投资,因而对于经济增长有负面影响。不过,该文并未刻画清楚财政政策对总产出或生产率影响的具体机制,从而降低了该模型的可信度。在产品多样化模型中,政府对于研发的补贴整体上是有助于经济增长的,比对最终产品生产补贴效果更好(Zeng and Zhang, 2007)。

货币政策方面,Annicchiarico、Pelloni 和 Rossi(2011)将罗默(1986)的内生增长模型引入新凯恩斯模型,发现在存在工资不能及时调整和黏性价格的情况下,货币政策冲击的波动性对于产出的随机增长率没有特别的影响。Chang 和 Lai(2000)将巴罗(1990)、Rebelo(1991)的内生增长模型引入 Sidrauski(1967)的货币模型中,讨论了预期到的货币供给增加对于产出的影响,发现预期到的货币增长将带来产出的显著增长,其主要原因在于相对风险厌恶系数的设定,但货币增长率的长期增长并不会对长期经济增长率产生什么影响,这一点也得到 Ploeg 和 Alogoskoufis(1994)的支持。

虽然伊斯特利(Easterly, 2005)指出,宏观政策对于经济产出和生产率的影响也许并不像许多模型所说的那么大,在内生经济增长框架下讨论短期宏观政策对于技术、人力资本与创新的影响的研究目前数量仍然不多,更缺乏建立在逻辑严密理论模型上的模拟和实证研究对影响机制及效果进行测算和衡量,但这无疑是一个重要的研究领域,特别是对于发达国家熨平短期经济周期、发展中国家减少增长波动都有着重要意义。

三 制度设计与改革

第二次世界大战以来,对制度的关注成为经济学的流行风尚。新制度经济学随后发展成为经济学中的热门研究领域,并对经济增长和经济发展问题进行了许多重要的研究(可参见 Menard 和 Shirley, 2005; Acemoglu、Johnson 和 Robinson, 2005)。新制度经济学认为,制度才是经济增长的终极原因,新制度经济学的创始人诺斯明确提出,"我们列出的这些要素（创新、规模经济、教育、资本积累等）并不是增长的原因；它们就是增长本身"（North and Thomas，1973）。虽然新制度经济学对经济增长提供了许多有意义的思想，但这一学科发展至今仍未能建立可供演绎推理的公理化理论体系，也未能深刻地解释制度对经济增长的影响机制，因而与旨在揭示技术、人力资本与创新促进经济增长的内生增长理论相比，新制度经济学的增长理论研究仍有待进一步发展。

但是，仍有许多经济学家从内生增长理论出发，根据其理论模型抽象出一些对技术、人力资本与创新有重要作用的制度变量，发展出有助于提高经济生产率的制度设计与改革的政策结论，这些结论兼具内生增长理论的严谨性与新制度经济学的解释力。例如，阿吉翁和霍伊特（2009）给出了一个非根本性创新的质量提升模型，即在垄断者周围存在一些能够仿制垄断者所生产的中间产品的竞争性厂商，他们为垄断者设定了中间产品的最高价格（即他们仿制的代价）。在这种情形下，经济增长方程与利润函数都受到这个仿制代价的影响，竞争性厂商对于垄断者从事创新的激励有较大的伤害，因而提高产权保护的制度设计有助于提高仿制代价，从而促进创新和生产率，提高经济增长绩效。这一模型为产权保护提供了较好的理论解释。但是，这种研究目前仍然是非常少见的，因而可以是未来学者努力的一个重要方向。

第六节 结语与讨论

1961 年，卡尔多提出了结构稳定、均衡增长的卡尔多事实（Kaldor,1961），而这些典型事实成为新古典经济增长理论的主要假定。但随着战后科技发展日新月异，技术进步和创新层出不穷，各国经济绩效差异越来越大，卡尔多事实已经不能反映世界各国经济增长，在此背景下，琼斯和罗默（2010）基于第二次世界大战以来全球各国经济增长历史数据的分析提出了新卡尔多事实，主要包括全要素生产率、人力资本等带来的规模报酬递增从而引起增长加速，从而充分证明了内生经济增长理论对于各国经济增长的适用性。用技术、创新与人力资本解释经济增长的内生增长理论为我们打开了理解经济增长的一扇窗户。更为重要的是，在中国目前面临严重结构性问题并出现结构性减速的现实条件下，如何实现经济增长模式的转型、提升经济增长的效率,以摆脱中等收入陷阱、实现经济平稳增长与赶超,已成为目前中国经济建设中最为重要的问题(中国经济增长前沿课题组,2012),而内生经济增长理论就是为了解释技术、创新与人力资本对经济增长的推动作用,其理论思想与政策其实非常有助于中国这样的后发国家实现经济赶超,突破中等收入陷阱。

但是,应当看到,以技术、资本与人力资本为中心的内生经济增长理论并不关注经济发展过程中的结构转变问题,而后者又是中国现在正在经历的重要转变。中国数十年来经济增长的历史,更为重要的是,从一个农业经济向现代经济转变的经济体,经济中重要的典型事实更为接近库兹涅茨事实(Kuznets,1973),因而在关注内生经济增长理论的同时,也应关注结构转型的经济理论[参见阿塞莫格鲁(2009)有关理论的介绍]。或许我们可以粗略地将两种理论对中国可能的贡献给出一个大致的界定:内生经济增长理论有助于发达地区找到新的增长点,以发达地区高端产业为抓手,提升中国经济增长的质量与效率,而基于结构转型的经济理论则有助于全局把握中国经济增长的特点,帮助中国早日消除二元经济、实现经济结构调整、促进经济自主协调发展。对于中国经济学研究人员而言,如何在理解、把握中国国情的基础上,从基于结构转型的理论出发,结合内生经济增长理论,发挥两种理论的优点,提出符合中国发展现实的理论模型与政策建议,不仅是对经济学理论研究的重要贡献,也必然是时代赋予的历史使命。

参考文献

[1] 巴罗:《经济增长的决定因素:跨国经验研究》,李剑译,中国人民大学出版社2004年版。

[2] 方文全:《中国的资本回报率有多高?——年份资本视角的宏观数据再估测》,《经济学》(季刊)2012年第2期。

[3] 严成樑、龚六堂:《熊彼特增长理论:一个文献综述》,《经济学》(季刊)2009年第8卷第3期。

[4] 中国经济增长前沿课题组:《中国经济长期增长路径、效率与潜在增长水平》,《经济研究》2012年第11期。

[5] 左大培、杨春学:《经济增长理论模型的内生化历程》,中国经济出

版社 2007 年版。

[6] Acemoglu, Daron, "Training and Innovation in an Imperfect Labour Market", *The Review of Economic Studies*, 1997, 64 (3), pp. 445 – 464.

[7] Acemoglu, Daron, "Why Do New Technologies Complement Skills? Directed Technical Change and Wage Inequality", *The Quarterly Journal of Economics*, 1998, 113 (4), pp. 1055 – 1089.

[8] Acemoglu, Daron, "Directed Technical Change", *The Review of Economic Studies*, 2002, 69 (4), pp. 781 – 809.

[9] Acemoglu, Daron, *Introduction to Modern Economic Growth*, Princeton, NJ: Princeton University Press, 2009.

[10] Acemoglu, Daron, Johnson, Simon, Robinson, James A., "Institutions as a Fundamental Cause of Long – Run Growth". in P. Aghion and S. N. Durlauf ed., *Handbook of Economic Growth*, Vol. 1A. Volume 1, Part A, Amsterdam, The Netherlands: Elsevier B. V., 2005, pp. 385 – 472.

[11] Acemoglu, Daron, Ventura, Jaume, "The World Income Distribution", *The Quarterly Journal of Economics*, 2002, 117 (2), pp. 659 – 694.

[12] Acemoglu, Daron, Zilibotti, Fabrizio, "Was Prometheus Unbound by Chance? Risk, Diversification, and Growth", *Journal of Political Economy*, 1997, 105 (4), pp. 709 – 751.

[13] Acemoglu, Daron, Zilibotti, Fabrizio, "Productivity Differences", *The Quarterly Journal of Economics*, 2001, 116 (2), pp. 563 – 606.

[14] Agénor, Pierre – Richard, "Fiscal Policy and Endogenous Growth with Public Infrastructure", *Oxford Economic Papers*, 2008, 60 (1), pp. 57 – 87.

[15] Aghion, P., Barro, R., Marinescu, I., "Cyclical Budgetary Policies: Their Determinants and Effects on Growth", *Work in Progress*, 2006.

[16] Aghion, Philippe, Bloom, Nick, Blundell, Richard, Griffith, Rachel, Howitt, Peter, "Competition and Innovation: An Inverted – U Relationship", *The Quarterly Journal of Economics*, 2005, 120 (2), pp. 701 – 728.

[17] Aghion, Philippe, Blundell, Richard, Griffith, Rachel, Howitt, Peter, Prantl, Susanne, "Entry and Productivity Growth: Evidence from Mic-

rolevel Panel Data", *Journal of the European Economic Association*, 2004, 2 (2 - 3), pp. 265 - 276.

[18] Aghion, Philippe, Blundell, Richard, Griffith, Rachel, Howitt, Peter, Prantl, Susanne, "The Effects of Entry on Incumbent Innovation and Productivity", *Review of Economics and Statistics*, 2009, 91 (1), pp. 20 - 32.

[19] Aghion, Philippe, Boustan, Leah, Hoxby, Caroline, Vandenbussche, Jerome, "Exploiting States' Mistakes to Identify the Causal Impact of Higher Education on Growth", 2005. mimeo. http://citeseerx.ist.psu.edu/viewdoc/summary? doi = 10.1.1.153.4486.

[20] Aghion, Philippe, Durlauf, Steven N. (eds.), *Handbook of Economic Growth*, Vol. 1A. Amsterdam, the Netherlands: Elsevier B. V., 2005a.

[21] Aghion, Philippe, Durlauf, Steven N. (eds.), *Handbook of Economic Growth*, Vol. 1B. Amsterdam, the Netherlands: Elsevier B. V., 2005b.

[22] Aghion, Philippe, Harris, Christopher, Howitt, Peter, Vickers, John, "Competition, Imitation and Growth with Step - by - Step Innovation", *The Review of Economic Studies*, 2001, 68 (3), pp. 467 - 492.

[23] Aghion, Philippe, Harris, Christopher, Vickers, John, "Competition and Growth with Step - by - Step Innovation: An Example", *European Economic Review*, 1997, 41 (3 - 5), pp. 771 - 782.

[24] Aghion, Philippe, Howitt, Peter, "A Model of Growth Through Creative Destruction", *Econometrica*, 1992, 60 (2), pp. 323 - 351.

[25] Aghion, Philippe, Howitt, Peter, *Endogenous Growth Theory*, Cambridge & London: The MIT Press, 1999.

[26] Aghion, Philippe, Howitt, Peter, "Joseph Schumpeter Lecture Appropriate Growth Policy: A Unifying Framework", *Journal of the European Economic Association*, 2006, 4 (2 - 3), pp. 269 - 314.

[27] Aghion, Philippe, Howitt, Peter, *The Economics of Growth*, Cambridge, MA: The MIT Press, 2009.

[28] Aghion, Philippe, Marinescu, Ioana, Caballero, Ricardo J., Kashyap, Anil K., "Cyclical Budgetary Policy and Economic Growth: What Do We Learn from OECD Panel Data?", *NBER Macroeconomics Annual*,

2007, 22, pp. 251 – 297.

[29] Annicchiarico, Barbara, Pelloni, Alessandra, Rossi, Lorenza, "Endogenous Growth, Monetary Shocks and Nominal Rigidities", *Economics Letters*, 2011, 113 (2), pp. 103 – 107.

[30] Aschauer, David Alan, "Is Public Expenditure Productive?", *Journal of Monetary Economics*, 1989, 23 (2), pp. 177 – 200.

[31] Aschauer, David Alan, "Public Capital and Economic Growth: Issues of Quantity, Finance, and Efficiency", *Economic Development and Cultural Change*, 2000, 48 (2), pp. 391 – 406.

[32] Barlevy, Gadi, "The Cost of Business Cycles Under Endogenous Growth", *The American Economic Review*, 2004, 94 (4), pp. 964 – 990.

[33] Barro, Robert J., "Government Spending in a Simple Model of Endogeneous Growth", *Journal of Political Economy*, 1990, 98 (S5), pp. S103 – S125.

[34] Barro, Robert J., Becker, Gary S., "Fertility Choice in a Model of Economic Growth", *Econometrica*, 1989, 57 (2), pp. 481 – 501.

[35] Barro, Robert J., Sala – i – Martin, Xavier, "Public Finance in Models of Economic Growth", *The Review of Economic Studies*, 1992, 59 (4), pp. 645 – 661.

[36] Barro, Robert J., Sala – i – Martin, Xavier, "Technological Diffusion, Convergence, and Growth", *Journal of Economic Growth*, 1997, 2 (1), pp. 1 – 26.

[37] Barro, Robert J., Sala – i – Martin, Xavier, *Economic Growth*, Cambridge, MA: The MIT Press, 2004.

[38] Bartolini, Stefano, Bonatti, Luigi, "Endogenous Growth, Decline in Social Capital and Expansion of Market Activities", *Journal of Economic Behavior &Amp, Organization*, 2008, 67 (3 – 4), pp. 917 – 926.

[39] Baxter, Marianne, King, Robert G., "Fiscal Policy in General Equilibrium", *The American Economic Review*, 1993, 83 (3), pp. 315 – 334.

[40] Becker, Gary S., Murphy, Kevin M., Tamura, Robert, "Human Capital, Fertility, and Economic Growth", *Journal of Political Economy*, 1990, 98 (5), pp. S12 – S37.

[41] Beugelsdijk, Sjoerd, Smulders, Sjak, "Bonding and Bridging Social Capital and Economic Growth", *Discussion Paper*, No. 2009 – 2027. Tilburg, The Netherlands: Tilburg University, Center for Economic Research, 2009.

[42] Boucekkine, Raouf, de la Croix, David, Licandro, Omar, "Vintage Capital Growth Theory: Three Breakthroughs". 2011. mimeo. http://halshs.archives-ouvertes.fr/docs/00/59/90/74/PDF/DTGREQAM2011_ 25. pdf.

[43] Boucekkine, Raouf, Licandro, Omar, Puch, Luis A., Del Rio, Fernando. "Vintage Capital and the Dynamics of the Ak Model", *Journal of Economic Theory*, 2005, 120 (1), pp. 39 – 72.

[44] Bresnahan, Timothy F., Trajtenberg, M., "General Purpose Technologies: 'Engines of Growth'?", *Journal of Econometrics*, 1995, 65 (1), pp. 83 – 108.

[45] Cass, David, "Optimum Growth in an Aggregative Model of Capital Accumulation", *The Review of Economic Studies*, 1965, 32 (3), pp. 233 – 240.

[46] Chang, Wen – ya, Lai, Ching – chong, "Anticipated Inflation in a Monetary Economy with Endogenous Growth", *Economica*, 2000, 67 (267), pp. 399 – 417.

[47] Chou, Y. K., "Three Simple Models of Social Capital and Economic Growth", *Journal of Socio – Economics*, 2006, 35 (5), pp. 889 – 912.

[48] Cohen, Wesley M., Levinthal, Daniel A., "Innovation and Learning: The Two Faces of R & D", *The Economic Journal*, 1989, 99 (397), pp. 569 – 596.

[49] Daron, Acemoglu, "Technical Change, Inequality, and the Labor Market", *Journal of Economic Literature*, 2002, 40 (1), pp. 7 – 72.

[50] Devarajan, Shantayanan, Swaroop, Vinaya, Zou, Heng – fu, "The Composition of Public Expenditure and Economic Growth", *Journal of Monetary Economics*, 1996, 37, pp. 313 – 344.

[51] Devarajan, Shantayanan, Xie, Danyang, Zou, Heng – fu, "Should Public Capital Be Subsidized or Provided?", *Journal of Monetary Economics*, 1998, 41 (2), pp. 319 – 331.

[52] Dinopoulos, Elias, Thompson, Peter, "Schumpeterian Growth without Scale Effects", *Journal of Economic Growth*, 1998, 3 (4), pp. 313 – 335.

[53] Dixit, Avinash K., Stiglitz, Joseph E., "Monopolistic Competition and Optimum Product Diversity", *The American Economic Review*, 1977, 67 (3), pp. 297 – 308.

[54] Doepke, Matthias, "Accounting for Fertility Decline During the Transition to Growth", *Journal of Economic Growth*, 2004, 9 (3), pp. 347 – 383.

[55] Duggal, Vijaya G., Saltzman, Cynthia, Klein, Lawrence R., "Infrastructure and Productivity: A Nonlinear Approach", *Journal of Econometrics*, 1999, 92 (1), pp. 47 – 74.

[56] Durlauf, Steven N., Fafchamps, Marcel, "Social Capital". in P. Aghion and S. N. Durlauf ed. *Handbook of Economic Growth*, Vol. 1A. Volume 1, Part B, Amsterdam, The Netherlands: Elsevier B. V., 2005, pp. 1639 – 1699.

[57] Easterly, William, "National Policies and Economic Growth: A Reappraisal". In P. Aghion and S. N. Durlauf ed., *Handbook of Economic Growth*, Vol. 1A. Volume 1, Part A, Amsterdam, The Netherlands: Elsevier B. V., 2005, pp. 1015 – 1059.

[58] Fisher, Walter H., Turnovsky, Stephen J., "Public Investment, Congestion, and Private Capital Accumulation", *The Economic Journal*, 1998, 108 (447), pp. 399 – 413.

[59] Frankel, Marvin, "The Production Function in Allocation and Growth: A Synthesis", *The American Economic Review*, 1962, 52 (5), pp. 996 – 1022.

[60] Galor, Oded, "From Stagnation to Growth: Unified Growth Theory". In P. Aghion and S. N. Durlauf ed., *Handbook of Economic Growth*, Vol. 1A. Volume 1, Part A, Amsterdam, The Netherlands: Elsevier B. V., 2005, pp. 171 – 293.

[61] Galor, Oded, Weil, David N., "Population, Technology, and Growth: From Malthusian Stagnation to the Demographic Transition and Beyond", *The American Economic Review*, 2000, 90 (4), pp. 806 – 828.

[62] Gancia, Gino, Zilibotti, Fabrizio, "Horizontal Innovation in the Theory of Growth and Development". In P. Aghion and S. N. Durlauf ed., *Handbook of Economic Growth*, Vol. 1A. Volume 1, Part A, Amsterdam, The Netherlands: Elsevier B. V., 2005, pp. 111 – 170.

[63] Gerschenkron, Alexander, *Economic Backwardness in Historical Perspective: A Book of Essays*, Cambridge, MA: Belknap Press of Harvard University Press, 1962.

[64] Gordon, Robert J., *The Measurement of Durable Goods Prices*, Chicago, IL: University of Chicago Press, 1990.

[65] Griffith, Rachel, Redding, Stephen, Reenen, John Van, "Mapping the Two Faces of R&D: Productivity Growth in a Panel of OECD Industries", *The Review of Economics and Statistics*, 2004, 86 (4), pp. 883 – 895.

[66] Grossman, Gene M., Helpman, Elhanan, *Innovation and Growth in the Global Economy*, Cambridge, MA: The MIT Press, 1991.

[67] Guinnane, Timothy W., "The Historical Fertility Transition: A Guide for Economists", *Journal of Economic Literature*, 2011, 49 (3), pp. 589 – 614.

[68] Hansen, Gary D., Prescott, Edward C., "Malthus to Solow", *The American Economic Review*, 2002, 92 (4), pp. 1205 – 1217.

[69] Helpman, Elhanan (eds.), *General Purpose Technologies and Economic Growth*, Cambridge, MA: The MIT Press, 1998.

[70] Helpman, Elhanan, Trajtenberg, Manuel, "A Time to Sow, a Time to Reap: Growth Based on General Purpose Technologies". In E. Helpman ed., *General Purpose Technologies and Economic Growth*, Cambridge, MA: The MIT Press, 1998, pp. 55 – 83.

[71] Hornstein, Andreas, Krusell, Per, Violante, Giovanni L., "The Effects of Technical Change on Labor Market Inequalities". In P. Aghion and S. N. Durlauf ed., *Handbook of Economic Growth*, Vol. 1A. Volume 1, Part B, Amsterdam, The Netherlands: Elsevier B. V., 2005, pp. 1275 – 1370.

[72] Howitt, Peter, "Steady Endogenous Growth with Population and R & D Inputs Growing", *The Journal of Political Economy*, 1999, 107 (4),

pp. 715 – 730.

[73] Howitt, Peter, "Endogenous Growth and Cross – Country Income Differences", *The American Economic Review*, 2000, 90 (4), pp. 829 – 846.

[74] Howitt, Peter, Mayer – Foulkes, David, "R&D, Implementation, and Stagnation: A Schumpeterian Theory of Convergence Clubs", *Journal of Money, Credit and Banking*, 2005, 37 (1), pp. 147 – 177.

[75] Howitt, Peter, Philippe, Aghion, "Capital Accumulation and Innovation as Complementary Factors in Long – Run Growth", *Journal of Economic Growth*, 1998, 3 (2), pp. 111 – 130.

[76] Johansen, Leif, "Substitution Versus Fixed Production Coefficients in the Theory of Economic Growth: A Synthesis", *Econometrica*, 1959, 27 (2), pp. 157 – 176.

[77] Jones, Charles I., "R & D – Based Models of Economic Growth", *Journal of Political Economy*, 1995, 103 (4), pp. 759 – 784.

[78] Jones, Charles I., *Introduction to Economic Growth*, New York: W. W. Norton, 2002.

[79] Jones, Charles I., Romer, Paul M., "The New Kaldor Facts: Ideas, Institutions, Population, and Human Capital", *American Economic Journal: Macroeconomics*, 2010, 2 (1), pp. 224 – 245.

[80] Jones, Larry E., Manuelli, Rodolfo E., "Neoclassical Models of Endogenous Growth: The Effects of Fiscal Policy, Innovation and Fluctuations". In P. Aghion and S. N. Durlauf ed., *Handbook of Economic Growth*, Vol. 1A. Volume 1, Part A, Amsterdam, The Netherlands: Elsevier B. V., 2005, pp. 13 – 65.

[81] Jones, Larry E., Manuelli, Rodolfo E., Rossi, Peter E., "Optimal Taxation in Models of Endogenous Growth", *Journal of Political Economy*, 1993, 101 (3), pp. 485 – 517.

[82] Jones, Larry E., Manuelli, Rodolfo E., Stacchetti, Ennio, "Technology (and Policy) Shocks in Models of Endogenous Growth", *NBER Working Papers*, No. W7063. Cambridge, MA: The National Bureau of Economic Research, 1999.

[83] Jovanovic, Boyan, Lach, Saul, "The Diffusion of Technology and Ine-

quality Among Nations", *NBER Working Paper Series*, No. W3732. Cambridge, MA: The National Bureau of Economic Research, 1991.

[84] Jovanovic, Boyan, Rousseau, Peter L., "General Purpose Technologies". In P. Aghion and S. N. Durlauf ed., *Handbook of Economic Growth*, Vol. 1A. Volume 1, Part B, Amsterdam, The Netherlands: Elsevier B. V., 2005, pp. 1181 – 1224.

[85] Jovanovic, Boyan, Yatsenko, Yuri, "Investment in Vintage Capital", *Journal of Economic Theory*, 2012, 147 (2), pp. 551 – 569.

[86] Kaldor, Nicholas, "Capital Accumulation and Economic Growth". in F. A. Lutz and D. C. Hague ed., *The Theory of Capital*. New York, NY: St. Martins Press, 1961, pp. 177 – 222.

[87] King, Robert G., Rebelo, Sergio T., "Business Cycles with Endogenous Growth", 1988. mimeo. http://hdl.handle.net/1802/4771.

[88] Koopmans, T. C., "On the Concept of Optimal Economic Growth", *Cowles Foundation Discussion Papers*, No. 238. New Haven, CT: Cowles Foundation at Yale University, 1965.

[89] Kortum, Samuel S., "Research, Patenting, and Technological Change", *Econometrica: Journal of the Econometric Society*, 1997, 65 (6), pp. 1389 – 1419.

[90] Krugman, Paul, "A Model of Innovation, Technology Transfer, and the World Distribution of Income", *Journal of Political Economy*, 1979, 87 (2), pp. 253 – 266.

[91] Krusell, Per, "Investment – Specific R&D and the Decline in the Relative Price of Capital", *Journal of Economic Growth*, 1998, 3 (2), pp. 131 – 141.

[92] Kuznets, Simon, "Modern Economic Growth: Findings and Reflections", *The American Economic Review*, 1973, 63 (3), pp. 247 – 258.

[93] Lipsey, Richard G., Carlaw, Kenneth I., Bekar, Clifford T., *Economic Transformations: General Purpose Technologies and Long Term Economic Growth*, New York, NY: Oxford University Press, 2006.

[94] Lucas, Robert E. Jr., "On the Mechanics of Economic Development", *Journal of Monetary Economics*, 1988, (22), pp. 3 – 42.

[95] Menard, Claude, Shirley, Mary M. eds. , *Handbook of New Institutional Economics*, Dordrecht, The Netherlands: Springer, 2005.

[96] Nelson, Richard R. , Phelps, Edmund S. , "Investment in Humans, Technological Diffusion, and Economic Growth", *The American Economic Review*, 1966, 56 (1/2), pp. 69 – 75.

[97] North, Douglass C. , Thomas, Robert Paul, *The Rise of the Western World: A New Economic History*. Cambridge, UK: Cambridge University Press, 1973.

[98] Peretto, Pietro F. , "Technological Change and Population Growth", 1998, 3 (4), pp. 283 – 311.

[99] Ploeg, Frederick Van Der, Alogoskoufis, George S. , "Money and Endogenous Growth", *Journal of Money, Credit and Banking*, 1994, 26 (4), pp. 771 – 791.

[100] Ramsey, F. P. , "A Mathematical Theory of Saving", *The Economic Journal*, 1928, 38 (152), pp. 543 – 559.

[101] Rebelo, Sergio, "Long – Run Policy Analysis and Long – Run Growth", *Journal of Political Economy*, 1991, 99 (3), pp. 500 – 521.

[102] Redding, Stephen, "The Low – Skill, Low – Quality Trap: Strategic Complementarities Between Human Capital and R&D", *The Economic Journal*, 1996, 106 (435), pp. 458 – 470.

[103] Rivera – Batiz, Luis A. , Romer, Paul M. , "Economic Integration and Endogenous Growth", *The Quarterly Journal of Economics*, 1991, 106 (2), pp. 531 – 555.

[104] Romer, Paul M. , "Increasing Returns and Long – Run Growth", *Journal of Political Economy*, 1986, 94 (5), pp. 1002 – 1037.

[105] Romer, Paul M. , "Endogenous Technological Change", *Journal of Political Economy*, 1990, 98 (5), pp. S71 – S102.

[106] Romp, Ward, De Haan, Jakob, "Public Capital and Economic Growth: A Critical Survey", *Perspektiven Der Wirtschaftspolitik*, 2007, 8 (S1), pp. 6 – 52.

[107] Saint – Paul, Gilles, "Fiscal Policy in an Endogenous Growth Model", *The Quarterly Journal of Economics*, 1992, 107 (4), pp. 1243 –

1259.

[108] Savvides, Andreas, Stengos, Thanasis, *Human Capital and Economic Growth*. Stanford, CA: Stanford University Press, 2009.

[109] Schumpeter, Joseph A., *Theory of Economic Development*, Cambridge, MA: Harvard University Press, 1942.

[110] Segerstrom, Paul S., "Endogenous Growth without Scale Effects", *The American Economic Review*, 1998, 88 (5), pp. 1290 – 1310.

[111] Sequeira, Tiago Neves, Ferreira – Lopes, Alexandra, "An Endogenous Growth Model with Human and Social Capital Interactions", *Review of Social Economy*, 2011, 69 (4), pp. 465 – 493.

[112] Sidrauski, Miguel, "Rational Choice and Patterns of Growth in a Monetary Economy", *The American Economic Review*, 1967, 57 (2), 534 – 544.

[113] Solow, R. M., Tobin, J., C., C. Von Weizsäcker, Yaari, M., "Neoclassical Growth with Fixed Factor Proportions", *The Review of Economic Studies*, 1966, 33 (2), pp. 79 – 115.

[114] Solow, Robert M., "A Contribution to the Theory of Economic Growth", *The Quarterly Journal of Economics*, 1956, 70 (1), pp. 65 – 94.

[115] Stadler, George W., "Business Cycle Models with Endogenous Technology", *The American Economic Review*, 1990, 80 (4), pp. 763 – 778.

[116] Swan, T. W., "Economic Growth and Capital Accumulation", *Economic Record*, 1956, 32 (2), pp. 334 – 361.

[117] Turnovsky, Stephen J., "Fiscal Policy, Elastic Labor Supply, and Endogenous Growth", *Journal of Monetary Economics*, 2000, 45 (1), pp. 185 – 210.

[118] Turnovsky, Stephen J., Fisher, Walter H., "The Composition of Government Expenditure and Its Consequences for Macroeconomic Performance", *Journal of Economic Dynamics and Control Journal of Economic Dynamics and Control*, 1995, 19 (4), pp. 747 – 786.

[119] Uzawa, Hirofumi, "On a Two – Sector Model of Economic Growth", *The Review of Economic Studies*, 1961, 29 (1), pp. 40 – 47.

[120] Vandenbussche, Jérôme, Aghion, Philippe, Meghir, Costas, "Growth, Distance to Frontier and Composition of Human Capital", *Journal of Economic Growth*, 2006, 11 (2), pp. 97 –127.

[121] Young, Allyn, "Increasing Returns and Economic Progress", *The Economic Journal*, 1928, 38 (152), pp. 527 –542.

[122] Young, Alwyn, "Growth without Scale Effects", *Journal of Political Economy*, 1998, 106 (1), pp. 41 –63.

[123] Zeng, Jinli, Zhang, Jie, "Subsidies in an R&D Growth Model with Elastic Labor", *Journal of Economic Dynamics and Control*, 2007, 31 (3), pp. 861 –886.

第三章 长期增长过程的"结构性加速"与"结构性减速":一种解释

摘要:立足于米切尔和马迪森的历史统计数据库,本章对发达国家增长因素进行分析,阐释以下事实:20世纪70年代以后,发达国家经济增长的减速,与生产率增长的减速密切相关,而生产率的减速是由于产业结构服务化这种系统性因素造成的。为此,本章提出了长期增长过程中"结构性加速"与"结构性减速"的观点。"结构性加速"与"结构性减速"观点,一方面,系统化和清晰化了我们关于长期增长趋势的认识;另一方面,"结构性加速"向"结构性减速"过渡期间的经济问题也更容易得到解释和预测。未来几十年,中国经济结构服务化趋势逐渐增强,"结构性加速"向"结构性减速"转换及相应问题将会凸显。相对于其他理论而言,这种观点对于中国的工业化和城市化问题具有更强、更直观的解释能力。

第一节 引言

对于发展中国家而言,第二次世界大战后工业化国家经济增长普遍加速,至20世纪70年代之后经济增长普遍减速,这个时期尤其值得关注。这一段时期见证了资本主义国家百年增长潜力的最剧烈的释放,并最终把工业化国家推入城市化成熟期。

本章立足于米切尔(Mitchell,1998,2007)和马迪森(Maddison,2006)的历史统计数据库,对百余年来发达国家经济增长路径进行描述,并对引致增长轨迹重大变化的经济因素进行分析,进而尝试说明以下事实,即20世纪70年代以后发达国家经济增长的减速,与生产率增长的减速密切相关,而生产率的减速是由于产业结构服务化这种系统性因素造成的。为此，本章提出了长期增长过程中"结构性加速"与"结构性减速"的观点。

我们之所以强调经济增长的"结构性加速"与"结构性减速"，是因为中国经济增长正经历发达国家几十年前经历的工业化、城市化转型。改革开放以来，中国工业化所引致的"结构性加速"成就了30多年的经济高增长奇迹，但是，随着工业化向城市化递进，产业结构发生由第二产业向第三产业演化，"结构性减速"将会发生。值得关注的是，处于"结构性加速"与"结构性减速"之间的中国经济，如果经济政策应对不当，诸多问题将因必然的"结构性减速"而凸显。关于这一点，我们认为，20世纪90年代以来，日本经济的诸多问题，可以作为"结构性加速"向"结构性减速"过渡的鲜明例子（或许，我们的这种结构性观点，也可以很好地解释拉美国家高增长之后的徘徊不前）。

本章"结构性减速"观点的提出和明晰，是基于丰富的数据史料和一些作者的有益见解。20世纪80年代以来，尽管有不少文献尝试对发达国家经济增长速度减缓问题进行解释，但是，从长期来看，我们更倾向于马迪森的看法及类似的解释。马迪森（1989）认为，1973年以来，OECD及其他国家经济减速的原因有三个：（1）石油价格飙升和固定汇率机制崩溃，导致政府和私人部门进行调整（如这个时期政策目标和理论依据与凯恩斯政策大幅偏离，充分就业不再是政策目标；抑制通胀、减少赤字和经济增长成为目标）。（2）过度谨慎的政策实践，妨碍了经济潜力的充分发挥。（3）劳动生产率增长减速。劳动生产率增长减速的原因，一是受部门机构变化的影响，发达国家战后重建加速了劳动力从低生产率部门的流出，这种一劳永逸的因素，削弱了生产率持续高速增长的空间；二是随着欧洲和日本资本存量的现代化，以及向技术前沿的日益接近，追赶的收益逐渐减少，投资回报减少。马迪森对经济增长减速的第三个解释，在Bjork（1999）的文献中得到了回应。Bjork（1999）运用美国百年的历史数据，对包括产业结构、人口结构在内的重要长期因素的作用进行了详细说明，给人印象深刻的一个结论是：日趋成熟的美国经济，不可能重现昔日高增长的辉煌。

从某种意义上讲，本章中的"结构性加速"与"结构性减速"观点，本质上是对一些作者前期工作的进一步解释。张平、刘霞辉（2007）提出了发达国家长期增长（人均GDP水平）的"S"形路径，并对"S"形轨迹上不同阶段的特征及可能发生的问题做出了解读。本章中，人均GDP水平的"S"形路径，被更为直观的人均GDP增长率"钟"形曲线所代替，因此，长期经济增长过程中"结构性加速"和"结构性减速"阶段被更加直观地标定。而且，我们把"结构性"赋予通常被认为是数量型的成长曲线，使其具有了更加明确的经济理论含义。

第二节　数据及数据应用说明

鉴于我们的研究目的，有必要对数据来源及运用的主要方法进行说明。下文的增长和结构分析所用数据有三个出处：米切尔（1998，2007）的国际历史统计数据；马迪森（2006）的各国经济数据估计；联合国统计数据库（UNDATA）。（1）我们选取了经济发展水平较高的12个发达资本主义国家，包括法国、德国、意大利、荷兰、挪威、西班牙、瑞典、瑞士、英国、加拿大、美国等老牌工业发达国家，以及日本这个过去发展和未来趋势都值得关注的国家。（2）米切尔（1998，2007）数据库的特色在于，它提供了发达国家近200年的人口和经济结构变迁数据统计，从而为我们观察资本主义国家长期经济增长提供了极大的便利。米切尔的数据库是以下变量分析的基础：发达国家长期人口结构变动状况；经济活动人口的产业分布及其变动，或部门就业构成及长期变动趋势；人口的经济活动参与率；第二、第三产业发展状况和趋势。但是，米切尔数据库的一个不足之处是，它没有提供连续可比的各国经济增长率序列（各个时期采用了不同的基准），因此不能直接用于各国GDP增长率尤其是劳动生产率的比较分析。（3）马迪森（2006）的统计数据库弥补了米切尔工作的这一缺点，利用其1990年不变价长期GDP序列，结合米切尔的数据库提供的人口序列及其他数据，我们可以方便地对经济增长及其因素进行分析、分解。米切尔的统计数据库提供了历时200年的诸多经济变量的数据资料，非常翔实。即便如此，一些较早年代的变量数据，有时候也不能保证在年代或年代期间上恰好对应，如一个典型的不便之处是，假设我们分析劳动参与率变动对劳动生产率长期变动的影响，米切尔数据库中与劳动参与率对应的两个变量是：产业的经济活动人口或就业；按年龄分组的人口。但是，米切尔数据库有时候不能把两个变量在时点上或在时期上完全对应起来,如果可能的话,我们将利用《联合国人口统计年鉴》数据,来对年龄分组的人口数据进行补充,以保证两个变量在时间或时期上的对应性。实际上,这种做法可以解决大部分问题。对于实在无法对应起来的时期或时点,我们采用趋势估计方法,即用相邻年份的劳动年龄人口年均增量,来估计其间某年的劳动年龄人口。采用这种方法的估计数据,我们在估计数据表后将给出说明。基于上述数据库,对于主要经济变量和因素分解的数据处理方法如下:

一 人均 GDP 增长率

本章的长期增长趋势分析都是围绕这个宏观变量展开的。基于不同的研究目的,我们将给出几种人均 GDP 的估算序列。一是简单的人均 GDP 增长率序列,即用各国实际 GDP 水平(马迪森的 1990 年不变价序列)除以人口(米切尔的年中人口序列),得到人均 GDP 水平,据此计算人均 GDP 逐年增长速度。但是,这种逐年增长序列由于包含了短期扰动因素,给分析带来了不便。典型如第二次世界大战前后主要资本主义国家人口、产出等,受到战争破坏或战后重建的巨大扰动,因此,分析的时候需要把这些不规则因素剔除。为此,两种常用的数据平滑方法被纳入分析:特定时期年均增长率计算方法以及 HP 滤波方法。我们用 HP 滤波抽取发达国家百年经济增长的趋势成分,技术上遵循普遍采用的参数设定,这种运用主要体现在图 3-1 "12 个工业化国家 1820—2004 年人均 GDP 逐年增长率(HP 滤波)"中。特定时期年均增长率被应用于增长因素分解①,这种做法主要是针对米切尔数据库中的统计数据特性,因为很多经济变量的数据在那里是按时间期间(而非连续的时间点)提供的。

二 人均 GDP 增长率因素分解

经济增长核算上,有几种方法被经常采用:一种是经典索洛增长核算方程,基于这种技术,容易测算产出的劳动、资本、技术等因素贡献。但是,在一些情况下,这种核算方法的局限也比较明显。一是如果连续变量序列不易获得,则索洛方法不易应用;二是当把结构性因素纳入增长分析视野时,尽管索洛方法经过适当改造后仍然可以使用,但技术上处理起来稍显复杂。另一种更加直接的因素分解方法弥补了这个缺陷,

---

① 假定持续 n 年至 t 时间点的一个特定增长期,原初和 t 时间点某经济变量的水平值为 x_0、x_t,则变量平均增长率 r 可以表示为:$r = [(x_t - x_0)/x_0]/n$。

若有以下记号和等式：

人均 GDP：$\dfrac{gdp}{pop}$ (3-1)

其中，pop 表示一国人口。

劳动生产率：$\dfrac{gdp}{em}$ (3-2)

其中，em 表示经济活动人口或就业。

劳动参与率：$\dfrac{em}{lpop}$ (3-3)

其中，lpop 表示劳动年龄人口。

劳动年龄人口比重（即人口结构因素）：$\dfrac{lpop}{pop}$ (3-4)

则关于人均 GDP 的三因素分解方程可以写为：

$\dfrac{gdp}{pop}=\dfrac{gdp}{em}\times\dfrac{em}{lpop}\times\dfrac{lpop}{pop}$，或者简记为：$y=a\times b\times c$ (3-5)

上述方程两边取对数，且对时间求导，得到人均 GDP 变化率的分解方程：

$\dfrac{\dot{y}}{y}=\dfrac{\dot{a}}{a}+\dfrac{\dot{b}}{b}+\dfrac{\dot{c}}{c}$ (3-6)

式（3-5）和式（3-6）把人均 GDP 增长率分解为劳动生产率增长率、劳动参与率变动率和劳动年龄人口比重变动率三要素。与劳动生产率 $\dfrac{gdp}{em}$ 有关的结构性分析方法，我们将在相关小节中加以说明。

第三节　经济增长速度及其主要因素分解

一　发达国家人均 GDP 增长的阶段性加速和减速

如表 3-1 所示，我们主要以 12 个工业化国家增长历史为例，对长期增长的一些事实进行分析。米切尔的数据库中，关于这 12 个国家近 200 年的数据估计提供得非常详细，通过这些数据的观察，基本上可以诠释出发达国家工业化、城市化进程中的一些主要特征。表 3-1 中各国经济变量样本期的选取，是根据米切尔和马迪森数据库所提供的数据样本期选定的，且直接与图 3-1 的散点轨迹在时间点上相对应。

为了得到长期经济增长轨迹的总体印象，我们把 12 个国家人均 GDP 逐年增长率以点状图的形式展示在图 3-1 中。方法是：首先基于米切尔、马迪森等数据库，计算人均 GDP 及其增长速度；然后对 12 个人均 GDP 序列分别进行 HP 滤波处理。除英国 1938—1946 年人均 GDP 增长率滤波数据未加列示外，其余各国逐年增长率均在图中表示出来。没有显示英国 1938—1946 年经济增长率数据的原因，主要是战时破坏及战后重建对人均 GDP 的冲击表现得相对较大，因此作为异常值被剔除。

表 3-1　　　　12 个工业化国家经济增长率样本期说明

	法国	德国	意大利	荷兰	挪威	西班牙
时期	1821—2003 年	1851—2003 年	1863—2003 年	1840—2003 年	1831—2003 年	1859—2003 年
	瑞典	瑞士	英国	加拿大	美国	日本
时期	1821—2003 年	1872—2003 年	1831—2004 年	1871—2004 年	1871—2004 年	1872—2004 年

资料来源：米切尔（1998，2007）、马迪森（2006）。

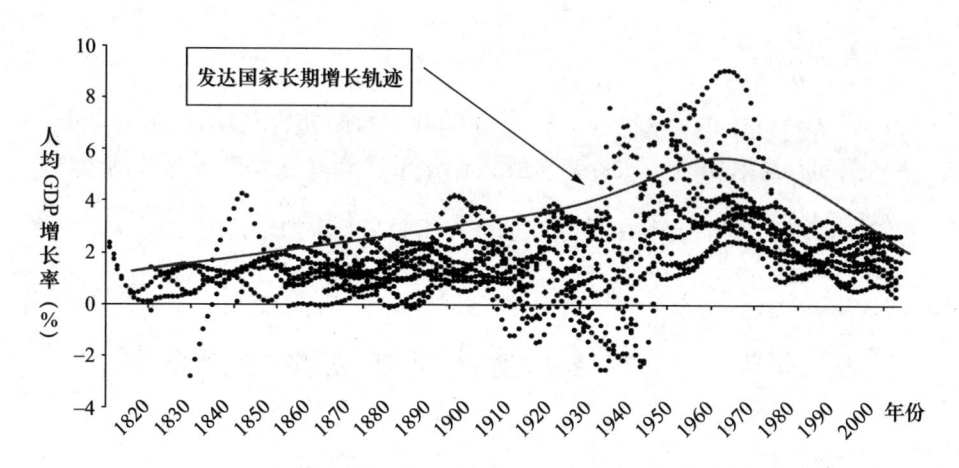

图 3-1　12 个工业化国家 1820—2004 年人均 GDP 逐年增长率（HP 滤波）
资料来源：米切尔（1998，2007）、马迪森（2006）。

一些有意思的长期增长特征可以方便地观察到：（1）长期经济增长率的"钟"形演进轨迹。根据 12 个工业化国家的散点趋势，我们在图 3-1 用粗线标出了这些国家经济演进的"平均值"趋势，它代表了发达国家长期增长的普遍规律，即经历了两次工业革命的推动后，发达国家经济增长速度呈现出先加速后减速的特征，表现为经济增长的"钟"形演进轨迹。(2) "钟"形演进轨迹的阶段性。发达国家经济增长的减速，普遍发生在20世纪70年代初期以后，但这不是一个偶然的巧合。因为到了70年代，以城市化率70%为标志，这些国家经济走向成熟，从而内在地阻碍了经济增长的持续加速。(3) "结构性加速"和"结构性减速"。"钟"形演进轨迹的形成，可以从工业化和城市化进程中找到解读线索。首先，伴随两次工业革命，经济结构发生了由二元向一元工业化的演进，在这个过程中，劳动力重心被逐渐转移至高效率的工业，于是经济增长呈现出"结构性加速"。我们运用这个词的目的，就是为了强调结构变化在长期增长中的重要性。相应地，可以采用"结构性减速"来描述20世纪70年代以后发达国家的增长趋势，在这个过程中，发达国家劳动力由增长速度较高的工业转移至增长速度相对较低的服务业。因此，产业结构变化是主导长期经济增长的重要因素之一。(4) 人口结构变化在长期经济增长中的重要性。主导长期经济增长的重要因素之二是人口转型。发生在人口转型过程中的劳动年龄人口比重变化，以及劳动参与率变化，在相当大程度上主导了经济增长速度的快慢。关于长期经济增长过程中的结构性因素，我们将在下文详细分析。

我们对各国长期经济增长率给出进一步的数据说明。与图3-1的散点趋势相呼应，文后附录1 "7国人均GDP增长率分解"给出了各国人均GDP在特定时期的年均增长速度。[①] 与图3-1稍有不同的是，附录1的增长率平均值是基于米切尔和马迪森数据库直接计算的，没有经过滤波处理。基于人均GDP增长趋势，我们大致把工业化国家的经济增长历程分为三个时期：(1) 20世纪20年代以前的缓慢演进时期。这个时期的重要特征是：纵向（时间轴向）比较上发展速度相对迟缓，增长速度波动较大；横向（国家间）比较上各资本主义国家经济增长率差异较大。(2) 20世纪20—60年代的持续加速时期。这个时期的重要特征是：各国人均GDP增长持续加速，而且发达国家人均GDP增长速度差异缩小，发展速度趋同现象出现。(3) 进入20世纪70年代后，发达资本主义国家

---

① 限于篇幅，附录1仅列出7个国家的数据，其他5国未列出。感兴趣的读者可以向作者索取。

经济增长几乎同步进入持续减速时期。

二 发达国家增长因素分解

运用式（3-5）和式（3-6），我们把特定时期的人均GDP增长率分解为劳动生产率增长率、劳动参与率增长率及劳动年龄人口占总人口比重的变化三个构成要素。附录1报告了19世纪中期以来发达国家人均GDP增长率及其三个构成因素的估算结果。为了叙述方便，我们把附录1的估算结果综合为表3-2、表3-3和图3-2。总体来看，12国人均GDP增长速度中，劳动生产率变动（见表3-2）解释了大部分变动：若以人均GDP增长率为因变量，以劳动生产率变动率为自变量，简单的统计检验表明[①]，劳动生产率变动可以解释大约85%的人均GDP增长速度，即劳动生产率增长速度的快慢主导了人均GDP增长速度的快慢。经济增长速度的其余15%，可以由劳动参与率变动和劳动年龄人口变动来解释。当然，85%和15%的划分，是基于12个国家100年统计平均的结果，至于在特定时期，各国可能存在差异，有时候劳动参与率和劳动年龄人口变动对经济增长的解释力，比劳动生产率的变动还要强。关于这一点，详细的分析请参见下文。人均GDP增长率与劳动生产率增长率的统计关系可以直观地表示在图3-2中。

表3-2　　12个工业化国家劳动生产率增长状况　　单位:%

时间	法国	德国	意大利	荷兰	挪威	西班牙	瑞典	瑞士	英国	加拿大	美国	日本
19世纪90年代	2.06	1.01	4.24	0.40	1.62	1.42	2.73	0.07	0.67	1.92	1.56	—
20世纪头10年	-1.34	-0.25	-0.59	1.08	2.22	1.38	0.12	-0.09	0.94	-1.66	6.22	4.23
20世纪20年代	0.21	0.52	3.15	3.06	2.97	—	3.00	4.50	0.25	1.36	0.66	1.53
20世纪30年代	1.40	8.17	—	—	0.75	0.09	2.07	0.31	-1.30	4.73	2.03	6.31

---

① 19世纪90年代至20世纪90年代及之后人均GDP增长率与劳动生产率增长率的固定效应和随机效应模型调整的R^2分别为0.83和0.85。

续表

时间	法国	德国	意大利	荷兰	挪威	西班牙	瑞典	瑞士	英国	加拿大	美国	日本
20世纪40年代	—	-1.66	1.61	-0.56	7.55	-0.21	4.34	5.16	1.12	2.80	0.20	-3.16
20世纪50年代	5.99	8.10	8.22	6.27	4.40	7.77	2.83	3.49	4.10	2.54	1.43	9.00
20世纪60年代	5.27	4.97	6.26	4.59	4.50	8.55	5.12	3.23	2.29	3.22	0.31	12.5
20世纪70年代	2.59	3.50	3.07	1.83	1.34	5.53	0.14	1.17	2.47	0.17	4.70	4.56
20世纪80年代	3.79	2.99	2.40	0.00	2.35	1.72	0.94	-0.33	2.87	0.70	2.14	3.62
20世纪90年代及之后	0.28	-0.01	1.73	1.24	3.17	2.00	2.83	0.91	0.86	2.36	2.33	0.96

注：由于附录1各国增长率估算的时间期间有所不同，为方便起见，表3-2和表3-3设定了大致可以把各国估算结果框在一起的年代表示，如19世纪90年代至20世纪90年代及之后等。

资料来源：米切尔（1998，2007）和马迪森（2006）。

表3-3　　　　12个工业化国家劳动参与率变化状况　　　　单位：%

时间	法国	德国	意大利	荷兰	挪威	西班牙	瑞典	瑞士	英国	加拿大	美国	日本
19世纪90年代	80.9	71.2	79.7	65.0	68.8	62.0	66.6	75.5	73.0	60.6	58.2	
20世纪头10年	81.9	74.8	78.0	64.3	67.0	60.9	70.7	72.4	70.1	59.3	46.2	83.6
20世纪20年代	77.2	72.0	66.6	63.5	65.5	—	71.4	69.7	70.3	60.3	51.2	76.2
20世纪30年代	75.1	72.5	—	—	64.5	56.1	66.8	67.4	68.5	59.3	50.1	74.0

续表

时间	法国	德国	意大利	荷兰	挪威	西班牙	瑞典	瑞士	英国	加拿大	美国	日本
20世纪40年代	—	64.6	62.7	63.1	64.3	58.0	64.4	68.4	68.7	60.8	55.0	71.7
20世纪50年代	67.9	72.4	58.4	59.2	59.7	59.0	65.5	69.8	69.4	60.7	52.2	72.8
20世纪60年代	64.1	71.1	48.5	57.6	60.0	56.0	64.1	73.6	72.1	60.7	54.6	72.7
20世纪70年代	60.4	65.5	58.2	54.8	79.0	50.5	75.1	71.5	74.3	72.0	53.4	70.7
20世纪80年代	53.1	55.4	54.3	62.7	76.7	55.1	81.1	84.1	66.2	76.4	56.8	70.5
20世纪90年代及之后	61.8	64.7	55.5	72.6	79.4	57.9	72.1	81.3	76.2	72.2	56.4	74.4

资料来源：同表3-2。

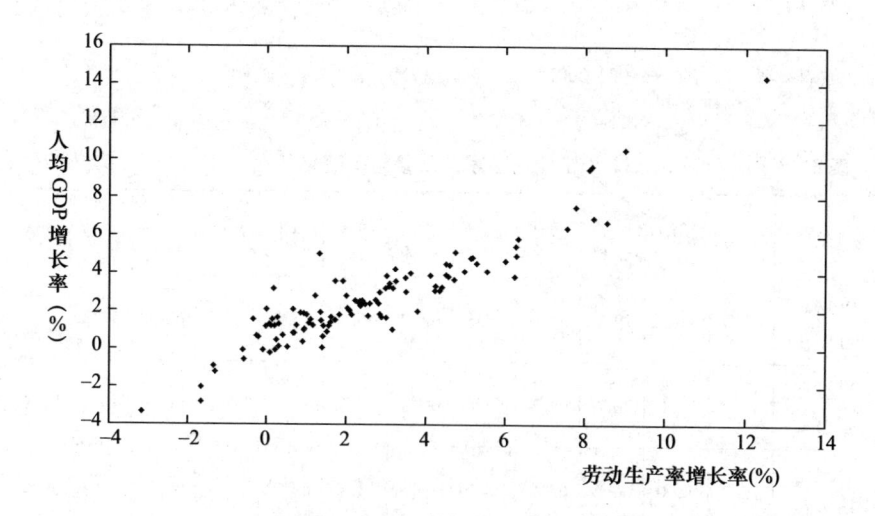

图3-2 12个工业化国家19世纪90年代至20世纪90年代及之后人均GDP增长率与劳动生产率增长速度的回归关系

资料来源：米切尔（1998，2007）和马迪森（2006）。

(一) 劳动生产率变化

我们首先来看长期经济增长率最重要的影响因素——劳动生产率的变化情况。如前文所述，伴随两次工业革命及城市化，各发达国家先后经历了"结构性加速"和"结构性减速"。结构性加速产生的原因是经济发展重心由农业经济向工业转移，其间，劳动力资源被重新配置到劳动生产率更高的工业，并促进社会整体生产率的提高。但是，随着各个工业化国家日益走向城市化，劳动力再次被重新配置，由生产率增长速度较高的工业向增长速度相对较低的服务业转移，导致经济增长呈现"结构性减速"。如表3-2所示，12个工业化国家劳动生产率增长速度有下降的趋势，在20世纪60年代开始发生，如英国、法国、意大利等国。但是，劳动生产率增长速度的普遍下降，出现于70年代并持续至今。发达国家劳动生产率增长速度的普遍下降，与上文人均GDP增长减速的时期基本一致。进一步的观察显示，相对于高增长时期，工业化大国劳动生产率减速的幅度普遍较大：法国五六十年代的劳动生产率增长率为5%—6%，90年代之后降为0.28%；德国90年代以后几乎无明显增长。

(二) 劳动参与率

20世纪80年代前，劳动参与率下降成为发达国家的普遍趋势。从历史看，20世纪20年代以前，发达资本主义国家劳动参与率在65%—70%这个较高水平上，如19世纪90年代、20世纪头10年、20年代发达国家的平均值分别为69%、68%、65%。30年代以后，劳动参与率下降到65%左右，这个水平一直持续到80年代，90年代及之后才有所回升。大多数分析认为，发达国家的累计所得税制及20世纪40年代以后国家福利主义的盛行，是导致这一时期劳动参与率长期低下的主要原因。从90年代开始，与下降的劳动生产率趋势相对应，大多数发达国家提高了劳动参与率，可以分为两类：一类是劳动生产率增长速度下降最快的国家，这类国家的劳动参与率表现出了显著上升，从而起到阻止劳动生产率增长速度深度下滑的作用，典型如法国，90年代及之后劳动参与率增长1.26%，占人均GDP增长率的77%；德国劳动参与率增长1.4%，超过人均GDP增长率0.23个百分点；荷兰劳动参与率增长1.58%，占人均GDP增长率的57%；英国劳动参与率增长1.08%，占人均GDP增长率的57%。另一类是劳动生产率增长速度下降稍缓的国家，这类国家的劳动参与率表现出了小幅下降，如瑞士、瑞典和美国。

(三) 劳动年龄人口比重

如图 3-3 所示，在 19 世纪 90 年代至 20 世纪 90 年代的 100 年时间里，发达国家劳动年龄人口（15—64 岁人口）比重基本保持在 60%—70%的水平，变化不大。可见，从历史上看，劳动年龄人口比重变化对经济增长率的影响相对较小。人口结构变化比劳动年龄人口比重包含更加丰富的含义，正如图 3-3 所示的那样，20 世纪 60 年代以来，各发达国家不可避免地进入了人口老龄化加速期。老龄人口抚养比的持续上升所带来的代际分配问题，对未来经济增长将产生累积性负向冲击。因此，从未来趋势看，人口老龄化将持续阻碍经济增长速度的提高。

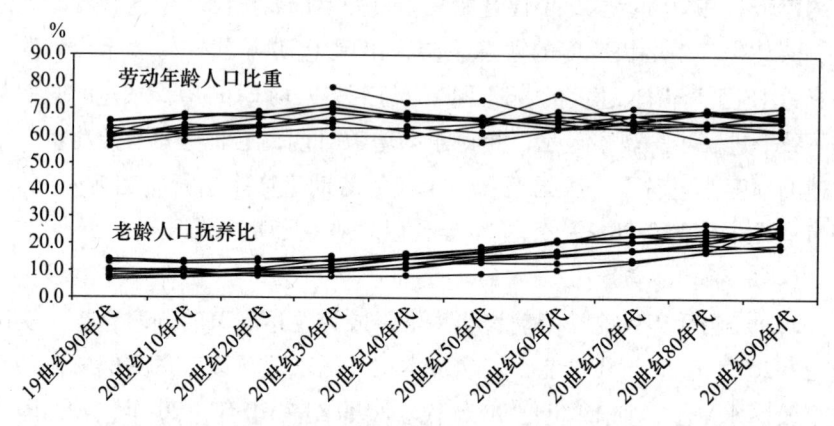

图 3-3 12 个工业化国家 19 世纪 90 年代至 20 世纪 90 年代及之后劳动年龄人口比重、老龄人口抚养比变化

资料来源：米切尔（1998，2007）和马迪森（2006）。

第四节 经济增长的"结构性减速"

我们重点关注经济增长最重要的影响因素——劳动生产率的增长问题，并由总量分析转向结构分析。首先对数据来源及应用方法简要地说明：因为是接着上文关于劳动生产率增长"结构性减速"的论述，所以，这里我们主要就 20 世纪 70 年代以来的分部门或产业劳动生产率状况进行分析。联合国数据库（UNDATA）中 70 年代以来各国分行业就业和增加值数据相对连续完整，本章的分行业增加值数据取自该库"2005 年不变价行业增加值"（美元），分行业就业数据取自该库"分行业就业"。

一　20世纪70年代以后发达国家产业结构日趋成熟

尽管第一产业劳动生产率自20世纪70年代以来具有比第二、第三产业更为显著的增长，但是，由于发达国家该产业规模很小，其劳动生产率升降不会对全社会劳动生产率增长率产生显著影响，因此，我们在这里及下一小节暂时把注意力集中于第二、第三产业。西方研究者喜欢用"一劳永逸"来形容第二次世界大战以来西方产业结构的快速演进。根据米切尔的历史统计数据，20世纪50年代，工业化国家第一产业增加值比重普遍在10%左右的水平，但是，大多数国家第二产业比重却相对较高，在30%左右的水平。然而，相继而来的城市化加速，把大量劳动力吸收到现代部门，尤其是服务业，到了70年代，除个别国家如西班牙外（1970年第一产业就业份额为29%），大多数发达国家第一产业就业份额降低到10%左右的水平。与此同时，库兹涅茨规律在第二产业和第三产业之间持续发生作用，第二产业就业比重持续降低，连同第一产业析出的劳动力，均被不断扩大的第三产业吸收。现阶段，发达国家产业结构已趋成熟，第二产业就业比重一般在20%—30%，第三产业就业比重在70%左右，均已演进到成长曲线平缓的顶部（见图3-4）。两产业就业比重的这个变化很值得关注。实际上，50年代前后第二、第三产业就业结构发生了一个逆转，这种逆转对于理解长期增长路径至关重要。

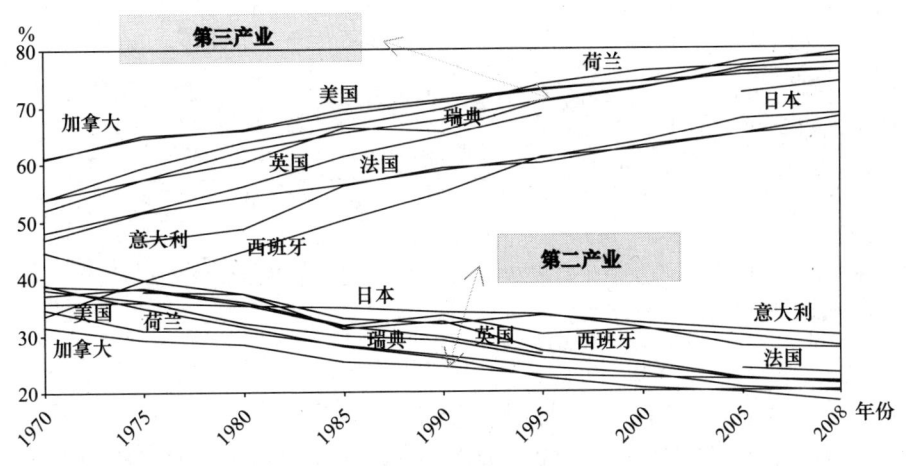

图3-4　9个工业化国家1970—2008年第二、第三产业就业比重

资料来源：联合国统计数据库。

二　第二、第三产业劳动生产率持续增长但增速放缓

20世纪70年代以来，发达国家全社会劳动生产率增长的减速，可以由产业结构变动和产业劳动生产率变动来解释。在对结构变动效应进一步分析、分离之前，先来看一看第二、第三产业劳动生产率的具体情况。

图3-5和图3-6反映了发达国家40年来第二、第三产业劳动生产率水平状况，对应于曲线上的每个点的切线斜率，就是劳动生产率增长率。对比两张图，我们所得到的总体印象是，第二产业劳动生产率增长率普遍比第三产业劳动生产率增长率高。简单的统计分析显示，各个历史时期里，9国第二产业劳动生产率增长率平均值，约为第三产业的2—3倍：1985—1990年、1995—2000年、2005—2008年，9国第二产业劳动生产率增长率平均值分别为1.9%、2.3%、0.7%，第三产业劳动生产率增长率平均值分别为0.7%、1.1%、0.4%。这种情况从一个侧面为前文判断提供了数据佐证，即在发达国家产业结构服务化演进过程中，由于第三产业劳动生产率增长速度普遍低于第二产业，导致全社会劳动生产率增长率被拉低。

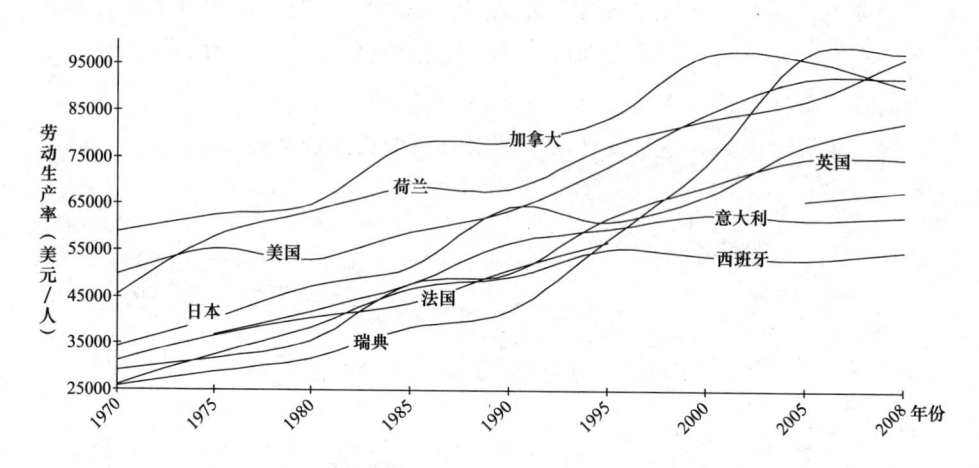

图3-5　9个工业化国家1970—2008年第二产业劳动生产率水平
资料来源：联合国统计数据库。

综合考虑时间因素与结构因素可能会更有意思。第一，从长期趋势成分看，正如前面叙述的那样，尽管两个产业的劳动生产率均表现出或快或慢的增长，但是，由于第三产业劳动生产率增长率普遍低于第二产

业，在产业结构服务化的背景下，全社会劳动生产率增长率走低。① 第二，如果考虑到短期非结构性因素对工业或服务业的负向冲击，那么两个产业劳动生产率在特定时期出现短暂的下降（负增长）也有可能，正如图3-5和图3-6显示的那样，自1995年以来，不少国家的劳动生产率曲线发生向下弯曲。因此，短期劳动生产率的负增长叠加到长期结构性减速趋势上，压制了发达国家劳动生产率的趋势增长。

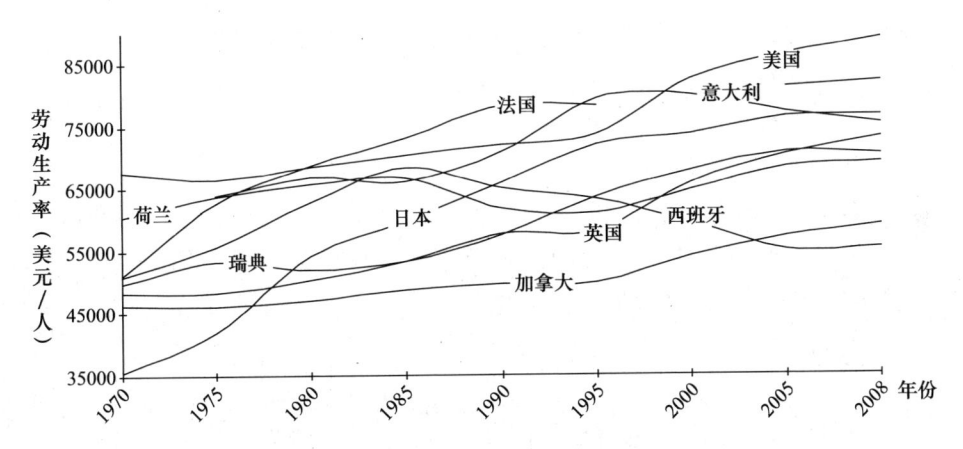

图3-6　9个工业化国家1970—2008年第三产业劳动生产率水平
资料来源：联合国统计数据库。

三　劳动生产率的"结构性减速"

产业结构向服务化演进，这种趋势对全社会劳动生产率增长减速的巨大冲击，可以通过一个数据实验进行说明。沿用本章第二部分的记法：

劳动生产率：$\dfrac{gdp_i}{em_i}$ （3-7）

其中，i 表示第一、第二、第三产业。

全社会劳动生产率：$\dfrac{gdp}{em} = \dfrac{\sum_{i=1}^{3} gdp_i}{em} = \sum_{i=1}^{3}\left(\dfrac{gdp_i}{em_i} \times \dfrac{em_i}{em}\right)$ （3-8）

其中，$\dfrac{em_i}{em}$ 表示第一、第二、第三产业就业份额。

---

① 关于第二、第三产业劳动生产率增长速度问题的一些理论见解，请参见赫里克和金德尔伯格（Herrick and Kindleberger, 1983）。

基于式（3-8），选择一个基期，如1950年的产业就业份额，作为之后其他所有时期的产业就业份额，即第一、第二、第三产业各个时期不变的就业份额分别为：

$$\alpha_1 \equiv \left(\frac{em_1}{em}\right)_t, \ \alpha_2 \equiv \left(\frac{em_2}{em}\right)_t, \ \alpha_3 \equiv \left(\frac{em_3}{em}\right)_t \qquad (3-9)$$

其中，t 为时期。

同时，我们也为产业增加值份额选择一个基期，比如也是1950年，即第一、第二、第三产业各个时期不变的增加值份额分别为：

$$\beta_1 \equiv \left(\frac{gdp_1}{gdp}\right)_t, \ \beta_2 \equiv \left(\frac{gdp_2}{gdp}\right)_t, \ \beta_3 \equiv \left(\frac{gdp_3}{gdp}\right)_t \qquad (3-10)$$

其中，t 为时期。

那么，在式（3-9）和式（3-10）两个假设下，全社会劳动生产率变动为三产业劳动生产率变动的加权平均，权重为产业增加值份额 β_i（简单的推导请参见文后附录2），即：

$$\frac{\left(\frac{gdp}{em}\right)_{t+1}}{\left(\frac{gdp}{em}\right)_t} - 1 = \left[\frac{\left(\frac{gdp_1}{em_1}\right)_{t+1}}{\left(\frac{gdp_1}{em_1}\right)_t}\right] \times \beta_1 + \left[\frac{\left(\frac{gdp_2}{em_2}\right)_{t+1}}{\left(\frac{gdp_2}{em_2}\right)_t} - 1\right] \times \beta_2 +$$

$$\left[\frac{\left(\frac{gdp_3}{em_3}\right)_{t+1}}{\left(\frac{gdp_3}{em_3}\right)_t} - 1\right] \times \beta_3 \qquad (3-11)$$

或者简记为：$g = g_1 \times \beta_1 + g_2 \times \beta_2 + g_3 \times \beta_3$。

我们做上述分析，是为了检验产业结构演进对劳动生产率的影响。换句话说，假定就业结构和第一、第二、第三产业GDP份额都维持在基期如1950年水平，而允许第一、第二、第三产业劳动生产率就像所表现的那样发生变化，那么，我们的基本判断是：用基期产业增加值份额 β_i 加权其后各期劳动生产率增长率，所得到的总和劳动生产率增长率，应该大于实际数据所表现的全社会劳动生产率增长率，即我们预想实验结果大于现实表现。原因正如上文阐述的那样，第三产业劳动生产率增长较之于第二产业普遍低下，且自20世纪70年代以来，第三产业份额均有显著的增长趋势，第三产业的规模扩张抵消了第一、第二产业劳动生产率的相对高增长速度，进而拉低了全社会增长速度。结构性因素的影响因此析出。

基于这种判断，运用式（3-11）可以定义"结构效应"。仍假定以1950年为基期，固定基期的第一、第二、第三产业增加值比重，并用它们与20世纪70年代以后相应产业劳动生产率增长率相乘，得到全社会劳动生产率增长率的"实验数据"序列，记为$(g_{1950})_t$；同时，1970—2008年由真实产业增加值比重和相应产业劳动生产率增长率合成的全社会劳动生产率增长率序列记为$(g)_t$。基于此，我们有全社会劳动生产率增长率变动的"结构效应"：

$$sf = \frac{(g)_t - (g_{1950})_t}{(g_{1950})_t} \times 100\% \quad (3-12)$$

通常情况下，沿着产业结构服务化演进趋势，若第二产业劳动生产率增长率大于第三产业劳动生产率增长率，则 $sf \leq 0$，且 sf 绝对值越大，劳动力由第一、第二产业向第三产业转移对全社会劳动生产率减速的效应也越大。表3-4报告了9国劳动生产率变动的"结构效应"，正如所预期的那样，除个别时期外，各国各个时期均表现出了较大的负值，即与50年代的经济结构比较，70年代以后经济结构向服务化的演进，对于全社会劳动生产率增长的负向冲击或抑制作用是巨大的。

表3-4　　　　　　9国劳动生产率减速的结构效应

（以1950年各国各产业增加值比重为基准）　　　单位：%

国家	1970—1975年	1975—1980年	1980—1985年	1985—1990年	1990—1995年	1995—2000年	2000—2005年	2005—2008年
法国	0	-23	-29	-32	-63	-63	-47	-55
意大利	—	-39	-73	-39	-54	-77	-187	-172
荷兰	-35	-41	-29	NA	-61	0	34	-54
西班牙	-35	-24	-14	-93	-71	-135	-3	-72
瑞典	-19	-84	-49	-34	-23	-33	-38	-281
英国	-44	-26	-29	0	-36	0	-22	172
加拿大	0	0	-6	-53	25	-12	-24	-25
美国	-39	NA	-37	-20	-18	-11	-42	-2
日本	-23	27	-21	-1	92	-43	-9	-43

注：—表示数据缺失，NA表示被忽略的异常值。
资料来源：米切尔（1998）、联合国统计数据库。

第五节 "结构性加速"与"结构性减速"之间：结合中国经济问题的进一步分析

发达国家日趋完善的激励和保障制度，为劳动生产率的持续增长提供了不竭的动力，因此，没有理由认为发达国家劳动生产率水平会出现系统性下降。但是，正如事实所表现的那样，第二次世界大战后普遍发生于发达国家的强劲增长，在将产业结构彻底重塑之后，最终把这些国家经济结构推向成熟。也正是在这种背景下，由劳动生产率增长率的"结构性减速"导致的人均 GDP 增长率减速引人注目。

劳动生产率增长率减速问题之所以重要，是因为发生劳动生产率增长减速的国家，国民收入的增长速度将会减缓。尤其是在经济由高速增长向低速增长的过渡中，这种减速可能导致一系列问题。第一，若这种减速不是短期波动，而是作为系统性或长期趋势存在，那么，长期中国民收入增长速度的降低，将为福利主义国家社会保障系统的安全运行带来系统性冲击。第二，国民收入增长减速可能为人力资本投资、研发投资、资本设备投资等带来一系列阻碍，并迫使经济政策进行调整。第三，这种观点为经济周期分析提供的一个有益启示是：经济周期的产生或许与劳动生产率的"结构性加速"或"结构性减速"存在某种形式的联系。限于篇幅和本章目的，这些问题将在其他研究中关注。

至此，有关方法和问题，可以纳入对中国经济问题的分析中。20世纪70年代末期中国改革开放以来，中国经济发生了持续30多年的快速增长；其间，农村劳动力向现代部门的转移，对于促进全社会劳动生产率的提高作用巨大。同时，人口红利机会的出现，为30多年的经济扩张注入了源源不断的活力。采用前文类似的分解方法，如图 3-7 所示，1979—2010 年，劳动生产率增长率的持续提高仍是人均 GDP 增长的重要促进因素。考虑到本章强调的经济增长"结构性加速"或"结构性减速"问题，那么，如何看待中国未来的经济增长？

一 中国增长阶段的国际比较

我们先来做一个比较。表 3-5 是基于米切尔数据库和马迪森数据库给出的一个数据比较，马迪森数据库提供的最近年份的中国 GDP 数据是

第三章 长期增长过程的"结构性加速"与"结构性减速":一种解释

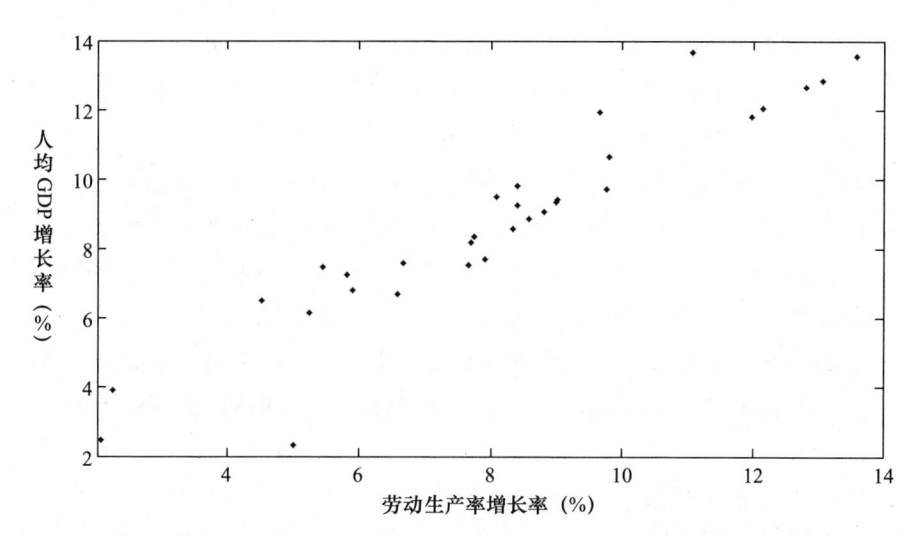

图 3-7 中国 1979—2010 年人均 GDP 增长率与劳动生产率的回归趋势

资料来源:历年《中国统计年鉴》。

2008 年。简单的计算显示,2008 年,中国人均 GDP 水平相当于美国 1925 年、加拿大 1941 年、日本 1966 年的人均 GDP 水平;换句话说,中国现阶段经济水平相当于美国 20 世纪 20 年代中期、加拿大 20 世纪 40 年代初期、日本 20 世纪 60 年代中期的水平。

表 3-5 中国 2008 年产业结构与相似发展时期发达国家的对比 单位:%

国家	GDP 份额			就业份额		
	第一产业	第二产业	第三产业	第一产业	第二产业	第三产业
美国(1925 年)	11	26	63	24	33	43
加拿大(1941 年)	13	34	53	27	30	43
日本(1966 年)	9	44	47	26	32	42
中国(2008 年)	11	49	40	40	27	33

注:美国 1925 年的 GDP 份额为 1919—1929 年的平均值,就业份额为 1920—1930 年的平均值;日本 1966 年的 GDP 份额、就业份额为 1960—1970 年的平均值。

资料来源:原始数据来源于米切尔(1998)和《中国统计年鉴》(2009)。

美国 20 世纪 20 年代正经历"浮华年代"的空前繁荣,加拿大 20 世纪 40 年代和日本 20 世纪 60 年代也正经历经济"结构性加速"时期。同时，中国2008年也是改革开放以来持续加速进程中的一站。

有意思的是，表3-5提供了相应发展阶段上GDP份额和就业份额的对比。从GDP份额看，中国与日本的情景相近，第二产业占40%以上的增加值份额，成为维持高经济增长速度的基础。但是，从就业份额看，中国第三产业发展明显滞后，这个观察与其他研究的观察基本相同。若把中国第三产业发展滞后与"结构性加速"和"结构性减速"联系起来，我们将会产生其他认识：与美国和加拿大比较，日本在相对较短的时间里推动和完成了产业结构的"服务化"，因此，也产生了更为令人瞩目的"结构性加速"与"结构性减速"的转换。我们推测，1990年以来日本诸多增长与宏观问题，皆根源于此。类似地，在产业结构迅速服务化过程中，中国如果采取"狂飙突进"的方式，那么，"结构效应"的巨大负向冲击是可以预见的（请回顾一下我们的数据实验）。而且，中国城市化推进速度越快，"结构性效应"的负向冲击就会越大。

二 认识中国长期增长问题的立足点

我们可以把认识中国长期增长（当然，也包括短期波动）问题的方法进一步提炼为立足于"结构性加速"与"结构性减速"之间。一系列相关研究试图寻找一个恰当的角度来阐释中国经济问题，并给予长期经济政策调整一个理论说明。比如，张平、刘霞辉、王宏森（2011）文献中涉及的"城市化关键时期"，即城市化率超过50%以后至城市化成熟，是一个思维角度。但是，我们认为，若立足于"结构性加速"与"结构性减速"来对未来经济增长趋势进行表述，将会更有启发性。

三 中等收入陷阱问题

立足于"结构性减速"分析中等收入陷阱问题会很有趣。近年来，关于中国未来增长的一个悲观预期是所谓中等收入陷阱问题。我们认为，中等收入陷阱发生，需要满足的关键条件是：在收入处于中等水平时，经济结构过早地趋于服务化。也就是说，中等收入水平时期，经济的"结构性减速"也随之发生，从而根本上阻碍了国民收入的持续快速提高。因此，中等收入陷阱存在与否，可以基于中国未来产业结构及生产率变动状况进行模拟。限于篇幅及本章目的，这里不做深入探讨。

四 国民福利与"结构性减速"

长期中，中国社会经济面临的最大压力将是"结构性减速"与国民福利提高之间的矛盾,主要是社会保障体系建立和完善的困难。随着产业结构持续演进和服务化,有两个相互叠加的效应值得关注:一是人口老龄化对社会保障的需求,这种需求将会对未来投资产生压力;二是"结构性减速"将对收入增长施加压力,进而影响需求增长。如果中国不具有抵消"结构性减速"的足够高的劳动生产率增速,那么,在这些效应的叠加下,未来增长将面临不乐观的前景。

第六节 结论

20世纪70年代以来普遍发生于发达国家的经济增长减速,是工业化向城市化发展进程中的一种系统性趋势。当经济结构渐趋成熟,就业向服务业集中,高就业比重、低劳动生产率增长率的第三产业扩张,拉低了这些国家的全社会劳动生产率增长率。作为长期增长的重要影响因素,劳动生产率增长率减速将影响国民收入增长,进而给国民福利及投资、消费等带来冲击。发生于西方国家的"结构性减速"问题,对于中国具有极大的启发意义。长期增长过程的"结构性加速"和"结构性减速"对于中国之所以重要,是因为在未来一二十年里,中国将面临产业结构向服务化的调整以及人口结构的转型;更为重要的是,这些变化将在一个相对较短的历史时期里发生。类似于日本产业结构短期内的迅速变化,经济增长由"结构性加速"向"结构性减速"过渡期间所产生的冲击效应值得关注。与发达国家"结构性减速"本质不同之处在于中国的"结构性减速"很可能发生在较低收入水平上,进而对国民福利提高和经济可持续增长带来巨大的影响。因此,重新审视中国未来产业发展方向,以及结构调整和优化路径具有重要的现实意义。

参考文献

[1] 张平、刘霞辉:《经济增长前沿》,社会科学文献出版社2007年版。

[2] 张平、刘霞辉、王宏淼:《中国经济增长前沿Ⅱ》,中国社会科学出版社2011年版。

[3] Bjork, G. C., 1999, *The Way It Worked and Why It Won't*, London:

Praeger.

[4] Herrick, B. and Kindleberger, C. P., 1983, *Economic Development*, New York: McGraw–Hill, p. 126.

[5] Maddison, A., 1989, *The World Economy in the 20th Century*, OECD Publishing.

[6] Maddison, A., 2006, *The World Economy* (Volume 1, 2), OECD Publishing.

[7] Mitchell, B. R., 1998, *International Historical Statistics* (4th ed.): 1750–1993, New York: Stockton Press.

[8] Mitchell, B. R., 2007, *International Historical Statistics* (6th ed.): 1750–2005, New York, N.Y.: Palgrave Macmillan.

附录1 7国人均 GDP 增长率分解

附表1　　　　　　　　　　法国　　　　　　　　　　单位:%

时间(年)	人均GDP年均增长率 ($\Delta y/y$)	(1)劳动生产率平均增长率 ($\Delta a/a$)	(2)劳动参与率 (b)	劳动参与率年均增长率 ($\Delta b/b$)	(3)劳动年龄人口比重 (c)	劳动年龄人口比重年均增长率 ($\Delta c/c$)
1856—1866	1.20	1.00	60.4	0.18	65.8	0.01
1886	1.03	0.49	67.8	0.61	64.5	-0.10
1896	2.02	0.69	75.3	1.12	65.2	0.12
1901	1.03	0.25	78.5	0.84	65.0	-0.07
1906	0.83	0.14	81.1	0.66	65.1	0.02
1911	2.08	2.06	80.9	-0.06	65.3	0.08
1921	-0.92	-1.34	81.9	0.13	67.6	0.34
1926	7.64	9.22	77.8	-1.01	67.3	-0.08
1931	-0.07	0.21	77.2	-0.15	66.9	-0.13
1936	0.04	1.40	75.1	-0.56	64.4	-0.73
1946	-0.92	-1.49	76.8	0.23	67.2	0.43
1954	7.03	10.02	68.8	-1.29	65.0	-0.41
1962	4.64	5.99	67.9	-0.17	61.1	-0.75
1968	4.53	5.27	64.1	-0.93	62.5	0.39

第三章 长期增长过程的"结构性加速"与"结构性减速":一种解释 | 95

续表

时间(年)	人均GDP年均增长率 ($\Delta y/y$)	(1)劳动生产率平均增长率 ($\Delta a/a$)	(2)劳动参与率 (b)	劳动参与率年均增长率 ($\Delta b/b$)	(3)劳动年龄人口比重 (c)	劳动年龄人口比重年均增长率 ($\Delta c/c$)
1975	3.77	3.83	63.4	-0.16	63.0	0.11
1982	2.37	2.59	60.4	-0.66	65.2	0.51
1991	1.97	3.79	53.1	-1.35	65.1	-0.01
2004	1.63	0.28	61.8	1.26	65.4	0.03

注:(1) 本附录中7个国家的数据,依据米切尔(1998,2007)和马迪森(2006),并运用《联合国人口统计年鉴》进行补充。(2) 各个表中增长率为特定时期的期间年均增长率。以附表1法国人均GDP年均增长率为例,1866—1886年年均增长率为1.03%,1886—1896年年均增长率为2.02%,其余类推。

附表2　　　　　　　　　　德国　　　　　　　　　单位:%

时间(年)	人均GDP年均增长率 ($\Delta y/y$)	(1)劳动生产率平均增长率 ($\Delta a/a$)	(2)劳动参与率 (b)	劳动参与率年均增长率 ($\Delta b/b$)	(3)劳动年龄人口比重 (c)	劳动年龄人口比重年均增长率 ($\Delta c/c$)
1882—1895	2.45	2.10	65.4	-0.19	61.1	0.48
1907	1.78	1.01	71.2	0.73	60.8	-0.04
1925	0.66	-0.25	74.8	0.29	67.7	0.63
1933	0.09	0.52	72.0	-0.48	68.0	0.06
1939	9.66	8.17	72.5	0.12	71.6	0.88
1950	-2.81	-1.66	64.6	-0.99	68.0	-0.47
1961	9.50	8.10	72.4	1.10	65.5	-0.32
1970	4.08	4.97	71.1	-0.20	63.1	-0.42
1980	3.01	3.50	65.5	-0.78	65.9	0.45
1992	1.64	2.99	55.4	-1.28	68.7	0.35
2004	1.17	-0.01	64.7	1.40	67.1	-0.19

注:(1) 1980年民主德国产业就业数据缺失,该年民主德国所有数据以相当于联邦德国的1/3估算;(2) 1980年民主德国分年龄组人口用1981年代替;(3) 1882年15—64岁年龄人口,根据1871—1880年的平均趋势估算,用1880年数量减去两年的年均增长量;1895年15—64岁人口为1890—1900年的均值;1907年15—64岁人口,根据1900—1910年年均增量估算,用1910年数量减去三年的平均增量。

附表3　　　　　　　　　　　　　意大利　　　　　　　　　　　　　单位:%

时间(年)	人均GDP年均增长率 ($\Delta y/y$)	(1)劳动生产率平均增长率 ($\Delta a/a$)	(2)劳动参与率 (b)	劳动参与率年均增长率 ($\Delta b/b$)	(3)劳动年龄人口比重 (c)	劳动年龄人口比重年均增长率 ($\Delta c/c$)
1871—1881	-0.58	-1.24	93.8	1.02	62.9	-0.24
1901	1.41	2.48	85.0	-0.47	59.5	-0.27
1911	3.31	4.24	79.7	-0.63	59.3	-0.02
1921	-0.08	-0.59	78.0	-0.21	63.9	0.78
1931	1.03	3.15	66.6	-1.46	62.8	-0.17
1936	1.71	1.28	69.0	0.72	61.9	-0.30
1951	1.39	1.61	62.7	-0.60	66.3	0.47
1961	6.92	8.22	58.4	-0.69	66.1	-0.03
1971	5.43	6.26	48.5	-1.69	75.5	1.42
1981	3.43	3.07	58.2	1.98	64.7	-1.42
1991	2.53	2.40	54.3	-0.67	70.1	0.83
2001	1.51	1.73	55.5	0.23	67.3	-0.41
2003	0.49	-0.95	57.6	1.91	66.7	-0.43

资料来源:2003年分年龄组人口数据来自《联合国人口统计年鉴》。

附表4　　　　　　　　　　　　　英国　　　　　　　　　　　　　单位:%

时间(年)	人均GDP年均增长率 ($\Delta y/y$)	(1)劳动生产率平均增长率 ($\Delta a/a$)	(2)劳动参与率 (b)	劳动参与率年均增长率 ($\Delta b/b$)	(3)劳动年龄人口比重 (c)	劳动年龄人口比重年均增长率 ($\Delta c/c$)
1861—1871	1.25	-0.62	74.8	1.93	59.7	0.05
1881	1.27	1.28	76.3	0.19	58.5	-0.20
1891	1.33	1.12	77.2	0.12	58.8	0.06
1901	0.37	0.93	73.3	-0.50	58.8	-0.01
1911	0.84	0.67	73.0	-0.04	59.9	0.20
1921	0.99	0.94	70.1	-0.40	62.7	0.46

第三章　长期增长过程的"结构性加速"与"结构性减速":一种解释 | 97

续表

时间(年)	人均GDP年均增长率($\Delta y/y$)	(1)劳动生产率平均增长率($\Delta a/a$)	(2)劳动参与率(b)	劳动参与率年均增长率($\Delta b/b$)	(3)劳动年龄人口比重(c)	劳动年龄人口比重年均增长率($\Delta c/c$)
1931	0.46	0.25	70.3	0.02	63.8	0.19
1941	-1.23	-1.30	68.5	-0.25	66.0	0.34
1951	1.55	1.12	68.7	0.03	68.4	0.36
1961	3.87	4.10	69.4	0.10	66.6	-0.26
1971	2.43	2.29	72.1	0.39	64.8	-0.26
1981	2.36	2.47	74.3	0.31	62.4	-0.38
1991	1.66	2.87	66.2	-1.08	63.4	0.16
2004	1.89	0.86	76.2	1.08	62.1	-0.14

资料来源:2004年分年龄组人口数据来自《联合国人口统计年鉴》。

附表5　　　　　　　　　　　加拿大　　　　　　　　　　单位:%

时间(年)	人均GDP年均增长率($\Delta y/y$)	(1)劳动生产率平均增长率($\Delta a/a$)	(2)劳动参与率(b)	劳动参与率年均增长率($\Delta b/b$)	(3)劳动年龄人口比重(c)	劳动年龄人口比重年均增长率($\Delta c/c$)
1891—1901	-0.17	2.94	54.8	-0.29	60.6	-2.17
1911	3.57	1.92	60.6	1.06	62.4	0.30
1921	-2.04	-1.66	59.3	-0.21	60.8	-0.25
1931	1.92	1.36	60.3	0.16	62.8	0.33
1941	5.11	4.73	59.3	-0.17	65.5	0.43
1951	2.37	2.80	60.8	0.26	61.7	-0.58
1961	1.72	2.54	60.7	-0.01	57.8	-0.64
1971	4.22	3.22	60.7	-0.01	62.3	0.78
1981	3.15	0.17	72.0	1.88	67.8	0.89
1991	0.83	0.70	76.4	0.61	64.7	-0.46
2004	2.45	2.36	72.2	-0.42	69.0	0.52

资料来源:2004年分年龄组人口数据来自《联合国人口统计年鉴》。

附表6　　　　　　　　　　　　　　　美国　　　　　　　　　　　　　单位:%

时间(年)	人均GDP年均增长率 ($\Delta y/y$)	(1)劳动生产率平均增长率 ($\Delta a/a$)	(2)劳动参与率 (b)	劳动参与率年均增长率 ($\Delta b/b$)	(3)劳动年龄人口比重 (c)	劳动年龄人口比重年均增长率 ($\Delta c/c$)
1890—1900	2.02	1.91	58.4	-0.03	57.2	0.13
1910	1.20	1.56	58.2	-0.04	55.7	-0.27
1920	3.81	6.22	46.2	-2.06	59.7	0.73
1930	2.06	0.66	51.2	1.10	60.9	0.19
1940	2.13	2.03	50.1	-0.23	62.8	0.32
1950	1.19	0.20	55.0	0.99	62.7	-0.02
1960	1.19	1.43	52.2	-0.51	64.7	0.32
1970	1.28	0.31	54.6	0.46	67.7	0.46
1980	3.64	4.70	53.4	-0.23	64.3	-0.51
1990	1.80	2.14	56.8	0.65	58.7	-0.87
2004	2.51	2.33	56.4	-0.06	60.2	0.20

资料来源：2004年分年龄组人口数据来自《联合国人口统计年鉴》。

附表7　　　　　　　　　　　　　　　日本　　　　　　　　　　　　　单位:%

时间(年)	人均GDP年均增长率 ($\Delta y/y$)	(1)劳动生产率平均增长率 ($\Delta a/a$)	(2)劳动参与率 (b)	劳动参与率年均增长率 ($\Delta b/b$)	(3)劳动年龄人口比重 (c)	劳动年龄人口比重年均增长率 ($\Delta c/c$)
1910—1920	3.06	4.23	83.6	-0.53	57.7	-0.31
1930	0.90	1.53	76.2	-0.88	59.7	0.36
1940	5.82	6.31	74.0	-0.30	59.7	0.00
1950	-3.34	-3.16	71.7	-0.30	59.9	0.03
1960	10.53	9.00	72.8	0.15	63.8	0.65
1970	14.37	12.50	72.7	-0.01	69.1	0.84
1980	3.82	4.56	70.7	-0.28	67.5	-0.24
1990	3.99	3.62	70.5	-0.03	69.5	0.30
2004	1.06	0.96	74.4	0.39	66.7	-0.29

注：1910年分年龄组人口数据，用1913年比重估算。

资料来源：2004年分年龄组人口数据来自《联合国人口统计年鉴》。

附录2 全社会劳动生产率的变动为第一、第二、第三产业劳动生产率的变动之和

沿用正文记号。基期为 t，报告期为 $t+1$：

全社会劳动生产率：

$$\frac{gdp}{em} = \frac{gdp_1}{em_1} \times \frac{em_1}{em} + \frac{gdp_2}{em_2} \times \frac{em_2}{em} + \frac{gdp_3}{em_3} \times \frac{em_3}{em}$$

$$= \frac{gdp_1}{em_1} \times a_1 + \frac{gdp_2}{em_2} \times a_2 + \frac{gdp_3}{e_3} \times a_3 \qquad (1)$$

考虑时间因素：

$$\left(\frac{gdp}{em}\right)_{t+1} - \left(\frac{gdp}{em}\right)_t = \left[\left(\frac{gdp_1}{em_1}\right)_{t+1} - \left(\frac{gdp_1}{em_1}\right)_t\right] \times \alpha_1 + \left[\left(\frac{gdp_2}{em_2}\right)_{t+1} - \left(\frac{gdp_2}{em_2}\right)_t\right] \times \alpha_2 + \left[\left(\frac{gdp_3}{em_3}\right)_{t+1} - \left(\frac{gdp_3}{em_3}\right)_t\right] \times \alpha_3 \qquad (2)$$

式（2）左右两边同除以 $\left(\frac{gdp}{em}\right)_t$，则左边就是全社会劳动生产率增长率。考虑式（2）右边第一项：

$$\left\{\left[\left(\frac{gdp_1}{em_1}\right)_{t+1} - \left(\frac{gdp_1}{em_1}\right)_t\right] \times a_1\right\} \div \left(\frac{gdp}{em}\right)_t = \left\{\left[\left(\frac{gdp_1}{em_1}\right)_{t+1} \div \left(\frac{gdp}{em}\right)_t - \left(\frac{gdp_1}{em_1}\right)_t \div \left(\frac{gdp}{em}\right)_t\right]\right\} \times a_1 = \left[\frac{\left(\frac{gdp_1}{em_1}\right)_{t+1}}{\left(\frac{gdp_1}{em_1}\right)_t} - 1\right] \times \left\{\left[\frac{\left(\frac{gdp_1}{em_1}\right)_t}{\left(\frac{gdp}{em}\right)_t}\right] \times a_1\right\} =$$

$$\left[\frac{\left(\frac{gdp_1}{em_1}\right)_{t+1}}{\left(\frac{gdp_1}{em_1}\right)_t} - 1\right] \times \left[\frac{gdp_1}{gdp}\right]_t = \left[\frac{\left(\frac{gdp_1}{em_1}\right)_{t+1}}{\left(\frac{gdp_1}{em_1}\right)_t} - 1\right] \times \beta_1 \qquad (3)$$

式（3）的结果 $\left[\frac{\left(\frac{gdp_1}{em_1}\right)_{t+1}}{\left(\frac{gdp_1}{em_1}\right)_t} - 1\right] \times \beta_1$，即为第一产业劳动生产率增长率与该产业 GDP 份额的乘积。第二、第三产业类推。因此，全社会劳动生产率的变动为三产业劳动生产率变动之和。

第四章 结构变迁过程的资源错配：
发展中国家的增长迷途

摘要：立足于联合国数据库，本章对发达国家和发展中国家经济结构的本质差异及演化规律进行分析，提出欠发达国家产业结构变迁过程中的资源错配问题。发达国家长期增长中第三产业劳动生产率普遍高于或接近于第二产业；而发展中国家第三产业劳动生产率则普遍低于第二产业。因此，如果在这种情况下套用库兹涅茨规律于发展中国家，在片面强调服务业规模扩张时，资源错配就会出现；而且，服务业越发展，资源错配导致的经济增长缺乏效率问题就越突出。

第一节 引言

本章尝试着阐明的一个观点是：发展中国家的经济问题，本质上是结构性问题。这个观点的阐述，是建立在这样一个基本观察上：发展中国家的增长历史及现实中，普遍存在产业结构动态变化中的资源错配。因此，本章的认识不同于以往要素（总量）和结构理论的认识。

从要素角度看，论者往往把思维放在新古典或内生增长理论上，原因是，这些理论为总量分析提供了非常简洁的框架。即使在论述发展中国家的经济问题时，新古典或内生增长理论也被普遍认为是最有效的理论方法。但是，我们认为，由于经济结构问题的存在，新古典或内生增长理论并不能讲述发展中国家故事的全部，投资和技术进步的作用往往被过高估计。

首先，对"资源错配"这个概念做出说明。本章中，发展中国家的资源错配，是指劳动力或资本发生了向低效率服务业的过快演进，因而导致整体经济的无效率及相应问题。

第四章 结构变迁过程的资源错配：发展中国家的增长迷途

当然，"资源错配"这个概念是在与发达国家增长方式相比较的基础上定义的。随着产业结构的变迁，很多发展中国家表现出来的"资源错配"，是错在偏离了有效率的增长路径。正如我们的统计分析将要揭示的那样，发达国家长期增长中，第三产业劳动生产率普遍高于或接近于第二产业；而发展中国家第三产业劳动生产率则普遍低于第二产业。因此，如果在这种情况下套用库兹涅茨规律于发展中国家（或者搬用发达国家现代增长模式于发展中国家），在片面强调服务业规模扩张时，资源错配就会出现；而且，服务业越发展，资源错配导致的经济增长缺乏效率问题就越突出。

有必要对库兹涅茨规律做一下阐释。库兹涅茨（2005）关于劳动力的产业间转移以及第三产业发展趋势的描述，本质上讲，是成功的发达国家的故事。或许这个故事太过于优美，因此往往被借用来分析发展中国家的增长趋势，以至于人们对发展中国家的产业结构变迁产生了误解。产业结构变换中的资源错配因此被忽略。

一般来说，发达国家第三产业由于比第二产业具有更高的劳动生产率，因此才有第三产业规模的持续扩张和资源的"正确"再配置（实际上，故事的这一半已被库兹涅茨等表述过）。但是，如果第三产业劳动生产率比第二产业低，且持续扩大，发展中国家资源错配因此出现（我们现在来表述故事的另一半）。因此，我们的这种理解不同于一般文献对于发展中国家经济增长的解释，也不同于一般的结构描述性分析。围绕着"资源错配"这一问题，我们的基本判断是：发展的根本问题，本质上是经济结构的调整问题。

再者，我们的认识与通常对经济结构调整的认识也不同。就发展中国家的经济结构调整而言，有一个影响广泛的误解。多年来，提及发展中国家的结构调整和优化，尤其是面临普遍存在的巨大就业压力问题，研究者几乎一致地把眼光集中于服务业发展，而不问这背后的经济理论和立论假设如何。正如上文所强调的那样，结构演进的库兹涅茨规律，其成立有（暗含）先决条件：第三产业的扩张是基于该产业相对更高的劳动生产率。若不顾这个条件，把发展中国家的产业结构滞后归结为第三产业规模的狭小，那么，开出的政策药方就会南辕北辙。这个认识影响政策久了，就会导致发展中国家第三产业脱离效率的空转，因此导致国家经济发展"迷路"。

这有悖于发展经济学的初衷。经典发展理论的设想是：在二元经济结构下，劳动力不断被高效率的现代部门吸收，经济整体效率随之提高。但是，如果因为劳动力转移出传统农业，而制造出来另外一个规模巨大的低效率部门，那么发展中国家的经济不是实现所谓的现代增长，而是从一种停滞方式（典型如刘易斯所说的传统农业部门）跃入另一种停滞方式（典型如发展中国家产业结构的过早服务化）。实际上，一个不可忽视的现实是，发展中国家总是分布于这种奇怪的两极。

本章对这个认识的阐述，建立在主要发达国家和发展中国家的统计说明上。

第二节 经济增长的两个演化世界

经典文献对人们认识的影响之深，可以从一个例子得到说明。提及发展模式问题，研究者往往会想到钱纳里等（1988）的工作，这个工作以试图寻求各国经济发展的"标准结构"著称：经济发展的不同阶段，具有不同的产业结构份额与之对应。但是，这种认识容易产生的一个误解是：当人均国民收入达到某个数值时，仿佛产业结构的份额达到某个数值才算正常。

我们之所以说这是误解，是因为钱纳里等的比较研究中，忽视了一个重要的历史现象：即使在同一发展阶段上（或相同人均GDP水平上），发达国家和发展中国家产业效率也不可能具有可比性。比如，根据米切尔（1998）的历史数据，中国目前的人均GDP相当于美国20世纪20年代中期的水平。在人均GDP可比的两个时间段上，美国服务业比重为60%，中国为40%。需要注意的是，20世纪70年代以来，美国的第三产业劳动生产率一直高于第二产业，服务业发展沿着比较效率的路径"正确"地演进着，因此导致了20世纪20年代服务业的高比重。中国服务业比重达不到这个高水平，是因为服务业自身的劳动生产率低下所致，也就是说，中国的服务业不具有充分的规模扩张的内在动力。因此，我们认为，在观察发达国家历史并用于发展中国家的比较时，产业效率是一个关键特征，但不幸的是，这个重要问题却被文献有意或无意地忽视了。

第四章　结构变迁过程的资源错配：发展中国家的增长迷途 | 103

由此引出了本章关于经济增长的演化路径问题。图 4-1 展示了真实世界的情景，在那里，我们表征了经济增长的两个演化世界：发达国家"正确"的演化世界和发展中国家演化的"迷途"与可能摆脱困境的出路。

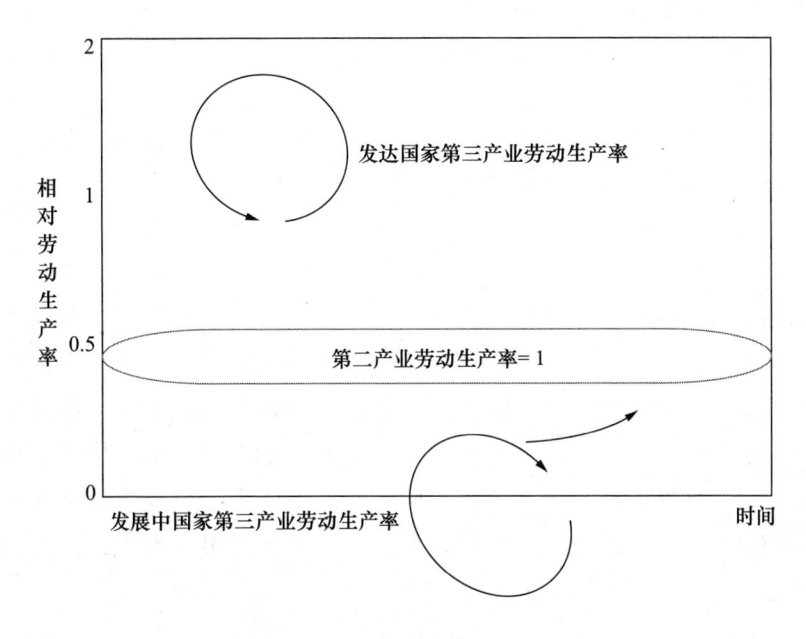

图 4-1　经济增长的两个演化世界

注：图中圆圈表示第三产业劳动生产率在波动中变化的趋势。

为了分析方便，首先介绍一个经常为库兹涅茨使用的概念：相对劳动生产率。以第三产业相对于第二产业的劳动生产率为例，记为：GDP_i 为产业增加值（$i=2,3$）；EM_i 为产业就业（$i=2,3$），则第三产业相对于第二产业的劳动生产率可以写为：

$$lv_{3,2} = \left(\frac{GDP_3}{GDP_2}\right) \Big/ \left(\frac{EM_3}{EM_2}\right) \tag{4-1}$$

为了分析方便，我们把第二产业劳动生产率标准化为 1，因此第三产业相对于第二产业的劳动生产率就是一个没有量纲的相对值。

图 4-1 被标准化的第二产业劳动生产率（等于1）分为上下两部分，纵轴代表第三产业相对于第二产业的劳动生产率。上半部分是真实的发达国家的世界：这个世界的第三产业劳动生产率一般高于或接近于第二

产业，但是，在"S"形成长曲线规律的作用下，第三产业劳动生产率增长减速甚至被第二产业超越，这种现象被袁富华（2012）的研究系统分析过。下半部分是真实的发展中国家的世界：在那里，产业结构同样发生着变化，但却呈现出另一番景象：发展中国家的第三产业劳动生产率普遍低于第二产业。经常有这样的现象发生，第三产业在发展中国家的规模已经很大了，如超过了60%，但是，劳动生产率却低于第二产业。换句话说，这些穷国经济被一个效率低下的第三产业包围了，社会资源流向规模庞大而效率缺乏的第三产业，经济陷入低增长怪圈。两个世界的经济结构演化与发展情景泾渭分明。

产业结构逆转与良性发展问题。有两种可能性主导着发展中国家经济增长。一种可能性是沿着目前的路径继续演化：经济朝着服务化和低效率路径持续演进，这种情况将导致发展中国家与发达国家差距的继续扩大。另一种可能是重塑经济结构，让劳动力和资本向劳动生产率相对较高的第二产业倾斜，提高经济整体效率，这种景象在图4-1中是用箭头分叉表示的。但是，有没有通过提高服务业生产率提高整体生产率的可能？这个问题的回答比较困难，关键是，发展中国家凭借什么发展生产率超过第二产业的服务业？对于创新普遍缺乏的穷国来说，这方面的困难似乎较大。

第三节 发达国家的"正确"增长路径

我们首先对两个演化世界里的发达国家进行分析，用历史数据解读图4-1的上半部分。分析发达国家的目的，是为了提供关于"正确"增长路径的信息，为发展中国家"错误"增长路径提供比较的基准。

一 20世纪70年代以来发达国家产业结构演进趋势

联合国数据库（UNDATA）提供了发达国家和发展中国家1970年以来的主要经济数据，对于大多数发达国家来说，这个时段的逐年连续数据可以获得。图4-2提供了10个工业化国家1970年以来第二、第三产业就业比重的演进趋势，这10个国家是比利时、法国、意大利、荷兰、瑞典、瑞士、西班牙、英国、美国和日本。正如曲线显示的那样，20世纪70年代以来，发达工业化国家出现了第二、第三产业之间的剧烈变化，劳动力向第三产业快速流动，最终将工业化国家的经济结构推向成熟。通常状况是，在20世纪70年代初期，10个工业化国家第二产业劳动力比重在40%—45%的水平；第三产业的劳动力比重在50%左右的水平；经过近40年的演化，这些国家第三产业劳动力比重增加到70%—80%的水平，成为成熟经济的典型表征。但是，需要指出的是，劳动力向第三产业流动，在很大程度上削弱了这个产业继续高增长的空间，其中就包括我们将要谈及的劳动生产率增长减速问题。

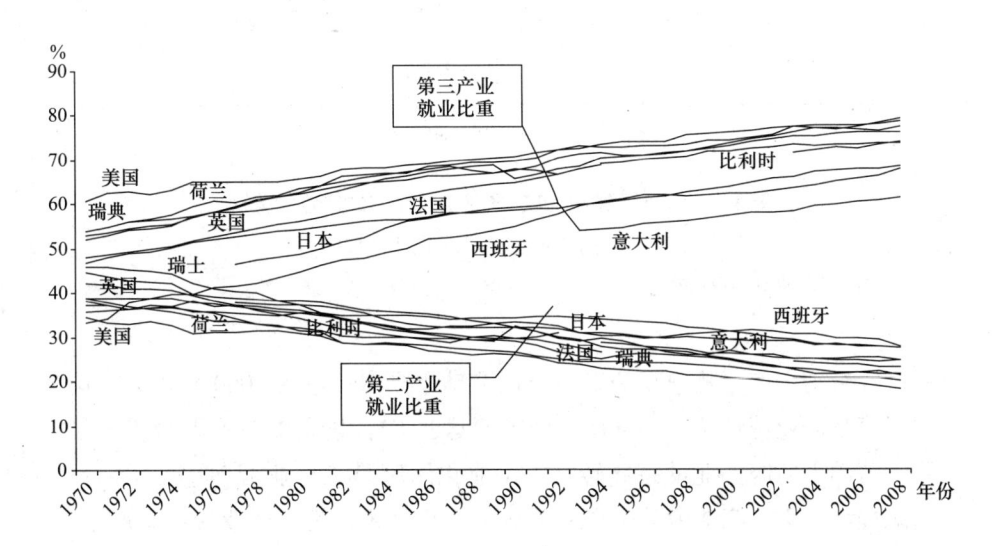

图4-2 10个工业化国家的第二产业和第三产业就业比重

资料来源：联合国数据库。

二 20世纪70年代以来第三产业比较劳动生产率

把各国第二产业劳动生产率标准化为1，我们可以很方便地观察第三产业相对于第二产业的劳动生产率。作为发达国家"正确"增长的重要标志，我们在这里需要明确发达国家生产率的一个重要特征：第三产业劳动生产率通常高于或等于第二产业劳动生产率。这种特征成为经济"服务化"的根本效率基础。图4-3展示了10个工业化国家1970年以来第三产业劳动生产率的变动趋势：（1）总体来看，在产业结构服务化的大趋势中，工业化国家第三产业的劳动生产率普遍高于或等于第二产业的劳动生产率。分为两个阶段：1970年至20世纪90年代末期，各国第

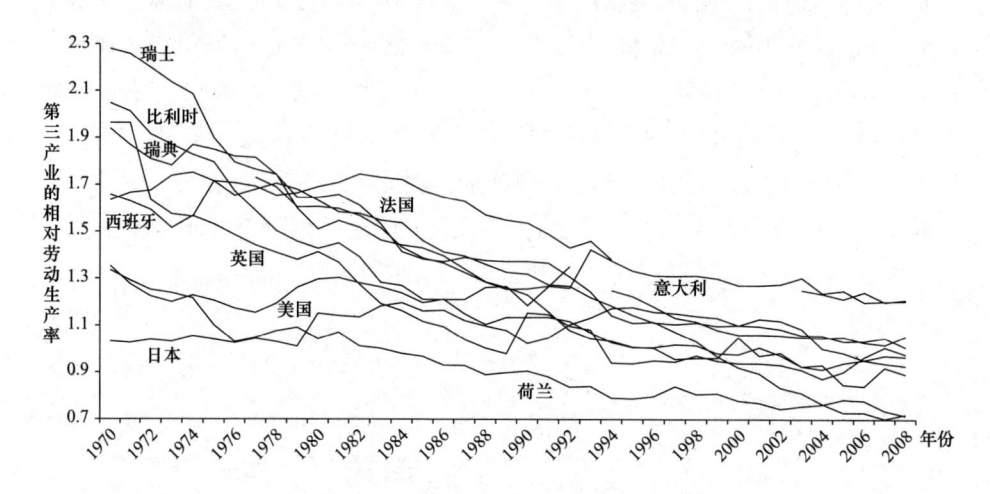

图 4-3 发达国家的第三产业相对于第二产业的劳动
生产率（第二产业劳动生产率 = 1.00）

资料来源：联合国数据库。

三产业劳动生产率普遍高于第二产业劳动生产率；进入 2000 年以来，第二、第三产业劳动生产率呈现出相等趋势。(2) 随着第三产业规模的扩张和劳动力向服务业的持续转移，工业化国家第三产业劳动生产率出现递减趋势，第二产业劳动生产率逐渐接近甚至超过第三产业劳动生产率。可以预期的是，随着产业结构的持续演进，第二、第三产业劳动生产率趋同是一种潜在趋势。

三 发达国家历史上的高效率服务业

发达国家第三产业具有的高效率，不只是 20 世纪 70 年代以来的情景。实际上，长期以来，发达国家第二、第三产业结构的演进，基本遵循了比较效率原则，即服务业规模的扩大是立身于自身高生产率的"实力"，而非脱离了效率的凭空发展。限于数据的可获得性，表 4-1 报告了 5 个工业化国家 19 世纪中期至 20 世纪 60 年代第三产业相对劳动生产率状况。从历史看，老牌工业化国家如英国、美国、意大利等服务业劳动生产率相对较高，因此，发达国家"正确"的产业演化路径有其悠远的历史背景。这种"正确"的演化动力恰恰是发展中国家普遍缺乏的。

表 4-1　　　发达国家历史上的第三产业相对劳动生产率

（第二产业劳动生产率 = 1.0）

法国		意大利		瑞典		英国		美国	
年份	相对劳动生产率	年份	相对劳动生产率	年份	相对劳动生产率	年份	相对劳动生产率	年份	相对劳动生产率
1856	0.8	1871	1.8	1860	2.2	1841	1.6	1870	4.0
1866	0.9	1881	1.5	1870	2.0	1851	2.0	1880	3.4
1886	0.7	1901	2.1	1880	2.0	1861	1.7	1890	2.9
1896	0.7	1911	2.0	1890	2.0	1871	1.4	1900	2.7
1901	0.6	1921	1.2	1900	1.3	1881	1.5	1910	2.1
1906	0.7	1931	2.1	1910	1.3	1891	1.5	1920	2.2
1911	0.8	1936	1.5	1920	1.5	1901	1.5	1930	1.5
1936	1.0	1951	1.1	1930	1.3	1921	1.5	1940	1.1
1946	1.1	1961	1.5	1940	1.1	1931	1.8	1950	1.1
1954	0.8	—	—	1950	0.9	1951	1.1	1960	1.3
1962	0.8	—	—	1960	1.3	1961	1.0	—	—

资料来源：米切尔（1998）。

第四节　发展中国家的资源错配

以发达国家作为比照，我们在这里用发展中国家数据解读图 4-1 的下半部分，揭示资源错配这个经常为文献所忽视的发展事实。限于数据的可获得性，我们引用了联合国数据库中 12 个发展中国家的数据，包括巴西、智利、厄瓜多尔、墨西哥、乌拉圭、委内瑞拉、中国、印度尼西亚、马来西亚、菲律宾、泰国和埃及。相对于为数众多的发展中国家来说，尽管这个样本较少，但却是经常为经济分析所关注的国家，且主要的发展中国家也基本包含其中，因此，这里的分析有典型性。

一　20 世纪 70 年代以来发展中国家产业结构演进趋势

我们把 12 个发展中国家 1975—2005 年第二、第三产业就业比重演进趋势组织在表 4-2 之中。大致分为两组：一组是产业结构服务化较快的拉美国家；另一组是产业结构服务化稍慢的其他国家。具体说明如下：（1）拉美趋势。一个为人们所广泛关注的现象是，自 20 世纪 70 年代以来，拉美国家产业结构的服务化倾向比较显著。如智利、厄瓜多尔、乌拉圭、委内瑞拉等国，第三产业就业比重在70年代中期就处于较高水平，30年来也一直在高水平上演化；相对于这些国家而言，80年代以前，巴西、墨西哥的第三产业比重虽然较低，但其后却经历了较快的上升，均达到60%的水平。总体来说，现阶段拉美国家的第三产业比重，已经接近或达到发达国家的水平了。（2）其他国家趋势。相对于拉美国家，其他发展中国家产业结构没有表现出过快的演化。如亚洲地区的中国、印度尼西亚、泰国、菲律宾及非洲地区的埃及，20世纪80年代中期的服务业就业比重普遍低于40%，现阶段也普遍低于50%。（3）需要强调的一点是，发展中国家就业结构，没有出现库兹涅茨规律所揭示的自然演化顺序，即没有出现过类似于发达国家长期的劳动力大规模工业部门集聚现象。正如前文所分析的那样，20世纪70年代以来，发达国家第二产业之间此落彼起的演化，是在第二产业就业比重较高（40%以上）的基础上展开的，或者发达国家经历了充分工业化的城市化。但是，无论

表4-2 　　　　　　　　发展中国家产业就业结构状况　　　　　　　　单位：%

国家	1975年 第二产业	1975年 第三产业	1985年 第二产业	1985年 第三产业	1990年 第二产业	1990年 第三产业	1995年 第二产业	1995年 第三产业	1999年 第二产业	1999年 第三产业	2005年 第二产业	2005年 第三产业
巴西	—	—	22	49	23	54	20	54	19	57	21	58
智利	25	53	20	60	25	55	26	58	23	62	23	64
厄瓜多尔	—	—	—	—	27	66	22	72	23	69	21	70
墨西哥	24	35	—	—	28	50	21	55	25	54	26	59
乌拉圭	—	—	—	—	33	62	27	69	25	71	29	66
委内瑞拉	25	55	25	59	25	61	24	63	23	67	21	70
中国	—	—	21	17	21	19	23	25	23	27	24	31
印度尼西亚	9*	25*	13	32	—	30	18	38	17	37	19	37
马来西亚	—	—	24	46	28	46	32	48	32	50	30	56
菲律宾	15	31	14	37	15	40	16	40	16	45	16	48
泰国	12	21	12	20	14	22	20	29	18	33	20	37
埃及	18	33	20**	39**	21	40	22	44	23	49	21	48

注：* 为1976年数据，** 为1984年数据。
资料来源：原始数据来自联合国数据库。

在服务业比重较高的拉美国家,还是在服务业比重较低的其他欠发达国家,类似于发达国家历史上劳动力大规模工业集聚现象比较少见。正是由于这种结构服务化是在较低的发展水平上实现的,发展中国家产业演进中累积的问题及对经济可持续增长的影响也比较大。

二 20世纪70年代以来第三产业比较劳动生产率

图4-4和图4-5提供了两个地区12个国家的第三产业比较劳动生产率。发展中国家第三产业劳动生产率普遍低于第二产业,因此,服务业相对劳动生产率一般在小于1的区域里演化。这种情况与发达国家刚好相反。虽然有个别国家如墨西哥、中国的第三产业比较劳动生产率一度出现大于1的情景,但是,随着服务业规模的持续扩大,20世纪90年代中期之后,也都落入小于1的区域。这种景象意味着,发展中国家日益扩大的服务业,是在比较低效率的状态下进行的。具体如下:(1)拉美情景。巴西和墨西哥第三产业比较劳动生产率相对较高,巴西基本维持在0.8—0.9的水平,墨西哥在20世纪80年代以前大于1,但之后有所下降,现阶段基本维持在0.8的水平。厄瓜多尔、智利、乌拉圭、委内瑞拉比较糟糕,但是,这些国家却是服务业比重最高的一类(请回顾表4-2各国就业结构数据)。(2)其他国家情景。亚非6国表现出了相似的情景。90年代以前,中国服务业相对劳动生产率稍大于1,但之后却出现了显著下降,现阶段基本处于0.7的水平;泰国也是持续走低,80年

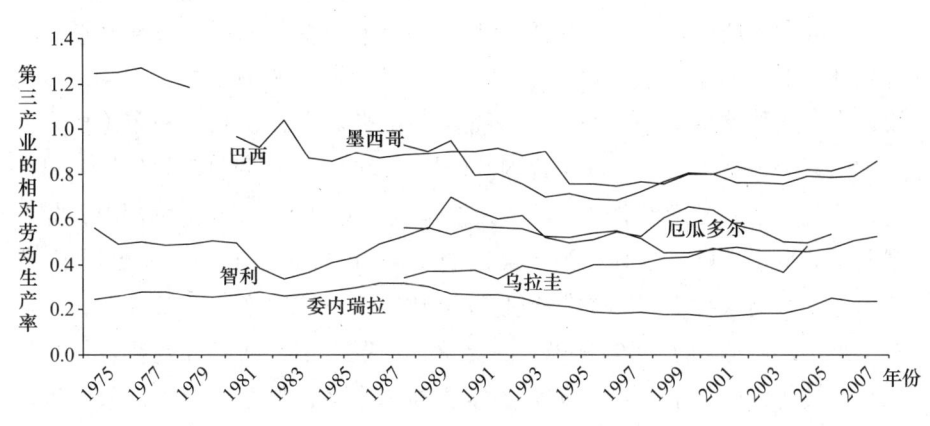

图4-4 拉美6国第三产业相对于第二产业的劳动生产率
(第二产业劳动生产率=1.0)

资料来源:联合国数据库。

代之前稍好，但之后也是一路走低。其他4国的情景明显比中国和泰国还要糟糕。(3)值得关注的是，这些发展中国家服务业相对劳动生产率的低水平是在产业结构服务化的进程中发生的，若这种状况得不到根本改善，将直接恶化社会整体生产率，进而阻碍国民收入的持续提高。

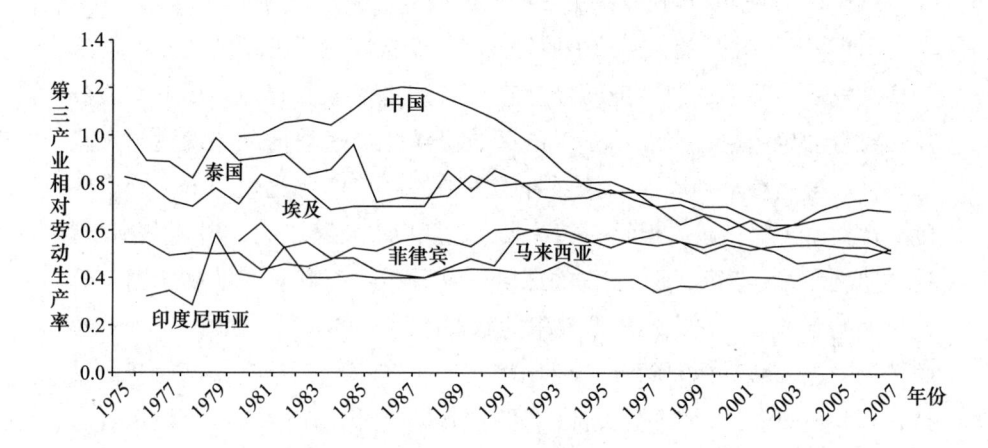

图4-5　亚非6国第三产业相对于第二产业的劳动生产率
（第二产业劳动生产率=1.0）

资料来源：联合国数据库。

三　与发达国家的比较

从劳动生产率的绝对值水平来看，发展中国家第三产业劳动生产率长期低于发达国家，且差距有逐渐拉大之势。在发展中国家，拉美国家第三产业的劳动生产率较高，就现阶段的水平而言，比东亚和东南亚发展中国家至少高出1倍。以联合国数据库的2005年不变价美元估算，目前，拉美国家第三产业劳动生产率大致相当于美国的1/7（个别国家，如墨西哥的情景稍好，也只相当于美国的1/5—1/4），亚非国家就更低了。美国等发达国家是在极高的服务业效率基础上，按照产业自身演化，以至于第三产业达到了70%—80%的比重。发展中国家的服务业在较低的水平上演化，虽然也达到了60%甚至更高的水平，但服务业的低效率逐渐成为经济持续增长的累赘（下文将给出进一步的说明）。因此，我们对发展中国家产业结构演化的一个基本看法是：发展中国家不过是复制了发达国家产业结构现代化的"外壳"。发达国家服务业的繁荣严格遵循了第一、第二、第三产业的进化顺序,就业的产业间转移也符合库兹涅茨规律,以至于我们可以观察到这种有趣现象:20世纪80年代以前,发达国家第二产业的就业比重经常维持在40%或更高水平之上。但是,发展中国家历史上第二产业发展明显不足,就业比重能够达到30%就算高了。由此,我们可以看出,发展中国家产业结构服务化的趋势,很可能是在尝试危险的"蛙跳"。

第五节 资源错配、效率损失与增长徘徊

让我们设计一个简单的数据实验,对资源错配导致的生产率损失给出一个直观的说明。记:GDP_i,$i=2$、3 为第二、第三产业增加值;EM_i,$i=2$、3 为第二、第三产业就业。相应地,GDP、EM 为第二、第三产业增加值和就业总计,或者叫作现代部门增加值或就业。现代部门劳动生产率为:

$$\frac{GDP}{EM} = \frac{GDP_2}{EM_2} \times \frac{EM_2}{EM} + \frac{GDP_3}{EM_3} \times \frac{EM_3}{EM} \equiv lv_2 \times \alpha_2 + lv_3 \times a_3 \equiv lv \quad (4-2)$$

其中,lv、$lv_i(i=1,2)$ 为劳动生产率;$\alpha_i(i=1,2)$ 为第二、第三产业就业份额。

运用式(4-2),我们假定发展中国家第二、第三产业就业份额发生了部分"逆转":由于某种原因促使过度配置的第三产业劳动力回流到效率相对较高的第二产业。如假定重新配置后第二、第三产业劳动力的份额一样。为简单起见,假定只是劳动份额发生了变化,产业劳动生产率没有变化。记:$lv_{实际}$ 为第二、第三产业劳动生产率的加权值,$lv_{试验}$ 为实验所获得的第二、第三产业劳动生产率的加权值,则由于资源错配导致的效率损失可以定义为:

$$s = \frac{lv_{实际} - lv_{试验}}{lv_{试验}} \times 100\% \quad (4-3)$$

如果经济中存在显著的资源错配,那么,$s<0$。而且,s 的绝对值越大,由于错配而导致的效率损失就越大。从表4-3可以看出,在我们的假设下,低效率服务业的扩张所造成的损失非常大。

表 4-3　　　　　　　发展中国家资源错配的效率损失　　　　　　单位:%

年份	智利	厄瓜多尔	委内瑞拉	印度尼西亚	马来西亚	菲律宾
1975	-10	—	-23	—	—	-11
1976	-14	—	-21	-23	—	-10
1977	-14	—	-19	-25	—	-13
1978	-15	—	-18	-14	—	-12
1979	-14	—	-20	-10	—	—
1980	-14	—	-21	—	-7	-12
1981	-15	—	-21	—	-5	-17
1982	-25	—	-20	—	-9	-15
1983	-28	—	-23	—	-7	-16
1984	-24	—	-24	—	-10	-15
1985	-21	—	-23	—	-11	-14
1986	-18	—	—	—	-14	-15
1987	-14	—	-19	—	-15	-13
1988	-12	-13	-18	—	-15	-12
1989	-10	-14	-22	-15	-11	-12
1990	-11	-8	-24	-15	-9	-14
1991	-10	-10	-24	-15	-11	-10
1992	-10	-12	-23	-15	-5	-10
1993	-10	-11	-25	-13	-5	-11
1994	-12	-16	-29	-13	—	-11
1995	-12	-18	-30	-15	-5	-13
1996	-11	-18	-33	-15	-6	-12
1997	-11	-15	-32	-17	-5	-13
1998	-13	-17	-31	-19	-6	-14
1999	-17	-12	-35	-17	-6	-13
2000	-17	-10	-34	-16	-6	-16
2001	-16	-10	-37	-14	-6	-14

第四章　结构变迁过程的资源错配：发展中国家的增长迷途 | 113

续表

年份	智利	厄瓜多尔	委内瑞拉	印度尼西亚	马来西亚	菲律宾
2002	-16	-14	-38	-14	-7	-16
2003	-17	-15	-39	-15	-8	-15
2004	-17	-17	-38	-14	-11	-15
2005	-18	-18	-36	-14	-11	-15
2006	-17	-16	-30	-14	-10	-16
2007	-15	—	-30	-14	-11	-16
2008	-15	—	-31	—	-10	-18

进一步的判断是，发展中国家表现出来的增长乏力，与产业结构服务化有关。袁富华（2011）对经济增长过程中的"结构性减速"问题进行了解释，基本结论可用于发展中国家的低增长问题分析。"结构性减速"是在第三产业比重较大的情况下出现的一种现象，是由于服务业劳动生产率增长速度（进而服务业自身增长速度）减缓而导致的全社会劳动生产率增长速度（进而经济整体增长速度）的减缓。图4-6A至图4-6D提供了4个拉美国家全社会劳动生产率增长速度和第三产业劳动生产率

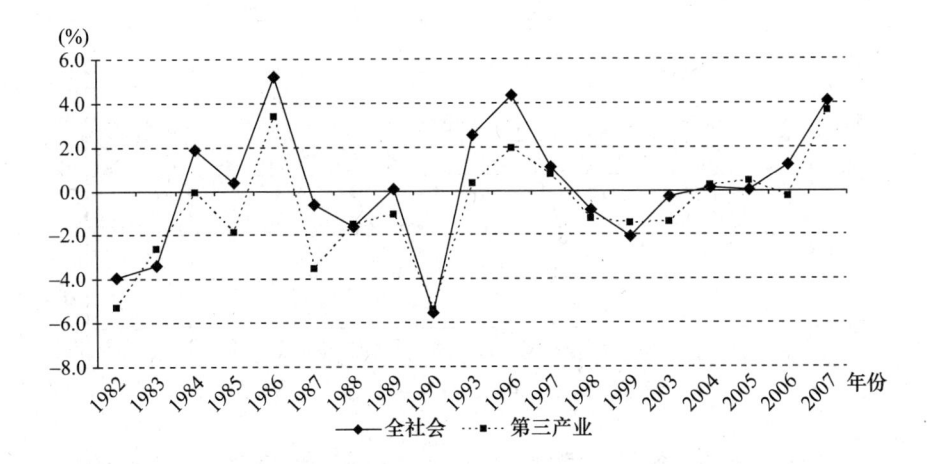

图 4-6A　巴西全社会劳动生产率增长率和第三产业劳动生产率增长率

资料来源：联合国数据库。

增长速度关系的示例。正如图4-6中的曲线所解释的那样，长期以来，4国全社会劳动生产率增长率随着第三产业劳动生产率增长率亦步亦趋地起伏波动，第三产业本身的低增长速度及增长的不稳定性，对整体劳动生产率增长波动和增长速度带来了冲击。

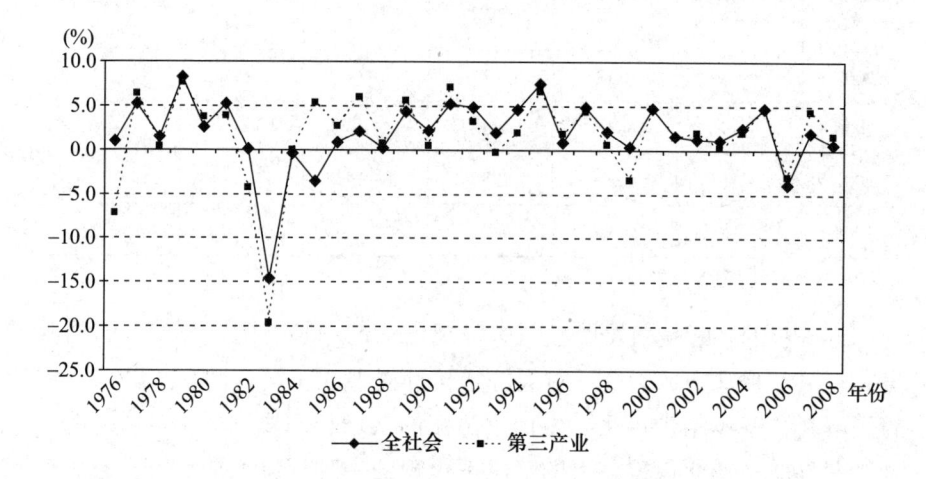

图4-6B 智利全社会劳动生产率增长率和第三产业劳动生产率增长率

资料来源：联合国数据库。

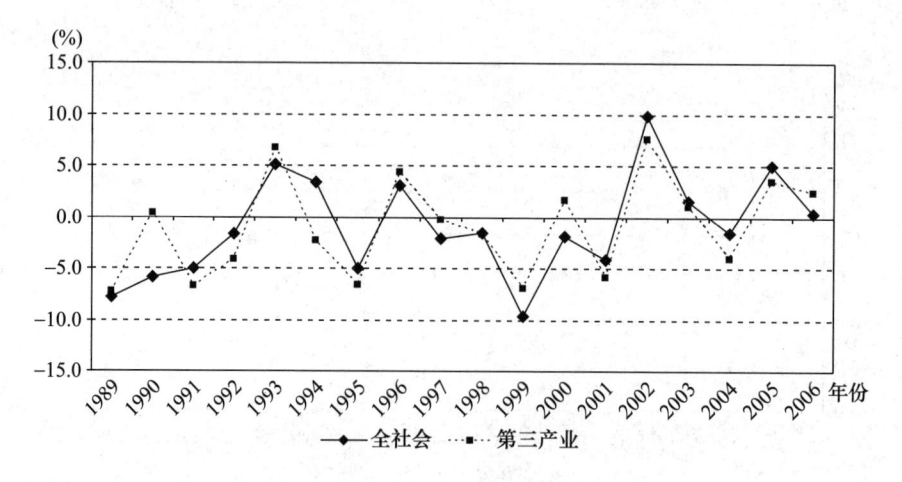

图4-6C 厄瓜多尔全社会劳动生产率增长率和第三产业劳动生产率增长率

资料来源：联合国数据库。

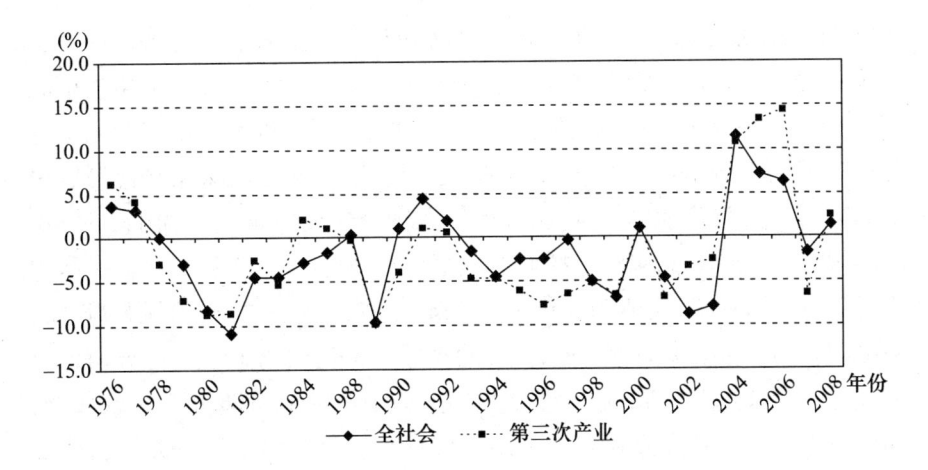

图 4-6D　委内瑞拉全社会生产率增长率和第三产业劳动生产率增长率

资料来源：联合国数据库。

第六节　资源错配与中国经济的隐忧

发达国家结构演化与发展中国家结构演化给中国未来增长提供了诸多启示。尽管发达国家在经济演进中也出现了诸多问题，典型的如产业结构服务化导致的经济增长减速，但不可否认的是，这种在高效率基础上展开的服务业规模扩张，符合一般经济规律。发展中国家长期以来的服务业发展，一直沿着低效率的路径扩张。低素质的服务业扩张不能为经济的持续增长提供足够的动力。因此，仅有与发达国家经济结构比肩的发达经济结构的"外壳"还远远不够。

我们之所以强调发展中国家产业结构演化中资源错配问题的重要性，是因为这个问题本质上牵扯穷国的增长可持续性。突出地表现在以下几个方面：穷国的产业效率本来就相对低下，不经过充分的工业化就无法达到一种实现经济的可持续增长，国民收入的持续提高也就无从谈起。关于这一点，我们结合中国的具体情况给出进一步的说明。

自 20 世纪 70 年代末期以来，中国一直在所谓的劳动力比较优势路径上发展，即通过压低劳动力价格获得产业竞争力，而不是像发达国家那样通过创新（以抵消高价劳动力成本）来获得竞争优势。即便如此，这种通过资源禀赋优势发挥所实现的经济追赶,其效果也很显著,以至于这种成效被不少研究者当作全球化和开放利益的典型。表4-4给这个故事所蕴含的积极意义提供了数据支持,即改革开放以来,中国第二、第三产业经济效率出现了显著的追赶趋势,中国与发达国家及其他发展中国家的差距正逐步缩小。典型的如20世纪90年代中期,发达国家——英国、法国、美国、意大利、日本等国第二产业劳动生产率相当于中国的20—30倍,第三产业劳动生产率相当于中国的30—40倍;到2008年,中国与上述国家生产率的差距明显缩小了:发达国家第二产业劳动生产率为中国的10倍,第三产业劳动生产率为中国的15—20倍。不仅如此,相对于一些发展中国家而言,中国也表现出"后来居上"的景象:典型的如90年代中期,中国第二产业劳动生产率约为智利、墨西哥的10%,到2008年,差距缩小到25%;第三产业也表现出了类似的缩小趋势。

表4-4　　　　　中国产业劳动生产率与发达国家的对比

（中国各产业劳动生产率标准化为1）

英国				美国			
年份	第一产业	第二产业	第三产业	年份	第一产业	第二产业	第三产业
1995	43	24	28	1995	43	28	36
2008	30	10	15	2008	66	13	18
法国				意大利			
年份	第一产业	第二产业	第三产业	年份	第一产业	第二产业	第三产业
1995	69	22	38	1995	46	23	39
2008	55	9	16	2008	39	9	15
日本				巴西			
年份	第一产业	第二产业	第三产业	年份	第一产业	第二产业	第三产业
1995	36	24	35	1995	3.1	5.2	5.0
2008	26	11	15	2007	2.8	1.6	2.0
智利				墨西哥			
年份	第一产业	第二产业	第三产业	年份	第一产业	第二产业	第三产业
1995	7.2	9.8	6.5	1995	5.4	10.7	9.7
2008	6.7	4.2	3.3	2008	5.0	3.5	4.5

续表

泰国				马来西亚			
年份	第一产业	第二产业	第三产业	年份	第一产业	第二产业	第三产业
1995	1.6	3.3	3.4	1995	11.1	6.6	4.7
2008	1.2	1.7	1.3	2008	8.4	3.3	2.6

注：表中劳动生产率依据联合国数据库2005年美元可比价计算。

资料来源：联合国数据库。

然而，中国产业生产率的糟糕表现，给人的印象似乎更加深刻（回顾表4-4，现阶段存在的中国产业劳动生产率与发达国家10倍乃至20倍的差距）。之所以这样说，是因为在实现了持续几十年的快速追赶后，两种日益明显的反作用机制将抑制未来中国赶超进程：一是学习效应的递减；二是结构变迁中资源错配隐忧的存在。学习效应（"干中学""投中学"）对于中国经济增长的作用，在张平、刘霞辉（2007）的文献中做了较多探讨。一方面，中国工业的规模扩张和开放，促进了学习效应的发挥和累积，并被认为是产业效率持续提高的主要动因。另一方面，就像日本所经历的那样，高增长及模仿到了一定阶段后，随着本国技术逐渐向国际技术前沿接近，学习效应发生递减；此时，如果没有适当的创新机制抵消这种负面影响，那么工业及整体经济增长可能出现显著的减速现象及一系列经济问题。[1] 至少，从现阶段来看，中国产业部门中还看不到抵消学习效应递减，进而促使中国产业生产率持续追赶的内生机制产生。

学习效应递减削弱了工业规模扩张（就业吸收）的潜力，就业压力迫使服务业部门被动扩张。这是前文阐述的发展中国家结构变迁中资源错配的景象。事实上，这种景象也正在中国结构调整中发生。中国经济增长的初始条件，为劳动密集型加工工业的发展提供了机会，也决定了中国在国际分工中的地位。换句话说，处于产业链末端的中国工业，参与的是技术、产品成熟和衰退期的生产竞争，然而，这样的市场机会通常被认为是学习效应递减、规模报酬递减和无潜力的。从就业看，中国

---

[1] 亚历山大（Alexander, 2002）对高增长时期过后日本的技术创新过程即机制进行了研究：20世纪80年代以来，日本持续加大研发投资，并成为继美国之后的第二大研发投入国。巨大的科技投入（但相对于美国产出效率较低）维持了日本产业的高效率，但是却没有很好地抑制经济增长的减速及由此带来的诸多问题。

工业在经历了 20 世纪 80 年代至 90 年代大规模劳动力集聚后,其就业吸收能力在 21 世纪之初开始出现下降。而在 90 年代末期中国工业集聚劳动力的峰值时期,第二产业劳动力就业份额也不过 23%,这个份额与发达国家长期呈现的第二产业劳动力份额 40%—50% 的辉煌经历相去甚远。也正是从这个意义上说,中国工业在促进劳动力资源的配置方面,效率似乎并不像在诸多文献里认为的那么高。同样,也正是基于这样一种认识,我们认为,中国工业发展远非很多文献赞赏的那样成功。

中国工业发展的这种问题,本质上引致了结构调整中的资源错配。请回顾本章第四节图 4-5 中国第三产业相对于第二次产业劳动生产率的那条曲线,正如分析所指出的那样,中国的第三产业比较劳动生产率一度大于 1,20 世纪 90 年代中期之后落入小于 1 的区域,近年来这个数值为 0.7。其间,服务业规模出现了持续扩大,而这种扩大恰恰被很多文献认为是产业结构优化的一个成果。但是,问题并没有那么简单,因此,我们在此强调的是,单纯的产业份额分析并无实质意义。如果中国服务业具有相对于工业较高的劳动生产率,服务业的规模扩张将是沿着库兹涅茨规律发展,与发达国家"正确的"服务业发展方式相吻合,产业结构变迁因此具有"结构优化"的含义,因为服务业的这种发展整体上促进了全社会生产率的提高。反之,如果中国服务业一直沿着相对于工业低效率的路径走下去,结构调整中的资源错配问题值得关注。

参考文献

[1] 库兹涅茨:《各国的经济增长》,商务印书馆 2005 年版。

[2] 钱纳里、赛尔昆:《发展的型式:1950—1970》,经济科学出版社 1988 年版。

[3] 袁富华:《长期增长过程中的结构性加速与结构性减速》,《经济研究》2012 年第 3 期。

[4] 张平、刘霞辉:《经济增长前沿》,社会科学文献出版社 2007 年版。

[5] Mitchell, B. R., 1998, *International Historical Statistics* (4th ed): 1750 - 1993, New York: Stockton Press.

[6] Alexander, A. J., 2002, *In the Shadow of the Miracle: The Japanese Economy Since the End of High - Speed Growth*, Lanham, Md.: Lexington Books.

附录1　　　　　　　　发达国家劳动生产率

单位：美元/人（2005年不变价）

年份	法国 第一产业	法国 第二产业	法国 第三产业	比利时 第一产业	比利时 第二产业	比利时 第三产业	意大利 第一产业	意大利 第二产业	意大利 第三产业
1970	10308	31300	51140	10556	24610	50386	—	—	—
1971	11045	32527	54173	11943	25588	51476	—	—	—
1972	11741	34177	57249	12696	27779	53189	—	—	—
1973	13050	34650	60225	13823	29867	55873	—	—	—
1974	13619	35602	62373	14851	30826	56360	—	—	—
1975	13138	36570	62710	12673	31049	55757	—	—	—
1976	13062	37977	64844	12926	34544	57759	—	—	—
1977	13545	38898	65823	13968	36251	57567	7111	37021	64053
1978	15413	40285	66581	16121	38539	57908	7331	38450	64939
1979	17628	40401	67207	16054	40444	58940	7968	41233	66135
1980	18032	40632	68696	17585	42399	60526	8553	41715	66952
1981	18655	40854	69819	18834	42942	62281	9270	41751	66690
1982	21766	40749	71093	20246	45421	63202	9769	42243	66204
1983	20797	41488	71822	19920	48313	61994	10635	43441	65790
1984	22589	42446	73059	21907	50204	63746	10935	45964	65849
1985	24313	43729	73204	22088	52229	63263	11628	47715	66178
1986	24252	45099	74244	23524	53284	64507	12273	49021	66963
1987	26245	46153	75180	22623	54722	66263	13236	51415	68143
1988	26925	48700	76458	24059	55090	69533	13743	53669	68955
1989	28050	50316	77890	25144	56374	71393	14806	56369	70707
1990	30687	50964	78269	24544	58735	69601	15015	56431	70884
1991	30414	52334	77942	26533	57762	73081	17059	56085	71108
1992	34794	54833	78469	30319	56439	76240	18279	56404	71029
1993	34623	53792	78528	—	—	—	21352	53436	76051
1994	36890	56761	78315	30868	61401	76710	22797	56612	77885
1995	—	—	—	31976	63225	77375	24459	59614	79448
1996	—	—	—	32729	65378	77145	25932	60355	79174
1997	—	—	—	34973	68651	77733	27370	60886	79778
1998	—	—	—	35797	70207	78379	29063	60749	79707

续表

年份	法国			比利时			意大利		
	第一产业	第二产业	第三产业	第一产业	第二产业	第三产业	第一产业	第二产业	第三产业
1999	—	—	—	37016	71386	77117	32631	60752	78972
2000	—	—	—	45483	73077	77443	32234	62860	79883
2001	—	—	—	47031	74761	79258	31274	62778	79768
2002	—	—	—	46832	75441	79762	31145	62066	79164
2003	37287	64292	80398	41795	76676	80569	30181	60298	78589
2004	48655	65784	81248	38592	77722	81396	37139	62275	77081
2005	48487	67303	81663	32565	77248	81186	37130	61835	77204
2006	46995	67169	83441	36782	80273	82530	35322	63713	76473
2007	49462	69276	83173	37257	80797	82223	37469	63888	76850
2008	56459	67880	82108	36941	78489	82750	39736	62547	75349

年份	荷兰			西班牙			瑞典		
	第一产业	第二产业	第三产业	第一产业	第二产业	第三产业	第一产业	第二产业	第三产业
1970	11699	45314	60523	4387	25937	50927	11001	25688	49808
1971	12497	47771	61722	5001	26498	52025	12247	26734	49979
1972	12592	50327	63011	5535	30527	49892	12326	27929	50523
1973	14012	53344	66064	5902	32357	50918	12996	29246	52118
1974	16414	55996	68098	6613	33563	52458	13943	28610	53488
1975	18668	57867	63737	7062	32498	55736	12809	28847	53349
1976	18780	63357	65220	7757	34781	57495	13269	29564	53823
1977	17708	63346	66304	7585	35428	59494	12687	29352	53286
1978	21352	62416	67124	8397	36111	61567	12805	29962	52204
1979	22669	62125	67774	8494	36779	61778	13172	31708	52128
1980	25117	63159	65811	9880	38459	62773	13923	31695	52110
1981	26985	59925	64106	9352	40178	63579	13929	31934	52913
1982	28119	62692	63413	9565	40813	64325	14755	33074	53284
1983	27126	64495	64597	10070	42306	65460	16415	34786	53274
1984	29728	68074	66679	11154	44041	67653	17690	37748	53355
1985	29073	68927	66658	11469	46781	68324	18163	38566	53319

续表

年份	荷兰 第一产业	荷兰 第二产业	荷兰 第三产业	西班牙 第一产业	西班牙 第二产业	西班牙 第三产业	瑞典 第一产业	瑞典 第二产业	瑞典 第三产业
1986	30995	72023	66983	12277	47365	66923	21801	39597	54317
1987	27150	65667	61006	14378	47633	66478	20285	41082	57083
1988	28901	67729	60256	15893	48730	66296	20311	41747	57471
1989	30319	68483	61520	16055	49298	65407	24050	41819	57396
1990	32655	68228	61778	18196	49330	65064	26891	41956	57603
1991	33032	69478	61204	20847	50734	64652	25456	42669	58291
1992	38772	71897	60216	22668	49462	62707	25949	45711	59805
1993	40296	72037	60522	24422	51886	63296	27188	49227	61224
1994	39932	76913	60859	24203	54094	64047	26345	54840	62648
1995	44069	77500	61057	23567	55303	63283	28741	57311	63620
1996	40528	77921	62127	29120	55289	61484	30706	58197	64846
1997	43499	75521	63437	31168	55195	61005	33000	61902	66369
1998	44499	78167	63034	31993	54905	61020	33380	65067	67149
1999	48308	79425	64271	32758	54564	59875	33702	69588	67333
2000	45964	83092	64729	35807	53879	59321	36381	73736	67900
2001	44619	83867	64530	34549	53848	59053	38647	74706	66859
2002	42750	85657	63765	36429	53773	58298	41606	80271	66923
2003	43819	85455	64576	36408	53904	57052	42984	83946	68167
2004	46172	87439	66703	35618	53555	56566	45996	91881	70339
2005	43435	87271	68424	32325	53301	55061	46598	97046	70719
2006	43838	89069	69413	36255	52995	54778	51738	99380	72388
2007	48782	94358	69538	39619	52639	55128	45750	101085	71014
2008	54315	96497	69090	40825	54896	55294	46741	97560	70404

年份	瑞士 第一产业	瑞士 第二产业	瑞士 第三产业	英国 第一产业	英国 第二产业	英国 第三产业	美国 第一产业	美国 第二产业	美国 第三产业
1970	18181	42538	96986	10571	29228	48449	13561	49915	67565
1971	19398	43252	97640	11603	30216	49206	14131	52428	66902
1972	20590	44458	97721	12429	31459	50090	13931	54801	67084

续表

年份	瑞士			英国			美国		
	第一产业	第二产业	第三产业	第一产业	第二产业	第三产业	第一产业	第二产业	第三产业
1973	21802	45870	97937	12784	33255	50364	14221	56752	68119
1974	22386	47132	98287	13611	31963	50054	13819	54744	67255
1975	21569	48323	91744	12593	31638	48427	14799	55192	66570
1976	21360	50675	90959	11608	33280	49419	14474	56861	66665
1977	22320	52114	91981	13131	34658	49957	14489	57770	66695
1978	22743	52074	90761	14214	36032	50798	13201	56738	67711
1979	23454	55622	88882	14281	36962	50998	14209	54309	68482
1980	27225	58319	88064	16144	35653	50362	13747	52905	68614
1981	25794	56759	87729	16953	37395	51143	16827	52787	68789
1982	25667	56863	86270	18576	40684	51867	16849	53632	68710
1983	25395	58685	85846	17852	44501	53101	14171	54705	69126
1984	25944	60778	87632	21806	45392	52762	16955	56701	70178
1985	24442	62567	89424	20644	47683	53252	20399	58819	70387
1986	26000	63044	88028	21116	50264	54983	20516	58190	70530
1987	27965	63640	85310	21031	53209	55350	20867	61068	70222
1988	30454	66048	84936	21561	55409	55599	19575	64597	71313
1989	30149	68295	86168	23306	55817	54654	21195	63325	71848
1990	33256	69748	85790	23356	50048	57721	22454	63489	72025
1991	33840	71640	83018	23762	50546	57974	22751	63845	72465
1992	35448	76129	82173	25831	53259	58450	24574	65335	73045
1993	32885	77778	81225	25954	55686	60166	23881	67910	72589
1994	32088	80414	83129	23365	60692	57057	24349	70875	72866
1995	30460	80305	80982	22877	61914	58021	22782	73197	73659
1996	27192	81484	81798	23147	62423	59290	23508	74648	75106
1997	24590	86260	82514	24712	63450	59974	26105	75557	76969
1998	24100	87681	84226	27195	63868	62008	26670	78321	79486
1999	23310	87722	84305	30287	67419	63941	28303	82444	80856
2000	26074	86471	90731	30244	69597	65295	31360	84442	82442
2001	25160	88778	86143	29716	70642	66255	30989	83306	83820

续表

年份	瑞士			英国			美国		
	第一产业	第二产业	第三产业	第一产业	第二产业	第三产业	第一产业	第二产业	第三产业
2002	25850	87784	86302	33707	71687	66767	30780	85939	83587
2003	24036	91553	84707	36142	74150	67525	50619	89910	83195
2004	28467	93106	86739	34664	78306	68342	55014	92995	84854
2005	28857	95739	81164	35469	77229	69658	60674	92055	86487
2006	28097	98018	82387	36886	74869	72237	57217	91939	87580
2007	27948	99509	91554	33006	74166	74633	64473	91273	88612
2008	27281	101312	90315	30273	74935	73165	67998	92200	89071

年份	日本		
	第一产业	第二产业	第三产业
1970	9137	34412	35514
1971	9501	35875	36796
1972	11620	38467	39964
1973	13005	40111	41361
1974	13451	38939	41011
1975	13637	40363	41972
1976	13386	41705	42750
1977	13148	42332	44180
1978	13233	44255	45556
1979	13842	46993	47456
1980	13753	47162	54304
1981	14210	48304	55142
1982	15310	48789	55389
1983	16000	47482	56146
1984	17061	48216	57696
1985	16979	51456	59755
1986	17412	52093	60705
1987	18168	55123	61784
1988	18162	58285	63958
1989	19089	60510	65239
1990	19546	64413	65951
1991	18327	64416	67434

续表

年份	日本		
	第一产业	第二产业	第三产业
1992	19561	62197	68599
1993	19072	61079	69185
1994	20060	60048	70440
1995	19169	61152	72000
1996	20231	63334	73318
1997	20327	63803	73470
1998	21162	63385	72260
1999	21882	64283	72741
2000	22946	66992	73705
2001	23320	66097	74512
2002	26138	67504	75581
2003	24846	70181	76157
2004	23677	75626	75718
2005	24543	77837	76523
2006	25217	80628	76740
2007	26464	82084	76946
2008	26349	82714	76678

资料来源：联合国数据库。

附录2　发达国家第三产业相对劳动生产率（各国第二产业劳动生产率 =1）

年份	法国	比利时	意大利	荷兰	西班牙	瑞典	瑞士	英国	美国	日本
1970	1.6	2.0	—	1.3	2.0	1.9	2.3	1.7	1.4	1.0
1971	1.7	2.0	—	1.3	2.0	1.9	2.3	1.6	1.3	1.0
1972	1.7	1.9	—	1.3	1.6	1.8	2.2	1.6	1.2	1.0
1973	1.7	1.9	—	1.2	1.6	1.8	2.1	1.5	1.2	1.0
1974	1.8	1.8	—	1.2	1.6	1.9	2.1	1.6	1.2	1.1
1975	1.7	1.8	—	1.1	1.7	1.8	1.9	1.5	1.2	1.0
1976	1.7	1.7	—	1.0	1.7	1.8	1.8	1.5	1.2	1.0
1977	1.7	1.6	1.7	1.0	1.7	1.8	1.8	1.4	1.2	1.0

第四章　结构变迁过程的资源错配：发展中国家的增长迷途 | 125

续表

年份	法国	比利时	意大利	荷兰	西班牙	瑞典	瑞士	英国	美国	日本
1978	1.7	1.5	1.7	1.1	1.7	1.7	1.7	1.4	1.2	1.0
1979	1.7	1.5	1.6	1.1	1.7	1.6	1.6	1.4	1.3	1.0
1980	1.7	1.4	1.6	1.0	1.6	1.6	1.5	1.4	1.3	1.2
1981	1.7	1.5	1.6	1.1	1.6	1.7	1.5	1.4	1.3	1.1
1982	1.7	1.4	1.6	1.0	1.6	1.6	1.5	1.3	1.3	1.1
1983	1.7	1.3	1.5	1.0	1.5	1.5	1.5	1.2	1.3	1.2
1984	1.7	1.3	1.4	1.0	1.5	1.4	1.4	1.2	1.2	1.2
1985	1.7	1.2	1.4	1.0	1.5	1.4	1.4	1.1	1.2	1.2
1986	1.6	1.2	1.4	0.9	1.4	1.4	1.4	1.1	1.2	1.2
1987	1.6	1.2	1.3	0.9	1.4	1.4	1.3	1.0	1.1	1.1
1988	1.6	1.3	1.3	0.9	1.4	1.4	1.3	1.0	1.1	1.1
1989	1.5	1.3	1.3	0.9	1.3	1.4	1.3	1.0	1.1	1.1
1990	1.5	1.2	1.3	0.9	1.3	1.4	1.2	1.2	1.1	1.0
1991	1.5	1.3	1.3	0.9	1.3	1.4	1.2	1.1	1.1	1.0
1992	1.4	1.4	1.3	0.8	1.3	1.3	1.1	1.1	1.1	1.1
1993	1.5	—	1.4	0.8	1.2	1.2	1.0	1.1	1.1	1.1
1994	1.4	1.2	1.4	0.8	1.2	1.1	1.0	0.9	1.0	1.2
1995	—	1.2	1.3	0.8	1.1	1.1	1.0	0.9	1.0	1.2
1996	—	1.2	1.3	0.8	1.1	1.1	1.0	0.9	1.0	1.2
1997	—	1.1	1.3	0.8	1.1	1.1	1.0	0.9	1.0	1.2
1998	—	1.1	1.3	0.8	1.1	1.0	1.0	1.0	1.0	1.1
1999	—	1.1	1.3	0.8	1.1	1.0	1.0	0.9	1.0	1.1
2000	—	1.1	1.3	0.8	1.1	0.9	1.0	0.9	1.0	1.1
2001	—	1.1	1.3	0.8	1.1	0.9	1.0	0.9	1.0	1.1
2002	—	1.1	1.3	0.7	1.1	0.8	1.0	0.9	1.0	1.1
2003	1.3	1.1	1.3	0.8	1.1	0.8	0.9	0.9	0.9	1.1
2004	1.2	1.0	1.2	0.8	1.1	0.8	0.9	0.9	0.9	1.0
2005	1.2	1.1	1.2	0.8	1.0	0.7	0.8	0.9	0.9	1.0
2006	1.2	1.0	1.2	0.8	1.0	0.7	0.8	1.0	1.0	1.0
2007	1.2	1.0	1.2	0.7	1.0	0.7	0.9	1.0	1.0	0.9
2008	1.2	1.1	1.2	0.7	1.0	0.7	0.9	1.0	1.0	0.9

附录3　　　　　　　　　　发展中国家劳动生产率

单位：美元/人（2005年不变价）

年份	巴西 第一产业	巴西 第二产业	巴西 第三产业	智利 第一产业	智利 第二产业	智利 第三产业
1975	—	—	—	1834	18142	10193
1976	—	—	—	2114	19179	9457
1977	—	—	—	2249	20132	10059
1978	—	—	—	2129	20791	10090
1979	—	—	—	2372	22060	10854
1980	—	—	—	2342	22346	11261
1981	1558	12397	12013	2538	23585	11699
1982	1462	12406	11380	2678	29216	11193
1983	1569	10646	11084	2462	26760	9000
1984	1410	12736	11076	2547	24714	9000
1985	1504	12679	10868	1946	23248	9478
1986	1486	12557	11238	1961	22468	9732
1987	1734	12423	10839	2058	20995	10316
1988	1734	12069	10673	2221	19817	10396
1989	1808	11861	10556	2382	19473	10979
1990	1723	11087	9985	2593	20582	11027
1991	—	—	—	2631	20811	11818
1992	1412	11308	10332	2971	21669	12195
1993	1445	11767	10364	3194	21769	12164
1994	—	—	—	3502	23700	12397
1995	1651	13456	10152	3840	25464	13213
1996	1865	13739	10346	3817	25074	13456
1997	1855	13956	10420	4151	25655	14033
1998	1969	13432	10285	4204	27547	14118
1999	1972	13422	10133	4259	30220	13643

第四章 结构变迁过程的资源错配：发展中国家的增长迷途 | 127

续表

年份	巴西			智利		
	第一产业	第二产业	第三产业	第一产业	第二产业	第三产业
2000	—	—	—	4558	31602	14286
2001	—	—	—	5112	31110	14498
2002	2444	11748	9784	5446	31040	14781
2003	2541	12003	9643	5408	32118	14821
2004	2429	12195	9665	5919	32615	15114
2005	2423	11875	9704	6382	34561	15819
2006	2622	11876	9679	6259	32407	15329
2007	2863	11936	10033	6443	31735	15989
2008	—	—	—	6862	30982	16237

年份	厄瓜多尔			墨西哥			乌拉圭		
	第一产业	第二产业	第三产业	第一产业	第二产业	第三产业	第一产业	第二产业	第三产业
1975	—	—	—	2295	26691	33209	—	—	—
1976	—	—	—	2246	26521	33227	—	—	—
1977	—	—	—	2325	25850	32854	—	—	—
1978	—	—	—	2372	27529	33533	—	—	—
1979	—	—	—	2225	29516	35003	—	—	—
1980	—	—	—	—	—	—	—	—	—
1981	—	—	—	—	—	—	—	—	—
1982	—	—	—	—	—	—	—	—	—
1983	—	—	—	—	—	—	—	—	—
1984	—	—	—	—	—	—	—	—	—
1985	—	—	—	—	—	—	—	—	—
1986	—	—	—	—	—	—	—	—	—
1987	—	—	—	—	—	—	—	—	—
1988	9084	16449	9272	3047	22706	21095	16398	16405	5593
1989	8046	15362	8597	—	—	—	16964	15591	5792
1990	8112	12402	8630	4013	29048	27596	18682	15731	5843

续表

年份	厄瓜多尔			墨西哥			乌拉圭		
	第一产业	第二产业	第三产业	第一产业	第二产业	第三产业	第一产业	第二产业	第三产业
1991	7237	12586	8047	2657	27654	21980	21903	16028	6044
1992	7990	12842	7717	—	—	—	23406	18594	6258
1993	7206	13332	8238	2512	28267	21411	25246	17745	6982
1994	7925	15531	8051	—	—	—	24569	18890	7115
1995	8675	15142	7515	2911	27895	19856	23253	18862	6789
1996	8750	15449	7842	3118	28103	19346	—	—	—
1997	8798	14337	7821	2766	29123	19883	—	—	—
1998	7723	14668	7695	3366	27100	19577	33244	24849	9998
1999	8074	11771	7159	3222	26964	20676	32747	23964	10300
2000	6748	11142	7278	3694	26391	21199	30615	23074	10045
2001	7143	10732	6851	3914	26509	21123	29014	21792	10225
2002	7147	12872	7370	3817	27024	20583	29263	20936	9374
2003	6939	13570	7445	4222	26935	20503	29961	21924	8905
2004	6382	14210	7142	4295	27138	20547	33675	25367	9335
2005	7578	14949	7393	4542	26850	21214	32378	22106	10662
2006	7750	14239	7570	4734	27299	21412	—	—	—
2007	—	—	—	5190	27391	21661	—	—	—
2008	—	—	—	5101	25837	22181	—	—	—

年份	委内瑞拉			中国			印度尼西亚		
	第一产业	第二产业	第三产业	第一产业	第二产业	第三产业	第一产业	第二产业	第三产业
1975	3908	57191	13905	—	—	—	—	—	—
1976	3784	56504	14771	—	—	—	443	5073	1628
1977	4182	55532	15394	—	—	—	533	5243	1801
1978	4580	53690	14935	—	—	—	528	5973	1699
1979	4765	53871	13879	—	—	—	529	4276	2480
1980	4824	49467	12660	293	1003	998	626	4771	1980
1981	4352	43444	11572	306	982	984	—	—	—
1982	4418	40569	11280	330	996	1048	617	3838	2029

第四章 结构变迁过程的资源错配：发展中国家的增长迷途 | 129

续表

年份	委内瑞拉			中国			印度尼西亚		
	第一产业	第二产业	第三产业	第一产业	第二产业	第三产业	第一产业	第二产业	第三产业
1983	4308	41431	10681	354	1048	1116	—	—	—
1984	3991	40566	10905	403	1090	1136	—	—	—
1985	4138	38841	11015	407	1186	1317	633	5133	2103
1986	—	—	—	419	1199	1422	—	—	—
1987	4718	35044	11103	433	1297	1560	—	—	—
1988	4937	34598	11067	435	1441	1723	—	—	—
1989	4639	33054	9982	436	1541	1777	604	5844	2490
1990	4356	35364	9590	399	1368	1525	606	6078	2654
1991	4537	36703	9689	407	1532	1640	641	6378	2771
1992	4764	36907	9741	430	1790	1793	655	6956	2936
1993	5043	37205	9276	463	2046	1914	712	6737	2855
1994	3982	39691	8838	495	2353	1993	758	6058	2819
1995	3834	39458	8296	536	2601	2043	850	6933	2902
1996	3832	41303	7656	575	2805	2128	819	7288	2861
1997	4635	39585	7157	594	3024	2301	870	7170	2826
1998	4940	36565	6788	609	3267	2447	781	7145	2420
1999	4908	36023	6337	616	3582	2627	773	6623	2424
2000	4900	36323	6408	626	3999	2801	788	7009	2540
2001	5085	35779	5970	635	4323	3031	833	6630	2622
2002	4842	33392	5772	647	4905	3220	842	6842	2776
2003	4337	30913	5627	669	5493	3429	825	7430	2996
2004	4502	34402	6231	737	5728	3587	900	7527	2951
2005	5131	34328	7061	805	5911	3846	908	7552	3291
2006	5301	32248	8076	882	6288	4168	966	7842	3291
2007	5804	32032	7557	947	6791	4691	974	7758	3376
2008	5991	32569	7740	1025	7304	4981	1018	7858	3493

续表

年份	马来西亚 第一产业	马来西亚 第二产业	马来西亚 第三产业	菲律宾 第一产业	菲律宾 第二产业	菲律宾 第三产业	泰国 第一产业	泰国 第二产业	泰国 第三产业
1975	—	—	—	898	6693	3677	732	3782	3864
1976	—	—	—	985	7156	3922	740	5110	4556
1977	—	—	—	1078	7606	3748	694	4773	4233
1978	—	—	—	939	6954	3507	726	5366	4386
1979	—	—	—	—	—	—	764	4597	4536
1980	3581	11102	6137	986	7489	3777	602	5254	4688
1981	3691	10198	6422	991	8201	3546	753	4874	4401
1982	4358	10971	5783	944	8015	3661	778	4602	4223
1983	4233	11037	6056	878	8081	3612	750	5092	4239
1984	4291	12761	6149	903	6873	3270	739	5290	4517
1985	4319	12555	6065	853	5669	2976	669	5346	5129
1986	4379	13408	5741	856	5825	2987	666	6360	4566
1987	4479	13973	5744	926	5572	3093	668	6294	4636
1988	4615	14880	5948	958	5509	3133	671	7150	5242
1989	5043	14346	6320	993	5753	3210	706	7689	5724
1990	5286	13886	6669	966	6006	3194	696	7560	6261
1991	5880	17373	7837	958	5363	3230	784	7611	5983
1992	6385	13573	7900	921	5154	3139	694	8148	6481
1993	6094	14009	8480	913	5272	3138	728	8119	6519
1994	—	—	—	932	5329	3104	770	8739	7033
1995	5949	17098	9627	934	5634	3115	850	8690	6967
1996	5838	17715	9360	959	5264	2998	932	8927	7184
1997	6452	17842	10084	1005	5482	3008	894	8877	6794
1998	5749	16921	9918	1018	5655	3037	893	8782	6116
1999	5751	17925	9920	1048	5580	3085	967	9257	5803
2000	5785	18810	9993	1157	6172	3129	1002	9119	6035
2001	6982	17732	9966	1125	5677	3075	1081	9233	5578
2002	7139	18755	10093	1141	5915	3082	1061	9174	5903
2003	7657	19488	10012	1174	5965	3189	1214	9964	5822
2004	7770	22018	10213	1217	6075	3279	1220	10044	5770

续表

年份	马来西亚			菲律宾			泰国		
	第一产业	第二产业	第三产业	第一产业	第二产业	第三产业	第一产业	第二产业	第三产业
2005	7875	22968	10857	1215	6268	3397	1172	10548	5977
2006	8103	23063	11550	1254	6668	3542	1246	10917	6243
2007	7927	24637	12099	1304	6882	3657	1243	11265	6362
2008	8638	24411	12787	1319	7322	3699	1241	12077	6267

年份	埃及		
	第一产业	第二产业	第三产业
1975	1317	3174	2614
1976	—	—	—
1977	1371	4040	2928
1978	1526	4278	2991
1979	1579	4358	3379
1980	1549	4745	3366
1981	1670	4785	3986
1982	1762	5305	4191
1983	1534	5309	4077
1984	1558	5979	4101
1985	—	—	—
1986	—	—	—
1987	—	—	—
1988	—	—	—
1989	1370	5609	4761
1990	1613	6169	4714
1991	2125	5413	4604
1992	1705	6147	4965
1993	1889	6292	4665
1994	1881	6419	4698
1995	1993	6558	4839
1996	2202	6259	4824
1997	2250	6735	4914
1998	2390	7001	4899

续表

年份	埃及		
	第一产业	第二产业	第三产业
1999	2479	7007	4970
2000	2425	7435	4980
2001	2556	7545	4911
2002	2733	7961	4759
2003	2564	8442	5085
2004	2441	8506	5377
2005	2603	8159	5607
2006	2610	8044	5797
2007	2589	8091	5925

附录4　　发展中国家第三产业相对劳动生产率

（各国第二产业劳动生产率 = 1）

年份	委内瑞拉	墨西哥	乌拉圭	厄瓜多尔	智利	巴西
1975	0.2	1.2	—	—	0.6	—
1976	0.3	1.3	—	—	0.5	—
1977	0.3	1.3	—	—	0.5	—
1978	0.3	1.2	—	—	0.5	—
1979	0.3	1.2	—	—	0.5	—
1980	0.3	—	—	—	0.5	—
1981	0.3	—	—	—	0.5	1.0
1982	0.3	—	—	—	0.4	0.9
1983	0.3	—	—	—	0.3	1.0
1984	0.3	—	—	—	0.4	0.9
1985	0.3	—	—	—	0.4	0.9
1986	0.3	—	—	—	0.4	0.9
1987	0.3	—	—	—	0.5	0.9
1988	0.3	0.9	0.3	0.6	0.5	0.9
1989	0.3	0.9	0.4	0.6	0.6	0.9

第四章　结构变迁过程的资源错配：发展中国家的增长迷途 | 133

续表

年份	委内瑞拉	墨西哥	乌拉圭	厄瓜多尔	智利	巴西
1990	0.3	0.9	0.4	0.7	0.5	0.9
1991	0.3	0.8	0.4	0.6	0.6	0.9
1992	0.3	0.8	0.3	0.6	0.6	0.9
1993	0.2	0.8	0.4	0.6	0.6	0.9
1994	0.2	0.7	0.4	0.5	0.5	0.9
1995	0.2	0.7	0.4	0.5	0.5	0.8
1996	0.2	0.7	0.4	0.5	0.5	0.8
1997	0.2	0.7	0.4	0.5	0.5	0.7
1998	0.2	0.7	0.4	0.5	0.5	0.8
1999	0.2	0.8	0.4	0.6	0.5	0.8
2000	0.2	0.8	0.4	0.7	0.5	0.8
2001	0.2	0.8	0.5	0.6	0.5	0.8
2002	0.2	0.8	0.4	0.6	0.5	0.8
2003	0.2	0.8	0.4	0.5	0.5	0.8
2004	0.2	0.8	0.4	0.5	0.5	0.8
2005	0.2	0.8	0.5	0.5	0.5	0.8
2006	0.3	0.8	—	0.5	0.5	0.8
2007	0.2	0.8	—	—	0.5	0.8
2008	0.2	0.9	—	—	0.5	—
年份	菲律宾	泰国	埃及	马来西亚	印度尼西亚	中国
1975	0.5	1.0	0.8	—	—	—
1976	0.5	0.9	0.8	—	0.3	—
1977	0.5	0.9	0.7	—	0.3	—
1978	0.5	0.8	0.7	—	0.3	—
1979	0.5	1.0	0.8	—	0.6	—
1980	0.5	0.9	0.7	0.6	0.4	1.0
1981	0.4	0.9	0.8	0.6	0.4	1.0
1982	0.5	0.9	0.8	0.5	0.5	1.1
1983	0.4	0.8	0.8	0.5	0.4	1.1
1984	0.5	0.9	0.7	0.5	0.4	1.0
1985	0.5	1.0	0.7	0.5	0.4	1.1

续表

年份	菲律宾	泰国	埃及	马来西亚	印度尼西亚	中国
1986	0.5	0.7	*0.7*	0.4	*0.4*	1.2
1987	0.6	0.7	*0.7*	0.4	*0.4*	1.2
1988	0.6	0.7	0.7	0.4	*0.4*	1.2
1989	0.6	0.7	0.8	0.4	0.4	1.2
1990	0.5	0.8	0.8	0.5	0.4	1.1
1991	0.6	0.8	0.9	0.5	0.4	1.1
1992	0.6	0.8	0.8	0.6	0.4	1.0
1993	0.6	0.8	0.7	0.6	0.4	0.9
1994	0.6	0.8	0.7	*0.6*	0.5	0.8
1995	0.6	0.8	0.7	0.6	0.4	0.8
1996	0.6	0.8	0.8	0.5	0.4	0.8
1997	0.5	0.8	0.7	0.6	0.4	0.8
1998	0.5	0.7	0.7	0.6	0.3	0.7
1999	0.6	0.6	0.7	0.6	0.4	0.7
2000	0.5	0.7	0.7	0.5	0.4	0.7
2001	0.5	0.6	0.7	0.6	0.4	0.7
2002	0.5	0.6	0.6	0.5	0.4	0.7
2003	0.5	0.6	0.6	0.5	0.4	0.6
2004	0.5	0.6	0.6	0.5	0.4	0.6
2005	0.5	0.6	0.7	0.5	0.4	0.7
2006	0.5	0.6	0.7	0.5	0.4	0.7
2007	0.5	0.6	0.7	0.5	0.4	0.7
2008	0.5	0.5		0.5	0.4	0.7

注：斜体为根据趋势补齐的数据。

第五章　工业化的国际比较与中国劳动力"工业化不足"

摘要： 发达国家工业部门长期以来高就业份额的存在，是一个被研究者长期忽略的现象。我们认为，正是这个被忽略的现象蕴含了理解工业化本质的一些线索。这个被我们叫作"工业化的峰"的历史现象，在其持续百年的期间里，历经了资本主义重工业化、重化工化、高技术化等各个重要历史阶段。而工业部门劳动力份额的最大值，发生在资本主义工业由成熟向更高级阶段演化时期。相比较而言，发展中国家工业发展似乎从来没有出现过这种景象，作为工业化重要动力的劳动力报酬递增表现得比较微弱。发达国家工业化的经验和发展中国家的教训值得中国借鉴。

第一节　引言

基于老牌工业化国家一二百年的经济历史统计资料，我们发现：经历了工业化起飞、工业化成熟以及向更高级阶段演化的资本主义增长过程，都发生过一个持续近百年的劳动力集聚时期，这个时期最令人瞩目的统计特征是工业（或第二产业）的劳动力份额持续维持在30%—40%甚至50%的高位。为了分析方便，本章把一个术语定义给发达国家工业化过程中普遍经历的那段辉煌的劳动力集聚时期——"工业化的峰"。这个持续近百年（某些发达国家至今仍在延续）的"工业化的峰"，历经了资本主义国家以重化工业、高技术工业为核心的各个重要发展时期。而且，更加值得关注的是，资本主义工业化成熟时期以及向更高级阶段演化的很长历史时期，也正是"工业化的峰"最高涨的时期。于是，我们明晰了本章不同于以往诸多研究的观察点和视野：工业部门劳动力集聚的最大潜力植根于重化工业和高技术工业发展的沃土。

经典二元经济理论揭示，经济发展意味着工业化。如果以持续近百年的发达国家"工业化的峰"为参照系，对发展中国家的"工业化"进行分析，那么，我们的基本看法是：从历史和现状看，发展中国家普遍存在"工业化不足"问题。这种认识正是针对发展中国家经济服务化及其问题来进行分析的。

我们不采用通常为文献所青睐的增加值或总产值份额作为比较、分析基准，而以劳动力份额作为分析、比对工业化状况的标准，是基于这样一种认识：在比较发达国家工业化与发展中国家所谓的"工业化"时，增加值份额的区分度较低——发展中国家有时会呈现较高的工业增加值份额。因此，我们认为，如果想以最简单的方式阐述复杂的工业化的一些本质现象，把工业部门（或第二产业）劳动力份额作为基本观察指标，是一个明智的选择。

当然，进一步的分析中，把工业部门（或第二产业）劳动力份额与增加值份额联系起来，可能会产生一些新的认识。本章这样做的一个收获是：类比于"列昂惕夫之谜"，我们把"劳动力份额与增加值份额之比"定义为单位产出的劳动力密集度，指出了发达国家普遍存在的工业部门高劳动密集度的特征（本章称为生产过程的"列昂惕夫现象"）。我们认为，所谓"列昂惕夫现象"，其实是资本主义劳动力集聚时期发生的一种普遍事实或规律，是与老牌资本主义国家"工业化的峰"相伴随的一种工业化规律。

基于这种认识，我们继续对发达国家和发展中国家工业过程的一些本质进行了延伸性说明。基本看法是：发达国家工业高就业得以持续的根本原因，在于这些国家存在着可以支撑高劳动力份额的规模报酬递增机制；而发展中国家工业部门这种报酬递增机制的缺失，导致了该部门高就业份额难以维持。发展中国家工业部门劳动力规模报酬递增机制的缺失源于工业体系的单一性及工业发展的偏见。

我们认为，"工业化的峰"和"列昂惕夫现象"是本章对传统产业结构变化理论的一个有意思的补充或诠释。与经典结构变化理论稍有不同的是，我们强调发展阶段上工业劳动力集聚的重要性。库兹涅茨（2005）强调产业结构变化过程中服务业就业的重要性，但是，对于发展中国家来说，劳动力"工业化"问题或许更具有启发意义（也难怪活跃于20世纪中期的研究者，对于发达国家呈现出来的劳动力"服务化"及福利国家的辉煌前景期望有加，因此对于产业结构服务化的关注也自然入情入理）。

实际上，我们立足在库兹涅茨结构变化理论和罗斯托经济增长阶段理论的交叉点上，来观察发达国家和发展中国家经济史实及规律。把两个理论做一个适当整合，进而支撑起工业化规律的一些分析，也是我们的兴趣所在。这个交叉点的最大作用就是突出了"工业化的峰"这个事实。

第二节 理论回顾及分析方法

库兹涅茨（2005）关于发达国家产业结构演进规律的分析，指出国民经济三产业部门产出和就业持续交替的变化过程。但是，我们认为，在运用库兹涅茨理论对经济增长现实进行再观察时，一个非常重要的理论环节是对演进次序的把握。

当然，我们所说的演进次序，不是泛泛意义上的三产业之间平滑的演变，而是指在资本主义国家农业部门较高劳动力份额到较低劳动力份额过渡时期中，工业（或第二产业）发生的相应的劳动份额变化。这个次序虽然经常为工业化研究文献和发展研究文献所忽视，但是，我们却认为它恰恰蕴含了工业化的一些本质的规律。

除次序外，时间也值得关注。我们这里所谓的时间，是指工业化自身的演进阶段即何时到达了以何种技术为核心的工业阶段，以此增强工业化分析的历史感。为此，请让我们回顾一下罗斯托（1962）的经典研究。罗斯托把传统社会向现代社会的演化分为三个时期：起飞阶段、成熟阶段和高消费阶段，这三个阶段构成一个连续的时间维度。在这个连续的时间维度上，库兹涅茨结构变化规律发生作用。

我们把罗斯托的时间维度和库兹涅茨的演化次序做一个有趣的整合：（1）首先需要明晰罗斯托经济增长各阶段的技术特征。罗斯托经济发展理论的最大看点是其对于各个阶段工业技术特点的描绘，如经济起飞阶段的经济重心落在煤炭、炼铁、重型机械等重工业体系的形成上；经济成熟阶段的经济重心落在化工、现代钢铁、电器机械、工作母机等重化工体系的形成及电气化上；而高消费阶段的重心是福利制度的建设。（2）罗斯托实际上是以动态眼光来看待时间维度上工业部门发展的，其中，最关键的一点是：工业化的发展，本质上是一个工业体系由狭隘（或单一）向多样化

（或复杂）的演进过程。在把握经济增长阶段理论时，这是尤其值得注意的一点。(3) 罗斯托的时间维度上工业部门的发展，与库兹涅茨的产业结构变化过程有了实质性的关联和交叉。同样，沿着罗斯托工业体系演进路径（与工业部门就业份额、工业部门产出份额的起落变化相联系的），包括农业和服务业在内的整个产业体系也被纳入这样的连续时间路径中。

这样的整合很有意思，也正是在罗斯托和库兹涅茨理论的交叉点上，工业（或第二产业）的作用被凸显出来。继续回顾罗斯托的重要论断：在起飞阶段到成熟阶段的进程中，劳动力份额的提高、大量熟练劳动力的培育，以及工资水平的提高，共同构成了高消费阶段持续发展的基础（罗斯托，1962）。强调一点：像罗斯托这样的老派发展经济学家，似乎倾向于认为，日益多样化和复杂化的工业体系有利于就业的创造。我们认为，这恰恰是工业化理论的精髓。表 5-1 列举了主要资本主义国家经济阶段期间的一个划分，这个划分以后成为本章论点的重要依据。

表 5-1　　　　　　　　　各国经济发展阶段

	起飞时期（年）	成熟时期（年）	高额消费时期
英国	1789—1802	1840—1860	—
法国	1830—1860	1900—1920	—
美国	1843—1860	1900—1920	—
德国	1850—1873	1900—1920	—
瑞典	1868—1890	1920—1940	—
日本	1878—1900	1940—1959	—
加拿大	1896—1914	1940—1959	—

资料来源：罗斯托（1962）。

进一步地，发达国家工业化的历史统计资料将显示，发达国家工业劳动力集聚的令人瞩目成果，较多发生在工业化成熟期及之后，而这段时期，资本主义国家历经了重工业化、重化工业化、高加工度等工业阶段。也就是说，工业部门较高劳动力的份额持续，是内生于该部门演化过程中的现象。为了标定工业化过程中劳动力集聚现象，类似于袁富华（2012）关于生产率的分类，我们在这里把发达国家和发展中国家工业化路径也分为两类：严格遵循演化顺序的发达国家工业化路径以及成熟工业化环节缺失的发展中国家的工业化路径。从可持续增长角度看，发达国家产业结构演化顺序的严格遵循，获得了稳定的工业化增长路径，在与发展中国家的竞争中获得了越来越持久的控制权;然而,由于成熟工业化环节的缺失,发展中国家进入一个不稳定的增长路径,偏离严格演化次序的所谓"蛙跳""跳跃式"增长,实际上暗示了发展中国家经济内部的不稳定。我们的这种二分法,是根据发达国家和发展中国家经济增长历史归纳而来,而非基于新古典的演绎方法。对于次序和时间的强调,突出了发达国家工业化的一个重要时期及其特点。"工业化的峰"的存在及其持续本质上构成了发达与发展中工业过程的核心区别。

方法上,《新帕尔格雷夫经济学大辞典》对工业化的一个定义是(伊特维尔等,1996):工业化是一种过程,这个过程的基本特征包括:国民收入中制造业和第二产业所占比例提高;制造业和第二产业就业的劳动人口比例增加。为了突出本章的认识,我们首先强调工业化过程中产业或部门劳动力份额变化的重要性。这个指标受到重视的原因在于,当我们进行发达和发展中工业化过程比较时,产业或部门劳动力份额具有很高的区分度。支撑起本章工业化观点的数据库基础有两个:一是米切尔(1998)国际历史统计数据库;二是联合国数据库。

第三节 发达国家"工业化的峰"的标定

一 "工业化的峰"的标定

以表5-1发达国家为例,运用米切尔(1998)历史统计数据库和联合国数据库,我们首先给出这些国家工业化过程中劳动力集聚景象的直观印象。本章之所以对长期增长过程中工业(或第二产业)的劳动力份额这个指标加以特别的关注,是因为与其他指标比较起来,该指标可以对发达国家和发展中国家的一些本质差异进行识别。通过广泛的历史数据对比分析,我们发现,老牌发达国家增长历程中最典型的特征,就是工业部门劳动力份额历经了一个持续百年的高水平时期,这个份额一般在30%甚至更高的水平。因此,我们把30%这个劳动力份额作为观察和标定工业过程劳动力集聚状况的基准。表5-1所列国家第二产业部门劳动力份额变动趋势如图5-1和图5-2所示。两张图中,30%的水平基准线以上的凸出部分,为各国第二产业劳动力份额显著的集聚时期,即所谓"工业化的峰"。图中曲线的一个重要看点是:联系表5-1关于经济增长阶段的划分,7个发达国家第二产业劳动力份额的显著出现，基本与工业化成熟期相对应。其后，随着工业化进程的继续推进，该份额在30%及以上的高水平持续较长时期（除日本外，其他国家"工业化的峰"在七八十年左右甚至更长）。

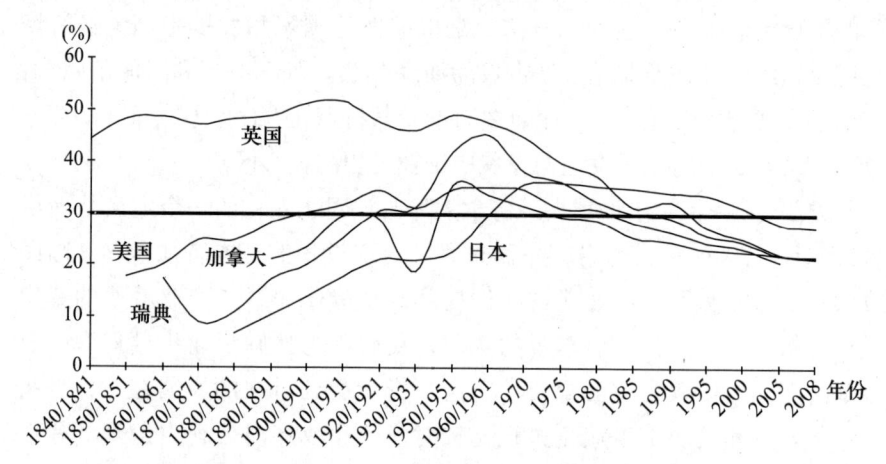

图 5-1　1840—2008 年 5 个发达国家第二产业劳动力份额变动趋势

注：英国相应的年份为 1841，1851，…，1961，1970，…，2008；加拿大为 1891，1901，…，1961，1970，…，2008；其他国家为 1850，1860，…，2008。

资料来源：米切尔（1998）和联合国数据库。

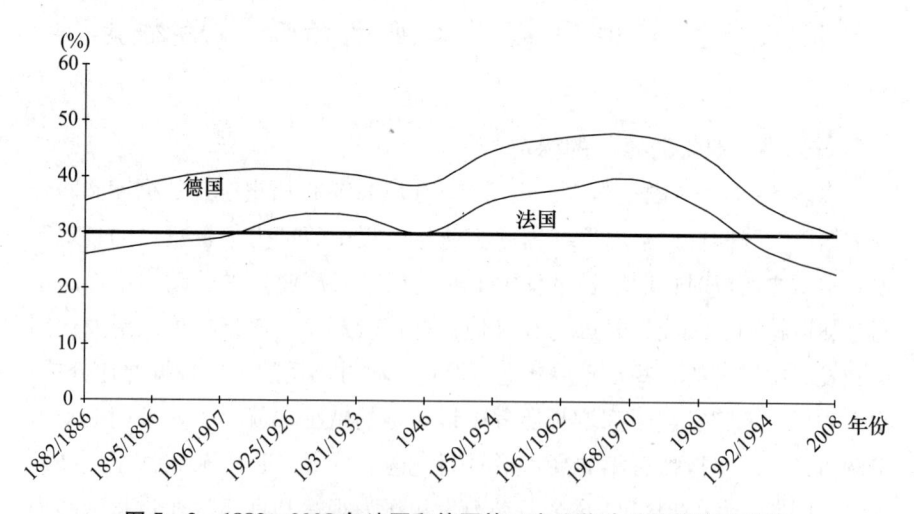

图 5-2　1882—2008 年法国和德国第二产业劳动力份额变动趋势

注：法国相应年份为 1886 年、1896 年、1906 年、1926 年、1931 年、1946 年、1954 年、1962 年、1968 年、1980 年、1994 年、2008 年；德国相应年份为 1882 年、1895 年、1907 年、1925 年、1933 年、1946 年、1950 年、1961 年、1970 年、1980 年、1992 年、2008 年。其中，1946—1980 年为联邦德国的数据。

资料来源：米切尔（1998）和联合国数据库。

二 "工业化的峰"与库兹涅茨产业结构演进规律的次序

我们把图 5-1 和图 5-2 各国劳动力份额变动趋势的含义进一步提炼,两张图中 30% 水平线以上的凸出部分,具体体现为表 5-2 的时间期间及相应阶段劳动力集聚状况。表 5-2 列示了 10 个发达国家的数据,分为两大块:第二产业劳动力份额≥30% 区域;第二产业劳动力份额最大值区域,其中,后者是前者的一个子区间。

表 5-2　发达资本主义国家工业化进程中劳动力集聚峰值期间的识别

	i. 第二产业劳动力份额≥30%期间（年）	ii. 第二产业劳动力份额≥30%的持续期	iii. 第二产业劳动力份额≥30%期间所对应的第一产业劳动力份额变化	iv. 第二产业劳动力份额最大值的发生期间（年）	v. 第二产业劳动力份额最大值发生期间对应的第一产业劳动力份额变化
法国	1906—1990	94 年	43%—6%	1962—1975（约40%）	20%—10%
德国	(1882)—(2008)*	至少 126 年	47%—2%	1950—1970（约50%）	19%—7%
意大利	1931—(2008)	至少 77 年	47%—4%	1961—1980（约40%）	29%—14%
荷兰	1909—1980	71 年	31%—5%	1950—1970（约40%）	19%—7%
瑞典	1920—1990	70 年	41%—3%	1940—1970（约40%）	25%—8%
瑞士	(1890)—1990	至少 100 年	42%—3%	1900—1960（约50%）	35%—11%
英国	(1841)—1990	至少 150 年	22%—2%	1851—1961（约50%）	22%—4%
加拿大	1911—1980	70 年	37%—5%	1951—1961（约35%）	19%—12%
美国	1900—1980	80 年	38%—4%	1950—1970（约35%）	12%—5%
日本	1960—2000	40 年	33%—5%	1970—1985（约35%）	17%—9%

注：*中（.）表示该年之前或之后劳动力份额≥30% 的情景也有发生,如（1882）—（2008）表示德国劳动力份额≥30% 在 1882 年及之前发生过并一直持续到 2008 年,但是,2008 年之后却无明显低于 30% 的迹象。

资料来源：米切尔（1998）和联合国数据库。

第二产业劳动力份额≥30%区域，包括3栏：ⅰ.期间界定，即份额≥30%发生的起始和终止时间的估计；ⅱ.持续期，即与期间相对应的时间段；ⅲ.持续期间第一产业劳动力份额的变化，这个指标是为下文将要述及的库兹涅茨结构变动次序的讨论而设。

第二产业劳动力份额最大值区域，包括2栏：ⅳ.第二产业劳动力份额最大值的发生期间，这是"ⅰ.第二产业劳动力份额≥30%期间"的子区间；"ⅴ.第二产业劳动力份额最大值发生期间对应的第一产业劳动力份额变化"。

"工业化的峰"：老牌资本主义国家在其工业化过程中，第二产业劳动力份额≥30%都经历了较长的持续期，如法国约100年；英国、德国、瑞士至少100年；其他国家也有70—80年的持续期。日本是一个例外，只有40年的持续期。

次序：我们强调，发达国家"工业化的峰"的较长时间持续，暗含着库兹涅茨产业结构变动规律的严格次序。对于这个次序的说明，我们可以结合表5-2"ⅲ.第二产业劳动力份额≥30%期间所对应的第一产业劳动力份额变化"及"ⅴ.第二产业劳动力份额最大值发生期间对应的第一产业劳动力份额变化"来说明。首先要明确的一点是，发达国家"工业化的峰"伴随着第一产业部门劳动力份额的巨大下降，典型的如德国和意大利，在"工业化的峰"开启时，农业部门存在大量劳动力（该部门劳动力份额接近50%）。在经济城乡一体化的整个进程中，发达国家持续百年的工业部门高就业份额，实际上充当了不断地把农业劳动力"工业化"和现代化的作用。同时，工业部门的扩张也带动了服务业的发展和就业扩大。

三 "工业化的峰"与罗斯托发展阶段理论

把"工业化的峰"置于罗斯托发展阶段理论上观察，有利于澄清关于工业发展与就业关系的一些模糊认识。静态的比较优势理论和要素禀赋理论的流行，容易产生这样的工业化观念：轻工业是吸收劳动力的主要领域。实际上，这个立足于纯粹演绎基础上的观念，与工业化历史不相符。

罗斯托的经济成长理论强调了核心工业化技术及其演化的重要性，暗含了一个重要的"时间"因素。即特定发展阶段与特定核心工业化体系相对应。动态和工业化体系多样性，是理解传统发展经济学家思想的关键。按照罗斯托的成长阶段理论，库兹涅茨产业结构演进过程中劳动份额的变化，可以与特定工业化时期相互对应起来。而正是这种对应，揭示了这样一个事实：持续百年的发达国家工业（或第二产业）高就业份额，发生在资本主义工业体系的重工化、重化工化以及向尖端化演进的整个时期。尤其引人注目的是，发达国家"iv. 第二产业劳动力份额最大值的发生期间"经历了 20 世纪 50 年代、60 年代、70 年代和 80 年代，而这些年代正是发达国家工业朝高技术方向挺进时期。

实际上，也正是因为立足于重工业化、重化工业化以及向尖端化演进的工业体系，发达国家才实现了持续的第二产业高就业。高就业、高技术、高收入似乎成为发达资本主义工业的典型特征。

第四节　对比分析：发达国家与发展中国家工业化的本质差异

一　与发达国家"工业化的峰"的比较

如果以第二产业就业份额 30% 作为基准线，我们可以把工业化划分为两个世界：一个是发达国家世界，这个世界的典型特征是极高的产业劳动生产率（袁富华，2012）和持续百年的工业劳动力集聚；另一个世界是发展中国家，这个世界的典型特征是相对低下的产业劳动生产率和较低的工业劳动力集聚潜力。

图 5-3 至图 5-5 是 10 个发展中国家的第二产业劳动力份额变动趋势，包括 5 个美洲国家和 5 个亚洲国家，这也是一些经常为文献所关注的国家，要么作为发展教训的典型教材，要么作为当代开放经济和要素禀赋理论推广"成功"的典型案例。但是，无论怎样说，如果拿发达国家"工业化的峰"这把闪亮的标尺来重新审视发展中国家的工业化经历，那么，我们甚至可以这样下判断：无论从历史来看，还是从现状来看，发展中国家从没出现过真正的工业化。

那么，未来呢？在发展中国家行列里头，拉美国家无疑是表现得最好的，但是，20 世纪 90 年代以来，这些国家纷纷实现了产业结构的服务化。现阶段出现的增长乏力等诸多问题，无疑与这种结构关联密切。亚洲 5 国中，除马来西亚表现出较高的劳动生产率和较好的工业发展趋势外，其他国家的工业潜力均令人担忧。

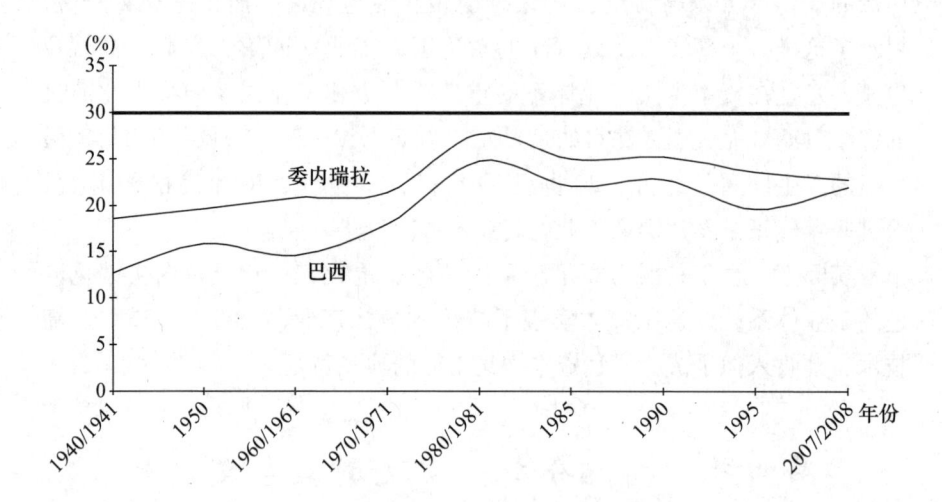

图 5-3　1940—2008 年巴西和委内瑞拉第二产业劳动力份额变动趋势

注：1941 年、1950 年、1961 年、1971 年、1981 年、1985 年、1990 年、1995 年、2008 年为委内瑞拉数据序列；1940 年、1950 年、1960 年、1970 年、1980 年、1985 年、1990 年、1995 年、2007 年为巴西数据序列。

资料来源：米切尔（1998）和联合国数据库。

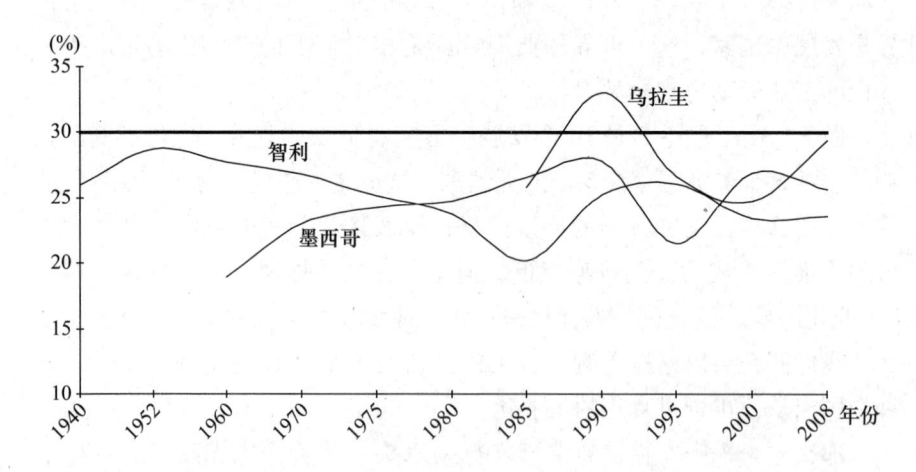

图 5-4　1940—2008 年智利、墨西哥和乌拉圭第二产业劳动力份额变动趋势

资料来源：米切尔（1998）和联合国数据库。

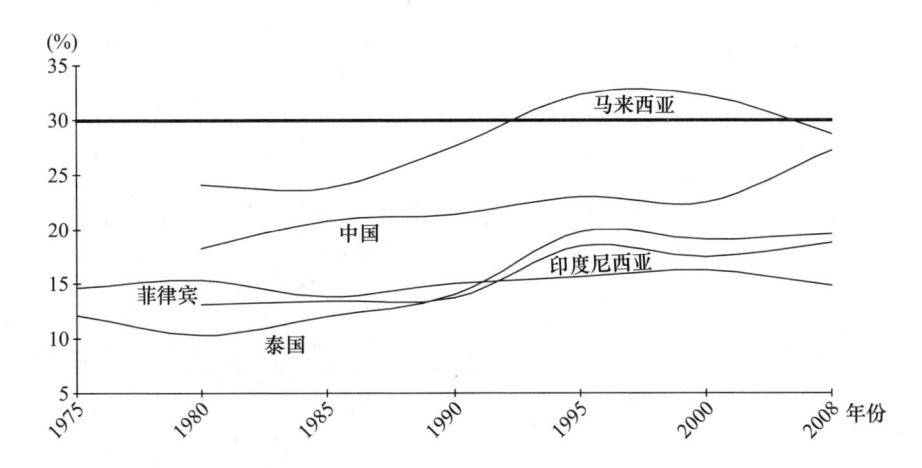

图 5 – 5　1975—2008 年亚洲 5 国第二产业劳动力份额变动趋势

资料来源：米切尔（1998）和联合国数据库。

二　列昂惕夫现象：工业化过程的本质的再探讨

在考察美国商品贸易时，列昂惕夫（1953、1960）观察到美国出口商品的资本/劳动比率低于进口商品的资本/劳动比率，因此，与美国生产和出口资本密集型产品的一般性理论认识相反，即所谓"列昂惕夫之谜"。本章认为，所谓"列昂惕夫之谜"，不过是工业部门高劳动力集聚在出口上的一个反映。历史上，由于"工业化的峰"广泛地存在于发达资本主义国家，因此，"列昂惕夫之谜"不只是美国一个发达国家的现象。下面我们把"列昂惕夫之谜"推广到发达国家工业（或第二产业）生产过程中，并把这个推广的结果叫作"列昂惕夫现象"。

定义：

工业或（第二产业）劳动密集度 =

工业或（第二产业）劳动力份额÷工业或（第二产业）增加值份额

把这个定义应用于各国各个历史时期，我们会得到类似于"列昂惕夫之谜"的东西——"列昂惕夫现象"。图 5 – 6 和图 5 – 7 分别显示了 1840—2008 年 8 个老牌工业发达国家第二产业劳动密集度，以及 1940—2008 年 9 个发展中国家第二产业劳动密集度。有趣的结果是：

（1）发达国家第二产业劳动密集度普遍位于 [0.7，1.5] 区间；发展中国家第二产业劳动密集度普遍位于 [0.4，0.8] 区间；

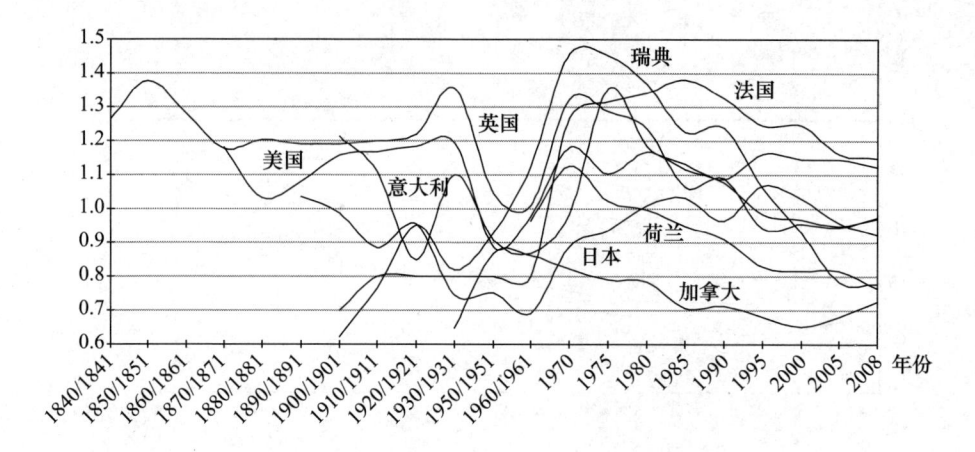

图 5-6　1840—2008 年发达国家第二产业劳动密集度

注：法国缺失数据，为根据趋势补足。

资料来源：米切尔（1998）和联合国数据库。

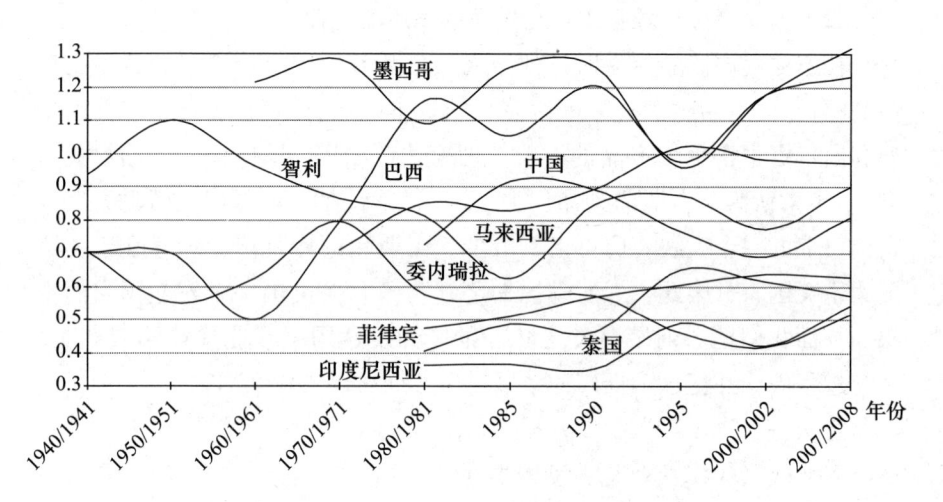

图 5-7　1940—2008 年拉美和亚洲国家第二产业劳动密集度

资料来源：米切尔（1998）和联合国数据库。

（2）无论在历史上还是在现阶段，发达国家第二产业生产确实拥有比发展中国家更高的劳动力密集度；

（3）发达国家第二产业劳动力密集度最高的时期与"工业化的峰"所经历的时期基本吻合。

三 "列昂惕夫现象"的原因

进一步的追问是：为什么发达国家会有持续这么长时间的"列昂惕夫现象"？这里，我们给出一个简洁的经济学解释：劳动力规模报酬递增。

请回顾前几部分关于发达国家"工业化的峰"的分析。给人印象深刻的是，伴随着资本主义工业化进程的推进，第二产业劳动力份额不是很快下降了，而是发生了一个持续百年的高位演进时期。正是由于"工业化的峰"的存在，导致了发达国家工业高劳动密集度这种特殊现象。实际上，这种现象之所以持续，正是揭示了发达国家工业劳动力规模报酬递增现象的持续存在。否则，市场规律不可能允许劳动力报酬递减的现象长期存在。

反观发展中国家，工业或第二产业相对于发达国家较低的劳动力密度，表明这些国家的工业发展对劳动力报酬递增的潜力评价较低。即发展中国家的工业不具有像发达国家那样的劳动力报酬递增机制存在。

第五节 对工业化和发展理论的重新审视：中国的实际

继续追问：为什么发展中国家第二产业缺乏发达国家那样的劳动力报酬递增机制，从而阻碍了工业就业作用的发挥？对这个问题的回答，涉及发展中国家的现实，甚至工业发展的理论依据。因此，有必要指出一些广泛存在的偏见。

传统发展理论似乎更加重视工业体系建立、发展和完善的动态过程。虽然主导产业问题在传统理论中受到关注，但是更加受到关注的是，由于主导产业发展而导致的多样化工业体系的建设。实际上，我们认为，动态的、多样化的工业体系恰恰是位于工业化理论的核心。这种认识有些类似于生物进化理论的表述，如莫克里（Mokry，2005）所说：没有创新就没有多样性，没有多样性就没有选择；缺少这两个环节，经济过程就没有良性的进化。

以中国为例，迫于人口和就业的巨大压力，中国工业化政策由20世纪70年代的（进口替代的）重工业化走到了另一个极端：劳动力要素禀赋利用的工业化。其实，我们认为，不论是进口替代的片面重工业化策略，还是出口导向的劳动力比较优势策略，其根本弊端就是单一工业体系的追求。这种追求从一开始就违背了工业体系良性发展的动态、多样化需要。

就拿中国现在的工业体系而言，我们原来为追求就业的工业化模式，实际上并没有达到预期目的。而且，随着工业本身重工业化趋势的内在演进，工业排斥就业的现象也开始显现。单一的工业化体系——对中国来说就是片面的劳动力比较优势工业的发展——缺乏持续演进动力的病症，实际上，在中国也开始显现，更不用说什么持续的报酬递增及工业持续发展了。

最近的一项研究（中国经济增长与宏观稳定课题组，2010）指出了中国现阶段经济增长的这样一个问题：城市化和土地要素价格重估导致中国经济增长创新激励的缺失。当然，我们更加乐意反过来看待这个问题。长期以来，中国片面追求劳动力资源禀赋的工业化模式，导致两个危险的逆向淘汰：（1）淘汰工业体系的多样性。无论是用发达国家的工业增长历史跟中国比，还是用发达国家的工业现状跟中国比，可以说，中国当前的工业体系很少见到那种令人瞩目的就业潜力。对劳动密集工业发展的片面追求导致了报酬递增工业体系发展机会的丧失。（2）淘汰创新。片面强调劳动力资源禀赋的工业化模式，增加了创新的风险和成本。这两个淘汰结合在一起，割断了中国工业规模报酬递增的机会和应有的潜力开发。

参考文献

[1] 伊特维尔等：《新帕尔格雷夫经济学大辞典》第二卷，经济科学出版社 1996 年版。

[2] 库兹涅茨：《各国的经济增长》，商务印书馆 2005 年版。

[3] 罗斯托：《经济成长的阶段》，商务印书馆 1962 年版。

[4] 袁富华：《结构变迁过程中的资源错配》，工作论文，2012 年。

[5] 中国经济增长与宏观稳定课题组：《资本化扩张与赶超型经济的技术进步》，《经济研究》2010 年第 5 期。

[6] Mokry, J., 2005, *Is There a Theory of Economic History? In Kurt Dopfer, The Evolutionary Foundations of Economics*, Cambridge University Press, pp. 195–218.

[7] Mitchell, B. R., 1998, *International Historical Statistics* (4th ed.): 1750-1993, New York: Stockton Press.

[8] Leontief, W., 1953, "Reviewed Domestic Production and Foreign Trade: The American Capital Position Re-Examined", *Proceedings of the American Philosophical Society*, Vol. 97, No. 4 (Sep. 28, 1953), pp. 332-349.

[9] Leontief, W., 1956, "Factor Proportions and the Structure of American Trade: Further Theoretical and Empirical Analysis", *The Review of Economics and Statistics*, Vol. 38, No. 4 (Nov., 1956), pp. 386-407.

附录1　　　　　　　　发达国家劳动力份额　　　　　　单位:%

法国				瑞典			
年份	A	I	S	年份	A	I	S
1856	52	27	21	1860	65	17	18
1866	50	28	22	1870	70	9	21
1886	47	26	27	1880	66	11	23
1896	45	28	27	1890	72	17	11
1901	41	29	29	1900	53	20	27
1906	43	29	28	1910	46	25	28
1911	41	33	26	1920	41	30	28
1921	42	29	29	1930	36	31	32
1926	38	33	29	1940	25	38	38
1931	36	33	31	1950	21	42	37
1936	36	31	34	1960	14	45	41
1946	36	30	34	1970	8	38	54
1954	27	36	37	1975	6	36	57
1962	20	38	42	1980	6	32	62
1968	16	40	44	1985	5	30	65
1975	10	38	52	1990	3	29	68
1980	8	35	56	1995	3	26	71
1985	7	32	61	2000	2	25	73
1990	6	30	65	2005	2	22	76
1994	5	27	69	2008	2	22	76
2004	4	24	72	—	—	—	—
2008	3	23	74	—	—	—	—

续表

德国 年份	A	I	S	意大利 年份	A	I	S	荷兰 年份	A	I	S
1882	47	35	18	1871	61	23	16	1849	46	20	33
1895	40	39	21	1881	51	25	23	1859	40	22	38
1907	37	41	22	1901	59	24	17	1889	36	26	39
1925	30	41	28	1911	55	27	18	1899	34	27	39
1933	29	40	31	1921	56	25	19	1909	31	28	41
1939	26	42	32	1931	47	31	22	1920	24	36	41
1946	29	39	32	1936	48	28	24	1930	21	37	42
1950	19	45	36	1951	42	32	26	1947	19	37	44
1961	13	47	39	1961	29	40	31	1960	11	42	47
1970	7	48	45	1971	16	42	41	1970	7	39	54
1980	6	44	50	1980	14	37	49	1975	6	35	59
1992	3	35	62	1985	11	33	56	1980	5	31	64
2001	3	33	65	1990	9	32	59	1985	5	28	67
2004	2	31	67	1995	7	33	60	1990	5	26	70
2008	2	30	68	2000	5	32	63	1995	4	23	74
				2005	4	31	65	2000	3	21	76
				2008	4	30	66	2005	3	20	77
								2008	3	18	79

美国 年份	A	I	S	英国 年份	A	I	S
1850	64	18	19	1841	22	44	33
1860	59	20	21	1851	22	48	30
1870	50	25	25	1861	19	49	32
1880	50	25	25	1871	15	47	38
1890	43	28	29	1881	13	48	39
1900	38	30	32	1891	11	49	41
1910	32	32	37	1901	9	51	40
1920	27	34	38	1911	9	52	40
1930	22	31	47	1921	7	48	45
1940	18	33	50	1931	6	46	48
1950	12	35	53	1951	5	49	46

续表

美国				英国			
年份	A	I	S	年份	A	I	S
1960	6	35	58	1961	4	47	49
1970	5	35	61	1970	3	45	52
1975	4	31	65	1975	3	40	57
1980	4	31	66	1980	3	37	60
1985	3	28	69	1985	3	31	66
1990	3	26	71	1990	2	32	66
1995	3	24	73	1995	2	27	71
2000	3	23	74	2000	2	25	73
2005	2	21	78	2005	1	22	76
2008	1	20	79	2008	1	21	77

加拿大				日本			
年份	A	I	S	年份	A	I	S
1891	48	21	31	1872	85	5	10
1901	43	23	34	1880	82	7	11
1911	37	29	33	1890	76	10	13
1921	35	29	36	1900	70	14	16
1931	31	19	50	1910	63	18	19
1941	27	29	43	1920	54	21	25
1951	19	36	45	1930	49	21	30
1961	12	34	54	1940	45	27	28
1970	7	31	61	1947	53	23	24
1975	6	29	65	1950	48	23	29
1980	5	29	66	1960	33	30	38
1985	5	25	69	1970	17	36	47
1990	4	25	71	1975	13	36	51
1995	4	23	73	1980	10	35	54
2000	3	23	74	1985	9	35	56
2005	3	22	75	1990	7	34	59
2008	2	22	76	1995	6	34	61
				2000	5	31	64
				2005	4	28	68
				2008	4	27	68

注：A 为农业，I 为工业，S 为服务业。

附录2　　　　　　　　　　发达国家GDP份额　　　　　　　单位:%

德国			意大利			荷兰		
年份	A	I	年份	A	I	年份	A	I
1882	36	33	1871	58	19	1849	—	—
1895	31	38	1881	53	20	1859	—	—
1907	26	42	1901	50	20	1889	—	—
1925	16	48	1911	44	24	1899	—	—
1933	20	41	1921	43	29	1909	—	—
1939	16	50	1931	30	28	1920	—	—
1946			1936	29	31	1930	—	—
1950	10	51	1951	30	37	1947	13	37
1961	5	53	1961	13	41	1960	8	44
1970	3	48	1970	2	31	1970	2	35
1980	2	42	1980	2	31	1975	2	34
1992	1	59	1985	2	29	1980	2	32
2001	1	52	1990	2	29	1985	2	30
2004	1	52	1995	2	29	1990	2	28
2008	1	51	2000	2	28	1995	2	27
			2005	2	27	2000	2	25
			2008	2	26	2005	2	24
						2008	2	24

法国			瑞典			英国		
年份	A	I	年份	A	I	年份	A	I
1856	40	37	1860	37	20	1841	22	35
1866	39	36	1870	38	21	1851	21	35
1886	36	36	1880	36	21	1861	18	38
1896	34	39	1890	32	23	1871	15	40
1901	34	41	1900	26	32	1881	11	40
1906	33	40	1910	23	33	1891	9	41
1911	32	41	1920	19	32	1901	7	43
1921	—	—	1930	13	38	1911	—	—
1926	—	—	1940	11	42	1921	6	39
1931	—	—	1950	13	45	1931	4	34
1936	22	36	1960	7	40	1951	5	47
1946	18	36	1970	2	26	1961	4	47

续表

法国			瑞典			英国		
年份	A	I	年份	A	I	年份	A	I
1954	13	48	1975	2	25	1970	1	34
1962	8	48	1980	2	24	1975	1	31
1970	4	32	1985	2	24	1980	1	30
1975	3	29	1990	2	23	1985	1	29
1980	3	26	1995	1	24	1990	1	30
1985	3	23	2000	1	26	1995	1	29
1990	3	22	2005	1	28	2000	1	26
1994	2	21	2008	1	28	2005	1	23
2004	2	21				2008	1	22
2008	2	20						

加拿大			美国			日本		
年份	A	I	年份	A	I	年份	A	I
1891	—	—	1850	—	—	1872	—	—
1901	—	—	1860	—	—	1880	—	—
1911	—	—	1870	21	21	1890	38	10
1921	—	—	1880	16	24	1900	34	14
1931	11.4	29	1890	17	26	1910	30	20
1941	13	37	1900	17	26	1920	23	22
1951	12	41	1910	18	27	1930	19	28
1961	6	39	1920	12	29	1940	20	40
1970	3	38	1930	9	26	1947	33	29
1975	3	37	1940	8	37	1950	23	30
1980	2	36	1950	6	39	1960	12	43
1985	2	36	1960	4	36	1970	5	40
1990	2	34	1970	1	29	1975	5	38
1995	2	34	1975	1	28	1980	3	35
2000	2	35	1980	1	26	1985	3	34
2005	2	32	1985	1	25	1990	2	35
2008	2	30	1990	1	25	1995	2	31
			1995	1	25	2000	2	30
			2000	1	24	2005	1	29
			2005	1	22	2008	1	30
			2008	1	21			

注：A 为农业，I 为工业。

附录3　发达国家第二产业劳动密集度：产业劳动力份额÷产业GDP份额

德国		意大利		荷兰		加拿大	
年份	密集度	年份	密集度	年份	密集度	年份	密集度
1882	1.1	1871	1.2	1849	—	1891	—
1895	1.0	1881	1.3	1859	—	1901	—
1907	1.0	1901	1.2	1889	—	1911	—
1925	0.9	1911	1.1	1899	—	1921	—
1933	1.0	1921	0.8	1909	—	1931	0.6
1939	0.8	1931	1.1	1920	—	1941	0.8
1946	—	1936	0.9	1930	—	1951	0.9
1950	0.9	1951	0.9	1947	1.0	1961	0.9
1961	0.9	1961	1.0	1960	1.0	1970	0.8
1970	1.0	1971	1.4	1970	1.1	1975	0.8
1980	1.1	1980	1.2	1975	1.0	1980	0.8
1992	0.6	1985	1.1	1980	1.0	1985	0.7
2001	0.6	1990	1.1	1985	0.9	1990	0.7
2004	0.6	1995	1.2	1990	0.9	1995	0.7
2008	0.6	2000	1.1	1995	0.8	2000	0.7
		2005	1.1	2000	0.8	2005	0.7
		2008	1.1	2005	0.8	2008	0.7
				2008	0.8		

法国		瑞典		英国		美国		日本	
年份	密集度	年份	密集度	年份	密集度	年份	密集度	年份	密集度
1856	0.7	1860	0.9	1841	1.3	1850	—	1872	—
1866	0.8	1870	0.4	1851	1.4	1860	—	1880	—
1886	0.7	1880	0.5	1861	1.3	1870	1.2	1890	1.0
1896	0.7	1890	0.7	1871	1.2	1880	1.0	1900	1.0
1901	0.7	1900	0.6	1881	1.2	1890	1.1	1910	0.9
1906	0.7	1910	0.8	1891	1.2	1900	1.2	1920	1.0
1911	0.8	1920	1.0	1901	1.2	1910	1.2	1930	0.7
1921	—	1930	0.8	1911		1920	1.2	1940	0.7

续表

法国		瑞典		英国		美国		日本	
年份	密集度	年份	密集度	年份	密集度	年份	密集度	年份	密集度
1926	—	1940	0.9	1921	1.2	1930	1.2	1947	0.8
1931	—	1950	0.9	1931	1.4	1940	0.9	1950	0.8
1936	0.8	1960	1.1	1951	1.0	1950	0.9	1960	0.7
1946	0.8	1970	1.5	1961	1.0	1960	1.0	1970	0.9
1954	0.8	1975	1.5	1970	1.3	1970	1.2	1975	0.9
1962	0.8	1980	1.4	1975	1.3	1975	1.1	1980	1.0
1968	1.3	1985	1.2	1980	1.2	1980	1.2	1985	1.0
1975	1.3	1990	1.2	1985	1.1	1985	1.1	1990	1.0
1980	1.3	1995	1.1	1990	1.1	1990	1.1	1995	1.1
1985	1.4	2000	0.9	1995	0.9	1995	1.0	2000	1.0
1990	1.3	2005	0.8	2000	1.0	2000	1.0	2005	1.0
1994	1.2	2008	0.8	2005	0.9	2005	0.9	2008	0.9
2004	1.2			2008	1.0	2008	1.0		
2008	1.1								

附录4　发展中国家产业劳动力份额、GDP份额、劳动密集度

巴西

就业年份	第一产业份额	第二产业份额	第三产业份额	GDP年份	第一产业份额	第二产业份额	第三产业份额	劳动密集度（第二产业）
1940	51	13	30	1940	18	26	—	0.5
1950	44	16	36	1950	9	33	—	0.5
1960	32	15	47	1960	8	37	—	0.4
1970	21	18	58	1970	7	39	—	0.5
1981	29	25	46	1981	5	34	61	0.7
1985	29	22	49	1985	5	33	62	0.7
1990	23	23	54	1990	5	30	65	0.8
1995	26	20	54	1995	5	31	64	0.6
2002	21	21	58	2002	6	29	65	0.7
2007	18	22	60	2007	6	29	66	0.8

续表

智利 就业年份	第一产业份额	第二产业份额	第三产业份额	GDP年份	第一产业份额	第二产业份额	第三产业份额	劳动密集度（第二产业）
1940	36	26	38	1940	12	42	—	0.6
1952	30	29	41	1952	11	41	—	0.7
1960	28	28	44	1960	9	44	—	0.6
1970	21	27	52	1970	7	46	—	0.6
1975	22	25	53	1975	4	44	52	0.6
1980	16	24	60	1980	3	43	54	0.6
1985	20	20	60	1985	4	44	53	0.5
1990	19	25	55	1990	4	44	52	0.6
1995	16	26	58	1995	4	44	52	0.6
2000	14	23	62	2000	4	44	52	0.5
2008	12	24	65	2008	4	39	56	0.6

墨西哥

1930	64	13	23	1930	22	20	—	0.7
1940	61	12	27	1940	19	23	—	0.5
1960	54	19	27	1960	15	25	—	0.8
1970	39	23	38	1970	11	29	—	0.8
1975	41	24	35	1975	5	34	61	0.7
1979	40	25	35	1979	4	36	60	0.7
1988	24	27	50	1988	4	35	61	0.8
1990	23	28	50	1990	4	36	60	0.8
1995	24	21	55	1995	4	34	62	0.6
2000	18	27	55	2000	3	36	60	0.7
2008	13	26	61	2008	3	32	65	0.9

乌拉圭

1963	18	30	51	1963	12	29	—	1.0
1975	16	26	57	1975	11	33	—	0.8
1985	15	26	60	1985	12	32	—	0.8
1990	5	33	62	1990	10	53	37	0.6
1995	5	27	69	1995	10	47	43	0.6

续表

就业年份	第一产业份额	第二产业份额	第三产业份额	GDP年份	第一产业份额	第二产业份额	第三产业份额	劳动密集度（第二产业）
2000	4	25	71	2000	9	41	51	0.6
2005	5	29	66	2005	10	43	47	0.7
委内瑞拉								
1941	51	19	30	1941	18	37	—	0.5
1950	44	20	36	1950	9	46	—	0.4
1961	32	21	47	1961	8	45	—	0.5
1971	21	21	58	1971	7	39	—	0.5
1975	20	25	55	1975	3	63	34	0.4
1980	15	28	57	1980	3	63	34	0.4
1985	16	25	59	1985	4	58	39	0.4
1990	13	25	61	1990	4	58	38	0.4
1995	14	24	63	1995	3	62	35	0.4
2000	11	23	67	2000	4	63	33	0.4
2008	8	23	68	2008	4	56	40	0.4
中国								
1980	69	18	13	1980	39	35	25	0.5
1985	62	21	17	1985	35	34	31	0.6
1990	60	21	19	1990	29	36	35	0.6
1995	52	23	25	1995	20	43	37	0.5
2000	50	23	28	2000	16	45	39	0.5
2008	40	27	33	2008	10	49	41	0.6
印度尼西亚								
1976	66	9	25	1976	25	39	36	0.2
1980	56	13	30	1980	22	40	38	0.3
1985	55	13	32	1985	20	40	39	0.3
1990	56	14	30	1990	17	42	41	0.3
1995	44	18	38	1995	14	47	40	0.4
2000	45	17	37	2000	14	48	38	0.4
2008	40	19	41	2008	12	45	43	0.4

续表

马来西亚									劳动密集度（第二产业）
就业年份	第一产业份额	第二产业份额	第三产业份额	GDP年份	第一产业份额	第二产业份额	第三产业份额		
1957	59	13	29	1957	40	18	—	0.7
1970	50	14	36	1970	29	28	—	0.5
1980	37	24	39	1980	21	42	37	0.6
1985	30	24	46	1985	19	42	39	0.6
1990	26	28	46	1990	17	46	37	0.6
1995	20	32	48	1995	11	49	41	0.7
2000	18	32	49	2000	9	50	41	0.6
2008	14	29	57	2008	8	45	47	0.6
菲律宾								
1975	54	15	31	1975	19	37	44	0.4
1980	52	15	33	1980	18	40	43	0.4
1985	50	14	37	1985	18	34	47	0.4
1990	45	15	40	1990	17	35	49	0.4
1995	44	16	40	1995	16	35	49	0.5
2000	37	16	47	2000	15	35	51	0.5
2008	35	15	50	2008	14	32	54	0.5
泰国								
1975	67	12	21	1975	28	26	46	0.5
1980	71	10	19	1980	23	29	48	0.4
1985	68	12	20	1985	22	31	48	0.4
1990	64	14	22	1990	15	37	48	0.4
1995	52	20	28	1995	11	42	48	0.5
2000	49	19	32	2000	12	42	47	0.5
2008	42	20	38	2008	10	45	45	0.4

第六章 中国宏观调控的理论分析

摘要：本章对中国宏观调控问题进行了分析，核心是对中国控制型调控方式进行反思，对控制型调控方式向博弈型调控方式的转型进行分析。中国宏观调控理论和实践中的主要误解是混淆宏观调控和微观规制的区别，将宏观调控扩大到微观规制领域，或把微观规制看作宏观调控，或认为宏观调控已经包含着微观规制。为此，应科学区分宏观调控和微观规制。(1) 宏观调控政策应向引导人们的预期方向努力，尽量弱化行政手段。因为现在宏观稳定问题被当作一个博弈问题，宏观调控政策的重要作用影响人们的预期和行为。所以，宏观调控的着力点，应逐步转向人们的预期调整，而不一定是对经济的直接干预。(2) 宏观调控应侧重保持宏观稳定，而不应过度刺激经济或使用不谨慎的总需求政策试图去"微调"经济运行来使产出和失业水平固定在充分就业的水平之上。经济总产出受客观条件制约，过度刺激经济会提前耗去经济增长潜力，所以，宏观稳定是宏观调控的最终目的。

统计数据显示，2009年中国经济在面临全球经济危机的困难局面下，国内生产总值达33.5万亿元，按可比价格计算，同比增长8.7%，政府承诺的"保八"目标超额完成。但这一结果的取得实属不易，其中，刺激性的经济政策显示了其强大的效果，宽松的宏观政策尤其引人注目。具体而言，政策及效果体现在以下几个方面：一是财政政策由"稳健"转为"积极"，政府支出大幅增加。中央政府推出了总额达4万亿元的投资计划，各地方政府计划投资额合计超过了18万亿元。二是货币政策从紧缩向适度宽松转变，扩大了信贷规模，下调了利率和存款准备金率等，使货币供应量快速增长，新增贷款大幅增加，2009年12月末，广义货币（M2）余额60.6万亿元，比上年末增长27.7%，增幅同比加快9.9个百分点。三是投资快速扩张，政府鼓励扩张性的投资政策，使2009年全社会固定资产投资比上年大幅增长了 30.1%，增速比上年加快 4.6 个百分点。四是鼓励国内消费，如家电、汽车的下乡及鼓励消费政策，使国内需求强劲增长。五是促进出口增长，综合运用出口退税、外贸发展基金、财政贴息等政策措施，逐步稳定了外贸局势。

由此可见，2009 年中国经济的企稳回升得益于国家强有力的宏观稳定政策。但任何事情都有它的另一面，2009 年中国宽松的宏观政策保证了增长，但因为有强的应急性，事后来看有些政策被认为过度了，对以后的宏观经济稳定和经济发展可能不利，其中，对于国家的宏观调控政策犹有质疑。

第一节 宏观调控内涵辨析

在中国，宏观调控是一个有争议的词，经济学家之间及社会各方对其含义的理解不一。从学理上看，宏观调控属于宏观经济政策范畴，而宏观经济政策是宏观经济学的一部分。我们知道，宏观经济学关心的是一国整体经济的结构和行为，它主要研究决定经济总趋势的各种因素，并为一国的宏观经济政策提出建议。宏观经济政策的制定是在分析这些长期与短期决定因素的基础上，通过与实际经济的表现相对照，提出长期与短期的政府行为规则与具体政策措施，其目的是维持经济的稳定与增长。

但具体到中国的宏观经济管理，现实情况比理论概括的要复杂。因为中国是一个发展中的、市场正在形成的经济体，宏观经济政策不但必须长短兼顾，同时，还要考虑到各方面的差异和市场发育水平。因此出现了宏观调控这样的意义不太明确但有中国特色的词。我们认为，中国的宏观调控可以理解为政府对国民经济的总体管理，是中央政府为了促进经济发展、稳定市场，对经济总体的调节与控制。宏观调控的主要任务是，保持经济总量平衡，重要价格的科学形成及总体价格的稳定（抑制通货膨胀），促进经济结构优化，实现经济稳定增长。使用的调控手段是经济政策法规、计划指导和必要的行政管理。调控对象主要是市场。

党的十四届三中全会以来，中国宏观调控的方式逐步从直接转向间接，调控对象从企业转向市场，调控活动从条块集中到中央。初步形成了在中央统一协调下，以计划、财税、金融部门为主，以间接手段调控引导市场活动的宏观调控模式，宏观调控能力和水平也上了一个新台阶。多年的经验表明，宏观调控在中国是非常必要的，它是实现经济赶超的重要保证。并且，政府也不是什么都调，什么都控，只有在经济出现异常状态时才出台宏观调控措施。但中国毕竟是一个由计划经济向市场经济转型的国家，宏观调控不时带有计划经济的痕迹，调控力度也不易把握。由此出现了对宏观调控含义理解的泛化和误解，甚至将所有政府行为都理解为宏观调控，从而认为宏观调控过度了。

主要误解是混淆宏观调控和微观规制的区别，将宏观调控扩大到微观规制领域，或把微观规制看作宏观调控，或认为宏观调控已经包含着微观规制。为此，我们应科学区分宏观调控和微观规制。

我们知道，市场在价值规律的作用下自发调节经济，其高效率毋庸置疑。然而，市场并不是天成的，它要有一个培育与成长过程，也需要一个适于其生存的环境。即使市场形成了，在利润最大化的驱动下，竞争者必然会千方百计地使自己立于不败之地，甚至不惜以结成垄断联盟或利用不正当竞争手段来限制其他竞争者的自由竞争或危害市场，侵害消费者利益。这时，价值规律的调节作用便会受到限制，市场配置资源会违背最优原则，"市场失灵"不可避免。市场规制所要解决的问题就是排除上述市场运行中的干扰因素，保证市场正常运转，防止"市场失灵"。所以，微观规制的作用就是为了形成一个有规则、高效率的市场，是市场内部的完善，使市场本身更公平、有效地运转。

中国是一个转型中的、市场正在形成的经济体，计划经济的影响并未完全消失。在计划经济体制下，由于中央政府可以通过各级政府直接管理微观经济主体，不论是对宏观经济总量的管理还是对行业的管理或对微观经济主体的管理，都可以通过中央政府层层下达指标或指令来实现。这一管理模式现在正在转变，当经济正常运行时，不需要政府去操心宏观稳定的事，政府可以重点培育市场，消除"市场失灵"；但若经济运行失控，政府应该管什么，这就不是那么简单了。首先是政府要管，再就是不能事事都管，只能适度参与；但什么是适度参与需要科学界定，它应限于宏观调控的范围，即当市场出现不合理波动时宏观调控从市场外部对市场进行干预，使一个市场，恢复到平稳运行状态。在这里，什么是市场内部与外部还需要明确，市场内部是指交易的全过程，主要是灵活价格机制的确立，确保交易公平；市场外部则是指影响市场价格的外部环境，如社会总供求、税收、货币供应量、利息等市场本身无法控制的因素。

从以上分析可看到，微观规制重制度建设与长期规划，而宏观调控重短期恢复市场正常功能，所以，二者要达到的目的不同。同时，干预市场的工具不同，微观规制更多地用法律法规等长期法制手段，宏观调控用得多的是货币、财政等短期经济手段。干预的对象也不同，微观规制一般针对特定对象，如某些企业、行业或某类产品、服务，故其指向是明确而具体的，它会影响某一产品供求或某类企业发展；宏观调控则指向全体市场参与者和产品、服务，其指向是不明确的，它通常会影响价格总水平、市场总供求等。干预的时机不同，微观规制是伴随市场发育而不断变化和完善的，是维持市场运行的基本规则，所以，它是长期存在且不断更新的，有市场就有规制；宏观调控则不是常规管理，它是在市场出现不合理的异常状态后，政府的一种纠偏行为，具有明显的短期性与相机决策特征。从2009年中国政府出台的政策看，两方面都不少，如医改、十大产业规划等应属微观规制的内容，还有一些政策如调控各种生产资料价格、提高工资标准、完善社保体系等虽然也会涉及很多人的利益，但它是属于完善市场的，所以应是规制范畴；而扩大货币供应量、降息、减税、政府投资等就是宏观调控的内容。

但我们不应将微观规制与宏观调控的关系相互割裂，它们之间事实上是相辅相成的：首先，市场是宏观调控的基础。计划经济条件下，我们也实行过宏观控制，但那是针对全社会经济活动者的行政行为，其结果是一管就死，一放就乱，使国民经济处于高度波动状态。现在实行的宏观调控政策，与过去的宏观控制相比，其区别在于干预对象是市场而不是经济活动者（即对事不对人），当然，干预手段也多样化，更多的是间接手段，宏观调控的目标主要通过市场来实现。再者，宏观调控还受到市场发育水平的制约，市场的完善程度会影响宏观调控的效力，完善的市场环境下，宏观调控是完全间接的，通过政策信号来调整经济活动者的行为；如果市场不完善，政策信号效率低，就需要行政性质的管制措施了。还有，市场的完善也需要有一个稳定的宏观大环境，如果价格过度波动或经济长期低迷，市场是不能正常发挥作用的。

中国2009年的各种政策有一个脉络就是在稳定宏观、稳定社会预期的前提下，加快市场完善步伐，提升产业竞争力。因为政府创造了一个宽松的宏观环境，也投入了大量的资金，这时，宏观调控为微观规制提供了良好的外部条件，正是完善和提升市场的好时机。如果不去厘清其中的关系，在外人看来，就会觉得所有这些政策都是宏观调控的内容，当然会认为宏观调控过度了。

第二节 宏观调控中的问题

我们在看到其好效果的一面后，也不能回避宏观调控中存在的问题：

一是国家宏观风险加大。在进入中等发达国家、城市化进程加快以及面临国际经济危机的背景下，中国宏观调控的目标也从控制需求过热、治理通货膨胀转向刺激需求、消除通货紧缩。适度从紧的财政政策转变为积极的财政政策，支出快速增加及较大规模的国债发行，在取得积极效果的同时，财政赤字和债务规模大幅增加；地方政府财政支出增长过快等，加大了财政风险。货币政策从"适度从紧"转变为"宽松"，在扩大货币供给、增加信贷投放的同时，不良贷款的风险也在增加。此外，在一些地方财政收支紧张的情况下，部分财政性风险在向银行转移，如地方政府融资平台的风险大部分将转向财政。总体来看，当前的财政信贷风险在增加。

二是宏观调控的力度还需科学把握。2009年的货币信贷投放口子偏大，财政支出口子开得较大，并且两个口子短时间内收不紧。中国历次经济大幅波动的教训表明，放多了货币会出现通货膨胀，而每次通货膨胀后是一大堆银行呆坏账，对银行呆坏账最终要财政买单。宏观困难时，政府需要站出来，但原则上应该量力而行，以不过度透支未来经济潜力为限。现在，有些刺激政策需要退出来，如何有序实现，保证宏观稳定也需要科学筹划，不能使经济大起大落。

三是宏观调控的手段应多样化。当前宏观调控中仍然有明显的行政干预色彩，特别是在市场偏冷的形势下，政府对经济活动的直接参与增加。如政府直接投资规模较大，持续时间较长；控制市场价格、限制竞争等；行政指导、一哄而起等现象也时有出现。总之，宏观调控中政府和市场的关系需要进一步调整，在可能的情况下应多用市场调节手段。

针对这些问题，应该通过改革来完善宏观调控的基础，提高宏观调控的效率，理顺宏观调控体系内部的关系。同时，应完善规则，强化监督，将宏观调控活动纳入规范、有序、透明的轨道。

第三节 进一步完善宏观调控政策

宏观调控是政府的一项重要职能，其目标和任务取决于特定时期经济发展和运行的特点，所以要依环境变化而不断完善；同时，宏观经济学理论为完善宏观调控政策提供了基本依据。在经历了半个多世纪的观察、分析与争论后，目前经济学家对于一个经济体宏观经济运行特点达成了一些基本共识：

(1) 一国 GDP 的运动方向基本上由供给因素推动。因此，在长期内，真实 GDP 的增长依赖要素投入的供给增加和技术水平的提高。短期内实际 GDP 的波动基本上由总需求的冲击引起；而需求变动能够在短期内影响真实产出水平的原因是价格、工资等名义刚性。

(2) 虽然在短期内会看到一种通货膨胀和失业率之间的替代关系，但在长期内这种替代关系不存在。

(3) 从长期看，货币供给的增长率决定通货膨胀率。持续的通货膨胀是一种货币现象，货币政策的主要目标应该是追求一个较低且稳定的通货膨胀率。

(4) 政府不应该使用不谨慎的总需求政策试图去"微调"经济运行来使产出和失业水平固定在充分就业时或自然的水平之上。

(5) 与 20 世纪五六十年代人们把维护经济的稳定当作控制理论解释的问题形成鲜明对比的是，现在宏观稳定问题被当作一个博弈问题。人们已经普遍接受这样的观点，政府的政策能够影响人们的预期和行为，因此强调建立政策的可信度和设计保证执行可信的政策的制度的重要性。

在吸收宏观经济学的基本结论后，目前与今后一段时期中国宏观调控政策应在以下几个方面有所完善：

(1) 保增长仍是主线。中国目前处在其历史上的经济增长黄金期，也是实现经济赶超的关键时期，而且许多现实问题也需要经济增长来解决，所以，增长还是最主要的目标。宏观经济学理论表明，供给因素是经济增长的关键,这就要求宏观调控去辅助微观规制的完善,提供更好的市场环境;同时,保持宏观稳定,使经济能平稳快速增长。

(2) 宏观调控政策应向引导人们的预期方向努力,尽量弱化行政手段。因为现在宏观稳定问题被当作一个博弈问题,宏观调控政策的重要作用在于影响人们的预期和行为。所以,宏观调控的着力点应逐步转向人们的预期调整,而不一定是对经济的直接干预。

(3) 宏观调控政策应侧重保持宏观稳定,而不应过度刺激经济或使用不谨慎的总需求政策试图去"微调"经济运行来使产出和失业水平固定在充分就业的水平之上。经济总产出受客观条件制约,过度刺激经济会提前耗去经济增长潜力,或引起经济过度波动,所以,宏观稳定应是宏观调控的最终目的。我们应相信,中国的宏观调控政策将伴随经济发展而在实践中不断完善。

增长路径篇

第七章　新中国六十年来的经济增长

摘要：中国过去几十年的经济增长机制可归纳为：第一，政府和企业目标函数的高度一致性，即规模性的快速扩张。政府认为加快经济发展才能解决就业，社会福利才能提高，发展是硬道理。很多地方政府官员直接兼任地区开发公司的董事长，即使不兼任，实际的工作也是发展经济，政府和企业在经济规模扩张上目标是一致的。第二，生产要素投入上有着很强的政府干预。政府压低生产要素投入价格，激励企业加速完成原始积累，即政府在土地、劳动力、投资品方面人为压低价格投入。环境、自然资源和劳动力社保等成本约束低，或者根本就没有；在金融资源方面，尽力动员、创造和低价供给（经常以坏账的方式补贴），这激励了规模化的发展，但对于创新和优化资源配置则产生了很大消极影响；中间投入品方面尽可能地压低价格，如能源、水等长期低于国际均衡价格，干预下的投入要素价格产生扭曲，极大地激励了企业高能耗、高污染的积累发展和低成本；在技术进步上走的是"干中学"的演变路径，模仿—规模化的低成本竞争是微观扩张的主要路径，规模收益随着中国技术水平的提高正在迅速递减。第三，经济管理中的歧视性原则长期存在，如户籍管理制度，沿海开放地区优先发展政策，国有非国有政策支持上的差异，大企业垄断等问题都是非平衡赶超的经济管理政策体现。

中华人民共和国成立以来，人均国内生产总值增长的对数值图（见图7-1）的直观结果是，新中国成立六十年来，中国人均国内生产总值基本上呈加速增长趋势，而且该趋势在近几年有加快的迹象。是什么因素在推动着中国经济的快速增长？

中华人民共和国的成立，标志着一个新政权和一套新的国家发展方式的确立，社会主义体制的先行者给中国演示了计划经济体制在经济落后国家实现赶超的可能性，而赶超正是近代中国所追求的梦想。如此环境，

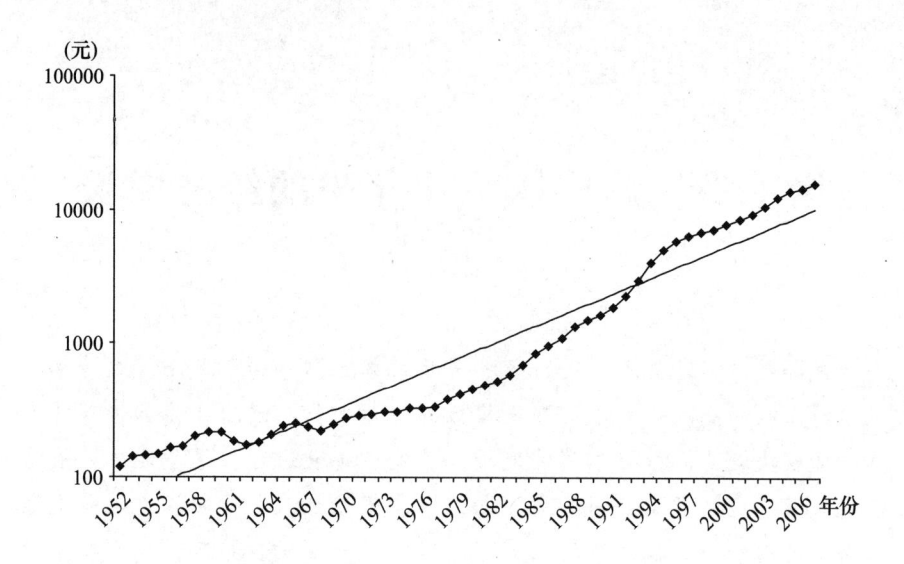

图 7-1　中国人均 GDP 演化路径（对数值）及增长趋势（指数）

资料来源：历年《中国统计年鉴》。

自然很快使中国经济驶入了计划经济体制轨道。到 20 世纪 70 年代中期的实践表明，这种经济发展模式确实促进了中国经济增长，1952—1977 年，中国人均 GDP 从 100 元左右增长到 340 元，这也是一个了不起的成就。但是，计划经济体制下的赶超是以牺牲个人福利的提高及扭曲经济运行机制为代价的，赶超后劲不足是几乎当时所有社会主义国家都面临的紧迫问题，如何实现可持续的高增长就成为改革要实现的主要目标。中国的改革起步于 20 世纪 70 年代后期，要远晚于东欧一些国家在 20 世纪 50 年代的改革。但从几十年的经济发展情况看，无疑中国的改革对社会福利改进效应最明显，取得了改革与发展的"双赢"，使赶超进程得以延续。

第一节　经济表现

从总量来看，我们虽然不能用一穷二白来描述 1949 年以前的中国经济，但经济总量和人均产出（收入）低却是事实。高增长的显著效果使人们拥有的各类商品丰富了，产能大幅提高。表 7-1 为 1949—2011 年中国的人均主要工农业产品产量，结果显示，1949 年，中国的人均工业产品拥有量很低；至 2011 年，除主要农产品增幅较小及原煤和原油增长幅度不大外，主要工业产品增长很大（增幅都在 100—1000 倍之间）。

表 7-1　　　　　人均主要工农业产品产量（1949—2011 年）

年份	粮食（公斤）	油料（公斤）	糖料（公斤）	水果（公斤）	猪牛羊肉（公斤）	原煤（吨）	原油（公斤）	发电量（千瓦时）	粗钢（公斤）	水泥（公斤）
1949	208.95	4.73	5.23	2.22	0.00	0.06	0.22	7.94	0.30	1.22
1950	239.38	5.38	6.12	2.40	0.00	0.08	0.36	8.33	1.11	2.55
1951	255.22	6.43	8.86	2.78	0.00	0.09	0.55	10.12	1.60	4.42
1952	285.17	7.29	13.21	4.25	5.89	0.11	0.77	12.70	2.35	4.98
1953	283.74	6.56	13.12	5.05	0.00	0.12	1.05	15.65	3.01	6.60
1954	281.29	7.14	15.90	4.94	0.00	0.14	1.31	18.25	3.70	7.63
1955	299.26	7.85	15.79	4.15	0.00	0.15	1.58	20.01	4.64	7.32
1956	306.79	8.10	16.40	4.94	0.00	0.18	1.85	26.42	7.11	10.17
1957	301.69	6.49	18.40	5.02	6.16	0.20	2.26	29.85	8.27	10.61
1958	303.06	7.23	23.69	5.91	0.00	0.41	3.42	41.67	12.12	14.09
1959	252.95	6.11	18.07	6.32	0.00	0.55	5.55	62.94	20.64	18.26
1960	216.74	2.93	14.89	6.01	0.00	0.60	7.85	89.72	28.18	23.64
1961	223.96	2.75	7.69	4.31	0.00	0.42	8.06	72.88	13.21	9.43
1962	237.76	2.98	5.62	4.03	2.88	0.33	8.54	68.06	9.91	8.92
1963	245.76	3.55	12.03	4.16	0.00	0.31	9.37	70.84	11.02	11.65
1964	265.96	4.78	19.10	0.00	0.00	0.30	12.03	79.43	13.67	17.15
1965	268.18	5.00	21.20	4.47	7.60	0.32	15.59	93.19	16.86	22.53
1966	287.09	0.00	18.83	0.00	0.00	0.34	19.52	110.68	20.55	27.03
1967	285.22	0.00	19.96	0.00	0.00	0.27	18.18	101.35	13.47	19.14
1968	266.20	0.00	15.91	0.00	0.00	0.28	20.36	91.17	11.51	16.07
1969	261.52	0.00	15.97	0.00	0.00	0.33	26.95	116.52	16.52	22.67
1970	289.14	4.55	18.75	4.51	7.19	0.43	36.93	139.65	21.44	31.03
1971	293.49	4.83	17.91	4.53	0.00	0.46	46.24	162.39	25.01	37.05
1972	275.85	4.72	21.49	5.10	0.00	0.47	52.39	174.82	26.82	40.69
1973	296.98	4.69	22.02	5.81	0.00	0.47	60.09	186.97	28.27	41.82
1974	302.96	4.86	20.60	5.67	0.00	0.45	71.37	183.58	23.24	40.82
1975	307.86	4.89	20.71	5.82	8.62	0.52	83.38	211.86	25.86	50.05
1976	305.50	4.28	20.87	5.77	8.33	0.52	93.00	216.72	21.83	49.83

续表

年份	粮食（公斤）	油料（公斤）	糖料（公斤）	水果（公斤）	猪牛羊肉（公斤）	原煤（吨）	原油（公斤）	发电量（千瓦时）	粗钢（公斤）	水泥（公斤）
1977	297.69	4.23	21.28	5.99	8.21	0.58	98.60	235.22	25.00	58.59
1978	316.61	5.42	24.74	6.83	8.99	0.64	108.09	266.57	33.02	67.78
1979	340.49	6.60	25.23	7.19	8.17	0.65	108.82	289.11	35.35	75.76
1980	324.77	7.79	29.49	6.88	12.21	0.63	107.34	304.54	37.61	80.91
1981	324.79	10.20	36.00	7.80	12.60	0.62	101.15	309.08	35.57	82.84
1982	348.73	11.62	42.88	7.59	13.29	0.66	100.46	322.37	36.56	93.65
1983	375.97	10.24	39.15	9.21	13.61	0.69	102.97	341.14	38.85	105.09
1984	390.30	11.41	45.81	9.43	14.76	0.76	109.82	361.26	41.66	117.88
1985	360.70	15.02	57.53	11.07	16.75	0.83	118.83	390.76	44.52	138.86
1986	367.00	13.81	54.86	12.63	17.97	0.84	122.51	421.36	48.93	155.66
1987	371.74	14.09	51.20	15.39	18.32	0.86	123.74	458.75	51.92	171.81
1988	357.73	11.98	56.17	15.12	19.91	0.89	124.41	494.90	53.95	190.75
1989	364.32	11.58	51.88	16.38	20.79	0.94	123.04	522.78	55.05	187.99
1990	393.10	14.21	63.55	16.51	22.14	0.95	121.84	547.22	58.45	184.74
1991	378.26	14.24	73.16	18.91	23.67	0.94	122.52	588.77	61.70	219.51
1992	379.97	14.09	75.61	20.95	25.24	0.96	121.97	647.18	69.47	264.57
1993	387.37	15.31	64.70	25.55	27.37	0.98	123.25	712.34	76.00	312.18
1994	373.46	16.69	61.63	29.36	30.98	1.04	122.57	778.72	77.70	353.39
1995	387.28	18.68	65.90	34.98	27.42	1.13	124.54	835.81	79.15	394.74
1996	414.39	18.16	68.66	38.21	30.35	1.15	129.22	888.10	83.15	403.42
1997	401.74	17.54	76.31	41.37	34.55	1.13	130.68	923.16	88.57	416.02
1998	412.50	18.63	78.83	43.91	37.02	1.07	129.61	939.48	93.05	431.50
1999	405.82	20.76	66.53	49.79	38.02	1.09	127.63	988.60	99.12	457.09
2000	366.04	23.40	60.47	49.30	37.57	1.10	129.09	1073.62	101.77	472.82
2001	355.89	22.53	68.05	52.35	37.99	1.16	128.91	1164.29	119.22	519.75
2002	356.96	22.63	80.39	54.30	38.49	1.21	130.43	1291.78	142.43	566.23
2003	334.29	21.82	74.83	112.68	39.50	1.42	131.64	1482.91	172.57	669.11
2004	362.22	23.66	73.84	118.36	40.39	1.64	135.70	1699.98	218.28	745.96
2005	371.26	23.60	72.50	123.65	41.98	1.80	139.10	1917.79	270.95	819.84
2006	379.89	20.14	79.78	130.45	42.65	1.93	140.93	2185.88	319.71	943.36
2007	380.61	19.49	92.48	137.62	40.09	2.04	141.38	2490.01	371.27	1032.85

续表

年份	粮食（公斤）	油料（公斤）	糖料（公斤）	水果（公斤）	猪牛羊肉（公斤）	原煤（吨）	原油（公斤）	发电量（千瓦时）	粗钢（公斤）	水泥（公斤）
2008	399.13	22.29	101.31	145.10	42.38	2.12	143.76	2639.00	379.76	1074.66
2009	398.74	23.69	92.22	153.20	44.44	2.23	142.34	2790.33	429.81	1234.90
2010	408.52	24.15	89.77	159.99	45.77	2.42	151.31	3145.06	476.36	1406.82
2011	424.97	24.60	93.12	169.39	45.34	2.62	150.93	3506.37	509.83	1561.80

注：1985年以前通过各类总产量除以总人口获得，1985年（含）以后以《中国统计年鉴》（2012）为准。表中出现的0.00表示该数据未统计或者是数量极少，可以忽略不计。

资料来源：《中国统计年鉴》（2012）、《新中国五十年统计资料汇编》（1949—1999）和《新中国五十五年统计资料汇编》。

与此同时，在第一产业就业的劳动力，从1953年占就业总量的80%以上快速下降至2011年的34.8%左右；第二、第三产业的就业比重则快速上升，尤其是第三产业，其就业比重于1995年超过第二产业，并保持不断上升态势，并于2011年超过第一产业（见图7-2）。

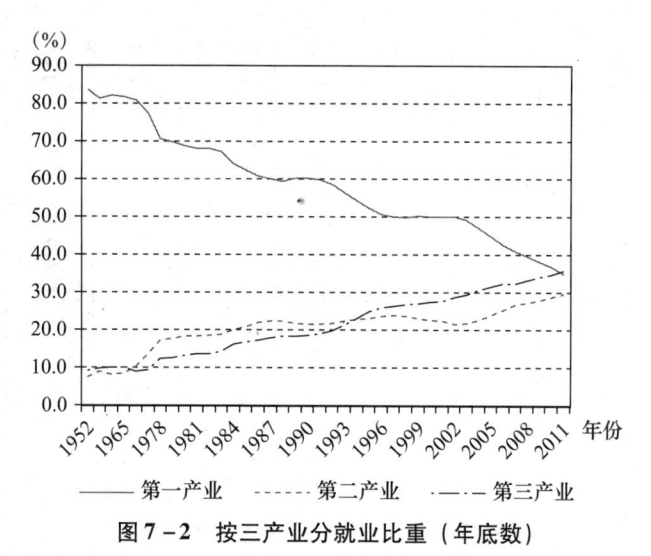

图7-2 按三产业分就业比重（年底数）

资料来源：《中国统计年鉴》（2012）。

表7-2显示了新中国成立以来城市公用事业的发展情况，城市人口密度增长10多倍，其他指标也都显示城市发展速度加快。

表7-2 城市公用事业基本情况

项目	1957年	1965年	1978年	1980年	1984年	1985年	1990年	1995年	2000年	2005年	2006年	2010年	2011年
城市建设													
建成区面积（平方公里）							12856	19264	22439	32521	33660	40058	43603
城市人口密度（人/平方公里）							279	322	442	870	2238	2209	2228
年末实有住宅建筑面积（亿平方米）						11.3	20	31	44.1	107.7	112.9		
全年供水总量（亿立方米）	9.6	26.3	78.8	88.3	117.6	128	382.3	481.6	469	502.1	540.5	507.9	513.4
人均生活用水（吨）	14.9	19.7	44	46.6	52.3	55.1	67.9	71.3	95.5	74.5	68.7	62.6	62.4
用水普及率（%）	56.6	74	81	81.4	82	81	48	58.7	63.9	91.1	86.7	96.7	97.0
人工煤气供气量（亿立方米）	2.0	6.3	16.7	19.0	22.1	23.7	174.7	126.7	152.4	255.8	296.5	279.9	84.7
天然气供气量（亿立方米）			6.9	5.9	16.9	16.2	64.2	67.3	82.1	210.5	244.8	487.6	678.8
液化石油气供气量（万吨）		0.01	17.6	27	47.4	54.7	219	488.7	1053.7	1222	1263.7	1268.0	1165.8

第七章 新中国六十年来的经济增长 | 175

续表

项目	1957年	1965年	1978年	1980年	1984年	1985年	1990年	1995年	2000年	2005年	2006年	2010年	2011年
城市建设													
燃气普及率（%）	1.5	3	13.9	16.8	21.1	22.4	19.1	34.3	45.4	82.1	79.1	92.0	92.4
集中供热面积（亿平方米）							2.1	6.5	11.1	25.2	26.6	43.6	47.4
城市市政设施													
每万人拥有道路长度（公里）	3	3.4	3.4	3.3	3.3	3.3	3.1	3.8	4.1	6.9	6.5	7.5	7.6
人均拥有道路面积（平方米）	2.4	3	2.9	2.8	3	3.1	3.1	4.4	6.1	10.9	11	13.2	13.8
城市排水管道密度（公里/平方公里）							4.5	5.7	6.3	7.4	7.8	9.0	9.5
城市公共交通													
年末公共交通运营数（万辆）	0.6	1.1	2.6	3.2	4.1	4.5	6.2	13.7	22.6	31.3	31.6	38.3	41.3
每万人拥有公交车辆（标台）	1	1.6	3.3	3.5	3.8	3.9	2.2	3.6	5.3	8.6	9.1	11.2	11.8

资料来源：《中国统计年鉴》（1986，2007，2012）。

第二节 全社会福利状况

虽然中国仍处经济不发达国家之列，但在近几十年，居民福利状况有了较大改进，这是高速经济增长的主要结果之一。表7-3为中国最近六次全国人口普查的数据，结果显示，每十万人拥有的各种受教育程度人口都大幅提高，文盲大幅下降；城镇人口与平均预期寿命大幅上升，这从总体上反映了中国的社会发展状况。

表7-3　　　　　　　六次全国人口普查基本情况

指标	1953年	1964年	1982年	1990年	2000年	2010年
总人口（万人）	58260	69458	100818	113368	126583	133972
每十万人拥有的各种受教育程度人口（人）						
大专及以上		416	615	1422	3611	8930
高中和中专		1319	6779	8039	11146	14032
初中		4680	17892	23344	33961	38788
小学		28330	35237	37057	35701	26779
文盲人口及文盲率						
文盲人口（万人）		23327	22996	18003	8507	5466
文盲率（%）		33.58	22.81	15.88	6.72	4.08
城乡人口（万人）						
城镇化率	13.26	18.30	20.91	26.44	36.22	49.68
城镇人口	7726	12710	21082	29971	45844	66557
乡村人口	50534	56748	79736	83397	80739	67415
平均预期寿命（岁）			67.77*	68.55	71.40	74.83
男			66.28*	66.84	69.63	72.38
女			69.27*	70.47	73.33	77.37

注：(1) 1953年、1964年、1982年和1990年全国人口普查标准时点为当年7月1日零时，2000年和2010年全国人口普查标准时点为当年11月1日零时。(2) 历次普查总人口数据中包括中国人民解放军现役军人。在城乡人口中，中国人民解放军现役军人列为城镇人口统计。(3) 1964年文盲人口为13岁及13岁以上不识字人口，1982年、1990年、2000年、2010年文盲人口为15岁及15岁以上不识字或识字很少人口。(4) 表中"*"号表示为1981年数据。

资料来源：《中国统计年鉴》(2012)（本表未包括香港特区、澳门特区和中国台湾地区数据）。

世界银行每年发布一份世界发展报告，其中包括上百个衡量一国发展水平的发展性指标。为简明起见，这里我们仅采用20世纪70年代美国社会学家英克尔斯提出的 10 项国家现代化标准来综合衡量中国通过改革开放而实现的经济发展水平。英克尔斯的 10 项国家现代化标准如下：（1）人均 GDP 在 3000 美元以上；（2）第一产业占 GDP 比重低于 12%—15%；（3）第三产业占 GDP 比重在 45% 以上；（4）农业劳动力占总劳动力比重小于 30%；（5）文盲率小于 20%；（6）大学入学率在 10%—15%以上；（7）每千人口拥有医生数在 1 人以上；（8）平均寿命在 70 岁以上；（9）城市人口占总人口比重在 50% 以上；（10）人口自然增长率在 1‰ 以下。表 7-4 是中国改革开放 30 年来这 10 项英克尔斯国家现代化指标值。总的来看，在英克尔斯的 10 项指标中，中国已有 5 项指标超过了设定的标准，另外 5 项指标正在接近设定的标准。可以说，如果按照英克尔斯的现代化标准来衡量，经过 30 年的改革开放，中国已在某些方面实现了现代化，或者说中国已实现了准现代化。

一 城乡居民收入与消费大幅增长

中国经济的快速增长，带动了数亿人口的收入增长并使消费水平大幅上升（即全社会福利水平的提高），表 7-5 综合反映了这一变化。可以看到，1978 年的城镇居民人均可支配收入为 343.4 元（当年价格计），2011 年为 21809.8 元（当年价格计），34 年间增长了 62.6 倍。1957 年的农村家庭人均纯收入为 73 元（当年价格计），2011 年为 6977.3 元（当年价格计），54 年间增长了 94.6 倍。1957 年的城镇居民人均消费为 222 元（当年价格计），2007 年为 9997 元（当年价格计），50 年间增长了 44 倍。1957 年的农村家庭人均消费（当年价格）为 70.9 元（当年价格计），2007 年为 3224 元（当年价格计），50 年间增长了 44 倍。

表 7-6 和表 7-7 是中国国家统计局所做的城镇居民与农村家庭抽样调查结果，从微观层面较全面地反映了普通百姓的收入和消费水平的变化，时间起始为 1957 年。表 7-6 显示，至 2011 年城镇居民平均每人全部年收入增长 93.77 倍，平均每人消费增长 67.29 倍。收入中工薪收入一直是最主要的收入来源，经营净收入、财产性收入增幅大但数额较小，转移性收入大幅提高；消费方面，食品与家庭设备用品占比下降，衣着、教育文化娱乐服务基本稳定，医疗保健、交通通信、居住占比大幅提高。这些情况表明中国普通百姓的收入来源渠道正在多元化，消费需求从简单的温饱状态向舒适与健康方向发展。农村也同样发生着巨大变化。

表7-4 中国的10项英克尔斯现代化发展指标

度量标准	1 人均GDP（美元）	2 第一产业占GDP比重（%）	3 第三产业占GDP比重（%）	4 农业劳动力占总劳动力比重（%）	5 城市人口占总人口比重（%）	6 人口自然增长率（‰）	7 平均寿命（年）	8 文盲率*（%）	9 大学入学率（%）	10 医生数（每千人）
标准目标	>3000	12%—15%	>45%	<30%	50%	1‰	>70	<20%	10%—15%	>1
2006年	2060	11.8	39.5		43.9	5.28			23.0	1.5
2005年	1714	12.6	39.9	44.8	43.0	5.89		11.04	21.0	1.5
2004年	1490	13.1	40.7	46.9	41.8	5.87		10.32	19.0	1.4
2003年	1274	12.6	41.4	49.1	40.5	6.01		10.95	17.0	1.4
2002年	1135	13.5	41.7	50.0	39.1	6.45			15.0	1.6
2001年	1042	14.1	40.7	50.0	37.7	6.95				1.6
2000年	949	14.8	39.3	50.0	36.2	7.58	71.4	9.08		1.6
1999年	865	16.2	38.0	50.1	34.8	8.18		15.14		1.6
1998年	821	17.3	36.5	49.8	33.4	9.14			9.8	1.6
1997年	774	18.1	34.4	49.9	31.9	10.06				1.6
1996年	703	19.5	33.0	50.5	30.5	10.42				1.6
1995年	604	19.8	33.0	52.2	29.0	10.55				1.6

续表

度量标准	1 人均 GDP （美元）	2 第一产业 占 GDP 比重（%）	3 第三产业 占 GDP 比重（%）	4 农业劳动力 占总劳动力 比重（%）	5 城市人口 占总人口 比重（%）	6 人口自然 增长率（‰）	7 平均寿 命（年）	8 文盲率* （%）	9 大学入学 率（%）	10 医生数 （每千人）
1994 年	469	19.6	33.8	54.3	28.5	11.21				1.6
1993 年	520	19.5	33.9	56.4	28.0	11.45				1.5
1992 年	419	21.5	35.0	58.5	27.5	11.6				1.5
1991 年	356	24.3	33.9	59.7	26.9	12.98				1.5
1990 年	344	26.9	31.8	60.1	26.4	14.39	68.5			1.5
1985 年	292	28.2	28.9	62.4	23.7	14.26				
1984 年	301	31.8	25.1	64.0		13.08				
1980 年	311	29.9	21.9	68.7	19.4	11.87	67.8			
1978 年	227	27.9	24.2	70.5	17.9	12.0				1.1

注：* 文盲人口占 15 岁及以上人口的比例。
资料来源：世界银行：《世界发展报告》（2007）。

表7-5 中国的GDP、人均GDP及城乡居民人均收入和人均消费变动

年份	国内生产总值（亿元）(B)	人均国内生产总值（元）(B)	城镇居民人均可支配收入（元）(C)	农村家庭人均纯收入（元）(C)	城镇居民人均消费（元）(C)	农村家庭人均消费（元）(C)
1952	679.00	119.00				
1953	784.92	134.59				
1954	818.20	136.97				
1955	873.87	143.16				
1956	1005.60	161.36				
1957	1056.52	165.29		73.0	222.0	70.9
1958	1280.59	195.52				
1959	1393.99	208.61				
1960	1389.23	207.66				
1961	1009.67	152.44				
1962	953.32	142.68				
1963	1050.41	153.51				
1964	1241.89	177.31			220.7	
1965	1453.74	202.66		107.2		95.1
1966	1609.91	218.25				
1967	1518.24	200.63				
1968	1455.78	187.43				
1969	1701.57	213.13				
1970	2032.25	247.64				
1971	2175.52	257.87				
1972	2257.00	261.09				
1973	2434.22	275.25				
1974	2490.57	275.84				
1975	2707.17	294.53				
1976	2663.04	285.36				
1977	2866.06	302.86		117.1		

续表

年份	国内生产总值（亿元）(B)	人均国内生产总值（元）(B)	城镇居民人均可支配收入(元)(C)	农村家庭人均纯收入(元)(C)	城镇居民人均消费(元)(C)	农村家庭人均消费(元)(C)
1978	3200.81	333.80	343.4	133.6	311.6	116.1
1979	3443.21	354.26	387	160	406	152
1980	3712.77	377.35	477.6	191.3	496	178
1981	3907.65	391.99	491.9	223	487	194
1982	4261.40	421.26	526.6	270	500	212
1983	4724.48	460.29	564	310	523	235
1984	5440.83	523.24	651.2	355	584	265
1985	6173.47	585.72	739.1	397.6	802	347
1986	6720.06	628.08	828	424	920	376
1987	7498.20	689.72	916	463	1089	417
1988	8344.23	755.17	1119	544.9	1431	508
1989	8683.05	773.98	1261	601.5	1568	553
1990	9016.44	791.95	1510.2	686.3	1686	571
1991	9844.14	852.87	1700.6	708.6	1925	621
1992	11246.28	962.47	2026.6	784	2424	718
1993	12765.20	1080.04	2577.4	921.6	3027	855
1994	14379.86	1202.97	3496.2	1221	3956	1087
1995	15892.00	1315.07	4283	1577.7	4874	1434
1996	17417.63	1425.53	4838.9	1926.1	5430	1768
1997	18950.38	1535.30	5160.3	2090.1	5796	1876
1998	20428.51	1638.22	5425.1	2162	6217	1895
1999	22028.74	1749.68	5854	2210.3	6796	1927
2000	23707.30	1866.76	6280	2253.4	7402	2037
2001	25706.13	2008.27	6859.6	2366.4	7761	2156
2002	27839.82	2159.22	7702.8	2475.6	8047	2269
2003	30368.25	2339.59	8472.2	2622.2	8473	2361

续表

年份	国内生产总值（亿元）(B)	人均国内生产总值（元）(B)	城镇居民人均可支配收入(元)(C)	农村家庭人均纯收入(元)(C)	城镇居民人均消费(元)(C)	农村家庭人均消费(元)(C)
2004	33412.78	2558.16	9421.6	2936.4	9105	2625
2005	36782.47	2799.48	10493	3254.9	7943	2555
2006	40942.58	3097.83	11759.5	3587	8697	2829
2007	46132.68	3471.09	13785.8	4140.4	9997	3224
2008	52666.17	3942.04	15780.8	4760.6		
2009	57740.38	4299.75	17174.7	5153.2		
2010	63060.70	4672.64	19109.4	5919.0		
2011	69648.64	5135.93	21809.8	6977.3		

注：其中 B 为1952年价格，C 为当年价格。
资料来源：根据 1978—2012 年各年《中国统计年鉴》《新中国五十年统计资料汇编》(1949—1999) 和《新中国五十五年统计资料汇编》整理得到。

表 7-6　　　　　　　　　　中国城镇居民家庭基本情况

指标	1957年	1964年	1984年	1990年	1995年	2000年	2006年	2010年	2011年
调查户数（户）	5350	3537	12500	35660	35520	42220	56094	65607	65655
平均每户家庭人口（人）	4.37	5.3	4.04	3.50	3.23	3.13	2.95	2.88	2.87
平均每户就业人口（人）	1.33	1.58	2.36	1.98	1.87	1.68	1.53	1.49	1.48
平均每户就业率（%）	30.43	29.81	58.42	56.57	57.89	53.67	51.86	51.74	51.57
平均每一就业者负担人数（包括就业者本人）（人）	3.29	3.4	1.71	1.77	1.73	1.86	1.93	1.93	1.94
平均每人全部年收入（元）	253.6	243.5	660.1	1516.21	4288.09	6295.91	12719	21033.42	23979.20
工资性收入				1149.70	3385.30	4480.50	8767	13707.68	15411.91

续表

指 标	1957年	1964年	1984年	1990年	1995年	2000年	2006年	2010年	2011年
经营净收入				22.50	77.53	246.24	810	1713.51	2209.74
财产性收入				15.60	90.43	128.38	244	520.33	648.97
转移性收入				328.41	734.83	1440.78	2899	5091.90	5708.58
#可支配收入				1510.16	4282.95	6279.98	11759	19109.44	21809.78
平均每人总支出（元）	222	220.7	559.4	1413.94	4102.94	6147.38	8697	18258.38	20365.71
平均每人现金消费支出（元）	222	220.7	559.4	1278.89	3537.57	4998.00	8697	13471.45	15160.89
食品	129.7	130.7	324.2	693.77	1771.99	1971.32	3112	4804.71	5506.33
衣着	26.64	24.24	86.88	170.90	479.20	500.46	902	1444.34	1674.70
居住	17.04	18.96	23.25	60.86	283.76	565.29	904	1332.14	1405.01
家庭设备及用品	16.92	15.6	75.24	108.45	263.36	374.49	498	908.01	1023.17
交通通信	5.28	3.84	8.28	40.51	183.22	426.95	1147	1983.70	2149.69
文教娱乐	8.04	10.32	14.8	112.26	331.01	669.58	1203	1627.64	1851.74
医疗保健	4.08	4.08	3.36	25.67	110.11	318.07	621	871.77	968.98
其他	14.28	12.96	23.39	66.57	114.92	171.83	309	499.15	581.26
平均每人现金消费支出构成（人均现金消费支出=100）									
食品	58.43	59.22	57.96	54.25	50.09	39.44	35.78	35.67	36.32
衣着	12	10.98	15.53	13.36	13.55	10.01	10.37	10.72	11.05
居住	7.68	8.59	4.16	6.98	8.02	11.31	10.4	9.89	9.27
家庭设备及用品	7.62	7.07	13.45	10.14	7.44	7.49	5.73	6.74	6.75
交通通信	2.38	1.74	1.48	1.20	5.18	8.54	13.19	14.73	14.18
文教娱乐	3.62	4.68	2.65	11.12	9.36	13.40	13.83	12.08	12.21
医疗保健	1.84	1.85	0.6	2.01	3.11	6.36	7.14	6.47	6.39
其他	6.43	5.87	4.18	0.94	3.25	3.44	3.56	3.71	3.83

资料来源：《中国统计年鉴》（1985，2007，2012）。

表 7-7　农村居民家庭基本情况

项　目	1957年	1978年	1980年	1983年	1984年	1985年	1990年	1995年	2000年	2005年	2006年	2010年	2011年
调查户数（户）	17378	6095	15914	30427	31375	66642	66960	67340	68116	68190	68190	68190	73630
调查户人口（人）													
常住人口	84270	34985	88090	2E+05	2E+05	341525	321429	301878	286162	277759	276460	269676	287063
平均每户劳动力	2.33	2.27	2.45	2.84	2.87	2.95	2.92	2.88	2.76	2.82	2.83	2.85	2.78
平均每个劳动力负担人口（含本人）	2.08	2.53	2.26	1.91	1.87	1.74	1.64	1.56	1.52	1.44	1.43	1.39	1.40
平均每人年收入（元）													
总收入		133.6	216			547.31	990.38	2337.9	3146.2	4631.2	5025.1	8119.5	9833.1
工资性收入							138.8	353.7	702.3	1174.5	1374.8	2431.1	2963.4
家庭经营收入							815.79	1877.4	2251.3	3164.4	3310	4937.5	5939.8
财产性收入							35.79	40.98	45.04	88.45	100.5	202.2	228.6
转移性收入								65.77	147.59	203.81	239.82	548.7	701.4
现金收入		63.88	113			357.39	676.67	1595.6	2381.6	3915.5	4301.9	7088.8	8638.5
工资性收入							136.43	352.88	700.41	1173.1	1373.8	2427.9	2959.7
家庭经营收入							481.19	1116.7	1498.8	2472.3	2609.4	3955.4	4810.4
财产性收入							59.05	38.19	38.89	71.78	83.8	168.3	185.8
转移性收入								87.76	143.49	198.31	234.96	537.2	682.6
平均每人年支出（元）													

续表

项　目	1957年	1978年	1980年	1983年	1984年	1985年	1990年	1995年	2000年	2005年	2006年	2010年	2011年
总支出			196			485.51	903.47	2138.3	2652.4	4126.9	4485.4	6991.8	8641.6
家庭经营费用支出			24.6			121.39	241.09	621.71	654.27	1189.7	1242.3	1915.6	2431.1
购置生产性固定资产							20.29	62.33	63.9	131.14	139.63	193.3	265.8
税费支出							38.66	88.65	95.52	13.1	10.93	8.6	11.7
生活消费支出	70.86	116.1	162			317.42	584.63	1310.4	1670.1	2555.4	2829	4381.8	5221.1
财产性支出							18.8	55.28	19.74	21.97	20.68	49.2	12.3
转移性支出									148.86	215.63	242.86	443.3	699.8
现金支出			123			389.19	639.06	1545.8	2140.4	3567.3	3931.8	6307.4	7984.9
家庭经营费用支出			14.1			98.93	162.9	454.74	544.49	1052.5	1104.1	1757.6	2269.2
购买生产性固定资产			0.24			16.35	20.46	62.32	63.91	131.14	139.63	193.3	265.8
税费支出			83.8			194.68	33.37	76.96	89.81	12.91	10.86	8.6	11.7
生活消费支出			15.9			57.96	374.74	859.43	1284.7	2134.6	2415.5	3859.3	4733.4
财产性支出							47.59	92.35	9.82	21.97	20.68	49.2	12.3
转移性支出									147.6	214.19	241.05	439.4	692.7

注：其中1978年的总收入用纯收入代替。

资料来源：《中国统计年鉴》（1985，2007，2012）。

表7-8对居民消费分城乡进行了刻画,总体来看,消费水平都有大幅增长,但两两相比较发现,城乡消费差异依然很大并呈不断扩大的趋势(城乡消费水平对比由1952年的2.4变为2011年的3.3)。

表7-8　　　　　　　　　居民消费水平

年份	居民消费水平（元）			城乡消费水平对比（农村居民=1）	居民消费水平指数（上年=100）			居民消费水平指数（1952=100）		
	全国居民	农村居民	城镇居民		全国居民	农村居民	城镇居民	全国居民	农村居民	城镇居民
1952	80	65	154	2.4				100.0	100.0	100.0
1953	91	72	188	2.6	107.5	102.8	115.1	107.5	102.8	115.1
1954	92	73	191	2.6	100.6	101.2	100.7	108.2	104.0	116.0
1955	99	80	198	2.5	106.8	108.7	103.7	115.5	113.0	120.3
1956	104	81	212	2.6	105.0	101.3	107.0	121.3	114.5	128.7
1957	108	82	222	2.7	102.7	102.0	102.4	124.5	116.7	131.8
1958	111	86	212	2.5	101.6	102.5	95.8	126.6	119.6	126.2
1959	104	70	224	3.2	91.7	80.8	100.8	116.0	96.6	127.2
1960	111	73	236	3.2	94.7	95.5	89.4	109.8	92.2	113.8
1961	124	87	248	2.9	93.7	101.3	87.2	102.8	93.5	99.3
1962	126	93	248	2.7	103.7	106.9	102.8	106.6	99.9	102.0
1963	124	94	240	2.6	109.4	107.5	116.3	116.7	107.4	118.7
1964	127	99	253	2.6	105.6	105.8	111.3	123.2	113.7	132.0
1965	133	104	259	2.5	109.8	110.0	109.3	135.2	125.1	144.3
1966	139	111	262	2.4	103.1	104.1	101.6	139.5	130.2	146.5
1967	143	115	268	2.3	103.3	104.2	102.4	144.0	135.7	150.0
1968	139	111	266	2.4	96.8	95.9	99.1	139.4	130.1	148.6
1969	142	113	272	2.4	102.7	103.0	102.9	143.1	134.0	152.9
1970	147	119	281	2.4	104.0	104.8	103.5	148.8	140.5	158.3
1971	150	121	287	2.4	101.3	101.2	102.2	150.8	142.2	161.8
1972	155	121	315	2.6	102.8	99.7	109.4	155.0	141.8	177.1
1973	162	128	325	2.5	104.7	105.4	103.3	162.2	149.5	182.8

续表

年份	居民消费水平（元）			城乡消费水平对比（农村居民=1）	居民消费水平指数（上年=100）			居民消费水平指数（1952=100）		
	全国居民	农村居民	城镇居民		全国居民	农村居民	城镇居民	全国居民	农村居民	城镇居民
1974	163	128	334	2.6	99.9	99.1	102.2	162.7	148.3	186.8
1975	167	130	349	2.7	102.2	101.5	103.9	165.6	150.4	194.0
1976	171	131	365	2.8	102.1	100.7	104.6	169.1	151.5	202.9
1977	175	130	390	3.0	101.3	99.8	103.7	171.4	151.2	210.4
1978	184	138	405	2.9	104.1	104.3	103.3	178.4	157.7	217.3
1979	208	159	425	2.7	106.9	106.5	102.8	190.7	168.0	223.4
1980	238	178	489	2.7	109.0	108.4	107.2	207.9	182.1	239.5
1981	264	201	521	2.6	108.3	109.8	104.0	225.2	199.9	249.1
1982	288	223	536	2.4	106.8	109.1	100.7	240.2	218.1	250.8
1983	316	250	558	2.2	108.1	110.6	102.1	260.0	241.2	256.1
1984	361	287	618	2.2	112.0	112.9	107.9	291.1	272.3	276.3
1985	446	349	765	2.2	113.5	113.3	111.1	330.4	308.5	307.0
1986	497	378	872	2.3	104.7	102.3	106.7	346.0	315.6	327.6
1987	565	421	998	2.4	106.0	104.9	105.6	366.7	331.1	345.9
1988	714	509	1311	2.6	107.8	105.2	109.7	395.3	348.3	379.5
1989	788	549	1466	2.7	99.8	98.3	100.7	394.6	342.4	382.1
1990	833	560	1596	2.9	103.7	99.2	108.5	409.2	339.7	414.6
1991	932	602	1840	3.1	108.6	105.4	110.7	444.3	358.0	459.0
1992	1116	688	2262	3.3	113.5	108.5	116.1	503.2	388.4	532.9
1993	1393	805	2924	3.6	108.4	104.3	110.4	545.7	405.1	588.3
1994	1833	1038	3852	3.7	104.6	103.1	104.4	570.8	417.7	614.2
1995	2355	1313	4931	3.8	107.8	106.8	107.2	615.6	446.1	658.4
1996	2789	1626	5532	3.4	109.4	114.5	103.4	673.2	510.8	680.8
1997	3002	1722	5823	3.4	104.5	103.1	102.2	703.5	526.6	695.8
1998	3159	1730	6109	3.5	105.9	101.2	105.9	745.0	532.9	736.8
1999	3346	1766	6405	3.6	108.3	105.1	107.0	806.8	560.1	788.4

续表

年份	居民消费水平（元）			城乡消费水平对比（农村居民=1）	居民消费水平指数（上年=100）			居民消费水平指数（1952=100）		
	全国居民	农村居民	城镇居民		全国居民	农村居民	城镇居民	全国居民	农村居民	城镇居民
2000	3632	1860	6850	3.7	108.6	104.5	107.8	876.2	585.3	849.9
2001	3887	1969	7161	3.6	106.1	104.5	103.9	521.2	388.0	406.3
2002	4144	2062	7486	3.6	107.0	105.2	104.9	557.6	408.1	426.2
2003	4475	2103	8060	3.8	107.1	100.3	107.0	596.9	409.5	456.1
2004	5032	2319	8912	3.8	108.1	104.2	106.9	645.3	426.7	487.7
2005	5596	2657	9593	3.6	108.2	110.8	105.0	698.2	472.8	511.8
2006	6299	2950	10618	3.6	109.8	108.2	108.0	766.4	511.6	552.7
2007	7310	3347	12130	3.6	110.9	106.9	109.7	849.9	546.8	606.2
2008	8430	3901	13653	3.5	109.0	108.5	106.9	926.4	593.5	647.9
2009	9283	4163	14904	3.6	110.3	107.7	109.1	1022.0	639.3	706.5
2010	10522	4700	16546	3.5	108.2	108.0	105.9	1106.1	690.3	748.3
2011	12272	5633	18750	3.3	109.5	111.7	106.6	1211.1	771.3	797.8

注：(1) 城乡消费水平对比，没有剔除城乡价格不可比的因素；(2) 居民消费水平指按常住人口平均计算的居民消费支出。

资料来源：1978—2011 年数据来自《中国统计年鉴》(2012)，1952—1977 年数据来自《新中国五十年统计资料汇编》(1949—1999)。

二 人类发展指数提高

人类发展指数（HDI）是衡量和比较不同国家或地区间的人文发展程度，主要由长寿、知识和体面的生活水平三个基本要素（指标）组成的。HDI 作为衡量发展的重要指标体系，其构成包括三个分指标值的等权平均数，即期望生命指标、教育指标和 GDP 指标。这三个分指标的计算建立在四个数字的基础上，即出生时的生命预期数、成年人的识字水平、综合入学率和用美元表述的人均真实 GDP 的购买力。

随着中国经济发展，中国出生时预期寿命由 1991 年的 68.15 年增加到 2003 年的 71.6 年，成人识字率由 1991 年的 0.7281 增加到 2003 年的 0.909，人均 GDP 由 1991 年的 356 美元增加到 2003 年的 1274 美元，中国人类发展指数（HDI）由 1991 年的 0.599 增加到 2003 年的 0.755，具体情况见表 7 – 9。这表明中国在经济增长的同时，更加关注人们的全面发展。

表 7 – 9　　　　　　　　　中国人类发展指数

年份	出生时预期寿命（年）	成人识字率	人均 GDP（美元）	中国 HDI
1991	68.15	0.7281	356	0.599
1992	68.15	0.737	419	0.615
1993	68.68	0.7522	520	0.636
1994	68.94	0.7674	469	0.66
1995	69.47	0.7977	604	0.683
1996	68.15	0.7281	703	0.695
1997	69.8	0.829	774	0.701
1998	70.1	0.828	821	0.706
1999	70.2	0.835	865	0.718
2000	70.5	0.841	949	0.726
2001	70.6	0.858	1042	0.721
2002	70.9	0.909	1135	0.745
2003	71.6	0.909	1274	0.755

注：1997—2003 年出生时预期寿命和成人识字率来自 1999—2005 年《人类发展报告》，1991—1996 年出生时预期寿命和成人识字率是由戴珊珊[1]计算所得。人均 GDP 来自《2005 年中国统计摘要》。中国人类发展指数是由戴珊珊根据《中国统计年鉴》和联合国《人类发展报告》计算所得。

中国人类发展指数在世界各国中的排名从 1991 年的第 101 位上升到 2005 年的第 81 位，上升了 20 位，成为这一时期位次上攀升最快的国家之一。与同等经济发展水平的其他国家相比，中国人类发展的程度属于较高的水平。据世界银行资料，2006 年，中国人均国民总收入为 2010 美

---

[1] 戴珊珊：《中国政府支出对人类发展指数影响研究——基于人口发展角度的一项研究》，硕士学位论文，西南财经大学，2007 年。

元，在世界排名第 129 位，仍属下中等收入国家。但根据联合国开发计划署《人类发展报告》（2007—2008），在全球 177 个国家和地区中，中国的人类发展指数排名第 81 位，属于中等人类发展水平的国家，略高于世界人类发展指数的平均水平（见图 7-3）。

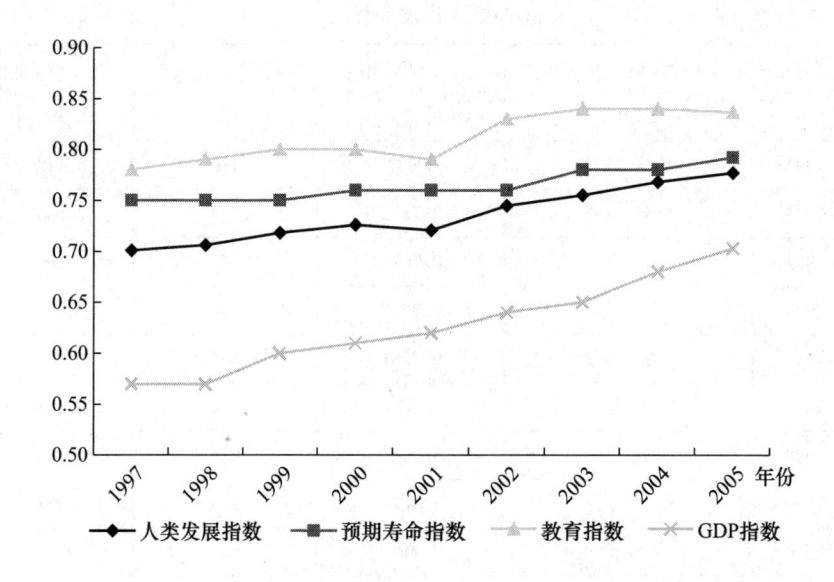

图 7-3　近年来中国人类发展指数及其分项指数变动情况

《人类发展报告》（2005）报告指出，1990—2003 年，中国人均 GDP（按美元购买力平价）增长 196%，而反映健康状况的出生时预期寿命指标仅增长 6%，反映教育状况的成人识字率和综合小学、中学及大学入学率分别仅增长 16% 和 29%。

根据联合国开发计划署（UNDP）提供的可比数据，2001 年，中国 15 岁及以上成人识字率和 15—24 岁青年识字率分别为 85.8% 和 97.9%，而发展中国家的平均水平分别为 74.5% 和 84.8%，中等收入国家的平均水平则分别为 86.6% 和 95.4%，中国的成人识字率和青年识字率比发展中国家的平均水平分别高出 11.3 个和 13.1 个百分点，与中等收入国家的平均水平相当。从综合反映居民受教育水平的教育指数（用成人识字率和小学、中学、大学综合入学率加权计算）看，中国的这一指标从 1997 年的 0.78 上升到 2005 年的 0.837，明显高于 2005 年发展中国家和世界的平均水平（两者分别为 0.725 和 0.750）。

三 医疗卫生条件大为改善

新中国成立以来,中国医疗卫生改革发展主要表现在以下几个方面:

第一,健康水平不断提高。人口的平均预期寿命提高到 2005 年的 71.8 岁,明显高于发展中国家和世界的平均水平(两者分别为 66.1 岁和 68.1 岁),也超过中等收入国家的平均水平(70.9 岁)。2005 年,中国人口的预期寿命指数为 0.792,高于发展中国家和世界的平均值(分别为 0.685 和 0.718),也高于中等收入国家的平均值(0.764)。

从国际比较看,2005 年中国的婴儿死亡率为 25.5‰,大大低于发展中国家和世界的平均水平(两者分别为 57‰和 52‰),甚至低于中等收入国家的平均水平(28‰)。5 岁以下儿童死亡率由 1990 年的 61‰下降到 2007 年的 18.1‰。从可进行国际比较的 2005 年的情况看,中国 5 岁以下儿童死亡率为 27‰,不仅大大低于发展中国家和世界的平均水平(两者分别为 83‰和 76‰),也低于中等收入国家的平均水平(35‰)。孕产妇死亡率由 1990 年的 10 万分之 88.9 下降到 2007 年的 10 万分之 36.6,远低于 2004 年发展中国家的平均水平(10 万分之 440)。这三大指标的变化和国际比较见表 7-10。

表 7-10　　　　　　　　中国医疗卫生发展的国际比较

国家	中国	美国	印度	尼日利亚
人均期望寿命(岁)[a]	71.8	77	61	49
婴儿死亡率(‰)[a]	25.5	7	30	112
孕产妇死亡率(1/10 万)	50.2	8	410	700
各类医疗机构平均每千人床位数[b](张)	3.1	3.6	0.8	1.7
平均每千人执业医生数[b](人)	1.5	2.7	0.4	0.2

注:带有上标 a 的是 2005 年数据,而带有上标 b 的是 2004 年数据。

第二,基本建立起遍及城乡的医疗卫生服务体系。中国医疗卫生机构、卫生机构人员及床位数较 1949 年都有持续而平稳的增长,具体变化见表 7-11。1949—2011 年,医疗卫生机构数等指标的数量基本保持稳定,医疗卫生人员数和医疗卫生床位数不断增加。

表7-11 中国医疗卫生发展状况

年份	妇幼保健院（所、站）	专科防治院（所、站）	疾病防控中心（防疫站）	卫生技术人员	其中医生	每千人口医生数（人）	妇幼保健院（所、站）（万张）	专科防治院（所、站）（万张）	每千人口医院、卫生院床位数（张）
1949	9	11		50.5	36.3	0.67			0.15
1950	426	30	61	55.5	38		0.3		
1951	1185	89	68	60.6	39.7				
1952	2379	188	147	69	42.5	0.74			0.28
1953	4046	255	313	77.8	44.9				
1954	3939	265	328	85.4	47.6				
1955	3944	287	315	87.4	50	0.81	0.6		
1956	4564	637	1464	98.8	52.5				
1957	4599	626	1626	103.9	54.7	0.85			0.46
1958	4315	667	1577	132.9	54.4				
1959	3559	671	1686	139	59.4				
1960	4213	683	1866	150.5	59.6	1.04	0.9	1.7	
1961	2911	735	2125	149.2	65.2				
1962	2636	678	2308	414.4	68.8	1.02			1.03
1963	2863	692	2382	145.3	721				
1964	2966	803	2530	147.9	73.9				
1965	2910	822	2499	153.2	76.3	1.05	0.9		1.06
1966	2684	793	2513	148.4	70.7				
1967	2331	775	2496	150.7	71				
1968	1536	635	1871	149.1	70.1				
1969	1058	600	1480	147.1	69.7				
1970	1124	607	1714	145.3	70.2	0.85	0.7		1.33
1971	1005	659	2245	155.1	71.2				
1972	1005	613	2558	170.8	73.9				

续表

年份	医疗卫生机构数（个） 妇幼保健院（所、站）	专科防治院（所、站）	疾病防控中心（防疫站）	医疗卫生人员数（万人） 卫生技术人员	其中医生	每千人口医生数（人）	医疗卫生床位数（万张） 妇幼保健院（所、站）（万张）	专科防治院（所、站）（万张）	每千人口医院、卫生院床位数（张）
1973	1446	601	2702	182.2	78.1				
1974	1745	626	2778	193.2	83.1				
1975	2128	683	2912	205.7	87.8	0.95	1	2.9	1.73
1976	2239	737	2973	220.6	93				
1977	2353	795	2990	234.1	97.8				
1978	2571	887	2989	246.4	103.3	1.08	1.2	2.6	1.93
1979	2559	1066	3047	264.2	108.8	1.12			1.99
1980	2745	1138	3105	279.8	115.3	1.17	1.6	2.7	2.02
1981	2789	1197	3202	301.1	124.4	1.25	2	2.7	2.02
1982	2827	1272	3271	314.3	130.7	1.29	2.3	2.7	2.02
1983	2851	1326	3274	325.3	135.5	1.33	2.8	2.9	2.05
1984	2955	1458	3339	334.4	138.1	1.33	3.2	3	2.08
1985	2996	1566	3410	341.1	141.3	1.36	3.5	3	2.14
1986	3059	1635	3475	350.7	144.4	1.37	3.7	3.1	2.14
1987	3082	1697	3512	360.9	148.2	1.39	4	3.1	2.2
1988	3103	1727	3532	372.4	161.7	1.49	4.4	3	2.25
1989	3112	1747	3591	380.9	171.1	1.56	4.5	3.1	2.28
1990	3148	1781	3618	389.8	176.3	1.56	4.7	3.1	2.32
1991	3187	1818	3652	398.5	178	1.56	4.8	3.2	2.32
1992	3187	1845	3673	407.4	180.8	1.57	5	3.2	3.34
1993	3115	1872	3609	411.7	183.2	1.58	4.5	3	2.36
1994	3190	1905	3611	419.9	188.2	1.6	4.8	3	2.36
1995	3179	1895	3629	425.7	191.8	1.62	5.1	3.1	2.39
1996	3172	1887	3635	431.2	194.1	1.62	5.6	2.8	2.34

续表

年份	医疗卫生机构数（个）			医疗卫生人员数（万人）			医疗卫生床位数（万张）		
	妇幼保健院（所、站）	专科防治院（所、站）	疾病防控中心（防疫站）	卫生技术人员	其中医生	每千人口医生数（人）	妇幼保健院（所、站）（万张）	专科防治院（所、站）（万张）	每千人口医院、卫生院床位数（张）
1997	3180	1893	3619	439.8	198.5	1.65	6	3.1	2.35
1998	3191	1889	3613	442.4	200	1.65	6.3	2.9	2.4
1999	3180	1877	3627	445.9	204.5	1.67	6.6	2.9	2.39
2000	3163	1839	3741	449.1	207.6	1.68	7.1	2.8	2.38
2001	3132	1783	3813	450.8	210	1.69	7.4	2.7	2.39
2002	3067	1839	3580	427.0	184.4	1.47	7.98	3.18	2.32
2003	3033	1749	3584	438.1	194.2	1.54	8.09	3.38	2.34
2004	2997	1581	3586	448.6	199.9	1.57	8.70	3.12	2.4
2005	3021	1502	3585	456.4	204.2	1.60	9.41	3.34	2.45
2006	3003	1402	3548	472.8	209.9	1.63	9.93	2.80	2.53
2007	3051	1365	3585	491.3	212.3	1.62	10.62	2.59	2.83
2008	3011	1310	3534	517.4	220.2	1.67	11.73	2.64	3.06
2009	3020	1291	3536	553.5	232.9	1.75	12.61	2.71	3.31
2010	3025	1274	3513	587.6	241.3	1.79	13.44	2.93	3.56
2011	3036	1294	3484	620.3	246.6	1.82	14.59	3.14	3.81

注：1949—2004 年由国家统计局国民经济统计司编：《新中国五十五年统计资料汇编》，中国统计出版社 2005 年版；2005—2011 年根据《中国统计年鉴》（2006—2012）整理所得。

第三，初步建立了城镇职工医疗保险制度，开展了新型农村合作医疗制度试点。目前，中国基本建立了基本医疗保险、补充医疗保险、公费医疗保险和商业医疗保险等多种形式的城镇职工医疗保障体系。2005年，城镇职工参加基本医疗保险的约有 1.3 亿人，享受公费医疗的职工约有 5000 万人。从 2003 年开始，在全国 31 个省、自治区、直辖市的部分县，开展了由中央财政、地方财政和农民自愿参加筹资、以大病补助为主的新型农村合作医疗试点。

截至2007年年底,全国开展新型农村合作医疗的县(市、区)达到2451个,占全国县(市、区)总数的86%,参加新型农村合作医疗的农民人数达到7.3亿,参加新型农村合作医疗率为86.2%。在城市,除继续扩大城镇职工基本医疗保险制度(2007年年底参保人数达1.8亿,比2002年增加近1倍)外,还从2007年开始在全国88个城市启动了城镇居民基本医疗保险制度的试点工作,主要解决城镇非从业人员,特别是中小学生、少年儿童、老年人、残疾人等群体就医问题,2007年年底参保人数为4068万。

第三节 中国经济的未来

为了探索中国长期经济增长规律,中国社会科学院经济研究所"中国经济增长与宏观稳定"课题组近年来对经济发展的事实和理论进行了梳理。在总结发达国家、发展中国家及若干新兴经济体经济发展史并进行理论分析的基础上,课题组提出了一个贫困落后国家经济赶超中产出增长的变动规律,其结果如图7-4所示。图中纵轴为人均GDP,横轴为时间,中间的曲线为产出线,大致呈S形。我们认为,一国从贫困走向富裕的路径有规律存在[为了本书各章分析的需要,我们在图7-4中将S形增长曲线又细分为马尔萨斯均衡(贫困陷阱)、工业革命理论(或经济赶超)、卡尔多典型事实下的经济增长理论(新古典理论)、新经济分叉(新增长理论)等若干与相关理论对应的阶段;同时,针对有些国家经济赶超失败的事实,给出了一个中等收入陷阱阶段]。

第一,对一经济体来说,经济从贫困走向富裕过程并非伴随着人均资本存量的增加而使人均产量呈递减的增长趋势,而是可将人均产量增长分为明显的两个阶段。在人均资本存量处于较低水平的增长阶段,图形凸向原点,这表明在经济增长的该阶段中,随着人均资本的增加,人均产值也呈加速增长趋势,具有规模收益递增的特征,这时的经济增长是超越常规的快速成长期(俗称经济起飞阶段)。这一阶段发生在人均资本存量较少、大量人力资本有待开发且经济已进入快速资本积累的时期。出现该结果的原因是:虽然从每个劳动者个体看,遵从产出随着资本存量

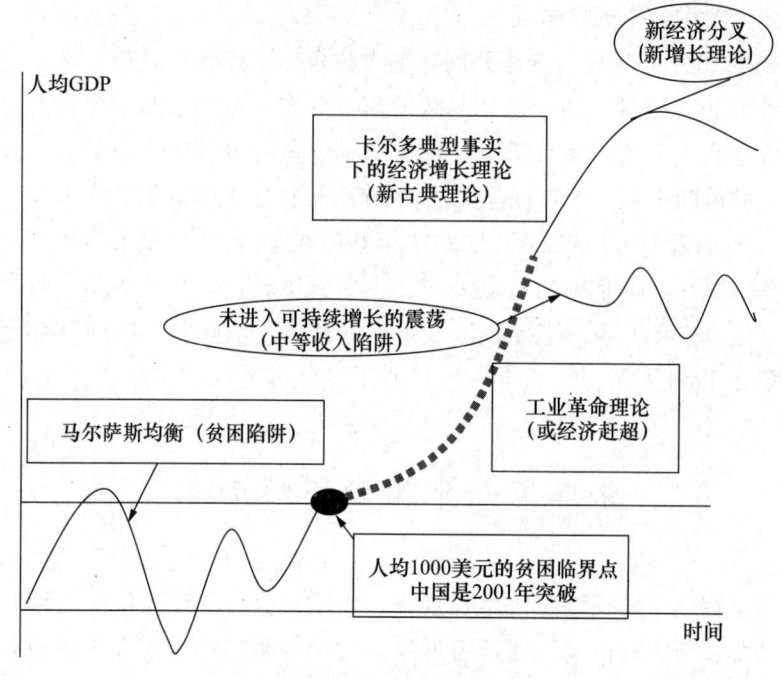

图 7-4　经济成长的路径

注：张平绘制。

增加而递减的基本经济规律，但从一经济体的总体看，过去没有资本的潜在劳动力不断进入真正的劳动过程，导致资本存量增加与产出同步增长的结果，将这一结果平均到每个劳动者则得到人均产出随资本存量增加而递增的结论。

第二，一经济体的加速经济增长并不是永远持续的，而是有一时间限度，即当人均资本存量达到某一水平时，在该处存在一拐点（也就是增长速度的极大值）。一经济体高速增长到该点后，随着人均资本存量的进一步增加，人均产出将在越过该点后呈递减的增长趋势（遵循新古典增长的足迹）。为什么会出现这种转折，经济学解释是标准化的，因为尚未利用的人力资源基本开发完后，则每个劳动者都遵从个人产出的增长速度随资本存量增加而降低的规律，自然人均产量增长也遵循这一趋势变化。由此可见，一经济体的快速发展时期在整个经济增长时期中必然是非常短暂的，这一过程的持续时间长短决定于待开发劳动力资源的多少及开发的速度，一般情况下，早期劳动力闲置多，该经济体会维持一相对较长的加速经济增长过程。

第三，S形增长曲线的另一重要特征是增长不是无限可持续的，而是会达到极限状态，而且也存在经济起飞前期的经济停滞期。我们来看起飞前的可能波动：这时，经济的内在增长机制并未形成，人均资本存量可能会增加，但因为制度性障碍等因素的制约，经济增长表现为投资和各种内耗的相互作用（两者对增长的作用力此消彼长），导致经济在低水平循环，且这种起飞前的增长波动会反复出现（可能维持的时期会非常长）。这种状况只有在人均资本存量出现稳定的持续增长而经济损耗与资本存量增加比相对力度较小时才可能出现。此外，如果有某项经济创新的输入，如产业革命、新制度的出现或外部需求的变化等，也会导致经济增长路径变化，有可能使一经济体走向起飞的过程。所以，在经济增长没有进入起飞轨道前，给人均资本存量的增加创造条件比资本存量增长本身更重要，其中，制度变革和政府推动必然成为重要因素，只有这样，才能形成资本的稳定增长路径，使经济走出波动无序的怪圈。即使在一经济体进入加速增长轨道后，进一步的制度变革仍然重要，因为提高投资效率、城市化的推进和扩大出口等都与体制和政策相关，如果这些因素不适合增长的需要，必然使经济体的增长潜力发挥不出来，严重者会扭曲增长路径，导致增长的夭折。

中国改革开放以来的持续高增长基本上应验了上述规律。为了保证生产要素的有效供给，使资本得以快速积累，同时消除传统计划体制下政府过度集中和使用资源的弊端，中国改革开放以来采取的战略是对相对价格体系的逐步调整。也就是先适当放开部分最终产品价格，形成局部较高收益的市场，吸引各类资源投入来扩大供给，同时以低劳动力成本、低土地价格以及实际低税收来降低成本，为企业创造竞争力。这种通过相对价格体系的逐步调整来促进资本积累的策略，使产业资本收益较高，经济增长潜力得到有效释放，而且在不同时期能形成具有带动力的优势经济，如改革初期价格双轨制促进农村乡镇企业兴起、东部地带对外开放形成的高增长、住房市场化后城市化的快速推进等。以上策略的特点是集中了中国的优势资源，从工业化入手，使资本积累快速增长；同时，保证了经济改革和经济发展进程的有序性，使经济增长相对平稳。

2008年，中国人均GDP接近3000美元，已进入中等收入国家发展的中等区间。在这一区间，中国经济有着继续大发展的机遇，同时也是转型的关键时期。从国际经验看,"使各经济体赖以从低收入经济体成长为中等收入经济体的战略,对于它们向高收入经济体攀升是不能够重复使用的",被原有的增长机制锁定则难以突破"中等收入陷阱",一国很容易进入中等收入阶段的停滞徘徊期(世界银行,2006)。过去的60年,中国政府干预的"低价工业化"的增长机制动员了中国巨大的劳动力资源,形成了政府、企业相互促进的一条特殊发展道路,将中国的比较优势极大地发挥出来,激励了中国工业化的大发展。然而,这一增长机制随着城市化和国际化加速,逐步受到强烈的挑战。要素价格重估、成本正常化、社会保障体制建立的加快,这些使得低价工业化机制不可持续的特性凸显出来。政府目标从"快"的规模扩张转到了自主创新和公共福利体系建立上,可持续发展成为城市化和国际化的必然选择。

　　拉美国家在20世纪70年代末就进入中等收入阶段,大体与中国现在的人均GDP水平相同,但始终徘徊在这一期间,直到现在已过去了近30年还都稳定在中等收入的水平上,没有突破。东亚经济体特别是"四小龙"经过亚洲金融危机后突破了中等收入陷阱进入了高收入国家行列,它们的政治经济体系的很多转型与外部冲击有关,但它们是相对小的经济体,完全可以走纯粹的出口导向之路,它们的进出口依赖度都超过了100%,有的高达200%,这都是一个大的经济体所难以模仿和实现的,对于中国这样的大国而言,几乎没有现成可遵循的道路。从本质上看,不管是"中等收入陷阱",还是新的发展战略,其核心问题还是如何以可持续的方式保持较高速度的增长。中国政府已经确立了"科学发展观""可持续"的战略方向,但转型难度非常大,转型的核心是机制,必须有效激励政府、企业的转型,才能实现战略转变,而这种转变对大国而言是内生的,仅仅靠外部冲击是难以实现的。

　　中国过去几十年的经济增长机制可归纳为:

　　(1)政府和企业目标函数的高度一致性,即规模性的快速扩张。政府认为,加快经济发展才能解决就业,社会福利才能提高,发展是硬道理。很多地方政府官员直接兼任地区开发公司的董事长,即使不兼任,实际工作也是发展经济,政府和企业在经济规模扩张上目标是一致的。

　　(2)生产要素投入上有着很强的政府干预。政府压低生产要素投入价格,激励企业加速完成原始积累,即政府在土地、劳动力、投资品方面人为地压低价格投入。环境、自然资源和劳动力社会保险等成本约束低，或者根本就没有；在金融资源方面，尽力动员、创造和低价供给（经常以坏账的方式补贴），这激励了规模化发展，但对于创新和优化资源配置则产生了很大的消极影响；中间投入品方面尽可能地压低价格，如能源、水等长期低于国际均衡价格，干预下的投入要素价格产生扭曲，极大地激励了企业高能耗、高污染的积累发展和低成本；在技术进步上走的是"干中学"的演变路径，模仿—规模化的低成本竞争是微观扩张的主要路径，规模收益随着中国技术水平的提高正在迅速递减。

（3）经济管理中的歧视性原则长期存在，如户籍管理制度、沿海开放地区优先发展政策、国有非国有政策支持上的差异、大企业垄断等问题都是非平衡赶超的经济管理政策体现。

中国作为大国有着广阔的发展空间，经济增长仍处在规模收益递增阶段，但近年来的外部冲击已经直指资源扭曲下的粗放式增长方式，必须加快转变增长机制。新的增长机制必须从政府目标转型开始，消除扭曲、歧视和过多占用资源等行为，政府激励企业创新，形成一个可持续的经济增长机制。

中国经济高增长已经持续了30多年，期待未来10—20年平均经济增长率继续维持过去30多年的速度是不现实的。因为随着改革向纵深推进，改革的边际收益可能会递减；人口红利的逐步消失及人口老龄化因素；资源环境压力以及贯彻落实科学发展观与"好字优先"等，所有这些，都会使未来潜在增长率有所下降而不是上升。尽管如此，一方面，中国最终消费占GDP的比重只有50%，而发达国家一般达到80%；中国服务业占GDP的比重仅40%，而发达国家一般在70%以上。中国最终消费占GDP的比重和服务业占GDP的比重都与发达国家相差约30个百分点，中国经济发展的空间巨大，前景广阔。另一方面，中国的人均GDP还只有3000美元，中国还有3亿多剩余劳动力要转移，中国还处在工业化、城镇化的加速期，中国的市场体制以及方方面面的改革还在不断地向前推进，等等，所有这些，都决定了中国的经济增长还有非常大的空间，在未来10—20年，中国还将会保持较高的潜在增长率。

参考文献

[1] 董辅礽：《社会主义再生产和国民收入问题》，生活·读书·新知三

联书店 1980 年版。

[2] 林毅夫、蔡昉、李周:《中国的奇迹:发展战略与经济改革》,上海三联书店 1994 年版。

[3] 刘国光:《社会主义再生产问题》,生活·读书·新知三联书店 1980 年版。

[4] 刘霞辉:《论中国经济的长期增长》,《经济研究》2003 年第 5 期。

[5] 刘霞辉:《从马尔萨斯到索罗:工业革命理论》,《经济研究》2006 年第 11 期。

[6] 刘霞辉、张平、张晓晶:《改革年代的经济增长与结构变迁》,格致出版社 2009 年版。

[7] 麦迪森:《世界经济二百年回顾》,改革出版社 1996 年版。

[8] 索罗:《增长理论》,中国财政经济出版社 2003 年版。

[9] 世界银行:《东亚奇迹》,中国财政经济出版社 2003 年版。

[10] 世界银行:《东亚奇迹的反思》,中国人民大学出版社 2003 年版。

[11] 世界银行:《东亚的复苏与超越》,中国人民大学出版社 2004 年版。

[12] 世界银行:《东亚创新 未来增长》,中国财政经济出版社 2004 年版。

[13] 张平、张晓晶:《经济增长、结构调整的累积效应与资本形成》,《经济研究》2003 年第 8 期。

[14] 汪红驹、刘霞辉:《高投资、宏观成本与经济增长的持续性》,《经济研究》2005 年第 10 期。

[15] 张晓晶、张平:《开放中的经济增长与政策选择》,《经济研究》2004 年第 4 期。

[16] 张平、刘霞辉:《干中学、低成本竞争机制和增长路径转变》,《经济研究》2006 年第 4 期。

[17] 张晓晶、常欣、汪红驹:《增长失衡与政府责任:社会性支出角度的分析》,《经济研究》2006 年第 10 期。

[18] 袁富华等:《劳动力供给效应与增长路径的转换》,《经济研究》2007 年第 8 期。

[19] 张晓晶、汪红驹:《外部冲击与中国的通货膨胀》,《经济研究》2008 年第 5 期。

第八章 折旧率、资本存量和弹性参数的估计

摘要： 资本存量是宏观经济的重要经济变量，但它是不可观察的，而测算资本存量涉及资本存量和固定资本折旧率。本章使用计量法估计初始期1978年我国的资本存量，现有文献中多数人都假定折旧率为常数，这并不符合持续的技术进步，如假定折旧率不为常数，则更适合经济现实，但对固定资本折旧率估计带来了一些技术上的困难。本章利用生产函数方法，采用极大似然方法估计可变的折旧率，为了检验模型极大似然估计，我们使用蒙特卡洛法检验参数估计的可靠性。本章用估计的初始资本存量和固定资本折旧率，计算我国资本存量，并与现有文献中估计的资本存量进行比较，结果发现，本章估计的资本存量处于现有文献计算的资本存量之间。

第一节 文献综述

资本存量是宏观经济的重要经济变量，如估计总量生产函数、测算全要素生产率（TFP）、测算潜在增长率、分析周期波动等均须借助资本存量。近期关于资本收益率的测算和探讨，更是与资本存量有关。我国国家统计局没有给出官方资本存量的数据，这使宏观经济分析的研究者，要么沿用别人的估算结果，如黄赜琳（2005）沿用张军和章元（2003）的研究成果，胡永刚和刘方（2007）沿用邹至庄和 Li（2002）的研究成果；要么自行估算，如白重恩等（2006）。现有文献采用不同的假设和处理方法，我国资本存量的估算产生了许多差异较大的版本，而估算资本存量产生差异的主要原因在于初始资本存量和固定资本折旧率的确定，尤其是资本折旧率的确定。

估算资本存量的大多数文献采用如下简化的永续盘存法：

$$K_t = I_t/p_t + (1-\delta)K_{t-1} \tag{8-1}$$

其中，K_t 表示 t 期以基年不变价格计算的实际资本存量，I_t 表示当期价格计算的投资量，p_t 表示 t 期的定基价格指数，δ 表示固定资本折旧率。基于式（8-1）估算的资本存量包括初始资本存量 K_0、历年投资量 I_t、资本价格指数 p_t 和固定资本折旧率 δ 四个量。对比分析了估算我国资本存量方法，李宾（2011）认为，固定资本折旧率的设定对资本存量估算结果影响最大，而初始资本存量的影响很小，价格指数基本上可达成共识，固定资本形成总额与全社会固定资产投资的表现很相近，前者稍优。由此可知，测算我国资本存量的关键在于初始资本存量和资本折旧率的确定，尤其是资本折旧率的确定。

一 有关初始资本存量的文献

多数文献将1952年选定为初始资本存量期，而将1978年作为初始期的并不多。为数不多的文献将1978年作为初始期的资本存量 K_0 存在着较大的差异（见表8-1），文献中对初始资本存量 K_0 的选择差异使得1978年的资本产出比分布在 1.0526（郭庆旺、贾俊雪，2004）—3.8714（李治国、唐国兴，2003）的区间上。

表8-1　学者对1978年初始资本存量的测算及资本—产出比

学者	1978年基期资本存量（亿元，1978年价）	资本产出比
李治国、唐国兴（2003）	14112	3.8714
孙琳琳、任若恩（2005）	5800	1.5911
郭庆旺、贾俊雪（2004）	3837	1.0526

注：以1978年我国GDP为3645.2亿元（1978年价）计算的资本产出比。

李治国和唐国兴（2003）直接采用邹至庄（Chow，1993）仔细核算过的1978年年末的初始资本值14112亿元（1978年价格）。孙琳琳和任若恩（2005）参考了黄勇峰和任若恩（2002）的研究方法，根据 Yeh（1972）、Maddison（1995）、Albert Feuer Werker（1977）、Kuung（1972）对我国早期投资和GDP的估计推算出我国早期的投资流，并利用 PIM 推算出1952年基期资本存量，其基期建筑存量为5132.1亿元，设备存量为

1827.251 亿元，合计为 6959.351 亿元（1980 年价格）。根据他们的方法，孙琳琳、任若恩（2005）利用已知的数据，推算出其 1978 年的资本存量是 5800 亿元左右，这与黄勇峰、任若恩的结果基本相似。以 1978 年为基期，郭庆旺、贾俊雪（2004）利用《中国固定资产投资统计年鉴》（1950—1995）得到了 1978 年年底的全民所有制工业企业固定资产净值为 2225.7 亿元，又由当年的全民所有制工业企业产值占 GDP 的 58%，大致可以推算出 1978 年的我国固定资产净值为 3837 亿元（1978 年价）。

由上可知，尽管各位学者给出了 1978 年初始资本存量，但他们的初始资本存量差异较大，同时他们推算的初始资本存量依据并不充分，缺少科学推导。

二　有关折旧率的文献

现有文献有如下三种方法设定我国固定资本折旧率：第一种采用国外文献中的常见取值 5%，有些文献甚至将固定资本折旧率设定为 3%；第二种是利用残值率计算我国固定资本折旧率，其值大约为 10%；第三种是采用国民收入关系式推算折旧，或将各省（市、自治区）折旧相加得出全国折旧，利用这两种方法可得到折旧序列。由投资量、折旧额和固定资本价格指数可计算得到我国固定资本折旧率。总的来看，现有文献中，我国折旧率取值在 5% 到超过 10% 的相对广泛的区间内。

现有文献中多数将固定资本折旧率设定为 5% 左右。如 Hu 和 Khan（1997）假定我国固定资本折旧率为 3.6%。Hall 和 Jones（1999）在研究 127 个国家资本存量时采用的折旧率为 6%。王小鲁和樊纲（2000）假设固定的资本折旧率为 5%。Wang 和 Yao（2001）假定折旧率为 5%。张军（2002）在贺菊煌（1992）的基础上对资本存量序列进行延伸，他认为，设定固定资产的平均使用年限并测算每年资本报废的价值是非常复杂的，因而忽略了折旧。卜永祥和靳炎（2002）假定我国固定资产的平均使用年限为 20 年，测算我国固定资产的折旧率为 5%。宋海岩等（2003）在官方公布的名义折旧率 3.6% 的基础上加上经济增长率作为实际折旧率。他们认为，资本的物理折旧程度与经济增长率成正比。Young（2003）在研究中国非农资本存量时假定折旧率为 6%。郭庆旺和贾俊雪（2004）根据《中国统计年鉴》上国有企业 1978—1992 年的固定资产折旧率，大部分年份的折旧率为 5% 左右，所以，他们选择了王小鲁和樊纲假定的固定资产折旧率为 5%。

而有些文献则将我国固定资本设定为 10% 左右。如刘明兴（2002）假定我国的固定资本折旧率为 10%。根据现有的资料很难推算出各省（市、自治区）的折旧率，刘明兴（2002）将各省（市、自治区）的折旧率统一取为 10.96%。王益煊和吴优（2003）将固定资本折旧率进行分类，它们变化的区间为 0.8%—12%。张军（2004）计算我国固定资本存量时将折旧率设定为 9.6%。白重恩等（2006）假定建筑业的固定资本折旧率为 8%，而设备的固定资本折旧率为 24%。孙文凯等（2010）采用了白重恩等（2006）的建筑业的固定资本折旧率为 8%，设备的固定资本折旧率为 24%。单豪杰（2008）的固定资本折旧率为 10.96%。

资本品的相对效率按如下几何递减模式：

$$d_\tau = (1-\delta)^\tau, \tau = 0, 1, \cdots \qquad (8-2)$$

其中，d_τ 表示 τ 时资本品的相对效率，即旧资本品相对于新资本品的边际生产效率，δ 表示重置率或折旧率，在这个模式下，折旧率与重置率相等且为常数。参考黄勇峰等（2002）的研究，张军等（2004）采用我国法定残值率代替资本品的相对效率 d_τ，他们认为，相对效率 d_τ 为 4%。由于全社会固定资产投资可以分为建筑安装工程、设备工器具和其他费用三个部分，而这三类资产存在明显的寿命差异，所以，他们分别就它们各自的寿命期计算折旧率然后加权平均。张军等（2004）估计我国各个省（市、自治区）全部的资本品，他们假定各省（市、自治区）全部建筑和设备的平均寿命期分别是 45 年和 20 年，其他类型的投资假定为 25 年，从而三者的折旧率分别是 6.9%、14.9% 和 12.1%。关于三类资本品在总固定资产中的比重，张军等（2004）计算了 1952—2000 年各年三类资本品比重，它们分别为：建筑安装工程 63%，设备工器具购置 29%，其他费用 8%。基于这个权重，在相对效率呈几何递减的模式下，张军等（2004）计算得到了各省（市、自治区）固定资本形成总额的经济折旧率为 9.6%。

参考黄勇峰（2002）和张军（2004）的研究，采用我国法定残值率来代替资本品的相对效率，雷辉（2009）假定其值为 4%，我国建筑的平均寿命期为 42 年，设备的寿命期为 20 年，其他类型的投资假定为 25 年。由式（8-2）可得到我国建筑投资、设备投资和其他类型的投资的折旧率分别为 7.38%、14.9% 和 12.1%。而 1952—2007 年这三类投资占全社会固定资产总投资比重的平均数分别为：建筑安装工程 65%、设备工器具购置25%和其他费用10%。因此，雷辉（2009）得到我国固定资产投资的年平均折旧率为：7.38%×0.65+14.9%×0.25+12.1%×0.10=9.732%。这个结果与张军等（2004）的估算结果9.6%非常相近。

残值率 s 与折旧率 δ 之间存在着如下关系：

$$s=(1-\delta)^T \qquad (8-3)$$

其中，T 表示固定资本的使用寿命期。黄勇峰等（2002）参考李京文等（1993）利用残值率和寿命期来估计相对效率的方法，对相对效率进行大致的估计。我国法定残值率为3%—5%，黄勇峰等（2002）假定我国制造业的建筑和设备的寿命期分别是40年和16年，由式（8-3）可得到我国建筑和设备的折旧率分别为8%和17%。

孙文凯等（2010）假定建筑及构筑物的服务年限平均为38年，机器及设备的服务年限平均为12年，投资品价值的残值率为4%。由式（8-3），孙文凯等（2010）得出建筑及构筑物的折旧率为8%，而机器及设备的折旧率为24%。

虽然我国固定资产折旧序列一直没有被国家统计部门直接公布，但通过对《中国统计年鉴》的细致分析，可以进行间接核算得到固定资本折旧。国民收入核算体系修订（1994）之前，由于国民收入被直接公布，通过国民收入核算关系可得到如下折旧额：折旧额=GDP-国民收入+补贴-间接税。由该式可计算得到1978—1993年的折旧额。1994年之后，我国统计体系的改变，各省（市、自治区）的折旧额可由《中国统计年鉴》得到，将所有省（市、自治区）的折旧加起来，这样就可得到1994年以后的折旧额。如将这两部分结合起来，可构成1978年以来的完整折旧序列，从而也可得到固定资本折旧率。李治国和唐国兴（2003）直接借用了邹至庄（1993）计算的1994年以前折旧额，而1994年以后，他们将各省（市、自治区）的折旧额相加得到全国折旧总额。

由上可知，尽管学者给出了我国固定资本折旧率，但他们采用的方法相差较大，折旧率相差也较大。有些学者直接采用国外的固定资本折旧率作为我国固定资本折旧率，我国的资本使用及折旧机制显然不同于国外，固定资本折旧率是不同于国外的，这样得到的折旧率显然是不合理的。有些学者采用了如残值率等方法，根据我国的固定资本实际使用情况，利用公式进行推导，该方法显然要优于直接采用国外的折旧率。由于固定资本的使用寿命期无法确定，固定资产部门划分及其选择权重等因素均会影响折旧率。国民收入关系式推算折旧存在一些问题。如 GDP 与国民收入分别属于 SNA 与 MPS，前者包括非物质服务部门的附加值，而后者没有考虑非物质服务部门，这种推算隐含一定误差，推算的结果会高估折旧。更为重要的是，根据《中国统计年鉴》得到的折旧仅为会计意义上的折旧（会计上的折旧是基于核算上的支出与收入相等），并不是实际固定资本折旧。由上可知，现有文献得到的折旧率依据并不充分，并缺少严格的科学推导。

第二节 初始资本存量测算

一 初始资本存量估计方法

初始资本存量估计方法主要有如下两种：

（一）增长率法

许多国际研究机构采用如下增长率方法估计初始固定资本存量：

$$K_0 = \frac{I_0}{g + \delta} \quad (8-4)$$

其中，K_0 表示初始期资本存量，I_0 表示初始期投资量，g 表示国内生产总值 GDP 的年均增长率或投资年均增长率，δ 表示资本折旧率。在估计初始期 1960 年各国资本存量时，Hall 和 Jones（1999）采用 1960 年的投资与 1960—1970 年各国投资增长几何平均数加上折旧率的比值。Young（2000）采用了类似的方法估计 1952 年我国固定资本存量。借鉴 Young（2000）的研究结果，张军等（2004）直接以 0.11 代替式（8-4）中的分母 $g + \delta$ 计算得出 1952 年固定资本存量。

由上述可知，增长率方法是基于一定的假设，测算出初始资本存量，该方法优于一般人为设定的初始资本存量，但该方法依赖固定资本折旧率等因素。

（二）计量法

计量法假定初始期资本存量为所有过去投资的总和，它们之间存在如下关系：

$$K_0 = \int_{-\infty}^{0} \Delta K_t \mathrm{d}t = \frac{\Delta K_0 e^{\theta}}{\theta} \quad (8-5)$$

其中，$\Delta K_t = \Delta K_0 e^{\theta(t+1)}$。很明显，式（8-5）积分法估算的初始资本值并没有考虑资本的衰退，实际上，该法往往高估了资本存量。如 Wu（2000）采用该方法估计得到 1981—1995 年我国固定资本年均增长 21.5%，而该值是其他学者估计值的两倍。麦迪森（1998）认为，1978—1995 年我国固定资本年均增长 8.86%，世界银行测算 1979—1995 年我国固定资本年均增长 7.90%。此外，使用计量法测算初始资本存量需要投资数据回归估计出效果较好的计量模型，有时很难得到这样的计量模型。

由式（8-5）可得到：

$$K(0) = \int_{-\infty}^{0} I(t) dt = \frac{I(0)}{\theta} \qquad (8-6)$$

其中，$I(t) = I(0)e^{\theta t}$，而由 $I(t) = I(0)e^{\theta t}$ 可得到：

$$\ln I(t) = \ln I(0) + \theta t \qquad (8-7)$$

利用投资序列进行线性回归，可估计式（8-7）中的 θ 和 $I(0)$，由 θ 和 $I(0)$ 代入式（8-6），可测算出初始资本存量。

计量法利用可观察的资本增量（资本投资或资本形成额）测算出不可观察的初始资本增量，计量方法较为成熟，有时也较为可靠。但计量法需要资本增量增长平稳，否则该方法测算的初始期资本存量的可靠性将会下降[1]。鉴于以上两种方法的特点，我们采用计量法测算初始期 1978 年的资本存量。

二 初始资本存量估计

由李宾（2011）的分析研究可知，在测算我国资本存量中，固定资本形成总额与全社会固定资产投资的表现很相近，前者稍优。因此，我们采用固定资本形成总额作为资本投资，测算我国固定资本存量。由表 8-2 可知，1978—2010 年，我国固定资本形成总额增长率出现两次波动：1981 年和 1989 年固定资本形成总额增长率均为负，其他年份的该值为正。由上文计量法估计初始固定资本存量可知，计量法需要固定资本形成总额增长率基本保持平稳，为了解决这一问题，我们将 1981 年和 1989 年设定为虚拟变量估计模型（8-7）。

---

[1] 在实际估计时，如某些年份的资本增长率出现较大的波动，可利用虚拟变量解决资本波动较大而影响了模型的估计效果。

表 8-2　　　　　　　　有关我国固定资本形成数据

年份	固定资本形成总额（亿元，当年价）	固定资产投资价格指数（1978年=1）	固定资本形成总额（亿元，1978年价）	固定资本形成总额的增长率
1978	1073.9	1.0000	1073.90	
1979	1151.2	1.0232	1125.10	0.0477
1980	1318	1.0564	1247.63	0.1089
1981	1253	1.1613	1078.96	-0.1352
1982	1493.2	1.1189	1334.52	0.2369
1983	1709	1.1485	1488.03	0.1150
1984	2125.6	1.1970	1775.77	0.1934
1985	2641	1.2850	2055.25	0.1574
1986	3098	1.3696	2261.97	0.1006
1987	3742	1.4439	2591.59	0.1457
1988	4624	1.6419	2816.25	0.0867
1989	4339	1.7842	2431.90	-0.1365
1990	4732	1.9270	2455.63	0.0098
1991	5940	2.1100	2815.17	0.1464
1992	8317	2.4329	3418.55	0.2143
1993	12980	3.0800	4214.29	0.2328
1994	16856.3	3.4003	4957.30	0.1763
1995	20300.5	3.6009	5637.62	0.1372
1996	23336.1	3.7450	6231.27	0.1053
1997	25154.2	3.8086	6604.58	0.0599
1998	27630.8	3.8010	7269.35	0.1007
1999	29475.5	3.7858	7785.80	0.0710
2000	33844.4	3.8274	8842.66	0.1357
2001	37754.5	3.8428	9824.74	0.1111
2002	43632.1	3.8504	11331.84	0.1534
2003	53490.7	3.9352	13592.88	0.1995

续表

年份	固定资本形成总额（亿元，当年价）	固定资产投资价格指数（1978年=1）	固定资本形成总额（亿元，1978年价）	固定资本形成总额的增长率
2004	65117.7	4.1555	15670.24	0.1528
2005	77304.8	4.2220	18310.00	0.1685
2006	90150.9	4.2853	21037.24	0.1489
2007	105435.9	4.4529	23678.03	0.1255
2008	126209.5	4.8510	26017.21	0.0988
2009	156679.8	4.7346	33092.51	0.2719
2010	182340.3	4.9050	37174.37	0.1233

注：1978—2010年固定资本形成总额来自中经网，而固定资产投资价格指数是根据中经网数据计算得到的。

（一）计量模型的构建

由式（8-7）可以构建如下计量模型：

$$\ln I(t) = \ln I(0) + \theta t + \mu_t \quad (8-8)$$

其中，误差项 μ_t 可服从 AR(1) 或 AR(2)，这是因为，资本投资受到技术创新等因素的冲击。μ_t 服从如下方程：

$$\mu_t = \rho \mu_{t-1} + \varepsilon_t, \quad \varepsilon_t \sim N(0, \sigma_\varepsilon^2) \quad (8-9)$$

$$\mu_t = \rho_1 \mu_{t-1} + \rho_2 \mu_{t-1} + \varepsilon_t, \quad \varepsilon_t \sim N(0, \sigma_\varepsilon^2) \quad (8-10)$$

由于我国资本投资增长变动较大，我们采用虚拟变量修正模型（8-8）可得到：

$$\ln I(t) = \ln I(0) + \theta t + \sum D_i + \mu_t \quad (8-11)$$

其中，D_i 表示资本投资波动较大年份的取值，如 D_{1981} 表示为：$D_{1981}=1$，当 t 为 1981 时；$D_{1981}=0$，当 t 不为 1981 时。D_{1989} 表示为：$D_{1989}=1$，当 t 为 1989 时；$D_{1989}=0$，当 t 不为 1989 时。

（二）模型估计

利用固定资本形成总额样本区间为 1979—2010 年及估计模型（8-11）可得：

$$\ln I = 6.6631 + 0.1157 \times t - 0.1745 \times D_{1981} - 0.0696 \times D_{1989} \quad (8-12)$$
$$(60.78) \quad (21.02) \quad (-5.21) \quad (-2.05)$$

$$\mu_t = 1.3000 \times \mu_{t-1} - 0.5991 \times \mu_{t-2} \text{①}$$
$$(7.46) \qquad (-3.08)$$
$$R^2 = 0.9974, \ \overline{R}^2 = 0.9968, \ DW = 1.70$$

由模型（8-12）可知，该模型估计结果较为满意。同时，由模型（8-12）估计初始年份1978年资本增量为782.97亿元（1978年价格），θ = 0.1157，由式（8-6）可得到1978年的资本存量为6767.28亿元（1978年价计），其资本产出比为1.8565。与表8-1的其他学者相比，我们估计的1978年初始资本存量较为合适且更为科学。李治国和唐国兴（2003）估计的初始期1978年资本存量的资本产出比（3.8714）较大，而郭庆旺和贾俊雪（2004）估计的初始期1978年资本存量的资本产出比（1.0526）较小，而我们估计的初始期1978年资本存量的资本产出比（1.8565）与孙琳琳、任若恩（2005）较为接近。但孙琳琳、任若恩（2005）测算初始期1978年资本存量缺少较为科学的计量方法。

第三节　模型及估计方法

考虑如下生产函数：
$$Y_t = F(L_t, K_t, \theta) \qquad (8-13)$$

其中，Y_t、L_t 和 K_t 分别表示 t 时的产出、劳动力和资本存量，θ 表示与技术因素有关的未知向量，资本存量和流量之间存在如下关系：
$$K_t = I_t + \phi_t K_{t-1} \qquad (8-14)$$

其中，I_t 表示 t 时投资量，$\varphi_t = 1 - \delta_t$，δ_t 表示未知资本折旧率，如 $\delta_t = \delta$ ②，则由式（8-14）可得到：
$$K_t = \sum_{i=0}^{t-1} \phi^i I_{t-1} + \phi^t K_0 = G_t(I_1, \cdots, I_t, K_0, \delta) \qquad (8-15)$$

---

① 由 $\mu_t = \phi_1 \mu_{t-1} + \phi_2 \mu_{t-2}$，$\phi_1^2 + 4\phi_2 = 1.3000^2 + 4 \times (-0.5991) = -0.7064$，$\phi_2 = -0.5991 > -1$。根据复根特征值的系统收敛性判别法则，该复根特征值的系统是收敛的。具体的判别法则参见［美］詹姆斯·D.汉密尔顿《时间序列分析》，刘明志译，中国社会科学出版社1999年版，第18—20页。

② 在有关测算生产函数的多数文献中，一般假定折旧率 δ_t 很少通过计量方法估计得到。在此处，首先假定折旧率为固定的，后文对此假定进行修正。

将式（8-15）代入式（8-13）可得：

$$Y_t = H_t(L_t, I_1, \cdots, I_t, K_0, \delta, \theta) \tag{8-16}$$

由于劳动量 $L_1, L_2, \cdots, L_t$ 和资本投入量 $I_1, \cdots, I_t$ 及初始资本存量 K_0（前文已测算）已知，利用非线性估计和极大似然法可估计模型（8-16）。然而，直接使用标准的计量方法估计模型（8-16）存在着一定的困难，这是因为，变量的数目随时期 t 不断变化，不过，这一困难可以通过设定虚拟变量改写资本量来解决。I. R. Prucha (1997) 假定 $j = t - I$，式（8-16）可化为：

$$K_t = \sum_{j=1}^{t} \phi^{t-j} I_j + \phi^t K_0 \tag{8-17}$$

对于给定的 t，定义 T 个如下新变量 I_j^t：

$$I_j^t = I_j D_t^j, \quad j = 1, \cdots, T \tag{8-18}$$

$$D_t^j = \begin{cases} 1 & j \leq t \\ 0 & j > t \end{cases}$$

由式（8-18）可将式（8-17）变为：

$$K_t = \sum_{i=1}^{t} \phi^{t-j} I_t^i + \phi^t K_0 = G(I_t^1, \cdots, I_t^T, K_0, \delta) \tag{8-19}$$

将式（8-19）可得到如下资本向量 $K = (K_1, \cdots, K_T)'$：

$$\begin{bmatrix} K_1 \\ K_2 \\ K_3 \\ \vdots \\ K_T \end{bmatrix} = \begin{bmatrix} I_1 & K_0 & & & & \\ I_2 & I_1 & 0 & \cdots & 0 & 0 \\ I_3 & I_2 & \cdots & \cdots & 0 & 0 \\ \vdots & \vdots & & & \vdots & \vdots \\ I_T & I_{T-1} & & & I_1 & K_0 \end{bmatrix} \begin{bmatrix} 1 \\ \phi \\ \phi^2 \\ \vdots \\ \phi^T \end{bmatrix} \tag{8-20}$$

把式（8-19）代入式（8-13）可得到：

$$Y_t = H(L_t, I_t^1, \cdots, I_t^T, K_0, \delta, \theta) \tag{8-21}$$

式（8-21）中每期的变量数目是一样的，这样就可使用标准的计量方法估计式（8-21）。假定生产函数为 C—D 形式，则式（8-15）可化为：

$$y_t = c + \alpha l_t + (1-\alpha) k_t + \mu_t \tag{8-22}$$

$$\mu_t = \rho \mu_{t-1} + \varepsilon_t, \varepsilon_t \sim N(0, \sigma_\varepsilon^2)$$

其中，y_t、l_t 和 k_t 分别表示产出 Y_t 的对数、劳动量 L_t 的对数和资本存量 K_t 的对数。模型（8-22）的随机误差 μ_t 服从 AR(1)，这与总要素技术进步冲击是相一致的。① 由于我国经济不断进行结构性调整，1979—2010 年存在着结构变化，为了体现这一结构性变化，我们采用虚拟变量修正模型（8-22），可得②：

$$y_t = c + \gamma D_{1989} + \alpha l_t + (1-\alpha) k_t + \mu_t \tag{8-23}$$

$$\mu_t = \rho \mu_{t-1} + \varepsilon_t \varepsilon_t \sim N(0,1)[N(0,\sigma_\varepsilon^2)]$$

其中，$D_{1989} = 0$，$t < 1989$；$D_{1989} = 1$，$t \geq 1989$。同时，我们对固定资本折旧率为固定的假定作如下修正③：

$$\delta_t = \delta_1 + \delta_2 x_{2t} + \delta_3 x_{3t} \tag{8-24}$$

其中，x_{2t} 和 x_{3t} 分别表示虚拟变量和 GDP 增长率。x_{2t} 定义为 $D_{1993} = 0$，$t < 1993$；$D_{1993} = 1$，$t \geq 1993$，而 x_{3t} 为 GDP 增长率。对于 δ_1、δ_2 和 δ_3 取不同的值，我们定义如下四种计量模型：若 δ_2 和 δ_3 都为 0，此时，$\delta_t = \delta_1$，$\phi_t = 1 - \delta_t = 1 - \delta_1 = f_1$，$f_2 = 0$，资本存量 K_t 与资本投资之间的关系为式（8-20），将该模型称为模型一；若 δ_3 为 0，而 δ_2 不为 0，此时，$\delta_t = \delta_1 + \delta_2 D_{1993}$，$\phi_t = 1 - \delta_t = 1 - \delta_1 - \delta_2 D_{1993} = f_1$，$f_2 = 0$，资本存量 K_t 与资本投资

---

① 由于真实商业周期的模型，假设技术包括时间趋势和冲击，而技术冲击服从 AR(1) 过程。在此情况下，生产函数中误差修正服从 AR(1)，这也支持我们的结果。

② 我国经过 1987 年、1988 年的严重通货膨胀，1989 年进行了严格的宏观调控，1989 年、1990 年 GDP 增长分别为 4.1% 和 3.8%，这是改革开放以来最慢的增长率。1991 年经济又开始加快增长，1992 年年初，邓小平在南方谈话中号召加快改革和发展。南方谈话推动了新的改革热潮，也促进了经济的上升势头，在全国上下掀起了新的发展热潮。1994 年，我国进行了分税制改革，中央银行制度进一步健全，货币政策框架开始建立，为中国及时、有效地运用财政、货币政策组合调控经济创造了必要的制度基础和有利的体制环境。1997 年以后，受亚洲金融危机影响，中国实际利用外资额下降，而 1999 年以后，利用外资不断增大。同时，工业化从一般加工工业规模扩大转向制造业结构升级。在买方市场时代，市场竞争激烈了，一般加工产品的市场饱和了，因此必须进行技术创新和产业升级。这使制造业结构升级和产业结构优化成为工业化的主要内容。与此同时，城市化发展使城乡经济二元化发展格局开始向一元化发展格局转变。由此可知，可将 1989 年作为我国经济发展的结构性变化点。

③ 李治国和唐国兴（2003）认为，从固定资产折旧率（固定资产折旧/资本存量）来看，1978—1993 年的固定资产折旧率并没有明显高出整体水平，反而相对 1994—2000 年的序列水平较低。这表明 1993 年或 1994 年为固定资产折旧率结构性变化起点，由计量模型估计结果，1993 年虚拟变量估计的效果好于 1994 年虚拟变量。宋海岩等（2003）认为，资本的物理折旧程度与经济增长率成正比，这仅考虑了折旧的物理特性。由经济周期与折旧之间的关系可知，当经济处于高涨（高经济增长率）期，就会减少折旧，扩大生产；而在经济萧条（低经济增长率）期，扩大需求就会加速折旧，增加投资。这样，就可能出现折旧率与经济增长率呈反向关系。由此可知，折旧率与经济增长率之间的正反向关系就取决于这两种作用的大小。

固定资本折旧具有价值补偿和实物替换相分离的特征，其价值是一部分地逐渐补偿，而实物是集中一次性物质替换。本章所说的固定资本折旧是指固定资本的实物替换，折旧率是指固定资本平均折旧率。

之间的关系为式（8-20），将该模型称为模型二；若 δ_2 为 0 但 δ_3 不为 0，x_{3t} 为 GDP 增长率，此时，$\delta_t = \delta_1 + \delta_3 x_{3t}$，$\phi_t = 1 - \delta_t = 1 - \delta_1 - \delta_3 x_{3t} = f_1 + f_2 \cdot x_{3t}$，$f_1 = 1 - \delta_1$，$f_2 = -\delta_3$。资本存量 K_t 与资本投资之间的关系为式（8-25），将该模型称为模型三；若 δ_1、δ_2 和 δ_3 均不为 0，此时，$\delta_t = \delta_1 + \delta_2 x_{2t} + \delta_3 x_{3t}$，$\phi_t = 1 - \delta_t = 1 - \delta_1 - \delta_2 D - \delta_3 x_{3t} = f_1 + f_2 x_{3t}$，$f_1 = 1 - \delta_1 - \delta_2 D$，$f_2 = -\delta_3$，资本存量 K_t 与资本投资之间的关系为式（8-25），将该模型称为模型四。

由上文可知，如果 $f_2 = 0$，资本存量 K_t 与资本投资之间的关系如式（8-20）；如果 $f_2 \neq 0$，则有 $\phi_t = f_1 + f_2 x_{3t}$，若 x_{3t} 满足 $\bar{x} = \sum x_{3i} = 0$，则可得到资本向量 $K = (K_1, \cdots, K_T)'$ 与资本投资向量之间的关系式(8-25)[①]：

$$\begin{bmatrix} K_1 \\ K_2 \\ \vdots \\ K_T \end{bmatrix} = \begin{bmatrix} I_1 & K_0 & \cdots & 0 \\ I_2 & I_1 & \cdots & 0 \\ \vdots & \vdots & \vdots & \vdots \\ I_T & I_{T-1} & \cdots & K_0 \end{bmatrix} \begin{bmatrix} 1 \\ f_1 \\ \vdots \\ f_1^T \end{bmatrix} +$$

$$\begin{bmatrix} I_1 & x_1 K_0 & \cdots & \cdots & 0 \\ I_2 & x_2 I_1 & (x_2 + x_1) K_0 & \cdots & 0 \\ \vdots & \vdots & \vdots & \vdots & \vdots \\ I_T & x_T I_{T-1} & (x_{T-1} + x_T) I_{T-1} & \cdots & \sum x_t K_0 \end{bmatrix} \begin{bmatrix} 0 \\ f_2 \\ \vdots \\ f_1^{T-1} f_2 \end{bmatrix} \quad (8-25)$$

由上述各模型可知，各模型中资本存量的对数内存在估计参数 f_1 和 f_2，一般的计量方法无法估计上述四种模型，为此，我们采用极大似然或非线性估计上述四种模型。

第四节 模型估计及蒙特卡洛模拟检验

我们利用上文测算的初始资本存量和表 8-2（固定资本形成总额，

---

① 若 x_{3t} 均值 $\bar{x}_3$，不为 0，则可将 x_{3t} 均值零化，即 $x'_{3t} = x_{3t} - \bar{x}_3$，此时，$x'_{3t}$ 的均值 $\bar{x}'_3$，为 0。

1978年价计）对上述四种折旧率模型在软件SAS中进行极大似然法估计。①

一 模型估计

（一）模型一估计②

由表8-3可知，模型一的劳动力弹性系数为0.6646，由t统计量可知，该变量是显著的，同时得到资本弹性系数为0.3354，这与现有文献中估计的我国生产函数的弹性系数并不一致。现有文献估计，我国劳动力弹性系数为0.4左右，而资本弹性系数为0.6左右。这是因为，我们估计的生产函数方法与现有文献估计方法不同。现有文献是将资本存量作为确定的变量（将固定资本折旧率作为已知的）估计生产函数，使用线性二乘法估计生产函数。而本章利用生产函数估计资本折旧率，模型中的资本存量并不是一个确定变量，而是一个随着估计的折旧率而不断变化的。本章的模型无法采用线性二乘法估计，只能采用非线性或极大似然法估计③，这样，我们估计的生产函数劳动力弹性系数不同于现有文献的估计值。学者利用微观数据推导各部门的折旧率，利用各部门权重推导固定资本折旧率。但多数学者并没有经过推导而是人为设定折旧率，如实际固定资本折旧率比现有文献中估计生产函数使用的固定资本折旧率大，从而使实际资本存量比现有文献的折旧率得到的资本存量大得多，这就会出现本章估计资本产出弹性系数比现有的文献要小得多。④ 此外，白重恩和钱震杰（2009）以2004年经济普查后修订的资金流量表为基

---

① 在软件SAS中可进行各模型的非线性估计，但该方法无法估计含有随机误差项具有自回归的模型。因此，本章采用极大似然法估计各折旧率模型。

② 生产函数为规模报酬不变的，可得到一致性的估计值。

③ 线性极大似然法估计与线性最小二乘法估计是一致的，而非线性极大似然法估计与线性法估计是不一致的。

④ 由规模报酬不变的生产函数式（8-22）可得：$g_y = (1-\beta)g_l + \beta g_k + g_{tech}$，其中，$\beta$为资本弹性系数，$g_y$、$g_l$、$g_k$和$g_{tech}$分别为产出增长率、劳动力增长率、资本等增长率和技术进步率。由该式可得：$\beta = (g_y - g_l - g_{tech})/(g_k - g_l)$。由资本动态方程（8-14）可得：$g_k = I_t/K_{t-1} + 1 - \delta_t$。若固定资本折旧率与技术进步率无关，这样，折旧率$\delta_t$与$g_k$之间存在反向关系，$\beta$与$g_k$之间存在反向关系，这样$\beta$与$\delta_t$之间存在正向关系。如设定的$\delta_t$偏大，则估计的资本弹性系数就会大些；反之，如设定的δ_t偏小，则估计的资本弹性系数就会小些。若固定资本折旧率与技术进步率相关，δ_t与技术进步率g_{tech}存在着正向关系，这是因为，新的固定资本含有的技术进步优于原有的固定资本。此时，如设定的δ_t偏大，可能出现估计的资本弹性系数就会小些；反之，如设定的δ_t偏小，可能出现估计的资本弹性系数就会大些。

础,借助财政等数据,修正测算 1996 年我国劳动收入份额为 66.83%,与模型一估计的劳动力弹性系数 0.6646 较为一致。

表 8-3 折旧率模型的极大似然估计

估计参数	模型一	模型二	模型三	模型四
c	-2.4744 (-222.31)	-2.4685 (-168.63)	-2.4322 (-121.51)	-2.4085 (-173.31)
α	0.6646 (257.49)	0.6657 (225.96)	0.6715 (178.05)	0.6761 (255.32)
γ		-0.0182 (-2.91)	0.0316 (2.93)	0.0106 (1.76)
δ_1	0.0535 (190.43)	0.0527 (168.70)	0.0687 (134.15)	0.0713 (205.21)
δ_2		-0.0098 (-3.28)		-0.0182 (-8.02)
δ_3			-0.0049 (-3.65)	-0.0061 (-6.57)
ρ	0.0562 (6.50)	0.0521 (6.69)	0.0436 (5.91)	0.0314 (6.60)

注:表中小括号内数值为各参数估计 t 统计值。

由表 8-3 可知,模型一估计得到的固定资本折旧率 $\delta_1 = 0.0535$,由该参数的 t 统计量可知,该变量的参数是显著的。模型一估计的折旧率高于现有文献中常取的 0.05(5%),但低于文献中的 0.10(10%),这表明模型一估计的固定资本折旧率在合理范围内。另外,模型的随机误差 μ_t 自回归一阶系数 ρ 为 0.0562,由 t 统计量可知该变量的参数是显著的。

(二)模型二估计

由表 8-3 可知,模型二的劳动力弹性系数为 0.6657,由 t 统计量可知该变量参数估计是显著的,同时得到资本弹性系数为 0.3343,这样弹性系数估计值与模型一的估计值是非常接近的。产出的虚拟变量参数估计值 $\gamma = -0.0182$,由 t 统计量可知该变量的参数估计是显著的。这表明 1989 年以后我国产出发生了结构性变化,但产出函数的截距减少,这与我国经济现实并不一致,同时,与模型三和模型四估计的 γ 值并不一致,这是模型二估计的不足之处。

模型二的固定资本折旧率 $\delta_1 = 0.0527$，折旧率的虚拟变量 $\delta_2 = -0.0098$，由它们的 t 统计量可知，这两个变量的参数是显著的。由此可得：1979—1992 年我国固定资本折旧率为 5.27%，1993—2010 年我国固定资本折旧率为 4.29%。这两个固定资本折旧率比模型一估计的折旧率稍微小了些，但还是相当接近的。另外，模型二的随机误差 μ_t 自回归一阶系数 ρ 为 0.0521，由 t 统计量可知，该变量的参数是显著的，且该系数与模型一估计值非常接近。

（三）模型三估计

由表 8-3 可知，模型三的劳动力弹性系数为 0.6715，由 t 统计量可知，该变量的参数估计是显著的，同时可得到资本弹性系数为 0.3285，弹性系数估计值与模型一、模型二估计值非常接近。产出结构虚拟变量估计值为 $\gamma = 0.0316$，由 t 统计量可知，该变量参数估计是显著的。这表明 1989 年以后我国产出发生了结构性变化，产出函数的截距增加，这与我国经济现实是相一致的。

由表 8-3 可知，$\delta_1 = 0.0687$，$\delta_3 = -0.0049$，由 t 统计量可知，这两个变量的参数估计是显著的。由 $\delta_1 = 0.0687$ 可知，1979—2010 年，我国固定资本折旧率均值为 0.0687，该估计值大于模型一和模型二估计的固定资本折旧率，模型三估计的折旧率 6.87% 在合适的范围之内。由 $\delta_3 = -0.0049$ 可知，固定资本折旧率与 GDP 增长率呈现反向关系。由折旧率 $\delta_t = \delta_1 + \delta_3 x_{3t}$，$\delta_1$ 和 δ_3 估计值及 GDP 增长率均值零化 x_{3t} 可得到 1979—2010 年我国固定资本折旧率（见表 8-4）。另外，模型的随机误差 μ_t 自回归一阶系数 ρ 为 0.0436，由 t 统计量可知，该变量的参数估计是显著的，该系数与模型一和模型二估计值非常接近。

（四）模型四估计

由表 8-3 可知，模型四的劳动力弹性系数为 0.6761，由 t 统计量可知，该变量参数估计是显著的，同时可得到资本弹性系数为 0.3239，由此可知，弹性系数估计值与模型一、模型二和模型三估计值非常接近。产出的结构虚拟变量估计值 $\gamma = 0.0106$，由 t 统计量可知该变量的参数估计是显著的。这表明 1989 年以后我国产出发生了结构性变化，产出函数的截距增加，这与我国经济现实相一致，与模型三估计值较为一致。

表8-4　　　　　　　　　　模型三估计的折旧率

年份	折旧率	年份	折旧率
1979	0.0838	1995	0.0745
1980	0.0931	1996	0.0764
1981	0.0716	1997	0.0701
1982	0.0588	1998	0.0813
1983	0.0481	1999	0.0769
1984	0.0280	2000	0.0750
1985	0.0334	2001	0.0720
1986	0.0637	2002	0.0716
1987	0.0520	2003	0.0760
1988	0.0579	2004	0.0730
1989	0.0960	2005	0.0627
1990	0.1112	2006	0.0535
1991	0.0789	2007	0.0442
1992	0.0618	2008	0.0716
1993	0.0627	2009	0.0755
1994	0.0681	2010	0.0755

由表8-3可知，$\delta_1 = 0.0713$，$\delta_2 = -0.0182$，$\delta_3 = -0.0061$，由t统计量可知，这三个变量的参数估计是显著的。由折旧率的虚拟变量$\delta_2 = -0.0182$可知，我国固定资本折旧率发生了结构性变化。由$\delta_3 = -0.0061$可知，固定资本折旧率与GDP增长率呈反向关系，这与模型三估计的折旧率与GDP增长率之间的关系是一致的。由折旧率$\delta_t = \delta_1 + \delta_2 x_{2t} + \delta_3 x_{3t}$，$\delta_1$、$\delta_2$、$\delta_3$估计值及GDP增长率均值零化$x_{3t}$可得到1979—2010年我国固定资本折旧率（见表8-5）。由表8-5可得到这32年我国固定资本折旧率的均值为0.0637。另外，模型的随机误差μ_t自回归一阶系数ρ为0.0314，由t统计量可知，该变量的参数是显著的，且该系数与模型一、模型二和模型三估计值较为接近。

表8-5　　　　　　　　　　模型四估计的折旧率

年份	折旧率	年份	折旧率
1979	0.0901	1995	0.0602
1980	0.1018	1996	0.0626

续表

年份	折旧率	年份	折旧率
1981	0.0749	1997	0.0547
1982	0.0590	1998	0.0687
1983	0.0455	1999	0.0632
1984	0.0204	2000	0.0608
1985	0.0272	2001	0.0571
1986	0.0651	2002	0.0565
1987	0.0504	2003	0.0620
1988	0.0577	2004	0.0583
1989	0.1054	2005	0.0455
1990	0.1244	2006	0.0339
1991	0.0840	2007	0.0223
1992	0.0626	2008	0.0565
1993	0.0455	2009	0.0614
1994	0.0522	2010	0.0614

二 蒙特卡洛模拟检验

采用小样本和极大似然非线性估计上述各折旧率模型，我们采用蒙特卡洛模拟方法验证这些模型估计的可靠性。在模拟检验中，我们使用我国1979—2010年劳动力（L）和投资量（I）及其上述四个模型估计的各参数，各自生成 S=500 蒙特卡洛数据，具体数据生成过程如下：

按照如下方法模拟出产出量：

$$y_t^s = c + \gamma D_{1989} + \alpha l_t + (1-\alpha)k_t + \mu_t^s \qquad (8-26)$$

$$\mu_t^s = \rho\mu_{t-1} + \varepsilon_t^s$$

其中，ε_t^s 表示服从标准正态分布生成随机变量，l_t 和 k_t 分别表示劳动量对数和资本存量对数，资本存量由式（8-20）和式（8-25）得到，y_t^s 为 t 时模拟的产出对数，由式（8-26）可知，模拟的产出 y_t^s 包括产出随机误差项。这样，按照式（8-26）模拟，得到 S=500 个大小为 32 的产出 y_t^s 向量，将这些数据与劳动量 l_t、投资 I_t 和其他变量（由于本章设定的模型中的资本量 K_t 是不可观察的）一起，利用上述极大似然估计上述模型一、模型二、模型三和模型四，得到各模型的蒙特卡洛模拟检验结果见表 8-6。

第八章 折旧率、资本存量和弹性参数的估计

表 8-6 各模型蒙特卡洛模拟检验结果

估计参数	模型一 模拟估计系数平均值	模型一 模拟与估计系数偏离度	模型二 模拟估计系数平均值	模型二 模拟与估计系数偏离度	模型三 模拟估计系数平均值	模型三 模拟与估计系数偏离度	模型四 模拟估计系数平均值	模型四 模拟与估计系数偏离度
c	-2.4883 [0.3166]	0.0056	-2.3766 [0.4589]	0.0373	-2.4320 [0.2096]	0.0001	-2.4354 [0.0889]	0.0112
α	0.6614 [0.0547]	0.0048	0.5493 [0.0691]	0.1749	0.6873 [0.0430]	0.0236	0.6886 [0.0283]	0.0185
γ	0.0519 [0.0232]	0.0017	-0.2297 [0.2509]	11.5977	0.1117 [0.1364]	2.5388	0.0063 [0.0965]	0.4029
δ_1	-2.4883 [0.3166]	0.0056	0.0542 [0.0142]	0.0016	0.0679 [0.0166]	0.0116	0.0720 [0.0113]	0.0008
δ_2			-0.0739 [0.0721]	6.5251			-0.0367 [0.0685]	0.9992
δ_3					-0.0296 [0.0372]	0.0008	-0.0163 [0.0241]	1.6721
ρ	0.0225 [0.0405]	0.5989	0.2219 [0.2603]	3.2598	0.0205 [0.0280]	0.5304	0.0130 [0.0199]	0.5851

注：模型一模拟参数为：$\theta_0 = (c, \alpha, \gamma, \delta_1, \delta_2, \delta_3, \rho) = (-2.4883, 0.6614, 0.0519, -2.4883, 0, 0, 0.0225)$；模型二模拟参数为：$\theta_0 = (c, \alpha, \gamma, \delta_1, \delta_2, \delta_3, \rho) = (-2.3766, 0.5493, -0.2297, 0.0542, -0.0739, 0, 0.2219)$；模型三模拟参数为：$\theta_0 = (c, \alpha, \gamma, \delta_1, \delta_2, \delta_3, \rho) = (-2.432, 0.6873, 0.1117, 0.0679, 0, -0.0296, 0.0205)$；模型四模拟参数为：$\theta_0 = (c, \alpha, \gamma, \delta_1, \delta_2, \delta_3, \rho) = (-2.4354, 0.6886, 0.0063, 0.072, -0.0367, -0.0163, 0.013)$。

表中括号内值为模拟参数估计均方差。模拟与真实偏离度是指模拟均值与真实估计值之差绝对值与真实估计值之比。

由表 8-6 可知，模型一估计参数系数及蒙特卡洛模拟参数为 $\theta_0 = (c, \alpha, \delta_1, \rho) = (-2.4744, 0.6646, 0.535, 0.0562)$，模型一的蒙特卡洛模拟模型参数 c、α 和 δ_1 均值非常接近于模型一参数估计值，因为模

拟与真实偏离度分别为 0.0056、0.0048 和 0.0017，且模拟参数估计均方差较小，这表明这三个参数估计是相当可靠的，同时也说明模型一估计是稳定的。

由表 8-6 可知，模型二参数估计值及蒙特卡洛模拟参数为 $\theta_0 = (c, \alpha, \gamma, \delta_1, \delta_2, \rho) = (-2.4685, 0.6657, -0.0182, 0527, -0.0098, 0.0521)$，模型二的蒙特卡洛模拟模型参数 c、α 和 δ_1 均值非常接近于模型二的参数估计值，因为模拟与真实偏离度分别为 0.0373、0.1749 和 0.0016，且模拟参数估计均方差较小，说明了模型二的这三个参数估计是可靠的；模型二的参数 γ、δ_2 和 ρ 估计值与蒙特卡洛模拟模型参数均值相差较大，这是因为，它们的模拟与真实偏离度分别为 11.5977、6.5251 和 3.2598。由此可知，模型二参数估计并不可靠，模型估计并不稳定。

由表 8-6 可知，模型三参数估计值及蒙特卡洛模拟参数为 $\theta_0 = (c, \alpha, \gamma, \delta_1, \delta_3, \rho) = (-2.4322, 0.6715, 0.0316, 0.0687, -0.0049, 0.0436)$，模型三的蒙特卡洛模拟模型参数 c、α、δ_1 和 δ_3 均值非常接近于模型三的参数估计值，因为模拟与真实偏离度分别为 0.0001、0.0236、0.0116 和 0.0008，且模拟参数估计均方差较小，说明这三个参数估计是相当可靠的；模型三 γ 和 ρ 参数估计值与蒙特卡洛模拟模型参数均值稍微有些大，它们的模拟与真实偏离度分别为 2.5388 和 0.5304，但它们还是在可接受的范围之内的。模型三的参数估计是可靠的，模型三的参数估计是稳定的。

由表 8-6 可知，模型四参数估计值及蒙特卡洛模拟参数为 $\theta_0 = (c, \alpha, \gamma, \delta_1, \delta_2, \delta_3, \rho) = (-2.4085, 0.6761, 0.0106, 0.0713, -0.0182, -0.0061, 0.0314)$，模型四的蒙特卡洛模拟模型参数 c、α 和 δ_1 均值非常接近于模型四的参数估计值，因为模拟与真实偏离度分别为 0.0112、0.0185 和 0.0008，且模拟参数估计均方差较小，说明这三个参数估计是相当可靠的；模型三参数 γ、δ_2、δ_3 和 ρ 真实估计值与蒙特卡洛模拟模型参数均值稍微有些大，它们的模拟与真实偏离度分别为 0.4029、0.9992、1.6721 和 0.5851，但还是在可接受的范围之内。模型四的参数估计是可靠的，模型四的参数估计是稳定的。

由上述模型蒙特卡洛参数估计检验可知，模型一、模型三和模型四的参数估计是平稳和可靠的，但考虑到固定资本折旧率的估计可靠性，我们认为，模型一和模型三较为可靠平稳。

第五节 资本存量的测算及比较

一 资本存量的测算

根据上述四个模型估计折旧率及初始资本存量和投资量,我们可测算出 1978—2010 年我国固定资本存量(见表 8-7)。由图 8-1 可知,四个模型估计的折旧率测算的固定资本存量在 1989 年以前是比较接近的,而 1990 年以后,它们之间的差异性明显体现出来,这是各模型估计的折旧率大小不同对计算的资本存量产生的影响。

表 8-7　　我国资本存量测算及与资本产出比(1978 年价计)　　单位:亿元

年份	资本存量1	资本存量1产出比	资本存量2	资本存量2产出比	资本存量3	资本存量3产出比	资本存量4	资本存量4产出比
1978	6767.28	1.8565	6767.28	1.8565	6767.28	1.8565	6767.28	1.8565
1979	7530.33	1.9199	7535.74	1.9213	7325.28	1.8676	7282.65	1.8568
1980	8375.09	1.9808	8386.24	1.9834	7890.93	1.8663	7788.90	1.8421
1981	9005.98	2.0247	9023.25	2.0286	8404.90	1.8896	8284.48	1.8625
1982	9858.68	2.0315	9882.24	2.0364	9245.21	1.9051	9130.21	1.8814
1983	10819.27	2.0104	10849.48	2.0160	10288.55	1.9117	10202.82	1.8958
1984	12016.21	1.9382	12053.48	1.9442	11776.24	1.8995	11770.45	1.8985
1985	13428.59	1.9083	13473.51	1.9147	13438.16	1.9097	13505.54	1.9193
1986	14972.13	1.9556	15025.43	1.9626	14844.12	1.9389	14888.30	1.9447
1987	16762.71	1.9619	16825.18	1.9692	16663.81	1.9503	16729.52	1.9580
1988	18682.16	1.9646	18754.74	1.9722	18515.23	1.9470	18580.48	1.9539
1989	20114.56	2.0319	20198.27	2.0403	19169.67	1.9364	19054.00	1.9247
1990	21494.06	2.0917	21589.45	2.1010	19493.63	1.8971	19139.31	1.8626
1991	23159.30	2.0639	23266.85	2.0735	20770.75	1.8511	20346.78	1.8133
1992	25338.83	1.9774	25459.24	1.9868	22905.67	1.7875	22491.62	1.7552
1993	28197.49	1.9302	28581.33	1.9565	25683.78	1.7582	25682.54	1.7581
1994	31646.23	1.9154	32312.49	1.9557	28892.01	1.7487	29299.21	1.7733
1995	35590.77	1.9424	36563.90	1.9955	32377.18	1.7670	33173.02	1.8105

续表

年份	资本存量1	资本存量1产出比	资本存量2	资本存量2产出比	资本存量3	资本存量3产出比	资本存量4	资本存量4产出比
1996	39917.94	1.9805	41226.58	2.0454	36134.83	1.7928	37327.66	1.8520
1997	44386.91	2.0149	46062.54	2.0909	40206.36	1.8251	41890.42	1.9015
1998	49281.56	2.0752	51355.81	2.1625	44206.93	1.8615	46281.89	1.9489
1999	54430.79	2.1301	56938.44	2.2283	48593.22	1.9017	51142.68	2.0014
2000	60361.41	2.1792	63338.45	2.2866	53791.39	1.9420	56875.86	2.0533
2001	66956.81	2.2320	70445.97	2.3483	59743.15	1.9915	63452.99	2.1152
2002	74706.46	2.2826	78755.67	2.4063	66797.38	2.0410	71199.74	2.1755
2003	84302.55	2.3417	88969.94	2.4713	75313.66	2.0920	80378.23	2.2327
2004	95462.60	2.4084	100823.37	2.5437	85486.00	2.1567	91362.42	2.3050
2005	108665.35	2.4632	114808.04	2.6024	98436.03	2.2313	105515.43	2.3918
2006	123888.99	2.4918	130920.02	2.6332	114206.94	2.2970	122975.70	2.4734
2007	140938.96	2.4822	148981.58	2.6239	132837.02	2.3395	143911.37	2.5346
2008	159415.94	2.5617	168607.48	2.7094	149343.10	2.3999	161797.59	2.6000
2009	183979.70	2.7074	194466.73	2.8617	171160.21	2.5187	184955.73	2.7217
2010	211311.15	2.8166	223298.48	2.9764	195411.98	2.6047	210773.82	2.8095
均值		2.1416		2.2032		1.9904		2.0510
方差		0.0624		0.0918		0.0472		0.0831
标准差系数		0.1166		0.1375		0.1092		0.1406

注：模型一估计得到的折旧率计算的固定资本存量作为资本存量1，以此类推，模型四估计得到的折旧率计算的固定资本存量作为资本存量4，而产出是以1978年价计的实际GDP。标准差系数是指资本产出比均方差与资本产出比均值之比。

由图8-1可知，由模型二估计的折旧率计算的固定资本存量2为最大，由模型三估计的折旧率计算的固定资本存量3为最小，模型一和模型四估计的折旧率计算的固定资本存量处于中间。模型三估计的折旧率小于模型二估计的折旧率，这是因为，模型二是在模型一的基础上增加了折旧率的虚拟变量，这样，资本存量2比资本存量1大。模型三利用GDP增长率对固定资本折旧率进行了调整，估计得到的折旧率比模型一和模型二估计的折旧率要大些，从而计算得到的资本存量相对小些。模

第八章 折旧率、资本存量和弹性参数的估计 | 223

型四在模型三的基础上增加了折旧率的虚拟变量,而估计的折旧率比模型三估计的折旧率要小,而计算的资本存量比资本存量3要大。

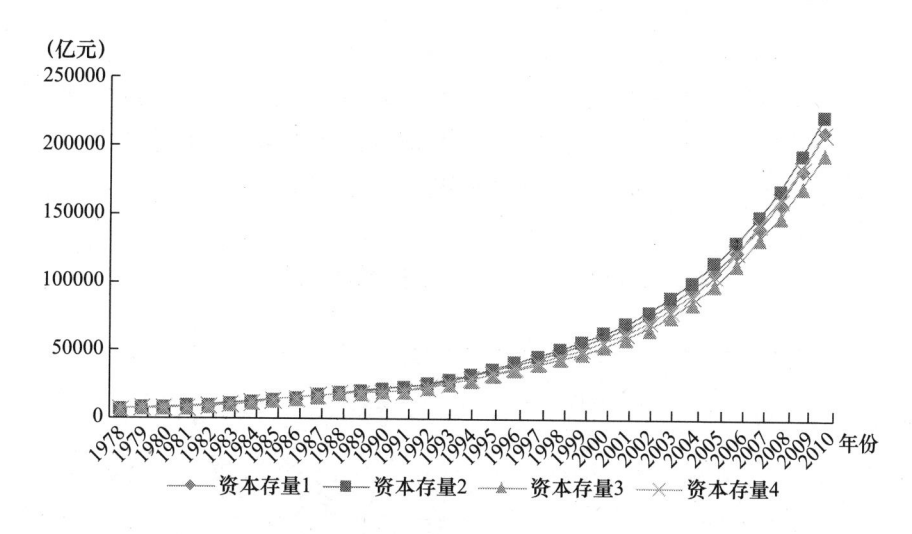

图 8-1 各模型估计的折旧率测算的固定资本存量比较

各模型估计折旧率计算的资本存量存在差距,仅就它们的大小无法判断计算的固定资本存量的可靠性。我们利用各资本存量计算资本产出比,分析各模型估计的资本存量可靠性。① 由表 8-7 可知,1979—2010 年资本存量1 的资本产出比均值为 2.1416,小于资本存量2 的资本产出比 2.2032。资本存量3 的资本产出比 1.9904 为最小的,而资本存量4 的资本产出比为 2.0510。这些与上文各模型估计的折旧率的大小是一致的。由各模型估计固定资本折旧率计算的资本产出比的标准差系数可知,资本存量1 平稳性好于资本存量2,资本存量3 平稳性好于资本存量4,资本存量1 平稳性好于资本存量3,我们不妨将资本存量1 和资本存量3 作为资本存量的估计值,下面与现有文献估计的资本存量进行比较分析。

二 与现有文献中估计资本存量分析比较

张军(2003)采用固定资本形成总额作为投资,初始期 1952 年的资本存量为 679 亿元(1952 年价)。对于折旧,张军(2003)采用邹至庄

---

① 由卡尔多增长的"典型化事实"——产出和资本存量增长速率大致趋于相同可知,资本存量产出比是平稳的。以此作为判断估计折旧率及资本存量模型优劣的标准。

(1993) 1994年以前的折旧额,固定资本折旧率为0.060,而1994年以后将各省(市、自治区)的折旧额相加得到全国折旧总额,由此可得到1978—2010年的资本存量(见表8-8)。由图8-2可知,张军(2003)测算的固定资本存量比本章估计资本存量1和资本存量3要大,尤其是1994年以后这两者差距逐渐增大。本章初始期1978年的资本存量为6767.28亿元,比张军(2003)初始期1978年的8663.60亿元要小,而张军(2003)并没有利用折旧率计算固定资本存量。

表8-8　　　　各学者测算的资本存量及资本产出比

单位:亿元(1978年价)

年份	张军(2003)	张军资本产出比	郭庆旺和贾俊雪(2004)	郭庆旺和贾俊雪资本产出比	单豪杰a(2008)	单豪杰a资本产出比	单豪杰b(2008)	单豪杰b资本产出比
1978	8663.60	2.3767	3837	1.0526	5701.41	1.5641	5841.36	1.6025
1979	9402.44	2.3972	4493.1	1.1455	6216.78	1.5850	6329.99	1.6139
1980	10018.87	2.3696	5152.7	1.2187	6821.10	1.6133	6892.06	1.6300
1981	10525.74	2.3664	5835.5	1.3119	7267.64	1.6339	7287.17	1.6383
1982	11065.35	2.2802	6700.4	1.3807	7860.54	1.6198	7835.03	1.6145
1983	11810.66	2.1946	7794.1	1.4482	8536.13	1.5861	8477.26	1.5752
1984	12801.33	2.0648	9123.9	1.4716	9406.69	1.5173	9337.21	1.5061
1985	14169.17	2.0136	10893.4	1.5481	10471.85	1.4882	10397.76	1.4776
1986	15554.26	2.0316	12877.9	1.6821	11647.90	1.5214	11558.88	1.5098
1987	17057.91	1.9965	14889.5	1.7427	13036.37	1.5258	12934.99	1.5139
1988	18666.99	1.9630	16957.5	1.7832	14496.23	1.5244	14382.49	1.5124
1989	20294.47	2.0501	18431.3	1.8618	15442.80	1.5600	15282.10	1.5437
1990	21748.34	2.1165	19783.6	1.9253	16372.30	1.5933	16176.71	1.5743
1991	23283.26	2.0750	21428.6	1.9097	17593.75	1.5679	17373.74	1.5483
1992	25142.49	1.9621	23813.8	1.8584	19374.13	1.5119	19137.77	1.4935
1993	27315.58	1.8699	27064.5	1.8527	21884.94	1.4981	21624.12	1.4803
1994	29923.68	1.8111	30770.9	1.8624	24950.16	1.5101	24658.84	1.4925

续表

年份	张军（2003）	张军资本产出比	郭庆旺和贾俊雪（2004）	郭庆旺和贾俊雪资本产出比	单豪杰a（2008）	单豪杰a资本产出比	单豪杰b（2008）	单豪杰b资本产出比
1995	32674.92	1.7833	34712.5	1.8945	28516.57	1.5563	28095.00	1.5333
1996	35658.32	1.7692	38966.8	1.9333	32366.02	1.6058	31808.14	1.5782
1997	39058.95	1.7730	43547.6	1.9768	36125.84	1.6399	35519.06	1.6123
1998	43158.42	1.8173	48916.7	2.0598	40234.71	1.6942	39531.86	1.6646
1999	47446.23	1.8568	54518.2	2.1335	44443.38	1.7393	43656.63	1.7085
2000	51997.86	1.8772	60400.8	2.1806	49338.75	1.7812	48473.79	1.7500
2001	57056.53	1.9020	67044.9	2.2349	54785.16	1.8263	53842.31	1.7948
2002	63550.96	1.9418	74964.91	2.2905	61314.94	1.8735	60250.80	1.8409
2003	72194.77	2.0053	85926.55	2.3868	69588.91	1.9330	68408.41	1.9002
2004	86060.53	2.1712	99297.72	2.5052	79105.74	1.9957	77818.02	1.9633
2005	100094.6	2.2689	116236.56	2.6348	90415.88	2.0495	89055.71	2.0187
2006	117912.75	2.3716	137164.21	2.7588	103538.10	2.0825	102001.52	2.0516
2007	139989.4	2.4655	162435.31	2.8608	117747.17	2.0738	116379.00	2.0497
2008	166506.4	2.6757	191445.01	3.0764	132923.23	2.1360	131705.01	2.1164
2009	203516.8	2.9949	231313.37	3.4039	154073.21	2.2673	152988.50	2.2513
2010	248758.8	3.3158	278845.91	3.7168	177310.47	2.3634	176344.65	2.3506
均值		2.1419		2.0334		1.7284		1.7125
方差		0.1182		0.3808		0.0593		0.0568
标准差系数		0.1600		0.3035		0.1409		0.1392

注：张军（2003）中的1978—2001年数据来自张军（2003），2002—2010年则采用了张军（2002）的方法计算得到的，资本存量利用资本价格指数转化为1978年计价的资本存量。郭庆旺和贾俊雪（2004）中的1978—2002年数据来自郭庆旺和贾俊雪（2004），2003—2010年资本存量是根据贾俊雪（2004）的方法计算得到的。单豪杰a是指单豪杰（2008）按统一折旧率估算的资本存量，单豪杰b是指单豪杰（2008）按每年折旧率估算资本存量。单豪杰a中的1978—2006年的数据来自单豪杰（2008），统一折旧率为10.96%，而2007—2010年的数据根据单豪杰（2008）的方法计算得到的。单豪杰a资本产出比是由单豪杰（2008）按统一折旧率估算资本存量与GDP之比，单豪杰b资本产出比是由单豪杰（2008）按每年折旧率估算资本存量与GDP之比。标准差系数是指资本产出比均方差与资本产出比均值之比。

（亿元，1978年价）

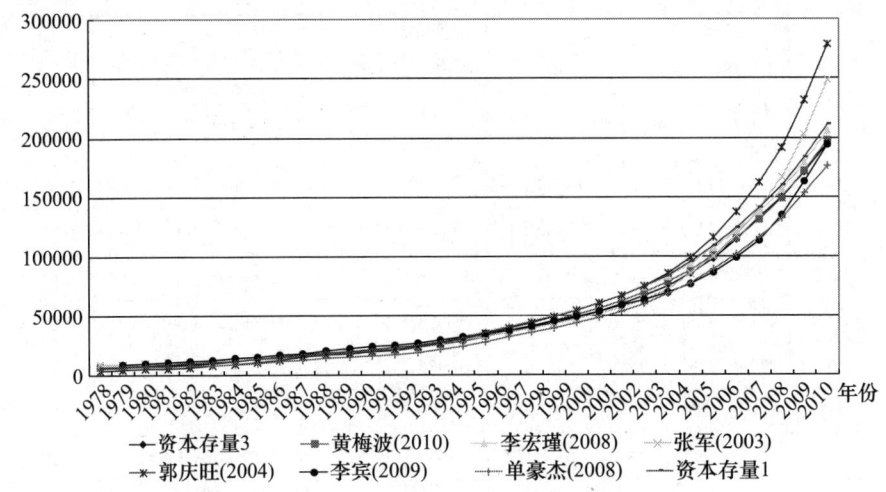

图中图例：资本存量3　黄梅波(2010)　李宏瑾(2008)　张军(2003)　郭庆旺(2004)　李宾(2009)　单豪杰(2008)　资本存量1

图8-2　测算的不同固定资本存量比较

表8-8中张军（2003）计算资本存量的资本产出比与表8-7资本存量1和资本存量3的资本产出比在2003年以后差距逐渐增大，但资本产出比的均值相差并不大。1978—2010年资本存量1和资本存量3的资本产出比均值分别为2.1416和1.9904，而张军（2003）资本存量的资本产出比均值为2.1419，它们是相当接近的。1978—2010年资本存量1和资本存量3的资本产出比的方差分别为0.0624和0.0472，张军（2003）的资本存量的资本产出比方差为0.1182，其波动较大，表明各年的资本产出比变化较大。由图8-2可知，张军（2003）的国民收入核算方法计算的资本存量的折旧率小于模型一和模型三估计的折旧率，本章估计折旧率的方法不同于张军（2003）：一是本章采用了规范的计量模型估计折旧率，具有严格的推理和严格的计量检验等，而张军（2003）采用的简单推导方法，缺少严格的推导过程；二是本章模型三估计的折旧率是一个变化量，而张军（2003）设定为不变的0.060，这显然与经济现实并不相符。

郭庆旺和贾俊雪（2004）采用全社会固定资产投资作为资本投资，初始期1978年的资本存量为3837亿元，他们选择王小鲁和樊纲（2000）假定的固定资产折旧率5%，由此计算可得1978—2010年的资本存量（见表8-8）。由图8-2可知，郭庆旺和贾俊雪（2004）计算的固定资本存量比本章估计的资本存量 1 和资本存量 3 模型变化大得多了。1989 年以前郭庆旺等（2004）计算的固定资本存量比本章资本存量 1 和资本存量 3 要小，而 1990 年以后其值比本章测算的资本存量逐渐加大，至 2010 年资本存量 1 和资本存量 3 差距分别为 67534.76 亿元和 83433.93 亿元。本章初始期 1978 年的资本存量为 6767.28 亿元，比郭庆旺和贾俊雪（2004）的初始期 1978 年的 3837 亿元要大得多了，郭庆旺和贾俊雪（2004）的折旧率为常数值 0.050，本章模型一估计的折旧率为 0.0535，而模型三的折旧率与 GDP 增长率相关，1979—2010 年固定资本折旧率的均值为 0.0687，与郭庆旺和贾俊雪（2004）的折旧率的 0.050 相差还是挺大的。

表 8-8 中的郭庆旺和贾俊雪（2004）计算资本存量的资本产出比与表 8-7 中的资本存量 1 和资本存量 3 的资本产出比相当接近。本章 1978—2010 年资本存量 1 和资本存量 3 的资本产出比均值分别为 2.1416 和 1.9904，而郭庆旺和贾俊雪（2004）的资本产出比均值为 2.0334，它们之间是相当接近的。资本存量 1 和资本存量 3 在 1978—2010 年资本产出比的方差比郭庆旺和贾俊雪（2004）的资本产出比方差为 0.3808 要小得多，表明郭庆旺和贾俊雪（2004）计算的资本存量各年的资本产出比变化较大。本章初始期的资本存量比郭庆旺和贾俊雪（2004）的大，而本章的固定资本的折旧率比郭庆旺和贾俊雪（2004）的要大些，这就出现了资本存量变化较大的情况。本章估计折旧率的方法不同于郭庆旺和贾俊雪（2004）：一是本章采用了规范的计量模型估计折旧率，具有严格的推理过程和严格的计量检验等，而郭庆旺和贾俊雪（2004）采用的简单推导方法，缺少严格的推导过程；二是本章模型三估计的折旧率是一个不断变化量，而郭庆旺和贾俊雪（2004）设定为不变的 0.050，这显然与经济现实不相符合。

单豪杰（2008）以 1952 年的资本存量 342 亿元作为初始存量，以 10.96% 的固定资本折旧率和每年不断变化的折旧率测算出 1952—2006 年资本存量。根据他的计算，我们推算 2007—2010 年的资本存量，按照资本价格指数得到两种固定资本存量（见表 8-8）。

单豪杰（2008）的资本折旧率（大约为 10.96%）比本章估计的折旧率（5.35% 和 6.87% 左右）要大得多，1978 年的初始资本存量（5701.41 亿元，1978 年价）比本章估计的 6767.28 亿元（1978 年价）要小，这样，单豪杰（2008）计算得到的资本存量比本章测算的资本存量要小得多（见表8-8），从而计算的资本产出比要比表8-7的资本存量1和资本存量3的资本产出比小，但单豪杰（2008）的资本产出比方差大于资本存量3的资本产出比方差，单豪杰（2008）的资本产出比标准差系数大于本章估计的资本存量1和资本存量3，这说明单豪杰（2008）的资本产出比变化较大，这也表明本章估计的资本存量是较为可靠的。

李宏瑾（2008）采用固定资本形成总额作为投资，这样，既能体现农业部门投资又回避固定资产交付使用率的偏差。李宏瑾（2008）设定初始期1952年资本存量为815亿元（1952年价），固定资本折旧率为0.06，这样，就可计算1978—2010年的资本存量（见表8-9）。由图8-2可知，李宏瑾（2008）计算的固定资本存量比模型一估计的折旧率计算的资本存量1小，这两者非常接近，李宏瑾（2008）计算的固定资本存量比模型三估计的折旧率计算的资本存量3大，尤其是1994年以后这两者相差逐渐增大。本章初始期1978年的资本存量为6767.28亿元，比李宏瑾（2008）的初始期1978年的7807.55亿元要小，李宏瑾（2008）的折旧率为0.060，比模型一估计的折旧率0.0535大些。本章模型三的折旧率与GDP增长率有关，1979—2010年折旧率均值为0.0687，与李宏瑾（2008）的折旧率0.060之间存在差距。

表8-9　各学者测算的资本存量及资本产出比（1978年价）　　单位：亿元

年份	李宏瑾（2008）	李宏瑾资本产出比	李宾和曾志雄（2009）	李宾和曾志雄资本产出比	黄梅波和吕朝凤（2010）	黄梅波和吕朝凤资本产出比
1978	7807.55	2.1419			7468.28	2.0488
1979	8466.02	2.1585	9230.57	2.3534	8095.21	2.0639
1980	9209.82	2.1782	10122.89	2.3942	8802.86	2.0820
1981	9810.51	2.2056	11006.94	2.4746	9294.67	2.0896
1982	10565.39	2.1772	11901.90	2.4526	10009.30	2.0626
1983	11431.94	2.1242	12892.87	2.3957	10829.70	2.0123
1984	12539.70	2.0226	14036.51	2.2640	11883.17	1.9167
1985	13866.71	1.9706	15289.23	2.1728	13145.82	1.8682
1986	15327.19	2.0020	16699.61	2.1812	14531.02	1.8980
1987	17038.37	1.9942	18356.78	2.1485	16153.34	1.8906

续表

年份	李宏瑾（2008）	李宏瑾资本产出比	李宾和曾志雄（2009）	李宾和曾志雄资本产出比	黄梅波和吕朝凤（2010）	黄梅波和吕朝凤资本产出比
1988	18879.73	1.9853	20239.30	2.1283	17892.13	1.8815
1989	20223.89	2.0429	22152.32	2.2377	19130.60	1.9325
1990	21571.33	2.0993	23822.88	2.3184	20310.27	1.9765
1991	23240.02	2.0711	25432.83	2.2665	21770.72	1.9402
1992	25538.94	1.9930	27336.00	2.1332	23737.22	1.8524
1993	28588.80	1.9570	29499.06	2.0193	26368.26	1.8050
1994	32264.91	1.9528	31902.65	1.9309	29566.78	1.7895
1995	36455.84	1.9896	34624.01	1.8896	33232.26	1.8137
1996	41044.76	2.0364	37871.46	1.8790	37247.00	1.8480
1997	45399.49	2.0608	41514.41	1.8845	41367.16	1.8778
1998	50191.68	2.1135	45322.69	1.9085	45877.31	1.9318
1999	55243.80	2.1619	49417.33	1.9339	50603.09	1.9803
2000	60771.72	2.1940	53933.01	1.9471	56070.41	2.0242
2001	66950.26	2.2318	58691.05	1.9565	62155.35	2.0720
2002	74264.95	2.2691	63627.67	1.9441	69341.28	2.1187
2003	83402.08	2.3167	69417.10	1.9282	78309.25	2.1752
2004	94068.12	2.3732	77097.53	1.9451	88756.17	2.2392
2005	106733.98	2.4194	86832.06	1.9683	101146.06	2.2927
2006	121366.96	2.4411	98939.56	1.9900	115436.68	2.3218
2007	137715.44	2.4255	112924.17	1.9888	131415.09	2.3145
2008	155856.30	2.5045	135084.13	2.1707	148666.99	2.3890
2009	179597.71	2.6429	163101.63	2.4001	171843.69	2.5288
2010	205996.17	2.7458	194145.54	2.5878	197556.00	2.6333
均值		2.1819		2.1310		2.0506
方差		0.0400		0.0420		0.0430
标准差系数		0.0917		0.0962		0.1011

注：李宏瑾（2008）中的1978—2007年的数据来自李宏瑾（2008），2008—2010年固定资本存量是根据李宏瑾（2008）方法计算得到的。李宾和曾志雄（2009）中的1978—2007年的数据来自李宾和曾志雄（2009），2008—2010年的固定资本存量是根据李宾和曾志雄（2009）方法计算得到的。黄梅波和吕朝凤（2010）中1978—2008年的数据来自黄梅波和吕朝凤（2010），而2009—2010年固定资本存量是根据黄梅波和吕朝凤（2010）方法计算得到的。标准差系数是指资本产出比均方差与资本产出比均值之比。

表8-9中的李宏瑾（2008）计算的资本存量的资本产出比与本章资本存量1的资本产出比非常接近，而与资本存量3的资本产出比存在一定的差距。本章资本存量1的资本产出比的方差为0.0624，资本存量3资本产出比的方差为0.0472，而李宏瑾（2008）的资本产出比方差为0.0400，它们之间非常接近，这表明资本产出比都是较为平稳的。本章资本存量1与李宏瑾（2008）计算资本存量非常接近，本章的资本存量3与李宏瑾（2008）计算资本存量的差距（见图8-2）。本章估计折旧率的方法不同于李宏瑾（2008）：一是本章采用规范的计量模型估计折旧率，具有严格的推理过程和严格的计量检验等，而李宏瑾（2008）采用的简单推导方法，缺少严格的推导过程；二是本章模型三估计的折旧率是一个不断变化量，而李宏瑾（2008）设定为不变的0.060，这显然与经济现实不相符合。

李宾和曾志雄（2009）使用并延展霍尔兹（Holz，2006）资本存量序列，以新增固定资产作为投资。资本序列方法为：

$K_t = K_{t-1} + I_t/p_t - I_{t-k}/p_{t-k}$

其中，参数k表示资本品服役k期之后退出生产，I_{t-k}/p_{t-k}实际上相当于折旧额。

霍尔兹（2006）设定资本品的平均服役年数为14年，即$k=14$，k值的设定有其主观性，但也避开了折旧率为常数的假设。由此方法计算得到1978—2010年的资本存量（见表8-9）。由图8-2可知，李宾和曾志雄（2009）测算的固定资本存量与本章估计的资本存量存在着差距：1979—1994年李宾和曾志雄（2009）计算的资本存量大于资本存量1，而1995—2010年李宾和曾志雄（2009）计算的资本存量小于资本存量1；1979—2000年李宾和曾志雄（2009）计算的资本存量大于资本存量3，而2001—2010年李宾和曾志雄（2009）计算的资本存量小于资本存量3。李宾和曾志雄（2009）资本存量的资本产出比方差为0.0420，这表明资本产出比都是较为平稳的。本章初始期1978年的资本存量为6767.28亿元，比李宾和曾志雄（2009）的初始期1978年的9230.57亿元要小得多，而李宾和曾志雄（2009）并没有设定折旧率，而是人为设定一个常数k。

由表8-9可知，李宾和曾志雄（2009）资本存量的资本产出比与本章资本存量3的资本产出比相当接近。本章资本存量3的资本产出比均值为1.9904，而李宾和曾志雄（2009）资本存量的资本产出比均值为2.1310，两者非常接近。本章资本存量3的资本产出比的方差为0.0472，而李宾和曾志雄（2009）的资本产出比方差为0.0420，两者非常接近。本章初始期的资本存量比李宾和曾志雄（2009）的小，本章模型三估计的折旧率比李宾和曾志雄（2009）稍微大些，这就出现了资本存量变化比李宾和曾志雄（2009）资本存量大些。本章的模型一估计的折旧率是常数，与其对应计算得到的资本存量1的资本产出比的方差较资本存量3和李宾和曾志雄（2009）的资本产出比大。本章估计折旧率计算资本存量方法不同于李宾和曾志雄（2009）：一是本章采用了规范的计量模型估计折旧率，具有严格的推理过程和严格的计量检验等，而李宾和曾志雄（2009）采用的简单推导方法，缺少严格的推导过程；二是本章模型三估计的折旧率是一个不断变化量，而李宾和曾志雄（2009）设定为不变的常数k，这显然与经济现实不相符合。

黄梅波和吕朝凤（2010）采用固定资本形成总额作为投资，初始期1952年的资本存量为558.35亿元（1952年价），与其他学者相比较，黄梅波和吕朝凤（2010）在折旧率选取上选择一个比较适中的数值，其折旧率为0.0667，这样，计算得到1978—2010年的资本存量（见表8-9）。由图8-2可知，黄梅波和吕朝凤（2010）测算的固定资本存量与本章的资本存量3非常接近。本章初始期1978年的资本存量为6767.28亿元，比黄梅波和吕朝凤（2010）的初始期1978年的7468.28亿元要小，黄梅波和吕朝凤（2010）的折旧率为常数值0.0667，而本章模型三估计的折旧率随着GDP增长的变化而率变化，1979—2010年均值为0.0687，与黄梅波和吕朝凤（2010）的折旧率0.0667非常接近。

由表8-9可知，黄梅波和吕朝凤（2010）计算的资本存量的资本产出比与资本存量3的资本产出比非常接近。本章资本存量3的资本产出比均值为1.9904，而黄梅波和吕朝凤（2010）的资本产出比均值为2.0506，两者是非常接近的。本章的资本存量3的资本产出比的方差为0.0472，而黄梅波和吕朝凤（2010）的资本产出比方差为0.0430，两者也是相当的接近。本章模型一估计的折旧率是常数，与其对应计算得到的资本存量1的资本产出比的方差较资本存量3及黄梅波和吕朝凤（2010）的资本产出比大。由此可知，本章资本存量3与黄梅波和吕朝凤（2010）计算资本存量上是比较一致的，但本章的估计折旧率的方法不同于黄梅波和吕朝凤（2010）：一是本章采用规范的计量模型估计折旧率，具有严格的推理过程和严格的计量检验等，而黄梅波和吕朝凤（2010）采用的简单推导方法，缺少严格的推导过程；二是本章模型三估计的折旧率是一个不断变化量，而黄梅波和吕朝凤（2010）设定为不变的0.0667，这显然与经济现实不相符合。

本章计算得到的资本存量与现有文献中估计资本存量比较可知，本章估计的资本存量3和资本存量1的大小处于现有各学者估计的资本存量之间（见图8-2）。模型三估计的折旧率是变化的，这更加符合经济现实，由于该折旧率计算得到的资本存量3较为平滑（与本章估计的资本存量1相比）。因此我们认为，本章估计的资本存量3是可信的。

第六节 可变弹性系数的估计

一 两要素 CES 生产函数

（一）函数式

两要素 CES 生产函数的基本形式为：

$$Y = A[\delta K^{-\rho} + (1-\delta)L^{-\rho}]^{-u/\rho} \tag{8-27}$$

其中，A 表示效益系数，δ 表示分配系数，ρ 表示替代系数，$0 < \delta \leq 1$，$-1 \leq \rho < +\infty$。由式（8-27）取对数可得：

$$\ln Y = \ln A - u/\rho \ln[\delta K^{-\rho} + (1-\delta)L^{-\rho}] \tag{8-28}$$

在 $\rho = 0$ 处做泰勒展开，取关于 ρ 的线性部分可得到：

$$\ln Y = \ln A + u\delta \ln K + u(1-\delta)\ln L - 1/2 u\rho\delta(1-\delta)[\ln(K/L)]^2 \tag{8-29}$$

以 $\ln Y$ 为因变量，$\ln K$、$\ln L$、$[\ln(K/L)]^2$ 为解释变量，应用最小二乘法就可估计式（8-29）中的各项系数，从而可得到结构参数 A、ρ、δ、u。

这样，由式（8-29）可得到资本和劳动弹性系数为：

$$资本弹性系数 = u\delta - u\rho\delta(1-\delta)(\ln K - \ln L) \tag{8-30}$$

$$劳动弹性系数 = u(1-\delta) + u\rho\delta(1-\delta)(\ln K - \ln L) \tag{8-31}$$

（二）CES 模型的估计

利用表 8-10 中的各数据估计模型（8-29）可得到：

表 8-10　　　　　　　　　　估计模型中的各数据

年份	国内生产总值对数 （亿元，1978年价）	资本存量对数 （亿元，1978年价）	就业人员对数 （万人）	$[\ln(K/L)]^2$
1978	8.2012	8.8205	10.6004	3.1680
1979	8.2744	8.8993	10.6219	2.9675
1980	8.3495	8.9838	10.6540	2.7897
1981	8.4002	9.0215	10.6857	2.7695
1982	8.4873	9.1088	10.7210	2.5989
1983	8.5908	9.2143	10.7458	2.3454
1984	8.7323	9.3651	10.7831	2.0107
1985	8.8589	9.5021	10.8172	1.7297
1986	8.9432	9.5951	10.8451	1.5624
1987	9.0530	9.7178	10.8739	1.3366
1988	9.1601	9.8322	10.9029	1.1464
1989	9.2002	9.8490	10.9211	1.1493
1990	9.2375	9.8624	11.0783	1.4784
1991	9.3255	9.9391	11.0897	1.3237
1992	9.4583	10.0735	11.0997	1.0530
1993	9.5894	10.2180	11.1096	0.7948
1994	9.7125	10.3586	11.1192	0.5785
1995	9.8159	10.4801	11.1282	0.4200
1996	9.9112	10.5912	11.1411	0.3024
1997	10.0001	10.6885	11.1537	0.2164
1998	10.0753	10.7735	11.1653	0.1535
1999	10.1485	10.8545	11.1760	0.1033
2000	10.2292	10.9439	11.1856	0.0584
2001	10.3089	11.0350	11.1954	0.0257
2002	10.3960	11.1409	11.2020	0.0037
2003	10.4913	11.2669	11.2082	0.0034
2004	10.5875	11.3966	11.2154	0.0328
2005	10.6946	11.5331	11.2205	0.0977
2006	10.8141	11.6837	11.2250	0.2105
2007	10.9469	11.8423	11.2295	0.3755
2008	11.0386	11.9588	11.2327	0.5271
2009	11.1266	12.0914	11.2362	0.7314
2010	11.2255	12.2318	11.2399	0.9839
2011	11.3136	12.3545	11.2440	1.2332

$$\ln Y = -2.1347 + 0.8033\ln K + 0.3189\ln L - 0.0492[\ln(K/L)]^2 + \mu_t$$
$$\quad\quad (-5.33)\quad\; (123.34)\quad\; (7.91)\quad\quad\quad (-8.36)$$
$$\mu_t = 0.6838\mu_{t-1} + \varepsilon_t, \quad \varepsilon_t \sim N(0,\ \sigma_\varepsilon^2) \tag{8-32}$$
$$(5.50)$$

R = 0.9999，R² = 0.9999，DW = 1.6780。小括号内为各参数的 t 统计量。

由模型（8-32）可得到：

$A = 0.1183$、$\rho = 0.2283$、$\delta = 0.7158$、$u = 1.1222$

$\sigma_{KL} = 1/(1+\rho) = 0.8141$。

从而可得到资本和劳动弹性系数（见表8-11）。

表 8-11　　　　　CES 估计的可变弹性系数估计值

年份	资本弹性	劳动弹性	规模报酬
1978	0.8961	0.2262	1.1222
1979	0.8931	0.2291	1.1222
1980	0.8904	0.2319	1.1222
1981	0.8900	0.2322	1.1222
1982	0.8873	0.2349	1.1222
1983	0.8831	0.2391	1.1222
1984	0.8772	0.2450	1.1222
1985	0.8718	0.2504	1.1222
1986	0.8685	0.2538	1.1222
1987	0.8636	0.2587	1.1222
1988	0.8591	0.2631	1.1222
1989	0.8592	0.2631	1.1222
1990	0.8667	0.2556	1.1222
1991	0.8633	0.2590	1.1222
1992	0.8568	0.2654	1.1222
1993	0.8498	0.2725	1.1222
1994	0.8429	0.2793	1.1222
1995	0.8371	0.2852	1.1222
1996	0.8320	0.2903	1.1222

第八章 折旧率、资本存量和弹性参数的估计 | 235

续表

年份	资本弹性	劳动弹性	规模报酬
1997	0.8275	0.2947	1.1222
1998	0.8237	0.2985	1.1222
1999	0.8201	0.3022	1.1222
2000	0.8159	0.3063	1.1223
2001	0.8117	0.3106	1.1223
2002	0.8065	0.3157	1.1222
2003	0.8002	0.3220	1.1222
2004	0.7939	0.3284	1.1222
2005	0.7870	0.3352	1.1222
2006	0.7794	0.3428	1.1222
2007	0.7714	0.3509	1.1222
2008	0.7655	0.3568	1.1222
2009	0.7587	0.3635	1.1222
2010	0.7516	0.3706	1.1222
2011	0.7454	0.3768	1.1222

注：规模报酬为资本弹性和劳动弹性之和。

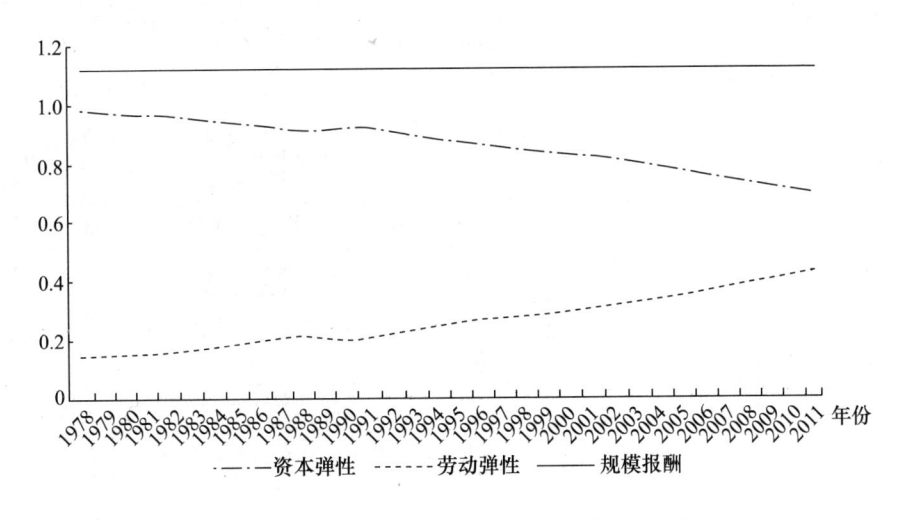

图8-3 资本弹性、劳动弹性系数及规模报酬

二　时变非参数线性局部估计

（一）具有常数的非参数线性局部估计

假定具有如下生产函数：

$$Y = AK^{\alpha(t)}L^{\beta(t)} \qquad (8-33)$$

其中，资本 K 的产出弹性系数为 $\alpha(t)$，劳动 L 的产出弹性系数为 $\beta(t)$，各弹性系数是时间 t 的函数式并不确定，我们可采取非参数局部线性法估计产出弹性。$\alpha(t)$ 和 $\beta(t)$ 为时间的一次展开式：

$$\alpha(t) \approx \alpha(t_0) + \alpha'(t_0)(t-t_0) = \alpha_0 + \alpha_1(t-t_0) \qquad (8-34)$$

$$\beta(t) \approx \beta(t_0) + \beta'(t_0)(t-t_0) = \beta_0 + \beta_1(t-t_0) \qquad (8-35)$$

由式（8-34）和式（8-35），则式（8-33）可得到：

$$\ln Y = \ln A + \alpha_0 \ln K + \beta_0 \ln L + \alpha_1(t-t_0)\ln K + \beta_1(t-t_0)\ln L + \varepsilon \qquad (8-36)$$

采用非参数局部线性法估计式（8-36），具体的结果见表 8-12。①

表 8-12　　产出时变弹性系数的估计值

年份	常数项	资本弹性 $\alpha(t)$	劳动弹性 $\beta(t)$	规模报酬	资本弹性的时间一阶导数 $\alpha'(t)$	劳动弹性的时间一阶导数 $\beta'(t)$
1978	-1.5751	0.8084	0.2491	1.0575	0.0005	0.0002
1979	-1.5656	0.8079	0.2493	1.0572	0.0003	0.0004
1980	-1.5517	0.8071	0.2494	1.0565	0.0002	0.0006
1981	-1.528	0.8058	0.249	1.0548	0	0.0008
1982	-1.4873	0.8038	0.2477	1.0515	-0.0003	0.001
1983	-1.4202	0.801	0.2446	1.0456	-0.0005	0.0013
1984	-1.3157	0.797	0.2393	1.0363	-0.0008	0.0016
1985	-1.1622	0.7915	0.231	1.0225	-0.0012	0.002
1986	-0.9524	0.784	0.2192	1.0032	-0.0016	0.0025
1987	-0.6889	0.7748	0.2044	0.9792	-0.0021	0.0031
1988	-0.3907	0.7644	0.1877	0.9521	-0.0026	0.0036
1989	-0.0944	0.7539	0.1714	0.9253	-0.0031	0.0042

① 利用非参数局部线性法估计模型时，需要选择合适的核函数和宽度。本章中的非参数估计的核函数为正态分布函数，而宽度的选择满足 CV 达到最小值。

第八章 折旧率、资本存量和弹性参数的估计 | 237

续表

年份	常数项	资本弹性 α(t)	劳动弹性 β(t)	规模报酬	资本弹性的时间一阶导数 α′(t)	劳动弹性的时间一阶导数 β′(t)
1990	0.155	0.7451	0.1583	0.9034	-0.0035	0.0048
1991	0.3201	0.7391	0.1504	0.8895	-0.0039	0.0052
1992	0.3838	0.7366	0.1486	0.8852	-0.0043	0.0055
1993	0.3515	0.7374	0.1524	0.8898	-0.0045	0.0057
1994	0.2426	0.7408	0.1606	0.9014	-0.0047	0.0058
1995	0.0816	0.7457	0.1719	0.9176	-0.0048	0.0058
1996	-0.109	0.7513	0.185	0.9363	-0.0049	0.0058
1997	-0.312	0.7569	0.199	0.9559	-0.005	0.0058
1998	-0.5156	0.762	0.2133	0.9753	-0.0051	0.0057
1999	-0.7126	0.7663	0.2275	0.9938	-0.0051	0.0057
2000	-0.8994	0.7697	0.2415	1.0112	-0.0052	0.0056
2001	-1.0747	0.7723	0.2551	1.0274	-0.0052	0.0056
2002	-1.2391	0.7742	0.2683	1.0425	-0.0052	0.0055
2003	-1.3936	0.7755	0.2809	1.0564	-0.0053	0.0055
2004	-1.5402	0.7765	0.293	1.0695	-0.0053	0.0054
2005	-1.6804	0.7776	0.3044	1.082	-0.0054	0.0054
2006	-1.8162	0.7788	0.3151	1.0939	-0.0054	0.0054
2007	-1.949	0.7804	0.3249	1.1053	-0.0055	0.0054
2008	-2.0798	0.7826	0.3338	1.1164	-0.0056	0.0054
2009	-2.2096	0.7853	0.3418	1.1271	-0.0057	0.0054
2010	-2.339	0.7884	0.3491	1.1375	-0.0059	0.0055
2011	-2.4681	0.7918	0.3558	1.1476	-0.0061	0.0055
均值		0.7745	0.2404	1.0149		

注：规模报酬为资本弹性和劳动弹性之和。

由表8-12可知，资本弹性系数均值为0.7745，劳动弹性系数均值为0.2404，规模报酬弹性均值为1.0149。资本弹性系数由大变小，然后由小变大，且近期出现了下降趋势。同时，劳动弹性系数由大变小，然后由小变大,近期出现了不断上升趋势(见图8-4)。

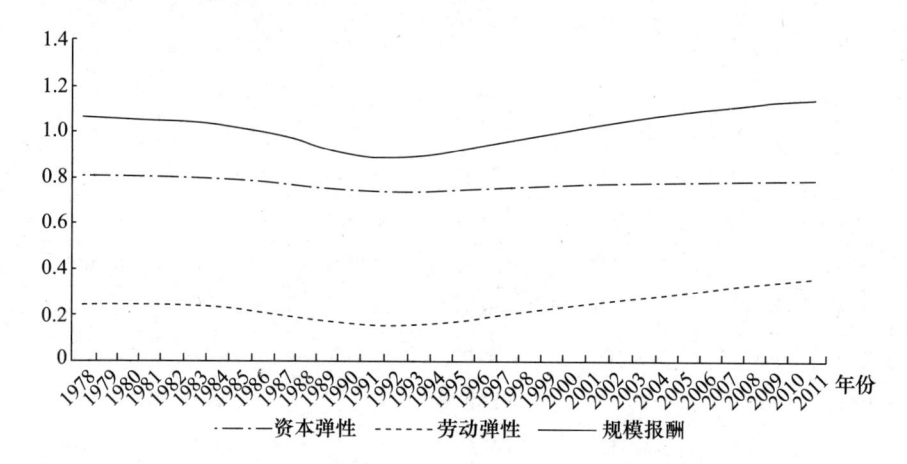

图 8-4 资本劳动产出弹性随时间变化及规模报酬

(二) 规模报酬不变的时变非参数线性局部估计

假定具有如下生产函数:

$$Y = AK^{\alpha(t)}L^{1-\alpha(t)} \tag{8-37}$$

其中,资本 K 的产出弹性系数为 $\alpha(t)$,劳动 L 的产出弹性系数为 $1-\alpha(t)$,但它们是时间 t 的函数形式并不确定,我们可采取非参数局部线性法估计产出弹性。这样,$\alpha(t)$ 为时间的一次展开式:

$$\alpha(t) \approx \alpha(t_0) + \alpha'(t_0)(t-t_0) = \alpha_0 + \alpha_1(t-t_0) \tag{8-38}$$

则式 (8-37) 可以化为:

$$\ln y = \ln A + \alpha_0 \ln k + \alpha_1(t-t_0)\ln k + \varepsilon \tag{8-39}$$

其中,y 和 k 分别表示人均 GDP 和人均资本存量。采用非参数局部线性法估计产出弹性(见表 8-13)。

表 8-13　　　　　　资本时变弹性系数估计值

年份	常数项	资本弹性 $\alpha(t)$	资本弹性的时间一阶导数 $\alpha'(t)$
1978	1.3652	0.7329	0.0017
1979	1.4265	0.7264	0.0017
1980	1.493	0.7194	0.0018

续表

年份	常数项	资本弹性 α(t)	资本弹性的时间一阶导数 α′(t)
1981	1.5646	0.7118	0.0018
1982	1.6411	0.7038	0.0019
1983	1.7223	0.6952	0.0019
1984	1.8078	0.6862	0.002
1985	1.8972	0.6769	0.0021
1986	1.9899	0.6674	0.0022
1987	2.0855	0.6576	0.0022
1988	2.1833	0.6478	0.0023
1989	2.2827	0.6379	0.0024
1990	2.3834	0.628	0.0025
1991	2.4846	0.6183	0.0026
1992	2.5859	0.6087	0.0026
1993	2.6869	0.5994	0.0027
1994	2.7871	0.5903	0.0028
1995	2.8861	0.5816	0.0029
1996	2.9834	0.5733	0.003
1997	3.0788	0.5653	0.0031
1998	3.1719	0.5579	0.0031
1999	3.2621	0.5509	0.0032
2000	3.3493	0.5444	0.0033
2001	3.4328	0.5385	0.0034
2002	3.5122	0.5332	0.0034
2003	3.5871	0.5286	0.0035
2004	3.6568	0.5246	0.0036
2005	3.7208	0.5214	0.0036
2006	3.7782	0.5189	0.0037
2007	3.8285	0.5173	0.0037
2008	3.8707	0.5166	0.0037
2009	3.904	0.5169	0.0037
2010	3.9276	0.5181	0.0037
2011	3.9403	0.5205	0.0037
均值		0.6011	

由表 8-13 可知，资本弹性系数由 1978 年的 0.7329 不断下降至 2011 年的 0.5205，其间的均值为 0.6011。与模型（8-36）的估计结果相比，该模型估计的资本弹性系数小些。这是因为，规模报酬不变的资本弹性系数是受到约束统计的限制，资本弹性系数比没有约束条件弹性模型估计要小些。

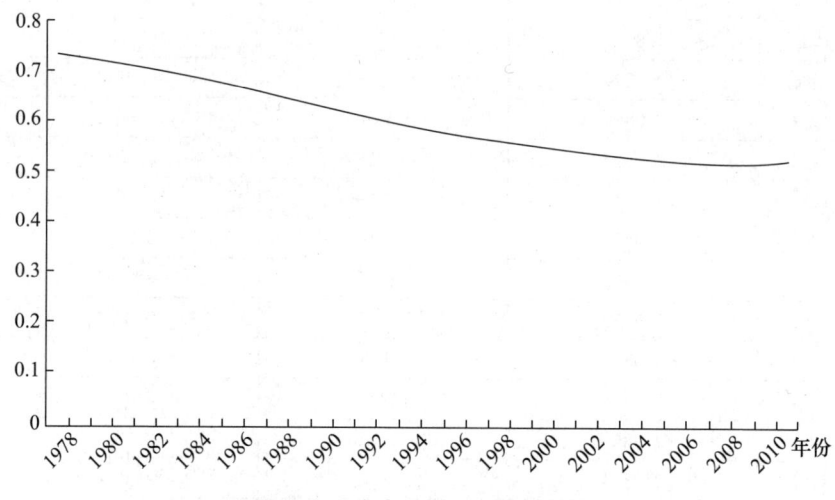

图 8-5 资本弹性系数变化趋势

三 资本量的非参数线性局部估计

（一）资本量的非参数线性局部估计（带有常数项）

由于我国的经济增长是由资本推动的，为了分析资本对我国经济增长的作用，我们构建了对资本量弹性系数的生产函数：

$$Y = AK^{\alpha(\ln K)} L^{\beta(\ln K)} \tag{8-40}$$

其中，资本 K 的产出弹性系数为 $\alpha(\ln K)$，劳动 L 的产出弹性系数为 $\beta(\ln K)$，但它们是资本量 K 的函数形式并不确定，我们可采取资本量非参数局部线性法估计产出弹性。

这样，$\alpha(\ln K)$ 和 $\beta(\ln K)$ 为资本存量 $\ln K$ 的一次展开式：

$$\alpha(\ln K) \approx \alpha(\ln K_0) + \alpha'(\ln K_0)(\ln K - \ln K_0) = \alpha_0 + \alpha_1(\ln K - \ln K_0) \tag{8-41}$$

$$\beta(\ln K) \approx \beta(\ln K_0) + \beta'(\ln K_0)(\ln K - \ln K_0) = \beta_0 + \beta_1(\ln K - \ln K_0) \tag{8-42}$$

由式（8-40）和式（8-41），模型（8-39）可化为：

$$\ln Y = \ln A + \alpha_0 \ln K + \beta_0 \ln L + \alpha_1 (\ln K - \ln K_0) \ln K + \beta_1 (\ln K - \ln K_0) \ln L + \varepsilon$$

(8-43)

利用采用非参数局部线性法估计式（8-43）时，首先对估计系数和资本存量用滤波法进行平稳处理，可得到估计结果（见表8-14）。

表8-14　　　　资本量的非参数线性局部估计结果

年份	常数项	资本弹性 $\alpha(\ln K)$	劳动弹性 $\beta(\ln K)$	规模报酬	资本弹性的时间一阶导数 $\alpha'(\ln K)$	劳动弹性的时间一阶导数 $\beta'(\ln K)$
1978	-2.2444	0.8322	0.2923	1.1245	-0.0086	0.0122
1979	-2.2054	0.8317	0.2894	1.1211	-0.0103	0.0139
1980	-2.1478	0.8305	0.2855	1.116	-0.0122	0.0158
1981	-2.0687	0.8286	0.2802	1.1088	-0.0143	0.0181
1982	-1.9651	0.8257	0.2736	1.0993	-0.0166	0.0207
1983	-1.8357	0.8218	0.2655	1.0873	-0.0192	0.0236
1984	-1.6819	0.8168	0.2563	1.0731	-0.022	0.0269
1985	-1.5091	0.8108	0.2463	1.0571	-0.025	0.0304
1986	-1.3259	0.8042	0.2362	1.0404	-0.028	0.034
1987	-1.1421	0.7971	0.2265	1.0236	-0.031	0.0375
1988	-0.9674	0.7899	0.2179	1.0078	-0.0339	0.0409
1989	-0.8095	0.783	0.2108	0.9938	-0.0365	0.044
1990	-0.6733	0.7765	0.2053	0.9818	-0.0389	0.0468
1991	-0.5633	0.7707	0.2018	0.9725	-0.041	0.0492
1992	-0.484	0.7656	0.2004	0.966	-0.0429	0.0511
1993	-0.439	0.7616	0.2013	0.9629	-0.0444	0.0526
1994	-0.4287	0.7587	0.2043	0.963	-0.0456	0.0537
1995	-0.4507	0.7568	0.2092	0.966	-0.0464	0.0543
1996	-0.5	0.7559	0.2155	0.9714	-0.047	0.0545
1997	-0.5714	0.7559	0.223	0.9789	-0.0474	0.0543
1998	-0.6597	0.7564	0.2314	0.9878	-0.0476	0.054
1999	-0.7616	0.7573	0.2404	0.9977	-0.0477	0.0535
2000	-0.8742	0.7586	0.25	1.0086	-0.0476	0.0528

续表

年份	常数项	资本弹性 α(lnK)	劳动弹性 β(lnK)	规模报酬	资本弹性的时间—阶导数 α'(lnK)	劳动弹性的时间—阶导数 β'(lnK)
2001	-0.9956	0.7601	0.26	1.0201	-0.0475	0.052
2002	-1.1244	0.7617	0.2704	1.0321	-0.0473	0.0511
2003	-1.2591	0.7634	0.2811	1.0445	-0.0471	0.0502
2004	-1.3979	0.765	0.2921	1.0571	-0.0468	0.0492
2005	-1.5389	0.7666	0.3031	1.0697	-0.0466	0.0483
2006	-1.6807	0.7682	0.3141	1.0823	-0.0463	0.0473
2007	-1.8218	0.7698	0.3248	1.0946	-0.0461	0.0463
2008	-1.9611	0.7715	0.335	1.1065	-0.0459	0.0454
2009	-2.0983	0.7734	0.3447	1.1181	-0.0457	0.0445
2010	-2.2332	0.7755	0.3537	1.1292	-0.0456	0.0436
2011	-2.3655	0.7779	0.3619	1.1398	-0.0456	0.0428
均值		0.7823	0.2619	1.0442		

注：规模报酬为资本弹性和劳动弹性之和。

由表8-14可知，资本弹性系数由1978年的0.8322不断下降至1996年的0.7559，其后资本弹性系数稍有上升，其间的均值为0.7823。劳动力弹性系数在1978—2011年间呈现出"U"形弹性变化，尤其是最近呈现出波动增加（见图8-6）。

（二）规模报酬不变的资本量非参数线性局部估计

在模型（8-40）的基础上，假定其规模报酬不变，则可得到：

$$Y = AK^{\alpha(\ln K)} L^{1-\alpha(\ln K)} \tag{8-44}$$

其中，资本 K 的产出弹性为 $\alpha(\ln K)$，劳动 L 的产出弹性为 $1-\alpha(\ln K)$，但它们是资本量的函数形式并不确定，我们可采取非参数局部线性法估计产出弹性。

由式（8-44）可得到：

$$Y/L = A(K/L)^{\alpha(\ln K)} \tag{8-45}$$

这样，$\alpha(\ln K)$ 为资本存量 $\ln K$ 的一次展开式：

$$\alpha(\ln K) \approx \alpha(\ln K_0) + \alpha'(\ln K_0)(\ln K - \ln K_0) = \alpha_0 + \alpha_1(\ln K - \ln K_0)$$

$$\tag{8-46}$$

第八章 折旧率、资本存量和弹性参数的估计 | 243

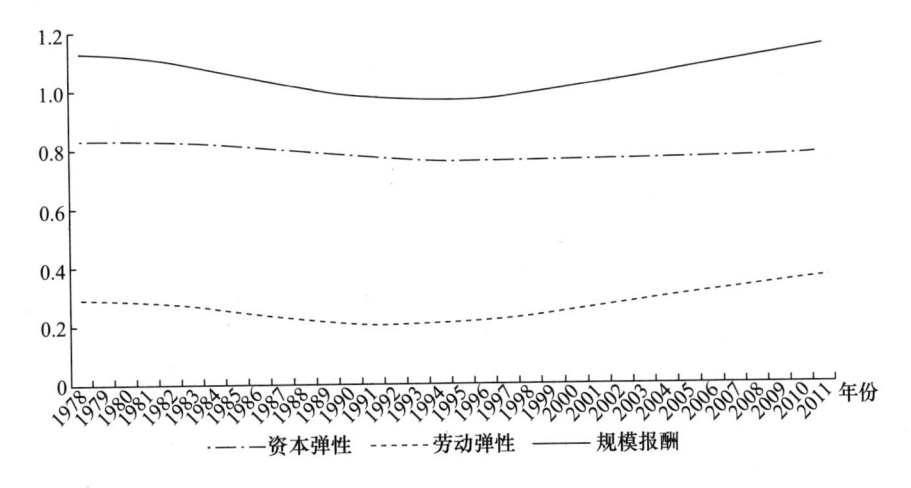

图 8-6 资本劳动产出弹性随时间变化及规模报酬

由式（8-46）和式（8-45）可以得到：

$$\ln y = \ln A + \alpha_0 \ln k + \alpha_1 (\ln K - \ln K_0) \ln k + \varepsilon \tag{8-47}$$

其中，y 表示人均产出，k 表示人均资本存量，K 表示资本量。

采用非参数局部线性法估计式（8-41）时，首先对估计系数和资本存量用滤波法进行平稳处理，可得到估计结果（见表8-15）。

表 8-15　　　　　　　　资本量的产出弹性系数估计值

年份	常数项	资本弹性 α(lnK)	资本弹性的时间一阶导数 α'(lnK)
1978	1.8008	0.6818	0.015
1979	1.798	0.6833	0.0149
1980	1.7951	0.685	0.0149
1981	1.7938	0.6857	0.0149
1982	1.7907	0.6874	0.0148
1983	1.787	0.6895	0.0148
1984	1.7817	0.6924	0.0147
1985	1.7768	0.695	0.0147
1986	1.7735	0.6968	0.0146
1987	1.7692	0.6992	0.0146
1988	1.7651	0.7014	0.0145
1989	1.7645	0.7017	0.0145

续表

年份	常数项	资本弹性 α（lnK）	资本弹性的时间一阶导数 α'（lnK）
1990	1.764	0.7019	0.0145
1991	1.7613	0.7034	0.0145
1992	1.7565	0.7059	0.0144
1993	1.7513	0.7086	0.0144
1994	1.7462	0.7112	0.0143
1995	1.7418	0.7135	0.0142
1996	1.7378	0.7155	0.0142
1997	1.7343	0.7173	0.0142
1998	1.7312	0.7189	0.0141
1999	1.7282	0.7204	0.0141
2000	1.725	0.722	0.014
2001	1.7217	0.7236	0.014
2002	1.7178	0.7255	0.014
2003	1.7131	0.7278	0.0139
2004	1.7084	0.7301	0.0138
2005	1.7033	0.7325	0.0138
2006	1.6977	0.7351	0.0137
2007	1.6919	0.7379	0.0136
2008	1.6875	0.7399	0.0136
2009	1.6826	0.7422	0.0135
2010	1.6773	0.7446	0.0135
2011	1.6727	0.7467	0.0134
均值		0.7125	

由图8-7可知，该模型估计的资本弹性系数在1978—2011年间不断增大。唯独该模型估计资本弹性系数是随时间不断增大（见图8-7），这是因为，模型（8-39）的资本弹性系数和劳动弹性系数随资本量弹性系数变化而变化，两弹性系数之和不一定为1；模型（8-44）的内在含义为资本弹性和劳动弹性系数之和为1，而资本的弹性系数将随资本量的变化而不断变化。如资本弹性和劳动弹性系数之和不为1，而将两者之和设定为1，将会导致估计的资本弹性系数出现反常现象。

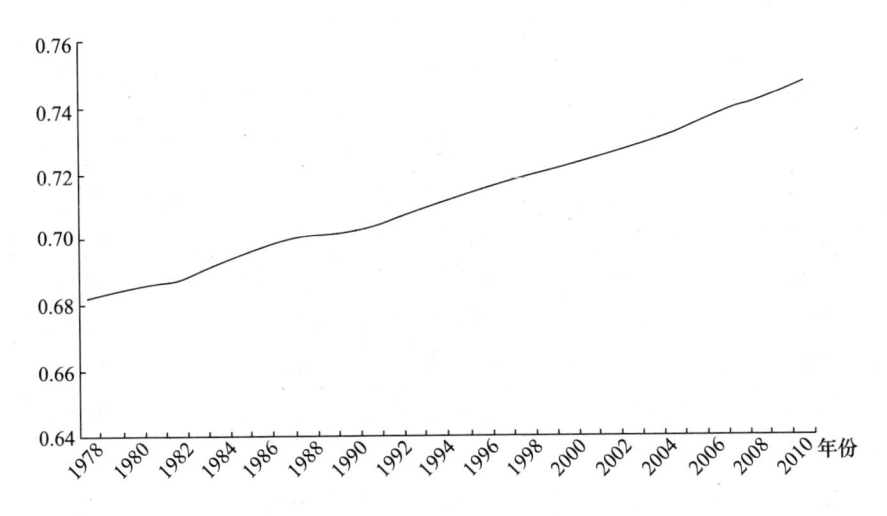

图 8-7 资本弹性系数变化趋势

四 非参数线性局部估计

(一) 一般性的非参数线性局部估计

假定具有如下生产函数:

$$Y = AK^{\alpha}L^{\beta} \qquad (8-48)$$

其中,资本 K 的产出弹性系数为 α,劳动 L 的产出弹性系数为 β,我们可采取非参数局部线性法估计产出弹性。

由上述各式可以得到:

$$\ln Y = \ln A + \alpha_0(\ln K - \ln K_i) + \beta_0(\ln L - \ln L_i) + \varepsilon$$

采用非参数局部线性法估计,具体结果见表 8-16。

表 8-16   非参数可变的弹性系数的估计值

年份	常数项	资本弹性系数 α	劳动弹性系数 β	规模报酬
1978	8.1973	0.8335	0.4225	1.256
1979	8.2719	0.8318	0.4279	1.2597
1980	8.3559	0.83	0.4338	1.2638
1981	8.4009	0.8292	0.4366	1.2658
1982	8.4888	0.8273	0.4429	1.2702
1983	8.5871	0.825	0.4508	1.2758

续表

年份	常数项	资本弹性系数 α	劳动弹性系数 β	规模报酬
1984	8.7284	0.8216	0.4623	1.2839
1985	8.8566	0.8185	0.4732	1.2917
1986	8.9459	0.8164	0.4807	1.2971
1987	9.0598	0.8136	0.4908	1.3044
1988	9.167	0.811	0.5004	1.3114
1989	9.1898	0.8106	0.5019	1.3125
1990	9.2798	0.8102	0.5035	1.3137
1991	9.3486	0.8084	0.51	1.3184
1992	9.4639	0.8054	0.5216	1.327
1993	9.5867	0.8022	0.5343	1.3365
1994	9.7056	0.7991	0.5469	1.346
1995	9.8083	0.7964	0.558	1.3544
1996	9.9045	0.794	0.5682	1.3622
1997	9.9893	0.792	0.5773	1.3693
1998	10.0637	0.7902	0.5853	1.3755
1999	10.1342	0.7885	0.593	1.3815
2000	10.2107	0.7866	0.6015	1.3881
2001	10.2885	0.7848	0.6103	1.3951
2002	10.3758	0.7827	0.6206	1.4033
2003	10.4782	0.7802	0.633	1.4132
2004	10.5838	0.7777	0.6459	1.4236
2005	10.6929	0.7751	0.6597	1.4348
2006	10.812	0.7724	0.6751	1.4475
2007	10.9366	0.7695	0.6916	1.4611
2008	11.0277	0.7675	0.704	1.4715
2009	11.1309	0.7652	0.7183	1.4835
2010	11.2397	0.7629	0.7338	1.4967
2011	11.3351	0.7609	0.7476	1.5085

注：规模报酬为资本弹性和劳动弹性之和。

第八章 折旧率、资本存量和弹性参数的估计 | 247

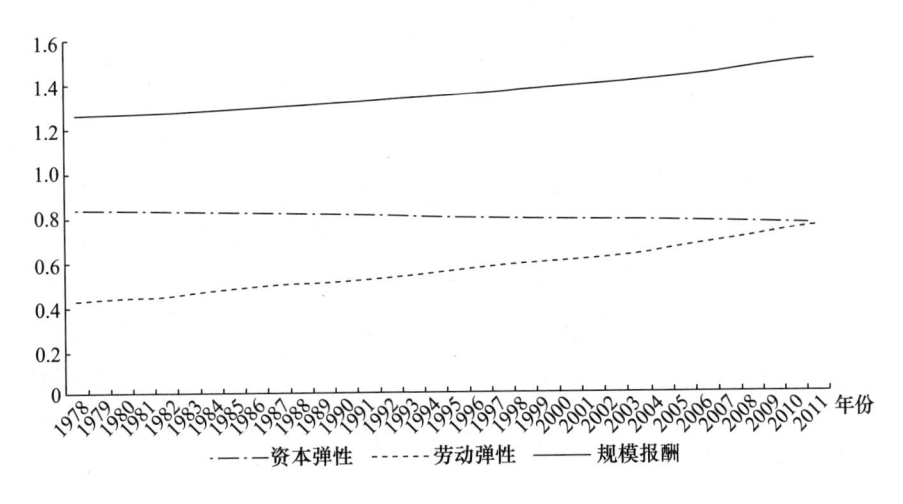

图 8-8 资本劳动产出弹性随时间变化及规模报酬

宽度 h 与缺一交叉验证得分 CV 之间的关系见表 8-17，由表 8-17 可知，该模型的估计选择宽度为 8.00。

表 8-17　　　　　　　宽度、CV 和 HM

h_1	h_2	CV	HM
0.2	0.8	1.56E+04	1.28E+03
0.8	0.2	251.9249	254.8058
1.8	1.2	215.0979	215.2498
1	1.2	214.4464	214.998
1.2	1	213.754	214.0785
1.2	1.8	213.5738	213.8835
1.4	1.4	214.0456	214.2687
2.2	2.8	215.7929	215.9072
10.2	10.8	217.4729	217.5335
10.8	10.2	217.4826	217.5429
40.2	40.8	217.5582	217.6164
40.8	40.2	217.558	217.6162

(二) 具有约束条件的非参数线性局部估计 (带有常数项)

假定具有如下生产函数：

$$Y = AK^{\alpha}L^{1-\alpha} \tag{8-49}$$

其中，资本 K 的产出弹性系数为 α，劳动 L 的产出弹性系数为 $1-\alpha$，我们可采取非参数局部线性法估计产出弹性。由式 (8-49) 可得到：

$$Y/L = A(K/L)^{\alpha} \tag{8-50}$$

则式 (8-50) 可得到：

$$y = Ak^{\alpha} \tag{8-51}$$

其中，y 和 k 分别表示人均产出和人均资本量。由式 (8-51) 可以得到的局部估计方程：

$$\ln y = \ln A + \alpha \ln k + \varepsilon$$

采用非参数局部线性法估计，具体结果见表 8-18。

表 8-18　　非参数资本弹性系数的估计值

年份	常数项	资本弹性 α
1978	6.8621	0.8735
1979	6.9124	0.8733
1980	6.9583	0.8731
1981	6.9637	0.873
1982	7.0093	0.8728
1983	7.08	0.8725
1984	7.1793	0.872
1985	7.2693	0.8715
1986	7.3263	0.8713
1987	7.4083	0.8709
1988	7.4829	0.8705
1989	7.4817	0.8705
1990	7.356	0.8711
1991	7.4132	0.8708
1992	7.5217	0.8703
1993	7.639	0.8697

续表

年份	常数项	资本弹性 α
1994	7.753	0.8692
1995	7.8507	0.8687
1996	7.936	0.8683
1997	8.0095	0.8679
1998	8.0732	0.8676
1999	8.1342	0.8673
2000	8.2032	0.867
2001	8.2735	0.8666
2002	8.3594	0.8662
2003	8.4628	0.8657
2004	8.5685	0.8652
2005	8.6817	0.8647
2006	8.8076	0.864
2007	8.9399	0.8634
2008	9.0371	0.8629
2009	9.1479	0.8624
2010	9.2649	0.8618
2011	9.3663	0.8613

第七节 小结

本章利用生产函数方法极大似然估计固定资本折旧率，从而计算我国的资本存量，进而运用这些数据对中国生产函数的参数进行估计。虽然资本存量是折旧率的线性函数形式，但仅能采用非线性极大似然估计。我们利用我国 1979—2010 年产出、劳动量、投资及 1978 年作为初始期的资本存量等数据在 SAS 软件中估计了 4 个折旧率模型。在估计的 4 个折旧率模型中，模型一、模型三和模型四较为一致，而模型二的产出结构虚拟变量与我国经济现实并不一致，这是模型二估计的不足。采用小样本和极大似然非线性估计模型，为了检验这些模型估计的可靠性和稳定性，我们采用蒙特卡洛模拟方法。由蒙特卡洛模型参数检验可知，模型一、模型三和模型四的参数估计是平稳和可靠的，就固定资本折旧率的估计可靠性来说，模型一和模型三折旧率参数估计则更为可靠平稳。由本章利用计量模型估计的折旧率计算的资本存量与现有文献中估计资本存量相比可知，本章估计的资本存量3和资本存量1的大小处于现有各学者估计的资本存量之间。模型三估计的折旧率是变化的，这更加符合经济现实，由于该折旧率计算得到的资本存量3较为平滑（与本章估计的资本存量1相比），因此，本章估计的资本存量3是可信的。

参考文献

[1] 李宾、曾志雄：《中国全要素生产率变动的再测算（1978—2007）》，《数量经济技术经济研究》2009年第3期。

[2] 李宾：《我国资本存量估算的比较分析》，《数量经济技术经济研究》2011年第12期。

[3] 雷辉：《我国资本存量测算及投资效率的研究》，《经济学家》2009年第6期。

[4] 张军、吴桂英、张吉鹏：《中国省际物质资本存量估算（1952—2000）》，《经济研究》2004年第10期。

[5] 黄勇峰、任若恩、刘晓生：《中国制造业资本存量永续盘存法估计》，《经济学》（季刊）2002年第1卷第2期。

[6] 单豪杰：《中国资本存量K的再估算（1952—2006）》，《数量经济技术经济研究》2008年第10期。

[7] 孙文凯、肖耿、杨秀科：《资本回报率对投资率的影响：中美日对比研究》，《世界经济》2010年第6期。

[8] 黄梅波和吕朝凤：《中国潜在产出的估计与"自然率假说"的检验》，《数量经济技术经济研究》2010年第7期。

[9] 白重恩、钱震杰：《谁在挤占居民的收入？——中国国民收入分配格局分析》，《中国社会科学》2009年第5期。

[10] Jos'e A. Hern'andez, 2000, Econometric estimation of the physical capital stock, www. usergioarboleda. edu. co/civilizar/matematicas/Pdfs/jhernandez. pdf.

[11] Prucha, I. R. , 1997, Estimation of a variable rate of depreciation: A dummy variable approach, *Structural Change and Economic Dynamics* 3, pp. 319 –325.

第九章 低碳经济、节能减排与经济增长

摘要： 为对减排目标的经济意义进行比较系统的观察，本章尝试建立一个含有环境要素的增长核算框架。立足于这个分析性框架，本章对中国经济长期增长的一些重要特征进行了揭示，并对减排冲击和未来增长趋势给出了说明，主要结论如下：(1) 改革开放至今，中国潜在经济增长速度平均为9.5%，其中，大约1.3个百分点是环境的代价；进入21世纪以来，环境消耗拉动经济增长平均为2个百分点。(2) 在考虑低碳经济约束、人口转型条件下，未来10年中国潜在经济增长速度将逐步降低到8%以下，现有生产模式不足以吸收减排冲击。(3) 为了保持经济的持续稳定增长，技术进步和结构转型至关重要。

第一节 引言

低碳经济即低排放、低污染、环境和经济相协调的经济发展模式（Department of Trade and Industry, 2003）。2003年"低碳经济"理念提出之后迅速引起广泛响应和讨论的原因，在于当前全球生产和消费模式的失衡及增长不可持续性。次贷危机发生后，全球经济进入所谓"新常态"：全球潜在经济增长率下降以及全球范围内（包括发达经济体与发展中经济体）的增长模式转型。2009年年末的哥本哈根会议，发达国家和发展中国家在减排问题上虽然没有取得共识，但是，国际范围内致力于经济增长模式转换和结构调整的努力仍在继续。作为一个人口规模巨大的经济体，中国推进的工业化和城市化规模前所未有，从这一特征来说，中国未来经济增长将面临更大的资源环境约束。因此，强调增长与资源环境的协调，转变发展方式，是中国经济潜力持续开发的关键。

为了促进增长方式转型，国家提出 2020 年单位 GDP 碳排放比 2005 年减少 40%—45% 的目标。针对这一目标，本章尝试回答的一个问题是：低碳经济下中国经济未来的增长状况如何？从增长状况看，长期存在于中国经济中的"低价工业化"模式，对于突破贫困循环陷阱和奠定起飞基础居功至伟（张平、张晓晶，2003），但是，这种低水平增长模式下的资源价格扭曲和短期化投资行为，也诱致了重复建设和高耗能、高污染问题的发生，致使中国经济增长技术进步动力缺失和增长环境失衡的矛盾加剧。20 世纪 80 年代以来，虽然万元国内生产总值能耗和碳排放大幅度降低，但是，受现有生产方式的限制，碳排放总量的增长速度仍然增长较快。从 10 年样本期的平均情况看，1989—1990 年的碳排放增长增速为 4.7%，1990—1999 年为 3.4%，2000—2006 年为 9.2%（数据来源于 CDIAC）。

20 世纪 80 年代和 90 年代，单位 GDP 碳排放的大幅减少，在某种程度上可以说是弥补低水平生产方式对环境的历史欠账。但是，在单位 GDP 减排空间受到 20 年的挤压后，减排目标所施加的力度能否为现有生产模式承受？我们认为，这才是减排目标之所以引起广泛关注的主要原因。为了对减排目标的经济意义进行比较系统的观察，本章尝试建立一个含有环境要素的增长核算框架，而经典增长核算框架中的劳动力、资本、技术进步等要素也同样被这个框架关注，以便于进行较为深入的比较性说明。基于这样的思路和数据分析，我们给出了低碳经济约束下中国未来 10 年潜在增长的情景，认为现有低水平增长模式不足以承受这样的减排压力，而技术进步和结构转型在未来中国经济增长中将发挥越来越大的作用。

第二节 文献评述

本章研究与国内外现有潜在经济增长核算理论和方法一脉相承。从理论方法看，宏观经济模型通常把潜在产出当作一种平滑的确定性趋势看待，根据实际产出与潜在产出的缺口制定经济政策（Boschen and Mills, 1990）。真实周期理论产生后，人们对潜在经济增长的看法发生了变化，该理论认为，受劳动力供给和生产率变化的冲击，潜在经济增长将呈现不规则的波动，因此以平滑的确定性趋势看待产出缺口是有偏差的。在这种状况下，为了对经济增长潜在趋势进行识别，一系列滤波方法被引入经济分析并得到了广泛应用（Dupasquier et al., 1999），如 HP 滤波、BK 滤波、卡尔曼滤波等，类似的方法还有沃森（Watson, 1986）等单变量因素识别模型。无论是滤波方法还是单变量因素识别模型，其优点是简洁，局限是缺乏可以深入观察经济现象的信息，为此，综合随机分析与经济理论的多变量方法被引入进来，比如，Cochrane（1994）等。多变量方法引入增长核算领域的初衷（吕光明，2007），是为了将经济理论或结构信息与滤波方法有机结合起来，使潜在经济增长率估算既有经济含义（如潜在经济增长中的资本、劳动和技术进步贡献），又有统计意义（或将潜在产出当作一种长期趋势进行分离）。其中，将卡尔曼滤波方法与生产函数法结合起来对潜在经济增长趋势及技术进步因素进行抽取，在国内外相关研究文献中得到广泛应用，一些学者如刘斌和张怀清（2001）认为，相对于其他方法而言，多变量状态空间的卡尔曼滤波方法是一种潜在产出估计的较为理想的方法。

对于中国潜在经济增长率的估算，上述方法多有运用。郭庆旺和贾俊雪（2004）运用消除趋势法、增长率推算法和生产函数法对中国 1978—2002 年的潜在经济增长速度进行了比较分析，认为平均在 9.5%。运用生产函数方法，沈利生（1999）认为，1980—1990 年、1991—1998 年的潜在经济增长率分别为 9.9%、10.0%。王小鲁、樊纲（2000）认为 2001—2020 年中国潜在经济增长低于 7%。林毅夫等（2003）的估计结果是，2004—2014 年为 8.5%，2014—2024 年为 7.1%。董利民、吕连菊等（2006）运用 HP 滤波和生产函数法对 1979—2004 年中国潜在经济增长率进行了估计，HP 滤波法得到的估计结果是 9.54%，生产函数法得到的估计结果是 9.67%。刘斌和张怀清（2001）运用线性趋势方法、HP 滤波方法、单变量状态空间和多变量状态空间的卡尔曼滤波方法，以及 1992 年第一季度至 2001 年第一季度的季度 GDP 数据，对潜在经济增长率进行了估计，四种方法的估计结果分别为 9.1%、8.6%、8.4% 和 8.3%，并认为 8.3% 的潜在经济增长率较为合理。一些文献试图对中国经济增长中技术进步因素进行解读：运用生产函数方法，王小鲁（2000）认为，中国 1979—1999 年的 TFP 增长为 1.46%；Wang 和 Yao（2001）认为，中国 1979—1998 年的 TFP 增长为 2.4%；Young（2003）分析中国 1979—1998 年的经济后认为，中国 1979—1998 年的 TFP 增长为 1.4%；

张军和施少华（2003）认为，中国1979—1998年的TFP增长为2.8%；邹至庄和Li（2002）对中国1978—1998年TFP增长率的估计结果是2.6%；王中宇（2006）的测算认为，1978—2005年中国TFP增长率大多数年份在1.8%—2%波动，并对技术进步缓慢的原因进行了系统性解读；Zheng、Bigsten和Hu（2006）对中国1978—1993年TFP增长速度的估计结果是4.3%；Bosworth和Collins（2008）认为，1978—2004年中国TFP增长率为3.6%，其中，1978—1993年为3.5%，1993—2004年为3.9%。

为潜在经济增长率估算方便起见，上述研究大多采用规模报酬不变的柯布—道格拉斯生产函数形式，这种技术倾向普遍受到青睐的原因主要有两个：一是较之于其他生产函数形式，如CES生产函数和超越对数生产函数而言，柯布—道格拉斯生产函数更容易进行拓展且模型参数更易于解释；二是从统计意义上说，规模报酬不变相当于为模型参数估计施加了一个约束条件，进而有利于缓解和消除经济变量序列多重共线性问题（王立平、万伦来等，2008）。关于规模报酬不变假设是否适用于中国经济增长分析的问题，李京文、钟学义（1998）曾做过系统性论述，并在规模报酬递增或递减的计量分析方面进行了一定拓展，但是，一些研究，比如邹至庄（2008）认为，规模报酬不变的柯布—道格拉斯形式的生产函数可以被中国统计数据验证，邹至庄进一步认为，在只考虑资本和劳动投入的生产函数框架下，资本产出弹性约为0.6（Chow and Li, 2002；Chow, 2008）；类似地，中国总量生产函数中规模报酬不变的性质，在郭庆旺和贾俊雪（2004）及沈利生（1999）等的文献中也受到了检验和运用。

将生产函数与滤波方法结合起来研究中国有约束的潜在经济增长，是本章的一个尝试性分析。在现有潜在经济增长研究方法的基础上，我们还需要关注减排与长期增长之间的理论分析。关于这一点，内生增长理论提供了一个很好的框架。通过将污染或生产技术清洁度变量纳入生产函数，一些文献，比如Bovenberg和Smulders（1995）、Lighart和Ploeg（1994）、Stokey（1998）、阿吉翁和霍伊特（2004）等分析了最优路径下污染控制对长期增长的影响，认为污染控制将拉低均衡增长。近年来，二氧化碳排放测算技术的完善以及碳排数据的可获得性，为经济增长的环境代价测算提供了便利，尝试性的研究文献也不断产生，根据陈诗一（2009）的归纳，国内外文献中通常有两类处理排放变量的方法：一种方法是将污染排放作为投入要素，与资本和劳动投入一起引入生产函数，代表性文献如 Mohtadi（1996）等，把排放和能源一起作为投入的代表性文献有 Ramanathan（2005）、Lu 等（2006）；另一种方法则是将污染看作非期望产出，和期望产出（比如 GDP）一起引入生产过程，利用方向性距离函数来对其进行分析，比如 Chung 等（1997）、涂正革（2008）等。鉴于本章的研究目的，我们采用第一种方法，把污染作为一种投入要素来观察长期中碳排放波动之于潜在经济增长的冲击问题。

我们将尽可能地遵循规范的研究路径，在充分吸收已有文献的基础上展开问题分析。但是，在一些细节性技术处理上，本章采取更为谨慎的态度。一是如何看待在传统生产函数框架中纳入碳排放指标和能源消费指标的问题。之所以把这个问题提出来，是因为通常情况下碳排放计算严格按照能源消费来进行，因此碳排放数据序列与能源消费序列将呈现高度相关性，在这种状况下，若把两个指标同时纳入生产函数，将加剧令人头疼的共线性问题，而且可能产生一些奇怪的估算结果，如高度相关两变量系数差异较大或一正一负，为避免这种统计问题的发生，本章在传统生产函数中只引入碳排放指标，并对能源消费与碳排放之间的统计关系进行阐述。二是增长核算框架下纳入人力资本指标的问题。从早期的教育倍增型劳动投入（Jorgenson，1995）到人力资本变量的引入，围绕人力资本核算展开的经济增长研究文献林林总总，但是，正如乔治、奥克斯利和卡劳（中译本，2009）所指出的那样，由于作为问题核心的人力资本设定问题仍然备受争议，因此，人力资本对于经济增长的重要性这一问题仍有分歧。本章的关注重心是碳排放变化情景下中国潜在经济增长分析，为了分析简捷，同时也为尽量避免人力资本指标选取可能带来的一些争议，本章采取传统的生产函数分析方法。

第三节　方法与数据

带有环境变量的增长模型，本质上是把环境作为一种生产要素加以考虑。作为经济可持续增长的一种便利工具，近年来，内生增长理论对于污染控制与长期增长关系的分析取得了不少成果。现有理论文献中，Stokey（1998）引入生产技术清洁度的 AK 扩展模型，被认为是一个设定较为理想的分析框架，若以 Y、L、K、B、Z 代表产出、劳动力供给、资本投入、知识和技术清洁度，经过修正之后的 Stokey 模型可以写成：Y = $K^{\alpha}(BL)^{(-\alpha)}Z$。均衡分析揭示，长期中的均衡增长因清洁技术的采用或污染的降低而下降，但是，技术进步能够起到抵消长期下降的作用，且这种具有技术进步的增长是可持续的（阿吉翁、霍伊特，2004）。

本章的主要目的是在这样的一般性理论框架中对碳排放约束下中国经济长期趋势及其影响因素进行探讨。鉴于状态空间模型在参数动态变化描述方面的便捷性，我们把中国主要宏观变量的关联分析建立在这种方法之上。遵循汉密尔顿文献（1999）论及的一般性模型，随机变参数系统的状态空间形式可以表示为：

量测方程：$y_t = x'_t \bar{\beta}_t + x'_t \xi_t + w_t$

状态方程：$\beta_{t+1} - \bar{\beta} = F(\beta_t - \bar{\beta}) + v_{t+1}$ （9-1）

其中，y、x 表示因变量向量和解释变量向量，β 表示随机变参数向量，扰动向量 w、v 满足：

$$\begin{pmatrix} v_{t+1} \\ w_t \end{pmatrix} \sim N\left(\begin{pmatrix} 0 \\ 0 \end{pmatrix}, \begin{bmatrix} Q & 0 \\ 0 & \sigma^2 \end{bmatrix}\right) \quad (9-2)$$

下文的实际操作中，我们将用主要宏观经济指标替换这个抽象模型中的变量向量。为此，需要对这些经济指标进行以下概要性说明：

（1）增长核算分析中所有价值量指标，比如 GDP、资本存量 K，基期设定为 1990 年。本章运用《中国国内生产总值核算资料：1952—2004》中的固定资本形成指数以及《中国统计年鉴》中的固定资产投资价格指数，对 1952—2008 年的国内资本存量序列进行了盘存合成，1952 年起始期资本存量采用何枫、陈荣和何林（2003）的估算数据，折旧率取值 5%。

（2）就业（L）数据在 1990 年出现一个异常的增加，关于这个问题的产生原因，王小鲁和樊纲（2000）的文献进行了较为详细的分析，并对序列进行了矫正。本章劳动力供给长序列的 1990 年以前数据取自王小鲁和樊纲的估算，1991—2008 年的数据来自《中国统计年鉴》，2009—2020 年的劳动力供给运用年龄移算方法估算得到。劳动力人口年龄移算法预测的含义是：按照年龄分组的人口，随着时间的推移和人口的年龄转组，将引起劳动力人口数的变动，即劳动力人口随年龄变动而变动。

我国人口统计按照 4 岁年龄组距,将人口分为 "0—4 岁",…,"65 岁以上" 等 14 组。本章采取滞后 15 年的年龄移算方法,劳动力人口,年龄估算遵循通常的 "15—19 岁",…,"60—64 岁" 分组方法:分别以 1994—2005 年的年龄分组人口推算 2009—2020 年劳动力人口;劳动力供给数量为劳动力人口乘以劳动参与率。①

(3) 1953—2008 年中国能源消费数据来自中经网统计数据库;1952—2006 年中国二氧化碳排放量数据来自美国能源部二氧化碳信息分析中心(CDIAC)的估算,2007—2008 年数据是根据这个长序列的能耗—碳排放系数进行推算和递补得到。

本章碳排放约束下潜在 GDP 核算方法的建立,一方面,立足于内生增长理论有关污染控制之于长期增长影响的理论框架;另一方面,为了检验中国数据应用于这个框架的可行性,文中对于主要宏观变量的相互关系进行了一些统计分析,并以此为基础归纳了长期增长的因素关联模型,这个简单的反馈回路是进一步表达我们对于未来增长认识的出发点。总之,围绕本章的研究目的,在分析方法的运用上,本章尽力遵循从理论到实证再到现实分析的行文逻辑。

我们尽可能依据宏观变量之间的经验联系和统计关系,对影响长期增长的因素进行识别。用符号 $\ln\left(\dfrac{GDP}{L}\right)$、$\ln\left(\dfrac{K}{L}\right)$、$\ln\left(\dfrac{CO_2}{L}\right)$ 分别表示对数形式的人均国内生产总值、人均资本存量、人均碳排放量(或技术清洁度),其中,GDP、K、CO_2、L 为国内生产总值、资本存量、碳排放量和劳动力投入,则三变量之间的趋势直观标示如图 9-1 所示。总体来看,三变量之间存在较强的共同趋势性,这种共同趋势性是由增长过程本身要素间的相互影响决定的。简单的相关性分析显示,人均国内生产总值与其他变量以及其他变量之间的相关系数都在 0.9 以上。至于长期存在于中国经济增长过程中的低价工业化模式、资本驱动增长和就业吸收,以及增长高能耗和相应高污染的状况是不难理解的。变量 GDP、K、CO_2、L 之间的长期均衡趋势在内生增长理论中已经得到充分论述,就本章所运

---

① 2009—2020 年劳动参与率系根据 1993—2008 年劳动参与率变动趋势推算,估算方程为:$LR = \underset{(5009.6)}{0.84} - \underset{(-182.8)}{0.35} \times t_{1993-2008}$,$R^2 = 0.99$,$DW = 2.14$,其中,LR 表示劳动参与率。2009—2020 年各年劳动参与率的估算值分别为 0.79、0.79、0.78、0.78、0.77、0.77、0.77、0.76、0.76、0.76、0.75、0.75。

用的数据序列看，趋势性较强的三个人均变量 $\ln\left(\dfrac{\text{GDP}}{L}\right)$、$\ln\left(\dfrac{K}{L}\right)$、$\ln\left(\dfrac{CO_2}{L}\right)$ 均存在一阶单整性，且至少存在一个协整关系（见附录1）。

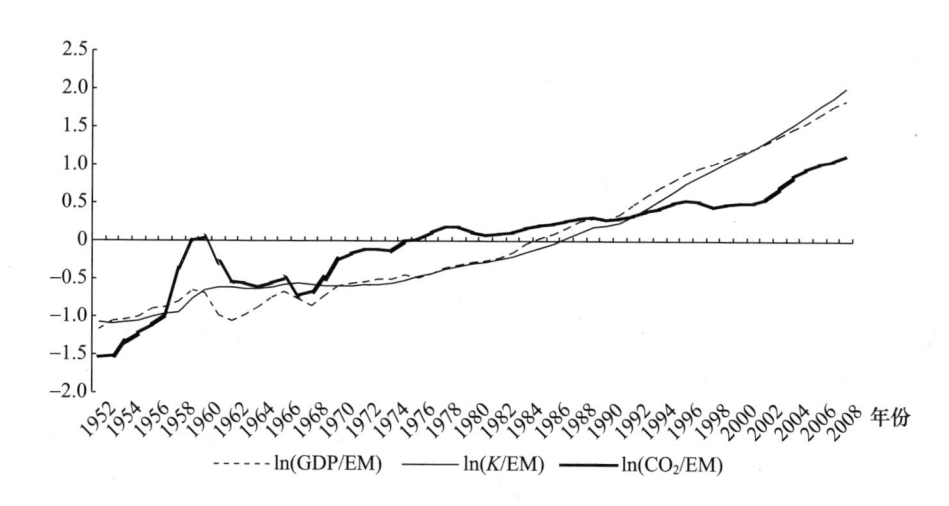

图 9-1　1952—2008 年中国宏观经济变量对数化趋势（去均值）

资料来源：原始数据来源于《中国国内生产总值核算历史资料：1952—2004》，《中国统计年鉴》（2009），何枫、陈荣、何林（2003）及王小鲁、樊纲（2000），CDIAC。

对于这些具有长期均衡关系的因素，建立一个因果反馈图有益于下文的进一步分析。实际上，人均形式和对数形式变量的引入，纯粹是出于统计分析便利的考虑，主要是为了解决生产函数分析中的劳动、资本和碳排放的高度共线性问题。但是，为了使长期增长机理得到阐释以及潜在经济增长核算的便利，有必要对变量 GDP、K、CO_2、L 进行综合观察。长期以来，中国的低成本工业化模式根源于丰富的劳动力资源禀赋、资本驱动、劳动驱动的增长模式，一方面，推动了国内生产总值的迅速扩大；另一方面，增长速度和规模扩张也是吸纳就业的内在要求。但是，这种模式的一个显然弊端是，低成本扩张也导致能耗居高不下和环境的损害，为了进一步揭示长期增长中各变量之间的相互作用，根据 AIC 准则，我们对差分形式的变量序列进行滞后 3 阶格兰杰因果检验（见附录2）。从因果关系看：

(1) 人均 GDP 增长速度 $\Delta\ln\left(\dfrac{GDP}{L}\right)$ 与人均资本投资增长速度 $\Delta\ln\left(\dfrac{K}{L}\right)$ 互为因果关系，鉴于中国资本驱动的增长特征，这种统计关系的经济意义明显。

(2) 人均碳排放增长速度 $\Delta\ln\left(\dfrac{CO_2}{L}\right)$ 引致人均 GDP 增长速度 $\Delta\ln\left(\dfrac{GDP}{L}\right)$ 显著，即中国长期经济的环境代价比较明显；相对而言，从统计意义上说，经济增长单向引致碳排放速度的关系虽然较弱（12%的水平上显著），但是，如果拉长滞后阶数，经济增长引致碳排放的统计因果关系在 10% 的水平显著。此外，从中国历年经济增长和调控经验来看，增长波动引起污染波动的事实的确存在，因此可以认为，两者之间存在统计意义和经济意义上的双向因果关系。

(3) 人均碳排放增长速度 $\Delta\ln\left(\dfrac{CO_2}{L}\right)$ 单向引致人均资本投资速度 $\Delta\ln\left(\dfrac{K}{L}\right)$，其经济含义是，增长过程中若对环境改善的价值评价降低，则诱致高耗能、高污染投资上升。

基于这种统计因果和经验对比分析，我们建立如图 9-2 所示的增长机理框架：这个框架简单地勾勒了长期以来存在于中国经济增长中的资本驱动模式及未来增长转型对于潜在增长的影响。这个简单的模型框架包括三个反馈路径：①投资→经济增长→投资；②经济增长→碳排放→经济增长；③投资→经济增长→碳排放→投资。我们感兴趣的是回路①和回路②，它们基本说明了中国长期增长的机理：回路①所示的资本驱动模式和回路②所示的增长代价评价，以及两个反馈路径中蕴含的投资方式转变、劳动力供给结构转型和节能减排政策对未来经济增长潜力的影响及政策意义。至此，我们在经济增长潜力分析中纳入了供给面的主要因素——劳动力、资本以及环境约束，当然，技术进步可以用时间趋势的形式进行反映，就像很多国内外现有文献已经论述过的那样。

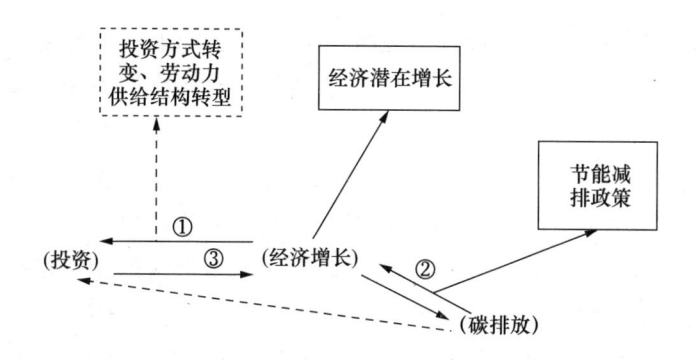

图 9-2　经济增长机理：要素关系分析

第四节　潜在增长核算

一　潜在增长核算方程

鉴于 20 世纪 50 年代宏观变量序列波动较为剧烈，本章选取 1960—2008 年这一时期的数据样本进行统计分析。基于增长理论模型和变量间的统计关系，为把碳排放对增长的作用分离出来，我们建立如下增长核算方程：

量测方程：

$$\ln\left(\frac{GDP}{L}\right)_t = d_0 + \alpha_t^{(k)} \ln\left(\frac{K}{L}\right)_t + \alpha_t^{(CO_2)} \ln\left(\frac{CO_2}{L}\right)_t + \alpha_t t_{1960-200} + \mu_t(d'_0)$$

状态方程：

$$\alpha_t^{(k)} = \alpha_t^{(k)}(-1), \quad \alpha_t^{(CO_2)} = \alpha_t^{(CO_2)}(-1), \quad \alpha_t = \alpha_t(-1) \qquad (9-3)$$

其中，$\ln\left(\frac{GDP}{L}\right)$、$\ln\left(\frac{K}{L}\right)$、$\ln\left(\frac{CO_2}{L}\right)$ 表示对数形式的人均国内生产总值、人均资本存量、人均碳排量（或技术清洁度）；参数 $\alpha^{(\cdot)}$ 表示弹性；t 表示 1960—2008 年时间趋势，相应的参数 α_t 反映长期增长中的技术进步状况；d_0 表示截距，$\mu_t(d'_0)$ 表示残差；方程（9-3）刻画了变量间长期均衡关系。

二　潜在增长核算方程的参数估计

（一）参数估计方法

立足于潜在增长核算方程（9-3），在接下来的实证分析中，我们将利用卡尔曼滤波方法，对经济潜在增长率及时变参数 $\alpha^{(\cdot)}$ 和 α_t 给出统计估计。具体说明如下：(1) 潜在 GDP 的估计：本章采用固定参数和递归参数的卡尔曼滤波方法，基于核算方程(9-3)和向前一步预测获得人均潜在 GDP 增长率及相应潜在 GDP 增长率；(2) 时变参数或弹性 $\alpha^{(\cdot)}$ 及技术进步指标 α_t：类似于潜在 GDP 的估计，对于参数 $\alpha^{(k)}$、$\alpha^{(CO_2)}$、α_t 采用向前一步预测获得，由于本章采用规模报酬不变形式的生产函数，在产出资本弹性 $\alpha^{(k)}$ 估出的同时，产出劳动弹性 $\alpha^{(l)}$ 也被估出来；(3) 碳排放贡献：我们以碳排放贡献点数来计算经济潜在增长率中环境消耗的代价，公式为：产出碳排放弹性×碳排放增长率。

（二）实证结果[①]

表9-1是增长核算方程(9-3)统计分析结果的一个报告，我们主要列示了改革开放以来的数据。从模型估计的经济潜在增长速度看，1978—2008 年的均值为 9.5%，其中，20 世纪 80 年代平均为 8.1%，90 年代平均为 10%，2000 年以来平均为 10.5%。从劳动力投入、投资和碳排放的参数 $\alpha^{(l)}$、$\alpha^{(k)}$、$\alpha^{(CO_2)}$ 来看：(1) 经济增长对投资增长的弹性，经历了 20 世纪八九十年代的缓慢上升，进入 21 世纪以来呈下降趋势，但是，从总的情况看，长期增长的投资弹性较高，1978—2008 年的均值为 0.6。(2) 碳排放对经济增长的拉动效应在 30 年间平均为 0.2，但经历很明显的先降后升趋势：80 年代平均为 0.25，90 年代逐步降低到 0.14，进入 21 世纪以来又呈上升趋势，2000—2008 年平均为 0.20。但是，中国资本驱动的工业化模式，经济增长的一部分是以高能耗和环境污染为代价，根据估算，1978—2008 年的平均 9.5% 的潜在增长速度中，有 1.3 个百分点是环境的代价。进入 21 世纪以来，伴随新一轮经济规模的扩大，环境代价也相应提高，2000—2008 年环境消耗拉动经济增长平均为 2 个百分点。(3) 劳动力投入弹性相对较小，30 年来平均为 0.15。(4) 技术进步速度 30 年中平均为 1.8%，整体趋势是 20 世纪 80 年代平均为 1.8%，90 年代为 1.7%，21 世纪以来为 1.9%[②]（见图 9-3）。(5) 表 9-1 中，一

[①] 更加详细的估算结果参见本章附录 3。

[②] 卡尔曼滤波器用于估计时间控制过程的状态变量，其性能是对观测噪声进行过滤（参见 Welch G. 和 G. Bishop, 2006）。因此，较之于其他文献而言，本章估算的技术进步数值更加平滑。作为滤波性能的体现，不同于一些研究的是，本章技术进步数值估算都为正数，从经济意义上说，这种结果似乎较为容易理解，因为负值的技术进步率总是显得有些不可思议。

些估算数据有必要做出进一步说明：第一，1990—1993 年，资本、劳动、碳排放的弹性、技术进步率都相同，但是，潜在增长速度却不一样，类似的现象还出现在 1998 年、2000 年和 2001 年。这种现象的出现，是与各年相对应的资本、劳动、碳排放增长率的观测数据密切相关的，这有点类似于常参数的情景，即尽管时序回归分析中各期的参数估计都相同，但是，由于各期样本或观测值的不同，从而带来了不同的拟合或预测估值。第二，碳排放贡献估算出现的类似现象，也可以做出类似的解释。需要指出的是，表 9-1 中某些年份，如 1980—1981 年、1997—1998 年的碳排放贡献为负，原因在于，根据前文的碳排放贡献计算公式，由于产出的碳排放弹性为正值，负的碳排放贡献由负的碳排放增长率形成，这有点类似于支出法核算中的出口下降导致的对 GDP 增长的负贡献。

表 9-1　　潜在增长方程（9-3）的参数估计及碳排放核算

年份	弹性 $\alpha^{(k)}$	弹性 $\alpha^{(CO_2)}$	弹性 $\alpha^{(l)}$	技术进步 α_t（%）	潜在经济增长速度（%）	碳排放贡献点数（%）
1978	0.64	0.24	0.12	1.88	5.7	2.9
1979	0.60	0.22	0.18	1.84	4.8	0.5
1980	0.58	0.21	0.21	1.80	5.2	-0.5
1981	0.57	0.20	0.23	1.77	5.5	-0.2
1982	0.57	0.20	0.23	1.73	7.2	1.4
1983	0.56	0.20	0.24	1.70	7.3	1.1
1984	0.56	0.20	0.24	1.71	9.5	1.8
1985	0.57	0.20	0.23	1.74	10.9	1.7
1986	0.58	0.21	0.21	1.77	10.7	1.1
1987	0.59	0.21	0.20	1.79	11.1	1.4
1988	0.60	0.22	0.18	1.80	11.2	1.6
1989	0.61	0.22	0.17	1.80	7.5	0.4
1990	0.62	0.23	0.15	1.79	7.3	0.1
1991	0.62	0.23	0.15	1.79	7.9	1.1
1992	0.62	0.23	0.15	1.79	8.9	1.0
1993	0.62	0.23	0.15	1.79	11.6	1.6
1994	0.63	0.24	0.13	1.78	12.6	1.5
1995	0.65	0.25	0.10	1.74	13.6	2.0

续表

年份	弹性 $\alpha^{(k)}$	$\alpha^{(CO_2)}$	$\alpha^{(l)}$	技术进步 α_t（%）	潜在经济增长速度（%）	碳排放贡献点数（%）
1996	0.66	0.26	0.08	1.70	12.2	1.2
1997	0.66	0.26	0.08	1.68	9.5	-0.3
1998	0.67	0.27	0.06	1.67	8.0	-1.4
1999	0.67	0.27	0.06	1.66	10.4	1.2
2000	0.67	0.27	0.06	1.67	9.4	0.7
2001	0.67	0.27	0.06	1.67	9.2	0.6
2002	0.66	0.26	0.08	1.68	10.5	1.6
2003	0.66	0.26	0.08	1.70	14.0	4.6
2004	0.65	0.24	0.11	1.77	12.9	4.2
2005	0.63	0.22	0.15	1.90	10.4	2.3
2006	0.61	0.20	0.19	2.02	9.8	1.7
2007	0.59	0.18	0.23	2.12	9.3	0.9
2008	0.59	0.17	0.24	2.18	10.0	1.2

$\bar{R}^2 = 0.97$，DW = 1.62（样本期：1960—2008 年）

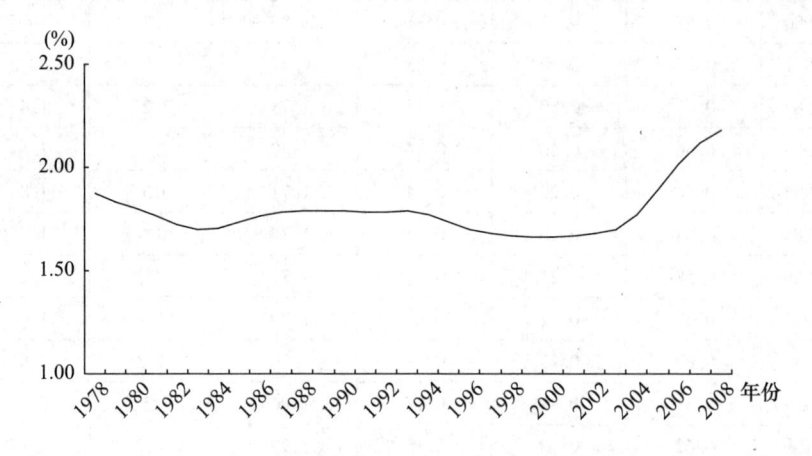

图 9-3 经济增长的技术进步速度

三 现有经济模式下的能源消费与碳排放：增长核算方程（9-3）的进一步说明

潜在增长核算方程（9-3）是传统两要素生产函数的一个扩展，我们只是把碳排放作为增长的一个要素纳入进来。从因果关系来说，能源消费增加是碳排放增加的一个主要原因；从中国能源消费和碳排放序列的统计性质来说，二者存在高度的相关性，因此，增长核算方程（9-3）意味着，我们实际上把能源消费与碳排放视为同一现象的两面，这也是本章不同于一些文献同时将能源与碳排放纳入生产函数中的重要原因。对于这一点，本部分将从统计角度给出进一步说明。图9-4（a）显示的是1960—2008年中国能源消费（对数化）与二氧化碳排放（对数化）关系，图中横坐标表示二氧化碳排放量，纵轴表示能源消费量，二者的近乎完全的线性关系非常明显。同时，简单的相关性分析也显示，二者的相关系数为0.99，接近于1。图9-4（b）显示的是1978—2008年碳排放对能源消费的弹性，对于这个弹性的估算，我们采用了类似于增长核算方程（9-3）的状态空间模型。从碳排放对能源消费的弹性表现来看，1978—2008年，能源消费增长1%，碳排放约增长1.02%，近乎单一弹性，而且这种趋势在30年间波动较小（标准差为0.007）。也就是说，中国现有经济模式下，碳排放与能源消费几乎是同步增长，对于正处在工业化持续推进的中国经济而言，这个问题值得关注。上述分析也从一个侧面表明，节能减排是一个事物的两个方面，力度持续加大的减排意味着能源消费的节约和能源利用效率的提高，进而说明未来经济结构调整和技术进步之于持续增长的重要意义。

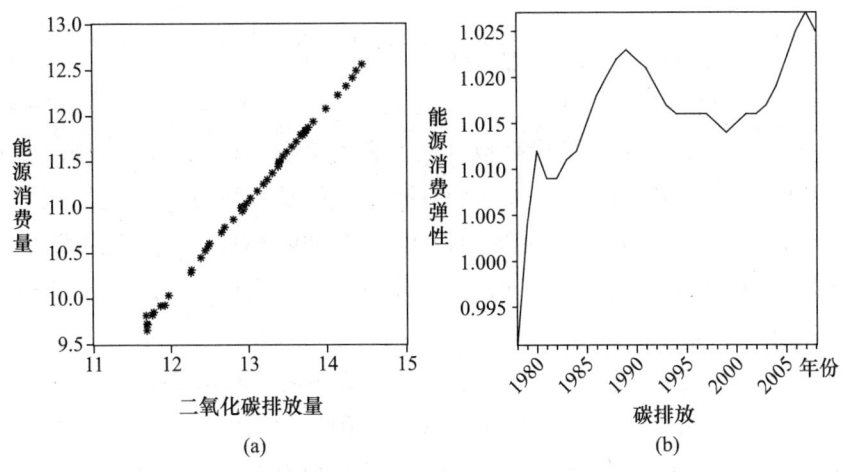

图9-4　1960—2008年中国能源消费（对数化）与二氧化碳排放（对数化）关系

资料来源：http://db.cei.gov.cn/；CDIAC。

四 基于主要因素的潜在增长核算

前文的两项主要工作——长期增长因素关联分析和主要宏观变量的长期增长效应分析，是本部分的基础。这里，我们尝试着根据上述统计分析结果，对中国未来 10 年潜在增长速度给出一个大致的评价，以便为进一步的政策分析做数据准备。在潜在增长评价开始之前，有一个技术性细节需要讨论。我国碳排放的远景规划是依据单位国内生产总值制定的，而实证模型的参数估计主要针对 GDP 与碳排水平的关系给出结果，因此，为了运用模型的估算数据，这里将引入二氧化碳排放量增长速度与单位国内生产总值碳排放增长速度的统计关系。基于本章变量序列，我们可以很方便地给出单位国内生产总值碳排放及增长速度指标，若二氧化碳排放量增长速度与这个指标存在可计量的统计关系，那么我们就很容易把单位国内生产总值碳排放增长速度转化成二氧化碳排放量增长速度和人均二氧化碳排放量增长速度，运用量测方程参数对未来潜在增长的环境代价就可以识别了。图 9 - 5 给出了 1953 年以来中国碳排放量增长速度与单位国内生产总值碳排放增长趋势的直观印象，简单的相关关系分析也显示这两个波动序列的相关系数高达 0.9。带有截距和趋势的稳定性检验表明，对数化的碳排放水平序列和单位国内生产总值碳排放序列为 I(0) 过程，如果以 θ 表示对数化的单位国内生产总值碳排放水平序列，对数化的碳排放水平用 CO_2 表示，那么，控制了截距和长期时间趋势后，两者的统计关系如下：

$$CO_2 = 7.69 + 0.77\ \theta + 0.08\ t_{1965-2008} + 0.52\ AR(1) + 0.73\ MA(1)$$
$$\quad (17.37)\ (8.20)\quad (22.83)\qquad\quad (3.11)\qquad\quad (6.07)$$
$$R^2 = 0.99,\ DW = 1.91 \tag{9-4}$$

式（9 - 4）中，为了提高拟合优度和消除残差自相关，我们引入一阶自回归滑动平均 ARMA（1，1）对回归方程残差序列进行修正（高铁梅，2009）。根据这个统计结果，我们接受长期中 CO_2 对于 θ 升降弹性为 0.77 的统计关系。基于这个统计关系和量测方程弹性，下面的数据模拟便有了依据。

（一）控制 K、L 和技术进步因素，碳减排之于潜在增长影响的核算

考虑碳排放规划远景：到 2020 年，中国单位国内生产总值二氧化碳排放比 2005 年下降 40%—45%，可以看出，要在 15 年内达到这个目标，单位国内生产总值二氧化碳排放应以年均 3% 的速度累计下降。基于这种

理解，这里以2008年潜在增长速度、变参数和θ弹性为基准，观察低碳经济对潜在GDP的影响如表9-2所示。

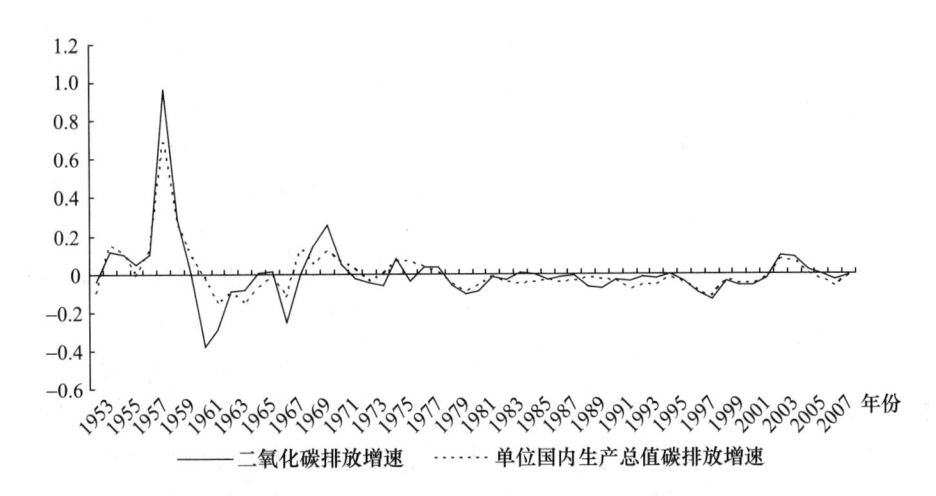

图9-5 二氧化碳排放增长速度和单位国内生产总值碳排放增长速度的趋势对比

资料来源：《新中国五十五年统计资料汇编（1949—2004）》《中国统计年鉴》（2009），CDIAC。

表9-2 控制K、L和技术进步因素，到2020年单位国内生产总值减排45%下潜在经济增长速度：以2008年为基准

年份	2010	2011	2012	2013	2014	2015	2016	2017	2018	2019	2020	平均
$\alpha^{(CO_2)}$情形I	0.162	0.157	0.153	0.149	0.145	0.141	0.137	0.132	0.128	0.124	0.120	—
碳排放年均增长(%)	-2.3	-2.3	-2.3	-2.3	-2.3	-2.3	-2.3	-2.3	-2.3	-2.3	-2.3	—
潜在增长速度(%)	9.2	8.9	8.5	8.2	7.9	7.5	7.2	6.9	6.6	6.3	6.1	7.6
$\alpha^{(CO_2)}$情形II	0.10	0.10	0.10	0.10	0.10	0.10	0.10	0.10	0.10	0.10	0.10	—
碳排放年均增长(%)	-2.3	-2.3	-2.3	-2.3	-2.3	-2.3	-2.3	-2.3	-2.3	-2.3	-2.3	—
潜在增长速度(%)	9.5	9.3	9.1	8.9	8.6	8.4	8.2	7.9	7.7	7.5	7.2	8.5

根据碳排放参数弹性变化趋势，我们设定了两种情景Ⅰ和Ⅱ。$\alpha^{(CO_2)}$情景Ⅰ是按趋势预测，可能是较为现实的情景，假定从2008年逐渐降低到0.1左右的水平；$\alpha^{(CO_2)}$情形Ⅱ是假定未来十年平均处于0.1左右的水平，这个假定暗含污染拉动效应在未来十年被增长评价较低。情景Ⅰ假定随着环境治理力度的逐步提高和减排措施的落实，环境资本消耗对于

增长的作用逐步降低，这是一种较为可能的情景，在这种情景下，2015年之前，8%—9%的增长潜力仍可以维持，但是，随着减排力度的累计性增强，以牺牲环境为代价的高增长方式将不可持续，潜在增长有可能降低到8%以下。情景Ⅱ是一种理想中的状况，假定未来十年里碳排放之于增长的效应平均维持在0.1的较低水平，即使在这种理想状况下受减排的影响，2015年后潜在增长仍将降低到8%以下。

（二）控制K、技术进步因素，考虑到劳动力增减的影响：第一步修正

根据我们的年龄移算数据，中国劳动力供给拐点趋势在2010年会出现，而劳动力供给持续的下降趋势2015年之后将变得更加明显。考虑到劳动力供给对于中国经济长期增长的巨大作用，这个因素在预测潜在增长时是需要考虑的。从长期来看，根据前文模型的实证结果，在考虑环境资本消耗的条件下，长期增长的劳动力供给弹性平均为0.15。对于资本、劳动和碳排三个变量之间的关系，根据模型统计结果的表现，在进行未来预测时，把增长的资本弹性 $\alpha^{(k)}$ 暂时控制在0.6的水平比较合理，因此，在剩下的0.4个点的弹性里，$\alpha^{(l)}$ 情景将随 $\alpha^{(CO_2)}$ 变化而变化。表9-3中未来潜在增长评价，是在表9-2的基础上做出的，持续性减排压力和劳动力结构转型，将把潜在增长速度下拉0.2个百分点左右。

表9-3 控制K、技术因素，考虑到劳动力增减的影响：第一步修正

年份	2010	2011	2012	2013	2014	2015	2016	2017	2018	2019	2020	平均
$\alpha^{(l)}$ 情形I	0.238	0.243	0.247	0.251	0.255	0.259	0.263	0.268	0.272	0.276	0.280	—
碳排放年均增长(%)	-2.3	-2.3	-2.3	-2.3	-2.3	-2.3	-2.3	-2.3	-2.3	-2.3	-2.3	
潜在增长速度(%)	9.2	8.9	8.5	8.2	7.9	7.7	7.0	6.8	6.4	6.0	5.8	7.4
$\alpha^{(l)}$ 情形Ⅱ	0.30	0.30	0.30	0.30	0.30	0.30	0.30	0.30	0.30	0.30	0.30	—
碳排放年均增长(%)	-2.3	-2.3	-2.3	-2.3	-2.3	-2.3	-2.3	-2.3	-2.3	-2.3	-2.3	
潜在增长速度(%)	9.5	9.3	9.1	8.9	8.5	8.7	7.8	7.8	7.4	7.1	6.9	8.3

（三）资本存量增长速度8%的情景：第二步修正

1978—2008年，中国资本存量的增长速度平均为10%，呈现较为稳定的线性增长；与此相对应，1978—2008年，中国固定资本形成速度为

11%；20 世纪 90 年代中期以来增长较快，达到 12%。从表 9-3 的情景来看，若不考虑固定资本形成速度降低的情况，2015 年之前，中国潜在经济增长速度仍将处于 8%—9% 的水平。但是，2015 年之后，减排力度的累积性增强，迫使潜在增长速度降低到 7%—8%，若要维持较高的增长，资本增长可能是一个重要因素。表 9-4 给出了固定资本投资未来十年增长速度比历史平均趋势低 2%—3% 的情景，在两种情景下，平均潜在增长速度为 6%—7%。表 9-4 的情景尽管在未来较短时期不会出现，但是，数据模拟仍然揭示了这样一个现象：长期资本驱动之下的经济，若投资率下降过于猛烈，则潜在增长的反应也相应激烈，鉴于中国庞大的劳动力规模及经济发展的要求，维持较高的资本形成率仍然是必需的。

表 9-4　控制其他因素和减排远景，考虑到 k 增长速度 8% 情形的潜在经济增长速度：第二步修正

年份	2010	2011	2012	2013	2014	2015	2016	2017	2018	2019	2020	平均
$\alpha^{(k)}$ 情形：	0.60	0.60	0.60	0.60	0.60	0.60	0.60	0.60	0.60	0.60	0.60	—
潜在增长速度 I(%)	8.0	7.7	7.3	7.0	6.7	6.5	5.8	5.6	5.2	4.8	4.6	6.3
潜在增长速度 II(%)	8.3	8.1	7.9	7.7	7.3	7.5	6.6	6.6	6.2	5.9	5.7	7.1

（四）技术进步的作用

上文数据分析述及长期以来中国碳排放始终处于走走停停的状态。表 9-4 是对碳排放累积下降之于潜在增长的评价，实际上，根据碳排放远景规划，碳排放控制力度的增强，对于未来经济增长空间施加了很大的压力。但是，这种压力的有利之处是促进了生产方式和投资结构的优化。有两个路径似乎可以阻止潜在增长的大幅下降：一是资本形成；二是技术进步。至少在较近的时期中，10% 的资本形成速度可以阻止潜在增长速度下降，但是，2015 年之后，人口结构转型所带来社会保障问题、减排目标的实施，都为这个较高的固定资本形成能否维持施加了压力。有一点可以肯定的是，无论上述各种情景的预测，2015—2020 年，若是技术进步速度不能达到年均 3% 的水平，那么，中国的潜在增长很可能降低到 8% 以下。

第五节 增长因素及增长转型期问题分析

让我们回到实际增长过程中来进一步印证实证分析的一些基本结论，主要对投资和污染之于长期增长的作用进行直观的静态比较分析。表9-5列示了"七五"以来中国经济增长状况及资本和能耗，其中，"七五"时期至"九五"时期这段增长历史在中国增长方式的体现方面最为典型。先设定比较分析的出发点。根据前文实证分析的结论，碳排放的持续下降将导致长期增长速度的减缓，除非在碳排放减少的同时有投资的支撑。首先，中国经济增长中碳排放趋势的一个典型事实是：单位GDP碳排放在20世纪80年代以后呈现迅速下降态势（见图9-6）。关于这一点，在接下来的阐述中还要进行分析。在1986—1995年的10年里，是单位GDP碳排放下降最为快速的时期，累计下降50%。分阶段看，1986—1990年到1991—1995年这段时期，尽管碳排放下降很快，但是，持续高企的固定资产投资抵消了碳排放下降带来的消极影响，进而支撑起实际经济增长速度和潜在增长速度的高位运行。1991—1995年到1996—2000年这段时期，单位GDP碳排放下降趋势进一步增强，但是，受宏观调控和国际经济环境的影响，投资速度比前一阶段明显降低，这期间，无论是实际GDP增速还是潜在GDP增速，均出现显著下降趋势。2001—2005年这一段时期，随着国内外经济环境的改善，投资增长速度较快，其间，高涨的投资引致单位GDP能耗的上升和污染的回升，这段时期不仅实际GDP表现出了强劲增长，而且经济增长潜力得到进一步开发，潜在GDP达到

表9-5　每五年主要宏观经济指标变动情况（1990年不变价GDP）　单位:%

年份	1986—1990	1991—1995	1996—2000	2001—2005	2006—2008
单位GDP碳排放增减（阶段变动）	-12.9	-21.6	-27.0	+10.5	-8.4
单位GDP能耗增减（阶段变动）	-9.0	-22.6	-27.4	+7.6	-6.0
固定资产投资速度（五年平均）	16.5	36.9	11.2	20.2	24.7
实际GDP增速（五年平均）	7.9	12.3	8.6	9.6	11.2
潜在GDP增速（五年平均）	9.6	10.9	9.9	11.4	9.7

资料来源：http：//db.cei.gov.cn/；CDIAC；前文计量分析结果。

11%的高水平。"十一五"时期以来，在高投资的驱动下，实际GDP增长速度高于潜在GDP增长速度。

自然而然的问题是，为什么进入21世纪以来，单位GDP碳排放速度持续递减的趋势受到阻遏，这种趋势的经济含义是什么？为了对这一问题进行观察，让我们回到图9-6。20世纪八九十年代碳排放的迅速下降，在很大程度上挤压了21世纪以来的减排空间，从趋势可以看出，一条反"S"形的减排力度轨迹，在2000年以来已经隐约出现。这个轨迹暗示着，如果以目前的生产技术和产业结构继续支撑高位增长和庞大的就业，则减排将面临巨大的压力，于是，我们似乎看到了这样一个"悖论"：在现有投资和技术主导的增长模式下，要想维持高增长，必须在减排和高投资驱动之间进行转换，但是，这种转换的一个可能效应是：高投资可能再次抵消减排力度，从而使中国经济未来发展走入一个不确定性较大的循环。另外，如果为了减排而减排，在现有技术条件下，占能耗70%的工业无疑将受到很大冲击，进而降低未来增长速度。

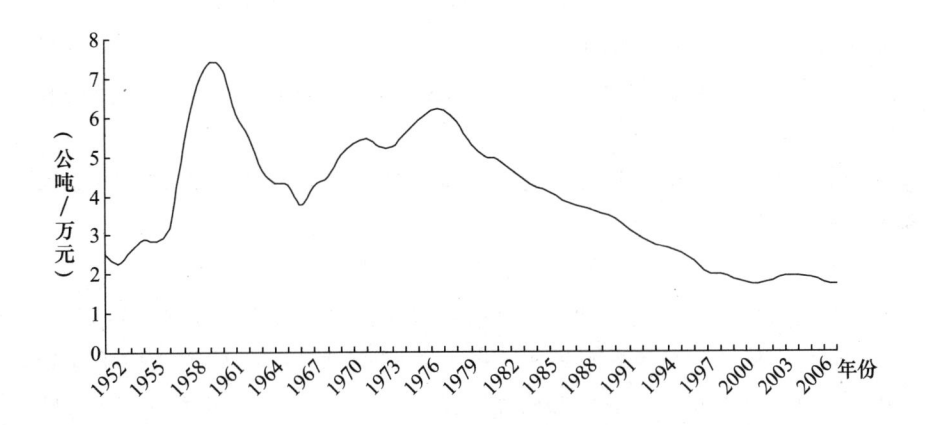

图9-6 1952—2008年单位GDP碳排放趋势（1990年不变价GDP）

资料来源：《新中国五十五年统计资料汇编（1949—2004）》《中国统计年鉴》（2009），CDIAC。

因此，为减排力度持续加强制造较大空间的路径有两条：技术进步和产业结构调整。产业技术更新之于长期增长的益处在经济文献中已经得到充分论证，这里，我们感兴趣的是两点：一是技术更新及相应的旧增长模式的改造和新型工业行业的发展，不仅可以直接拉动更"清洁"的投资比重，而且可以通过增长质量的提高为未来持续增长培育潜力。二是工业结构转型，为服务业的健康发展带来激励，从而促使中国抓住城市化推动经济增长的机遇，这实际上是产业结构转型的问题。至此，我们对于低碳经济的影响及中国未来经济发展趋势，基本勾勒出了一个前景。

第六节 结论和建议

　　立足于经济增长核算模型及一系列统计数据，本章对碳排放之于长期增长影响和低碳发展要求下未来的增长前景进行了分析。总体来看，在投资模式不能得到顺利转型的情况下，低碳经济将削弱未来增长潜力，鉴于中国庞大的劳动力存量的现实，低于8%的增长将会使就业压力凸显。但是，如果考虑到未来人口结构转型及一系列社会需求的日益扩大，长期存在于中国增长历史中的高投资的持续前景也不令人乐观。比如，人口老龄化的来临将导致高储蓄的下降，并压缩资本形成速度的增长空间。因此，技术进步及结构转型的发展，自然成为未来增长着重关注的问题。基于本章的数据分析及相应问题解释，我们认为，以下几点值得思考：

　　一　摆脱高增长依赖症，逐步容忍和适应经济增速的放缓，提高经济增长的质量

　　减排规划既是压力也是动力，根据前文的分析，中国长期潜在增长的速度在9.5%左右，这个统计分析结果与国内文献的分析结果相差不大。但是，从现实经济表现来看，受高投资驱动，中国增长历史上多次出现高于10%的情况，其结果是能耗和污染的加大。低碳情境下适度降低投资速度的结果并非不可容忍，只要维持一定的技术进步速度，从发展要求来看，未来8%的发展速度是可以容忍的。这个速度的内涵，本质上意味着增长质量提高和产业结构转型，从而有利于中国已经开启的城市化效应的发挥。

　　二　建立环境污染对我国经济增长的反馈机制

　　图9-2关于增长机理分析的简单模型，主要依据中国历史数据建立，碳排放变量的纳入，为我们提供了一个观察主要宏观变量的反馈机制的视角。目前，污染问题还未能对中国的经济增长产生较强的抑制作

用。污染对经济增长变化的反馈机制相对较弱，说明环境问题还是"外部性"的问题。存在地方讲"发展"，中央讲"科学"，即由发展所产生的很多负的外部性，如污染问题等都要由国家层面来解决的情况，这意味着我国目前还缺乏有效的环境资源产权保护体系与市场交易机制来对污染的负外部效应进行清晰界定。因此，建立清晰的环境资源产权界定体系与市场交易机制，是促进环境污染对我国经济增长的反馈机制的关键所在。

三　促进产业结构转换，减弱增长对于资源环境的依赖

1985年以来，我国经济增长过程中"先污染、后治理"的特征明显，而经济增长带来的污染增加是一个长期的过程，这和中国正处在工业化发展阶段有很大关系。图9-4和表9-5提供了能耗与碳排放关系的统计说明及进一步的对比性分析，数据和统计结论给予我们的印象简洁而直观。从能耗分布来看，长期以来，增加值占GDP 40%的工业部门耗用了70%左右的能源，尽管这是由工业生产本身的性质所决定的，但是，中国工业生产方式中高耗能、高污染特征也加剧了能源消耗。以技术进步和增长质量提高为前提，工业部门生产方式的转型不仅有利于环境压力的缓解，而且有利于中国长期增长可持续潜力的深度挖掘。

四　运用价格和财税手段，促进环境保护与经济增长之间的协调

价格和财税是保障环境与经济增长之间协调的关键环节。长期以来，中国能源价格偏低的状况至今没有得到很大改观，如果让中国未来经济增长逐步转入以技术进步和增长质量为支撑的轨道上来，进一步理顺资源能源价格依然是关键环节。能源价格的理顺主要从提高能源技术进步的角度，促进能耗总量和结构的转变，进而有利于长期中增长资源环境压力的缓解。在公共政策支持方面，近年来，国家在环保的财政支持方面力度不断加大，但是，由于环境税收体系建立的滞后，限制了环保公共投入支持的资金来源。从实施减排规划、促进增长方式转型的长远角度考虑，应参考发达国家在环保制度领域的有益经验。

参考文献

[1] 阿吉翁、霍伊特：《内生增长理论》，北京大学出版社2004年版。

[2] 陈诗一：《能源消耗、二氧化碳排放与中国工业的可持续发展》，《经济研究》2009年第4期。

[3] 董利民、吕连菊、张学忙：《中国潜在产出测算实证研究》，《中国农学通报》2006年第10期。

[4] 高铁梅：《计量经济分析方法与建模》，清华大学出版社2009年版。

[5] 郭庆旺、贾俊雪：《中国潜在产出与产出缺口的估算》，《经济研究》2004年第5期。

[6] 汉密尔顿：《时间序列分析》，中国社会科学出版社1999年版。

[7] 何枫、陈荣、何林：《我国资本存量的估算及其相关分析》，《经济学家》2003年第5期。

[8] 李京文、钟学义：《中国生产率分析前沿》，社会科学文献出版社1998年版。

[9] 林毅夫、郭国栋、李莉、孙希芳、王海琛：《中国经济的长期增长与展望》，北京大学中国经济研究中心讨论稿，2003年。

[10] 刘斌、张怀清：《我国产出缺口的估计》，《金融研究》2001年第10期。

[11] 吕光明：《潜在产出和产出缺口估计方法的比较研究》，《中央财经大学学报》2007年第5期。

[12] 沈利生：《我国潜在经济增长率变动趋势估计》，《数量经济技术经济研究》1999年第12期。

[13] 唐纳德·A. R. 乔治、莱斯·奥克斯利、肯尼斯·I. 卡劳：《经济增长研究综述》，长春出版社2009年版。

[14] 涂正革：《环境、资源与工业增长的协调性》，《经济研究》2008年第2期。

[15] 王立平、万伦来等：《计量经济学理论与应用》，合肥工业大学出版社2008年版。

[16] 王小鲁：《中国经济增长的可持续性与制度变革》，《经济研究》2000年第7期。

[17] 王小鲁、樊纲：《中国经济增长的可持续性》，经济科学出版社2000年版。

[18] 王中宇：《"技术进步"迷思》，《创新科技》2006年第10期。

[19] 张军、施少华：《中国经济全要素生产率变动（1952—1998）》，《世界经济文汇》2003年第2期。

[20] 张平、张晓晶：《经济增长、结构调整的累积效应与资本形成》，

《经济研究》2003 年第 8 期。

[21] Bovenberg, A. and S. Smulders, 1995, "Environmental Quality and Pollution – augmenting Technological Change in a Two – sector Endogenous Growth Model", *Journal of Public Economics*, Vol. 57, issue 3, pp. 369 – 391.

[22] Boschen, J. and L. Mills, 1990, "Monetary Policy with a New View of Potential GNP", *Federal Reserve Bank of Philadelphia Bussiness Review* (July – August), pp. 3 – 10.

[23] Bosworth, Barry and Susan M. Collins, 2008, "Accounting for Growth: Comparing China and India", *Journal of Economic Perspectives*, Volume 22, Number 1, Winter 2008, pp. 45 – 66.

[24] Chow, G. and K – W. Li, 2002, "China's Economic Growth: 1952 – 2010", *Economic Development and Cultural Change*, Vol. 51, No. 1, pp. 247 – 256.

[25] Chow, G., 2008, "Another look at the rate of increase in TFP in China", *Journal of Chinese Economic and Business Studies*, 2008, Vol. 6, issue 2, pp. 219 – 224.

[26] Cochrane, J. H., 1994, "Permanent and Transitory Components of GNP and Stock Prices", *Quarterly Journal of Economics*, 61, pp. 241 – 65.

[27] Chung, Y. H., Fare, R. and S. Grosskopf, 1997, "Productivity and Undesirable Outputs: A Directional Distance Function Approach", *Journal of Environmental Management*, 51, pp. 229 – 240.

[28] Department of Trade and Industry, 2003, "*Our Energy Future – creating a Low Carbon Economy*", UK Energy White Paper.

[29] Dupasquier, C. G. and P. St – Amant, 1999, "A survey of alternative methodologies for estimating potential output and the output gap", *Journal of Macroeconomics*, Summer, Vol. 21, No. 3, pp. 577 – 595.

[30] Jorgenson, D. W., 1995, "Productivity", Volume 1: Postwar U. S. Economic Growth, Volume 2: International Comparisons of Economic Growth. Cambridge, MA: MIT Press.

[31] Lighart, J. E. and Van der Ploeg, F., 1994, "Pollution, the Cost of Public Funds and Endogenous Growth", *Economic Letters*, 339 – 349.

[32] Lu Xuedu, Jiahua Pan and Ying Chen, 2006, "Sustaining Economic Growth in China under Energy and Climate Security Constraints", *China and World Economy*, 14 (6), pp. 85 – 97.

[33] Mohtadi, H., 1996, "Environment, Growth and Optimal Policy Design", *Journal of Public Economics*, 63, pp. 119 – 140.

[34] Ramanathan Ramakrishnan, 2005, "An Analysis of Energy Consumption and Carbon Dioxide Emissions in Countries of the Middle East and North Africa", *Energy*, 30 (15), pp. 2831 – 2842.

[35] Stokey, N. L., 1998, "Are There Limits to Growth", *International Economic Review*, 39 (1), pp. 1 – 31.

[36] Wang, Y. and Y. Yao, 2001, "Sources of China's Economic Growth: 1952 – 99: Incorporating Human Capital Accumulation", Policy Research Working Paper 2650, World Bank, Development Research Group, Washington D. C..

[37] Young, Alwyn, "Gold into Base Metals: Productivity Growth in the People's Republic of China during the Reform Period", *J. P. E.* 111 (December 2003): 1220 – 1261.

[38] Zheng, Jinghai, Bigsten, Arne and Hu, Angang, 2006, "Can China's Growth be Sustained? A Productivity Perspective", Working Papers in Economics 236, Goteborg University, Department of Economics.

[39] Watson, M. W., 1986, "Univariate Detrending Methods with Stochastic Trends", *Journal of Monetary, Economics*, 18, pp. 49 – 75.

[40] Welch, G. and G. Bishop, 2006, "An Introduction to the Kalman Filter", www. cs. unc. edu/ ~ welch/ kalman /klmanIntro. html.

附录1　宏观经济变量 $\ln\left(\dfrac{GDP}{L}\right)$、$\ln\left(\dfrac{K}{L}\right)$、$\ln\left(\dfrac{CO_2}{L}\right)$ 的协整检验：1960—2008

	迹统计量	5%临界值	最大特征值统计量	5%临界值
不存在协整关系	39.01	0.00	28.85	0.00
至少存在1个协整关系	10.16	0.27	9.34*	0.26

续表

	迹统计量	5%临界值	最大特征值统计量	5%临界值
至少存在2个协整关系	0.82	0.37	0.82	0.37

注：包含截距和趋势，AIC准则下最优滞后阶数为3。

附录2 滞后3阶的格兰杰因果检验

原假设	相伴概率
$\Delta\ln\left(\frac{K}{L}\right)$不是$\Delta\ln\left(\frac{GDP}{L}\right)$的格兰杰原因	0.00
$\Delta\ln\left(\frac{GDP}{L}\right)$不是$\Delta\ln\left(\frac{K}{L}\right)$的格兰杰原因	0.00
$\Delta\ln\left(\frac{CO_2}{L}\right)$不是$\Delta\ln\left(\frac{GDP}{L}\right)$的格兰杰原因	0.00
$\Delta\ln\left(\frac{GDP}{L}\right)$不是$\Delta\ln\left(\frac{CO_2}{L}\right)$的格兰杰原因	0.12
$\Delta\ln\left(\frac{CO_2}{L}\right)$不是$\Delta\ln\left(\frac{K}{L}\right)$的格兰杰原因	0.00
$\Delta\ln\left(\frac{K}{L}\right)$不是$\Delta\ln\left(\frac{CO_2}{L}\right)$的格兰杰原因	0.46

附录3 潜在增长核算方程（9-3）的数据

1. 未知参数的最大似然估计方法：最大似然估计（Marquardt）

	系数	标准差	Z统计量	相伴概率
d_0	-2.19776	0.192808	-11.3987	0.000
d'_0	-5.39846	0.286527	-18.841	0.000
	最终状态	均方误差	Z统计量	相伴概率
$\alpha^{(k)}$	0.578414	0.02408	24.02032	0.000
$\alpha^{(CO_2)}$	0.158846	0.041006	3.873692	0.0001
α_t	0.022409	0.002565	8.735364	0.000

对数最大似然值：27.52593；AIC则：-1.04188；SC则：-0.9646

2. 指标速度数值

单位:%

年份	资本存量增长速度	劳动力增长速度	劳均潜在 GDP 增长速度	潜在 GDP 增长速度	碳排放增长速度
1978	7.917725	3.143867	2.517261	5.661129	11.956029
1979	7.580986	3.477146	1.339492	4.816637	2.158508
1980	8.016951	4.092763	1.112038	5.204801	-2.281693
1981	6.820489	3.983805	1.511408	5.495213	-0.997823
1982	7.139280	4.001916	3.224909	7.226824	7.024384
1983	7.680215	3.185249	4.145524	7.330773	5.439814
1984	9.093992	3.967792	5.568939	9.536731	8.720304
1985	9.999372	3.831296	7.104092	10.935388	8.402584
1986	10.054653	3.396959	7.32592	10.722879	5.15178
1987	10.731445	3.222778	7.90025	11.123028	6.699439
1988	10.484990	3.199623	8.030888	11.230511	7.189096
1989	7.138105	-0.935022	8.465179	7.530157	1.595617
1990	6.736663	5.271047	2.037275	7.308322	0.583136
1991	7.744255	2.475395	5.411969	7.887364	4.999286
1992	9.678660	1.009299	7.897552	8.906851	4.332465
1993	11.729398	0.991656	10.563408	11.555064	6.759167
1994	12.653134	0.968447	11.605037	12.573484	6.215674
1995	12.832711	0.904307	12.649157	13.553464	8.146726
1996	12.511984	1.300228	10.872643	12.172871	4.66296
1997	11.529477	1.261784	8.240022	9.501806	-1.199066
1998	11.302537	1.170152	6.87257	8.042721	-5.326124
1999	10.716623	1.071676	9.35136	10.423037	4.488415
2000	10.571973	0.967868	8.399902	9.367771	2.63542
2001	10.646536	1.304016	7.894207	9.198223	2.430055
2002	11.304483	0.979117	9.50664	10.485757	6.110422
2003	12.563690	0.938432	13.055312	13.993744	17.598162
2004	12.881309	1.031814	11.874218	12.906032	17.134725
2005	13.513173	0.831117	9.611488	10.442605	10.323692
2006	13.737709	0.758325	9.012896	9.771221	8.495715
2007	13.550171	0.772251	8.479714	9.251965	5.278
2008	12.953959	0.636446	9.353657	9.990103	7.181

3. 时变参数估计值及碳排放贡献

年份	$\alpha^{(k)}$	$\alpha^{(CO_2)}$	$\alpha_t:\%$	碳排放拉动增长点数
1978	0.639874	0.239083	1.876183	2.85848
1979	0.602271	0.216349	1.837149	0.46699
1980	0.581717	0.205258	1.802625	-0.46834
1981	0.572960	0.202176	1.770398	-0.20174
1982	0.566678	0.201891	1.726522	1.41816
1983	0.563049	0.201629	1.703025	1.09682
1984	0.563827	0.201720	1.707839	1.75906
1985	0.572103	0.204045	1.740271	1.71451
1986	0.584712	0.209239	1.769834	1.07795
1987	0.593807	0.213244	1.787104	1.42862
1988	0.603810	0.218501	1.795895	1.57082
1989	0.613901	0.224530	1.796236	0.35826
1990	0.618214	0.227295	1.793985	0.13254
1991	0.617040	0.226937	1.790922	1.13452
1992	0.617040	0.226936	1.791025	0.98319
1993	0.622902	0.229983	1.793476	1.55449
1994	0.633830	0.237816	1.776323	1.47819
1995	0.647178	0.248853	1.740486	2.02734
1996	0.656964	0.257861	1.704983	1.20240
1997	0.662171	0.262795	1.684279	-0.31511
1998	0.666022	0.266258	1.670336	-1.41812
1999	0.668482	0.268105	1.664439	1.20337
2000	0.667603	0.267389	1.666741	0.70468
2001	0.665600	0.265724	1.672733	0.64572
2002	0.662698	0.263311	1.681724	1.60894
2003	0.657904	0.258863	1.700754	4.55551
2004	0.645421	0.244739	1.771925	4.19354
2005	0.626622	0.221518	1.895745	2.28688
2006	0.608482	0.198360	2.021902	1.68521
2007	0.594394	0.179980	2.123488	0.94993
2008	0.586670	0.169846	2.179843	1.21966

附录4 碳排放与能源消费关系的数据分析

类似于潜在增长核算方程(9-3),我们在状态空间中对碳排放的能源消费弹性进行分析:

量测方程:$\ln\left(\frac{CO_2}{L}\right)_t = m_0 + \beta_t^{(ENERGY)}\ln\left(\frac{ENERGY}{L}\right)_t + \beta_t t_{1960-200} + \varphi_t(m'_0)$

状态方程:$\beta_t^{(ENERGY)} = \beta_t^{(ENERGY)}(-1)$,$\beta_t = \beta_t(-1)$

其中,$\beta_t^{(ENERGY)}$ 为碳排放的能源消费弹性,β_t 为碳排放的长期变动趋势,m_0 为截距,$\varphi_t(m'_0)$ 为残差,样本期为1960—2008年。

时变参数卡尔曼滤波估计值如下表所示。

1978—2008年时变参数卡尔曼滤波估计值

年份	$\beta_t^{(ENERGY)}$	β_t	m_0
1978	0.991492	-0.002914	-6.56921059
1979	1.003767	-0.002614	-7.26361921
1980	1.011523	-0.002418	3.162308024
1981	1.009360	-0.002475	1.659588589
1982	1.008770	-0.002494	-7.69937217
1983	1.011058	-0.002420	-4.26010521
1984	1.012365	-0.002381	-8.22692865
1985	1.014991	-0.002311	-7.93754157
1986	1.017796	-0.002244	-6.92044491
1987	1.020075	-0.002192	-4.98668094
1988	1.021847	-0.002155	-4.06514276
1989	1.023426	-0.002126	2.422802377
1990	1.022291	-0.002144	5.89532741
1991	1.020714	-0.002174	5.177091338
1992	1.019333	-0.002199	6.178432506
1993	1.017465	-0.002228	3.318219859
1994	1.016220	-0.002243	1.502542321

续表

年份	$\beta_t^{(ENERGY)}$	β_t	m_0
1995	1.015546	-0.002251	-1.05580671
1996	1.016190	-0.002245	0.613199882
1997	1.015749	-0.002248	1.132278838
1998	1.015323	-0.002252	5.189469062
1999	1.014430	-0.002265	-7.57729453
2000	1.015494	-0.002248	-4.37525797
2001	1.016123	-0.002239	-1.45522643
2002	1.016327	-0.002237	-1.97352304
2003	1.016681	-0.002233	-3.45432874
2004	1.018806	-0.002226	1.574652533
2005	1.022109	-0.002228	3.622786395
2006	1.025048	-0.002234	2.696416511
2007	1.026583	-0.002239	-2.62933284
2008	1.025293	-0.002234	-2.65370648

$\overline{R}^2 = 0.80$, $DW = 1.14$

第十章 城市化与投资率和消费率之间的关系研究

摘要： 城市化可分为城市规模化阶段和市民化阶段。城市规模化阶段，投资率随着城市化率的提高而增大，消费率随着城市化率的提高而减少；市民化阶段，投资率随着城市化的提高而减少，消费率随着城市化的提高而增大。这样，投资率与城市化率之间存在倒"U"形关系，消费率与城市化率之间存在"U"形关系。这些关系得到数理模型的证明及世界各国和中国省（市、自治区）面板数据模型的实证。目前，中国正处于城市规模化阶段向市民化阶段转变时期，中国政府现阶段采取的城市化政策是加快城市规模化向市民化转变的关键。

第一节 引言

中国经济增长与宏观稳定课题组（2003—2009）认为，中国"低价工业化增长模式"和"干中学"微观机制等形成了中国的赶超增长模式。以投资和出口的增长模式在经济全球化下实现了中国的比较优势。一方面，强调积累，投资扩张，这是经济赶超的基本特点；另一方面，在全球化时代，中国低成本竞争也具有很大的优势，使出口成为带动增长与就业的重要渠道。从国际比较来看，一国经济发展往往要经历依靠投资与出口增长的阶段。第二次世界大战后，日本经济经历了高储蓄、高投资、低消费、高增长的"三高一低"阶段，经济高速增长使日本一跃成为仅次于美国的世界第二大经济强国。在这一过程中，投资与出口发挥了巨大的作用。韩国从20世纪60年代开始转向以出口为导向的经济发展战略，这对韩国的经济增长也做出了极大的贡献。

过去几十年，中国的经济赶超增长模式，是强调生产积累而忽略民生，消费和投资结构严重失调，收入差距扩大，人们并没有充分享受到经济快速增长带来的福利提高。疲软的消费是抑制中国经济增长的结构性因素，随着中国经济高速增长，消费占 GDP 的比重近年来逐渐下降。2008 年，中国的消费率为 35.3%，这一值远远低于同年美国的 70.1%，也低于同年印度的 54.7%。中国是一个大国，依靠外需的增长不可持续。为了实现均衡的可持续增长，中国经济须由依靠外需转向依靠内需特别是国内消费，提高人民生活水平，重视民生。

中国经济赶超增长模式造成了目前的高储蓄、高投资、低消费、高增长的"三高一低"，从而决定了中国经济出现了消费率偏低、服务业偏低（投资型的增长方式）及外向型经济等。投资不可能总是推动增长的发动机，只有家庭消费推动的消费才是可持续的。2010 年中央经济工作会议将稳定城市化进程作为推进内需的重要措施，城市化有助于将巨大的消费潜力转变为强大的中国可持续推进力。城市化率每上升 1 个百分点，将会有 1000 万农村居民进入城市。城市化发展将会有更多的城市基础建设投资，这将会推动内需和经济结构的调整。同时，城市化率的提高意味着政府将为更多的人提供完善的教育、医疗保障和住房体系，而这些也是人们愿意购买的。为了中国可持续增长，解决中国目前存在的非均衡增长，城市化发展可缓解甚至解决这些非均衡增长等问题。

城市化并不一定能解决经济增长和经济结构中存在的问题，它是一把"双刃剑"。如果能解决好城市化过程中居民对住房的需求，就能很好地解决目前存在的内需不足和结构性矛盾，同时发挥城市化的积聚效应，这就能保证中国经济均衡可持续增长。相反，如不能解决好城市化过程中居民对住房的需求，内需难以扩大，同时，城市化积聚效应也很难发挥，经济增长难以持续。拉美国家的城市化解决了消费等问题，但并没有解决"贫民窟"和经济增长问题。主要问题集中在两个方面：一是城市化发展没有解决好城市化过程中居民的住房需求，出现了人口漂移和"贫民窟"；二是在城市化过程中，没有发挥好城市积聚效应，城市技术进步不足，经济增长难以持续。为此，我们应吸取拉美国家的城市化经验，发挥城市化调整经济结构功能及城市的积聚效应，保持中国的可持续增长。

2010 年，中国政府加大了实施社会保障的力度，一是农民工参加城镇基本养老保险；二是城镇职工基本养老保险实现跨地区转移接续。为了适应城市化发展的需要，2010 年中央经济工作会议出台了新的户籍政策，其重点放在加快中小城市和小城镇发展上。要把解决符合条件的农业转移人口逐步在城镇就业和落户作为推进城镇化的重要任务，放宽中小城市和城镇户籍限制，提高城市规划水平，加强市政基础设施建设，完善城市管理，全方位提高城镇化发展水平。户籍改革实质就是使城乡居民在社会福利、医疗保险、基础教育等方面享受同等的待遇。2010年推动了社保和户籍变革，意在推动市民化进程，使城市化更加平稳地推动中国经济和谐增长。

本章从世界角度分析城市化率与投资率和消费率之间的关系，对中国城市化和经济增长模式的转变提供经验。城市化过程由城市规模化和市民化两个阶段组成，在这两个阶段，城市化与投资率和消费率之间呈现出不同的关系。城市规模化阶段向市民化阶段过渡是有条件的，并不是一个自然的过程。由中国城市化率与投资率和消费率间的关系可知，中国城市化正处于城市规模化阶段向市民化阶段转变时期，平稳的房地产市场发展、社保和户籍改革等都会推进农民工市民化进程。

第二节　文献综述

19世纪五六十年代，马克思在分析资本主义生产和再生产时科学地阐述过生产、交换、分配、消费各环节之间的关系，指出生产与消费的直接同一性：物质资料的生产过程就是劳动力和生产资料的消费过程，而生活资料的个人消费又是劳动力的再生产过程。西方国家经历了1929—1933年的经济大危机，英国经济学家凯恩斯（Keynes，1936）开出摆脱危机的"药方"，提出资本需求是由人口、生活水平和资本技术三因素决定的。他认为，在资本技术一定的情况下，资本需求主要取决于人口增长和生活水平的提高；如果生活水平没有足够的提高，生育率的下降将会导致有效需求不足。

20世纪五六十年代，发展经济学家阿瑟·刘易斯研究发展中国家，提出了"二元经济模型"，探讨了传统部门劳动力转移并在现代部门的就业，这大大推动了人口变动与经济发展之间关系的研究和人力资本的研究。中国不仅存在着"二元经济结构"，而且还存在着"二元社会结构"。这一现象制约了资本和消费需求的扩张，成为中国经济发展的"瓶颈"。

先进的工业与落后的农业并存的"二元经济",城乡之间在劳动生产率、居民收入和消费上表现出很大的差异,因此,对社会总需求而言,城市化是扩大内需的基本拉动力。

关于城市化和需求之间的关系,这方面已有许多研究。蔡思复(1999)从"二元经济"就业结构及派生的需求结构角度提出了城市化有利于改变传统的就业结构,提高收入,并引致消费需求增加进而投资需求的扩张。刘建国(2002)通过对中国同一收入层次的城乡居民的消费倾向比较,论证了"农民消费倾向"偏低的假说,他认为,扩大内需必须加快中国城市化进程。刘艺容(2008)运用回归分析和向量自回归方法研究了中国1978—2005年城市化与居民消费增长之间的关系,实证结果表明,中国城市化水平与消费增长率之间总体上具有正向的互动影响,且这种影响具有阶段性差异。

谢晶晶、罗乐毅(2005)使用1985—2001年时间序列分析中国城市化与城市固定资产投资和城镇居民消费支出之间的长期关系,实证结果表明,城市化与投资和消费需求之间存在着长期的稳定关系,城市化对城市固定资产投资和城镇居民消费支出具有显著影响;城市化促进投资和消费需求的扩张,特别是城市化对消费需求的长期影响更为明显,城市化每提高1个百分点,城镇居民人均年消费支出将增加2.008个百分点。城市化水平的提高意味着城市人口的增加,城镇居民消费水平提高和消费者人数的扩大,这两方面的作用因素使城镇居民消费总量呈现大规模地增长。

据国际货币基金组织和世界银行统计,20世纪90年代以来,世界平均消费率水平为78%—79%,中国最终消费率平均为58.8%,比世界平均消费水平低将近20个百分点,差距较大。对于这种状况,倡导用城市化促进消费,基本成为理论界的一个共识(蔡昉,2000;田成川,2004;巴曙松,2006;苏剑,2006)。事实上,城市化率与消费率之间的关系并不如此简单。由中国城市化率与消费率的关系可知,随着中国城市化率的上升,最终消费率却呈现出长期下降的趋势。这种负相关关系与现有的城市化率与消费率之间的关系理论恰好相反。

改革开放以来,中国城市化进程较快,城市化率由1978年的17.92%提高到2008年的44.94%,与此同时,消费却由62.1%下降到48.59%,投资率由38.22%上升到43.54%。对此,范剑平(1999)等认为，改革开放以来城市化水平的提高并没有使消费水平较高的城镇居民消费份额相应提高，城市化对提高居民消费率的贡献几乎为零。王飞（2003）等对改革开放以来居民消费率与城镇化率进行线性回归，实证结果表明，居民消费率与城镇化率之间存在着负相关性，他们认为，这是不正常现象，中国城市化对居民消费率的影响违背常规。刘志飞（2004）等把历年城镇居民消费占居民总消费比重的增加率和历年城镇化水平增加率数据进行对比，发现大多数年份前者小于或略等于后者，有时前者甚至为负，两者的相关程度极差，认为城市化对居民消费率上升的贡献几乎为零，尤其是农村人口就地城镇化的小城镇化模式抑制了居民消费率的提高。刘艺容（2006）运用向量自回归方法研究了中国1978—2000年城市化率与消费率的变动关系，实证结果表明，在城市化加速期，中国城市化率迅速上升，而消费率则呈平缓下降。

张洋、尹婵娟（2007）认为，中国以城市化带动消费的策略没有实现的原因主要在于对于城市化与消费关系存在一定的误区，片面地认为，只要采取了城市化政策，消费水平就会自然提高，结果导致了城市盲目扩张。同时，他们认为，造成城市化没有提高消费率的主要原因为：城市高房价挤占最终消费支出、城市消费软环境差不利于消费、失地农民变为市民后无力消费和新增城市人口就业困难等。

由上述文献可知，中外学者就城市化对投资和消费的影响进行了研究，认为城市化有利于投资和消费的增加。但随着研究的深入，学者对中国城市化与投资和消费结构进行了研究，认为目前中国城市化率并没有提高消费率。实际上，城市化对投资和消费水平的影响与城市化对投资和消费结构的影响是不一样的。前者研究的是城市化对投资和消费绝对水平的影响，而后者研究的则是城市化对投资和消费相对水平的影响。城市化与投资率和消费率之间的关系并不是简单的线性关系，它们之间存在着非线性关系；城市化过程呈现阶段性，在不同的阶段，城市化对投资率和消费率具有不同的作用形式。

第三节 实证分析

城市化发展大致可分为城市规模化阶段和市民化阶段。城市规模化是指城市面积和城市人口规模的扩大,以及城市基础设施和住房等方面的投资建设。市民化是指农村居民进入城市获得住房等方面城市生活的条件,并能享受城市居民同等待遇,通过在城市工作,获取较高收入,像城市居民一样消费,真正融入城市当中。

大量低成本的农民工流入城市,恰好满足了城市化发展对大量低水平劳动力的需求。劳动力由第一产业流向高生产力的第二产业和服务产业,这将有效地提高全社会的生产力。劳动力的合理配置和有效使用,城市人口年龄、城市供给和需求的成本将会下降,这样有助于城市化发展。城市化发展,为农村城市化的居民提供了大量的就业机会,提高了他们的收入。同时,城市化提高消费水平,提升消费结构,从而拉动投资需求,加速产业结构升级。

一 城市化与投资率和消费率之间的关系

城市规模化需要城市基础设施和住房投资建设,这自然需要大量的资本投资;市民化使城市化的农村居民消费增大,这样,可得到如下城市化与投资率和消费率之间的关系:

在城市规模化阶段,城市面积扩大需要大量土地和资本的投入,城市人口规模的扩大就需要城市基础设施和住房投资建设,以容纳扩大的城市人口。同时,城市还需要大量资本投资于制造业和服务业,为扩大的城市人口提供更多的就业机会。此阶段,农村居民仅在城市工作获取收入,但享受不到城市居民待遇,在城市的消费也仅仅是维持生计。这样,在城市规模化阶段,随着城市化发展,投资量不仅不断增大,同时投资的相对水平也不断提高。这样,城市规模化阶段投资率会随着城市化率增大而增大;而消费率会随着城市化率增大而减少。

在市民化阶段,农村居民进入城市获得住房等方面城市生活的条件,享受城市居民同等待遇,像城市居民一样消费;此阶段,城市规模化阶段已结束,资本投资集中在服务业上,投资需求量相应减少。这样,市民化阶段就可能会出现:投资率随着城市化率增大而减少;而消费率随着城市化率增大而增大。

这样,城市化与投资率和消费率之间存在如下关系:城市化与投资率之间存在倒"U"形关系;城市化与消费率之间存在"U"形关系。

二 城市化与投资率和消费率之间的关系证明

消费虽然种类繁多,但归纳起来,不外乎衣、食、住、行和服务

(周学，2010)，衣、食、住、行和服务等的消费分别表示为 C_1、C_2、C_3、C_4 和 C_5。衣、食、住、行和服务的供给分别表示为 Y_1、Y_2、Y_3、Y_4 和 Y_5，其相应的生产函数为：

$$Y_i = \alpha_i K_i, \ \alpha_i > 0, \ i = 1, 2, 3, 4, 5 \tag{10-1}$$

为了分析的简便，不考虑资本积累，即：

$$K_i = I_i, \ i = 1, 2, 3, 4, 5 \tag{10-2}$$

另外，假定整个社会投资品产出为：

$$I = \sum_{i=1}^{5} I_i \tag{10-3}$$

这样，整个社会的总产出为：

$$Y = \sum_{i=1}^{5} I_i + \sum_{i=1}^{5} Y_i \tag{10-4}$$

长期来看，消费市场的供给和需求是均衡的，即：

$$C_i = Y_i, i = 1,2,3,4,5 \tag{10-5}$$

则式（10-4）可为：

$$Y = \sum_{i=1}^{5} I_i + \sum_{i=1}^{5} C_i \tag{10-6}$$

这样，投资率为[①]：

$$inv\_rate = \frac{I_1 + I_2 + I_3 + I_4 + I_5 + C_4}{Y} \tag{10-7}$$

产出 Y 随着城市化率 u 的增大而增大，假定产出 Y 与城市化率 u 之间存在着如下关系：

$$Y = \beta_0 + \beta_1 \cdot u, \ \beta_0 > 0, \ \beta_1 > 0 \tag{10-8}$$

衣、食、行和服务消费 Y 随着城市化率 u 的增大而增大，它们与城市化率 u 之间存在着如下关系：

$$C_i = \gamma_{i0} + \gamma_{i1} \cdot u, \ \gamma_{i0} > 0, \ \gamma_{i1} > 0, \ i = 1, 2, 3, 5 \tag{10-9}$$

住房消费 C_4 随着城市化率 u 的增大而增大，城市规模化后期，城市住房供应增多，而在市民化初期，住房需求较大，城市化率 u 小于某一值时，住房消费 C_4 的城市化 u 边际值为正。城市规模结束，城市住房供应较少，市民化后期，住房需求也较少，城市化率 u 大于某一值时，住房消费 C_4 的城市化 u 边际值为负，这样，不妨假定住房消费 C_4 与城市化

[①] 宏观经济学上将住房消费作为投资，这样，式（10-7）中的投资就包含住房消费。

率 u 之间存在着如下关系：

$$\frac{dC_4}{du} = a_1 u^2 + b_1 u + c_1, \quad a_1 < 0, \quad b_1 > 0 \qquad (10-10)$$

由式（10-1）、式（10-2）、式（10-8）、式（10-9）和式（10-7）可得到①：

$$inv\_rate \approx \theta \cdot u^2 + \varphi \cdot u + m \qquad (10-11)$$

其中，$\theta = \frac{a_1}{\beta_1}\left(1 + \frac{1}{\alpha_4}\right) < 0$，$\varphi = \frac{b_1}{\beta_1}\left(1 + \frac{1}{\alpha_4}\right) > 0$。这样，投资率 inv_rate 与城市化率 u 之间就存在倒"U"形关系，消费率与城市化率 u 之间就存在"U"形关系。

三 实证分析

城市化与投资率和消费率之间的关系是否存在上述非线性关系，这需要经验上的实证。下面从世界角度和中国省（市、自治区）角度分别进行实证分析。

（一）世界角度的实证分析

1. 城市化与投资率之间存在倒"U"形关系的实证分析

（1）构建模型。构建如下世界城市化与投资率之间的面板数据模型：

$$caprate_{it} = \alpha_0 \times D\_CN + \alpha_1 \times u_{it} + \alpha_2 \times usq_{it} + \alpha_3 \times u_{it} \times D\_CN + \alpha_4 \times usq_{it} \times D\_CN + \alpha_4 \times x_{it} + \varepsilon_{it} \qquad (10-12)$$

其中，$caprate$ 为投资率，u 为城市化率，usq 为城市化率的平方，D_CN 为中国虚拟变量，其数值是：为中国，$D\_CN = 1$；为其他国家时，$D\_CN = 0$，x 为影响投资率的其他因素。

（2）变量、数据来源及处理。投资率用资本形成率表示，其值为资本形成额占 GDP 比重。城市化率用城镇人口占总人口比重表示。工业占 GDP 比重为工业产值占 GDP 比重，用 inshare 表示。上述各变量的数据来自 WDI 数据库，可得到 1976—2007 年的 28 个国家或地区有关投资率的数据。

（3）城市化与投资率之间的面板数据模型估计。利用 28 个国家或地

---

① 式（10-11）省去了含有 $\beta_0 + \beta_1 \times u$ 的负一次项，该项对 inv_rate 影响很小。

区数据对模型（10-12）进行估计，其估计结果见表10-1。①

表10-1　　　　投资率的城市化面板数据模型估计　　被解释变量：投资率

解释变量	模型（A）	模型（B）	模型（C）	模型（D）	模型（E）
u	0.8445 (47.29)**	0.7666 (49.18)**	0.4028 (149.36)**	0.7671 (49.08)**	0.7670 (49.17)**
usq	-0.0071 (-31.11)**	-0.0061 (-30.92)**	-0.0033 (-138.81)**	-0.0061 (-30.88)**	-0.0061 (-30.93)**
inshare			0.3206 (146.36)**		
D_CN		19.7269 (18.00)**	13.4501 (154.26)**		38.2672 (1.96)
u×D_CN				1.4825 (8.43)**	-1.2289 (-0.88)
usq×D_CN				-0.0258 (-5.12)**	0.0190 (0.81)
观察数	896	896	896	896	896
国家或地区数	28	28	28	28	28
R^2	-0.0700	0.3505	0.9972	0.3476	0.3541
调整的 R^2	-0.0712	0.3491	0.9972	0.3454	0.3512

注：*表示在5%的水平上显著；**表示在1%的水平上显著。

由表10-1可知，在各估计模型中，城市化率的一次项和二次项系数都很显著，估计模型（A）的 R^2 为负的，而估计模型（E）中带有虚拟

---

① 对模型（10-12）进行单向效应三种检验：运用 Wald F 统计量检验固定效应影响假定、运用 LM 统计量检验随机影响假定和运用 Hausman 设定对固定影响还是随机影响进行比较检验。同样，对模型（10-12）进行双向效应三种检验：运用 Wald F 统计量检验具有双向的固定效应影响假定、运用 LM 统计量检验是否具有双方向影响假定和运用 Hausman 设定对固定影响还是随机影响进行比较检验。在 Gauss 中，运用 GPE 软件包对表10-1中的各面板数据模型进行检验，由检验结果可知，应采取无效应估计模型（10-12）。

变量的项的系数并不显著,估计模型(B)、估计模型(C)和估计模型(E)对符号计量有要求,但从 R^2 来看,估计模型(C)较为合适。

这样,根据估计模型(10-12)可得到如下中国投资率与城市化率之间的非线性关系:

$$caprate\_CN = 13.4501 + 0.4028 \times u - 0.0033 \times usq + 0.3206 \times inshare$$
(10-13)

其他国家或地区的投资率与城市化率间的非线性关系为:

$$caprate = 0.4028 \times u - 0.0033 \cdot usq + 0.3206 \times inshare \quad (10-14)$$

由模型(10-13)和模型(10-14)可得世界各国城市化与投资率之间存在着非线性关系(见图10-1):当城市化率小于61.03%时,投资率随着城市化率的增大而增大;当城市化率大于61.03%时,投资率随着城市化率的增大而减少。在同一城市化率下,中国投资率显著大于其他国家的投资率,高出13.4501个百分点。

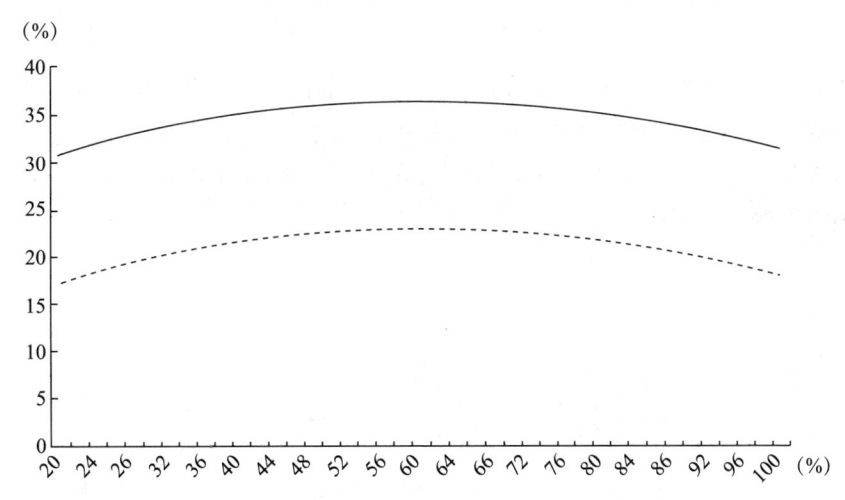

图10-1 世界各国城市化与投资率间的非线性关系

注:模拟中,用工业占GDP比重inshare作为世界平均水平33.3796。

2. 城市化与消费率间存在"U"形关系的实证分析

(1)构建模型。构建如下世界各国城市化与消费率之间的面板数据模型:

$$conrate_{it} = \alpha_i + \alpha_1 \times u_{it} + \alpha_2 \times usq_{it} + \varepsilon_{it} \quad (10-15)$$

其中，*conrate* 为消费率，*u* 为城市化率，*usq* 为城市化率的平方。

（2）变量、数据来源及处理。消费率用最终消费率表示，其值为最终消费占 GDP 的比重。城市化率用城镇人口占总人口的比重表示。in-share 数据来自 WDI 数据库，可得到 1976—2007 年 28 个国家或地区有关消费率的数据。

（3）城市化率的面板数据模型估计。利用 1976—2007 年 28 个国家或地区的数据对模型（10 - 15）进行估计，其估计结果如下：

$$conrate_{it} = 82.5883 + \alpha_i - 0.3338 \times u_{it} + 0.0033 \times usq_{it} \quad (10-16)$$
$$(48.84) \quad\quad (-5.07) \quad\quad (5.25)$$

$R^2 = 0.9970$，$\bar{R}^2 = 0.9968$，α_i 为各国家或地区不同的估计值。

这样，可得到中国城市化与消费率之间的非线性关系为：

$$conrate\_CN = 72.9934 - 0.3338 \times u + 0.0033 \times usq \quad (10-17)$$

其他国家或地区城市化与消费率之间的非线性关系为：

$$conrate = 82.5884 - 0.3338 \times u + 0.0033 \times usq \quad (10-18)$$

由模型（10 - 17）和模型（10 - 18）可得世界各国消费率与城市化率之间的非线性关系（见图 10 - 2）：当城市化率小于 50.58% 时，消费率随着城市化率的增大而减少；当城市化率大于 50.58% 时，消费率随着城市化率的增大而增大。在同一城市化率下，中国消费率显著小于其他国家消费率，低出 9.5950 个百分点。

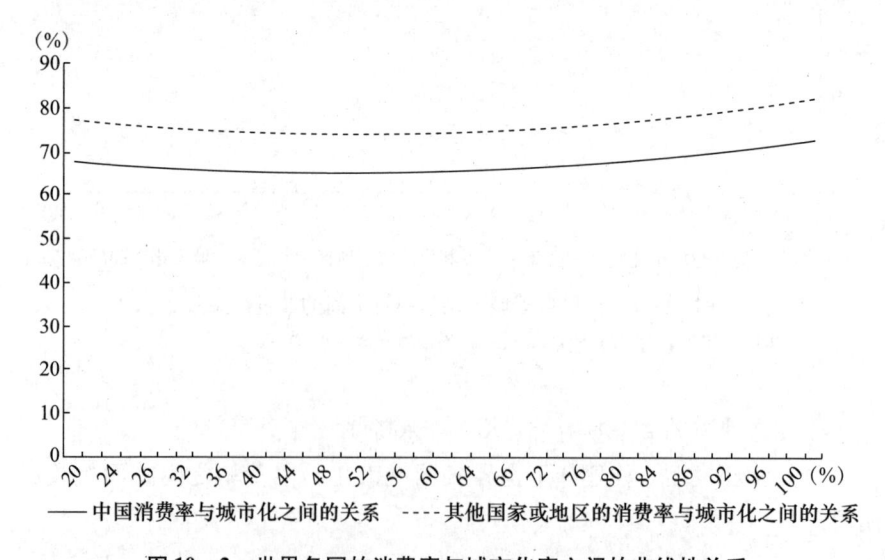

图 10 - 2　世界各国的消费率与城市化率之间的非线性关系

由上述实证可知，城市化与投资率之间存在倒"U"形关系；城市化与消费率之间存在"U"形关系。中国省（市、自治区）的城市化与投资率、消费率是否存在这样的关系，下面对此进行实证。

（二）中国省（市、自治区）角度的实证分析

1. 城市化与投资率之间存在倒"U"形关系实证分析

（1）构建模型。构建如下中国省（市、自治区）城市化与投资率之间的关系面板数据模型：

$$caprate_{it} = \alpha_0 + \alpha_1 \times u_{it} + \alpha_2 \times usq_{it} + \alpha_3 \times x_{it} + \varepsilon_{it} \quad (10-19)$$

其中，$caprate$ 为资本形成率，u 为城市化率，usq 为城市化率的平方，x 为影响投资率的其他因素。

（2）变量、数据来源及处理。投资率用资本形成率表示，其值为资本形成额占 GDP 的比重。城市化率用城镇人口占总人口的比重表示。工业占 GDP 的比重为工业产值占 GDP 的比重，用 inshare 表示。经济发展水平用人均 GDP 表示，以 1994 年为基期的可比价计算人均 GDP。以上各数据来自中国统计数据应用支持系统数据库，得到 1994—2008 年 31 个省（市、自治区）有关投资率的数据。

（3）城市化率的面板数据模型估计。利用 1994—2008 年 31 个省（市、自治区）的数据对模型（10-19）进行估计，其估计结果见表 10-2。[①]

表 10-2　　投资率的城市化面板数据模型估计　被解释变量：投资率

解释变量	模型（G）	模型（H）	模型（J）	模型（K）
c	34.9238 (13.80)**	33.4924 (18.49)**	12.8337 (3.16)**	11.7471 (2.83)**
u	0.5144 (4.26)**	0.3662 (5.29)**	0.3327 (4.82)**	0.3236 (4.14)**
usq	-0.0038 (-2.94)**	-0.0022 (-2.89)**	-0.0027 (-3.49)**	-0.0027 (-31.11)**
inshare		0.0819 (2.86)**		0.0585 (2.1)**

[①] 在 Gauss 中，运用 GPE 软件包对模型（10-19）中各面板数据模型进行检验，由检验结果可知，采取无效应估计表 10-2 中的各模型。

续表

解释变量	模型（G）	模型（H）	模型（J）	模型（K）
lngdpp			2.9638 (6.19)**	2.7894 (4.99)**
观察数	465	465	465	465
国家或地区数	31	31	31	31
R^2	0.0921	0.9585	0.9591	0.9529
调整的 R^2	0.0882	0.9582	0.9588	0.9516

注：*表示在1%的水平上显著；**表示在5%的水平上显著。

由表10-2可知，所估计的各模型中，城市化率的一次项和二次项的系数都很显著，模型（G）的 R^2 非常小，而模型（H）、模型（J）和模型（K）各项系数都显著，且 R^2 较大，而模型（K）中的 x 含有经济发展总水平和经济结构变量，较全面地刻画了影响投资率的影响因素。因此，将模型（K）作为中国各省（市、自治区）城市化与投资率之间的关系方程，这样，由模型（K）可知：

（a）中国省（市、自治区）的城市化率对投资率的系数为0.3236，而城市化率二次项的系数为-0.0027，这表明中国省（市、自治区）的城市化率与投资率之间存在倒"U"形关系。

（b）工业占 GDP 比重对投资率的系数为0.0585，这表明中国工业化发展对投资率具有正向影响。

（c）人均 GDP 对投资率的半对数为2.7894，这表明经济发展水平提高有利于资本投资率提高。

为了反映城市化过程中城市化率对投资率的影响，利用数值模拟对模型（K）进行分析。模拟时，为了排除经济发展水平和经济结构变化对投资率所产生的影响，取各省（市、自治区）的人均 GDP 均值，其值为9053.69（以1994年价计），取各省（市、自治区）第二产业比重均值，其值为44.45。这样就可得到城市化进程中城市化率与投资率之间的关系（见图10-3）。由图10-3可知，中国各省（市、自治区）投资率与城市化率之间存在如下非线性关系[1]：当城市化率小于59.93%时，投资率随着

---

[1] 中国省（市、自治区）城市化与投资率之间的关系转折点为城市化率59.93%，小于世界各国转折点的城市化率61.03%。前者为中国各省（市、自治区）转折点的平均值，而后者为各国转折点的平均值，两者较接近。

城市化率的增大而增大；当城市化率大于 59.93% 时，投资率随着城市化率的增大而减少。

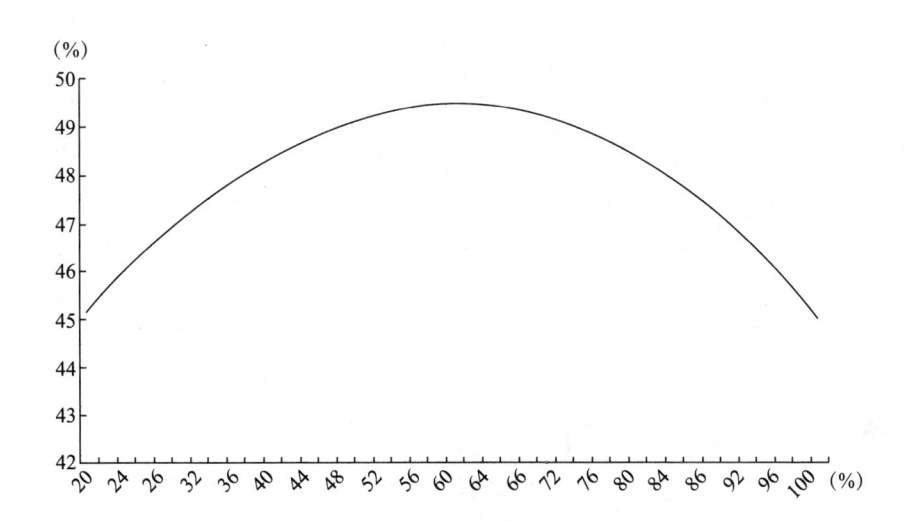

图 10-3　中国各省（市、自治区）投资率与城市化率之间的非线性关系

2. 城市化与消费率之间存在"U"形关系的实证分析

（1）模型构建。构建如下中国省（市、自治区）城市化和消费率面板数据模型：

$$conrate_{it} = \alpha_i + \alpha_1 \times u_{it} + \alpha_2 \times usq_{it} + \alpha_3 \times x_{it} + \varepsilon_{it} \qquad (10-20)$$

其中，$conrate$ 为最终消费率（消费率，即最终消费占 GDP 的比重），u 为城市化率，usq 为城市化率的平方，x 为影响消费率的其他因素。

（2）变量、数据来源及处理。消费率用最终消费率表示，其值为最终消费占 GDP 比重。城市化率用城镇人口占总人口比重表示。服务业占 GDP 比重用第三产值占 GDP 表示比重，为 $seshare$。各数据来自中国统计数据应用支持系统数据库，得到 1994—2008 年 31 个省（市、自治区）有关消费率的数据。

（3）城市化率的面板数据模型估计。利用 1994—2008 年 31 个省（市、自治区）的数据对模型（10-20）进行估计，其估计结果见表 10-3。[①]

---

①　在 Gauss 中，运用 GPE 软件包对模型（10-20）中的各面板数据模型进行检验，由检验结果可知，采取无效应估计表 10-3 中各模型。

表 10-3　　消费率与城市化面板数据模型估计　被解释变量：消费率

解释变量	模型（L）	模型（M）
c	68.6609（35.27）**	62.6913（22.47）**
u	-0.5931（-5.71）**	-0.6408（-6.15）**
usq	0.0056（4.48）**	0.0059（4.70）**
seshare		0.1963（2.96）**
观察数	465	465
国家或地区数	31	31
R^2	0.7230	0.7285
调整的 R^2	0.7025	0.7078

注：** 表示在5%的水平上显著。

由表 10-3 可知，所估计的模型（L）和模型（M）都符合计量要求，但模型（M）包含影响消费的经济结构因素，且 R^2 比模型（L）要大，这样，模型（M）可作为中国省（市、自治区）城市化与消费率之间的关系模型。由模型（M）可知：

（a）中国省（市、自治区）城市化率对消费率的系数为 -0.6408，而城市化率二次项的系数为 0.0059，这表明中国省（市、自治区）城市化率与消费率之间存在"U"形关系。

（b）服务占 GDP 比重对消费率的系数为 0.1963，这表明了服务业的发展带动了消费，促进了消费率提高。

为了反映城市化过程中城市化率对消费率的影响，利用数值模拟对模型（M）进行分析。模拟时，为了排除经济结构的变化对消费率产生的影响，取各省（市、自治区）第三产业比重的均值，其值为 37.59。这样就可得到城市化进程中，城市化率与消费率之间的关系（见图 10-4）。

由图 10-4 可知，中国各省（市、自治区）消费率与城市化率之间存在着如下非线性关系[1]：当城市化率小于 54.31% 时，消费率随着城市化率的增大而减少；当城市化率大于 54.31% 时，消费率随着城市化率的增大而增大。

---

[1] 中国省（市、自治区）城市化与消费率之间的关系转折点为城市化率 54.31%，大于世界各国转折点的城市化率 50.58%。前者为中国各省（市、自治区）转折点的平均值，而后者为各国转折点的平均值，两者相差 3.73 个百分点。这是造成中国消费率偏低的原因之一。

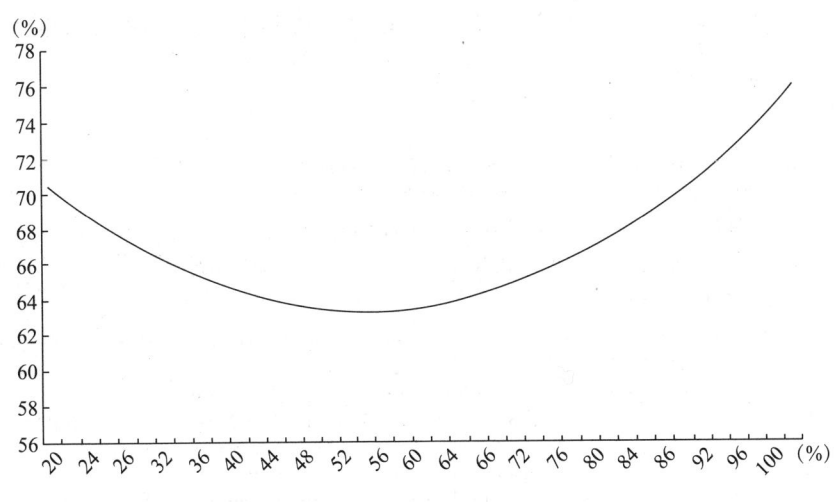

图 10-4 中国省际的消费率与城市化率之间的非线性关系

第四节 政策建议

由模型（10-13）、模型（10-14）和图 10-1 可知，与城市化水平相当的国家地区相比，中国投资率显著大于其他国家，其差值为 13.4501 个百分点；由模型（10-17）、模型（10-18）和图 10-2 可知，中国消费率显著小于其他国家，其差值为 9.5949 个百分点。与城市化水平相当的国家相比，中国投资率较其他国家要大，消费率较其他国家要小。出现这种情况可能是由于中国城市规模化过快，而市民化相对滞后，从而导致与其他国家城市化与投资率和消费率之间的差别。农村居民成为市民，享受城市居民的待遇，这可体现农村居民在城市参加城镇职工基本养老保险和失业保险，而最能体现农村居民市民化的是参加失业保险。

由表 10-4 可知，1995—2008 年城镇职工基本养老保险人数增长率有所波动，其间平均增长率为 4.90%；同期失业保险人数增长率也有所波动，其间平均增长率为 3.21%；同期城市人口增长率有所波动，其间平均增长率为 4.19%。城镇职工基本养老保险人数平均增长率虽然大于城市人口增长率，但城镇职工基本养老保险人数占城市人口数比重并没有显著增大，仅在 2006—2008 年有所增大；而失业保险人数占城市人口数比重虽然有所波动,但具有下降的趋势。这些表明城市规模化过快,而市民化相对滞后。

表10-4 城镇职工基本养老保险人数增长与城市人口规模增长

年份	城镇职工基本养老保险人数增长率(%)	失业保险人数增长率(%)	城市人口增长率(%)	城镇职工基本养老保险人数/城市人口数	失业保险人数/城市人口数
1995	2.87	3.39	2.94	0.2484	0.2332
1996	0.24	1.15	6.06	0.2348	0.2342
1997	-1.00	-4.46	5.75	0.2198	0.2234
1998	-2.25	-0.42	5.47	0.2037	0.2018
1999	12.11	24.27	5.14	0.2172	0.1905
2000	9.95	5.65	4.93	0.2276	0.2252
2001	3.39	-0.52	4.70	0.2247	0.2267
2002	3.03	-1.67	4.47	0.2216	0.2154
2003	4.65	1.87	4.31	0.2224	0.2028
2004	5.18	2.04	3.64	0.2257	0.1980
2005	7.10	0.60	3.55	0.2334	0.1950
2006	7.70	5.06	2.66	0.2449	0.1894
2007	7.45	4.09	2.90	0.2557	0.1939
2008	9.25	6.49	2.17	0.2734	0.1961
平均值	4.90	3.21	4.19	0.2324	0.2090

注：表中的数据由《中国统计年鉴》(2009)计算得出的,其中,第二列、第三列和第四列平均值为几何平均数,而最后两列的平均值是算术平均数。失业保险人数是指按照国家法律、法规和有关政策规定参加了失业保险的城镇企事业单位的职工及地方政府规定参加失业保险的其他人员。

由图10-5可知,1960—2007年,中国随着城市化率提高,投资率不断增大;由趋势线可知,它们之间存在倒"U"形关系,不过并没有出

第十章 城市化与投资率和消费率之间的关系研究 | 299

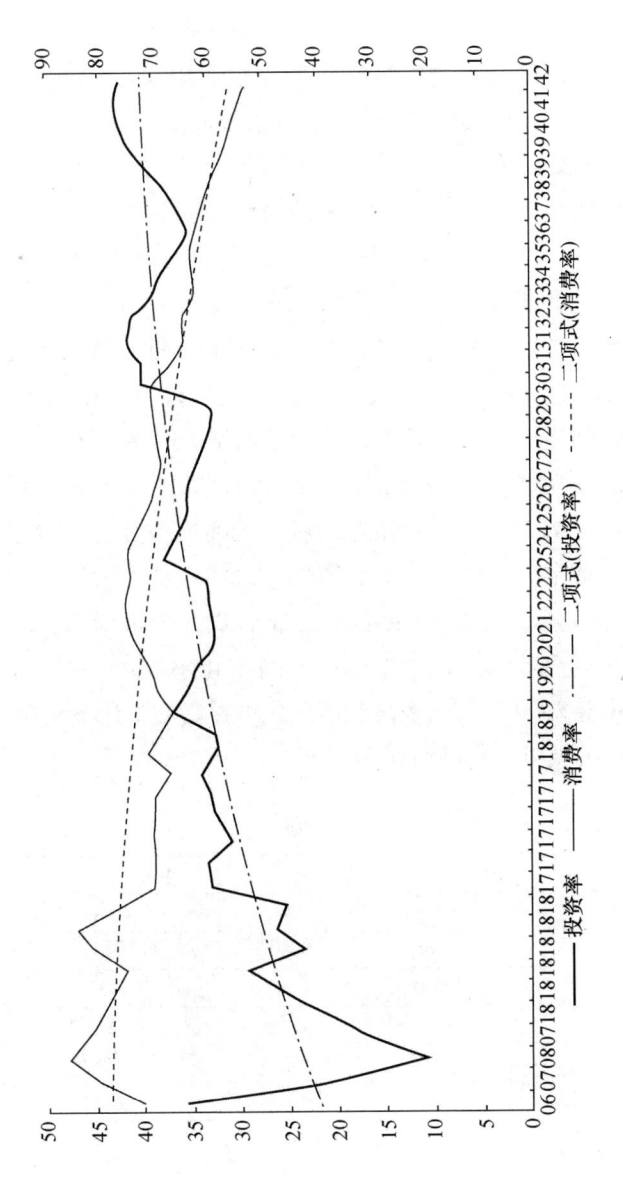

图 10-5 中国城市化率与投资率、消费率之间的关系

现下降的趋势，城市化率达到一定值时，可能会出现投资率随着城市化率提高而下降。随着城市化率的增大，消费率不断下降，由趋势线可知，它们间存在"U"形关系，不过，并没有出现上升的趋势，城市化率达到一定值时，可能会出现消费率随着城市化率提高而增大。由此可知，目前中国城市化正处于城市规模化阶段向市民化阶段转变。

由中国城市化所处的发展阶段及世界各国城市化发展经验可知，为了更好地发挥城市化对中国可持续增长和经济结构协调的作用，本章提出如下政策建议：

1. 市民化进程大大提高了中国城市化水平

由国家统计局农村住户调查数据和农业部固定农村观察点系统调查数据中的外出农民工数据可知，虽然这两组数据有所差别，但这两组数据都表明了2000—2009年中国外出农民工规模不断增大（见表10-5）。截至2009年6月底，中国外出农民工规模大约为1.5亿人，纳入城镇人口统计的农民工大约为1.23亿人。[①] 如外出农民工在城市购买了自己的住房，外出农民工市民化会带动其家属市民化，这样就会大大提高中国城市化率。如果按照1个外出农民工市民化带动0.5个家属市民化，则2009年城市化率可达到51.20%，比2009年城市化率的46.59%高4.61个百分点。这意味着2009年外出农民工市民化可提高城市化率4.61个百分点，这样，中国的城市化率可达到51.20%。

表10-5　　　　　　　　中国外出农民工规模　　　　　　　　单位：万人

年份	国家统计局调查数据	农业部调查数据
2000	7849	—
2001	8399	8961
2002	10470	9430
2003	11390	9820
2004	11823	10260
2005	12578	10824
2006	13212	11490
2008	14041	
2009年6月	15097	—

① 根据2006年调查数据，农民工每年外出打工平均时间为8.4个月，其中，外出打工时间6个月以上的占81.8%（盛来运，2008）。

2. 市民化的核心是提供住房

对发展中国家来说，市民化需要两个条件：一是城市提供就业岗位；二是城市提供住房。中国的工业化和城市化提供了大量的城市就业岗位，解决了城市就业问题，而只需提供住房。

在城市规模化阶段，城市住房主要满足城市居民的需要，仅有小部分城市住房提供给农民工。而市民化阶段，城市住房主要满足农民工的需要。有些国家很好地解决了市民化的住房需求，比如，新加坡和日本等国家，城市化和经济和谐发展；而有些国家则没有很好地解决市民化中的住房需求，比如，拉美等国家出现的"贫民窟"。中国农民工离乡不离土政策造成了城市住房欠农民工的债，而目前正是还农民工市民化住房债的时候。周学（2010）根据一些国家和地区的实践经验及理论提出了五种不同的房地产模式，可根据实际情况进行选择，也可实行多种房地产模式的结合。健康的居民住房市场满足农民工对城市住房的需求，促进了农民工市民化；同时，房地产市场的发展带动相关市场的发展，从而增加投资和消费，扩大内需，有利于增长动力机制转换。

3. 多途径解决农民工的住房需求

农民工市民化的主要条件是解决城市住房，根据农民工收入的不同，应采取相应的措施。政府可通过向收入较低的农民工提供廉租房，向收入较高的农民工提供平价商品房或平价租赁房等，这样，就大大减少农民工市民化的成本，加快城市化发展。

4. 政府加大社会保障和户籍制度改革力度，使农民工享受城市居民同等待遇；同时降低农民工市民化的成本

政府在农民工社会保障、子女教育等方面加大投入，保证农民工享受城市居民同等的社会保障，农民工子女也应享受城市居民子女同等的教育。改革现有的城市户籍制度，放宽城市户籍限制，使城市户籍管理满足城市化发展的需要。

参考文献

[1] 张平：《宏观政策有效性条件、运行机制、效果和复苏后的抉择》，《经济学动态》2009年第12期。

[2] 周学：《经济大循环理论——破解中等收入陷阱和内需不足的对策》，

《经济学动态》2010年第3期。

[3] 谢晶晶、罗乐毅：《城市化对投资和消费需求的拉动效应分析》，《改革与战略》2005年第3期。

[4] 蔡思复：《城市化是克服市场需求不足的根本途径》，《中南财经大学学报》1999年第5期。

[5] 刘建国：《城乡居民消费倾向的比较与城市化战略》，《上海经济研究》2002年第10期。

[6] 杨汝岱、朱诗娥：《公平与效率不可兼得吗？——基于居民边际消费倾向的研究》，《经济研究》2007年第2期。

[7] 刘艺容：《我国城市化率与消费率关系的实证研究》，《消费经济》2006年第12期。

[8] 田成川：《城市化：解决消费需求不足的必由之路》，《宏观经济管理》2004年第8期。

[9] 刘艺容：《中国城市化水平与消费增长的实证分析》，《湖南社会科学》2008年第2期。

第十一章　中国从中等收入向高收入国家迈进的问题与对策

摘要：新中国成立以来，我们已成功地突破了深陷其中数百年的贫困陷阱，2010年人均GDP达到4283美元，进入中高收入水平国家行列。其后，中国将向高收入国家迈进。麦迪森认为，中国可能会在未来数十年中继续其追赶发达国家的过程，到2025年时中国GDP将达到并超过美国，并占世界GDP总量的17.4%。国内比较乐观的学者估计，在体制改革成功、资源供给状况趋好、经济增长能够继续保持9%、美元每年持续年均贬值3%的假定条件下，大约到2022年中国可实现GDP总量对美国的赶超。而且，在经济赶超过程中，中国将从目前的中等收入国家向高收入国家迈进，实现经济社会的跨越，进入现代化国家行列。当然，上述估计是乐观派，认为中国经济将在近几年崩溃者也不在少数，有人认为，中国潜在增长率将在人口红利消失后快速下降，在房地产价格下跌、地方政府债务风险暴露等因素的冲击下，经济危机可能爆发，从而陷入中等收入陷阱。所以，合理分析中国从中等收入向高收入国家迈进过程中面临的问题并找到科学合理的解决之策十分重要。

第一节　中国从中等收入向高收入国家迈进面临的基本问题

摸清家底，找出问题，才能有的放矢地解决问题。目前，中国经济面临的问题很多，这不奇怪，就像家家都有一本难念的经一样，十多亿人口的大国，刚摆脱贫困，处在中等收入国家这一过渡带上，问题各种各样，有长有短、有大有小、有急有缓；而且，经济和社会问题交织。为此，必须找到中国从中等收入向高收入国家迈进的基本问题而不是当前一般性的问题。我们认为，中国未来面临的基本经济和社会问题来自两个方面：一是由相对落后国家向现代化国家转变中的问题。中国目前是一个中等发展国家，但因为地域差异大，使它显现出经济落后国家面临的诸多经济和社会问题，如收入水平低且差距大、腐败、社保网络不完善、经济增长质量不高等问题。二是中国由计划经济向市场经济转轨中的问题。30多年的渐进式改革解决了建立社会主义市场经济体制的部分问题，但一些深层次问题，如国有企业问题、国有银行及财政风险、利益集团问题、政府管制过度等仍然存在。而且这两类问题交织在一起，问题的性质也不单是经济问题，而是经济和社会问题的混合，从而增加了问题的复杂性与解决难度。

在这两类交织在一起的问题中，什么是中国从中等收入向高收入国家迈进的基本问题？依笔者理解，中国从中等收入向高收入国家迈进虽然是经济增长和社会进步的共同推进，但其基础是要保证经济继续高增长，以经济增长带动社会进步，最终实现国家的现代化。从该角度出发，笔者认为，基本问题要从两方面寻找，首先是经济继续高增长的动力有没有，如果有，主要动力是什么，怎么才能使其发挥应有作用；其次是阻碍经济继续高增长的主要因素是什么，是经济问题还是社会问题。由此找到的问题如下：

一　城镇化及农业现代化问题

在中国目前的经济发展阶段，推动经济高增长的动力，将逐步由工业化向城镇化转移。因为中国的工业化已进入中高级阶段，再继续扩大规模的空间不大；而城镇化正处于加速期，还有一段时间的集聚效应。从表面上看，目前中国还在依赖工业及投资来推动增长：一是工业，尤其是重工业在中国经济中的作用相对较大；二是投资保持高水平，资本产出逐年提高；三是资本积累还是经济增长的主要推动力，资本积累对GDP增长的贡献在60%左右。但实际上，资本积累体现为城镇公共设施增加，重工业产品主要应用领域是城镇化。可以认为，是城镇化在推动着中国工业的发展。城镇化推动的经济增长能否保证高速度，除它是否能继续带动工业的发展外，主要在于城镇的服务业发展。目前，城镇化的主要问题是，城镇的建设速度高于人口集聚速度，服务业发展滞后，服务业与现代工业的关联度不高，许多城市正在去工业化，城镇化推动经济增长的能力没有得到发挥。

与城镇化相对应，农村劳动力处于快速向城镇转移过程中，农村经济面临着转型、产业化及现代化问题。众所周知，中国的农业以小农经济的经营形式为主，生产、加工、销售等许多环节都非常落后。从农产品的生产、销售链来看，都是低效率的，而且生产和销售各方的风险都非常大，价格容易受到冲击。上述问题的根本在于，农村劳动力在不断减少，但农业劳动者的劳动生产率没有相应提高，且农业生产的组织化、现代化程度低，农业发展长期与现代化的工业和城市脱节，分散的农户经营无法与市场对接。

二 经济体制改革深化问题

目前，中国的经济水平及所面临的改革环境，与20世纪80年代中期东欧许多改革先行国家非常相似，在同样经过了30多年的改革与发展后，许多急需改革及难度不大的问题都已经解决了，但一些重大而深入的问题却留下来了。因为改革越深入，涉及的问题越复杂，既得利益者也越多，改革的成本也越来越大。东欧国家没有迈过这个坎，把问题都归结到政治体制上，结果政治体制即使改了，深层次的经济问题也没有解决，东欧目前的经济和社会状况已经说明了一切。经济运行有其自身的规律，经济体制改革其实就是使一个国家的经济体制符合经济运行规律，不能把问题扩大化，当然更不能回避问题。

中国深层次的改革，主要是以下三个方面：一是深化财税制度改革，为经济和社会发展创造条件。中国经济体制改革的初始目标之一，就是建立有效运行的市场，目前已初步建立起有中国特色的市场经济体制。但是，该体制效率并不高，其中涉及的主要问题，就是财税体制不太适应市场经济体制的要求，具体表现为：中国税收的核心是企业生产流转，名义税率很高。过去，因征缴效率低，实际税负与名义税负有很大差距。随着税务电子化的发展和征缴力度的加大，实际税收与名义税收水平的差距已逐渐拉平，这一税收体制对实体部门是一种负激励，税负压力大。分税制使地方财政压力增大，从而出现了土地财政等问题。二是深化企业制度改革，为市场竞争创造公平的环境。国有企业改革是重点。从企业改革的历程看，是从边际上放开非国有企业的发展开始的，国有企业并没有从根本上进行大的改革，而只是在管理上有所变化。近年来，所谓的国进民退现象引起了人们的重视，其中最核心的问题是市场竞争的不公平。三是深化价格体制改革。经济学家认为，价格是市场运行的指针，合理的价格体系能有效地引导市场参与者的行为，使整个经济和谐运转；不合理的价格体系，会打乱人们的经济行为，使市场陷入混乱。中国的经济体制改革，就是从价格改革开始的。有学者估计，目前中国的市场化已经达到了较高水平，但仍有部分重要价格没有市场化，使经济运行造成了较大扭曲。其中，资源、基础设施、准公共品（如教育、医疗）、利率等重要价格还有待改革。

三　技术进步与创新问题

从长远看，维持中国的高速经济增长，已不能再走继续提高资本积累之路，技术创新问题已提上议事日程。中国改革开放以来的技术进步是有目共睹的，我们以学习、吸收、消化国外已有技术为基础，创造和升级了技术平台，实现了工业化。可以看到，中国经济快速增长过程伴随着快速资本积累与技术进步，而且它们相互促进，隐藏在其背后的决定性因素是技术进步的学习效应，避免了原始创新中代价高昂的试错过程。学习是先发国家的技术扩散机制，这种机制往往通过投资来实现，可解释为"干中学"。历史表明，"干中学"的技术进步符合经济发展规律，美国、德国、日本等都通过"干中学"式技术进步实现了经济赶超。

但"干中学"式技术进步的局限性明显，技术差距下降会导致"干中学"的技术进步收益迅速下降；而且，"干中学"在中国的扩散机制也有潜在问题，导致了近年来技术进步贡献相对较低，资本要素积累增长过快，拼成本等恶性竞争愈演愈烈。"干中学"的技术进步表现为模仿—套利机制，即一家企业通过引进设备生产一种产品成熟后，由于市场被先模仿者开发出来，大量的后发企业通过跟进引进、模仿进行套利，表现为低成本竞争。这也是重复建设、地区间产业结构雷同、产能过剩等问题的成因。从表面看，每个企业的行为都合理，但国家产业结构不合理，创新动力不足。怎样使企业从"干中学"式的技术进步转向创新是摆在我们面前的大问题。

四　有效社会保障网络的建设问题

在未来若干年内，中国高速经济增长仍然是向现代化国家迈进的主要手段，这意味着我们的国民财富创造力不能衰减。而为了保证经济的长期快速增长，社会和经济资源一定要有相应的积累，如果在国民总收入中，用于社会保障、社会福利、社会服务的支出过快增加，用于积累和扩大再生产的资金就要相应削减，维持高速经济增长就难。从世界各国社会保障体系的实际运行看，社会保障支出是政府需要花大钱的社会事务，一些发达国家社会福利的建设，是在经济发展达到很高水平以后才敢做的事情。有些福利国家因为大量资源用于社会保障支出，导致用于经济增长的积累不够，而使其经济长期陷入低水平的增长状态；有些国家政府因为要维持高水平的社会保障而负债过度，国家风险加剧；部分拉美国家追求社会保障的赶超，许诺过高，不仅损害了经济增长，掉入"中等收入陷阱"，而且导致社会不稳。中国在目前的经济发展阶段，应该避免这些情况的发生。

目前，中国已进入中等发达国家行列，人们对国家提供基本的社会保障，以及不断提高人们的福利状况有越来越迫切的要求，特别是老龄化冲击日益临近，以上愿望越来越迫切。但是，中国现存的社会保障网络，还适应不了社会的要求，主要问题表现在：一是社会保障的覆盖面小，而且保障制度不统一，城乡分割、地区分割。二是社会保障支出快速增长，保障标准相互攀比，给地方财政造成困难，负债增长快，对长期经济增长造成损害。目前，中央财政用于民生的支出比重已经达到了2/3，地方福利竞赛愈演愈烈，"土地财政"和"融资平台"的公益性项目建设，成为当前部分地方政府为当地福利融资的重要手段。从长期看，社会福利具有很大的刚性，如果转向税收融资，必然会带来财政收入在国民经济比重的更快上涨。所以，构建一个适合中国国情的社会保障网络已势成必然。

五 发展环境的稳定问题

我国的发展环境主要有两大问题：一是宏观稳定，特别是财政、金融风险控制和通货膨胀问题；二是社会稳定问题。国内外争论最多的就是中国的银行坏账和政府债务问题，也被许多人认为这将是导致中国经济崩溃的根源。银行债务问题到底严重不严重？有人估计，现在国有银行全部坏账已经占GDP的26%—27%，再加上前两年债转股转到资产管理公司的部分，加起来约占GDP的40%；国债占GDP的16%，外债占GDP的15%，但是，地方负债近年来增加很快，而且底数不清；我们现在的社会保障还处于欠账状态，未来这一块支出很大。以上几大块负债加起来，有人估计占GDP的80%左右。所以，银行坏账和政府债务问题比较严重。金融体制改革滞后，这一领域几乎完全是由国有银行控制，造成了低效率、高风险；财政风险主要来源于地方债务及未来的社保支出。

在经济高速增长过程中，宏观不稳的表现是通货膨胀。目前，该问题摆在我们面前。作为一个赶超型的经济体，与稳定型的经济体相比，我国经济供需失衡的可能性较大，政府对经济调控的能力也比较差，所以，价格容易产生波动。保证价格水平的相对稳定，是社会稳定的基础，也是促进经济增长的重要因素。历史表明，价格水平波动过大，严重而持续的通货膨胀是经济萎缩、社会退步和动乱的根源之一。只有保证了价格的相对稳定，中国才可能顺利地从中等收入向高收入国家迈进。

社会稳定，主要是收入差距大、城市房价过高和腐败问题。中国的城市经济体制改革是从收入分配制度入手的，打破了平均主义"大锅饭"的体制，解放了生产力，提高了劳动者的积极性。在此过程中，因为劳动者的能力不同，收入差距开始出现，虽然全体劳动者的收入都在提高，但有的人收入增长速度更快，使另一类人感到相对贫困。目前，中国的主要问题是相对的收入差距大，如城乡收入差距、地区收入差距等。

因为城市住房制度改革和城镇化速度的加快，城市住房需求快速扩大，房价上涨快。城市房价的过快上涨，会出现两个可能的后果：一是出现经济泡沫，损害中国的经济增长；二是老百姓出现不满情绪，给社会造成不稳定。而且，如果住房价格暴跌的话，普通人可能会失去储蓄，地方政府将无法偿还用于住房和商业项目投资的贷款。由此使中国的城市房地产市场处于一个尴尬的位置，各方面都要求房地产市场扩大，但价格不能上涨，又不能太下降，消费者、企业和政府各有各的要求，预期无法统一。中国的房地产市场与发育良好的市场标准之间还有距离，从住房开发的程序看，政府在其中起着很大作用，从批准立项到开盘销售，涉及上百个部门，这些配套内容由各种垄断部门所控制，房地产商在与这些垄断企业进行交易时处于弱势，不可能按一个市场认可的公平价格获得服务。因为房地产开发过程中手续多，交易成本上涨多，这些成本最终需由消费者承担。如果市场规范了，价格水平会得到抑制。

腐败是指政府官员为了谋取个人私利而违反公认准则的行为，政府官员没有自律感，缺乏操守，妄取分外之利，不尽分内之责。显然，在所有的国家都存在着腐败，但程度不一，腐败程度与社会和经济迅速现代化有关。原因有二：一是现代化开辟了新的财富和权力来源，腐败是握有新资源的新集团的崛起和这些集团为使自己在政治领域内产生影响所做的努力的产物。腐败在掌握政治权力的人和拥有财富的人之间架起了一座桥梁，使这两个阶级得以相互同化。一方用政治权力去换取金钱，另一方则用金钱去换取政治权力。在处于现代化之中的国家里，通过个人努力获取财富的机会受到限制，政治成了获取财富的道路。二是现代化通过它在政治体制输出方面所造成的变革来加剧腐败。一切法律都会使某个集团处于不利地位，法令的增多就使腐败的可能性增大。贸易、海关、税收方面的法令和管理那些牵涉面广而又有利可图的行当，诸如执照、特许权等方面的法令，就成了刺激腐败的温床。较低层的官僚和政治机关发生的腐败事件较多，下级官员以有机会去贪污腐败，来弥补他们在政治上没有取得显赫地位的缺憾。所以，治理腐败难度很大。

第二节 中等收入陷阱及跨越

一 中等收入陷阱概述

2006年，世界银行在其《东亚经济发展报告》中提出"中等收入陷阱"一词，它是指从低收入经济体成长为中等收入经济体的战略，对于它们向高收入经济体攀升是不能够重复使用的。其意义是指如果一国用某一战略摆脱了贫困状况，则要进入更高经济水平行列，需要有新战略，不然，经济可能停滞，陷在一个新的陷阱里，它叫中等收入陷阱。历史表明，许多国家都可以达到中等收入状况，往往速度相当快。但很少有国家能够超越中等收入而成为高收入国家，其主要原因是落入了"中等收入陷阱"。

一个国家属于高收入、中等收入还是低收入国家不是一成不变的，自从1989年以来，有16个经济体从发展中国家进入高收入国家的行列，而有4个高收入经济体从高收入国家沦为发展中国家。现在，全球低收入国家实际上是少数，高收入国家也是少数，绝大多数国家是在中等收入这个层次，国际上公认成功地实现了从中等收入向高收入跃升的经济体是日本和亚洲"四小龙"（中国香港、中国台湾、韩国和新加坡）。经验表明，中等收入国家突破中等收入陷阱需要六个必要条件：（1）社会稳定；（2）开放的贸易格局；（3）技术创新并与产业适时地衔接；

(4) 城市化与工业化双引擎的匹配;(5) 合理的收入分配格局;(6) 政府合理发挥资源配置功能。

二 中国是否有掉入中等收入陷阱的风险

中国经济经过 60 多年的赶超,形成了政府积极动员资源、企业低成本竞争、政企相互促进的一个独特的增长机制,将中国的比较优势发挥出来,取得了出口导向战略的成功和经济高速增长。这种政府主导的经济,在中国突破贫困陷阱进程中起着关键作用,然而,这一增长机制随着中国进入一个新的增长平台,特别是城市化和国际化加速,逐步受到强烈的挑战。劳动力与土地价格重估、国际贸易摩擦、社会问题出现、保障体制建立的加快等,使低成本竞争的工业化机制不可持续,政府对经济的控制力逐步弱化。从国际经验看,使各经济体赖以从低收入经济体成长为中等收入经济体的战略,对于它们向高收入经济体攀升是不能够重复使用的。而且,这些战略还有可能阻碍经济发展。对中国而言,风险主要是:

第一,非均衡的经济增长战略。后发国家经济赶超的利器是通过政府动员资源并配置到高增长的现代化部门实现经济增长的加速,典型的是运用政府动员体制有效地将农业资源转移到工业部门。一个国家经济增长到中高收入水平后,结构失衡推动的规模增长效率就会快速递减,而目前中国的资源动员机制并未根本改变。中国是典型的高资源投入驱动的工业化,大干快上成为常态,在成为世界大工厂的同时,工业现代化水平则不高。中国工业的效率、技术研发投入、信息化水平、国际化水平、企业管理科学化水平和可持续发展水平等多指标综合值,与国际发达国家相比,只达到一半。政府干预下的投入要素价格产生扭曲,极大地激励了企业在预算软约束下实施高投入,其结果必然是低效率,以及高能耗、高污染的不断积累。

第二,城市化滞后。经验表明,一国城市化水平与单位资本 GDP 高度相关,原因是人口和资源的空间集聚产生了规模收益递增的效应。对于工业化的城市,聚集效应更明显,因为知识和新技术在交流、竞争和传播等方面效率更高,城市运行成本低(因公用设施密集),产出效率高。随着空间要素集聚水平、人口密度和规模的提高,服务业会被快速推动,使城市发展的多样性增加,服务业就业和产值占 GDP 的比重会快速上升。中国当前的工业化水平远远超过 GDP 相当时期的发达国家和现在可比的任何同等收入国家水平,但城市化则系统地低于可比的同类国家水平。21世纪以来,从乡镇到县市均积极开展了城市化运动。在不合理的利益驱动下,城市土地城市化远远快于人口的城市化,房地产价格上升快于居民收入的增长速度,房价收入比在不断加大。城市化过程拉动土地成本、房地产价格、公共福利、基建等成本快速攀升,导致中国经济成本的上涨,而户籍制度、区域化社保、城市房地产价格过高却阻止了人口的城市化,城市集聚效率难以发挥,影响着产业竞争力。土地城市化的超速增长直接打破了人、社会与自然的平衡,耕地保护、环境保护和失地农民问题引起的社会冲突等问题日益突出。

第三,收入分配格局不合理。中国要素收入初次分配过程中系统性低于国际水平,低于发达国家相当于我国发展时期的20%,低于新兴市场国家15%,中国劳动收入报酬低直接导致中国消费率低的特征。而且,收入分配还是一个社会问题,收入分配恶化会影响社会稳定。

第四,国际环境恶化。2008年经济危机之后,全球经济正在进行调整,世界经济进入一个相对缓慢的增长期,无论是发达经济体还是发展中经济体,其潜在增长率(或趋势增长率)都会下降1—2个百分点。2000—2007年,全球年平均增长率达到4.12%,而2004—2007年的增长率接近5%(4.91%),预计全球经济2010年增长3%,今后几年也不乐观,达到危机之前的水平还需要较长一段时间。

三 中国如何避开中等收入陷阱

第一,要转变经济赶超中的非均衡增长战略,转变经济发展方式。第一要务是变革政府的治理方式,减少政府对经济的主导和过度干预,消除各级政府单纯追求"快"而获激励的机制,将建设型政府转变为服务型政府。政府行政变革的核心是强化政府的基本公共服务职能,将政府的目标转到公共服务需求上来,提高行政管理能力,加大政府自身建设和转型。同时,要激励企业创新,改变粗放式增长方式,使经济发展具有可持续性。

第二,让市场更好地发挥作用。要坚持市场化改革,充分发挥市场基础性配置资源的作用,加强反垄断机制的建立,特别是缩小行政垄断的范围,逐步调整资源价格,提升资本市场在优化资源配置方面的积极作用,让市场能有效地配置资源,让微观企业能按市场信号进行理性决策,这样,才能有效地消除结构失衡的配置和利益激励基础,建立起均衡增长的机制。

第三，加快人口的城市化步伐。弱化地方政府的土地财政行为，加大城市人口密度，提升空间集聚效率，获取城市建设、管理和公共支出等的规模经济，同时降低土地资源压力。提升空间的集聚才能从根本上促进服务业的发展，国际经验表明，服务业和城市化发展高度相关，更与城市化集聚程度直接相关，调整服务业和工业结构关键在于增加空间集聚。

第四，以人为本，建立社会分享机制，提高居民收入。经济增长的目的是全社会福利状况的不断提升，社会保障的完善与收入提高是其重要表现。发展中国家现代化经验表明，一国国内生产总值从1000美元到6000美元的时期，是一个产业结构持续调整和社会结构发生较大变迁的时期。这个时期也传统产业让位给新兴产业、传统社会让位给新兴社会、传统理念让位给新兴理念的过程。在这个过程中，矛盾和冲突必然比较集中，有些中等收入国家就是因为未处理好该问题而长期深陷中等收入陷阱（如南美洲国家），且有些国家由此陷入社会动荡中，使经济与社会倒退。只有全社会的福利水平随着经济发展而不断提高，才会使人们看到希望和美好前景，才会激发人们更加勤奋努力，社会经济才会充满活力，这个国家才会有信心跨越中等收入陷阱。

当然，我们有理由相信，同样由低收入国家起步，同样经历了国家指导下的经济赶超之路，最终跨越贫困陷阱和中等收入陷阱进入发达国家之列的部分东亚国家与地区的奇迹也会在中国出现。

第十二章 经济结构调整、人口结构变化及减排约束下的中国潜在增长趋势研究

摘要： 本章的研究及结论主要集中于以下几点：（1）把结构变化、人口结构转型与减排目标这个与中国经济增长阶段关联密切的主题统一在生产函数框架之中。（2）本章的一个理论深化是，结合中国潜在增长研究，将经济增长阶段置于生产函数结构的影响进行了解析。在经济结构与生产函数结构相互映射方面进行了首次系统探索，明确了"经济增长阶段上生产函数弹性参数逆转"的命题，以及"投资依趋势增长和拐点命题"，从而实现了西方经济理论与中国经济实际的对接。（3）结合理论分析及国外经济增长经验分析，构建了中国潜在增长水平的基准评价模型。（4）基于基准分析模型，本章对中国未来20年的潜在增长水平进行了模拟，基本结论如下（高投资情景）：2010—2015年为9%—10%；2016—2020年为7%—8%；2021—2030年为6%—7%。低投资增长情景下，潜在增长比高投资情景大约低1个百分点。

第一节 潜在增长率国际标准计算方法综述

一 潜在增长：界定与方法

研究潜在增长率的文献很多，本章以美国国会预算办公室（CBO）、欧盟财金事务理事会、日本央行（BOJ）的研究为参考，兼及其他理论研究，对潜在经济增长率的界定和评价方法进行介绍。

（一）潜在增长率的概念

美国国会预算办公室（2001，2004）、日本央行（2006，2010）和欧

盟财金事务理事会（2003）对于潜在增长相关概念给出了类似的界定。实际上，潜在经济增长率被看作"潜在产出"的动态变化，因此，文献把注意力集中于"潜在产出"的含义的理解。

（1）美国国会预算办公室对"潜在产出"界定：潜在产出是对可达GDP水平的一种估计，此时经济资源处于充分利用状态，反映了生产能力的增长状况。潜在产出是对"最大可持续产出"的一种度量，当实际GDP大于或小于潜在产出时，经济将出现通货膨胀压力或资源闲置问题。

（2）日本央行对"潜在产出"界定：在中期，潜在产出代表经济可持续增长路径；在长期，潜在产出表示物价稳定的经济状态。

（3）欧盟财金事务理事会对"潜在产出"界定：潜在产出是反映经济供给能力的综合指标，经济增长可持续性、通货膨胀趋势均可以经由这个指标进行观察，周期分析、政策制定、增长前景分析建立在潜在产出增长趋势的预测之上。

（二）"潜在"的进一步解释

从技术分析角度看，日本央行对潜在增长率的"潜在"这个概念给出了更加细致的解释，实际上是（生产函数）潜在增长评价方法中要素投入评价方式的一般化说明。有两种方式定义"潜在"：

（1）从产能角度定义，"最大意义上的"潜在投入＝要素投入潜能利用。

（2）从平均角度定义，"平均意义上的"潜在投入＝要素产能×平均利用率；对于这种平均意义上的"潜在"要素投入估算，欧盟财金事务理事会采用滤波方法进行估算。

（三）时期的界定

为了澄清潜在产出的经济含义，欧盟财金事务理事会从时期界定角度进行了进一步解释，这种界定本质上与日本央行对"潜在"的解释是一致的。

（1）短期（1年）：物质资本生产能力准固定，潜在产出（通常产出缺口衡量）被看作无通货膨胀压力和供给约束的产出。

（2）中期（5年）：生产性投资高企导致的国内需求扩张，将内生地引致潜在产出能力扩张，并伴随劳动生产率的提高、利润的增加和令人满意的工资提高。

(3) 长期（10年及以上）：充分就业意义上的潜在产出，将更多地与未来技术进步（TFP）和劳动资源潜力的开发相关。

二 潜在经济增长率评价方法及比较

总体上看，潜在经济增长率测算模型，可以分为滤波方法和结构分析方法，更加具体的划分如下：

（一）滤波方法

为了对经济增长潜在趋势进行识别，一系列滤波方法被引入经济分析并得到广泛应用，如HP滤波、BK滤波、CF滤波等（Baxter and King，1999；Christiano and Fitzgerald，2003）。对于单一时间序列的原始数据，上述方法或运用滑动平均方法，或运用频域估计方法，最终目的是将长期趋势因素与周期（和不规则）因素分离，获得不可观察的潜在因素的估计。图12-1是对1953—2010年中国GDP增长速度及三种滤波系长期增长趋势的一个直观显示。

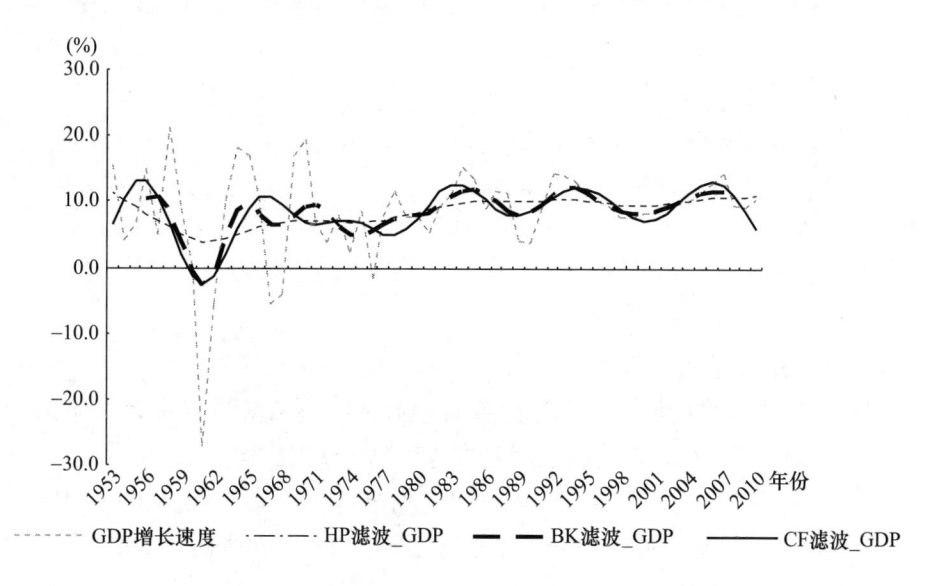

图12-1　1953—2010年中国GDP增长速度及相应滤波趋势增长
资料来源：历年《中国统计年鉴》。

滤波方法的优点是简单直观，很容易实施。但其缺点也比较明显：一是单变量滤波实际上是一种纯粹技术分析方式，就潜在GDP而言，单一潜在GDP时间序列虽然可以滤波得到，但是，由于它缺乏结构意义，因此不具有更多的经济和政策内涵；二是"伪样本问题"可能使滤波方法不能很好地捕捉最近的经济潜在增长信息，因为特定时期潜在增长的估算需要基于前期和后期的时间序列数据获得，时间序列原始数据不能为最近期的估算提供足够的样本信息；三是面对经济变量时间序列陡升陡降的拐点，滤波方法的估算可能发生偏倚。为了克服滤波方法的某些局限，一些结构性估算模型被引入进来。

(二) 生产函数方法

基于索洛方程评估潜在经济增长，已经成为一种流行方法，如美国国会预算办公室、日本央行和欧盟财金事务理事会的潜在产出估算，均采用标准的新古典增长方程。根据研究实践，我们稍作更细一点的归纳：

1. 运用生产函数估计潜在增长的步骤

大致分为以下四步：

第一，运用生产函数，获得产出/投入弹性参数（即 α、$1-\alpha$）的估计。

第二，构造潜在产出评价方程：

$\log(Y^*) = TFP + \alpha\log(K^*) + (1-\alpha)\log(L^*)$

其中，星号代表潜在变量符号。

或者，

$\log(Y/Y^*) = \Delta TFP + \alpha\log(K/K^*) + (1-\alpha)\log(L/L^*)$

其中，无星号符号代表实际变量。

第三，构造潜在要素投入数据序列：TFP、K^*、L^*。实践中，各国根据统计数据的可获得性构造潜在要素投入，包括潜在资本存量序列、充分就业假设下的劳动力投入序列构建和 TFP 序列构建。

第四，生产函数评估方法的局限及克服。一般来说，运用生产函数模型评估潜在 GDP 时，潜在要素投入数据序列及潜在产出数据序列还包含周期成分，生产函数评价方法本身不能消除这个扰动因素，因此往往把生产函数方法与滤波方法相结合，综合这两种评价方法的优点。图 12-2 是运用生产函数方法和卡尔曼滤波方法获得的中国潜在技术进步增长速度（ΔTFP）。

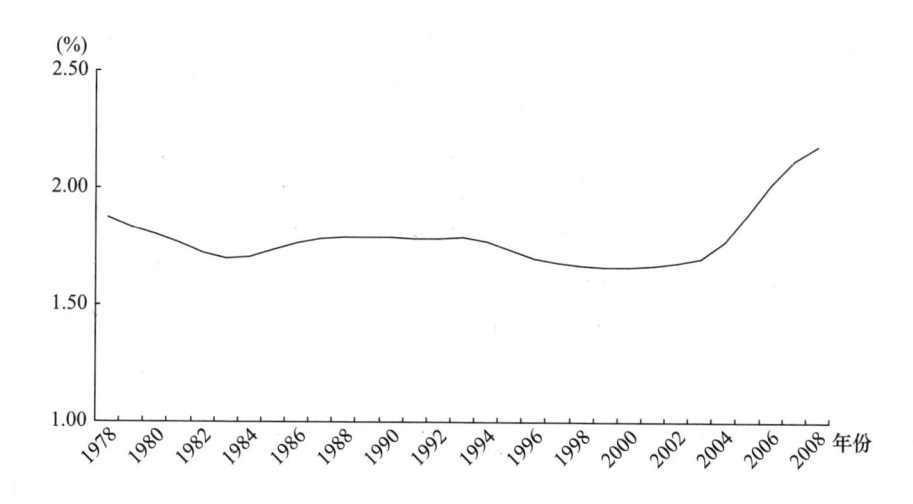

图 12 – 2　经济增长的技术进步速度

资料来源：袁富华（2010）。

2. 产出/资本、劳动投入弹性参数（即 α、1 - α）的说明

将索洛方程应用于潜在增长评估时，各国依据理论研究和经验分析，均需对产出/投入弹性参数（即 α、1 - α）给出说明，以下是几个案例。

美国国会预算办公室生产函数方程：α = 0.3；1 - α = 0.7

欧盟财金事务理事会生产函数方程：α = 0.37；1 - α = 0.63

张平等（2011）对中国长期增长的预测：α = 0.6；1 - α = 0.4

从上面的几类参数可以看出，美国、欧盟潜在产出评价中，产出的资本弹性一般较小（0.3—0.4），中国产出的资本弹性较大（0.6），资本驱动中国经济增长的状况比较明显。

（三）其他估计方法

1. 菲利普斯曲线估计方法

从技术层面看，实际 GDP 序列可以分解为长期趋势成分和周期波动成分，菲利普斯方法可以通过产出缺口与通货膨胀的关系对潜在产出增长趋势进行估计。尽管一些文献用菲利普斯曲线方法来估计潜在产出，但是，由于该曲线强调经济的需求面，加之估计结果较依赖菲利普斯曲线的特定情境设定，因此，与滤波方法和生产函数方法比较起来，该方法在政策评估实践中运用较少（BOJ，2010）。

2. DSGE 方法

动态随机一般均衡模型（DSGE）以微观和宏观经济理论为基础，采用动态优化的方法考察各行为主体（家庭、厂商等）的决策及其当期和后续影响。在潜在增长的评价方面，DSGE 模型把潜在产出看作"自然产出水平"，即经济中不存在价格和工资刚性条件下的产出水平，相应地，潜在增长和产出缺口可以基于这种自然产出水平计算（Neiss and Nelson，2005）。DSGE 模型具有坚实的经济理论基础，因此，其评价结果也具有较强的经济和政策含义，但是，作为一种处于探索阶段的分析方法，仍有许多技术性问题有待解决，这种局限很大程度上限制了该方法在实践中的应用。

3. 多变量时间序列方法

典型如 VAR 模型和结构 VAR 模型。与生产函数方法、菲利普斯曲线方法等比较起来，VAR 模型和结构 VAR 模型结构简单，应用于潜在增长估计时，具有较少的假设限制，且多变量时间序列在捕捉变量的动态变化和消除不确定因素方面也有优势，因此，有时将这种方法的估计结果与其他方法的结果进行印证。但是，这种方法的局限也是明显的，与生产函数等方法比较起来，缺乏足够的经济理论意义。

三　中国潜在增长率评价文献及评述

对于中国潜在经济增长率的估算，上述方法多有运用。郭庆旺、贾俊雪（2004）运用消除趋势法、增长率推算法和生产函数法对于中国1978—2002 年的潜在增长速度进行了比较分析，认为平均在 9.5% 左右。运用生产函数方法，沈利生（1999）认为，1980—1990 年、1991—1998 年的潜在 GDP 增长率分别为 9.9%、10.0%；王小鲁、樊纲（2000）认为，2001—2020 年中国潜在经济增长低于 7%；林毅夫等（2003）的估计结果是，2004—2014 年为 8.5%，2014—2024 年为 7.1%；董利民、吕连菊等（2006）运用 HP 滤波法和生产函数法对 1979—2004 年中国潜在经济增长率进行了估计，HP 滤波法得到的估计结果是 9.54%，生产函数法得到的估计结果是 9.67%；刘斌、张怀清（2001）运用线性趋势方法、HP 滤波方法、单变量状态空间和多变量状态空间的卡尔曼滤波方法，以及 1992 年第一季度至 2001 年第一季度的季度 GDP 数据，对潜在经济增长率进行了估计，四种方法的估计结果分别为 9.1%、8.6%、8.4% 和 8.3%，并认为 8.3% 的潜在经济增长率较为合理。一些文献试图对中国 GDP 增长中技术进步因素进行解读：运用生产函数方法，王小鲁（2000）认为，中国 1979—1999 年的 TFP 增长率为 1.46%；Wang 和 Yao（2001）

认为，1979—1998 年中国 TFP 增长率为 2.4%；Young（2003）分析中国 1979—1998 年的经济后认为，中国 1979—1998 年的 TFP 增长率为 1.4%；张军、施少华（2003）认为，中国 1979—1998 年的 TFP 增长率为 2.8%；Chow 和 Li（2002）对中国 1978—1998 年 TFP 增长率的估计结果是 2.6%；王中宇（2006）的测算认为，1978—2005 年，中国 TFP 增长率大多数年份在 1.8%—2% 波动，并对技术进步缓慢原因进行了系统性解读；Zheng、Bigsten 和 Hu（2006）对中国 1978—1993 年 TFP 增长速度的估计结果是 4.3%；Bosworth 和 Collins（2008）认为，1978—2004 年中国 TFP 增长率为 3.6%，其中，1978—1993 年为 3.5%，1993—2004 年为 3.9%。最近的一项研究中，李宏瑾（2010）运用生产方法，对 1978 年以来中国产出缺口及其与通货膨胀的关系进行了考察。运用生产函数和卡尔曼滤波方法，袁富华（2010）对减排目标约束下的中国长期增长趋势进行了分析，张平等（2010）建立了中国长期经济增长的一个情景分析框架。

现有研究或者运用滤波方法，或者运用生产函数方法或其他方法，对中国潜在增长趋势给出了各自的解读，但是，大多数研究针对历史的回顾进行，尽管一些研究根据历史趋势，尝试着对未来中期或长期中国经济增长趋势进行分析，但是，由于涉及因素复杂，很难在本章详细进行阐释。基于已有研究和本课题组的已有成果，我们打算在本章中对中国经济潜在增长评价提出自己的系统看法。

第二节 中国潜在增长水平的研究方法

本部分结合生产函数的技术性分析，对中国长期经济问题的一些特殊含义进行分析。分析的出发点是生产函数的弹性参数国际比较与可能的转化问题，这一特殊问题很少为研究者关注。结合这一出发点，我们转入中国工业化和城市化阶段经济增长目标的分析，进而导出本章中国潜在经济增长分析的视角和方法。

一 生产函数要素弹性参数的具体含义

（一）生产函数弹性参数与经济发展水平

上文对生产函数的产出/资本弹性（α）和产出/劳动弹性（$1-\alpha$）给出了几个具体示例，在这里，我们做一个较为直接的比较，见图12-

3。该图是对长期增长路径及相应增长阶段的一个直观说明。当农业经济进入工业化阶段时,经济增长加速,并带动城市化发展;城市化发展阶段是一个过渡期,此时经济增长仍可能维持一个较高速度,但是,随着城市化成熟阶段的到来和人均GDP的提高,经济增长速度下降,并维持在一个均衡水平上。经济长期增长的这个"钟形"轨迹,可以看作发达国家经济增长历史的一个直观概括。

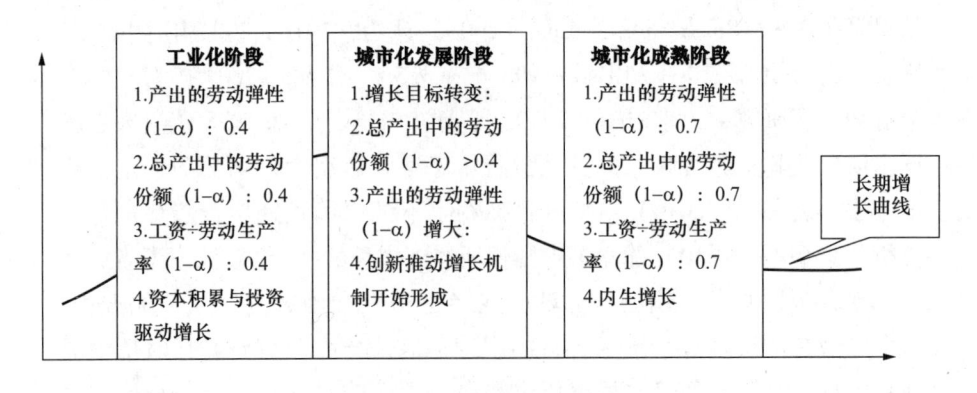

工业化阶段	城市化发展阶段	城市化成熟阶段
1.产出的劳动弹性 $(1-\alpha)$:0.4	1.增长目标转变:	1.产出的劳动弹性 $(1-\alpha)$:0.7
2.总产出中的劳动份额 $(1-\alpha)$:0.4	2.总产出中的劳动份额 $(1-\alpha)$ >0.4	2.总产出中的劳动份额 $(1-\alpha)$:0.7
3.工资÷劳动生产率 $(1-\alpha)$:0.4	3.产出的劳动弹性 $(1-\alpha)$ 增大:	3.工资÷劳动生产率 $(1-\alpha)$:0.7
4.资本积累与投资驱动增长	4.创新推动增长机制开始形成	4.内生增长

长期增长曲线

图 12-3 经济发展不同阶段要素弹性对比

(二) 要素弹性参数的具体含义

1. 从长期增长曲线上理解要素弹性参数

产出/资本弹性 (α) 和产出/劳动弹性 ($1-\alpha$) 随着经济发展阶段的不同而发生变化,发达国家和发展中国家的经验对比表明,随着经济向更高阶段演进,产出/资本弹性 (α) 将逐渐走低,相应产出/劳动弹性 ($1-\alpha$) 逐渐提高。

2. 要素弹性参数变化的分配性含义

为什么要素弹性会沿着长期增长曲线发生变化?直观的回答是:不同经济发展阶段,要素在总产出中的比例或份额发生了变化,即在经济由工业化迈向现代化过程中,伴随着人均国民收入的提高,劳动力分配所占份额逐渐提高。这是直接依据经济学原理给出的回答,原因是,根据"分配净尽原理"或"欧拉定理",在规模报酬不变的近似假设下,要素弹性等于要素份额。关于这一点,详细的案例说明如图12-4所示。

以 C—D 生产函数为例：$Y = f(L, K) = AK^{\alpha}L^{1-\alpha}$ ……………………………… (1)

相应的欧拉方程可以表述为：

$$Y = \frac{\partial f}{\partial L}L + \frac{\partial f}{\partial K}K = A(1-\alpha)(K^{\alpha}L^{-\alpha})L + A\alpha(K^{\alpha-1}L^{1-\alpha})K \cdots (2)$$

即：$Y = \begin{cases} (1-\alpha)Y \Rightarrow 1-\alpha \text{ 为总产出中劳动份额} \\ \alpha Y \Rightarrow \alpha \text{ 为总产出中资本份额} \end{cases}$ …………………… (3)

结合劳动的边际产出（工资率，w）和劳动生产率（y），由产出/劳动弹性定义，我们还有：

$$1 - \alpha = \frac{w}{y} \cdots\cdots\cdots\cdots\cdots\cdots\cdots\cdots\cdots\cdots\cdots\cdots\cdots\cdots\cdots\cdots (4)$$

图 12 - 4　要素弹性参数变化的分配性含义

3. 要素弹性参数变化的结构性含义

要素弹性的变化与要素参与分配的份额相等，从长期增长角度来看非常有趣。结合经济增长的阶段性来看，这种推断也暗含了随着发展历程由工业化向城市化的过渡，收入向劳动者的倾斜与产出/劳动弹性（$1-\alpha$）的提高有着内在关联。这种关联也意味着，若把城市化过程看作与工业过程不同的发展阶段，那么，该阶段发展目标的改变有可能导致要素弹性参数的变化，因此，弹性参数与经济增长的福利内涵密切相关。这种结论对于发展中国家长期经济增长预测的参数调整非常有意义。

（三）经济学原理对中国潜在增长评价的启示

经历了 30 多年的要素驱动高速增长，中国经济不仅面临产业结构的转型，而且面临着分配格局的转型，总括起来，就是经济发展进入由工业化引领向城市化带动的重要过渡期。在这个过渡期里，增长动力和增长目标的变化，也将导致生产函数结构（弹性参数）的变化。面对这种状况，分阶段情景分析，成为潜在经济增长趋势预测的重要手段。

二　中国经济潜在增长的界定及解释

本部分，我们打算就中国经济潜在增长评估的一些条件及背景予以简要说明，作为评估方法建立的依据，分为以下四个方面进行解释：

（一）中国经济长期增长的阶段性划分：增长历史趋势

农业经济经由工业经济再到城市化和经济现代化的实现，是发达国家的长期经济增长之路，也是经济发展水平由低级到高级逐级提升的客观规律。20 世纪 70 年代末期开始的经济体制改革，启动了中国工业化进程，并带动城市化发展。尽管进入 90 年代以来，中国城市化开始进入发展快车道，目前城市化率进入约 50% 的关键点（张平等，2011），但是，无论从发展方式还是发展目标看，工业化主导经济增长的局面一直没有得到根本改观。延续改革开放之初劳动力禀赋动员的发展模式，要素驱动、低成本的工业化特征非常明显，要素分配中向资本倾斜。这是30多年来中国生产函数产出/资本弹性参数较大、产出/劳动力弹性参数相对较小的原因。

然而，要素驱动经济增长的工业化模式，正面临着越来越大的"瓶颈"，不仅表现为资源环境的刚性约束，而且表现为增长/分配失衡的社会福利目标约束。未来20年中国面临经济增长转型的考验，以城市化为载体，扭转现阶段增长不可持续的"瓶颈"是一个必然的选择。以城市化重塑增长动力为中国新时期经济增长赋予了新的目标和使命。从城市化快速发展到城市化成熟阶段，可以看作中国经济转型的一个过渡期，也是从经济失衡增长向均衡增长的转型期。在这个时期中，若结构调整顺利，增长福利目标的明晰在重塑分配格局的同时，也将迫使本阶段中国生产函数结构（参数结构）发生变化。这是预测未来中国经济潜在增长必须明确的前提。

（二）中国经济长期增长的结构性含义

城市化趋势本质上是经济由失衡向均衡的调整，在到达成熟城市化和现代化之前的一段过渡期里，结构调整将展示为增长的主线，包括人口结构转型、产业结构调整以及收入分配结构的调整。从生产函数角度看，由于生产函数弹性参数与要素分配比例互为镜像，因此，中国城市化过程中的结构含义，本质上可以归纳为人口结构转型和产业结构调整两类。两个结构转变效应的叠加，将成为主导过渡时期中国经济潜在增长的重要因素之一。

1. 人口结构转型

改革开放30多年来，中国快速工业化进程和巨大的资本积累，得益于20世纪60年代中期以来人口转型发生过程中"人口红利窗口"的开启。工业阶段的经济增长很大程度上可以看作劳动力资源禀赋的有效动员。其间，主要储蓄者比重（年龄35—54岁劳动力人数占总劳动力人数的比重）持续上升，雄厚的储蓄潜力不断被释放，为资本提供了前所未有的基础。然而，既然人口红利在短期内被经济增长使用，"人口负债"的负向效应也将在不久的将来出现。后文的测算将显示，这种人口转型趋势将发生在中国城市化关键时期，其间，主要储蓄者比重的下降，将构成社会储蓄潜力削弱的主因。

2. 产业结构转型和技术进步

其一，中国经济增长过渡期劳动力禀赋优势的逐渐丧失，决定了生产方式转型的必然。产业结构转型受到人口红利消失趋势的倒逼，工业化阶段低成本竞争优势也不复存在，内生增长机制打造成为持续增长的客观要求。

其二，城市化关键期中国面临的巨大问题仍然是就业，伴随人口红利消失而来的劳动力供给"拐点"的到来，虽然遏制了劳动力规模增量的扩大，但是，劳动力存量及在城市定居，对城市化就业吸收能力提出了挑战。制造业部门由于结构调整，不可能继续充当就业吸收的主阵地，服务业的发展及城市部门工商业均衡发展，也是产业结构转型的题中应有之义。

（三）中国经济长期增长的目标约束变化

其一，节能减排目标强制实施。为了促进增长方式转型，国家提出2020年单位GDP碳排放比2005年减少40%—45%的目标。根据已有研究（袁富华，2010），20世纪八九十年代碳排放的迅速下降，在很大程度上挤压了21世纪以来的减排空间，从趋势可以看出，一条反"S"形的减排力度轨迹，在2000年以来已经隐约出现。这个轨迹暗示着，如果以目前生产技术和产业结构继续支撑高位增长和庞大就业，则减排将面临巨大的压力，于是，我们似乎看到了这样一个"悖论"：在现有投资和技术主导的增长模式下，要想维持高增长，必须在减排和高投资驱动之间进行转换，但是，这种转换的一个可能效应是高投资可能再次抵消减排力度，从而使中国经济未来发展走入一个不确定性较大的循环。如果为了减排而减排，在现有技术条件下，占能耗70%的工业无疑将受到很大冲击，进而降低未来增长速度。

其二，城市化阶段增长福利目标的逐渐明晰。中国工业化阶段积累的增长与收入分配之间的矛盾，需要通过城市化来缓解和解决。因此，城市化阶段增长目标与工业化阶段存在显著的不同，尤其是城市化率提高情景下大量农村劳动力的城市化，对中国保障提供能力提出了挑战，这在一定程度上分流了经济增长的投资需求，削弱了投资对于经济增长的驱动力量。

（四）经济结构变化映射生产函数结构

上述逻辑归纳为图12-5。

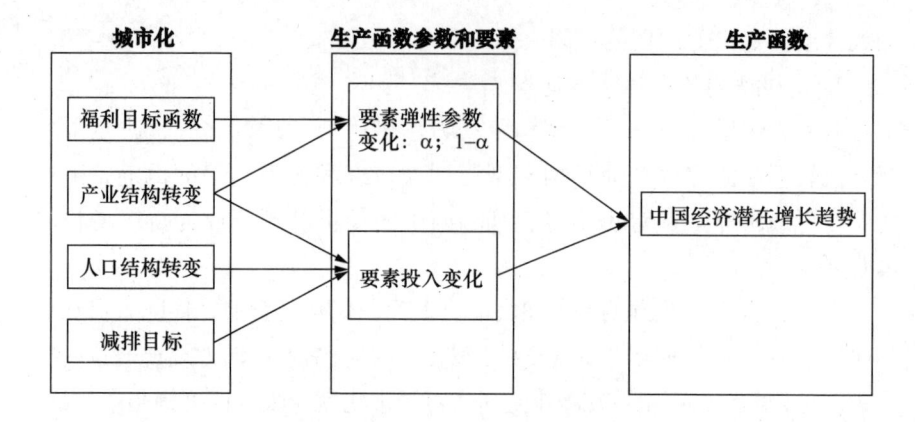

图 12-5 中国经济潜在增长结构、目标变动对生产函数结构的影响

三 中国经济潜在增长率评价的基准评价模型

（一）研究目标

本章结合人口结构转型、经济结构转型和减排目标约束，对中国经济潜在增长趋势进行估计。为了实践这一研究目标，我们基于前期研究，通过中国潜在增长率基准评价模型的建立，获得模型结构参数；然后运用情景分析法，获得潜在增长估计。基准模型请参见图 12-6。

（二）中国潜在增长率基准评价模型的关键环节

结合中国经济发展阶段和增长目标，中国潜在增长率基准评价模型关注以下环节的把握：

1. 如何将减排目标纳入增长评价

经济增长分析方法经历了由新古典模型到内生增长模型的嬗变，但是，截至目前，研究者对两者所持态度不是厚此薄彼，而是基于研究问题和研究偏好采用不同模型及其扩展。中国潜在增长率基准评价模型采用内生增长模型对于环境（污染）变量的处理方法，把环境变量作为一种投入要素"嵌入"增长模型，这种处理方法属于斯托克（Stokey，1998）到阿吉翁、霍伊特（2004）研究方法的一脉。

2. 结构变动效应与生产函数的对接

从转型经济角度看，中国经济增长问题，本质上属于结构转换问题，因此，在运用生产函数分析中国经济问题时，结构问题绕不开。基于已有研究，中国潜在增长率基准评价模型采用情景分析法，将结构转型效应归纳为要素的趋势变动和模型参数结构的变化，从而实现结构变动效

第十二章 经济结构调整、人口结构变化……潜在增长趋势研究

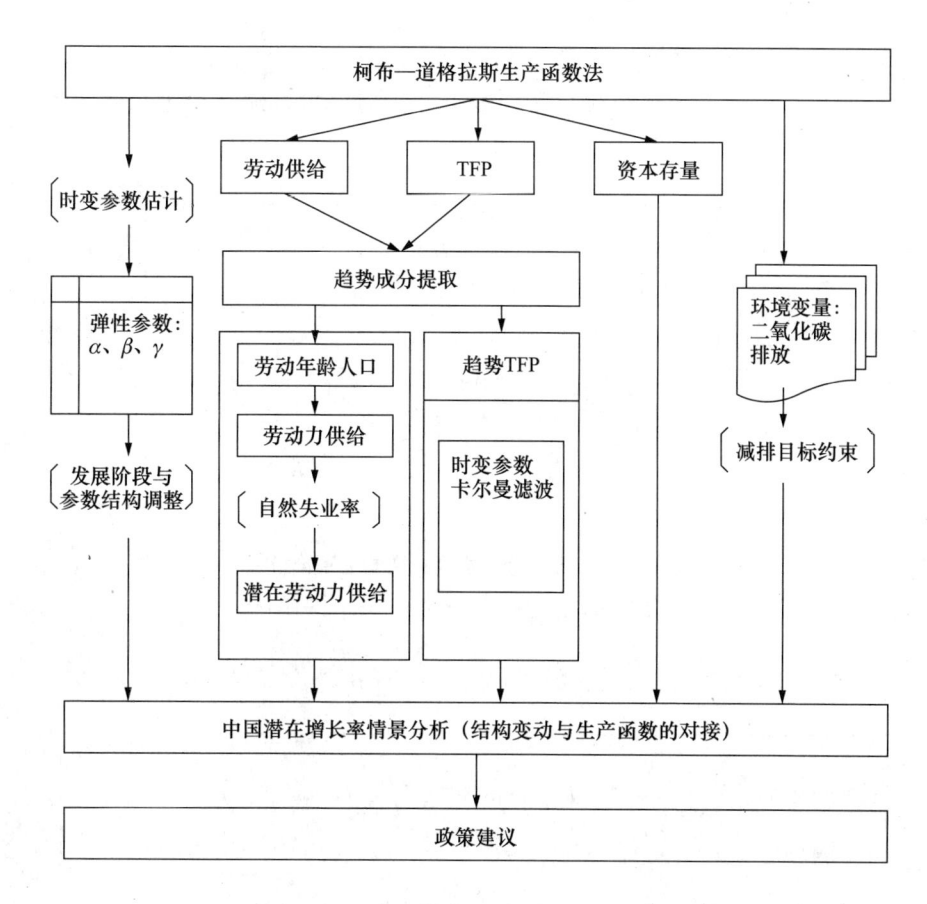

图 12-6　中国潜在增长率基准评价模型

应与生产函数的对接。

3. 潜在投入的估计

潜在投入的估计，属于纯技术方法。结合中国数据的可获得性，我们突出以下三点：(1) 沿用文献常用的一种方法，潜在资本投入（K）采用由固定资本形成盘存得到的时间序列（即假定这个序列处于资本被充分利用的状态）；(2) 潜在劳动投入通过"劳动年龄人口→劳动人口（劳动参与率和滤波）→充分就业人数（自然失业率，滤波）"的步骤获得；(3) TFP 的长期趋势，通过生产函数方程估算和滤波得到。

（三）中国潜在增长率基准评价模型的评价步骤

中国潜在增长率基准评价模型由两个部分构成：一是基准评价方程，用以获取弹性参数 α、$(1-\alpha)$；二是中国潜在增长情景分析和潜在增长

方程构造，用于长期增长评价，具体步骤如下：

第一，运用中国长期时间序列数据和经验评价，建立变量长期统计因果关系，见图 12 – 7。

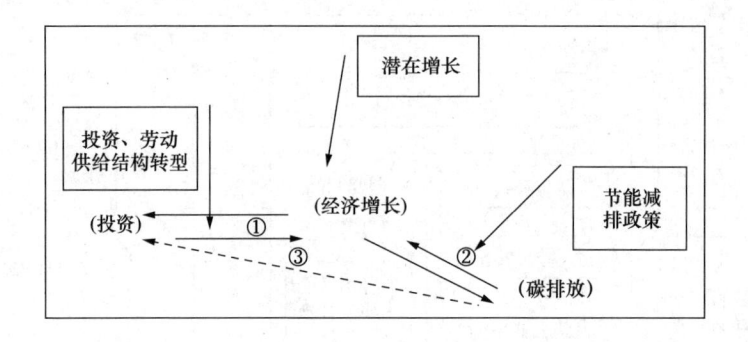

图 12 – 7　经济增长机理：要素关系分析

注："→"、"⇌"表示单项和双向统计因果关系。

第二，立足于变量长期统计因果，建立基准评价方程，见图 12 – 8。

量测方程：$\ln\left(\dfrac{GDP}{L}\right)_t = d_0 + \alpha_t^{(k)} \ln\left(\dfrac{K}{L}\right) + \alpha_t^{(CO_2)} \ln\left(\dfrac{CO_2}{L}\right) + \alpha_t t_{1960-2008} + \mu_t(d'_0)$

状态方程：$\alpha_t^{(k)} = \alpha_t^{(k)}(-1)$，$\alpha_t^{(CO_2)} = \alpha_t^{(CO_2)}(-1)$，$\alpha_t = \alpha_t(-1)$

其中：$\ln\left(\dfrac{GDP}{L}\right)$、$\ln\left(\dfrac{K}{L}\right)$、$\ln\left(\dfrac{CO_2}{L}\right)$表示对数形式的人均国内生产总值、人均资本存量、人均碳排量（或技术清洁度）；参数 $\alpha^{(\cdot)}$ 表示弹性；t 为 1960—2008 年时间趋势，相应参数 α_t 表示长期增长中的技术进步状况；d_0 表示截距，$\mu_t(d'_0)$ 表示残差。

图 12 – 8　基准评价方程

第三，构造情景分析和潜在产出评价，见图 12 – 9。

增长评价方程：

$\ln\left(\dfrac{GDP}{L}\right)_t^* = d_0 + \alpha_t^{(k)} \ln\left(\dfrac{K}{L}\right)_t^* + \alpha_t^{(CO_2)} \ln\left(\dfrac{CO_2}{L}\right)_t^* + TFP^*$

情景分析：潜在资本投入 K^* 的变动趋势；潜在劳动投入 L^* 的变动趋势；TFP 的变动趋势；未来 10 年国家减排目标。

图 12 – 9　情景分析和潜在增长评价方程

第三节 数据趋势分析与中国生产函数结构模拟

本部分,我们转入中国生产函数结构分析,包括长期增长视角下要素潜在投入变动趋势和生产函数参数结构变化趋势,并尽可能提供长期增长情景分析的变量数据序列。

一 人口结构转型与潜在劳动投入（L^*）

（一）长期经济增长过程中的人口结构及其变动

20世纪六七十年代的高出生率和低死亡率,为改革开放以来中国的人力资源供给提供了优势。我们从中国人口结构与世界水平的对比中,就改革开放以来的人口过程和人口结构进行说明。表12-1提供了40多年的人口结构变动趋势,包括15—64岁劳动年龄人口占总人口比重,以及由此估算出的抚养比（袁富华,2011）。

1. 1953—2009年中国劳动年龄人口比重的趋势

在1953—2009年的近半个世纪里,中国劳动年龄人口比重经历了一个上升阶段。与世界平均水平相比较,自20世纪60年代以来,中国15—64岁劳动年龄人口占总人口比重相对较高,并且,自80年代以来,中国劳动年龄人口高出世界平均水平的幅度逐渐增大。不仅如此,与发达国家,如七国集团比较,20世纪90年代中期以来,中国劳动年龄人口比重呈现显著的相对上升趋势。如果放在国际人口变换过程中来考察,改革开放以来的30多年里,中国劳动年龄人口构成及动态变化的特殊性非常显著。

2. 中国的人口抚养比明显较低

人口抚养比是非劳动年龄人口与劳动年龄人口之比,包括少儿抚养比和老年抚养比,二者之和为总抚养比。从中国人口总抚养比的趋势和国际看,20世纪60年代至改革开放之初的80年代,总抚养比经历了一个快速下降阶段,由1964年的79.4%下降到1982年的62.6%,其后一直持续降低,2009年为36.9%。80年代中期以来,中国人口总抚养比低于世界平均水平20个百分点左右,90年代中期以后低于发达国家,如七国集团的平均水平。从总抚养比的构成看,中国老年抚养比与世界平均水平基本持平,但是远低于发达国家水平;少儿抚养比一直显著低于世界平均水平，但是，长期以来高于发达国家平均水平。

表 12 – 1　　　　　　　　中国人口结构与世界的对比

	1953 年	1964 年	1982 年	1987 年	1990 年	1995 年	2000 年	2005 年	2009 年
0—14 岁人口比重（%）									
中国	36.3	40.7	33.6	28.7	27.7	26.6	22.9	20.3	18.5
世界平均	—	39.7	36.8	35.9	35.3	34.1	32.4	30.4	29.0
七国集团平均*	—	26.7	21.0	19.5	18.9	18.4	17.6	16.7	16.2
5—64 岁人口比重（%）									
中国	59.3	55.8	61.5	65.9	66.7	67.2	70.1	72	73
世界平均	—	55.4	57.5	58.3	58.7	59.5	60.8	62.4	63.5
七国集团平均	—	63.4	66.4	67.5	67.4	67.0	66.9	66.6	66.3
65 岁及以上人口比重（%）									
中国	4.4	3.6	4.9	5.4	5.6	6.2	7	7.7	8.5
世界平均	—	4.9	5.7	5.8	6.0	6.4	6.8	7.2	7.5
七国集团平均	—	9.9	12.6	13.0	13.7	14.7	15.6	16.6	17.5
总抚养比（%）									
中国	68.6	79.4	62.6	51.8	49.8	48.8	42.6	38.8	36.9
世界平均	—	80.5	74.0	71.4	70.4	68.1	64.4	60.3	57.5
七国集团平均	—	57.7	50.6	48.1	48.3	49.3	49.6	50.1	50.8
少儿抚养比（%）									
中国	61.2	73	54.6	43.5	41.5	39.6	32.6	28.1	25.3
世界平均	—	71.7	64.0	61.5	60.2	57.4	53.3	48.7	45.7
七国集团平均	—	42.0	31.7	28.9	28.0	27.4	26.3	25.1	24.5
老年抚养比（%）									
中国	7.4	6.4	8	8.3	8.3	9.2	9.9	10.7	11.6
世界平均	—	8.8	10.0	9.9	10.2	10.7	11.1	11.6	11.8
七国集团平均	—	15.7	18.9	19.2	20.3	21.9	23.3	25.0	26.3

注：七国集团：美国、英国、法国、德国、意大利、加拿大和日本。
资料来源：袁富华（2011）。

3. 中国人口结构变动过于迅速，劳动力人口下降已现端倪

中国人口结构的迅速变动主要集中于0—14岁人口比重的迅速下降，和15—64岁劳动年龄人口比重的迅速上升上，即使把考察期限定在1982—2009年这个时期。（1）0—14岁人口比重的迅速下降：1982—2009年，中国0—14岁人口比重下降了15.1个百分点，几乎相当于同期世界平均水平变动幅度的2倍和发达国家平均水平变动幅度的3倍。2009年，中国0—14岁人口比重基本与发达国家平均水平持平。（2）20世纪80年代以来，65岁及以上人口比重持续上升，老年抚养比相应持续上升，开始进入老龄社会。

（二）中国劳动年龄估计趋势（可靠的估计数据获得）

如图12-10所示，1982—2025年中国劳动年龄人口数量及其趋势，系根据"人口预测的年龄移算"方法得到，根据《中国人口统计年鉴》的年龄分组口径，考虑到分年龄组死亡率的扣除，把1993—2007年0—4岁、5—9岁、10—14岁……45—49岁各年龄组人口"移算"到2008—2022年15—19岁，20—44岁……60—64岁各年龄组，可以得到比较有把握的未来15年劳动年龄人口预测数据，然后设定经济活动人口参与率，可以推算出相应劳动力总供给趋势。2023年、2024年和2025年的短期人口预测系根据2008年、2009年、2010年的情景进行移算，把握性较大。2015年劳动年龄峰值人口为10.2亿，此后，劳动年龄人口供给下降

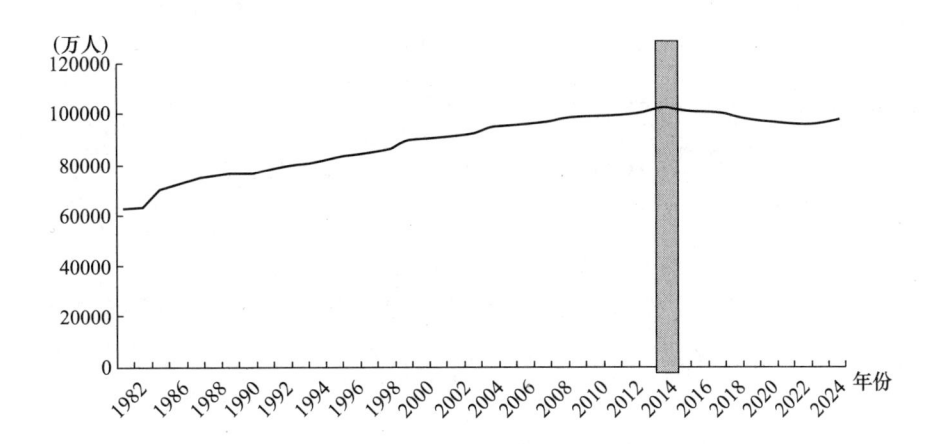

图12-10 1982—2025年中国劳动年龄人口供给趋势

资料来源：历年《中国统计年鉴》。

趋势将逐渐显现。①

(三) 潜在劳动投入序列

1. 潜在劳动力投入的估算方法

我们从中国劳动年龄人口开始,对潜在劳动投入序列进行估算,中国劳动年龄人口序列已通过上文的技术性处理估算出来。接下来的步骤是:中国劳动年龄人口→经济活动人口参与率→经济活动人口→自然失业率→潜在劳动投入。具体说明见图 12 – 11。

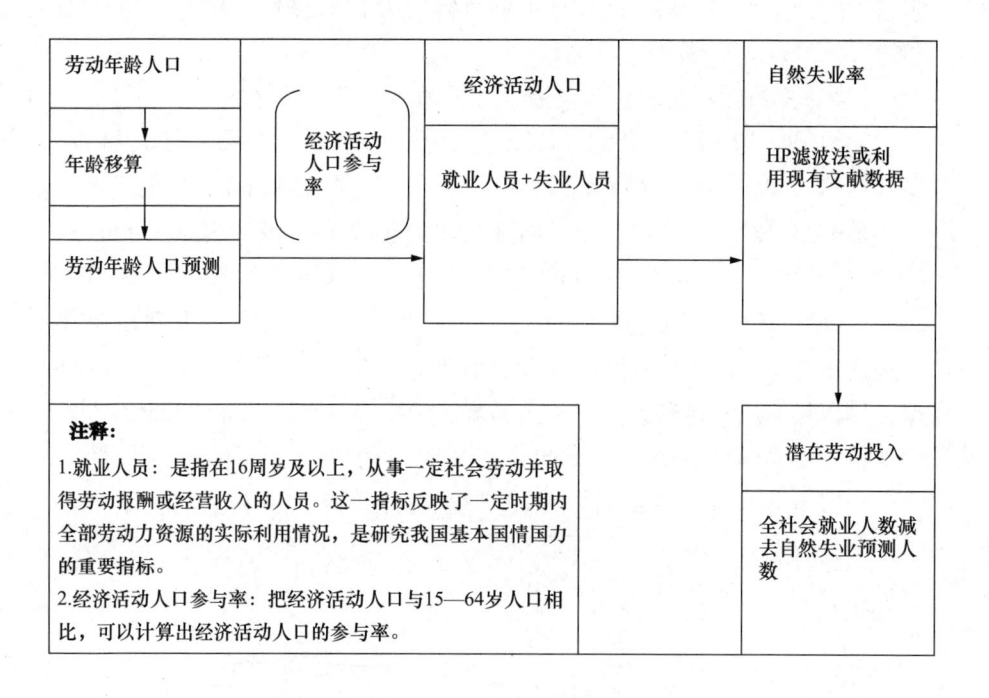

图 12 – 11　1982—2025 年中国潜在劳动投入趋势

2. 自然失业率和经济活动人口参与率估计

(1) 全社会自然失业率估计。目前,已有不少文献关注中国自然失业率问题。总体来看,中国自然失业率呈现上升趋势,如根据蔡昉等

---

① 考虑到育龄妇女人数变动趋势,也可能有另外一种情况发生,尽管对劳动年龄人口变动趋势影响不会非常显著。在 2007—2015 年间,20—49 岁育龄妇女占人口的比重将呈现比重上升趋势,以此"移算",中国劳动力年龄人口在 2022—2030 年间将有一个短暂的上升或缓慢下降阶段(如果现代生育观念使得生育率持续降低)。这里的测算考虑到了这种情况。

(2004)、曾湘泉等（2006）的估计，20世纪90年代中期以来，中国自然失业率在5%左右，如图12-12所示。未来几十年里，随着城市化的发展和就业流动性的增强，自然失业率还有提高的趋势。为了估算方便，本章对于未来就业的估计，采用5%这个自然失业率水平。

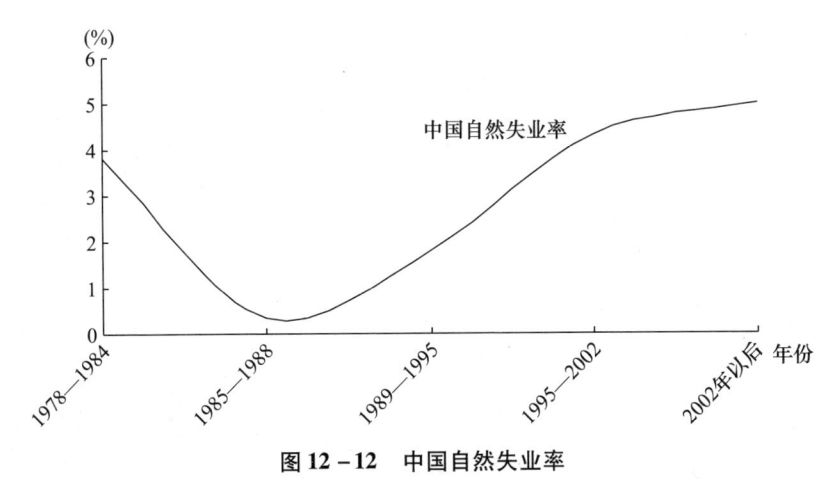

图12-12 中国自然失业率

资料来源：蔡昉等（2004）、曾湘泉等（2006）。

（2）经济活动人口参与率的估计。首先，根据经济活动与劳动年龄人口，获得全社会实际经济活动人口参与率估计值序列；其次，通过HP滤波法，获得全社会潜在经济活动人口参与率估计值序列（1990—2009年）；最后，通过简单趋势外推，获得未来经济活动人口参与率的估计，估计方程如下：

HP滤波经济活动人口参与率：$PR = 4.4595 - 0.0027 \times T$；调整的 $R^2 = 0.9$
$\quad\quad\quad\quad\quad\quad\quad\quad\quad\quad\quad\quad\quad (0.0007)\ \ (0.0001)$

其中，$T(1990) = 1$，…，$T(2025) = 36$。

3. 潜在劳动力投入

基于以上步骤，全社会潜在劳动力投入估算结果如表12-2所示。

二 经济结构调整、减排与资本变动分析

如何把握中国经济长期增长过程中的投资趋势？本部分，我们以发达国家经济发展过程中投资变动规律为分析基准，对中国未来投资趋势给出一个基本判断。

表 12 - 2　　　　历年劳动数据及全社会潜在劳动力投入

年份	(A) 经济活动人口（万人）	(B) 劳动年龄人口（万人）	(C) 经济活动人口参与率：A÷B×100%	(F) 潜在劳动投入（万人）
1978	40682			39136
1979	41592			40012
1980	42903			41273
1981	44165			42487
1982	45674	62517	73.1	43938
1983	46707	63340	73.7	44932
1984	48433	—	—	48288
1985	50112	—	—	49962
1986	51546	70073	73.6	51391
1987	53060	71985	73.7	52901
1988	54630	73988	73.8	54466
1989	55707	74982	74.3	54704
1990	65323	76306	85.6	64147
1991	66091	76779	86.1	64901
1992	66782	77720	85.9	65580
1993	67468	79051	85.3	66254
1994	68135	79880	85.3	66909
1995	68855	81393	84.6	67616
1996	69765	82245	84.8	66695
1997	70800	83448	84.8	67685
1998	72087	84338	85.5	68915
1999	72791	85157	85.5	69588
2000	73992	88910	83.2	70736
2001	74432	89849	82.8	71157
2002	75360	90302	83.5	72044

续表

年份	（A）经济活动人口（万人）	（B）劳动年龄人口（万人）	（C）经济活动人口参与率：A÷B×100%	（F）潜在劳动投入（万人）
2003	76075	90976	83.6	72271
2004	76823	92184	83.3	72982
2005	77877	94197	82.7	73983
2006	78244	95068	82.3	74332
2007	78645	95833	82.1	74713
2008	79243	96680	82	75281
2009	79812	97502	81.9	75821
2010	80710	98812	81.7	76674
2011	80775	99160	81.5	76736
2012	80932	99621	81.2	76885
2013	80879	99825	81.0	76835
2014	80754	99941	80.8	76716
2015	82297	102126	80.6	78182
2016	80851	100603	80.4	76808
2017	80651	100625	80.1	76618
2018	79727	99742	79.9	75741
2019	78439	98396	79.7	74517
2020	77222	97131	79.5	73361
2021	76376	96327	79.3	72557
2022	75582	95583	79.1	71803
2023	75527	95772	78.9	71750
2024	75828	96414	78.6	72036
2025	75962	96846	78.4	72164

资料来源：历年《中国统计年鉴》。

(一) 发达国家长期增长的阶段性趋势 (1820—1992)

图 12-13 (a)、(b)、(c)、(d)、(e)、(f) 6 个图,是根据麦迪逊 (1996) 提供的 1820—1992 年 5 个资本主义国家的经济指标数据整理而来,目的是提供长期增长趋势的直观显示,主要是城市化加速时期指标动态趋势与其他经济发展阶段的对比。

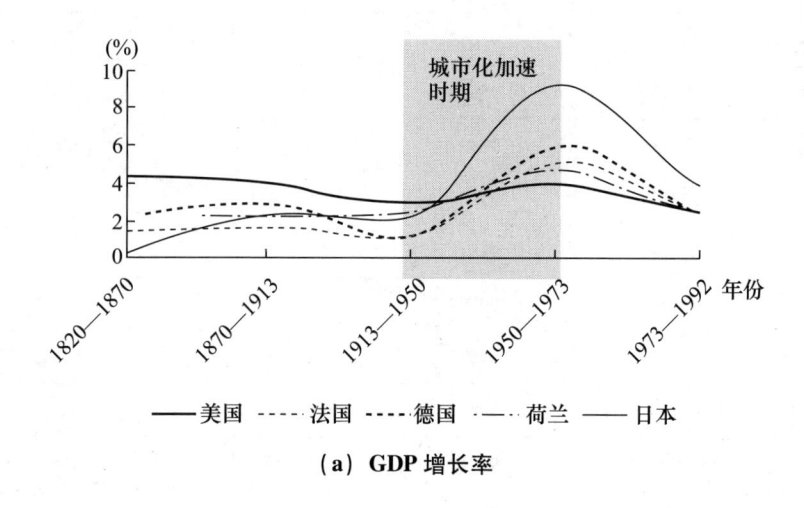

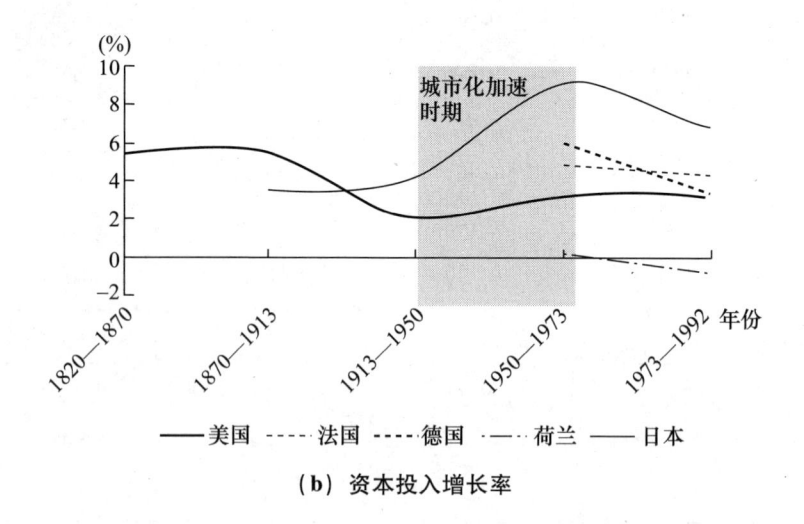

(a) GDP 增长率

(b) 资本投入增长率

(c) 劳动投入（工时）增长率

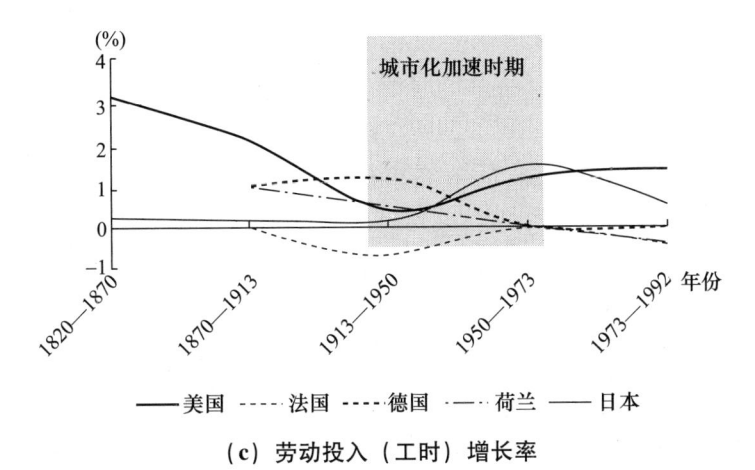

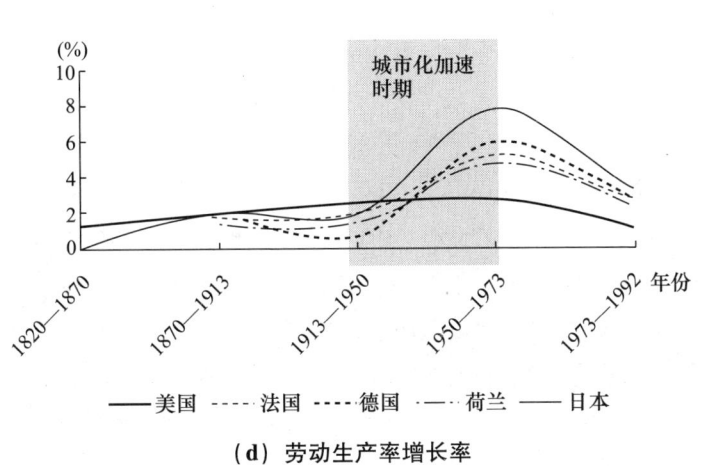

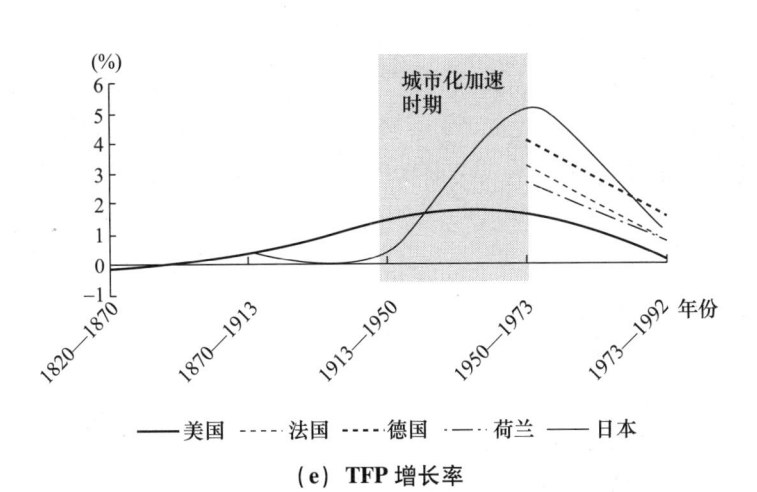

(d) 劳动生产率增长率

(e) TFP 增长率

（f）规模经济增长率

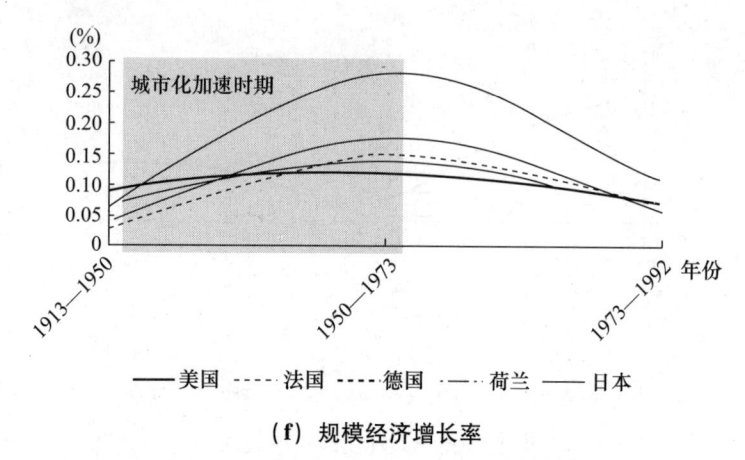

图 12-13　1820—1992 年 5 个资本主义国家的制度报告

资料来源：麦迪逊（1996）。

1. 总体增长趋势

麦迪逊把 1820—1992 年近 200 年间的经济增长划分为五个阶段：1820—1870 年、1870—1913 年、1913—1950 年、1950—1973 年和 1973—1992 年。其中，作为一个重要发展阶段，1913—1950 年和 1950—1973 年这 60 年在主要资本主义国家经济发展中具有非常特殊的作用。第一，延续前两个阶段工业化快速推进的趋势，1913—1973 年主要资本主义国家呈现出前所未有的加速趋势，这个阶段 GDP 增长率所达到的水平，很少被其后的 GDP 增长超越。第二，资本主义国家这 60 年的增长"黄金时期"，也是产业结构迅速变动的时期，第三产业主导经济增长的态势在这个时期得以实现，并为此后经济结构的高度化奠定了坚实的基础。第三，最为典型的特征是，这 60 年里，主要发达资本主义国家陆续进入城市化发展加速时期，并成功地实现经济发展阶段向城市化和现代化的过渡，截至 20 世纪 70 年代，主要发达国家均已走向成熟城市化经济阶段。

2. 城市化加速时期的主要特征

从图 12-13 中的经济指标趋势来看，主要资本主义国家在城市化加速到城市化发展成熟这 60 年里，经济增长加速趋势显著，其后，经济增长出现拐点，并逐步进入均衡增长路径。

与前、后增长阶段比较起来，在 1913—1973 年的城市化时期里，

GDP 增长加速，主要受益于投资增长的驱动。同时，投资增长也对劳动生产率和 TFP 的提高产生了根本的提升作用，劳动生产率（中期技术进步的主要衡量指标）和 TFP 的增长速度（长期技术进步的主要衡量指标），也在这个时期达到了历史高度。

在这个时期中，由产业结构变动和城市化发展带来的规模经济，也实现了前所未有的增长。在整个 60 年里，各国规模经济效应不断被经济的加速增长激发，但是，到了 20 世纪 70 年代城市化加速结束之后，规模经济效应也随之减少。

3. 城市化加速时期的投资："依趋势增长"和拐点

基于所考察的资本主义增长事实，我们把城市化加速的 60 年里各个指标所表现出来的趋势称为"依趋势增长"，即在这个阶段，指标增长所呈现出来的近乎线性的增长趋势。就投资而言，"依趋势增长"在城市化加速阶段存在，1973 年以后，投资减速的拐点出现。这一点对于我们认识中国未来一二十年或更长增长前景具有启发性。关于投资的这个"依趋势增长"问题，下文我们以日本投资为案例进行具体分析。

（二）典型案例：1955—1998 年日本投资"依趋势增长"和拐点

我们先把考察视野缩小，集中对城市化加速时期投资的"依趋势增长"问题进行详细阐述。考察日本的增长案例，是出于众所周知的一些原因：在投资和人口结构转型方面，这个国家与中国具有一定程度的相似性。为了把日本城市化加速时期投资的"依趋势增长"问题表达清楚，我们提供了表 12-3 和图 12-14（a）、(b)、(c)、(d) 以及图 12-15。

表 12-3　　　　　　　　分阶段日本投资增长速度　　　　　　单位：%

	全社会固定资本形成	民间投资	住宅投资	企业设备投资	公共投资	住宅投资	企业设备投资	一般政府投资
1955—1970 年	14.6	15.2	15.1	15.4	13.3	13.9	13.3	13.2
1971—1998 年	3.6	3.9	1.5	4.9	2.8	0.4	0.0	4.1

注：以 1990 年为基年。

资料来源：日本总务省统计局官方数据库。

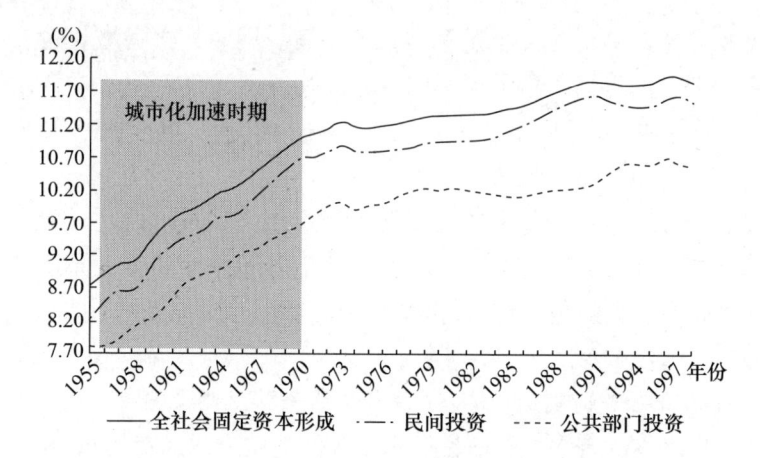

（a）1955—1998 年日本全社会投资总额——对数趋势

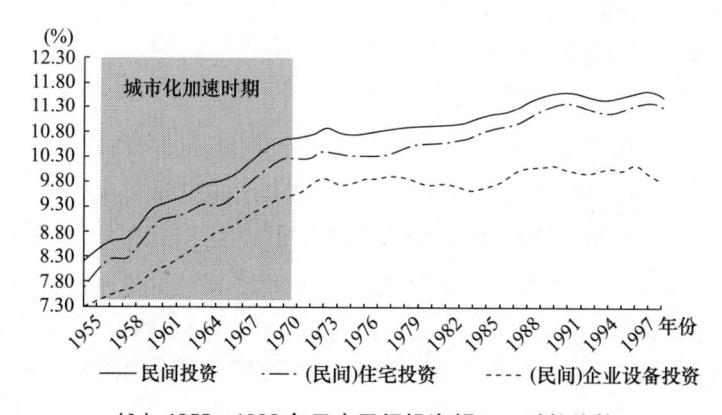

（b）1955—1998 年日本民间投资额——对数趋势

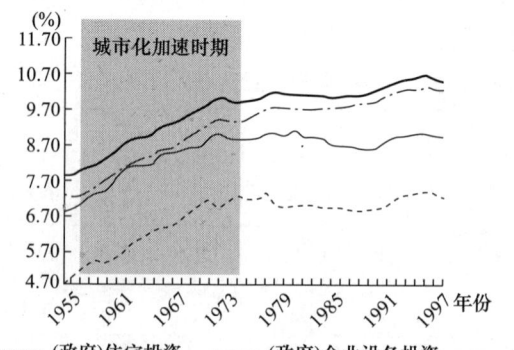

（c）1955—1996 年日本政府投资额——对数趋势

第十二章 经济结构调整、人口结构变化……潜在增长趋势研究 | 339

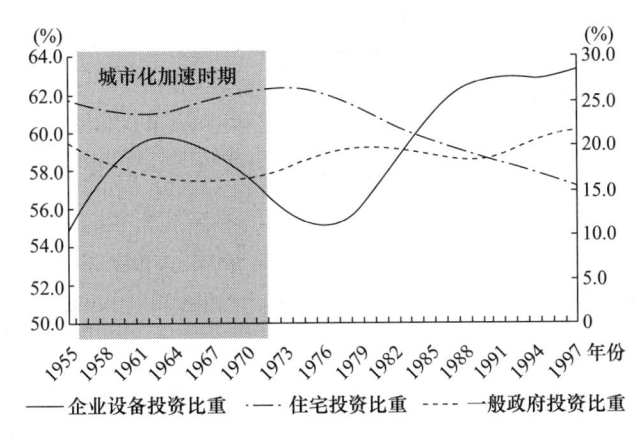

(d) 1955—1997年日本投资比重（HP滤波）

图 12 – 14　1955—1998年日本经济发展情况

注：左轴为企业设备投资比重；右轴为住宅、政府投资比重。
资料来源：日本总务省统计局官方数据库。

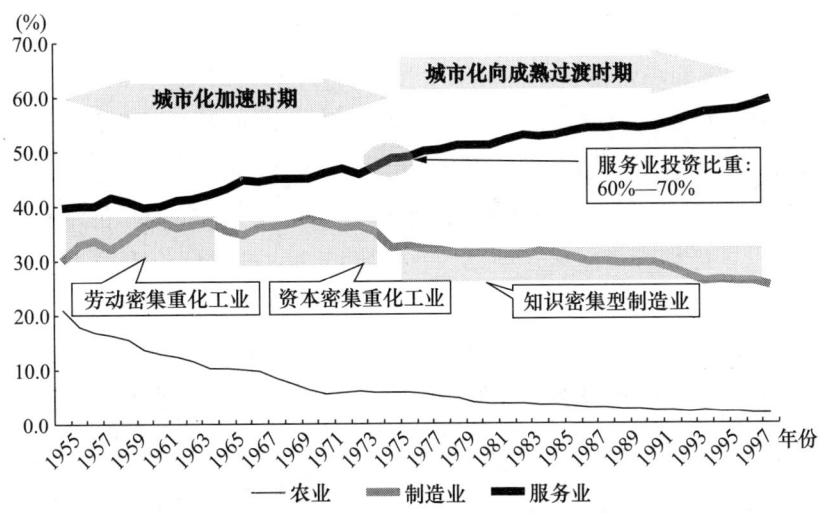

图 12 – 15　工业化、城市化进程中的日本产业结构变动
（纵轴为各产业增加值比重，名义值）

1. 日本城市化加速时期的全社会固定资产投资

日本工业化加速始于20世纪50年代，与此同时，城市化加速也发生在1950—1970年这20年里，1970年城市化率为72%，其后步入城市化成熟时期。

在20年的城市化加速期中，如表12-3所示，日本全社会固定资本形成以相当高的水平增长，1955—1970年年均增长14.6%；但是，1970年以后，日本投资增长速度向下的趋势也非常显著，1971—1998年的平均增长速度为3.6%，大概在城市化加速时一结束，日本投资向下的拐点也紧接着出现。

2. 日本城市化加速时期的住宅投资、设备投资和一般政府投资

从投资的内容或类别来看，无论是民间投资还是公共投资，企业设备投资都以很高的速度增长，这种投资增长趋势构成了日本资本深化短期内赶超英美的主要动力；受城市化加速的驱动，日本住宅投资和一般政府投资也快速增长，为经济发展所需要的基础设施及居民福利改善提供了条件。

3. 城市化加速时期的投资"依趋势增长"和拐点

图12-14（a）、（b）、（c），提供日本1955—1970年城市化加速时期，投资"依趋势增长"的证据。为了直观地显示这种线性增长趋势，我们分别把全社会投资额、民间投资额、政府投资额序列以对数的形式（曲线的斜率即投资增长率）标示于各图中。

从图12-14的曲线看，1955—1970年的投资曲线部分均呈线性，这种线性与上文各发达国家的"依趋势增长"现象类同。

1970年以后，图12-14中的投资曲线呈现扁平，投资增长速度开始变得缓慢。即城市化加速时期之后，投资增速由高速到下降的拐点非常明显。

图12-14（d）是各种投资在全社会总投资中所占比重，1970年以后，住宅投资比重迅速下降，但是，企业设备投资的比重迅速上升，这种现象符合多数发达国家的投资规律。

4. 城市化加速时期投资"依趋势增长"与经济结构

图12-15提供了工业化城市过程中投资"依趋势增长"过程中产业结构变动的内涵。图12-15综合了日本产业结构变动，以及发达国家产业变动过程中普遍的规律性信息：（1）从长期趋势看，经济增长过程中的产业结构符合配第—克拉克规律，在经济由城市化加速阶段向城市化成熟阶段的过渡过程中，工业部门增长方式也由前一阶段劳动、资本密集型增长，向知识、技术密集型增长过渡。这个关键过渡阶段的实现，在英国、美国等国家是经由市场竞争实现的，日本的增长事实为政府政

策引领成功过渡提供了可资借鉴的经验。(2) 关键过渡时期,要素密集型工业化向知识、技术密集型工业化的调整过程中,高资本形成率仍然起着非常重要的作用,但是,这个阶段的资本形成质量已经开始发生质的变化,工业部门内部结构调整和结构升级开始持续发生。(3) 工业增长质量的提高,对于服务业发展起到巨大的拉动作用,同时伴随该部门投资额的持续上升。在城市化加速过程中,服务业部门投资在全社会投资总额中所占比重持续上升,并最终超过工业投资比重。根据发达国家城市化加速时期的部门投资分布经验,在城市化率超过70%并走向成熟阶段的时候,服务业部门投资比重为60%—70%。

(三) 中国长期经济增长过程中的目标函数与要素弹性变化:投资"依趋势增长"和拐点的原因之一

回到前文述及的一个关键问题:从长期趋势看,投资(或投资对经济增长的贡献)为什么会出现城市化加速时期的线性增长与城市化成熟时期的下降,对于这个"依趋势增长"和拐点问题,我们从三个方面分析:一是产出/投资弹性参数 α 的变化;二是产业结构变动中的投资趋势;三是内生增长要求。

在本小节,结合中国可能的增长经验及前景,简要地阐释第一个方面:产出/投资弹性参数(α) 变化问题,见图 12-16。

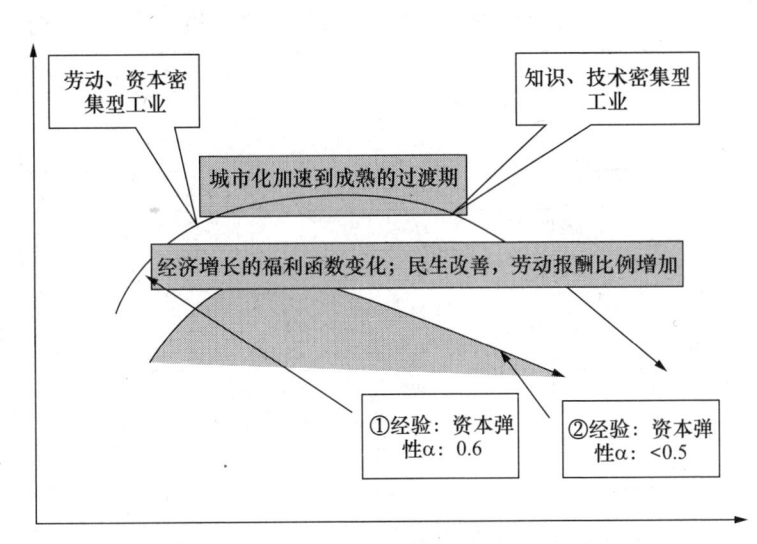

图 12-16 要素分配比例变化牵引要素弹性沿长期增长曲线滑动:中国长期增长

基于图 12-16，对于中国工业化、城市化的阶段性发展，我们给出的一个基本判断是：中国目前发展阶段，正处于由劳动、资本密集型工业化向知识、技术密集型工业化的过渡时期，这个工业化转变过程，发生在城市化加速（城市化率 50%）到城市化成熟（城市化率 70% 以上）的过渡阶段（张平等，2011）。基于本课题组城市化逻辑曲线的前期研究，中国的高速城市化进程在 2011—2016 年结束，城市化率跃过 50% 的关键点，而后城市化增长逐步放缓，到 2020 年左右接近 60% 的水平。2030 年接近 70%。在这个阶段，中国经济将要发生的一个重要变化是增长的福利函数目标的改变，即新时期国家分配政策的实施和对于民生改善的强调，对于要素分配格局产生影响，本质上带来产出/资本弹性参数（α）和产出/劳动弹性参数（$1-\alpha$）的逆转。表现在图 12-16 中，就是要素分配比例变化牵引要素弹性沿长期增长曲线滑动，从而产生经验资本弹性 $\alpha=0.6$ 向预期资本弹性 $\alpha<0.5$ 的逆转。

对于资本弹性参数（α）逆转，我们是根据前文所述经济学原理、发达国家增长规律，以及中国经验数据所作出的判断。其中，中国经验资本弹性 $\alpha=0.6$ 的判断，是基于表 12-4 的估算得出的（进一步的实证分析，留待下文情景分析阐释）。

表 12-4　　　　中国初次分配中的劳动份额和资本份额　　　　单位:%

年份	劳动份额（α）	资本份额（$1-\alpha$）
1978	40	60
1985	41	59
1990	44	57
1995	46	54
2000	44	56
2001	44	56
2002	44	56
2003	42	58
2004	42	58
2005	40	60
2006	40	60
2007	39	61

资料来源：张车伟（2009）。

(四) 中国长期经济增长过程中的产业结构变动：投资贡献"依趋势增长"和拐点的原因之二

根据张平等（2011）关于中国城市化阶段的数据模拟，从目前到2030年左右，中国经济发展将经历城市化加速到城市化成熟的关键过渡时期。现阶段，中国城市化率约为50%，2030年达到60%—70%的水平，未来20年里城市化的年均速度约为1个百分点，类似于日本经济增长由城市化加速到城市化成熟阶段的节奏和速度。基于发达国家经济增长阶段性特点和典型趋势，我们的基本判断是：在未来20年左右的时间里，投资"依趋势增长"的惯性存在，这种惯性存在于城市化发展要求，以及经济结构高度化所需要的资本深化的基本要求。

1. 投资"依趋势增长"

如图12-17所示，20世纪70年代末以来，中国经济经历了工业化发展带动城市化发展、工业结构劳动密集化向资本密集化的逐渐过渡，无论是前期的工业结构轻型化，还是近年来工业结构向重型化的演进，中国经济30多年来始终沿着工业化规律演化着，并且这种惯性在未来的几十年仍将延续，工业自身增长质量以及经济整体质量在这个过程中逐步提高。

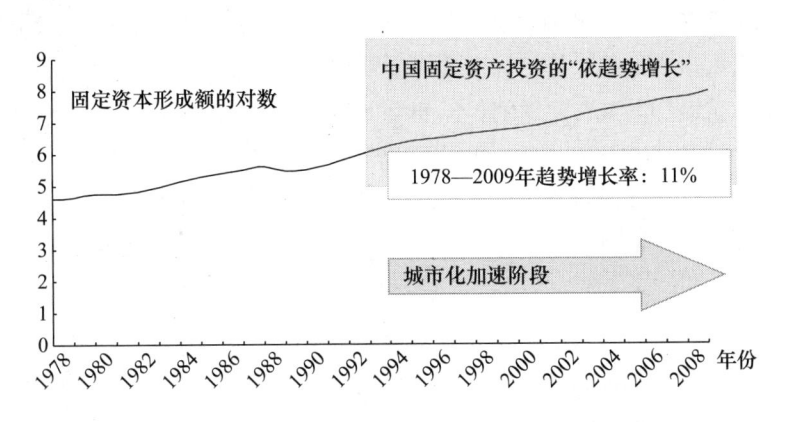

图 12-17 中国全社会固定资本形成趋势：资本总额的对数

进入20世纪末期，中国城市化的节奏出现加速趋势，城市化主导经济增长的趋势已经显现，投资"依趋势增长"既蕴含于现阶段，又是向未来延续的一种经济现象。中国投资"依趋势增长"，是工业化向城市化过渡，以及城市化加速向城市化成熟经济阶段过渡的一种现象，只要稳定的经济发展环境存在，也将遵循着类似于发达国家的投资动态路径演化，直到达到一种新的均衡为止，这种均衡意味着三次产业在一种效率更高的水平上所达到的公平。根据中国城市化趋势，投资的这种趋势增长可能要持续到2030年中国城市化基本完成。其间，固定资本投资的增长速度年均保持在10%左右的水平。

2. 投资结构与经济结构转变

未来持续20年左右的投资"依趋势增长"，源于以下原因：（1）城市化发展所需要的公共基础设施的增加，根据农民工规模及城乡一体化趋势估算，未来20年城市人口至少增加3亿，庞大的城市人口规模，是投资增长需求的一大动力。（2）如图12-18（a）、（b）所示，中国的工业化进程远没有结束，工业资本深化速度，以及蕴含于工业资本深化过程中的劳动生产率的根本性提高，也是投资持续增长需求的一大动力。即使在发达国家，在经济结构转型的关键时期，投资持续高速增长，对于长期生产率提高也起着极大的促进作用。（3）制造业在这个过程中的投资比重逐渐下降，但是，服务业部门投资需求增加，构成投资持续增加的另一大动力。

3. 未来20年投资"趋势依增长"的储蓄动力

根据前文所述，中国目前正在经历中国劳动力供给下降过程，即使如此，根据人口转型趋势估计，主要储蓄者比率即年龄35—54岁劳动年龄人口占全部劳动年龄人口比重的持续下降，将出现在2030年左右，其间，中国投资"依趋势增长"所需的资金，仍可以由储蓄提供（见图12-19）。

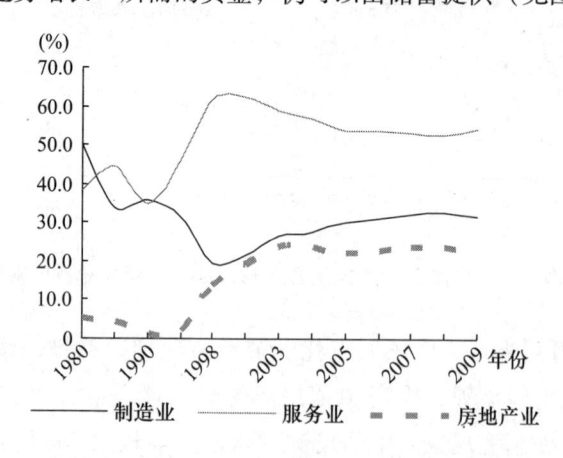

(a) 中国全社会固定资产投资的行业分布

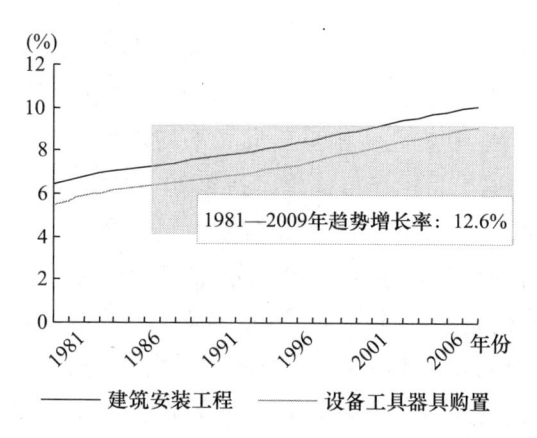

第十二章　经济结构调整、人口结构变化……潜在增长趋势研究

(b) 1981—2009 年中国全社会固定资产投资的使用分布（水平值滤波的对数）

图 12-18　经济结构与投资结构

资料来源：历年《中国统计年鉴》。

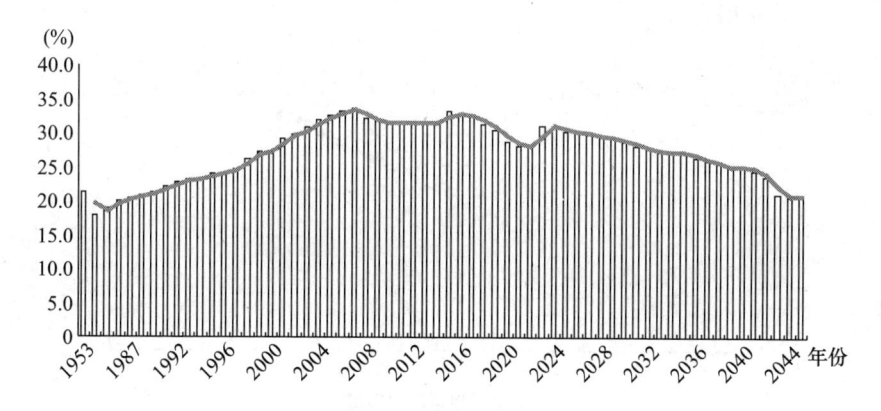

图 12-19　1953—2045 年中国主要储蓄者比率

资料来源：历年《中国统计年鉴》和《中国人口统计年鉴》；人口数量估算依照中国人口增长的逻辑曲线。

（五）节能减排目标约束：投资贡献"依趋势增长"和拐点的原因之三

为了促进增长方式转型，国家提出 2020 年单位 GDP 碳排放比 2005 年减少 40%—45% 的目标。对于这个目标的经济意义，我们分几点简要地阐述：（1）从统计角度看，节能与减排（本章指二氧化碳排放量）是一个问题的两个方面。如图 12-20 所示，1953—2008 年，中国能源消费序列（对数化）与二氧化碳排放量序列（对数化）呈现高度线性相关，即能源消费与二氧化碳排放量的增速保持了几乎一致的增长速度。因此，节能与减排实质上是一个意思。(2) 国家减排目标的提出，是针对我国经济增长高耗能的现实问题。如图 12-21 所示，现阶段，中国单位 GDP 能耗约 9 吨标准油/万美元，相当于世界平均水平的 3 倍、发达国家的 4—5 倍。若按照这个目标严格实施，到 2020 年左右，中国单位 GDP 能耗将接近世界平均水平，达到"清洁发展"的目的。(3) 中国节能减排目标，是在经济转型关键时期提出的，类似日本 20 世纪 80 年代实施的政策。其根本目的是，以减排目标的提出为契机，为经济增长方式转型提供新的压力和动力。(4) 在这个过程中，投资规模扩大，但是，投资方式更倾向于工业结构的高度化，以及工业和服务业的均衡发展。(5) 尽管是一个阶段性目标，但是，其实施的效果将影响深远。这个规划结束后，中国生产函数将恢复到资本、劳动和技术三要素结构。

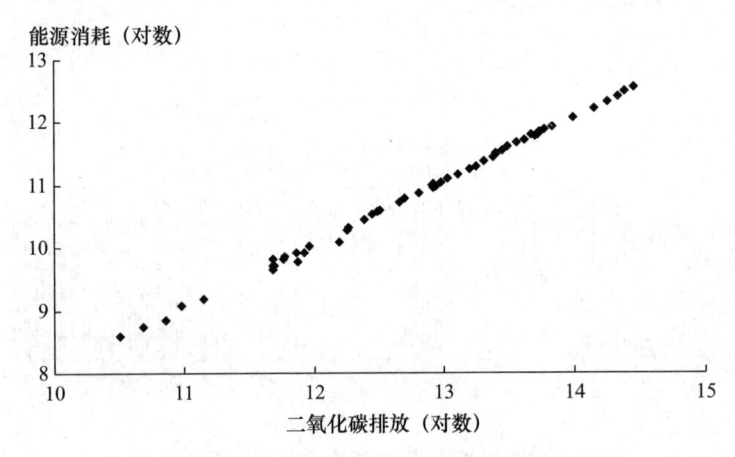

图 12-20　中国能源消耗与二氧化碳排放的关系

资料来源：http://db.cei.gov.cn/；CDIAC。

(六) TFP 变动或技术进步

"十二五"规划开始，中国进入经济增长的新阶段，在这个时期，投资持续增长的一个重要作用，是促进生产率的提高，包括劳动生产率的提高及 TFP 的提高。从内涵来看，TFP 是一个衡量长期技术进步潜力的概念，包括劳动力素质的提高、经济结构的高度化所带来的效率提高，以及制度创新的效应等。劳动生产率的持续增长，有可能是由要素消耗带来的，但是，这种状况下的劳动生产率增长趋势不可持续，TFP 提高或技术进步潜力也不大，如中国改革开放 30 多年的情况就是这样。因此，未来 20 年中国经济增长是一个综合工程，城市化、工业化的重要含义，就是为TFP潜力的持续提升提供条件。在这一点上，日本为我们提供了启示，快速经济调整时期中，其TFP增长率随之快速提高。

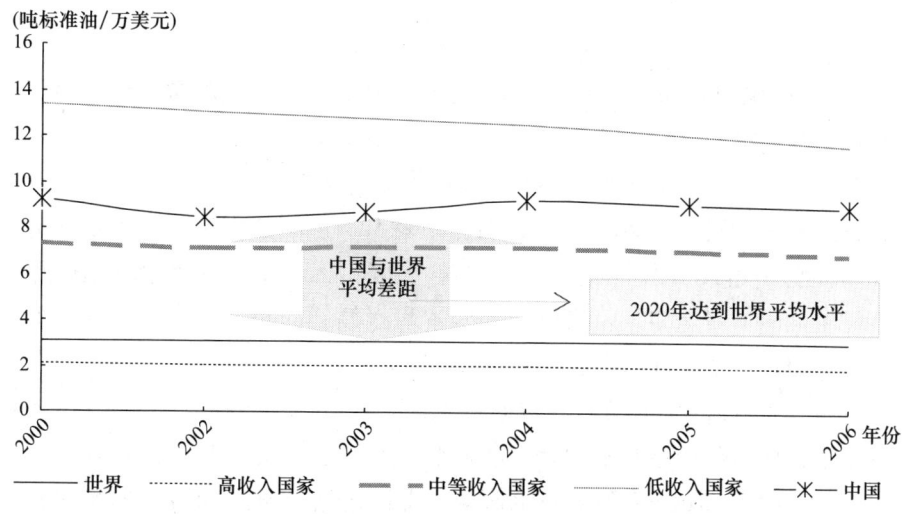

(吨标准油/万美元)

图12-21 单位GDP能源消耗

资料来源：《国际统计年鉴》(2010)。

三 中国潜在资本投入估算

中国潜在资本投入（K*）估算如图12-22所示。

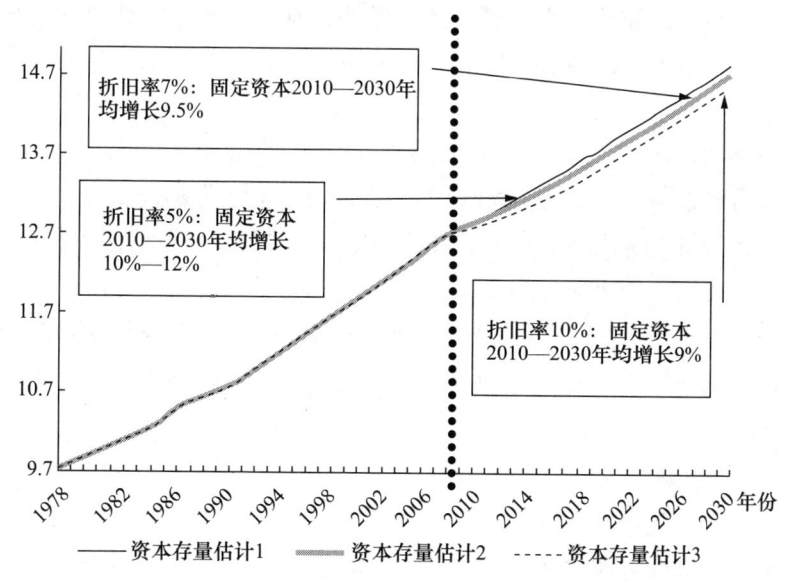

折旧率7%：固定资本2010—2030年均增长9.5%

折旧率5%：固定资本2010—2030年均增长10%—12%

折旧率10%：固定资本2010—2030年均增长9%

图12-22 1978—2030年中国全社会资本存量（水平值对数化）

第四节 中国长期增长情景分析

一 中国 30 年增长及未来增长趋势：立足于福利经济学和增长经济学理论的评价

以生产函数的资本弹性参数（α）和劳动弹性参数（1-α）的经验数据分析为出发点开始本部分的阐述。表 12-4 的数据显示，改革开放 30 年的经济增长中，中国要素分配结构中资本/劳动比约为 6∶4，这个比例比发达国家高得多，要素分配向资本积累倾斜的特征非常显著。近似地，依照经济学原理，我们可以初步判断 α∶(1-α) 为 6∶4。

（一）α∶(1-α) 为 6∶4 暗含的假设

依据要素分配结构中资本/劳动比约为 6∶4，得出要素弹性比 α∶(1-α) 为 6∶4，其中暗含了一个假设，即经济增长测度和劳动要素份额 40% 的水平，是在忽略外部不经济因素下获得的，实际上，这也是主流文献偏好的一种假设。

（二）环境代价负外部性情况下 α∶(1-α)

更接近现实的一种情景是，经济增长测度和劳动要素份额 40% 的获得，其中包含诸如环境恶化等外部不经济因素的代价。即如果考虑到一些外部不经济因素，经济增长测度和劳动要素份额 40% 的水平有可能被高估了。

极端的例子是，对于一种高能耗、高污染经济而言，劳动要素份额名义上可能是 40%。但是，如果考虑污染的代价和影响，比如，环境污染所导致的对于健康的潜在影响（及相应货币支出），这种情况下劳动的实际所得可能小于 40%。

联系到生产函数，这种分析的意思是，若考虑环境消耗或环境代价，实际的劳动弹性可能会被重新评价——变化比不考虑环境消耗下的劳动弹性小。

（三）国家减排政策及其对于要素弹性参数的影响

国家节能减排政策的目标是，期望到 2020 年左右，在节能减排方面取得实质性进展。如果我们把长期增长潜力的评估期拉长到未来 10—20 年，那么，基于增长历史经验和结构变动趋势，减排目标冲击的效应是可以预期的。这个时期,劳动弹性有可能受到冲击。但是,在更长时期中,随着经济增长的环境代价减少,中国生产函数将逐步回归到传统"资本+劳动+技术进步"三要素增长方程,劳动力弹性也会得到还原和提高。

二 基准评价方程参数分布

(一)不考虑环境因素的生产函数参数分布

1. 不考虑环境因素的生产函数参数收敛趋势

"资本+劳动+技术进步"三要素生产函数的弹性参数,沿着工业化进程的收敛趋势如图12-23所示,收敛值:资本弹性 $\alpha = 0.6$;劳动弹性 $1 - \alpha = 0.4$。

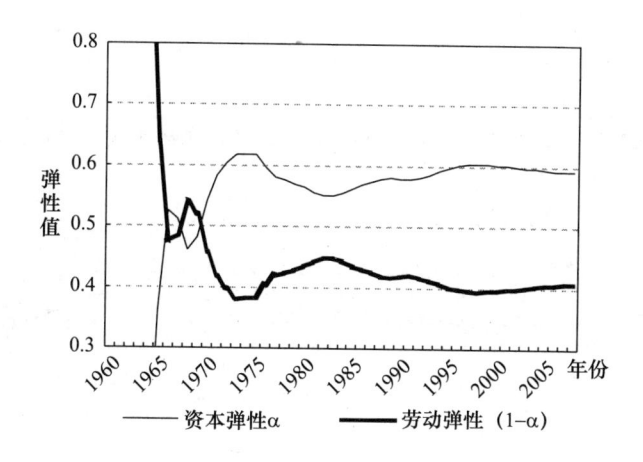

图 12-23 不考虑环境因素的生产函数参数收敛趋势:卡尔曼滤波

2. 不考虑环境因素的生产函数技术进步速度收敛趋势

"资本+劳动+技术进步"三要素生产函数的 TFP 变动或技术进步速度,沿着工业化进程的收敛趋势,如图12-24所示,收敛值:技术进步速度 $\Delta \text{TFP} = 2.7\%$。

(二)考虑环境因素的生产函数参数分布

1. 考虑环境因素的生产函数参数收敛趋势

"资本+劳动+技术进步"三要素生产函数的弹性参数,沿着工业化进程的收敛趋势,如图12-25所示,收敛值:资本弹性 $\alpha = 0.58$;劳动弹性 $\beta = 0.26$;碳排放弹性 $\gamma = 0.16$。

350 | 增长路径篇

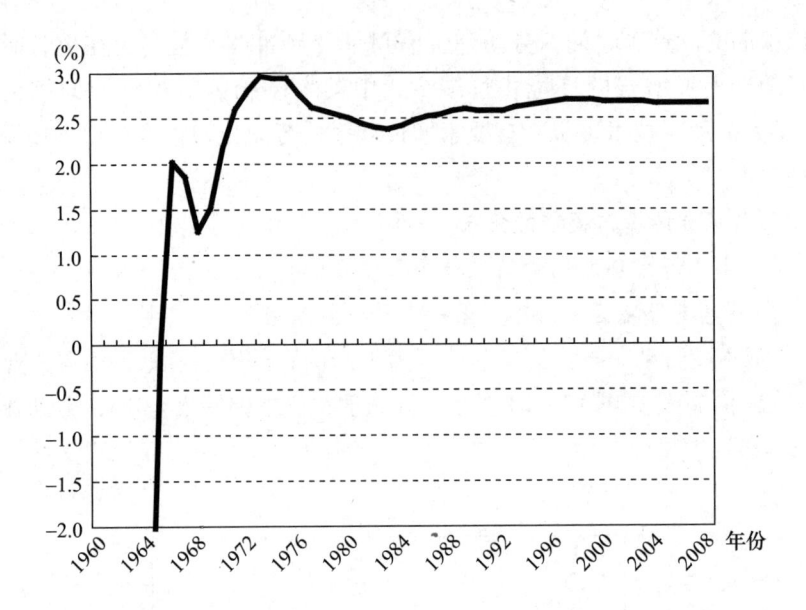

图 12-24 不考虑环境因素的生产函数 ΔTFP 收敛趋势:卡尔曼滤波

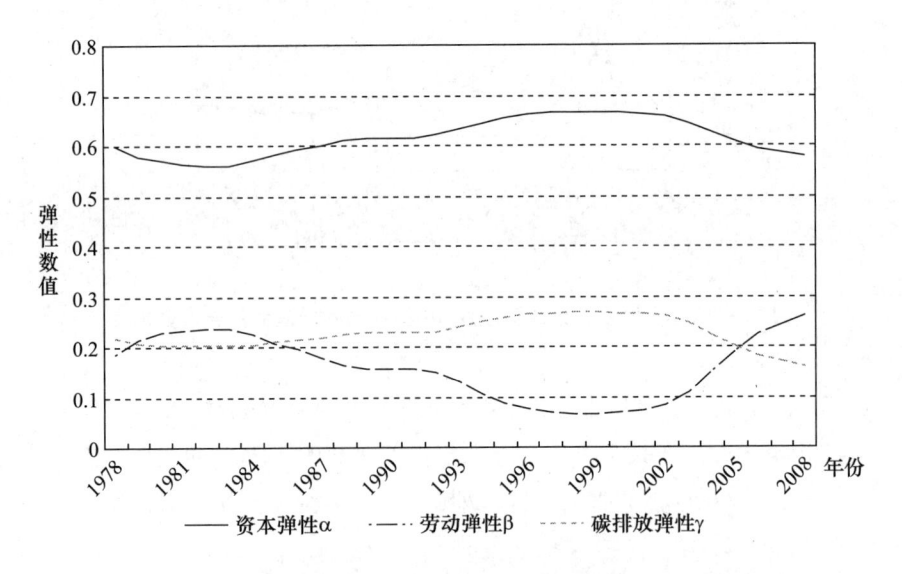

图 12-25 考虑环境因素的生产函数参数收敛趋势:卡尔曼滤波

2. 考虑环境因素的生产函数技术进步速度收敛趋势

"资本+劳动+技术进步"三要素生产函数的 TFP 变动或技术进步速度,沿着工业化进程的收敛趋势,如图 12-26 所示,收敛值:技术进步

速度 $\Delta TFP \approx 2\%$。

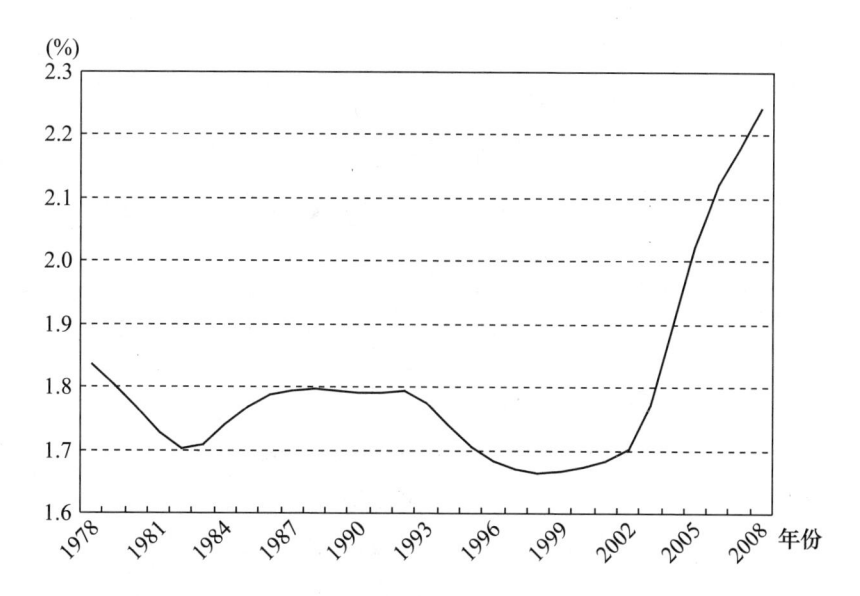

图 12-26 考虑环境因素的生产函数 ΔTFP 收敛趋势：卡尔曼滤波

3. 节能减排目标与基准生产函数的对接：转换因子 θ

如果以 θ 表示对数化的单位国内生产总值碳排放水平序列，对数化的二氧化碳排放水平用 CO_2 代表，那么，控制了截距和长期时间趋势后，两者的统计关系如下：

$$CO_2 = \underset{(17.37)}{7.69} + \underset{(8.20)}{0.77\theta} + \underset{(22.83)}{0.08t_{1965-2008}} + \underset{(3.11)}{0.52AR(1)} + \underset{(6.07)}{0.73MA(1)}$$

$$R^2 = 0.99, \quad DW = 1.91 \tag{12-1}$$

根据这个统计结果，我们接受长期中 CO_2 对于 θ 升降弹性约为 0.8 的统计关系。

三 中国潜在增长情景分析

（一）历史趋势：1978—2009 年潜在经济增长率、实际经济增长率与通货膨胀率对比

1978—2009 年潜在经济增长率、实际经济增长率与通货膨胀率对比情况如图 12-27 和图 12-28 所示。

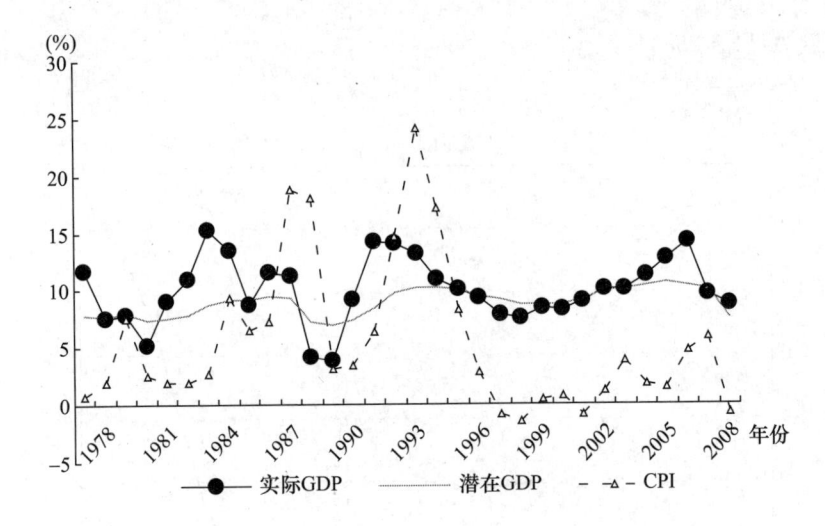

图 12-27　1978—2009 年潜在经济增长率、实际经济增长率与通货膨胀率对比

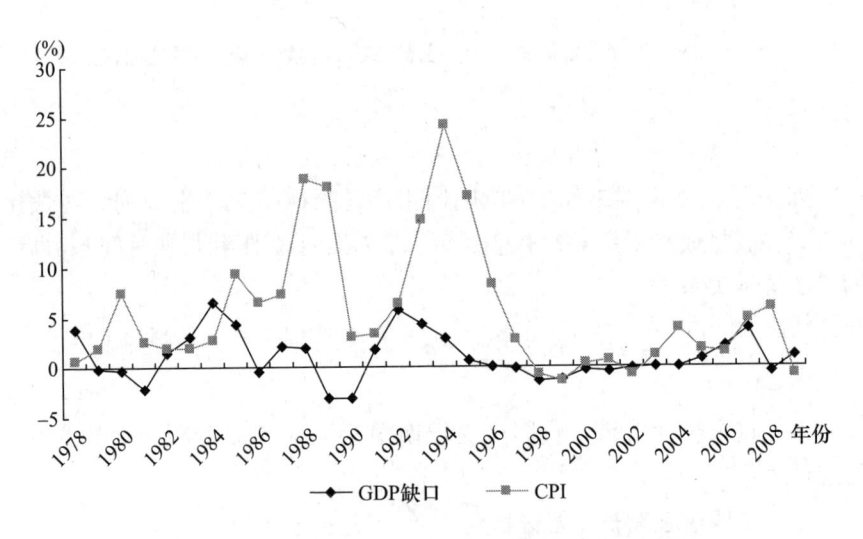

图 12-28　1978—2009 年潜在经济增长缺口与通货膨胀率对比

（二）未来 20 年中国潜在增长参数假定：高投资情景

未来 20 年中国潜在增长参数假定情况及潜在增长情景如图 12-29 至图 12-30 所示。

第十二章 经济结构调整、人口结构变化……潜在增长趋势研究 | 353

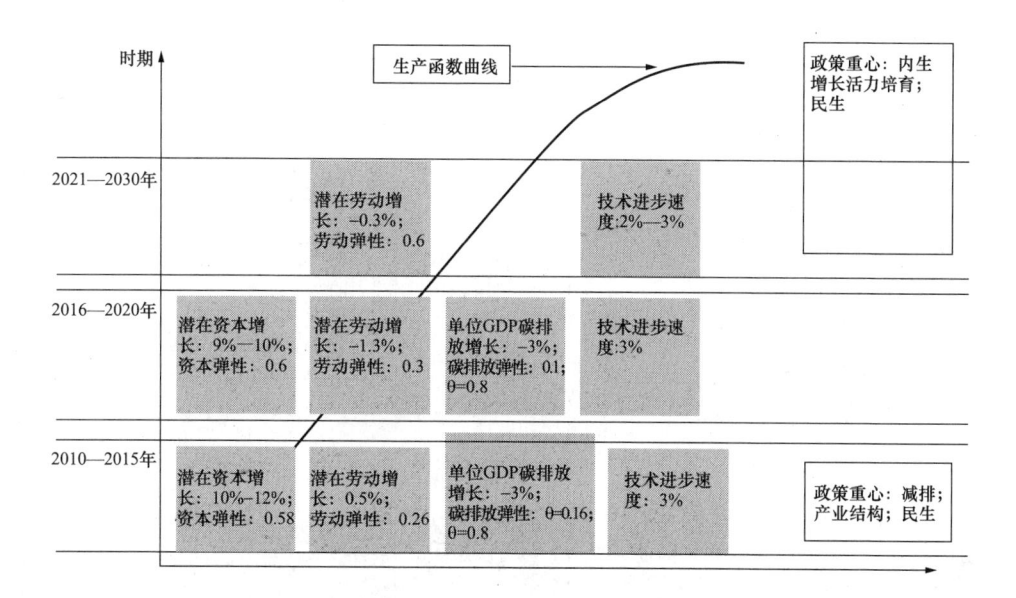

图 12-29 中国潜在增长参数假定

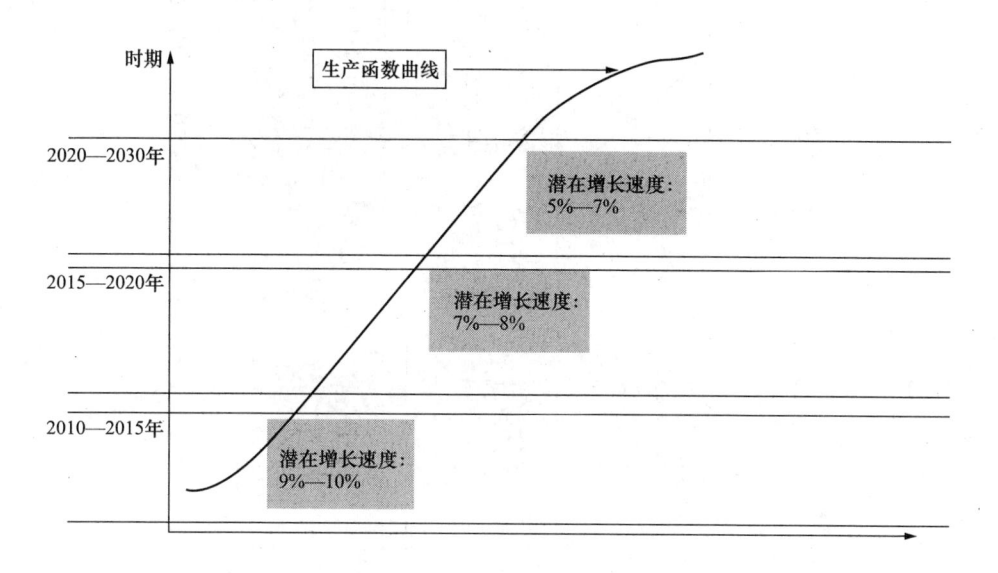

图 12-30 中国潜在增长情景

（三）未来20年中国潜在增长参数假定：低投资情景

未来20年中国潜在增长参数假定情况及增长情景如图12-31和图12-32所示。

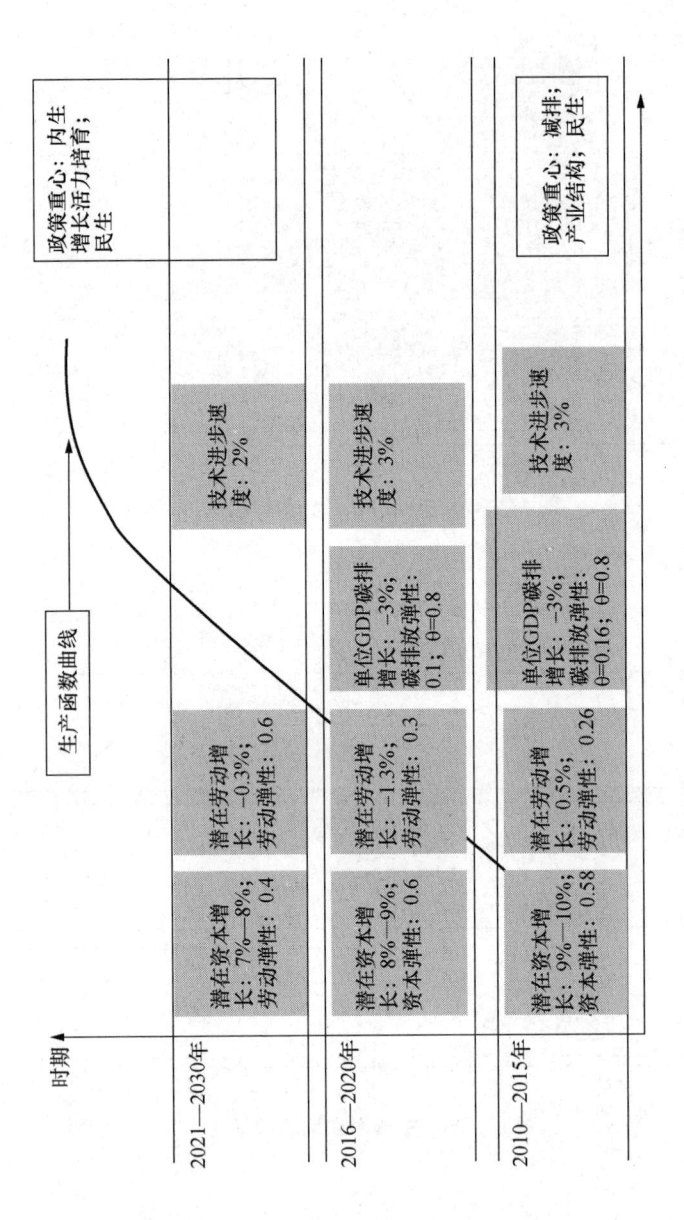

图 12-31 未来 20 年中国潜在增长参数假定

时期				
2021—2030年	潜在资本增长：7%—8%；资本弹性：0.4	潜在劳动增长：-0.3%；劳动弹性：0.6		技术进步速度：2%
2016—2020年	潜在资本增长：8%—9%；资本弹性：0.6	潜在劳动增长：-1.3%；劳动弹性：0.3	单位GDP碳排增长：-3%；碳排放弹性：0.1；θ=0.8	技术进步速度：3%
2010—2015年	潜在资本增长：9%—10%；资本弹性：0.58	潜在劳动增长：0.5%；劳动弹性：0.26	单位GDP碳排增长：-3%；碳排放弹性：θ=0.16，θ=0.8	技术进步速度：3%

政策重心：内生增长活力培育；民生

生产函数曲线

政策重心：减排；产业结构；民生

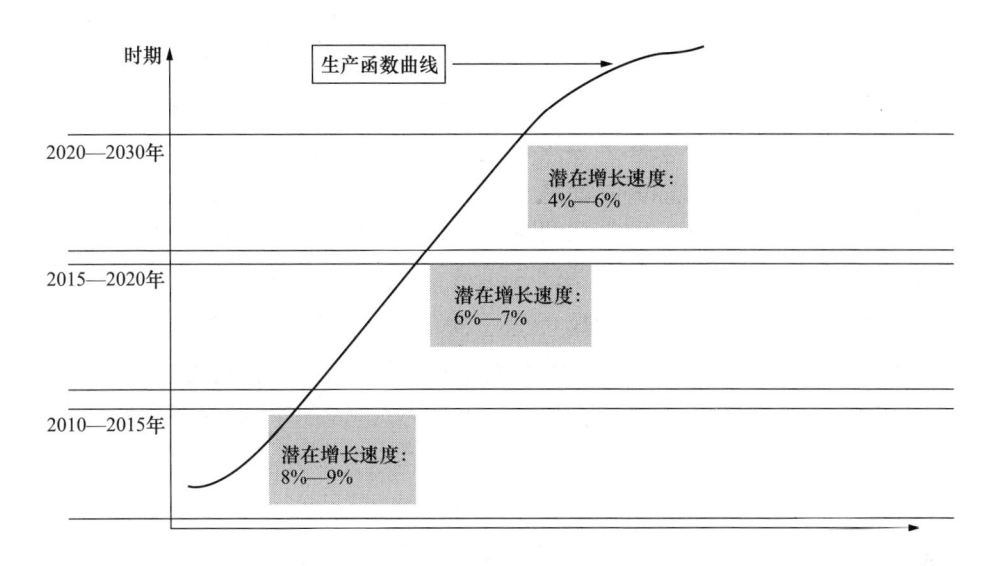

```
时期
                        生产函数曲线
2020—2030年
                        潜在增长速度：
                        4%—6%

2015—2020年
                    潜在增长速度：
                    6%—7%

2010—2015年
            潜在增长速度：
            8%—9%
```

图 12-32　中国潜在增长情景

（四）中国投资"依趋势增长"和拐点问题的进一步讨论：长期投资增长与拐点

毫无疑问，未来 20 年中国的城市化，将把投资"依趋势增长"和拐点问题摆在人们面前，对这个问题的分析，很大程度上影响着未来增长趋势的判断。

1. 石油危机后发达国家投资系统性减速的原因

（1）发达国家产出份额中，劳动/资本比例 7∶3 的趋势一直没有多大变化，这种情况意味着，高劳动成本挤压了资本利润空间。在这种情况下，如果劳动生产率的提高速度（或技术进步速度）不能扩大利润空间，那么，劳动成本"挤出"资本的效应就可能发生，这构成了发达国家资本输出的重要条件之一。

（2）发达国家资本趋利动机促动全球配置资本的内在动力，是削弱国内投资增长的条件之二。

（3）确实，石油危机之后，发达国家劳动生产率的提高速度出现系统性降低，劳动生产率的提高速度，不能弥补劳动成本提高对利润空间的挤压，是削弱国内投资增长的条件之三。

2. 中国投资"拐点"发生的条件

（1）根据生产函数弹性参数逆转命题，现阶段中国生产函数结构与发达国家有着本质的不同，表现在劳动/资本比例 4∶6 的趋势一直在持续。随着城市化和增长目标的变化，中国生产函数弹性参数逆转可能需要较长的一段时期，其间，劳动成本挤压资本利润的过程将缓慢发生，但是，根本上"挤出"资本的力量还很弱。

（2）缺乏核心竞争力的中国投资，不具有像发达国家那样全球配置资本的强大力量。因此，资本留在国内的动机较强（国内流动性过剩）。

（3）中等收入陷阱的解释：依据本章的增长分析，中等收入陷阱意味着：一是经济无法完成生产函数弹性参数逆转；二是投资拐点在较早的时期发生，经济因此失去了资本深化动力，削弱了技术创新的潜力。关于这一点，我们将在其他各章节中做进一步研究。

参考文献

[1] 阿吉翁、霍伊特：《内生增长理论》，北京大学出版社 2004 年版。

[2] 蔡昉、都阳、高文书：《就业弹性、自然失业率和宏观经济政策——为什么经济增长没有带来显性就业》，《经济研究》2004 年第 9 期。

[3] 陈昌兵：《中国经济波动潜在量测算》，工作论文，2010 年。

[4] 董利民、吕连菊、张学忙：《中国潜在产出测算实证研究》，《中国农学通报》2006 年第 10 期。

[5] 郭庆旺、贾俊雪：《中国潜在产出与产出缺口的估算》，《经济研究》2004 年第 5 期。

[6] 李宏瑾：《基于生产函数法的潜在产出估计、产出缺口及与通货膨胀的关系：1978—2009》，工作论文，2010 年。

[7] 林毅夫、郭国栋、李莉、孙希芳、王海琛：《中国经济的长期增长与展望》，北京大学中国经济研究中心讨论稿，2003 年。

[8] 刘斌、张怀清：《我国产出缺口的估计》，《金融研究》2001 年第 10 期。

[9] 麦迪逊：《世界经济二百年回顾》，改革出版社 1996 年版。

[10] 沈利生：《我国潜在经济增长率变动趋势估计》，《数量经济技术经济研究》1996 年第 12 期。

[11] 王小鲁：《中国经济增长的可持续性与制度变革》，《经济研究》2000 年第 7 期。

[12] 王小鲁、樊纲:《中国经济增长的可持续性》,经济科学出版社 2000 年版。

[13] 王中宇:《"技术进步"迷思》,《创新科技》2006 年第 10 期。

[14] 袁富华:《低碳经济约束下的中国潜在经济增长》,《经济研究》2010 年第 8 期。

[15] 袁富华:《中国经济快速增长时期的人口过程:低价工业化模式的源泉》,工作论文,2011 年。

[16] 曾湘泉、于泳:《中国自然失业率的测量与解析》,《中国社会科学》2006 年第 4 期。

[17] 张车伟:《中国初次分配问题研究——对中国劳动份额波动的考察》,工作论文,2009 年。

[18] 张军、施少华:《中国经济全要素生产率变动:1952—1998》,《世界经济文汇》2003 年第 2 期。

[19] 张平、刘霞辉、王宏淼:《中国经济增长前沿》,中国社会科学出版社 2011 年版。

[20] Baxter, M. and King, R. G., 1999, "Measuring Business Cycles: Approximate Band – pass Filters for Economic Series", *The Review of Economics and Statistics*, 81, 4, pp. 575 – 93.

[21] Bosworth, Barry and Susan M. Collins, 2008, Accounting for Growth: Comparing China and India, *Journal of Economic Perspectives*, Volume 22, Number 1, Winter 2008, pp. 45 – 66.

[22] Chow, G. and K. – W. Li, 2002, China's Economic Growth: 1952 – 2010, *Economic Development and Cultural Change*, Vol. 51, No. 1, pp. 247 – 256.

[23] Christiano, J. and Fitzgerald, T., 2003, "The Band Pass Filter", *International Economic Review*, 44 (2), 435 – 465.

[24] BOJ, 2004, "The New Estimates of Output Gap and Potential Growth Rate", *Research and Statistics Department*.

[25] BOJ, 2010, "Measuring Potential Growth in Japan: Some Practical Caveats", *Research and Statistics Department*.

[26] CBO, 2001, "CBO's Method for Estimating Potential Output: An Update", The Congress of the United States Congressional Budget Office.

[27] CBO, 2004, "A Summary of Alternative Methods for Estimating Potential GDP", The Congress of the United States Congressional Budget Office.

[28] Directorate – General For Economic And Financial Affairs, 2006, "Calculating potential growth rates and output gaps – A revised production function approach", European Commission.

[29] Neiss, K. and Nelson, E., 2005, Inflation dynamics, marginal cost, and the output gap: evidence from three countries, *Journal of Money, Credit and Banking*, Vol. 37 (December) pp. 1019 – 1045.

[30] Stokey, N. L., 1998, "Are there limits to growth", *International Economic Review*, 39 (1), pp. 1 – 31.

[31] Wang, Y. and Y. Yao, 2001, "Sources of China's Economic Growth: 1952 – 1999: Incorporating Human Capital Accumulation", Policy Research Working Paper 2650, World Bank, Development Research Group, Washington D. C..

[32] Young, Alwyn, "Gold into Base Metals: Productivity Growth in the People's Republic of China during the Reform Period", J. P. E. 111 (December 2003), pp. 1220 – 1261.

[33] Zheng, Jinghai, Bigsten, Arne and Hu, Angang, 2006, "Can China. s Growth be Sustained? A Productivity Perspective", Working Papers in Economics 236, Goteborg University, Department of Economics.

宏观稳定篇

第十三章 总量调控还是结构调控？

内容提要：目前，我国环比GDP增长率连续七个季度下降，产出缺口不断扩大，增长出现了停滞趋势；CPI虽然有所控制，但核心通货膨胀率仍居高不下，通货膨胀压力不减；我国宏观经济将会面临滞胀。面对可能出现的滞胀，总量调控还是结构调控？滞胀是总量调控的产物，总量调控根本解决不了滞胀问题。目前，我国正处于住房消费需求为主导的重工业化阶段，如采取平价房投资作为结构调控，这样可保持合理的住房价格，增加住房需求，从而扩大总需求，保持平稳增长；结构调控没有增发超额货币，不会导致通货膨胀。结构调控不仅解决我国面临的滞胀困境，同时还有利于城市化的快速发展，加快重工业化进程和内外再平衡。

我国季度同比GDP增长率由2010年第四季度的10.4%连续下降到2012年第一季度的8.1%，呈现下滑趋势，面对这一新的宏观形势，我国政府宏观调控政策相应地发生了转变：由稳健的财政货币政策转向了扩张的财政货币政策。面对宏观调控，目前学术界存在两种截然不同的观点：总量调控（王松奇，2012）和结构调控（周学，2012；王立群，2012）。本章首先分析目前我国宏观经济形势，结果发现，增长呈现下滑但通货膨胀压力不减，很有可能出现滞胀。由于经济现实很难满足总量调控的条件，这样，总量调控在现实中将会存在局限性。目前，我国正处于重工业化阶段，主导消费是住房和家用小汽车等。目前，我国消费需求不足主要为住房和小汽车等需求不足，如采取总量调控政策并不能解决目前我国滞胀困境，需要换一种调控方法——结构调控。如采取平价房投资作为我国目前宏观结构调控，就可解决滞胀困境，同时加快我国城市化建设，调整我国经济结构，进一步推动我国工业化和内外再平衡。

第一节 目前我国宏观经济形势分析

产出和价格总水平是宏观经济中最为重要的两个变量,下面我们具体分析产出和价格总水平变化。

一 增长连续下降产出缺口不断扩大

2003年以后,我国GDP以两位数增长,受2008年世界金融危机的影响,2008年我国GDP增长率下滑为个位数,为了防止GDP增长率下滑,2009年我国政府实施了4万亿元财政刺激计划,2010年我国GDP增长率达到了两位数。由于内外需求不足,2011年我国GDP增长率仅为9.1%,如不采取有效措施,2012年我国GDP增长率将会进一步下降。

世界金融危机以来,我国实际产出一直小于潜在产出。潜在产出是由技术创新、劳动力和资本等要素决定的。影响潜在产出的技术创新、劳动力和资本等要素,不可能在短期内(如一年内)发生大的变化。2012年中国社会科学院春季经济蓝皮书认为,改革开放以来,我国经济增速平均在10%左右,多数学者和机构认为,目前我国潜在增长率为10%左右,2012年潜在增长率即使减少,减少量也不可能超过1个百分点,因此我们认为,2012年的潜在增长率在9%左右。如不采取有效措施,按照目前GDP下滑的趋势,2012年我国GDP增长率很有可能下降到7.5%左右,与潜在增长率差距将会扩大1.5个百分点。

季度GDP增长率更能反映目前我国GDP增长率下滑的趋势。由表13-1可知,我国季度同比GDP增长率由2010年第四季度的10.4%连续下降到2012年第一季度的8.1%。环比GDP增长率变化也验证了这一变化,我国环比GDP增长率由2010年第四季度的2.4%下降至2012年第一季度的1.8%。

表13-1　　　　　　我国季度GDP增长率　　　　　　单位:%

季度	GDP增长率(同比)	GDP增长率(环比)
2010年12月	10.4	2.4
2011年3月	9.7	2.2
2011年6月	9.6	2.3
2011年9月	9.4	2.4

续表

季度	GDP 增长率（同比）	GDP 增长率（环比）
2011 年 12 月	9.2	1.9
2012 年 3 月	8.1	1.8

注：表中各数据来自中经网。

目前，我国 GDP 增长率连续下降，潜在增长在短期内不会大幅度下降，这样，产出缺口将会不断扩大，这一趋势反映在我国季度环比 GDP 增长率及其测算的产出缺口上。由表 13-2 可知，我国实际 GDP 增长率连续八个季度低于潜在增长率，产出缺口不断扩大（见图 13-1）。如这一趋势得不到有效控制，我国宏观经济将会出现停滞。如我国 GDP 增长率长期处于潜在水平以下，将会造成社会资源的巨大浪费，也失去了经济发展的大好时机。

表 13-2　　季度 GDP 增长率、潜在产出及产出缺口　　单位：%

时间	GDP 增长率（环比）	潜在增长率	产出缺口
2001 年 3 月	2.2335	2.0434	0.1901
2001 年 6 月	1.9332	2.0755	-0.1423
2001 年 9 月	1.989	2.1116	-0.1226
2001 年 12 月	2.4995	2.1513	0.3482
2002 年 3 月	1.8978	2.1933	-0.2955
2002 年 6 月	2.6057	2.2372	0.3685
2002 年 9 月	2.1184	2.2826	-0.1642
2002 年 12 月	2.3843	2.3297	0.0546
2003 年 3 月	2.6072	2.3778	0.2294
2003 年 6 月	1.9528	2.4263	-0.4735
2003 年 9 月	3.0402	2.474	0.5662
2003 年 12 月	2.413	2.5182	-0.1052
2004 年 3 月	2.2653	2.5611	-0.2958
2004 年 6 月	2.7156	2.6035	0.1121
2004 年 9 月	2.2261	2.6469	-0.4208
2004 年 12 月	2.4269	2.6942	-0.2673

续表

时间	GDP 增长率（环比）	潜在增长率	产出缺口
2005 年 3 月	2.923	2.745	0.178
2005 年 6 月	2.526	2.7926	−0.2666
2005 年 9 月	3.1889	2.8343	0.3546
2005 年 12 月	3.0234	2.8713	0.1521
2006 年 3 月	2.9131	2.906	0.0071
2006 年 6 月	3.1889	2.9495	0.2394
2006 年 9 月	3.0736	2.9916	0.082
2006 年 12 月	3.3284	3.0162	0.3122
2007 年 3 月	3.8176	3.0092	0.8084
2007 年 6 月	3.3389	2.9516	0.3873
2007 年 9 月	2.9776	2.8635	0.1141
2007 年 12 月	2.6647	2.7364	−0.0717
2008 年 3 月	2.4645	2.5836	−0.1191
2008 年 6 月	2.2069	2.5179	−0.311
2008 年 9 月	2.1416	2.3709	−0.2293
2008 年 12 月	−0.1193	1.2783	−1.3976
2009 年 3 月	2.7551	2.593	0.1621
2009 年 6 月	3.2992	2.8129	0.4863
2009 年 9 月	2.907	2.6397	0.2673
2009 年 12 月	2.4275	2.4848	−0.0573
2010 年 3 月	2.6329	2.4848	0.1481
2010 年 6 月	2.2142	2.4894	−0.2752
2010 年 9 月	2.3406	2.4815	−0.1409
2010 年 12 月	2.3148	2.4693	−0.1545
2011 年 3 月	2.3174	2.4603	−0.1429
2011 年 6 月	2.1088	2.4512	−0.3424
2011 年 9 月	2.0245	2.4424	−0.4179
2011 年 12 月	1.9897	2.4909	−0.5012
2012 年 3 月	1.8965	2.6339	−0.7374

注：表中的季度环比 GDP 增长率是根据国家统计局公布的月度同比 GDP 增长率和季度环比 GDP 增长率计算得到的（陈昌兵，2011）。潜在增长率是由季度的环比 GDP 增长率通过小波降噪法得到的。表中数据是由 1992 年第二季度至 2012 年第一季度的环比 GDP 增长率，及由小波降噪法得到的潜在增长率组成的，为了本章的研究需要仅提供了 2001 年第一季度至 2012 年第一季度数据。

二 物价水平上升，通货膨胀压力不减

我国居民消费价格指数由 2007 年的 4.8% 上涨至 2008 年的 5.9%，价格总水平上涨的趋势因 2008 年世界金融危机而中断，2009 年居民消费价格指数下降为 -0.7%。为了应对金融危机，我国政府采用了扩张的货币政策和积极的财政政策，2010 年以后我国居民消费价格水平又开始上涨。如没有 2008 年的金融危机，2007 年以后我国是否处于物价高水平时期？

由表 13-3 可知，季度环比居民消费价格指数由 2010 年第三季度到 2012 年第一季度出现了连续七个季度的上涨，我国通货膨胀处于关键时期，如果价格总水平得不到有效控制，我国将会出现严重的通货膨胀。我国核心居民消费价格指数由 2007 年第一季度的 0.81% 不断上升至 2012 年第一季度的 1.1154%，2007 年以后我国已处于物价水平上升期，这与年度居民消费价格指数变化是一致的。这是因为，美联储为了应对金融危机实施了宽松的货币政策，并长期将名义利率维持在低位，全球流动性充裕，从而引起了世界能源价格的上涨；国内原材料、能源、土地、劳动力等投入要素成本的上升推动通货膨胀，这些因素都在一定程度上推动了目前我国核心价格总水平的上升。

表 13-3　　　　　　　我国季度居民消费价格指数　　　　　　单位:%

时间	居民消费价格指数（环比）	核心居民消费价格指数（环比）	实际与核心居民消费价格指数差
2001 年 3 月	0.3949	-0.1889	0.5838
2001 年 6 月	-1.4974	-0.1268	-1.3706
2001 年 9 月	0.4959	-0.0644	0.5603
2001 年 12 月	0.1995	-0.0021	0.2016
2002 年 3 月	0.0851	0.0599	0.0252
2002 年 6 月	-1.4937	0.1217	-1.6154
2002 年 9 月	0.5939	0.1831	0.4108
2002 年 12 月	0.4001	0.2433	0.1568
2003 年 3 月	1.3978	0.3014	1.0964
2003 年 6 月	-2.0878	0.3568	-2.4446
2003 年 9 月	1.3989	0.4096	0.9893

续表

时间	居民消费价格指数（环比）	核心居民消费价格指数（环比）	实际与核心居民消费价格指数差
2003 年 12 月	2.5205	0.4582	2.0623
2004 年 3 月	1.2005	0.5017	0.6988
2004 年 6 月	-0.3033	0.5406	-0.8439
2004 年 9 月	1.6041	0.5757	1.0284
2004 年 12 月	-0.2003	0.6073	-0.8076
2005 年 3 月	1.4891	0.6365	0.8526
2005 年 6 月	-1.2954	0.6635	-1.9589
2005 年 9 月	0.9014	0.6895	0.2119
2005 年 12 月	0.4992	0.7142	-0.2150
2006 年 3 月	0.8902	0.7376	0.1526
2006 年 6 月	-0.4007	0.7592	-1.1599
2006 年 9 月	0.4991	0.7791	-0.2800
2006 年 12 月	1.8059	0.7964	1.0095
2007 年 3 月	1.4019	0.8100	0.5919
2007 年 6 月	0.6005	0.8195	-0.2190
2007 年 9 月	2.4171	0.8248	1.5923
2007 年 12 月	2.0121	0.8258	1.1863
2008 年 3 月	3.1044	0.8234	2.2810
2008 年 6 月	-0.4998	0.8190	-1.3188
2008 年 9 月	-0.0001	0.8157	-0.8158
2008 年 12 月	-1.2954	0.8156	-2.1110
2009 年 3 月	0.5973	0.8203	-0.2230
2009 年 6 月	-0.9969	0.8303	-1.8272
2009 年 9 月	0.9020	0.8456	0.0564
2009 年 12 月	1.2017	0.8654	0.3363
2010 年 3 月	1.0945	0.8887	0.2058
2010 年 6 月	-0.5008	0.9148	-1.4156
2010 年 9 月	1.6084	0.9432	0.6652
2010 年 12 月	2.3167	0.9724	1.3443
2011 年 3 月	2.0076	1.0013	1.0063

续表

时间	居民消费价格指数（环比）	核心居民消费价格指数（环比）	实际与核心居民消费价格指数差
2011 年 6 月	0.5007	1.0297	-0.5290
2011 年 9 月	1.3055	1.0581	0.2474
2011 年 12 月	0.1995	1.0866	-0.8871
2012 年 3 月	1.6046	1.1154	0.4892

注：表中的居民消费价格指数是由月度环比居民消费价格指数计算得到季度环比居民消费价格指数；核心居民消费价格指数是由季度环比居民消费价格指数通过 HP 滤波法得到的。

由以上可知，目前我国 GDP 增长率连续下滑，产出缺口不断扩大，同时价格总水平处于高位阶段（见图 13-1），我国宏观经济目前已出现了滞胀趋势。滞胀的出现使总量调控如财政货币政策处于两难境地。如采用扩张的货币政策和积极的财政政策能够解决增长下滑，但在扩大内需同时价格总水平将会提高，通货膨胀会进一步强化；如采用紧缩的货币政策和稳健的财政政策，虽然可解决通货膨胀问题，但增长率将会继续下降。

第二节 总量调控还是结构调控？

一 总量调控及局限性

（一）总量调控

魁奈（1758）采用货币将各个体经济行为进行加总，经济体系的各种变量归结为诸如收入、消费、投资等总量，这样，利用货币加总的分析就是总量分析。[①] 根据魁奈的《经济表》，列昂惕夫（Leontief，1936，1941，1953）提出了投入生产法，用该方法分析经济中存在的结构性因素，由魁奈《经济表》的古典总量分析转向结构分析。货币主义理论比古典经济学理论更加抽象化，将实体经济的活动归结到货币上，经济活动

---

① 由货币计量的各个体的经济行为进行了抽象概括，失去了经济结构性等特征。

宏观稳定篇

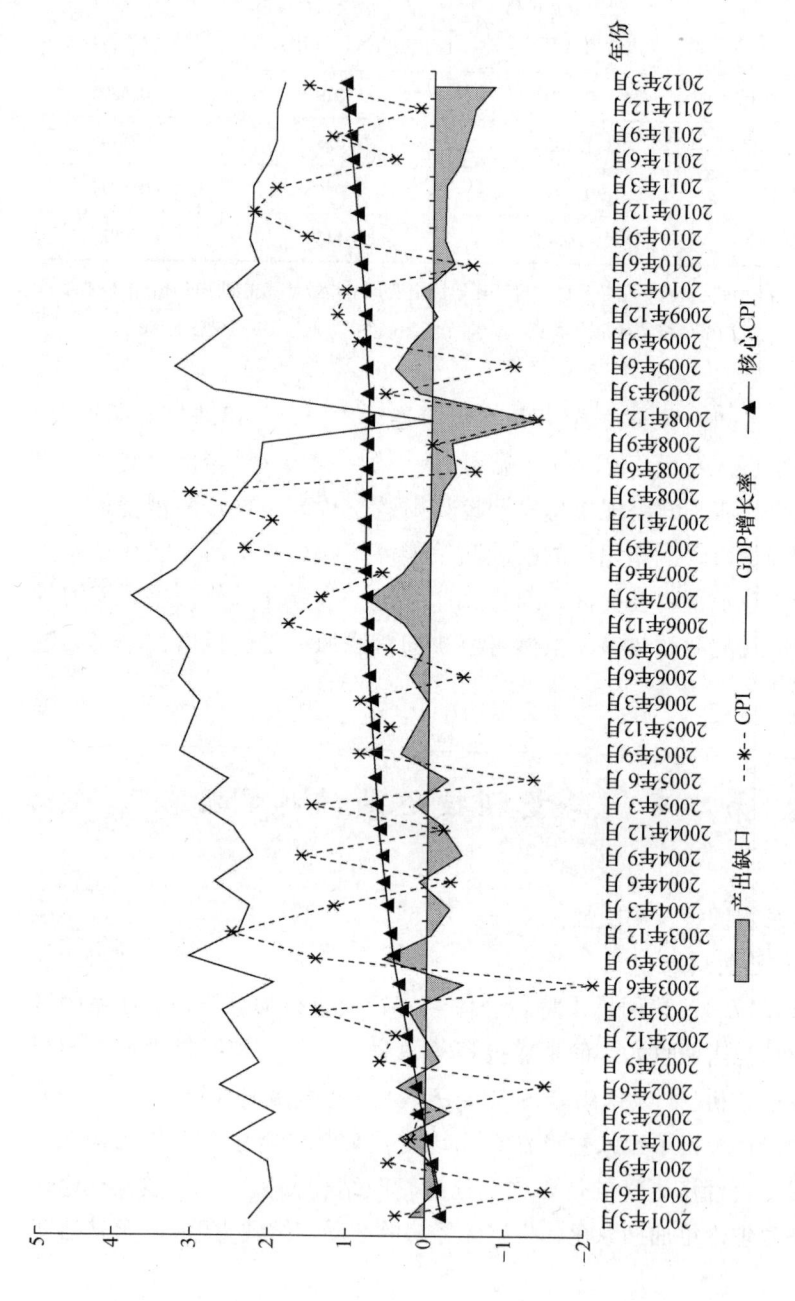

图 13-1 我国 GDP 增长率、CPI、核心 CPI 及产出缺口

注：图中的 GDP 增长率和 CPI 均为季度环比值。

的调整可通过货币调整加以解决,货币主义理论抽象掉了实际经济中存在的个体和经济结构性等差异性,利用货币进行了同质化和总量化。

总量调控是指政府在宏观领域利用财政政策、货币政策等对经济总量进行调节,以保持总供求的市场均衡,达到充分就业、物价稳定、经济增长、国际收支平衡等。货币政策的调控通常为总量调控,它依据的是货币流量:货币流量多了,采取减少货币流量的调控措施;货币流量少了,采取增加货币流量的调控措施。这是因为,经济运行过程中,货币流量的多和少、增或减,将直接影响总需求,从而影响宏观经济全局。财政政策常常也成为总量调控措施,具体实施过程为:在总需求小于总供给时,经济出现衰退,政府扩大支出,增加有效需求;在总需求大于总供给时,经济出现通货膨胀,政府缩小支出,减少有效需求。

(二) 总量调控的局限

主流经济学一直以来强调的是总量调控,这是因为,发达国家市场体系相对完善,同质化程度较高且处在相对均衡的增长路径上,而发展中国家则是市场还不发达,结构急剧变动,异质性很强以及非均衡的增长,这就使宏观调控政策的基础有很大不同。由于这些因素,发达国家的总量调控好于发展中国家。但此次金融危机以来,人们发现,即使发达经济体,总量调控也不一定可行。如在所谓的大稳定时期,无论是通货膨胀还是产出缺口都非常平稳,但一些结构问题却很突出,如消费率过高、住房投资的杠杆率过高以及经常账户赤字过高,等等。主流经济学认为,正是由于宏观政策只关注总量调控而忽视了结构调控,才导致了此次金融危机的产生。

总量调控是基于经济体中的个体同质性和完善市场体系等,而现实经济难以满足这些条件,因而使总量调控在现实经济中存在着如下局限。

(1) 个体异质性。宏观经济的基础是微观经济,而微观个体实际上是千差万别的,各自的情况很不一样,总量调控往往形成"一刀切"的弊病。总体上说,总量调控对宏观经济是有利有弊,而且"一刀切"所造成的弊病对于正处于经济转型阶段的我国经济而言,可能是严重的,甚至是弊大于利。

(2) 经济结构性。目前我国市场并不完善,资源供给有限,资源定价机制还在继续改革和有待形成,再加上信息不对称,使货币政策的总量调控不可能像在完全市场化的经济中那样发挥作用。货币政策对总需求扩大或压缩产生作用,而对于总供给的影响并不明显。这是因为,对总供给的调控不可避免地会涉及产业、技术、劳动力、投资等结构调整,货币政策的总量调控局限性是显然的。总量调控对总供给作用有限,就不可能有效地实现总需求和总供给再平衡。此时,结构调控极为重要,从总量调控和结构调控两个方面着手,双管齐下,这是有效的宏观调控方式。

(3) 总量调控的死胡同——滞胀。货币政策为政府投资提供资金,同时增加了货币供应量,使货币供应量远远超过了社会商品总流动量所需要的货币,从而引起利率下降,刺激人们增加投资和消费。这种滥发货币的政策虽然在短时间能扩大总需求,拉动经济增长,但随着货币供应量加大,总货币流通量超过总商品流通量的程度也越来越高,最终会引发通货膨胀。因此,总量调控会导致经济衰退与通货膨胀不断交替。这是因为,当经济出现衰退时,政府采取扩张性财政货币政策,在拉动经济增长的同时,开始制造通货膨胀;在通货膨胀被制造出来后,又转而采取紧缩性财政货币政策,引起经济衰退。如果这样的状况一直持续,人们就会对此调控方式形成预期,当再次进行总量扩张时,将会出现所有的商品价格都同时上涨,投资和消费并没有增加,价格的市场机制配置作用难以发挥。当经济出现衰退时,如无节制地增加货币供应量,把它作为消除经济衰退的利器,或是用来支撑赤字财政,或是通过降低利率来刺激投资和消费,就会出现物价全面上涨。停滞,它与通货膨胀组成了一个新的危机物——滞胀,这就是总量调控的结果。

二 现阶段我国总量调控不可行

(一) 目前我国宏观经济现实

改革开放至今,我国一共经历了7次宏观调控。有5次是以治理经济过热为主要内容的紧缩性调控,由于我国不同区域产业结构并不相同,宏观调控收缩就不是"一刀切",而是有针对性,有保有压,有扶有控,从而呈现出宏观调控的结构性调控(或收缩)的特点。有两次以治理经济过冷为主要内容的扩张性调控,采取了结构调控的总量扩张宏观调控。这表明了我国宏观总量调控中已实施结构调控。

就我国而言,结构性问题较多,如人口年龄、城乡二元、产业等结构,尤其是目前我国正处于城市化快速发展和工业化加速发展阶段。正是因为存在着一系列的结构性问题,且处于结构剧变的过程中,结构变化表明了宏观调控基础以及政策传导机制发生变化,这可能会导致总量调控失效。

目前,我国正处于城市化快速发展阶段,城市化率每年以1个百分点增加。城市化发展需要相应的产业支持,同时城市化发展也促进了相关产业的发展。城市化发展需要基础设施建设,以及住房建设等,这些都需要重工业的发展。我国正处于城市化快速发展阶段,这也就是我国重工业快速发展阶段,其主导消费需求是以住房为主的重型消费品需求。住房需求的变化直接影响了我国宏观经济,同时住房需求增加将会加快我国重工业的发展。

由表13-4可知,1982—2011年,我国农产品(第一产业增加值)需求增长率并不大,30年间的增长率均值为4.6767%,且增长率波动并不大,增长率方差为6.1765,其增长率方差为最小,这表明了我国农产品需求已比较稳定。我国农产品需求占GDP比重由1982年的33.4%下降到2011年的10.1%,30年间下降了23.3个百分点。农产品需求增长率不大且波动较小,目前农产品需求占GDP的10%左右,在整个宏观经济所占比重不大。由此可知,目前我国已超越了农产品需求为主导的农业社会阶段。

1982—2011年,我国轻工业需求增长率并不小,30年间的增长率均值为11.6432%,增长率波动较大,增长率方差为22.8123,其增长率的方差为最大,这表明了轻工业需求变化较大(见表13-4)。轻工业需求占GDP比重由1982年的20.4%下降到2011年的4.9%,30年间下降了15.5个百分点。轻工业品需求增长率变化较大,但轻工业品需求目前仅占GDP的4%左右,在整个宏观经济比重并不大。由此可知,我国目前已超越了轻工业品需求为主导的轻工业社会阶段。

表13-4　　　　　我国各大产业增长率及波动大小　　　　　单位:%

年份	第一产业增加值增长率	轻工业增加值增长率	重工业增加值增长率	第三产业增加值增长率
1982	11.5	3.3186	8.3694	13
1983	8.3	5.9774	13.5012	15.2
1984	12.9	13.8475	15.8012	19.3
1985	1.8	14.7355	21.4291	18.2
1986	3.3	12.0738	7.5127	12

续表

年份	第一产业增加值增长率	轻工业增加值增长率	重工业增加值增长率	第三产业增加值增长率
1987	4.7	12.9737	13.4895	14.4
1988	2.5	19.7130	11.1999	13.2
1989	3.1	3.8983	6.1863	5.4
1990	7.3	4.5490	2.2063	2.3
1991	2.4	13.0254	15.7295	8.9
1992	4.7	23.6792	18.7690	12.4
1993	4.7	18.9467	21.2285	12.2
1994	4.0	20.4913	17.3679	11.1
1995	5.0	16.3823	11.6951	9.8
1996	5.1	12.8469	12.1487	9.4
1997	3.5	11.9066	10.7043	10.7
1998	3.5	9.1910	8.5906	8.4
1999	2.8	8.0342	9.0318	9.3
2000	2.4	8.1079	11.5631	9.7
2001	2.8	7.4494	9.9231	10.3
2002	2.9	9.4830	10.4595	10.4
2003	2.5	10.8113	14.6792	9.5
2004	6.3	9.8012	13.1517	10.1
2005	5.2	10.6815	12.4110	12.2
2006	5.0	10.7948	14.7866	14.1
2007	3.7	13.1970	16.4089	16
2008	5.4	9.4289	10.3059	10.4
2009	4.2	7.3503	9.1117	9.6
2010	4.3	13.6	16.5	9.6
2011	4.5	13.0	14.3	8.9
均值	4.6767	11.6432	12.6187	11.2000
方差	6.1765	22.8123	18.3794	11.2507

注：表中第一产业和第三产业增加值增长率数据来自中经网，而轻重工业增加值增长率是根据国家统计年报以及中经网数据计算得到的。

由表13-4可知，1982—2011年我国重工业需求增长率最大，30年间的增长率均值为 12.6187%，且波动较大，增长率方差为 18.3794，其增长率方差较大，这表明重工业需求增长较快且波动较大。重工业需求占 GDP 比重由 1982 年的 20.20% 上升到 2011 年的 35.11%，30 年间上升了 14.91 个百分点。由表 13-4 可知，轻工业增长率比重工业增长率的波动要大，如划分三个阶段，则它们增长率的波动就不一样了。由表 13-5 可知，我国轻工业增长波动和重工业增长波动在不断减小。与轻工业相比，目前我国重工业增长波动是最大的。重工业品需求增长率大，波动也较大，重工业品需求目前占 GDP 比重达到 35% 左右，在整个宏观经济中比重较大。由此可知，我国正处于重工业品需求为主导的重工业社会阶段。

表 13-5　　　　　　　　各时段需求增长率的方差

年份	轻工业	重工业	服务业
1982—1991	27.99	28.33	25.7069
1992—2001	30.71	17.44	1.4841
2002—2011	4.20	6.14	4.8096

1982—2011 年，我国服务业需求增长率较大，30 年间增长率均值为 11.20%，增长率波动并不是很大，增长率方差为 11.2507，其增长率是方差较大的（见表 13-4）。由表 13-5 可知，目前我国服务业需求增长率波动并不大。服务业需求占 GDP 比重由 1982 年的 21.8% 上升到 2011 年的 43.1%，30 年间上升了 21.3 个百分点。虽然我国服务业需求现阶段占 GDP 的 43% 左右，但目前服务业需求增长率波动并不大。由此可知，我国目前正在向服务业产品需求为主导的经济服务化阶段发展。

（二）总量调控不可行

面对目前我国 GDP 连续下降，我国政府宏观调控的政策发生了转向：由稳健的财政、货币政策转向了扩张的财政、货币政策，这样扩张的财政、货币政策在目前我国宏观调控是否可行？在发达的市场经济国家，如美国，货币政策的总量调控有可能通过货币流量的减少而抑制通货膨胀，或者有可能通过货币流量的扩大而刺激总需求，从而减少失业。但一旦遇上滞胀，货币政策的总量调控就无能为力了。20 世纪 70 年代初，美国发生的滞胀，使传统凯恩斯经济理论中关于调节总需求的宏观经济政策起不了作用，这就是明显的例证。面对目前我国可能发生的滞胀，或者防止出现滞胀现象，货币政策的总量调控绝不是有效的对策。这是因为，增加货币供应并不一定扩大产出，很可能引起通货膨胀，况且目前我国的通货膨胀就是总量扩张的结果，影响目前我国经济波动的主要因素是住房需求量的下降，这是结构性问题。

导致目前我国经济增长率下降，特别是轻重工业增长率下降的主要原因是出口和住房需求下降。我国目前已经基本解决了温饱问题，也就是吃穿问题，度过了农业社会和轻工业阶段。随着城市化发展，城市新居民的住房问题远远没有解决，家用小汽车也没有普及，因此，我国目前正处于经济发展的第三阶段——重工业阶段，主导消费需求的是重型消费品需求，其中，住房需求量最大，占主要地位。我国目前出现的内需不足，其主要原因是主导消费需求——住房需求大幅度萎缩造成的。出口属于外需，住房需求属于内需。对于出口，这取决于其他国家的经济状况，而不是我国所能左右的，因此，我们只能着重扩大内需，也就是在住房需求上寻找出路，用内需的增加来弥补外需的不足。

房地产市场既不同于接近完全竞争市场的农产品市场，也不同于接近垄断竞争市场的轻工业市场，由于土地及投资量大等因素，房地产市场更是接近于寡头垄断市场。房地产开发商凭借垄断地位，竭力维持垄断高房价，这就出现了严重的市场失灵。在这种情况下，总量调控难以解决目前我国住房需求不足。如采取双松的财政、货币政策将会增加流动性，使资产价格上涨，尤其是房地产具有较高的预期收益，房地产价格将会上涨得更快；面对上涨的房价，居民的住房消费需求将会下降，内需无法扩大，停滞将可能会强化。如采取宽松的货币政策和紧缩的财政政策，由于货币政策不如财政政策有效，宽松的货币政策达不到扩张经济的效果。如采取紧缩的货币政策和宽松的财政政策，扩张性财政政策需要扩张性货币政策支撑，如采取从紧的货币政策，扩张性财政政策达不到扩张经济的效果，经济仍然处于停滞。

我国目前宏观经济存在的主要问题在于住房需求不足等结构性问题，如采用总量调控无法解决住房需求不足。总量调控对于我国目前出现的滞胀将是无能为力的，滞胀本身就是总量调控的结果。解决我国目前的滞胀困境，实现无通货膨胀的经济高增长（即达到潜在增长率），必须换一种调控模式——结构性调控。

三 换一种调控——结构性调控

面对目前我国内需不足，尤其是目前过高的房价使有支付能力的住房需求小于住房供给，政府实施的扩张性财政政策虽然能够拉动增长，制止经济下滑，将我国的增长率维持在7%—8%，但离目前我国潜在增长率9%较大。即使如此，这样的扩张财政政策是不可持续的。扩张性财政政策势必增大政府的财政赤字，紧缩性货币政策难以维持，很可能出现双松的财政、货币政策，通货膨胀压力加大并由此演变为通货膨胀。面对目前我国滞胀两难的困境，国内学者提出了另一种调控方法——结构性调控。

周立群（2012）认为，2012年，我国经济增速预计将继续回调，对此不应再以总量政策扩张谋求经济增速回升。要以经济增速下降、市场竞争压力加大为契机，加快调整经济结构，转变经济发展方式，深入改革。重点解决房地产市场需求不稳定、城市化进程滞后、产业结构调整遇阻、财产权益、责任不清、政府职责不到位等深层次问题，着力构筑经济增长的新基础。提出了把住、行为主的消费结构升级活动尽快引入平稳发展轨道、加快经济制约城镇化进程的"瓶颈"问题、加快推进产业结构调整和加快改革攻坚力度等政策建议。

周学（2012）认为，局部调控（结构调控）是指对总量失衡不是从宏观层面，而是从宏观和微观层面，也就是进行局部干预的一种调控模式，它建立在宏观经济学中观化和微观化基础上。局部调控理论认为，总量失衡虽然表现在宏观层面，但根源在中观层面和微观层面。因此，需要建立宏观经济学的中观和微观基础。局部调控将调控的层面从宏观深入中观，乃至微观，从整体深入到局部，找出宏观经济中的哪个组成部分出了问题，原因何在，然后对症下药，加以解决。在经济发展阶段、主导产业、主导消费需求及产业运行轨道理论基础上，他构建了中观经济学的基本框架，阐述了不需要借助扩张性或紧缩性财政、货币政策的宏观调控新思路，提出了宏观调控应该从总量调控转为局部调控。他认为，我国目前出现的内需不足的原因在于主导消费需求——住房需求大幅度萎缩造成的，而房企垄断高房价冻结了住房需求。因此，他建议政府采取平价房投资的增减进行调控：如果总需求大于总供给，出现通货膨胀，则减少平价房投资；如果总需求小于总供给，出现经济衰退，则扩大平价房投资。

不同于总量调控，结构调控并不需要财政、货币政策那样调整货币流量。当经济处于停滞状况下，货币流动量增加并不一定能提高总需求，反而引起价格总水平的上升，甚至导致通货膨胀。结构调控，首先分析影响总需求变化的结构性因素，如目前我国宏观经济下滑的主要原因是住房需求的下降。其次分析影响结构性变化因素，如目前我国住房需求下降的主要原因是房企垄断高房价抑制了居民住房的需求。最后寻找破解需求下降难题，如增加我国平价住房的投资，这样可直接增加投资，扩大内需；同时因平价房的价格合理，扩大了居民住房消费需求，扩大总需求从而达到经济平稳增长。由此可知，结构调控可扩大投资和需求，经济增长达到潜在增长水平，社会资源可得到充分利用；结构调控由于没有增加超过正常需要的货币流动量，便不会导致通货膨胀。这样，结构调控较好地解决总量调控的产物——滞胀。如采取将住房投资作为结构调控，这不仅有利于恢复经济增长，抑制物价总水平的上升；同时，住房投资的增加将会加快城市化的健康发展，加速我国重工业化进程、实现结构调整和内外再平衡。

第三节 城市化、工业化和内外再平衡

进入 21 世纪以来，我国城市化水平有了大幅度提升，城市化率由 2000 年的 36.22% 上升到 2011 年的 51.27%。2011 年，我国城市人口占总人口的比重首次超过 50%，我国从一个具有几千年农业文明历史的农民大国，进入了以城市社会为主的新成长阶段。如果以住房投资作为目前我国的宏观调控，实质上就是加大住房投资，加快我国城市化发展步伐。目前，我国城市化的快速发展还有利于工业化进程（尤其是重工业化）、结构调整和内外再平衡。

城市化是指农村人口不断地向城市聚集，为了容纳扩大的城市人口，城市必须进行基础设施建设和住房投资等。城市化发展增加了住房和家庭小汽车等方面的需求，这些需求将会扩大重工业品的需求，从而推动重工业化发展。由前文分析可知，住房和家庭小汽车等重工业品需求是影响我国总需求的主要因素；这些需求量的增大将会影响我国总需求量的扩大，从而产出将会扩大（见图 13-2）。住房投资的增加将会有效地

增加住房供给，从而使房价更加合理，居民增加住房购买，从而减少储蓄，经常项目将会下降，内部失衡将会再平衡。我国能源、原材料等难以满足我国大规模城市化发展的需要，城市化发展将会引起物价总水平的提高。目前，我国贸易顺差余额不断增大，出现了较为严重的外部失衡，外汇储备不断加大，如能利用我国大量外汇储备进口城市化发展需要的能源、原材料，这样就会扩大总供给，尤其是住房供给，有利于物价稳定。在出口量有所增大的情况下，扩大进口将会不断地减小我国贸易余额，从而达到外部再平衡。

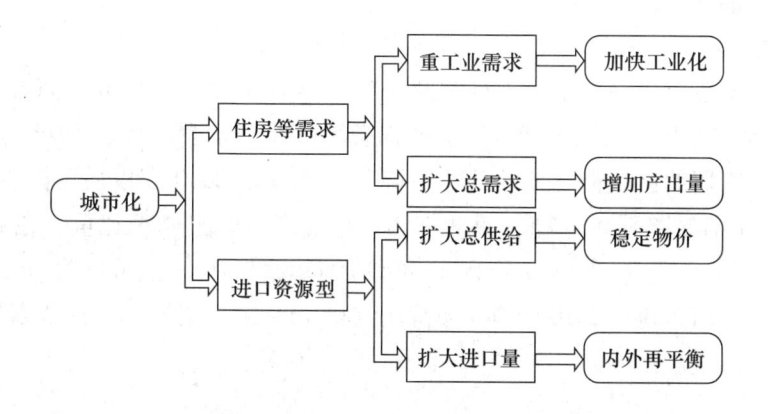

图 13-2 城市化与工业化、内外再平衡及经济平稳增长之间的关系

一 城市化与结构调整

2005—2010 年，我国投资率从 41.6% 上升到 48.6%，消费率则从 52.9% 下降到 47.4%，这表明我国投资消费结构更加不协调。如按现行统计方法计算的投资率和消费率，似乎我国长期存在着所谓的投资消费的"内部失调"，但长期存在着投资消费的"内部失调"在理论上缺少说服力：一是我国以市场经济为主体，虽然计划经济演变为政府主导下的投资型经济，但这并不是主要的；二是市场经济下投资过度是受到市场的调节，并不可能长期存在投资与消费的严重脱节。目前，我国存在着所谓的"内部失调"可能是统计因素造成的，如将住房购买作为投资，而实际上是消费，这就扩大了投资，减小了消费。

生产的目的就是消费，而投资目的是为未来的消费。城市化过程中，农村居民迁移至城市，随着收入的增加，生活消费也会随之增加，尤其是住房的购买等。将住房作为投资品进行统计是国际惯例,也是宏观经济学的做法。一个物品是投资品还是消费品,取决于购买者的目的,并非由国际惯例决定,也非宏观经济理论所确定的。消费大体可分为衣、食、住、行和服务五大类,相应的社会经济沿着农业社会、轻纺工业、重化学工业、服务社会这一顺序发展(周学,2010)。西方国家将住房作为投资品看待,是因为西方国家的居民住房消费已经基本满足,越过了住房消费期,只有为数不多的新增居民有住房的消费需求,此时住房供应需求基本平衡,可将住房作为资产进行投资,这不同于目前我国正处于住房消费期。

(一)支出法核算计算的我国 GDP 结构变化

我国投资率(资本形成总额占 GDP 比重)在 1978—2010 年间有所波动,但 2002 年以后逐渐上升。我国消费率(最终消费支出占 GDP 比重)虽然也有所波动,但总的趋势是下降的,尤其是 2000 年以后下降更大,至 2010 年下降到 47.40%。我国净出口率(净出口占 GDP 比重)在 1996 年以前在 0 上下波动,而 1996 年以后逐渐上升,至 2007 年上升到 8.80%,而 2008—2010 年有所下降(见图 13-3)。投资率、消费率与净

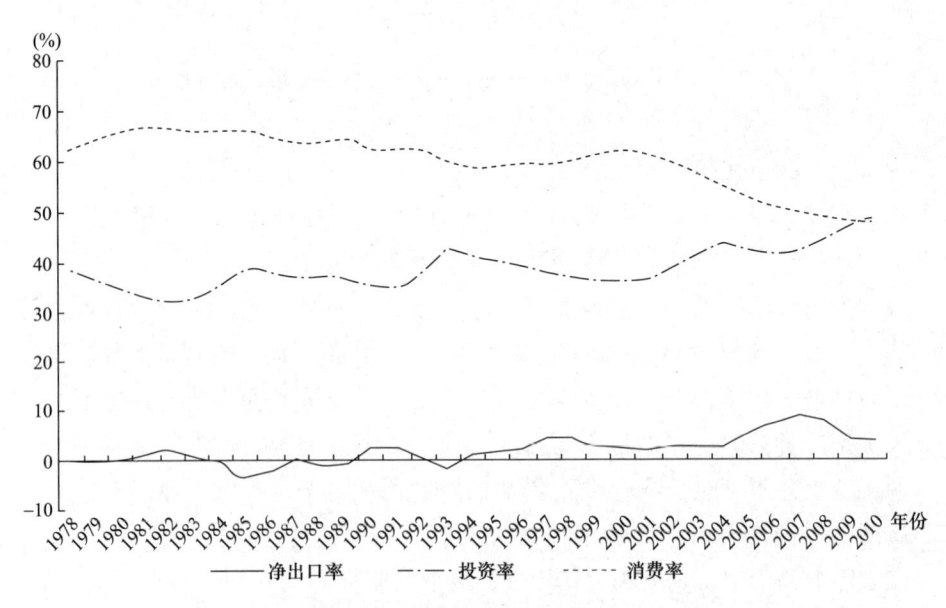

图 13-3 1978—2010 年消费率、投资率和净出口率变化

资料来源:《中国统计摘要》(2011),以当年价格计。

出口率三者的关系为：2001年开始，最终消费率下降，投资率上升，净出口率基本保持不变，这样的状况维持到2005年；2005—2007年，投资率基本保持不变，最终消费率下降，而净出口率上升；2007—2010年，投资率上升，最终消费率下降，净出口率下降，2010年投资率超过了消费率。

（二）调整的消费、投资和净出口的结构变化

城市化过程中，农村居民迁移到城市需要购买住房，实现市民化，住房购买量与城市化进程是一致的，并随着城市化率提高而不断扩大。为了反映这一变动，我们须对现代宏观经济学中住房购买作为投资进行修正，将住房购买调整为居民消费。总体来说，由于购买住房是以后各年的消费，当年消费的住房也是以前住房的购买，这样累积效应并不大，简单地可将当年的住房购买作为当年的消费，利用支出法核算国内生产总值计算出新的投资率和消费率。我们采用如下调整方法：利用商品房销售额中住宅销售额作为居民住房购买量，将该项直接加到原有的最终消费支出作为调整的最终消费，原有的资本形成总额减去居民住房的购买量作为调整的资本形成总额，净出口值保持不变，这样调整保持国内生产总值（GDP）不变，这样可得调整后的最终消费率、调整后的投资率和净出口率（见表13-6）。

表13-6　　　　　调整后的消费、投资和净出口结构　　　　单位：%

年份	住宅销售额占GDP比重	调整后的最终消费占GDP比重	调整后的资本形成占GDP比重	净出口占GDP比重
1991	0.92	63.34	33.93	2.74
1992	1.38	63.79	35.21	1.00
1993	1.97	61.26	40.58	-1.84
1994	1.45	59.69	39.05	1.26
1995	1.62	59.75	38.67	1.58
1996	1.49	60.71	37.32	1.97
1997	1.72	60.68	34.98	4.35
1998	2.32	61.94	33.87	4.19
1999	2.65	63.70	33.51	2.78
2000	3.27	65.56	32.01	2.42
2001	3.69	65.08	32.79	2.13

续表

年份	住宅销售额占GDP比重	调整后的最终消费占GDP比重	调整后的资本形成占GDP比重	净出口占GDP比重
2002	4.12	63.73	33.71	2.57
2003	4.79	61.65	36.17	2.19
2004	5.36	59.81	37.65	2.54
2005	7.78	60.71	33.82	5.46
2006	7.78	58.46	34.05	7.49
2007	9.62	59.09	32.12	8.80
2008	6.73	55.11	37.20	7.69
2009	11.10	59.27	36.39	4.34
2010	11.15	58.55	37.47	3.98
均值		61.094	35.525	3.382

资料来源：数据来自《中国统计摘要》(2011)，以当年价计算。

由表 13-6 可知，1991—2010 年调整后的消费率均值为 61.094%，调整后的投资率均值为 35.525%，净出口率均值为 3.382%，调整后的消费率均值比调整后的投资率高 25.569 个百分点。由图 13-4 可知，调整

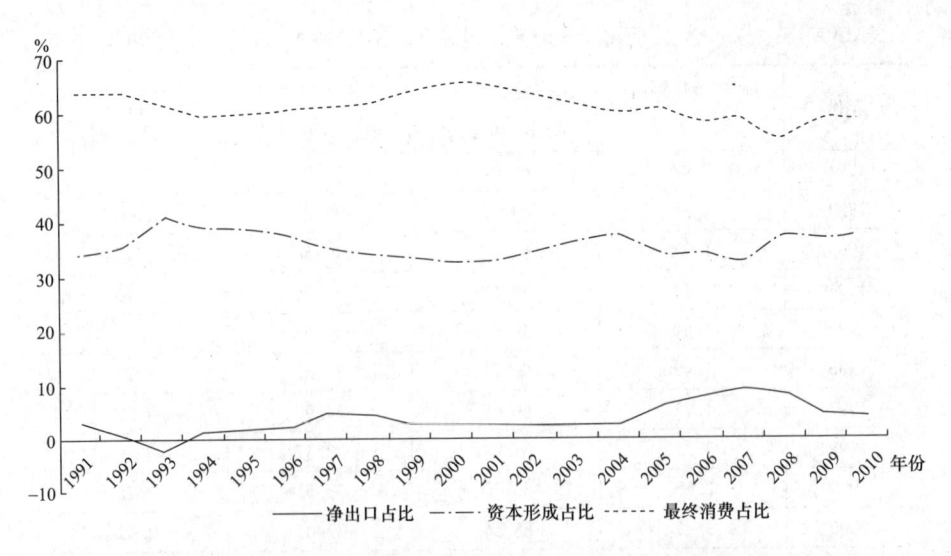

图 13-4 调整后的 1991—2010 年最终消费、资本形成和净出口占比变化

后的消费率在2006—2010年基本上趋于平稳,而投资率基本上也趋于平稳。

(三) 住宅销售与城市化之间的关系实证分析

1. 数据及来源

城市化率为城镇人口与总人口之比,用urb表示。住宅销售额占GDP比为当年住宅销售额与当年GDP之比,用house_inv_gdp表示,数据均来自历年的《中国统计年鉴》和《中国统计摘要》(2011)。

2. 单位根检验及模型估计

由单位根检验可知,在5%的水平上显著,house_inv_gdp和urb具有一阶单位根。为了分析住宅销售额占GDP比重与城市化率的关系,我们采用EG两步法:

第一步,样本区间为1991—2010年,用OLS方法回归估计得到如下住宅销售额占GDP比重模型:

$$\text{House\_inv\_gdp} = -11.7908 + 0.4695 \times \text{urban}(-2) \qquad (13-1)$$
$$(-9.64) \qquad (13.60)$$

$R^2 = 0.9113$, $\bar{R}^2 = 0.9063$ DW = 1.6959, F = 184.85。

第二步,对模型(13-1)回归方程的残差进行单位根检验。由模型(13-1)回归方程的残差单位根检验可知,它们的残差都为平稳的,这表明模型(13-1)中住宅销售额占GDP比重与城市化率之间存在着协整关系。

由模型(13-1)可知,城市化率对住宅销售额占GDP比重产生的影响较大,滞后2年的城市化率每增加1个百分点将提高住宅销售额占GDP比重0.4695个百分点。未来20年,我国城市化率每年将提高1个百分点,我国住宅销售额占GDP比重将会提高9.4个百分点。若仍按照目前的投资率和消费率计算,2030年投资率和消费率大约分别为58%和38%;若按照调整的投资率和消费率计算,2030年投资率和消费率分别为26.85%和69.16%。

目前,我国正处于住房消费高峰,城市化率对我国住宅销售将产生很大的正向影响,如将住宅仍然作为投资,未来我国投资率将会更大,消费率将会减小,这并没有如实反映投资和消费。如将住房调整为消费,城市化的住宅销售购买效应将会提高,消费投资将会下降,这将真实地反映城市化对我国投资消费结构的影响。

二 内外失衡的关系

自 1994 年以来，我国贸易余额一直保持着大额顺差，顺差余额由 1994 年的 53.92 亿美元，占 GDP 的 1.8182%，升至 2007 年的 2618.30 亿美元，占 GDP 的 8.7712%，受金融危机影响，盈余额下降至 2010 年的 1831 亿美元，占 GDP 的 1.5985%。而国内经济失衡主要表现在投资储蓄所决定的经常项目上。自 1994 年以来，我国经常项目一直不断增大，经常项目由 1994 年的 634.1 亿元人民币，占 GDP 的 1.2627%，升至 2007 年的 23380.6 亿元人民币，占 GDP 的 8.7952%。为了应对金融危机的影响，我国采取扩大内需政策，主要是依靠投资拉动内需。这样，我国的经常项目下降至 2010 年的 15711.5 亿元人民币，占 GDP 的 3.9846%。

（一）内外失衡关系的表现

由图 13-5 可知，1978—2010 年的中国内外失衡关系密切，变化方向较为一致。1978—1992 年，经常项目占 GDP 比重线位于贸易余额占 GDP 比重线的上方，如将贸易余额占 GDP 比重线向上平移几乎可与经常项目占 GDP 比重线重合。1996—1999 年，这两条线几乎重合。2000—2009 年，经常项目占 GDP 比重线又位于贸易余额占 GDP 比重线的上方，同样，若将经常项目占 GDP 比重线下移几乎可与贸易余额占 GDP 比重线相重合。而 2010 年贸易余额占 GDP 比重在 2008 年和 2009 年基础上直线下降，而经常项目占 GDP 比重没有前者下降得那样快，这是由于受我国宏观调控紧缩政策的影响，投资的增加减缓，从而经常项目下降也就缓慢。由图 13-5 可知，内外失衡虽然存在数量上的关系，仅从图中很难分析它们之间是否存在着其他关系，下面我们分析内外失衡之间的关系。

（二）内外失衡关系的经济分析和实证

贸易余额和经常项目存在如下关系：

经常项目（CA）= 贸易余额（TB）+ 国外的净要素支付（NFP） （13-2）

由式（13-2）可知，如国外的净要素支付可作为外生变量，经常项目和贸易余额的变化几乎是一致的（见图 13-5），这两者存在怎样的关系，学者对此进行了分析研究。樊纲等（2009）通过实证得到国民净储蓄对外部顺差存在着因果关系，即净储蓄过大是外部顺差的解释因素之一。卢锋（2006）认为，中国的双顺差主要是由加工贸易和外商直接投资推动的。他认为，一个更深层次的原因是全球化进程带来了新的国际分工，这种新的国际分工的特征就是生产的专业化分工。余永定（2007）

指出，由于国内产业结构失衡，吸收的 FDI 主要并不是用于进口，而是用于发展出口加工业，致使国际收支出现不平衡。

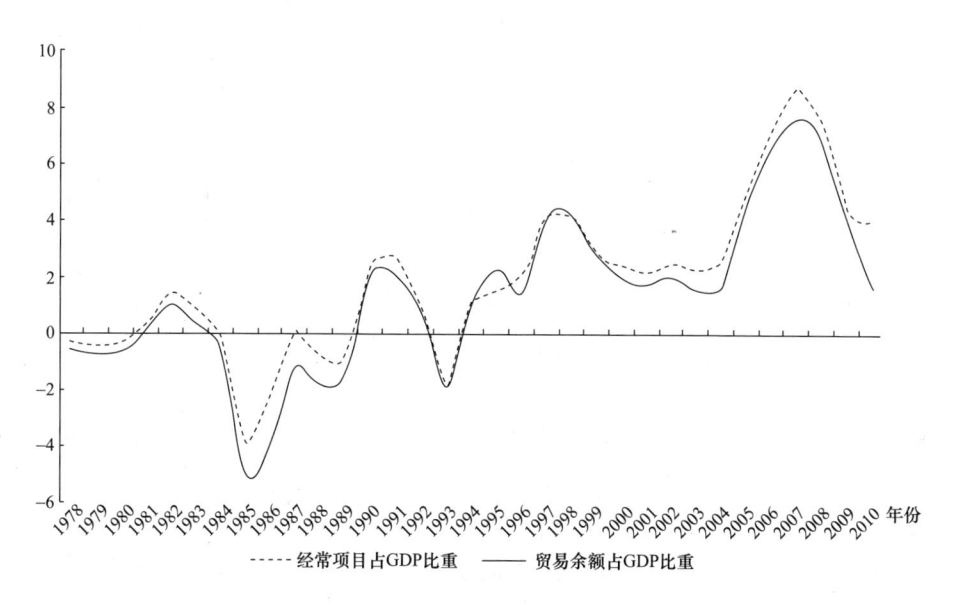

图 13－5　内外失衡关系

我国目前大量的出口是由现阶段我国增长现实所决定的。我国利用人口资源进行扩张型的外向型经济，产出的规模效应又强化了出口优势。在这种情形下，出口的增大，但同时进口并没有相应增大，造成了净出口的不断增加。与出口相关的国内企业和个人获取了出口利润及收入，多数出口企业技术创新投入不足，再加上国内多数行业的限制，投资的行业并不多，这些限制了它们的投资。从事出口加工的主要是东部沿海地区的农民工，他们并没有融入城市实现市民化，比如在城市购房、享受市民待遇等，这些制约了他们的消费。私人储蓄和企业储蓄就会增加，经常项目就会不断增大。由此可知，我国经常项目是由目前我国经济现实所决定的，而贸易余额内生于经常项目，下面采用格兰杰因果关系对其检验。

（三）内外失衡关系的格兰杰因果检验

我们构建了由贸易余额占 GDP 比重和经常项目占 GDP 比重组成的 VAR 模型。由 VAR 模型的滞后期检验可知，该 VAR 的滞后期为 2，在滞后期为 2 的情况下，我们得到贸易余额占 GDP 比重和经常项目占 GDP 比重的格兰杰因果关系检验结果：在5%的水平上显著，贸易余额占GDP比重并不是导致经常项目占GDP比重的格兰杰原因，经常项目占GDP比重是导致贸易余额占GDP比重的格兰杰原因。这表明我国外部失衡是由内部失衡引起的。

三　外部失衡的实证分析

（一）理论分析

贸易余额是由出口和进口决定的：

贸易余额 = 出口值 – 进口值　　　　　　　　　　　　　　　　（13 – 3）

由式（13 – 3）可知，影响出口和进口的因素也就是影响贸易余额的因素。下面我们具体分析影响出口和进口的因素。

1. 影响出口的因素分析

影响出口的因素可分为三个方面：一是出口的供给；二是出口的需求；三是与出口相关的价格因素。

影响出口的供给主要有如下三种因素：一是劳动力因素。丰富的劳动力使我国出口具有比较优势。二是出口规模效应。三是出口企业生产成本。我国出口量决定于出口企业生产成本的大小，降低出口企业生产成本就会提高出口量。出口退税就是将出口商品在生产和分配环节所支付的间接税再返还给出口企业，出口退税制度已被世界许多国家和地区所广泛应用，作为促进本国和地区产品出口的一项有效的财政激励政策。从理论上说，出口退税的增加就是出口企业获得的收益增加，从而会激励出口企业增大出口量。

出口的需求影响因素：我国出口量的大小还取决于国外对我国出口产品的需求，国外对我国出口产品的需求与国外经济增长率相关，国外经济增长率与我国出口量之间存在正向关系。

与出口相关的价格因素有两种：一是汇率及与汇率相关的预期。汇率变动对出口量的影响主要是通过价格竞争机制展开的。一般来说，汇率贬值将降低本国出口产品以外币表示的价格，提高外国进口产品以本币表示的价格。这将增加外国居民对本国出口产品的需求，增加中国出口量的增加。如汇率不断升值，人们基于汇率的预期，在这样的特殊情况下，汇率的变化对出口的变化就会出现特殊情形，外部资本可能通过出口等途径进行套利而产生虚假出口。二是贸易条件。贸易条件是指价格贸易条件（NBTT），即一国出口商品价格指数与进口商品价格指数之比，价格贸易条件与出口量存在着正向关系。

2. 影响进口的因素分析

影响我国进口的因素可分为三个方面：一是进口供给；二是进口需求；三是与进口相关的价格因素。在正常情况下，各出口国可无限地提供我国进口的需求。

影响我国进口需求的有三个方面：一是我国 GDP。我国 GDP 增长与进口之间存在正向关系。二是城市化。我国进口量与城市化发展存在密切的关系。随着城市化率的提高，城市基础性建设和住房等投资将会不断增大，城市化率在一定范围内，国内产出能保证城市化发展所需要的能源和原材料，城市居民消费进口产品并不是很多。当城市化水平发展到一定程度后，城市化发展需要大量的能源和原材料，此时国内产出无法满足，在这样的情况下，进口量就会不断增加；同时，城市居民收入水平也会提高，国外消费品需求将会大量增加，此时，进口量就会增加。进口与城市化率存在着"U"形关系。三是产业结构。我国产业结构调整，如重工化程度提高，由于我国资源缺乏，这就会扩大我国资源型进口；如服务业的发展有助于国内消费，就会减少进口。

与进口相关的价格因素有两种：一是汇率以及汇率相关的预期。一般来说，汇率升值将降低国外进口产品以本币表示的价格，提高国内出口产品以外币表示的价格。这将减少国内居民对国外进口产品的需求，减少中国进口量。如在汇率不断升值，人们基于汇率的预期，在这样的特殊情况下，汇率的变化对进口的变化就会出现特殊情形，外部资本可能通过进口等途径进行套利而产生虚假进口；同时，基于汇率升值预期，将会推延进口量，这样，汇率升值与中国进口量之间存在着反向关系。二是贸易条件。如果一国的价格贸易条件改善（价格贸易条件值上升），在出口价格一定的情况下，进口价格下降则就会增加进口，这样，价格贸易条件与出口量存在着反向关系。

（二）外部失衡的单位根突变检验

1970—1993 年，我国贸易余额占 GDP 比重在 0 上下波动，而 1994 年以后其值呈现上升趋势，2007 年达到最大值 8.5885%，受世界金融危机的影响，2008 年、2009 年和 2010 年其值都连续下降，2010 年该值为 1.5985%。

1997—2004 年，我国贸易余额占 GDP 比重有所下降。这是因为，

1997年10月1日,我国政府再次降低了4874个税目的商品关税水平,调整幅度达26%。能源性产品、原材料和我国需求有缺口的商品以及高科技产品的降税幅度尤其明显,使关税总水平下降为17%。同时,1997年是宏观经济软着陆的第二年。这些因素使我国贸易余额有所下降,同时对我国贸易余额产生了结构性变化。

2005年以后,我国贸易余额占GDP比重快速增大,一直持续至2007年的金融危机。2005年7月21日,中国人民银行宣布开始实行以市场供求为基础、参考一揽子货币进行调节、有管理的浮动汇率制度。人民币汇率不再盯住单一美元,形成了更富有弹性的人民币汇率机制。在这段时间内,人民币对美元的名义汇率连续升值,人民币的实际有效汇率也在不断升值。按照经济学理论,汇率升值应导致贸易余额占GDP比重应下降,但我国贸易余额占GDP比重却不断上升,这显然与经济理论相矛盾。汇率影响我国贸易余额的机制可能产生了结构性变化。

2008年以后,我国贸易余额占GDP比重有所下降。受金融危机的影响,美国经济进入了衰退期,特别是美国居民消费水平下降,对我国出口造成了负面影响,从而影响了我国贸易余额占GDP比重。为了应对外需的变化,中国政府采用了许多政策如扩大内需、转变增长方式等,这些措施可能对我国贸易余额产生了结构性变化。

我国贸易余额突变点可能为1997年、2005年和2008年。为了检验1997年是否为贸易余额结构性变化突变点,设 T_B 为1997年,引入时间变量 t,定义如下虚拟变量 D_{1997} 和 T_{1997}:

$$D_{1997}=0,当 t<1997;D_{1997}=1,当 t\geq 1997 \quad (13-4)$$

$$T_{1997}=0,当 t<1997;T_{1997}=t-T_B,当 t\geq 1997 \quad (13-5)$$

贸易余额和虚拟变量分别按照模型(A)、模型(B)和模型(C)拟合,根据虚拟变量的参数显著性,选用模型(B)(括号内的数是t统计量,下同)[①]:

$$bt\_gdp = -1.6075 + 0.1241 \times t + 1.9721 \times D_{1997} \quad (13-6)$$
$$(-1.9452) \quad (1.7889) \quad (1.4759)$$

[①] 模型(A)、模型(B)和模型(C)的具体形式,以及具体的检验方法,参见王静《中国外贸开放的政策效应及经济增长效应——基于结构突变的单位根和协整检验分析》,博士学位论文,中国社会科学院研究生院,2006年。

退化趋势后的残差记为 e_t，对其进行 ADF 检验，按照最小 AIC 和 SIC 原则选择滞后阶数，其结果为：

$$\Delta e_t = -0.6309 \times e_t(-1) + 0.4810 \times \Delta e_t(-1) \qquad (13-7)$$

由判断标准模型（A），$\alpha = 5\%$，$\lambda = t_B/T = 0.6061$，ADF $= -3.9415 < -3.76$，所以拒绝零假定，1997 年并不是中国贸易余额的突变点。

采用同样的方法，我们检验 2005 年和 2008 年是否为我国贸易余额单位根突变点。2005 年单位根突变检验结果为：ADF $= -3.7605 > -4.04$，由判断标准模型（C），在 $\alpha = 5\%$，$\lambda = t_B/T = 0.8485$，接受原假定，2005 年是中国贸易余额的突变点。2008 年单位根突变检验结果为：ADF $= -3.7219 > -3.80$，由判断标准模型（C），在 $\alpha = 5\%$，$\lambda = t_B/T = 0.9394$，所以接受零假定，2008 年是中国贸易余额的突变点。

（三）经济变量、数据及来源

（1）贸易余额占 GDP 比重。由贸易余额与当年 GDP 之比得到，表示为 bt_gdp。

（2）出口退税。出口退税与当年出口量之比，用 ertax_ex 表示。

（3）贸易条件。贸易条件是指价格贸易条件（NBTT），即我国出口价格对进口价格的比：TT = Px/Pm，Px 为出口商品价格指数，而 Pm 为进口商品的价格指数，用 nbtt 表示。

（4）我国出口国的 GDP 与我国 GDP 比重。以每年我国出口量前 10 位国家的出口额作为权重，计算得到加权的我国出口国的 GDP，其中，我国出口国出口量的数据来自 CEIC，各国 GDP 来自 WDI。由计算得到的我国出口国的 GDP 和中国 GDP 可得到我国出口国的 GDP 与我国 GDP 比重，用 ex_ch_gdp 表示。

（5）实际有效汇率。以价格指数调整后的名义有效汇率作为实际有效汇率，用 reer 表示。

（6）服务业率。以第三产业增加值占当年 GDP 比重作为服务业率，用 se_gdp 表示。

（7）城市化率。城镇人口占总人口比重表示为城市化率，用 urb 表示，其平方项表示为 urb_sq。

以上各数据除说明以外，其他均来自中经数据库。

（四）实证分析

由单位根检验可知，在 10% 的水平上显著，bt_gdp、urb、urb_sq、

reer、se_gdp 和 ex_ch_gdp 这 6 个变量均具有一阶单位根,单位根检验区间为 1978—2010 年。为了分析单位结构突变 2005 年、2008 年和汇率对我国贸易余额的影响,我们设定如下虚拟变量:

$D_{1i}=0$,当 $t<2005$;$D_{1i}=1$,当 $t\geqslant 2005$ (13 - 8)

$D_{2i}=0$,当 $t<2008$;$D_{2i}=1$,当 $t\geqslant 2008$ (13 - 9)

为了分析影响中国贸易余额的因素,我们采用 EG 两步法:

第一步,用 OLS 方法回归得到中国出口影响因素模型,样本区间为 1978—2010 年,可估计出贸易余额占 GDP 比重计量模型,其具体估计结果如表 13 -7 所示。

表 13 -7　　贸易余额占 GDP 比重的模型估计(被解释变量:贸易余额占 GDP 比重 bt_gdp)

解释变量	模型(A)	模型(B)	模型(C)	模型(D)	模型(E)
c	-23.3060 (-1.94)*	-38.0601 (-5.34)***	-25.0487 (-3.69)***	-35.8315 (-2.61)**	-27.4633 (-3.61)***
urb	2.6251 (3.51)***	3.6350 (5.82)***	2.6772 (3.97)***	3.3451 (3.25)***	2.6895 (4.08)***
urb_sq	-0.0262 (-2.80)***	-0.0439 (-5.93)***	-0.0271 (-3.37)*	-0.0366 (-2.85)***	-0.0287 (-3.51)***
se_gdp	-0.8957 (-3.57)***	-0.8216 (-3.41)***	-0.8765 (-3.95)**	-0.8834 (-3.36)***	-0.7632 (-3.74)***
ex_ch_gdp	0.0580 (2.07)**	0.0517 (3.44)***	0.0583 (2.12)**	0.0392 (1.87)**	0.0284 (2.82)***
reer	-0.0023 (-0.18)	-0.0169 (1.65)*			
$D_1 \times$ reer		0.0330 (2.68)***			
$D_2 \times$ reer		0.0132 (1.86)*			
ar(1)				0.5638 (3.02)***	

续表

解释变量	模型（A）	模型（B）	模型（C）	模型（D）	模型（E）
ma（1）		-0.9925 (-25.32)***			0.9388 (15.80)***
观察数	31	31	31	31	31
R^2	0.6908	0.8834	0.6904	0.7793	0.8531
调整后的 R^2	0.6289	0.8409	0.6428	0.7333	0.8231
D.W.	1.0018	1.9071	1.0028	1.6346	1.7526

注：*表示在1%的水平上显著；**表示在5%的水平上显著；***表示在10%的水平上显著。

第二步，对模型（A）、模型（B）、模型（C）、模型（D）和模型（E）回归方程的残差进行单位根检验。

由模型（A）、模型（B）、模型（C）、模型（D）和模型（E）回归方程的残差单位根检验可知，它们的残差都是平稳的，这表明模型（A）、模型（B）、模型（C）、模型（D）和模型（E）中各变量之间存在协整关系。

由表13-7估计的5个模型可知，影响我国贸易余额占GDP比重的因素为：

（1）城市化率与贸易余额占GDP比重存在倒"U"形关系。由于模型（B）、模型（C）、模型（D）和模型（E）城市化率的一次系数为正，城市化率的二次项系数为负，这表明城市化率与贸易余额占GDP比重存在倒"U"形关系，这与出口与城市化率之间存在倒"U"形关系是相一致的。4个模型的城市化影响贸易余额占GDP比重转折点的值分别为41.61%、49.39%、45.70%和46.86%。2010年我国城市化率达到49.86%，已经超过了城市化率转折点的值，这表明城市化的提高有利于我国贸易余额占GDP比重的下降。2007—2010年的贸易余额占GDP比重由7.59%下降为1.60%，减少了5.99个百分点，而城市化率由44.94%上升至49.68%，如按照模型（B）计算，由城市化率提高引起的贸易余额占GDP比重下降量为2.46%，占变化量（5.99%）的41.06%。

（2）服务业率对贸易余额占GDP比重的系数为负值，其值大约在-0.80。这表明服务业的发展有利于减少贸易余额，有利于再平衡。这是因为，服务业对应的产品是非贸易产品，服务业发展就减少了贸易品的生产，同时增加可贸易品的消费，扩大进口。

（3）出口国的 GDP 与中国 GDP 的比重对贸易余额占 GDP 比重的系数为正值①，其值在 0.30 左右，这表明出口国的 GDP 对我国出口产生正向影响。这是因为，我国出口受到出口国的经济发展水平的影响，它们之间存在着正向关系，而我国进口与我国经济发展水平出口量存在正向关系，这样，我国贸易余额占 GDP 比重就与出口国的 GDP 与中国 GDP 的比重存在着正向关系。

（4）实际有效汇率对我国贸易余额产生影响，在不同时期内具有不同的作用机制。由模型（B）可知，1978—2004 年，实际有效汇率对贸易余额占 GDP 比重的系数为 -0.0169；2005—2007 年，实际有效汇率对贸易余额占 GDP 比重的系数为 0.0161；2008—2010 年，实际有效汇率对贸易余额占 GDP 比重的系数为 -0.0037。这与上文贸易余额占 GDP 比重的单位根突变检验是一致的。另外，2005—2007 年，我国汇率不断升值，但贸易余额占 GDP 比重反而增大，这与经济理论是不相符的。人民币汇率升值以来，中国贸易余额没有减少，反而增加，这与经济理论是不相一致的，这可用虚假贸易加以解释，与我们前期的研究是一致的（陈昌兵，2009）。② 2008 年金融危机以来，我国贸易余额占 GDP 比重不断下降，实际有效汇率对我国贸易余额占 GDP 比重的系数为负，实际有效汇

---

① 由前文的分析可知，我国出口量与我国出口国的 GDP 存在正向关系，我国进口与我国的 GDP 也存在正向关系，这样一来，我国贸易余额占 GDP 比重与出口国的 GDP 占中国 GDP 比重存在正向关系。

② 2005 年 7 月中国汇率改革后，人民币升值相应贸易顺差状况应该有所缓解或增长趋缓，但却出现了超出原有顺差倍数的激增，这是不符合产业—贸易发展规律的反常现象。现象的背后是通过"非正常贸易"进行"海外资金"的回归，而不能完全归结为实体竞争力在一两年内突飞猛进的"奇迹"。在人民币升值前提下，中国贸易—产业技术进步没有重大革新的条件，贸易顺差激增已经大幅度超过了正常贸易增长的均线，有人已经意识到这是非正常贸易能实现的快速增长，它更可能是金融行为，即通过虚报货值和转移定价帮助巨额外资资本流入中国来实现"资产内移"。例如，某些贸易商通过高报出口和低报进口等方式将外汇输入中国；不少中资海外企业将资金调回国内；FDI 虚假投资，等等，这些从表面上看是贸易活动或直接投资，实际上是用来购买人民币资产或者房地产。渣打银行（上海）资深经济学家王志浩（Green，2006）的研究报告认为，中国存在"贸易顺差泡沫"：由于进出口的计价标准、计量口径（香港中转贸易是否算入）、人民币升值预期、跨国公司转移定价等原因，中国 2005 年的贸易顺差要小于 350 亿美元，其余 670 亿美元是"虚假贸易"即资本非正常流入，即大约 65.69% 的贸易顺差与金融套利资金有关。对这一现象，国外媒体和国内学者都进行了分析，认为 50%—70% 的贸易顺差与金融套利资金有关，不是贸易竞争力提高导致的。

率对贸易余额的作用机制回归正常。

此外,我国出口退税与当年出口量之比对贸易余额占 GDP 比重的系数为正值,这表明它们之间存在正向关系,但并不显著。同样,在模型中增加了贸易条件,但该变量的系数并不显著。

第四节　小结及建议

由上可知,目前我国正处于住房消费高峰期,城市化率对我国住宅销售将产生很大的影响,如将住房投资增减作为结构调控,有利于解决目前我国增长下滑,同时不引起通货膨胀。此外,住房投资增加的结构调控既有利于城市化发展,也有利于调整我国投资消费结构。由理论和实证分析可知,我国外部失衡是内部失衡的原因,而城市化发展有利于解决外部失衡。城市化率与贸易余额占 GDP 比重存在倒"U"形关系,目前,我国城市化水平已超过了城市化率的转折点的值,城市化的提高有利于我国贸易余额占 GDP 比重的下降,城市化发展有利于解决外部失衡。如能通过住房投资的扩大增加有效住房供给,从而使房价趋于合理,居民住房消费就会增加,从而减少储蓄,经常项目将会下降,有利于解决内部失衡。由此可见,目前我国城市化发展具有调整投资消费结构、推动工业化、解决内外失衡和破解目前我国可能出现的滞胀僵局的作用。

一　结构调控的城市化发展有利于调整投资和消费结构

在提高城市化水平的同时,应增强城市化质量的提升,如农民工市农化。将符合落户条件的农业转移人口逐步转为城镇居民。在进入城市的环节,关键是解决户籍及其相关联的权益问题。对一时不能解决户籍的农民工,要注重从制度上保护他们的合法权益,逐步在子女上学、平等就业、保障性住房、社会保障等方面享受城市居民的待遇。特别是在离开农村的环节,关键是完善土地政策,解决宅基地与承包地在依法、自愿前提下的有序合理流转,保护他们的合法权益,促进农村人口有序地向城市转移和流动,扩大消费需求。

二　结构调控的城市化发展有利于内外再平衡

短期内,我国居民在衣、食和服务等方面的消费需求不会有大的变化,在住行方面,尤其是住房方面,如采取平价住房投资作为宏观调控,势必增加住房投资，增加住房供给，从而使房价趋于合理，居民住房消费就会增加，减少储蓄，经常项目将会下降，达到内部再平衡。我们解决外部不平衡并不是简单地减少出口，而是在出口扩大基础上，依靠我国大量的外汇储备，加大进口以满足我国快速城市化发展需要的能源和原材料等。我国外向型的增长方式长期累积了净值的贸易余额，加上固定汇率制，我国外汇储备巨大，这些巨大的外汇储备得不到合理利用，同时也不利于国内宏观调控。如利用这些巨大的外汇储备进口城市化发展需要的大量能源和原材料等，可扩大进口，解决外部失衡，减少外汇储备有利于宏观调控，进口的增加反过来可促进出口量增多。

三 结构调控的城市化发展有利于破解滞胀僵局

我国采取有弹性的固定汇率制，净出口就是以外汇兑换人民币，净出口主体持有人民币在国内消费或储蓄，但实物则留在国外，增加的货币留在国内，这就造成了增多的货币并没有相应的实物支持，结果就出现了储蓄大于投资情况下持续上涨的通货膨胀。此外，外汇兑换的人民币占款，增大了人民币的发行及其流动性，这也助长了通货膨胀的产生。

过去，我国增长主要动力来源于以外资和廉价劳动力拉动的出口以及以政府为导向的固定资产投资。在拉动经济增长的三驾马车中，内需始终非常虚弱。在金融危机下，出口受损已毫无疑问，扩大内需势在必行。为了应对金融危机，扩大内需，我国政府采取扩张性的财政政策和货币政策，大量的货币供应造成了目前的通货膨胀。在通货膨胀的压力下，扩张性货币政策不可持续，紧缩性货币政策对国内的消费和投资产生负面影响，同时，在全球经济萎缩环境下，依靠出口解决中国内需不足以维持增长是不可能的，如不能扩大中国内需，宏观经济很可能出现停滞。在目前情形下，应当增加平价住房的投资，这样，既可直接增加投资，扩大内需，同时因平价房的价格合理，扩大居民住房消费需求，扩大总需求从而达到经济平稳增长。利用大量的外汇储备加大进口以满足我国快速城市化发展需要的能源和原材料等，这样将会增加有效供给，减少通货膨胀压力。此外，平价住房投资增加并不会扩大货币流动量，不会导致通货膨胀。这样的结构调控将会很好地解决总量调控的产物——滞胀。

参考文献

[1] 周学:《经济大循环理论——破解中等收入陷阱和内需不足的对策》,《经济学动态》2010 年第 3 期。

[2] 周学:《宏观经济学的创新与宏观调控方向的转变》,《经济学动态》2011 年第 6 期。

[3] 周学:《总量调控与局部调控优劣比较》,《经济学动态》2012 年第 2 期。

[4] 张立群:《2012 年经济形势分析与政策建议》,《经济学动态》2012 年第 4 期。

[5] 卢锋:《中国国际收支双顺差现象研究:对中国外汇储备突破万亿美元的理论思考》,《世界经济》2006 年第 11 期。

[6] 余永定:《全球不平衡条件下中国经济增长模式的调整》,《国际经济评论》2007 年第 1—2 期。

[7] 樊纲、魏强、刘鹏:《中国经济的内外均衡与财税改革》,《经济研究》2009 年第 8 期。

[8] 陈智君、胡春田:《中国应该以经常项目逆差为目标吗——以人口结构变迁为视角》,《当代经济科学》2009 年第 4 期。

[9] 陈昌兵:《贸易余额的影响机制及计量分析》,中国社会科学院经济研究所工作论文,2009 年。

[10] 陈昌兵:《城市化与投资率和消费率间的关系研究》,《经济学动态》2010 年第 9 期。

[11] 陈昌兵:《季度的同比指标转换为环比指标》,中国社会科学院经济研究所工作论文,2011 年。

[12] 渝琳、周靖祥:《FDI 作用于资本金融项目与经常项目波动的实证研究:1982—2006》,《金融研究》2007 年第 12 期。

[13] Clarida and Prendergast, 1999, Recent G3 current account imbalances: How important are structural factors? National bureau of economic research working paper 6935.

第十四章 资本化扩张与赶超型经济的技术进步

摘要：本章从经济资本化角度对中国资本积累、技术选择行为及与经济增长的关系进行研究。在对全国1978—2008年分省全要素生产率（TFP）测算分析基础上，提出了关于中国经济增长与技术进步机制的一种新的理解。中国作为一个从计划经济向市场体制转型的发展中国家，随着市场主体在经济发展中的角色上升以及资产定价机制的形成，经历着一个渐次推进的经济资源存量快速资本化过程。在20世纪八九十年代，经济资本化表现为实体经济中的资本形成。21世纪以来，资本化则伴随人民币升值，资本市场向国际接轨，土地等要素价格重估。经济资本化对于经济赶超和效率改进有正向激励效应，但对于技术创新却可能有一定的抑制作用，导致中国的TFP增长率在低水平波动，对经济增长的贡献并不高。当前经济资本化出现偏移，资源向资产部门过快集中，出现了资产价格快速上涨、产能过剩和实体经济创新不足等问题。只有对现行制度和政策进行调整，才能有效地激励内生技术进步，转变发展方式，保持经济可持续增长。

经过两个30年的跨越式增长，中国经济总量在新中国成立60年之际进入世界前列，人均GDP超过3000美元，迈入了中上发展阶段。尽管受到国际金融危机的剧烈冲击，但在强有力的政府干预和政策保障下，中国经济在全球率先实现了复苏，2009年增长率达到8.7%。然而，在经济持续扩张中，却也面临着一系列新老问题的挑战。增长结构性失衡、内部风险累积，以及外部不确定扰动等，都影响到"中国故事"能否延续。

早期发展经济学家认为，经济"起飞"的动力在于资本积累；而现代经济增长理论则认为，技术进步是经济增长的决定因素，技术进步的源泉又来自人力资本投资和知识创新。中国经济高增长中要素积累扮何种角色，是否伴随着显著的技术进步，未来可否持续，一直是研究者们热议的话题。20世纪90年代，美国经济学家克鲁格曼（Krugman，1994）关于东亚无技术进步的断言，激起了国际上对于东亚模式的反思热潮，也引发了国内外对中国经济增长中TFP的测算历程（Sachs and Woo，2000；Young，2000；谢千里等，2001；张军、施少华，2003；Guillaumont and Hua，2003；颜鹏飞、王兵，2004；郑京海、胡鞍钢，2005；孙琳琳、任若恩，2005；郭庆旺、贾俊雪，2005；刘伟、张辉，2008等）。基本结论是：改革开放以来，中国TFP增长率不高且有较大的波动，在一些年份甚至还出现了持续下降（如90年代中后期），直至近几年才有所回升；基于省际数据的研究发现，TFP在东部、中部、西部地区以及各省份之间存在明显的差异。总体上看，中国经济主要靠要素累积尤其是高投资推动增长，TFP增长对经济增长的贡献并不高，低技术进步与高投资、高增长构成了巨大的反差。

但也有研究对此持不同观点。一些研究或测算认为，生产率的增长来自体现型技术进步与非体现型技术进步，中国的技术进步可能更多的是内嵌于设备资本的体现型或物化的技术进步，从而支持中国经济存在效率改进（郑玉歆，1999；易纲、樊纲、李岩，2003；林毅夫、任若恩，2007；舒元、才国伟，2007；赵志耘等，2007；王小鲁、樊纲、刘鹏，2009）。另外，白重恩等（2006）以及北京大学中国经济研究中心"中国经济观察课题组"（2006）发现，改革开放以来，中国平均资本回报率明显高于大多数发达经济体，也高于很多处于不同发展阶段的经济体。这意味着如果没有较大的效率改进，高回报现象是不可能持续出现的，外资也不可能涌入中国。

关于中国经济增长性质的讨论涉及相应的测算，这只是问题的一个方面。更为重要的是，不仅仅通过国际比较或数据分析做出要素积累型、效率增进型或其他判断，而且这种增长性质的现实条件和内在机理到底如何。我们认为，中国经济增长及其投资、技术进步的特殊性，可能来自开放条件下的"干中学"、低成本竞争与模仿—套利机制（中国经济增长与宏观稳定课题组，2006）。为此，本章从经济资本化角度对中国资本积累、技术选择行为及与经济增长的关系进行研究。在对全国1978—2008年分省TFP测算分析基础上，提出了关于中国经济增长与技术进步机制的一种新的理解。

工业革命以来，资本处于对经济资源的支配地位，经济增长源于经济资源的不断资本化。在经济发展的早期阶段，资本化主要表现为实体经济的资本形成，其含义是以资本为纽带，将其他生产要素组合创造价值，在利润动机的激励下，促进经济产出的不断增加。在古典资本化过程完成后，现代资本化过程本质上是对未来现金流进行贴现定价、价值挖掘和重估。定价机制的转变使资本形成的外延扩大，在推动社会财富快速积累的同时，也带来了经济虚拟化。从发达国家经验来看，现代资本化在古典资本化的资本形成达到一定程度后，才开始大规模进行。一般来说，发展中国家在较长时间内处于古典资本化阶段。但是，由于现代资本定价机制已逐步成为全球基准，而尚未具备条件的发展中国家在国际化进程中过快地进入现代资本化，对其经济稳定和长期发展形成了新的挑战。

我们认为，中国作为一个从计划经济向市场体制转型的发展中国家，随着市场主体在经济发展中的作用上升以及资产定价机制的形成，经历着一个渐次推进的经济资源存量快速资本化过程。通过相对价格体系动态调整而顺次实现的经济资本化，在20世纪八九十年代表现为实体经济中的资本形成，21世纪以来伴随人民币升值，资本市场向国际接轨，土地、矿产品要素价格重估。经济资本化对于经济的规模扩张和效率改进有正向激励效应，但对于内生的技术创新却可能有一定的抑制作用。随着机器设备、土地等不断进入资本化流程，中国经济面临的约束条件发生了重大变化，当前经济资本化出现偏移，资源向资产部门过快集中，出现了资产价格快速上涨、过度贴现未来现金流、产能过剩和实体经济创新不足等问题，使实现内生的技术创新和转变发展方式，成为未来的必然选择。

第一节　经济资本化中的投资和技术进步：基本逻辑

从经济资本化角度看，微观企业层面的投资和技术选择，事实上，正是建立在追逐包括资本化租金[①]在内的总租金回报的基础之上的，而这

[①] 在经济学中，"租金"一般是指具有稀缺或有限供给特点的资源所产生的超平均收益，它包含资源稀缺、信息垄断和生产力水平差异等造成的结果。

又会构成一国特定时期宏观层面的资本形成和技术特征。由于普遍的实物资产扩张和"干中学"加速效应，纯粹技术创新（广义技术进步）往往受到抑制，经济增长模式因而也更多地体现为资本积累驱动和资本体现型技术的双重特征（狭义技术进步）。

一 为更直观地说明我们的理论，首先从一个基准模型开始

假设代表性家庭的效用函数为：

$$u = \int_0^\infty e^{-\rho t} U(c) dt \tag{14-1}$$

其中，c_t 和 ρ 代表消费数量和时间偏好率，并且 $0 < \rho < 1$。假定一家代表性企业的新古典生产函数为：

$$Y = F(A, K) \tag{14-2}$$

其中，Y 为产出，K 是资本存量，A 是技术创新，均是人均意义上的（将劳动力单位化为 1），不考虑折旧。K 和 A 分别代表用于资本积累和技术创新的投资。假定技术创新新增投资 I^A 面临一个转化率 σ，K 和 A 的演化方程如下：

$$\dot{A} = \sigma I^A, \ 0 \leq \sigma \leq 1 \tag{14-3}$$

$$\dot{K} = I^K \tag{14-4}$$

预算约束为：

$$F(A, K) = I^K + I_A + c \tag{14-5}$$

该优化系统的现值汉密尔顿函数如下：

$$H = e^{-\rho t} U(c) + \lambda e^{-\rho t} [F(A, K) - I^K - I^A - c] + \lambda_A e^{-\rho t} \sigma I^A + \lambda_K e^{-\rho t} I^K \tag{14-6}$$

一阶条件和欧拉方程如下：

$$U'_c(c_t) = \lambda \tag{14-7}$$

$$H_{I^A} = -\lambda + \sigma \lambda_A = 0 \Rightarrow \lambda = \sigma \lambda_A \tag{14-8}$$

$$H_{I^K} = -\lambda I^K + \lambda_K I^K = 0 \Rightarrow (\lambda_K - \lambda) I^K = 0 \Rightarrow \lambda_K = \lambda \tag{14-9}$$

由一阶条件，可得均衡时三个影子价格之间的相对数量关系：

$$\lambda = \lambda_K = \sigma \lambda_A$$

$$H_A + \dot{\lambda}_A = \rho \lambda_A \Rightarrow \sigma F_A(A, K) + \frac{\dot{\lambda}_A}{\lambda_A} = \rho \Rightarrow \sigma F_A(A, K) + \frac{\dot{\lambda}}{\lambda} = \rho \tag{14-10}$$

$$H_K + \dot{\lambda}_K = \rho \lambda_K \Rightarrow F_K(A, K) + \frac{\dot{\lambda}_K}{\lambda_K} = \rho \Rightarrow F_K(A, K) + \frac{\dot{\lambda}}{\lambda} = \rho \tag{14-11}$$

以及横截性条件：$\lim_{x\to\infty}\lambda_A Ae^{-\rho t}=\lim_{x\to\infty}\lambda_K Ke^{-\rho t}=0$。

式（14-10）和式（14-11）给出了实物资本积累和技术创新两部门的套利条件。两式左边的第一项为边际产出，来自实物资本的生产性租金；第二项是资本利得，来自资产市场溢价。利用一阶条件可得两部门间的套利条件：

$$\sigma F_A(A,\ K)=F_K(A,\ K) \qquad (14-12)$$

该条件假定在均衡时，两部门的资产溢价相等，同时要求创新部门可实现的边际产出等于资本积累部门的边际产出。

二 上述模型只是一个基准，均衡条件隐含着该系统自非均衡向均衡状态演化的基本机制

现实中，在缺乏一个统一的资本市场的情况下，技术创新投资与实物资本投资的影子价格可能是不相等的。为此，需要只讨论在非均衡情况下的套利机制。假定 ρ 为实际利率 r（忽略通货膨胀）的机会成本。一般而言，两个部门的经营目标为：

$$\sigma F_A(A,\ K)+\frac{\dot\lambda_A}{\lambda_A}\geq r,\ F_K(A,\ K)+\frac{\dot\lambda_K}{\lambda_K}\geq r \qquad (14-13)$$

在不完全严格意义上，我们可根据模型结果定义创新部门和资本积累部门的租金 R_A、R_K 分别为：

$$R_A=\sigma F_A(A,\ K)+\frac{\dot\lambda_A}{\lambda_A}-r,\ R_K=F_K(A,\ K)+\frac{\dot\lambda_K}{\lambda_K}-r \qquad (14-14)$$

从式（14-14）可以清晰地看出，对实物资本和技术创新投资，会带来不同的租金收入：

（1）对实物投资而言，其实物经营租金来自生产性租金（购买机器设备进行生产所实现的超额边际收益）和实物资本化租金（或资本利得，即实物资产进行产权交易带来的溢价）两部分。相较而言，实物经营租金是可以把握的，因为机器设备等实物资产看得见、摸得着，产能可预测，又因为其相较于人力资本、技术等无形资产的资产专用性为低，在资本市场上容易定价，因此，实物经营租金具有相对较高的确定性和可控性的性质。

（2）就研发、组织创新以及技术创新的投资而言，会带来技术创新租金。它由技术垄断租金和技术资本化租金两部分构成，前者是指因为创新带来边际实物产出大大超过边际成本的部分，后者是指在技术转让市场或资本市场上的资产价格升值。但是，首先由于创新投资存在着相当大的风险（体现在转化率 $0 \leq \sigma \leq 1$），因此，技术垄断租金是极不确定的；其次由于发展中国家技术交易市场不成熟，更缺乏一个有效的风险投资市场，技术资本化租金也很难实现。从而总体上使对技术创新的投资具有较大的不确定性。

（3）由于企业在一定期限内的可运用资金总量大体上是相对固定的，因此，在选择对技术创新投资还是对实物资本投资时，就要进行利益权衡。模型的套利条件及租金公式说明，如果预期的实物经营租金大于技术创新租金，一般会趋向于将更多的隐性资产贴现或将更多的资金用于选择购买现成的机器、设备和附着技术，这会带来实物资本积累和资本增进型或体现型技术进步（狭义技术进步），同时也因资源配置效率改善而促进全要素生产率提高（广义技术进步）。如果预期的技术创新租金高于实物经营租金，那么企业就会倾向于进行自主研发投入，进行技术创新。

三 考虑技术进步的形式及其边界条件

假定发展中国家的技术进步以两种方式实现：一是创新。通过知识、技术创造和组织创新使 A 发生变动（广义的技术进步）。二是更新。物化于 K 的积累中，体现在资本积累部门 I^K 之外，但附着于机器设备的学习成本 $\psi(I^K)$（狭义的技术进步）。$\psi(I^K)$ 可以解释为向国际技术前沿的学习程度，决定了相对于一单位最终产品的机器设备等固定资产的价值。厂商可以通过在生产中的经验积累，购买更为先进的机器设备、专利和资料，以及向发达经济体学习来实现"投中学"和"干中学"。$\psi(I^K)$ 的变化与实物资本 K 积累相关，具有 $\psi' > 0$、$\psi'' < 0$ 的性质。资本积累部门初始学习的边际成本为单位 1，之后随着资本积累的提高，最终使本国物化的技术水平向国际前沿收敛。这样，在包含"干中学"效应的新生产函数中，总的实物资本形成就变为 $K' = K + \psi$，但实物投资 K 与学习投资 ψ 的产出效率不同，$F_\psi(A, K, \psi) > F_K(A, K, \psi)$，即学习带来的边际产出要大于纯粹实物资本的边际产出。因而带有"干中学"的实物部门总投资的预期租金为：$R_{K'} = F_K(A, K, \psi) + F_\psi(A, K, \psi) + \frac{\lambda_{K'}}{\lambda_{K'}} - r$，由于存在"干中学"的加速效应，$R_{K'} > R_K$，实物经营租金得到了提高。因此，在实物资产显性化、资本化，并普遍具有资产溢价（对应于公式右边第三项）的情景下，加上"干中学"效应（对应于公式右边第二项），企业会趋向选择资本体现型的狭义的技术进步，而不是技术创新带来的广义的技术进步。在上述基本条件变化带来总边际收益下降以致无法弥补边际成本时（总租金＝0），企业才可能从实物资本积累向技术创新转变。

上面的分析表明：(1) 在资源约束情况下，企业总是面临着对实物投资还是对创新投资的抉择。相对而言，前者具有较大的确定性和可控性，后者具有较大的不确定性。企业最终的投资决策来源于对这两方面租金回报的判断。(2) 在一个快速资本化的发展经济环境中，由于普遍存在着资产重估及溢价，经济主体的理性选择是进行实物投资、低成本占有资源或将隐性资产进行显性化交易而不是技术创新。这种微观选择，在宏观层面上会促成一国的资本形成以及配置效率改善带来的全要素生产率提高，但却会抑制纯粹的知识和技术创新带来的广义的技术进步。(3) "干中学"带来的加速效应会使企业趋向于直接购买或进口现成的机器设备和技术，而不是选择自主性技术创新。这会进一步促进资本形成及资本体现型技术进步（狭义的技术进步），但技术创新带来的广义的技术进步却会被压制。(4) 在纯粹经济学意义上，只有当隐性的固定资产存量基本被显性化（重估效应趋近为0）、资产溢价回归基本价值（升值效应趋近为0）、随着资本积累扩大的"干中学"效应已经衰竭（接近国际技术前沿）三个条件被满足的情况下，一个发展中经济体才可能从以实物资本积累为主的增长模式，真正转向以知识、技术等广义的资源显性化、资本化为特征的创新型经济增长。

第二节　中国的资本形成、增长模式和技术进步的性质

一个经济体选择什么类型的增长模式，是内外部宏观条件和微观行为动因交互作用的结果。由前面的理论演绎可知，在一个快速资本化的发展经济环境中，由于普遍存在实物资产重估和溢价（加上"干中学"作用机制），经济增长模式往往会体现为资本积累驱动和资本体现型技术的双重特征。中国经济发展是否也符合这一规律？投资、技术进步、经

济增长的性质如何？技术进步与经济资本化之间存在什么样的关系？为此，我们将用接下来两节的篇幅进行求证。

本部分将涉及中国资本形成、增长动力和技术进步的估计、量化测算和性质判定。对 TFP 的估计方法参见张自然（2008）。过程如下：（1）估计中国 30 个省区市 1978—2008 年固定资本存量的面板数据，并加总得到全国的固定资本存量（结果见附表1）；（2）利用固定资本存量估计结果及现有的劳动力和 GDP 数据，采用 Fare 等（1994）构建的基于 DEA 的 Malmquist 指数法，并利用 Coelli（1996）给出的数据包络分析软件包 DEAP 计量软件，得出中国 30 个省区市及全国的全要素生产率（TFP）增长情况（结果见附表2）；（3）利用固定资本存量、劳动、GDP 和 TFP 增长等相关数据，分析要素积累与技术进步对于经济增长的贡献率（结果见附表3）；（4）进一步对中国各省区市经济的全要素生产率进行分解，得到 1978—2008 年全国的 TFP 指数分解，以进一步求证中国技术进步的具体性质（结果见附表4）。我们的主要发现如下：

一　资本存量快速增加

一个经济体的资本化，在实体经济的资本形成阶段，其结果是资本存量的增加。资本存量是指在一定时点下生产单位中资本资产的数量，一般是指固定资产，当期实际资本存量由上期实际资本存量与当期实际净投资两部分构成。

为了说明中国的资本化特征，本章采用永续盘存法对 1978—2008 年的固定资产存量进行了测算，计算方法是将第 i 个省区市的第 t 年的固定资产原值表示为：

$$K_{it} = K_{i,t-1}(1-\delta) + I_{it}$$

其中，I_{it} 是第 i 省区市第 t 年的当年新增固定资产投资，K_{it} 是第 i 省区市第 t 年的固定资产原值，δ 是折旧率。

1978 年全国的固定资本存量利用 1952—1978 年的固定资本形成指数，新增固定资产投资和 1952 年的固定资本存量得到并换算成 1978 年价格。[①] 各省区市以 1978 年为基期的固定资本存量由 1978 年的全国固定资本存量按当年各省区市占全国全社会固定资产投资的比重来确定。把各

[①] 1952—1990 年全国的新增固定资产投资和固定资本形成总额之间的比约为 1，因此该期间可以利用固定资本形成指数来代替固定资产价格指数。

省区市的全社会固定资产投资总额按照全国的全社会新增固定资产投资占全社会固定资产投资总额的比重换算成各省区市的全社会新增固定资产投资。由各省区市和全国的国内生产总值指数、全国的固定资产价格指数及 1991 年后各省区市固定资产价格指数［来源于《中国统计年鉴》（2009）和《中国国内生产总值核算历史资料（1952—2004）》等］可以得到各省区市 1978—2008 年以 1978 年为基期的固定资产价格指数。确定了各省区市 1978 年的固定资本存量、全社会新增固定资产投资、以 1978 年为基期的固定资产价格指数和折旧率后，按照永续盘存法，我们计算出 30 个省区市 1978—2008 年以 1978 年为基期的固定资本存量（结果见附表 1）。结果表明，中国的固定资本存量目前呈高速增长之势，对 20 世纪 80 年代、90 年代和 21 世纪以来的每一个十年区间的前、后两个半期比较，发现大体上显现出"前低后高"的增长格局（即每个十年的前半段相对低增长、后半段相对高增长）。从近几年的情况看，资本积累更呈突飞猛进的态势。

二　中国经济增长的性质：基于动力源泉分解

通过中国省级 1978—2008 年的面板数据，运用非参数的 Malmquist 生产率指数法，我们首先分析了中国 30 个省区市全要素生产率（广义技术进步）的变动情况，并将其分解为技术进步（狭义）和技术效率变化。接着利用分阶段的随机前沿分析法，进一步得到了资本和劳动的产出弹性。将 TFP 增长对 GDP 贡献的剩余部分通过资本和劳动的份额来平摊，可得到资本和劳动对 GDP 的贡献率。据此测算出 TFP 增长、资本和劳动对 GDP 的贡献率（相关数据参见附表 3）。为了稳妥起见，我们也用传统的增长核算方程对三者的贡献率进行了估计，列在附表 3 的最后两列。两者估计结果稍有不同，但在大的方面却是基本一致的。因此，下面的讨论只基于分阶段的随机前沿分析法的估计结果展开。

图 14 - 1 显示了中国经济增长中资本积累、劳动投入与全要素生产率三大动力源泉的贡献的趋势变动。1979—2008 年，中国全要素生产率平均增长为 2.1%，TFP 增长对经济增长的贡献率为 19.7%。资本积累平均增长率为 10%，对经济增长的贡献率高达 70.4%。劳动力年平均增长率为 2.0%，对经济增长的贡献率为 9.9%。据此基本可以认为，中国经济增长的性质或模式为要素投入型增长或资本积累型增长，这与大量研究的结论是一致的。从产出弹性看，资本产出弹性大体上在 0.48—0.63，改

第十四章 资本化扩张与赶超型经济的技术进步 | 403

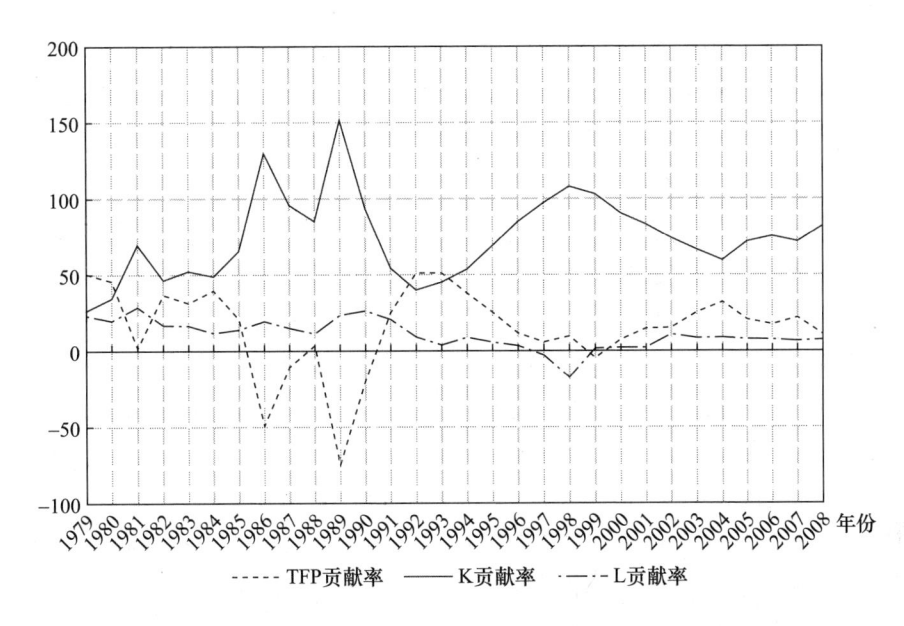

[图表：1979—2008年TFP贡献率、K贡献率、L贡献率折线图]

----- TFP贡献率　——— K贡献率　-·-·- L贡献率

图 14-1　TFP 增长、资本和劳动对 GDP 的贡献率（1979—2008）

革开放 30 年的平均值为 0.57，劳动产出弹性则在 0.35—0.58，平均值为 0.42。与许多发达国家常规的生产函数（劳动占主导）相比，中国的资本产出弹性接近于 0.6 是很高的，也从另一个角度说明改革开放 30 年中国处于大规模资本积累阶段，资本占主导，而劳动则处于"弱势"地位。

我们的估测结果也表明，中国的资本积累增长率及其对经济增长的贡献率，与全要素生产率所代表的技术进步（广义）对经济增长的贡献率，表现出明显的此消彼长关系。即在快速资本积累、资本化扩张主导经济增长时期，TFP 的作用相对较弱；在资本积累较慢、作用下降时期，TFP 的作用就会上升。分阶段来看，30 年中的每一个十年的前半时期与后半期相比，资本积累速度都显现出"前低后高"之势，如固定资本增长率 1979—1983 年仅为 6.3%，但 1984—1988 年达到年均 12.6%；1991—1995 年平均为 8.5%，但 1996—2000 年却达到年均 11.4%；2001—2004 年均 10.9%，并不算低，但 2005—2008 年资本积累势头更猛，年均高达 14.7%。相反，TFP 的贡献率在每个十年的前后半期中，表现出"前高后低"的态势。因此，测算的结果与前文模型所刻画的情景是一致的。在经济处于实物投资有较大回报、资本积累加速期，广义的技术进步（或谓创新）带来的效率改进动力就会相对不明显，经济甚至处于不创新的状态。

三 中国技术进步的性质

全要素生产率增长不仅取决于所用技术水平的提高（狭义技术进步），而且还取决于对现有技术的使用、发挥状况（即技术效率）的改进。从长远来看，与设备、工艺更新相关的技术进步（狭义）是 TFP 变动的主要来源，而反映生产潜力发挥程度的技术效率变动往往与短期因素有关。将 TFP 增长率分解为技术进步（狭义）和技术效率变化，体现了经济增长的增长效应和水平效应（Lucas，1988）。增长效应意味着生产可能性曲线移动，促进了技术进步（狭义）；水平效应意味着向生产可能性边界移动，提高了技术效率。

为使 TFP 的测定更细致化，同时也为更深入地理解中国技术进步的具体性质，我们将 TFP 增长分解为技术进步和技术效率变化（后者又包括纯技术效率变化和规模效率变化）。结果表明，在 TFP 演进的大趋势下，改革开放 30 年，中国技术进步（狭义）年均增长 3%，技术效率变化年均却为 -0.9%。对 TFP 增长起主要作用的是技术进步（狭义），而技术效率的恶化对 TFP 增长起抑制作用。这就意味着在很大程度上中国 TFP 改进的主要源泉来自资本体现型技术进步。

对中国东部、中部、西部地区进行比较后发现，东部、中部、西部技术进步（狭义）本身差距并不是很大，但东部、中部、西部地区技术效率之间差距显著，导致东部、中部、西部的全要素生产率增长差距较大（见附表 2）。就地区来看，TFP 增长最快的是东部地区，TFP 年均增长为 3.78%，东部地区 TFP 增长对经济增长的贡献为 32.5%，其中尤以广东发展最为迅速，TFP 年均增长 6%，技术进步（狭义）变动 4.4%，而技术效率变动 1.50%。处于第二位的是中部地区，TFP 年均增长 1.51%，对经济增长的贡献仅为 14.95%。最后的是西部地区，TFP 年均增长为 0.79%，对经济增长的贡献仅为 7.86%。中国东部、中部、西部地区的技术进步（狭义）分别为 3.83%、2.67% 和 2.44%，技术进步本身的差别并不是特别显著，但东部、中部和西部地区技术效率分别以年均 -0.05%、-1.14%、-1.60% 的速度恶化，中部、西部技术效率恶化更为严重，导致中西部与东部的全要素生产率增长差距扩大。故地区数据也支持中国 TFP 的主要源泉是技术进步（狭义）的判断，而东部、中部、西部技术效率恶化均对全要素生产率增长起着抑制作用。

第三节 中国资本化过程的扩张效应与 TFP 变动

上述资本积累型驱动的经济增长与经济资本化过程到底体现何种关系，需要进一步从经济发展事实及实证检验中寻找答案。

中国的资本化过程是在改革开放基础上实现的。早期的大量研究认为，中国经济改革的初始性质为增量改革，即在不触动体制内产权基础上，对经营或投资所实现的净收益（增量）的分配结构进行调整，来达到调动经济主体积极性的目的。我们的估算表明，1978—2008 年，中国经济的实物资本存量年平均增长 10%，而劳动人数增长仅为 2%，实物资本与经济增长保持了同步。30 年来，资本存量高速增长的背后，是机器设备、建筑物、土地使用权、矿山乃至文物资源等有形资本源源不断地通过经济资本化过程"浮出水面"并被重新估值，进入了生产函数。粗线条来看，这种资本化扩张引致的技术过程大致上经历了三个阶段：(1) 20 世纪 80 年代是农业和乡镇工业发展带动下的经济增长。在该十年的前半期，农村制度创新激励下的农业经济效率一次性提高对增长的作用较明显，后半期随着 TFP 的下降，农业剩余资本化配合金融多元化激励下的工业资本积累开始主导经济过程。(2) 90 年代开始转向制造业发展。此时期资本化与资本形成之间的关系，更多地表现为实物资产重估推动下的规模扩张逐年升级，相应的 TFP 的作用却逐年减弱。(3) 21 世纪后，中国经济资本化进入城市化加速带来的土地价值重估与溢价双重主导的发展阶段，尤其在 2005 年之后伴随着汇率改革，越来越多地表现为国际资本参与下的实物资产甚至虚拟资产升值推动的急速资本形成，而经济创新被抑制，全要素生产率维持在低位增长。

分阶段来看，改革开放首先始于 20 世纪 80 年代开始的农村联产承包责任制。联产承包责任制的实质，是国家让渡土地资源的使用权（租借土地，以公粮为对价），与从农村集体中获得人身自由的农民相结合，形成了一个基于家庭的"小规模农户企业"和新生产函数。这可视为中国第一轮的经济存量资本化过程，即农村土地使用权的资本化。对农民来说，由于人身可支配、土地可使用、收益可分享，因此，大大调动了他们的积极性。同时，随着劳动生产率的快速提高，带来了人均产出的增长。农业产出的增长使农民在交纳公粮后有了一定的农业剩余，在相对确定、家庭拥有决策权和收益权的新生产函数条件下，农户就可能加大对附着于土地的固定资产进行投资和技术革新，这对 80 年代初期的技术进步形成了正向影响。同时，乡镇企业（社队企业）、农村个体、联户办企业开始迅速发展，为改革后不断扩大的农村剩余再投资和劳动力析出创造了资本化的条件，带动了农村产业结构、就业结构变革和小城镇发展。据估计，农村土地制度改革对农业增长的贡献约为 40%。土地使用权隐性资本化与解除束缚后的自由民所释放的巨大的能量相结合，在中国 20 世纪 80 年代初期迎来了经济效率改进和规模扩张的"黄金发展时期"。当然，正是农业的发展为未来资本化带来了经济剩余。

进入 90 年代以后，农业剩余减少，中国的资本化主要围绕工业部门，由国有企业、外资企业和民营企业三条路线并行展开。首先，从 90 年代初开始对国有企业实行现代企业制度改革，通过企业改制、下岗分流、兼并重组等手段，对资本存量进行再评估，重构企业生产函数，允许符合条件的企业上市。1990 年年底，沪、深两个股票市场（以及此期间各类产权交易市场）正式建立，推动了此后经济资本化加速进行。统计数据表明，1993—2000 年，新上市公司 1104 家，年平均达到 138 家，其中，1997 年达到 222 家（当年筹资额达到近 1300 亿元），90 年代后半期的资本形成在此背景下得到了明显扩张。其次，1984 年新的外商投资法实行，中央和地方都采取了大量优惠措施来吸引外资。伴随 1992 年中国的市场化改革和开放力度的加大，FDI 流入加速。90 年代，各地区把招商引资放在重要位置，纷纷通过土地、税收等优惠政策来吸引外资。1985—1991 年，FDI 流入的年增长率仅为 14%，年流入量为 45 亿美元。1992 年迅速增长至 110 亿美元，1993 年为 280 亿美元，这两年的增长率均超过 150%。到 1997 年，FDI 流入达到 490 亿美元。经济开放带来的生产函数重构、"干中学"和市场范围扩展的分工深化，在 90 年代初期促进了经济效率的提高。最后，民营企业在此期间也迅速发展壮大。随着党的十四大、十五大对民营经济的肯定，私营企业从体制外进入体制内。到 1999 年，私营企业户数达 151 万户，从业人员增至 2021 万人，民间投资的发展，推动了资本形成、就业扩大和经济效率的大幅度提高。

总的来看，90 年代开始了中国企业从计划体制转向市场体制的过程，进入经济存量急速资本化扩张阶段。原先处于"冷冻"状态的机器设备、建筑物及土地使用权,被激活、重新评估、组合及资本化,同时带动国民储蓄进入资本市场,最终形成了国家、个人及外资三方合资的总量生产函数,机器设备投资主导的资本形成在 90 年代的大部分时间里得到了迅速扩张,在开放条件下实现了分工、市场扩大和效率提高的"斯密式增长"。然而,90 年代中期之后由于经济重组及亚洲金融危机带来的不稳定,加上资本化中的高资产溢价和投机泡沫等原因,实物产出受到较大影响,技术进步在此期间也出现了下降。

21 世纪以来,中国经济资本化进入了第三个阶段,即城市化加速带来的土地价值重估为主导的资本化。无论是国有还是集体土地,其参与资源配置的主要方式表现为土地的交易或流转,通过土地产权的交易与价值重估,在进行土地资本化的同时实现了土地价值的增值。土地作为一份国家固定资产,其使用权作为可交易的契约具有单独的资本价值。土地使用权由政府出售之后,在二级市场上可以交易,使之具备了资本的属性,而且是相对独立于土地之外的资本,使全社会的资本供给也因此增加。在经营性、行政事业性和资源性三大类国有资产中,以土地为载体的资源增值最快最大,可以说主导了经济过程,并带动了地面建筑物价格的快速上扬。从 1998 年开始(尤其是 2003 年以后),国有企业占用的土地须按照土地市价估值计为国有资本或国有净资产。可以说,2003 年以后,国有资本形成中,有很大一部分是国有土地使用权资本化的结果。此外,随着 FDI 加速流入,新一轮国有企业上市、海外上市潮,中国资本市场进行了股权分置改革,原先非流通的股权开始贴现,资本化扩张在近几年呈现突飞猛进之势。

改革开放以来,以土地资本化、股票资本化和 FDI 流入三方面为主要特征的资本化进程,究竟与中国资本形成、经济增长之间形成何种关系,我们在此作一个计量检验。时间为 1992—2008 年。其中,土地资本化以土地出让收入度量,数据主要来自《中国国土资源公报》和付敏杰(2010);股票资本化数据以年度国内外上市筹资额度量,数据来自中国统计信息服务系统;FDI 流入为年度实际合同金额,数据来自《中国统计年鉴》各期,并以当年年内平均汇率折算成人民币。以上三者为解释变量。建立双对数线性模型,第一个方程的被解释变量为年度全国固定资产投资(investment),第二个方程的被解释变量为国内生产总值

(GDP)，数据均来自《中国统计年鉴》。估计结果分别为：

$\ln(Investment) = 3.4017 + 0.2157 \times \ln(land) + 0.1994 \times \ln(equity) + 0.2938 \times \ln(fdi)$

$\text{s.e.} = (0.7724) \quad (0.0511) \quad (0.0739) \quad (0.1310)$

$t = (4.4037) \quad (4.2212) \quad (2.6988) \quad (2.2419)$

$R^2 = 0.94 \quad F = 67.8 \quad DW = 1.76$

方程拟合良好，DW 值显示无自相关。方程中土地出让收入（land）、股票上市筹资（equity）和 FDI 流入三者的固定资产投资弹性分别为 0.2157、0.1994 和 0.2938，说明随着与资本化有关的相关解释变量每提高 1%，固定资本形成（Investment）可分别提高 0.2157%、0.1994% 和 0.2938%。这证实中国 90 年代以来经济资本化促进了资本形成。

$\ln(gdp) = 4.7848 + 0.1950 \times \ln(land) + 0.1515 \times \ln(equity) + 0.5197 \times \ln(fdi)$

$\text{s.e.} = (0.6917) \quad (0.0457) \quad (0.0662) \quad (0.1173)$

$t = (6.9171) \quad (4.2630) \quad (2.2905) \quad (4.4293)$

$R^2 = 0.96 \quad F = 94.2 \quad DW = 1.73$

方程同样拟合良好，DW 值显示无自相关。方程中土地出让收入（land）、股票上市筹资（equity）和 FDI 流入的产出弹性分别为 0.1950、0.1515 和 0.5197，这说明随着与资本化有关的相关解释变量每提高 1%，国内生产总值（GDP）可分别提高 0.1950%、0.1515%、0.5197%。这就证实，中国 90 年代以来的经济资本化促进了经济增长。

从上面的分析可以得出如下结论：

（1）就国家宏观层面而言，经济发展也是一个经济存量资本化过程。如何把固化形态甚至无形的"隐蔽资产"适时且合理地转变为可流动的、经济学意义上的资本，由此促进有效的资本形成，提高经济效率，对于后发国家的发展具有关键意义。

（2）从经济资本化顺序来看，一般按照通用设备、建筑物、土地等固定资产以及商标资产和技术资产、企业家才能等顺次展开——这是由它们的资产专用性决定的，专用性越低，越容易定价和交易。中国目前还处于实物资产资本化阶段。

（3）从区域发展来看，资本化程度越高的区域，资本化溢价越大，由此所衍生的财富放大效应越强，带动的资本形成也越大。在某种意义上说，中国东部、中部、西部发展不平衡的根源或许正是由资本化程度不同而带来的。

第四节 资本化扩张的可持续性问题

改革开放以来,特别是20世纪90年代后资本化扩张加速,中国经济的大繁荣与此密切相关。然而,我们应认识到,合理有序的资本化过程对于资本形成和效率提高有正向作用,但过度资本化会构成负面冲击,它不仅可能带来低效或无效的资本形成,而且抑制、阻碍了技术创新的步伐。

国际经济学早期文献研究的"荷兰病"及近几十年来国内外学界热议的"资源诅咒"命题都一再向世人提示:一国在发现大量高价值的资源之后,中短期内会激发一轮资源投资热和经济增长高潮,但在若干年其可持续性一定会受到挑战,过度贴现与自然资源相关的现金流,最终会在长期内拖累经济增长,甚至使该国面临经济危机。究其原因,在于资源开发热会带来某些资源品的价格高涨,大量资本和人力涌入该行业追逐高回报的同时,也抬高了各类要素的价格,随着部门间贸易条件的调整以及本币升值,会使国内制造业逐步萎缩。为了补偿损失,该国可能对制造业实施贸易保护,却反而使制造业内生创新动力不足而不断失去国际竞争力,从而形成了一个恶性循环。

由于中国是一个劳动力充裕、资源稀缺、中间品需要进口的制造业大国,因资源部门的意外繁荣而引发普遍的要素价格上涨和转移效应,也许不会在中国全面上演。但是,中国在经济资本化扩张过程中,大量隐性资产存量的显性化、资本化也存在着类似"资源发现"的经济机理。随着资产溢价而带来大量资本一次性或多次注入某些地区或部门,另一种性质的"荷兰病"可能会发生。对其负面冲击应当引起高度警惕。

就自然资源而言,长期以来,地下资源丰富的地区如山西、东北、云南、贵州、新疆等,已经显现出资源过度开采、污染严重且创新不足等"通病",其经济绩效远逊于自然资源匮乏的浙江、江苏等地区。包括石油、天然气、煤炭、矿石等为主的自然资源部门全要素生产率在近几年都出现了普遍下降。

从企业资本化角度看,趋之若鹜的"上市潮"背后是对利润和政绩的追求。由于普遍存在着一次性IPO溢价和后续资产升值带来的高额租金，20世纪90年代以来，大量中国企业（包括地方政府）都把上市当作圈钱的重要渠道。上市公司的IPO、配股、增发、可转债的转股价格、转股比例设计都实行高溢价发行机制。巨大的"高溢价"产生了过高的资本化租金，上市公司每股净资产倍增。这首先造成了畸形的资本市场结构：我们根据IMF、中国统计局及证监会数据的测算结果表明，中国金融资产总量（债券、股票和银行资产之和）近几年来增长迅猛，2009年总值约121万亿元人民币，与GDP之比达到3.6倍，已经在近几年来3.53倍的世界平均水平之上。从资本市场来看，中国股票市场资本化占GDP比重也已达到73%，在主要国家中仅次于美国（81%），远超过了德国（30%）、欧盟（43%）和世界平均水平（55%）。但是，私人债务证券却只占GDP的9%，远远低于世界平均水平（85%）。高溢价使中国资本市场的托宾Q值长期高于2，甚至达到3—4的水平，许多企业只醉心于追求资产回报了。根据我们前面的租金公式 $R_{K'} = F_K(A, K, \psi) + F_\psi(A, K, \psi) + \frac{\dot{\lambda}_{K'}}{\lambda_{K'}} - r$，在不考虑产品需求等其他影响因素的情况下，只要存在垄断性的产品定价、抢先模仿的先行之利，或者有资产溢价"补贴"，企业的实物资本边际产出不一定要达到最佳值，其租金回报便可达到预期目标。长此以往，就会出现过度投资、产能过剩但内生创新动力不足。

近几年来的土地与房产的资本化，已经偏离正常轨道。（1）高地价、高房价引发越来越多的社会矛盾，成为影响经济增长和社会和谐的一个严重问题。在土建成本没有太大提高的情况下，房价上涨的原因不仅来自城市化带来的真实住房需求、土地资源稀缺导致的供求矛盾，以及市场投机因素，更来自地价资本化中的政府土地出让金不断攀升。据国土资源部2009年调查，全国地价占房价的比重平均为23.2%，部分大城市地价已占到房价的46.7%。2010年2月的数据进一步显示，2009年中国城市土地出让总价款为15910亿元人民币，同比增加63.4%。再加上各种配套税费，政府收益实际上占房价的33%—39%，卖地已成为地方政府的重要财源。（2）随着工业用地与住宅用地的价格重估，土地与房产价格出现不断攀升，会带来相应的城市生活成本、用工成本和生产成本等上升，这些成本的增加会使产业的竞争力下降（张平、王宏淼，2007；课题组，2009）。（3）土地资本化所推动的资源过度开采、环境破坏，导致人们生活质量下降。

中国经济资本化与市场化一样，都是在赶超型增长战略和政府管制条件下展开的。其机制为：首先，宏观政策上先通过低要素价格（如对上述租金公式中的利率 r 进行控制）和信贷配给等途径，使投资所需要支付的"显性机会成本"较低。其次，在某些部门和领域形成高额租金回报，这种高额租金来自垄断产品定价和高资产溢价两个方面。通过上述两方面对居民储蓄的隐蔽动员，产生了低显性成本、高租金回报的激励效果，最终达到了诱导资本形成、资源再配置，实现加速经济增长目的。

这一模式，过去是行之有效的，促进了经济的规模扩张和一定程度的效率改进，但却也不可避免地产生了问题：其一，管制下的信息、资源和机会的不均等，导致了寻租、腐败以及部门、地区和人群之间的收入差距扩大。为最大限度地获得资本化租金，掌握信息优势甚至专业优势的企业家或资本所有者，总是会尽可能地通过各种途径甚至不惜运用造假、操纵等手段来实现资产的增值。其二，不合理的管制成本和过多的中间环节，提高了经济的交易费用，或给企业实物投资带来过高的显性和隐性成本，或使资本化过程中的经济租金被无形损耗或流失。其三，政府主导的资本化过程，可能会使政府沉迷于税收和国有资产大幅度增值、GDP 赶超和经济繁荣的景象之中。为应对不断增加的挑战，对经济资本化进行纠偏，转变经济发展方式，已经势在必行。

第五节 结论和政策建议

未来的经济增长不宜再依赖过度贴现未来的资本化来实现。因为经济增长可能会变得虚拟化，副作用不断显现，制造业、服务业都会因为成本上升而失去竞争力。为了使中国经济增长具有可持续性，我们认为，以下几个方面应特别强调。

一 转变政府理念和职能

高增长只是长期发展的一个阶段，任何经济在经历高增长后都会进入一个平稳增长的过程。在经济增长惯性及政府干预下，中国或仍能维持一定时期的较高增长态势。但如果在此期间仍是"有量无质"、不能提高全要素生产率，赶超型的增长战略所面临的困难会越来越多，政府追求的高税收、高支出政策也难以为继。随着"干中学"效应衰减,在一时还缺乏技术创新带来收益的情况下,现在的资产虚拟升值,意味着在过度贴现未来的实物现金流。所以,过度追求资本化推动的高资本形成、高增长,已越来越不符合中国经济的现实。在此情景下,政府应转变观念,平衡短期利益和长期利益,通过政策引导中国经济增长模式转型。同时应转变政府职能,减少政府对经济增长的干预和主导,消除各级政府单纯追求"快"而获得激励的机制。

二 机会均等,价格引导,规范竞争,减少行政性垄断

应建立国民机会均等的制度保障机制,减少不合理的壁垒、中间环节以及歧视性政策,让隐性成本显性化。同时,纠正资本化偏向的一个关键是正确的产品市场价格和要素市场价格信号。在宏观政策上特别要通过正的实际利率来引导投资,抑制投机。要充分发挥市场配置资源的作用,加强反垄断机制的建立,特别是缩小行政垄断的范围,调整资源价格,让微观企业能按市场信号进行理性决策。

三 政策激励技术创新

技术创新不仅需要企业内在的动力,也需要政府合理的政策引导。一个经济体从积累转向创新有其现实条件及利益动机,由于创新投资的风险较大、成本较高,为了刺激企业进行内生的技术创新,政府应该有更为积极的鼓励政策,如在税收、信贷、技术支持等各个方面都应该给企业提供更多的补贴和服务便利。同时,应加强资本市场建设,使资本市场配置资源成为产业演进的重要机制,成为中国技术创新的激励来源之一。

四 强化人力资本投资

人是经济活动的主体,是生产力中最活跃的因素。在中国的赶超战略中,人是作为一种资源被驱动进入经济活动中的,人力资本的浪费现象严重。把人的作用降低到了等同于机器的程度,人的创造力无法发挥。伴随实物资本化转向技术、知识的资本化,人就必须在增长中起到更大的作用,尤其是人力资本应该有更多的积累和质量提升,以使中国未来的经济增长有更为可靠的因素来支撑。在政策上,特别是要规范社会的收入分配结构,使知识能得到其应得的报酬。

参考文献

[1] 付敏杰：《城市化进程中土地财政的宏观作用机制》，载张平、刘霞辉《宏观经济蓝皮书——中国经济增长报告（2009—2010）》，社会科学文献出版社 2010 年版。

[2] 郭庆旺、贾俊雪：《中国全要素生产率的估算（1979—2004）》，《经济研究》2005 年第 6 期。

[3] 林毅夫、任若恩：《东亚经济增长模式相关争论的再探讨》，《经济研究》2007 年第 8 期。

[4] 刘伟、张辉：《中国经济增长中的产业结构变迁和技术进步》，《经济研究》2008 年第 11 期。

[5] 舒元、才国伟：《我国省际技术进步及其空间扩散分析》，《经济研究》2007 年第 6 期。

[6] 孙琳琳、任若恩：《中国资本投入和全要素生产率的估算》，《世界经济》2005 年第 12 期。

[7] 王小鲁、樊纲、刘鹏：《中国经济增长方式转换和增长可持续性》，《经济研究》2009 年第 1 期。

[8] 吴敬琏：《中国经济增长模式的抉择》，远东出版社 2006 年版。

[9] 谢千里、罗斯基、郑玉歆、王莉：《所有制形式与中国工业生产率变动趋势》，《数量经济技术经济研究》2001 年第 3 期。

[10] 颜鹏飞、王兵：《技术效率、技术进步与生产率增长：基于 DEA 的实证分析》，《经济研究》2004 年第 12 期。

[11] 易纲、樊纲、李岩：《关于中国经济增长与全要素生产率的理论思考》，《经济研究》2003 年第 8 期。

[12] 张军：《资本形成、工业化与经济增长：中国的转轨特征》，《经济研究》2002 年第 6 期。

[13] 张军、施少华：《中国经济全要素生产率变动（1952—1998）》，《世界经济文汇》2003 年第 2 期。

[14] 张平、王宏淼：《"双膨胀"的挑战与宏观政策选择》，《经济学动态》2007 年第 12 期。

[15] 张自然：《中国生产性服务业 TFP 变动分解》，《贵州财经学院学

报》2008 年第 2 期。

[16] 张自然：《中国生产性服务业的技术进步研究——基于随机前沿分析法》，《贵州财经学院学报》2010 年第 2 期。

[17] 赵志耘、吕冰洋、郭庆旺：《资本积累与技术进步的动态融合：中国经济增长的一个典型事实》，《经济研究》2007 年第 11 期。

[18] 郑京海、胡鞍钢：《中国改革时期省际生产率增长变化的实证分析（1979—2001 年）》，《经济学》2005 年第 2 期。

[19] 郑玉歆：《全要素生产率的测度及经济增长方式的"阶段性"规律：由东亚经济增长方式的争辩谈起》，《经济研究》1999 年第 5 期。

[20] 中国经济观察课题组：《中国资本回报率：事实、原因和政策含义》，北京大学中国经济研究中心研究报告，2006 年。

[21] 中国经济增长与宏观稳定课题组：《干中学、低成本竞争和增长路径转变》，《经济研究》2006 年第 6 期。

[22] 中国经济增长与宏观稳定课题组：《城市化、产业效率与经济增长》，《经济研究》2009 年第 10 期。

[23] Bai, C. E., Hsieh, C. T., Qian, Y., 2006, "The return to capital in China", National Bureau of Economic Research Cambridge, Mass., USA.

[24] Coelli, T., 1996, "A Guide to DEAP Version 2.1: A Data Envelopment Analysis (Computer) Program", Center for Efficiency and Productivity Analysis (CEPA) Working Paper, 96 (08).

[25] Fare, R., Grosskopf, S., Norris, M., Zhang, Z., 1994, "Productivity growth, technical progress, and efficiency change in industrialized countries", *American Economic Review*, 84 (1), pp. 66 – 83.

[26] Krugman, P., 1994, "The Myth of Asia's Miracle", *Foreign Aff.*, 73, p. 62.

[27] Lucas, R. E., 1988, "On the Mechanisms of Economic Development", *Journal of Monetary Economics*, 22 (1), pp. 3 – 42.

[28] Sachs, J. D. and W. T. Woo, 2000, "Understanding China's economic performance", *Journal of Economic Policy Reform*, 4 (1), pp. 1 – 50.

[29] Young, A., 2000, "The Razor's Edge: Distortions and Incremental Reform in the People Republic of China", *Quarterly Journal of Economics*, CXV.

附录

附表 1　对 30 个省区市及全国 1979—2008 年固定资本存量的估计结果

年份		1978	1979	1980	1981	1982	1983	1984	1985	1986	1987	1988	1989	1990	1991	1992	1993
北京	1	214	223	234	251	268	290	321	363	416	489	556	612	672	721	774	837
天津	2	151	156	163	171	188	208	231	261	296	332	368	400	428	464	501	534
河北	3	352	363	372	400	437	465	506	555	622	708	806	882	929	990	1042	1094
辽宁	6	420	433	449	478	511	544	588	649	745	850	961	1054	1119	1204	1292	1392
上海	9	500	513	532	557	581	610	647	692	756	846	962	1105	1250	1313	1391	1501
江苏	10	206	215	228	262	300	355	418	477	586	715	836	884	938	1043	1199	1345
浙江	11	227	235	246	261	272	286	306	338	381	440	503	574	638	696	752	819
福建	13	127	132	137	143	150	160	172	191	215	244	272	296	322	346	378	422
山东	15	397	424	450	488	522	559	617	694	794	916	1045	1148	1233	1326	1424	1536
广东	19	340	351	367	389	427	467	527	602	700	796	919	1023	1102	1171	1284	1417
海南	21	30	31	32.5	34.5	35.9	37.5	40.1	43.9	49.3	55.2	63.3	75.1	89.3	99.3	116	137
东部平均		269	280	292	312	336	362	398	442	506	581	663	732	793	852	923	1003
山西	4	161	167	175	187	203	225	257	297	345	394	435	470	508	547	578	610
吉林	7	172	179	185	192	204	214	232	259	288	319	350	376	401	426	453	486
黑龙江	8	320	330	346	367	396	431	475	531	606	686	763	833	889	944	1001	1053
安徽	12	209	215	217	217	229	249	274	303	345	391	439	471	504	529	557	592
江西	14	77.2	79.2	87.8	96.3	108	124	142	161	186	212	243	268	288	310	336	366
河南	16	298	309	324	341	361	380	414	461	532	589	656	708	759	814	860	911
湖北	17	319	325	332	340	355	377	404	438	476	528	579	610	643	671	713	764
湖南	18	191	200	213	229	246	270	299	338	386	444	505	544	582	626	683	735
中部平均		218	226	235	246	263	284	312	349	395	445	496	535	572	608	648	689
内蒙古	5	106	109	114	121	128	141	159	179	196	214	232	247	263	284	314	347
广西	20	92.2	95.4	99.5	103	111	122	137	159	191	227	268	298	323	355	396	456

续表

年份		1978	1979	1980	1981	1982	1983	1984	1985	1986	1987	1988	1989	1990	1991	1992	1993
重庆	22	56	58.8	62.8	69.5	77.8	89.3	104	121	142	165	187	207	231	256	280	308
四川	23	338	348	363	382	403	430	471	535	610	699	792	877	949	1031	1127	1216
贵州	24	85.4	88.3	92.6	98.6	104	110	118	131	143	156	172	183	194	205	215	227
云南	25	126	131	137	145	155	163	178	198	226	251	277	298	319	341	367	399
陕西	26	148	154	160	168	181	194	212	236	266	298	326	355	381	406	424	446
甘肃	27	119	122	127	134	141	149	161	176	194	215	237	251	268	281	295	303
青海	28	28.5	29.5	33.5	39.6	45.3	51.6	59.1	67.6	77.4	89.1	102	110	118	125	131	139
宁夏	29	23.8	24.6	25.7	27.3	29.3	31.8	35.9	41.5	49.1	57.6	64	69.4	75.3	81.5	87.8	94
新疆	30	71.6	73.9	77.5	87.2	99	112	128	145	166	186	210	233	256	277	306	337
西部平均		109	112	117	125	134	145	160	181	206	233	261	284	307	331	358	388
全国加总		5906	6115	6383	6779	7268	7845	8633	9643	10985	12512	14128	15462	16672	17883	19277	20823
全国平均		197	204	213	226	242	261	288	321	366	417	471	515	556	596	642	694

年份		1994	1995	1996	1997	1998	1999	2000	2001	2002	2003	2004	2005	2006	2007	2008
北京	1	931	1047	1167	1301	1443	1595	1758	1932	2139	2360	2587	2849	3163	3509	3790
天津	2	580	637	709	795	890	987	1087	1192	1313	1454	1599	1782	2012	2298	2691
河北	3	1176	1300	1488	1724	1978	2273	2559	2818	3080	3367	3705	4170	4811	5558	6438
辽宁	6	1490	1582	1686	1809	1932	2069	2228	2385	2562	2775	3076	3538	4182	4959	5925
上海	9	1701	2024	2452	2868	3246	3602	3945	4259	4598	4925	5279	5714	6208	6716	7200
江苏	10	1490	1686	1926	2203	2504	2809	3116	3409	3768	4282	4827	5542	6435	7416	8495
浙江	11	903	1027	1176	1326	1489	1677	1907	2159	2466	2843	3244	3704	4237	4756	5255
福建	13	485	567	666	781	914	1056	1194	1321	1451	1589	1753	1967	2250	2636	3071
山东	15	1652	1792	1983	2213	2456	2754	3084	3398	3795	4374	5040	5959	7041	8124	9353
广东	19	1577	1735	1913	2084	2282	2521	2773	3017	3283	3586	3910	4316	4785	5294	5830
海南	21	160	177	195	210	226	246	265	283	301	322	342	367	397	429	472
东部平均		1104	1234	1397	1574	1760	1963	2174	2379	2614	2898	3215	3628	4138	4699	5320

续表

年份		1994	1995	1996	1997	1998	1999	2000	2001	2002	2003	2004	2005	2006	2007	2008
山西	4	644	674	716	773	844	920	1008	1105	1225	1375	1554	1787	2078	2417	2779
吉林	7	522	558	607	652	705	771	851	934	1033	1133	1243	1429	1720	2106	2616
黑龙江	8	1112	1197	1302	1432	1574	1712	1862	2020	2186	2342	2517	2746	3058	3427	3874
安徽	12	626	677	755	844	932	1017	1115	1211	1328	1469	1646	1895	2256	2741	3325
江西	14	396	432	476	522	576	642	715	800	927	1092	1283	1534	1837	2169	2610
河南	16	981	1076	1226	1404	1581	1746	1929	2111	2314	2554	2845	3287	3915	4704	5647
湖北	17	843	958	1110	1275	1449	1642	1842	2037	2240	2432	2649	2916	3262	3686	4198
湖南	18	795	870	984	1091	1211	1349	1504	1663	1843	2027	2247	2536	2882	3298	3802
中部平均		740	805	897	999	1109	1225	1353	1485	1637	1803	1998	2266	2626	3068	3606
内蒙古	5	380	415	455	498	545	597	661	731	835	1000	1233	1583	2013	2525	3104
广西	20	528	606	707	809	922	1047	1164	1277	1405	1547	1726	1986	2341	2794	3326
重庆	22	341	384	435	497	579	667	759	859	990	1140	1320	1550	1838	2178	2565
四川	23	1327	1474	1679	1830	2023	2236	2484	2731	3021	3339	3671	4111	4655	5299	6013
贵州	24	240	258	282	311	348	391	448	519	601	686	770	870	991	1130	1290
云南	25	433	476	534	601	680	758	834	904	980	1064	1160	1303	1484	1693	1936
陕西	26	468	498	533	575	631	697	768	840	924	1026	1143	1292	1494	1757	2084
甘肃	27	315	328	354	387	428	480	534	590	652	717	785	868	963	1079	1226
青海	28	145	152	168	186	208	232	265	304	349	390	431	479	539	603	673
宁夏	29	99.3	106	115	126	140	158	179	203	230	265	301	344	392	445	515
新疆	30	365	399	442	493	547	604	668	732	804	881	961	1057	1169	1290	1419
西部平均		422	463	519	574	641	715	797	881	981	1096	1227	1404	1625	1890	2196
全国加总		22705	25112	28241	31620	35283	39255	43506	47744	52643	58356	64847	73481	84408	97036	111522
全国平均		757	837	941	1054	1176	1308	1450	1591	1755	1945	2162	2449	2814	3235	3717

注：以1978年为基期。

附表2　　　对中国各省区市全要素生产率（TFP）指数的估计（1979—2008年）

年份		1979	1980	1981	1982	1983	1984	1985	1986	1987	1988	1989	1990	1991	1992	1993
北京	1	1.05	1.07	0.92	1.02	1.08	1.07	0.98	0.97	0.95	1.01	0.96	0.97	1.03	1.05	1.06
天津	2	1.07	1.06	1	0.96	0.99	1.09	1	0.95	0.98	0.97	0.95	1	0.99	1.05	1.07
河北	3	1.04	1.01	0.96	1.05	1.06	1.07	1.05	0.97	1.01	1.03	1	1.01	1.06	1.11	1.13
辽宁	6	1.02	1.06	0.93	0.99	1.07	1.09	1.04	0.97	1.03	1.01	0.96	0.97	1	1.07	1.1
上海	9	1.05	1.05	1.03	1.05	1.05	1.08	1.1	1	1.02	1.04	0.98	0.98	1.04	1.13	1.14
江苏	10	1.08	1	1	0.99	0.99	1.02	1.05	0.94	0.96	1.05	0.98	1	1	1.13	1.1
浙江	11	1.1	1.12	1.06	1.07	1.03	1.15	1.13	1.01	0.98	0.97	0.87	0.94	1.09	1.11	1.12
福建	13	1.02	1.15	1.11	1.05	1.01	1.11	1.09	0.97	1.02	1.04	0.99	0.99	1.06	1.1	1.1
山东	15	1.02	1.08	1	1.06	1.08	1.09	1	0.97	1.03	1.02	0.98	1	1.08	1.1	1.13
广东	19	1.06	1.13	1.04	1.05	1	1.06	1.07	1.01	1.09	1.08	1	1.05	1.12	1.15	1.16
海南	21	1	0.98	1.08	1.19	1.02	1.11	1.05	0.99	1	0.98	0.92	1	1.07	1.28	1.11
东部平均		1.05	1.06	1.01	1.04	1.03	1.09	1.05	0.98	1.01	1.03	0.96	0.99	1.05	1.12	1.11
山西	4	1.07	0.99	0.96	1.09	1.05	1.1	0.96	0.95	0.95	1	1	0.99	0.99	1.09	1.09
吉林	7	1.04	1.05	1.01	1.02	1.16	1.05	0.97	0.98	1.09	1.07	0.92	0.99	1.02	1.07	1.08
黑龙江	8	1.01	1.06	0.99	1	1.01	1.02	0.96	0.93	0.98	1	0.99	1	1.02	1.03	1.04
安徽	12	1.07	1	1.15	1.05	1	1.1	1.05	0.98	0.92	0.94	1	0.98	0.96	0.95	1.11	1.12
江西	14	1.13	0.94	0.96	0.97	0.94	1.01	1.02	0.92	0.95	0.97	0.96	0.97	1.01	1.06	1.04
河南	16	1.05	1.11	1.03	1	1.19	1.02	1.03	0.91	1.04	1	0.99	0.97	1	1.08	1.09
湖北	17	1.13	1.04	1.04	1.08	1.01	1.15	1.09	0.99	1.01	1	1	1.01	1.03	1.07	1.06
湖南	18	1.05	1.01	1.01	1.03	1.01	0.99	1	0.95	0.95	0.96	0.97	1	1.03	1.04
中部平均		1.07	1.03	1.02	1.03	1.05	1.06	1.01	0.95	0.99	0.99	0.97	0.98	1	1.07	1.07
内蒙古	5	0.95	0.89	1.05	1.13	1.02	1.06	1.07	0.99	1.02	1.04	0.99	1.01	1.03	1.02	1.03
广西	20	1	1.06	1.05	1.04	0.94	0.95	0.96	0.89	0.92	0.89	0.93	0.99	1.03	1.06	1.03
重庆	22	1.06	1.01	0.96	0.97	0.96	1	0.93	0.93	0.9	0.96	0.95	0.96	0.98	1.06	1.05
四川	23	1.07	1.06	1	1.05	1.04	1.03	0.99	0.93	0.95	0.95	0.93	0.96	1	1.03	1.05
贵州	24	1.08	1.01	1.01	1.1	1.06	1.11	1.05	0.97	1.02	0.99	0.98	1.04	1.03	1.05
云南	25	0.99	1.04	1.03	1.1	1.03	1.05	1.02	0.91	1.01	1.05	0.99	1.02	1	1.03	1.02
陕西	26	1.04	1.04	1	1.03	1.02	1.1	1.08	1	1	1.12	0.95	0.96	1.01	1.05	1.07
甘肃	27	0.98	1.05	0.87	1.04	1.09	1.07	1.05	1.03	1.01	1.05	1.04	1	1.02	1.05	1.09
青海	28	0.88	1.07	0.87	1.01	1	1.02	0.99	1	0.94	0.97	0.95	0.98	1	1.03	1.06
宁夏	29	1.03	1.04	0.97	1.03	1.08	1.04	1.06	0.96	0.95	1.03	1.01	0.97	0.99	1.03	1.06

续表

年份		1979	1980	1981	1982	1983	1984	1985	1986	1987	1988	1989	1990	1991	1992	1993
新疆	30	1.1	1.04	1.01	1.01	1.04	1.04	1.06	1.01	1.01	1	0.99	1.05	1.08	1.06	1.04
西部平均		1.02	1.03	0.98	1.05	1.03	1.04	1.02	0.96	0.98	1	0.97	0.99	1.01	1.04	1.05
全国平均		1.04	1.04	1	1.04	1.03	1.06	1.03	0.96	0.99	1.01	0.97	0.99	1.02	1.08	1.08

年份		1994	1995	1996	1997	1998	1999	2000	2001	2002	2003	2004	2005	2006	2007	2008
北京	1	1.04	1.03	1.01	1.02	1.04	1.04	1.05	1.04	0.96	1.02	1.06	1.04	1.02	1.03	1.02
天津	2	1.07	1.08	1.07	1.04	1.07	1.03	1.05	1.05	1.06	1.06	1.08	1.06	1.05	1.04	1.00
河北	3	1.07	1.03	0.99	0.97	0.98	0.98	1.01	1.04	1.05	1.07	1.08	1.07	1.05	1.05	1.01
辽宁	6	1.05	1.03	1.05	1.04	1.12	1.05	1.05	1.05	1.06	1.07	1.05	1.04	1.03	1.03	1.01
上海	9	1.07	1.06	1.05	1.06	1.14	1.05	1.07	1.05	1.04	1.07	1.08	1.04	1.08	1.10	1.05
江苏	10	1.08	1.05	1.02	1.04	1.06	1.03	1.06	1.06	1.08	1.07	1.07	1.05	1.05	1.05	1.02
浙江	11	1.09	1.03	0.98	0.99	0.99	0.99	0.99	1.00	1.03	1.05	1.06	1.04	1.04	1.06	1.04
福建	13	1.05	0.98	0.96	0.97	0.95	0.97	0.99	1.02	1.03	1.05	1.05	1.05	1.06	1.06	1.03
山东	15	1.08	1.05	1.01	1.00	1.00	0.98	1.00	1.01	1.02	1.08	1.05	1.06	1.06	1.06	1.04
广东	19	1.12	1.09	1.04	1.04	1.04	1.02	1.03	1.03	1.06	1.07	1.04	1.05	1.05	1.05	1.02
海南	21	1.00	0.99	1.00	1.04	1.07	1.04	1.04	1.05	1.06	1.05	1.06	1.05	1.06	1.08	1.05
东部平均		1.07	1.04	1.02	1.02	1.04	1.02	1.03	1.04	1.04	1.07	1.05	1.05	1.05	1.05	1.03
山西	4	1.06	1.09	1.07	1.04	1.03	1.00	1.02	1.04	1.06	1.07	1.10	1.06	1.03	1.05	1.00
吉林	7	1.05	1.04	1.07	1.02	1.05	1.04	1.05	1.05	1.02	1.08	1.04	1.06	1.05	1.05	1.01
黑龙江	8	1.04	1.04	1.05	1.02	1.02	1.05	1.05	1.05	1.06	1.07	1.08	1.05	1.05	1.05	1.04
安徽	12	1.08	1.06	1.01	1.00	0.98	1.00	0.99	1.00	1.00	0.99	1.01	0.97	0.95	0.94	0.93
江西	14	1.01	0.98	1.01	1.03	0.97	0.97	0.97	0.97	0.95	0.96	0.96	0.94	0.94	0.97	1.01
河南	16	1.06	1.05	1.00	0.97	0.97	0.98	0.99	1.00	1.00	1.02	0.99	0.96	0.95	0.93
湖北	17	1.03	1.00	0.96	0.97	0.96	0.96	1.01	1.04	1.04	1.06	1.06	1.04	1.06	1.08	1.05
湖南	18	1.02	1.01	0.99	1.00	0.98	0.98	0.99	0.98	1.01	0.99	0.99	0.99	1.00	0.98
中部平均		1.04	1.03	1.02	1.00	0.99	1.00	1.01	1.02	1.01	1.03	1.04	1.02	1.00	1.01	0.99
内蒙古	5	1.03	1.01	1.05	1.01	1.01	0.99	1.00	1.00	1.01	1.07	1.10	1.09	1.04	1.04	1.03
广西	20	1.00	0.97	0.93	0.95	0.97	0.95	0.97	0.99	1.01	1.00	0.98	0.96	0.99	1.03
重庆	22	1.02	1.00	0.98	0.97	0.93	0.93	0.96	0.96	0.96	0.97	0.97	0.95	1.01	1.07	1.05
四川	23	1.02	1.00	0.97	1.01	0.99	0.97	0.99	0.99	1.00	1.01	1.03	1.01	1.04	1.07	1.03
贵州	24	1.02	1.00	1.00	0.99	0.97	0.95	0.94	0.94	0.97	0.99	0.99	0.98	1.00	0.97
云南	25	1.04	1.01	0.99	0.97	0.96	0.96	0.98	0.99	1.01	1.00	1.02	0.97	0.98	0.99	0.97

续表

年份		1994	1995	1996	1997	1998	1999	2000	2001	2002	2003	2004	2005	2006	2007	2008
陕西	26	1.04	1.04	1.03	1.03	1.02	1.00	1.00	1.00	1.01	1.01	1.01	1.00	0.98	0.97	1.00
甘肃	27	1.07	1.06	1.04	1.00	0.99	0.97	0.99	0.99	0.99	1.01	1.02	1.01	1.01	1.00	0.97
青海	28	1.04	1.05	1.02	1.03	1.05	1.00	1.03	1.04	1.03	1.04	1.05	1.05	1.05	1.05	1.06
宁夏	29	1.03	1.03	1.03	0.98	0.98	0.97	0.97	0.98	0.99	1.02	1.04	1.05	1.05	1.05	1.05
新疆	30	1.07	1.03	1.01	1.02	1.04	1.04	1.04	1.03	1.05	1.05	1.05	1.05	1.06	1.05	
西部平均		1.03	1.02	1.00	1.00	0.99	0.98	0.99	0.99	1.01	1.03	1.01	1.01	1.03	1.02	
全国平均		1.05	1.03	1.01	1.01	1.01	1.00	1.01	1.01	1.02	1.01	1.04	1.03	1.02	1.03	1.01

附表3　　要素积累与技术进步对经济增长的贡献

年份	GDP增长率	K增长率	K产出弹性	L增长率	L产出弹性	TFP贡献率	K贡献率	L贡献率	资本贡献率	劳动贡献率
1979	7.73	3.54	0.49	4.03	0.38	50.47	26.37	23.16	22.42	19.69
1980	8.53	4.9	0.48	3.45	0.39	45.74	34.44	19.82	27.62	15.9
1981	5.86	6.79	0.48	3.39	0.4	1.71	69.53	28.77	55.98	23.16
1982	10.6	7.66	0.49	3.39	0.4	36.78	46.31	16.91	35.39	12.92
1983	10.86	8.62	0.5	3.39	0.4	31.32	52.17	16.51	39.84	12.61
1984	15.47	10.63	0.52	3.39	0.39	39.44	48.84	11.72	36.04	8.65
1985	13.09	12.15	0.63	3.39	0.48	20.62	65.44	13.94	58.11	12.38
1986	7.51	14.02	0.63	2.75	0.48	-49.25	129.79	19.45	117.39	17.59
1987	10.32	13.67	0.63	2.77	0.48	-10.66	95.74	14.92	83.51	13.01
1988	11.08	12.52	0.63	2.13	0.49	3.61	85.13	11.26	71.33	9.43
1989	4.28	9.33	0.62	1.77	0.51	-74.82	151.41	23.41	135.54	20.96
1990	5.56	8.15	0.6	2.6	0.53	-19.78	93.49	26.3	88.44	24.88
1991	8.8	7.44	0.58	2.94	0.56	25	54.3	20.7	49.12	18.73
1992	14.68	7.92	0.57	1.74	0.58	51.09	39.86	9.05	30.53	6.93
1993	14.7	8.25	0.57	1.1	0.37	51.02	45.12	3.86	32.18	2.75
1994	12.71	8.83	0.58	2.28	0.37	37.77	53.46	8.77	40.06	6.57
1995	11.45	9.9	0.58	1.31	0.37	25.32	68.91	5.77	50.17	4.2
1996	11.19	11.69	0.59	0.74	0.37	11.61	84.97	3.42	61.1	2.46
1997	10.46	11.42	0.59	-0.54	0.38	5.73	97.19	-2.93	64.31	-1.94
1998	9.36	11.43	0.59	-2.87	0.38	9.62	107.89	-17.5	72.57	-11.77

续表

年份	GDP增长率	K增长率	K产出弹性	L增长率	L产出弹性	TFP贡献率	K贡献率	L贡献率	资本贡献率	劳动贡献率
1999	8.75	11.31	0.6	0.28	0.39	-4.57	102.94	1.63	77.36	1.23
2000	9.45	11.08	0.54	0.34	0.42	7.41	90.42	2.17	63.05	1.51
2001	9.56	10.25	0.55	0.36	0.41	14.64	83.14	2.22	58.51	1.56
2002	10.59	10.84	0.55	2.17	0.41	15.1	74.07	10.82	56.74	8.29
2003	11.84	11.27	0.56	2.02	0.4	25.33	66.33	8.34	53.66	6.75
2004	13.13	11.41	0.57	2.46	0.39	31.98	59.38	8.64	49.86	7.26
2005	12.67	13.46	0.59	2.25	0.38	20.52	71.75	7.72	62.24	6.7
2006	13.25	14.94	0.6	2.42	0.37	17.35	75.17	7.48	67.58	6.73
2007	14.21	15.16	0.61	2.32	0.36	21.82	71.75	6.43	65.49	5.87
2008	12.07	15.29	0.63	2.42	0.35	10.77	81.99	7.24	79.48	7.02
平均	10.66	10.46	0.57	2.01	0.42	19.7	70.39	9.91	56.13	7.9

注：资本贡献率和劳动贡献率是按照传统方法得到的资本和劳动对GDP的贡献率；K贡献率和L贡献率则是将TFP增长对GDP贡献的剩余部分按传统的资本和劳动的份额进行分配得到。

附表4　中国经济Malmquist生产率指数分解（1978—2008年）

年份	技术效率变化	技术进步	纯技术效率指数	规模效率指数	TFP指数	TFP贡献率
1978—1979	0.968	1.074	0.972	0.995	1.039	50.47
1979—1980	1.014	1.024	1.013	1.001	1.039	45.74
1980—1981	0.985	1.016	0.994	0.991	1.001	1.71
1981—1982	1.028	1.011	1.027	1.001	1.039	36.78
1982—1983	1.025	1.008	1.014	1.011	1.034	31.32
1983—1984	1.027	1.033	1.022	1.005	1.061	39.44
1984—1985	0.971	1.057	0.98	0.991	1.027	20.62
1985—1986	1.018	0.946	1.011	1.006	0.963	-49.25
1986—1987	1.024	0.965	1.019	1.005	0.989	-10.66
1987—1988	0.97	1.036	0.983	0.986	1.004	3.61
1988—1989	1.001	0.967	1.011	0.99	0.968	-74.82
1989—1990	1.001	0.988	1.008	0.993	0.989	-19.78
1990—1991	1.021	1.001	1.015	1.006	1.022	25.00

续表

年份	技术效率变化	技术进步	纯技术效率指数	规模效率指数	TFP 指数	TFP 贡献率
1991—1992	0.96	1.12	0.963	0.996	1.075	51.09
1992—1993	0.987	1.09	0.998	0.989	1.075	51.02
1993—1994	0.984	1.065	0.999	0.985	1.048	37.77
1994—1995	0.993	1.036	0.998	0.995	1.029	25.32
1995—1996	1.012	1.001	1.009	1.003	1.013	11.61
1996—1997	0.984	1.023	0.989	0.995	1.006	5.73
1997—1998	0.978	1.032	0.982	0.996	1.009	9.62
1998—1999	0.981	1.016	0.986	0.995	0.996	-4.57
1999—2000	0.976	1.032	0.981	0.994	1.007	7.41
2000—2001	0.983	1.031	0.987	0.996	1.014	14.64
2001—2002	0.966	1.052	0.971	0.996	1.016	15.10
2002—2003	0.972	1.059	0.974	0.999	1.03	25.33
2003—2004	0.977	1.067	0.976	1.001	1.042	31.98
2004—2005	0.989	1.037	0.983	1.006	1.026	20.52
2005—2006	0.977	1.047	0.972	1.005	1.023	17.35
2006—2007	0.974	1.059	0.973	1	1.031	21.82
2007—2008	0.987	1.027	0.982	1.005	1.013	10.77
平均	0.991	1.03	0.993	0.998	1.021	19.70

第十五章　金融发展、宏观稳定与经济增长

摘要：本章在回顾中国金融体制结构与经济增长特征的基础上，运用价格有黏性的随机货币先行模型，结合开放经济中平衡信贷规模扩张与通货膨胀机制的探讨，揭示出中国高速经济增长中的货币、金融政策的特定制度安排。本章认为，这样的制度安排可以有效地解释中国转轨时期的高增长和低通胀，同时指出该制度作用下所存在的成本和风险，并提出金融转型的相应对策。

2006年，中国经济总体平稳较快发展，GDP增长率达到10.7%，消费者物价指数（CPI）低位运行，同比上涨1.5%，经济再次延续了多年来的"高增长、低通胀"宏观格局，新一轮经济增长的驱动力依然强劲。但是，随着2005年以汇率制度改革启动的金融进一步对外开放，中国宏观经济稳定也受到了流动性过剩、资产价格上涨和储蓄失衡等金融风险因素的冲击。在中国经济继续推进国际化的背景下，金融在中国经济中的核心地位进一步凸显，能否调整好金融结构，优化金融资源配置，从而防范开放中的金融风险已成为中国经济能否可持续增长的关键问题。

在现代市场经济中，金融体系的作用越来越大，近些年的研究基本肯定了金融发展能够显著促进经济增长（Pagano，1993；King and Levin，1993；Rajan and Zingales，1998；世界银行，2001）。关于金融对中国经济增长的意义，黄达（1984）在对货币的交易媒介性质和贷款创造存款的信用扩张过程研究后指出，让银行参与企业全额流动资金和固定资产投资贷款，对于加速经济增长是必要和可行的。贝多广（1989），曹尔阶（1992），尚明、吴晓灵和罗兰波（1992）等分别分析了信用扩张对于中国经济增长和宏观稳定的作用。占明华、李生效（2005）认为，广义货

币 M2 对产出有实质性的影响。国内研究金融与中国经济增长的另一个重要问题是，资本配置效率并不理想的中国货币金融体制却为什么能支持高速经济增长。世界银行（1996，1997）认为，与中国货币化进程相伴随的铸币税增长，减轻了通货膨胀压力，实现了金融相对稳定，从而可以维持高额国民储蓄对低效率的国有企业补贴，促进宏观经济稳定和高速经济增长。王晋斌（2000）分析了金融控制、风险化解和经济增长的关系；张兴胜（2002）指出，金融管制形成的政策性贷款首先支持了国有企业投资、带动就业，保持了宏观经济稳定，进而通过国有企业与非国有经济部门的资金、技术和人才交流，同样支持了非国有经济部门的高速发展。张磊（2006）对高速增长和货币、金融扭曲并存现象进行了研究，认为由国家隐性担保和利率管制相配合的信贷集中性均衡，激励了金融中介（银行）信用扩张，有利于加快投资和经济增长。但这些研究大多只强调了国家金融管制和信贷扩张能够促进经济增长，却对货币扩张潜在的风险因素关注不够。

中国高速货币扩张的重要事实是 M2/GDP 长期不断上升，不过，并没有带来严重的持续通货膨胀。麦金农（1996）首先注意到中国的 M2/GDP 高企和低通胀现象，并称为"中国之谜"，之后国内一些学者对"中国之谜"进行了多角度的分析，如戴根有（2000），贾春新（2000），刘明志（2001），秦朵（2001），石建民（2001），余永定（2002），郭浩（2002），帅勇（2002），伍志文（2003），曾令华（2001），赵留彦、王一鸣（2005），韩平、李斌和崔永（2005），李斌（2006），刘树成、赵志君等（2004）。结论可分为三类：第一类认为，高比率的 M2/GDP 与金融风险无关，恰恰是以此为代表的金融深化促进了中国经济增长；第二类认为，M2/GDP 比率与我国独特的金融结构有关，并不代表金融风险的增加；第三类则将 M2/GDP 比率与金融风险挂钩。但这些研究大多只注意到金融发展的某一个侧面，或解释了某一个方面的原因，研究视角也多着眼于国内金融，汇率问题在这些研究中则基本未被关注，经济解释不能完全令人满意。有关命题机理的讨论一直持续至今，但仍没有取得实质性的进展（汪洋，2007）。

我们认为，中国金融和经济增长与宏观稳定的相互关系研究应该涵盖以下三个问题：（1）货币持续供给是否对经济增长有激励；（2）高比例的 M2/GDP 为什么没有产生高通货膨胀，是否意味着除货币化、金融化等解释因素以外，还有"迷失的货币"，它们去哪里了，这部分货币是否会回到经济中来，其可能的后果如何；(3) 这一现象长期存在是否背后有着政府的制度性安排，其回报和代价如何评估，潜在风险如何。对该问题的理解不仅能解释中国当前的高增长机制，更有助于从政策上确立转变经济结构的方向，防范外部冲击，保证经济的长期稳定增长。

本章基于经济增长角度，分析中国特殊的金融安排如何促进经济增长，其约束条件怎样，今后的发展方向是什么。我们的结论是：在经济发展的一定阶段，中国特殊的金融安排（通过金融扭曲实现）有其内在合理性。通过宽松的货币政策，以及存款、银行免予破产的国家隐性担保，通过全民储蓄的动员机制进行信用扩张（本章称其为动员型金融），激励了国内产出规模的扩大，保持经济高速增长，使国家迅速摆脱所谓"贫困陷阱"的约束。同时，基于资本管制的固定汇率制有效地形成了银行信用扩张的约束条件，获得了通货膨胀控制机制。特别是自1994年人民币大幅贬值和外汇管理体制改革后，货币扩张激励下的大量产能向外出口，有效地缓解了通货膨胀控制难题。但这种特殊的金融安排，也会恶化金融环境，在逆向选择和道德风险机制的作用下出现坏账等问题，为此，付出了银行不良信贷资产不断累积和宏观经济潜在不稳定的成本。特别是在开放经济条件下，可能放大外部冲击效应，从而影响中国经济的长期增长。所以，动员型金融不应该是中国未来长期实行的政策。在市场不断完善和更加开放的条件下，应逐步消除中国动员型金融导致的过度规模扩张效应，同时要逐步卸掉 M2/GDP 高比例的潜在通货膨胀风险，促进金融市场机制更好地发挥作用，使未来中国经济增长更稳定。

第一节 中国金融发展和经济增长关系的典型化事实

经济增长离不开资本积累，为资本积累动员足够的金融资源是任何国家经济起飞的必要条件。中国作为一个发展中国家，处于"干中学"经济增长阶段（中国社会科学院经济所课题组，2003，2004，2005，

2006），金融市场不发达，社会生产体系不完善，企业在一段时间内资本积累水平不高，生产经营与其他市场信息不透明，企业发展所需资金没有足够的利润自筹（企业自有资金少），也很难通过直接融资等方式获得。这时，企业生产经营环境是有劳动力而没有资金，生产和投资主要靠外部融资，特别是银行的信贷来解决。在此前提下，中国政府设计了一套动员社会金融资源的特殊机制，通过国家隐性担保银行不破产的全民储蓄动员，最大限度地集中全社会的金融资源；同时，利用金融机构信用扩张手段，将金融资源大量输入企业，促进了投资扩张和经济快速增长。以下是在该制度环境下中国金融发展和经济增长关系的几个典型化事实。

一　国家隐性担保下的信用扩张激励了投资驱动型经济增长

中国改革开放开始后，面对人均收入和储蓄水平低下的局面，为解决经济增长所需要的资金，通过财政资金向银行信贷的转移，建立了以国家银行为主的金融体系。自20世纪80年代以来，中国自上而下地建立了一个庞大的货币金融体系来刺激经济发展，截至2006年年底，全部金融机构总资产已接近40万亿元，广义货币（M2）余额达到34.6万亿元，分别相当于当年GDP的191%和166%，金融资源"作为一个真实的决定因素进入了经济体系"。

金融深化指数（M2/GDP）自改革开放以来，特别是20世纪90年代中期后迅速攀升，不仅大大高于主要发达国家，而且超过与中国发展水平相近的发展中国家。如图15-1所示，1992年为0.9，此后不断上升，1997年为1.22，按照修正后中国公布的GDP数字，2006年年底，我国的

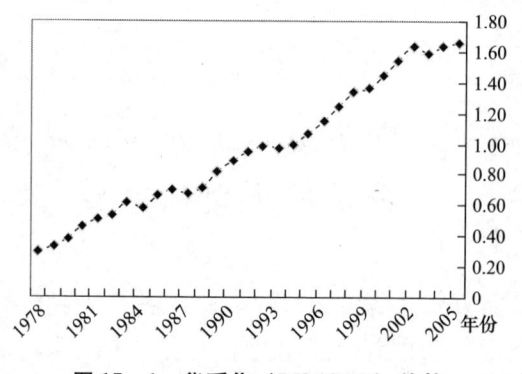

图15-1　货币化（M2/GDP）趋势

M2 与 GDP 之比已达 1.66。中国货币供给（M2）与经济增长有大致相同的变动趋势，说明货币对产出有激励作用，这与国际上的理论与实证都是相一致的。如图 15-2 所示，自改革开放以来，GDP 与投资增长保持了较高的同步性。同时，统计数据表明，中国资本形成率从 1952—1978 年的 14.6% 上升到 1979—1998 年的 23.1%，对经济增长的贡献比改革开放前上升 1.2 个百分点；在 1978—2005 年的 28 年间，投资对 GDP 的平均贡献率为 36.3%，1995—2005 年达到 40.2%，这说明中国经济增长是主要由投资拉动的。

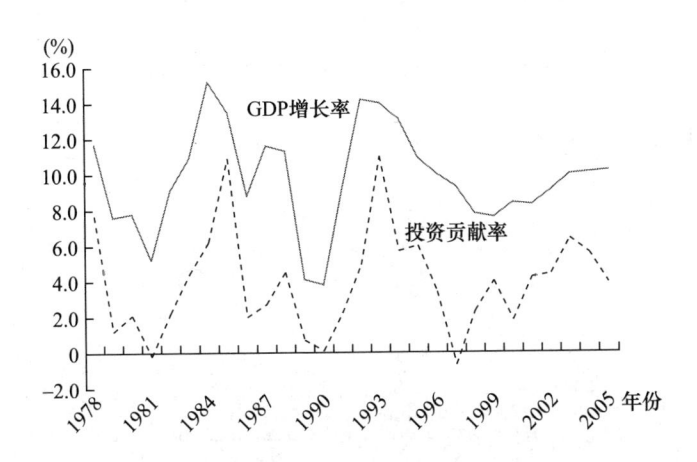

图 15-2 投资驱动下的经济增长

图 15-3 表明，改革开放以来，国内贷款与投资增长具有同向性。从中国经济波动周期的关系来看，GDP 基本上与投资同步，但却滞后于金融机构贷款变动，所以，中国投资增长又主要由信贷扩张来支持。信用扩张的源头是全民储蓄动员。由于中国有着古老的储蓄传统，劳动力的年龄结构偏轻，在转型期诸多不确定性因素影响下，居民的储蓄倾向很高。从金融体系来看，由于存在国家对银行不破产的隐性担保机制，银行体系具备了强大的国民储蓄动员能力。从图 15-4 看到，中国最近 20 年各项存款连年攀升，1985 年金融机构各项存款余额仅为 3553 亿元，2003 年已经上升到约 23 万亿元，到 2006 年年底，这一数据约为 32 万亿元，22 年间增长了近 89 倍。

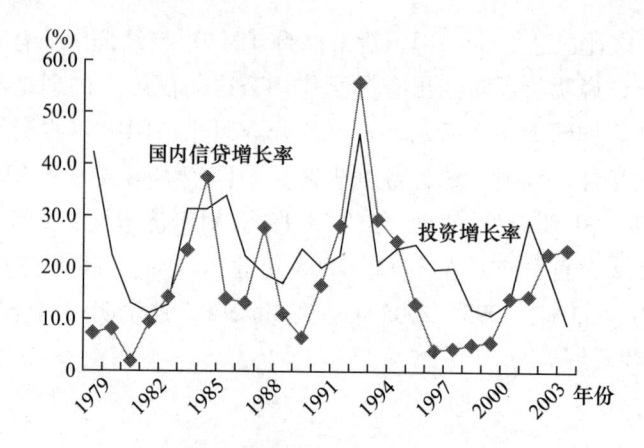

图 15-3 国内信贷与投资之间的同步性

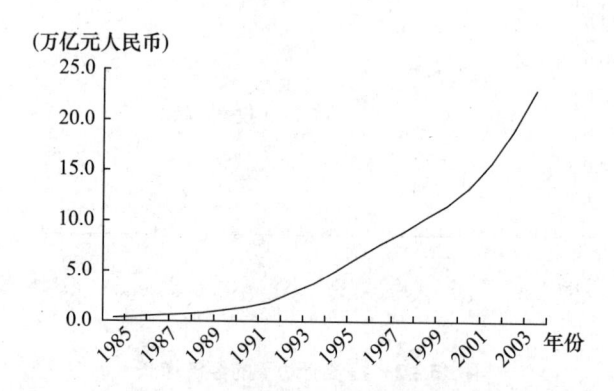

图 15-4 金融机构各项存款余额趋势

资料来源：IMF。

二 货币供给速度长期高于 GDP 增长，并在开放条件下实现了低通胀

统计数据表明，中国的广义货币供应量（M2）增长在近 30 年一直大大快于 GDP 增长。在传统的计划经济体制下，我国使用货币媒介进行经济交换的比例低（1978 年仅有 32%），改革开放后，金融在经济中的作用上升，M2/GDP 比率的增长（经济货币化过程）应当是一个必然过程，但这种格局不应长期维持。经济货币化过程结束后，无论按照传统的货币数量论还是现代金融深化理论，过度的货币扩张过程必然会引起一定程度的通货膨胀。当然，中国在转轨初期也有过通货膨胀。通过对通货膨胀指标（CPI 指数）（见图 15-5）趋势的考察发现，在 1995 年之前，

中国经济经历了两次大规模的恶性通货膨胀（1988年与1994年），此后价格水平逐步稳定（1998年还出现了通货紧缩）。

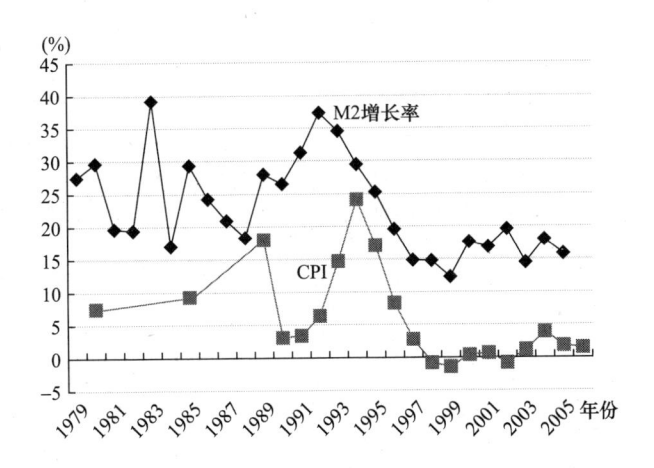

图 15-5　M2 与低通货膨胀趋势

资料来源：GDP、投资的数据来自《中国统计年鉴》；国内信贷的数据来自 IMF。

为更清楚地看出货币、价格及对外开放间的关系，我们将改革开放以来的有关情况汇总如表 15-1 所示。结果显示，中国从不稳定的高通胀转向低通胀的"分水岭"在 1995 年前后，正是中国实行新的外汇管理制度和新一轮中国金融体制改革的启动时期。1994 年 1 月 1 日，中国外汇管理体制进行了改革，一方面，实现了人民币在经常项目下的有条件可兑换；另一方面，人民币汇率由原来的官方汇率与调剂市场汇率并存的体制合并为以市场为基础的、有管理的单一汇率，同时将人民币大幅贬值（见图 15-6）。国家通过对人民币实际币值的压低，可提高本国产品的低成本优势，对出口具有极大的推动作用，有助于改善国际收支平衡。自改革开放以来，中国的国际收支经历了一个从贸易逆差到大规模双顺差的转化过程，1996 年外汇储备首次突破 1000 亿美元大关。2006 年年底，国家外汇储备一举突破万亿美元大关，达到 10663 亿美元。以 1995 年为界，中国货币扩张与控制通货膨胀的内在机制发生了变革，基于资本管制的固定汇率，为开放条件下通货膨胀的治理找到了一个基准"锚"，货币政策在促进增长、稳定物价的方面找到了合理的平衡机制。

表15-1　改革以来中国货币供给、价格及对外开放间的关系

阶段	1978—1994年	1995—2002年	2003—2006年
货币化指数	0.7	1.3	1.6
经济增长	10.0	8.8	10.3
价格状态	通货膨胀：1984年、1988年、1994年	通货紧缩	商品价格稳定，资产价格上涨
重大改革	农村和价格体系改革	市场化改革、扩大开放和固定汇率	汇率在2005年逐步浮动
对外开放状况	开放度低，逆差	开放度高，双顺差	开放度高，贸易顺差扩大
投融资	贷差	存差	存差

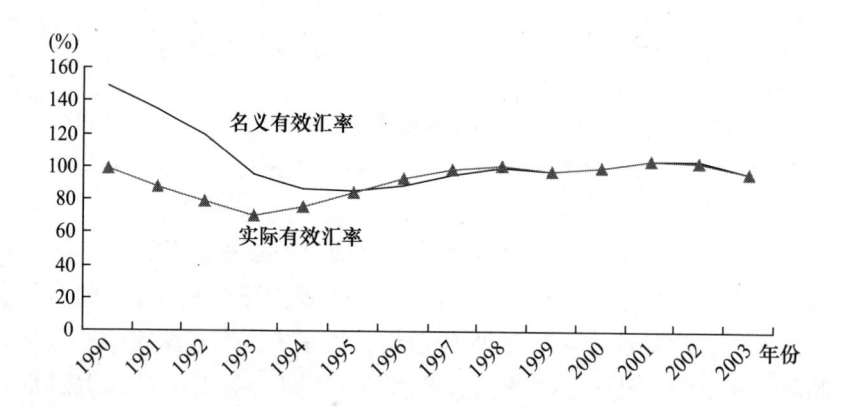

图15-6　中国名义有效汇率与实际有效汇率指数

资料来源：IMF。

三　金融制度逐步完善，但金融体系的功能尚待改进

中国的金融体系一直以银行为中心，银行起着配置国家经济资源的作用。传统计划经济下的企业资本是靠"拨款"，改革后进行了"拨改贷"的改革，资源配置方式从财政转向国有银行，但在很多人眼里还是认为贷款就是拨款，因为国家设立企业时的资本金就来自贷款（如建设银行就是为长期建设贷款专门设立的）。四大国有银行按行政化功能设立，与现代商业银行相比，在吸收储蓄方面功能相似，而在贷款方面似乎是无关的。国家通过行政干预的方式指导银行进行贷款，银行坏账大部分只能视为国家为发展经济进行的"透支"或"补贴"。银行在这种条

件下对大量企业进行贷款，这些企业都是无资本金或低资本金、无担保和无抵押的，且大多是制造业，贷款都是长期限的，与资本金相仿。这极大地支持了中国制造业的发展，没有银行的这种"补贴"，中国的乡镇工业、民营企业和国有企业都难以快速发展。

银行体系在1992年后又快速地发展为全能银行，有了证券、信托等功能，直到1994年宏观调控后，银行体系开始了严厉的整顿，银行才开始从政府配置资源的工具向现代商业银行转变。首先是对几大国有银行的商业化改革，基本明确了其责权利关系，经营逐步市场化；其次是出台了一系列关于中央银行与商业银行的法律法规，明确了金融管制规则。1997年年底，消费信贷启动，结束了银行只能搞生产建设贷款的历史，为银行创造了转型和发展的机会。银行开始要求"资产抵押"，2003年消费信贷和城市基本建设等与城市化相关的贷款，在大中城市银行中长期贷款中的比重达到近80%，占整个银行贷款的40%，且中间业务发展加快，这都优化了银行贷款和业务结构。从2005年开始，四大国有银行相继海外上市，逐步切断了与政府的天然联系，彻底商业化了。但总体的金融结构仍然没有改变，即金融资源大都仍集中在银行手中，15万亿元存款靠商业银行来配置。

我们认为，国家隐性担保的数量型扩张金融正在逐步向市场配置的方向转变。从信贷角度看，已从信贷规模简单扩张转向效益优先，但信贷规模仍然偏大。1978—1994年为贷款规模简单扩张阶段，其主要特点是：政府导向的信贷经营，信贷约束软化，银行不承担贷款风险，出现了所谓的"银行信贷员领导的厂长经理负责制"。表15-1显示，该阶段是贷差，即银行资金供不应求。1978年改革开放以后，金融机构和信贷规模进入了快速膨胀期，特别是1984年对企业流动资金实行"拨改贷"后，因为国家隐性担保，银行信贷走上了规模简单扩张道路。银行信贷资金几乎全部注入企业，风险控制规则由中央银行制定实施，有些信贷甚至是指令性的，几大银行基本不管贷款的风险控制，只管把信贷额度以适合中央银行风险控制规则的方式发放给企业，这时银行权力极大，放贷随意性强，从而易形成坏账。1995年以来为效益优先阶段。随着国有银行商业化的推进，银行有了风险意识，并以效益最大化为原则展开经营。该阶段强化了银行的风险管理，信贷营销的自主性、主动性增强，出现所谓"优秀企业财务经理主导的银行行长负责制"。银行资金投向也因为风险控制要求而进行了分散化，增加了对个人和非生产性企业的抵押规模。表15-1显示，该阶段是存差，即银行资金供应充裕。但目前国家隐性担保的前提未根本改变，在中国经济依旧粗放经营的环境下，信贷规模仍然偏大，金融风险还在积累。

从货币价格角度看，市场化机制正在形成，但市场化形成机制仍未实现。货币价格包括准备金利率、再贷款利率和再贴现率等中央银行基准利率、金融机构法定存贷款利率、汇率等。1996年建立了全国统一的银行间同业拆借市场，同年6月放开了同业拆借利率；并试行了部分国债发行利率的市场招投标制，实现了国债一级市场、二级市场的利率市场化；1997年6月，建立了银行间债券市场，实现了银行间债券利率市场化；1999年7月，中央银行放开外资银行人民币借款利率，2000年9月，放开了外币存贷款市场，实现了外币存贷款利率市场化。2005年汇率改革，增加了汇率弹性。但目前银行的贴现率和本币存贷款利率仍被政府严格管制，利率市场化还未实现。

迄今为止，中国金融体系功能依然不完善，市场化水平不高，仍"部分地反映出中国依然是一个发展中国家的事实"。政府干预、以银行为基础的金融体系并未彻底变革，金融资源配置效率低，国家在集中了金融资源的同时也集中了大量风险；直接融资与间接融资结构不平衡，市场配置金融资源的能力差；金融市场信息披露、信用评级等基本市场约束与激励机制尚未完全发挥作用，逆向选择和道德风险问题严重。

四 在开放经济条件下，宏观经济面临来自金融市场的冲击

在固定汇率及结售汇制度下，20世纪90年代以来，外商直接投资快速增长，贸易顺差持续增加，外汇储备激增推动下的中央银行基础货币内生性创造导致M2/GDP过快增长；特别是近几年来随着人民币升值预期提升，QFII施行及规模不断扩大，国内外经济主体的各种套利性资金流入或回流，形成了一定的资产价格上涨冲击。为保证物价稳定，中央银行发行票据对冲外汇占款带来的基础货币增加，使M2/GDP的快速增长实质为"虚高"。这部分基础货币在中央银行向商业银行购汇时投放，之后再由商业银行购买中央银行票据回流中央银行（在此之前，商业银行在向持汇者购买外汇时已经创造出了等额存款）。这一系列交易后的商业银行资产负债表变化是：负债方增加一笔存款（从而使M2扩大），而资产方增加等额的中央银行票据。很显然，货币供给量M2增加，但这部分

新增 M2 与实体经济根本没有关系，而是被中央银行"回收"了，因此也就不可能去创造 GDP，M2/GDP 值自然会增大。

1995 年以来，金融机构由贷差转为存差，在对存差的研究中，很多人都认为，存差只是商业银行资产多元化的结果，并不是资金闲置。这种理解有道理，但不完全正确。因为中央银行票据不同于国债，它与实体经济没有关系，造成 M2 中的相当一部分处于闲置状态，并使整体货币流通速度下降。但问题在于，这部分"迷失的货币"随着中央银行票据的逐步兑现，还将回到现实经济中。此外，人民币升值预期带动的投机性资金的流入，在未来也将对货币供给形成冲击。这些货币有部分会进入流动性好的资产市场，并使资产市场的价格上涨，如果处置不当，会形成资产泡沫，冲击宏观经济，这是未来中国宏观经济管理中不得不重点面对的问题。

因而，进一步推进中国金融改革，寻求中国经济可持续、有质量增长及宏观稳定的金融条件，将是经济结构调整面临的重要任务之一。

第二节　动员型金融对产出规模扩张的激励逻辑

依据上述典型化事实，我们认为，中国在经济发展的现阶段，货币虽然具有一定的内生性，但银行通过信贷手段形成的货币投放量不能由企业融资来单向决定，因为企业过强的融资倾向会使社会货币量发行过大，导致宏观经济运行不稳定。在这种情况下，政府的货币政策在大多数时间不是完全适应性的，社会的货币总量有一定外生性，政府要设计一个年度的货币量供给区间，可能还要通过干预银行信贷来稳定宏观经济。所以，社会货币量虽然由企业、金融机构和政府行为共同决定，但政府有最终决策权。这种货币供给的非完全内生性特征，正是中国政府通过金融体系促进经济增长的重要途径。

对货币冲击怎样影响宏观经济，比较标准的模型有三种：一种是含货币的效用函数模型，认为持有货币将产生效用，故将货币直接纳入个人的效用函数（Sidrauski，1967）；另一种是货币先行模型，认为某类消费品必须通过货币购买，这时的货币要先行持有，所以，在个人预算约束中含有货币（Clower，1967）；还有一种是时间购买模型，认为个人持有的货币与时间相关，且相互替换，这时货币事实上也进入了个人效用函数（Goodfriend，1987）。这些模型的基本结论是：如果市场完善，则货币冲击经济的力度不大。前已述及，中国的货币数量变动受政府控制，且经常作为调节经济增长的工具。以此判断，本章建立一个改进的货币先行模型来分析经济波动问题，加入了价格黏性。我们得到的结论是：因为中国市场发育水平低，货币量会引起经济增长效应，同时可能造成经济波动。

我们建立一个随机货币先行模型，经济由无限生存的代表性个人构成，个人的效用函数设为：

$$u(c_t, n_t) = E \int_0^\infty \beta^t \left[\frac{c_t^{1-\sigma}}{1-\sigma} + \frac{n_t^{1-\eta}}{1-\eta} \right] dt, \ 0 < \beta < 1, \ \eta, \ \sigma > 0 \quad (15-1)$$

式（15-1）中，c_t 为人均消费，n_t 为闲暇，设个人的时间总量为 1，故 $l_t = 1 - n_t$ 为个人的劳动供给量。设个人持有生产性资本且提供劳动，产出取决于劳动与资本的投入，$y_t = f(k_{t-1}, l_t, z_t) = e^{z_t} k_{t-1}^\alpha l_t^{1-\alpha}$，$z_t = \rho z_{t-1} + e_t$ 为满足一阶自回归过程的随机冲击项，e_t 为白噪声。

不考虑资本折旧及人口增长，设在每个时期个人持有总名义货币余额 M_{t-1} 并获得政府的货币发行 T_t，$\theta_t = \frac{\Delta M_t}{M_{t-1}}$ 为名义货币存量的增长率 $[M_t = (1+\theta_t) M_{t-1}]$，设 $\bar{\theta}$ 为平均增长率，$\mu_t = \theta_t - \bar{\theta}$ 遵从 $\mu_t = \gamma \mu_{t-1} + \varphi z_{t-1} + \omega_t$，$0 \leq \gamma \leq 1$，$\omega_t$ 为白噪声。设经济中流通的货币来源于政府的转移支付（货币发行），人均货币转移支付额为 $\tau_t = \frac{\theta_t}{1+\pi_t} m_t$，$m_t$ 为人均实际货币持有量，π_t 为该社会的通货膨胀率，m_t 的变动规律为 $m_t = (\frac{1+\theta_t}{1+\pi_t}) m_{t-1}$。假设货币先行约束只对消费品购买时起作用，即 $P_t c_t \leq M_{t-1} + T_t$，$P_t$ 为价格，变为人均值后，为 $c_t \leq \frac{m_{t-1}}{\Pi_t} + \tau_t = a_t$，$\Pi_t = \frac{P_t}{P_{t-1}} = 1 + \pi_t$，$a_t = \tau_t + \frac{m_{t-1}}{1+\pi_t}$ 为个人持有的实际货币余额与政府货币发行之和。基本经济约束为 $k_t = y_t - c_t + k_{t-1}$。个人预算约束为：

$$f(k_{t-1}, l_t) + a_t + k_{t-1} \geq c_t + k_t + m_t \quad (15-2)$$

上述系统因涉及两个时期的优化，所以，用动态规划工具较方便（如果将预算约束变换为当期，则可运用最大值方法，这是个人选择工具的偏好）。这时，代表性消费者的最优现值方程（是一个随机 Bellman 方程）为（如何运用动态优化方法来分析经济问题，请参见 Stokey and Lucas，1989）：

$$v(a_t, k_{t-1}) = \max[u(c_t, 1-l_t) + \beta E_t v(a_{t+1}, k_t)] \tag{15-3}$$

式（15-3）的一阶优化和包络条件为：

$$u_c = \beta E v_k(a_{t+1}, k_t)$$

$$\beta E v_k(a_{t+1}, k_t) = \beta E\left[\frac{v_a(a_{t+1}, k_t)}{1+\pi_{t+1}}\right] - u_l + \beta E v_k(a_{t+1}, k_t) f_l(k_{t-1}, l_t, z_t) = 0$$

$$v_a(a_t, k_{t-1}) = u_c$$

$$v_k(a_t, k_{t-1}) = \beta E v_k(a_{t+1}, k_t)[f_k(k_{t-1}, l_t, z_t) + 1] \tag{15-4}$$

式（15-4）中，为简化符号，u_c、v_k 等以变量为下标的函数均表示该函数对下标求偏导数，如 $u_c = \dfrac{\partial u(c_t, n_t)}{\partial c_t}$ 等，以后均沿用该表示法。我们注意到，式（15-4）是一个非线性随机偏微分方程组，不可能对其进行更进一步的分析，故须对该系统进行简化，将其化为一个线性方程组。线性化的思路是：设上述经济系统存在不依时间变化的稳定状态，在稳态附近则存在一个线性近似系统，它是稳态的一个小扰动所形成。如果该经济系统整体运行平稳，则线性近似系统可被认为是该经济系统的合理代表。

为得到式（15-4）的稳态解，先简化其表达式。将式（15-4）中的一、三式合并得：

$$\frac{u_l}{u_c} = f_l(k_{t-1}, l_t, z_t) \tag{15-4a}$$

将式（15-4）中的一、三、四、五式合并，注意到：$u_c = \beta E_t v_k(a_{t+1}, k_t) = v_a(a_t, k_{t-1})$，得：

$$u_c = \beta E_t\left[\frac{u_c(c_{t+1}, 1-l_{t+1})}{1+\pi_{t+1}}\right] \tag{15-4b}$$

$$u_c = \beta E_t R_t u_c(c_{t+1}, 1-l_{t+1})$$

$$R_t = f_k(k_t, l_{t+1}, z_{t+1}) + 1 \tag{15-4c}$$

$$m_t = \left(\frac{1+\theta_t}{1+\pi_t}\right) m_{t-1} \tag{15-4d}$$

为简化符号，令 $\lambda_t = \beta E_t v_k(a_{t+1}, k_t)$，故：$\lambda_t = \beta E_t R_t \lambda_{t+1}$。设带 0 下标的变量为其不随时间变化的稳态值，在式（15-4）中，令所有含时变量

取固定值，则可得到下面的稳态关系。由式(15-4c)得：$R_0 = \frac{1}{\beta}$；由式(15-4d)得：$\pi_0 = \theta_0$；由式(15-4a)得：$u_{l0} = f_l(k_0, l_0, 0)u_{c0}$；由 $z_t = \rho z_{t-1} + e_t$ 得 $z_0 = 0$（稳态产出无随机干扰）；$f_k(k_0, l_0, 0) = R_0 - 1$；$y_0 = c_0 = f(k_0, l_0, 0)$。为得到显性解，进一步令 $y_t = e^{z_t} k_{t-1}^\alpha l_t^{1-\alpha}$，同时又将式(15-1)代入式(15-4a)至式(15-4d)各式，得：

$$\frac{u_l}{u_c} = (1-\alpha)\frac{y_t}{l_t}$$

$$\alpha \frac{E_t y_{t+1}}{k_t} = R_t - 1 \qquad (15-5)$$

由货币先行约束假设知，在稳态时，$c_0 = \tau_0 + \frac{m_0}{1+\pi_0}$，因稳态时可认为 m 不变，即 $m_0 = \tau_0 + \frac{m_0}{1+\pi_0}$，故 $m_0 = c_0$。

由式（15-5）可得显性稳态值：

$$\frac{y_0}{k_0} = \frac{c_0}{k_0} = \frac{1}{\alpha}\left(\frac{1}{\beta} - 1\right)$$

$$\frac{l_0}{k_0} = \left(\frac{y_0}{k_0}\right)^{\frac{1}{1-\alpha}}$$

$$\frac{m_0}{k_0} = \left(\frac{\Theta}{\Theta - \beta}\right) b \frac{c_0}{k_0}, \quad \Theta = 1 + \pi_0 \qquad (15-6)$$

式（15-6）的第一式说明，稳态条件下产出（或消费）与投资比固定不变；第二式说明，劳动力与投资比和产出与投资比正相关；第三式说明，货币与投资比和消费与投资比正相关。故在稳态条件下，产出、消费、劳动力、货币与投资比将保持稳定关系。

将式（15-4）和式（15-6）附近线性化后得如下方程组：

$$y_t = \alpha k_{t-1} + (1-\alpha) l_t + z_t \qquad (15-7a)$$

$$\left(\frac{y_0}{k_0}\right) y_t = \left(\frac{c_0}{k_0}\right) m_t + k_t - k_{t-1} \qquad (15-7b)$$

$$R_0 r_t = \alpha \left(\frac{y_0}{k_0}\right)(Ey_{t+1} - k_t), \quad r = y_k(k, l, z) \qquad (15-7c)$$

$$E_t \lambda_{t+1} = \lambda_t + r_t \qquad (15-7d)$$

$$y_t + \lambda_t = \left(1 + \eta \frac{l_0}{1 - l_0}\right) l_t \qquad (15-7e)$$

第十五章　金融发展、宏观稳定与经济增长

$$\lambda_t = -E_t(\sigma m_{t+1} + \pi_{t+1}) \qquad (15-7f)$$

$$m_t = m_{t-1} - \pi_t + \mu_t \qquad (15-7g)$$

式（15-7a）至式（15-7g）是一个完整的宏观经济模型，式（15-7a）是生产函数；式（15-7b）表明，产出与货币供给和投资增长正相关；式（15-7e）至式（15-7g）表明，产出由就业量、货币量和货币增长率所决定。为进一步探讨货币与产出之间的关系，下面我们以此模型展开分析。

首先，我们来分析货币供给机制。假设货币供给是外生的，但是，政府在确定货币供应量时不完全是适应性的，而是会考虑到市场的变动，依照中国货币政策的执行规则，我们可将式（15-7g）扩展后变为：

$$m_t = v + m_{t-1} + g_1\zeta_t + g_2\upsilon_t + g_3\zeta_{t+1} + \omega_t \qquad (15-8)$$

式（15-8）中，v是平均货币供给增长率（可认为是常量），ω_t是一随机波动（白噪声），ζ_t、υ_t、ζ_{t+1}分别为产出冲击、总需求冲击和货币需求冲击，它们是式（15-7g）中货币供给冲击项的分解。式（15-1）是政府实行货币供给的方程，它表明货币供给是在考虑市场运行的基础上给出的。我们认为，该式与中国货币管理的规则相符，因为中国货币供给量变动从长期看基本上是一个平均货币供给增长率加上对经济运行的判断和上期货币供给的实现量，从结构上看，这是一个负反馈体系，有利于货币供应量的稳定。但现实却表明，中国货币供给量变动却很大，道理何在？事实上，式（15-8）已经蕴含货币供给量过度波动的机理。只是因为它是一个带若干随机变量的方程，其变动不易看出规律。为此，我们用动态仿真方法，在设定产出冲击、总需求冲击和货币需求冲击为泊松分布时，得到如图15-7所示的仿真结果。

图15-7表明，在受到市场供求因素的冲击时，政府货币供给的变动有一个增长率加快的趋势，并且增长率波动幅度非常大（为简化分析，我们做的是货币增长率加快的仿真，其反向同样可得）。之所以会出现该结果可能的原因在于：一是货币供给规则有一定的适应性，不但与长期的平均货币增长率相关，而且与上期货币增长率相关，它会使货币增长率呈现一个向上或向下的趋势，所以，货币供给会有一定的刚性，短期会出现增速或减速的加快现象，这是适应性系统的特点。但是，增长趋势并不完全是自我强化的，而是一个负反馈，因为政府要综合市场信号，当货币供给过多或过少时会向反方向变动增长率，从而出现类似我们所

熟知的蛛网模型的结果,使货币增长率波动加大。二是因为人们预期的作用,总供求和货币需求变动都具有一定的自我强化效应,而且这些冲击都有一段时间的稳定性,这也使货币增长率在短期出现趋势,要么增加,要么减少。而且,市场总供求冲击和系统自身的白噪声,会在一定条件下强化或减弱货币波动率,有时会产生系统共振,加大货币增长率波动。由仿真结果可知,虽然政府在确定货币供给规则时,已经考虑到了各种因素来减小货币增长率波动,但市场力量却使该愿望难以实现,波动不但非常剧烈,而且在短期会产生增加或减少趋势,从而使货币供给不稳,对产出和价格产生冲击。

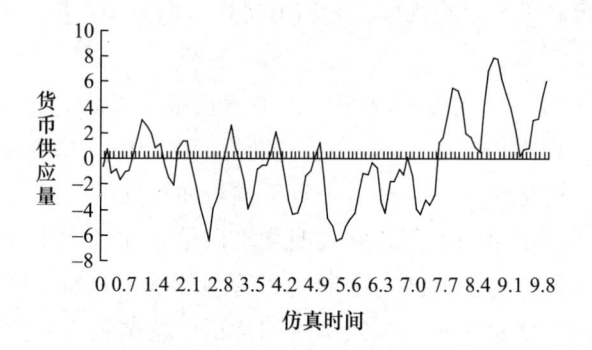

图 15-7 货币供给的波动

其次,看产出的变化。为简化,令 $\sigma = \eta = 1$,则由式(15-7e)至式(15-7g)三式化简后得:

$$m_t + E_t\mu_t + \left(1 + \eta \frac{l_0}{1-l_0}\right)l_t = y_t \tag{15-9}$$

式(15-9)表明,产出由就业量、货币量和货币增长率所决定。依一般经济学原理,在均衡状态时,工资等于劳动的边际生产力。在生产函数中取对数并减去价格变动(得到的实际工资),而且用扰动项代表原变量可得:$w_t - p_t = y_t - l_t$,其中,w_t 为实际工资水平。如果企业使工人的实际工资等于劳动的边际生产力,则劳动需求水平取决于 $l_t = y_t - (w_t^c - p_t)$,$w_t^c$ 为企业与劳动者签订的合同工资,是名义工资水平。在市场运行完善时,企业和劳动者都能观察到现实经济的客观情况,从而确定就业量;但当市场并不完善时,市场价格信号的传递受阻,企业和劳动者都不能合理判断出真实的市场状况,只能依扭曲的价格组织生产。

所以，货币量变动引起的市场相对价格调整会使企业误以为市场需求发生了变动，从而按不正确的信号生产。这一过程在特定条件下还可能强化：如果所有企业都依利润目标自由组织生产，则企业要考虑市场波动风险，合理控制投资和产出，这时信贷需求受到内在制约；而若企业的生产受政府制约，则相应的企业也将部分风险转到了政府（事实上，在中国是政府主动承担了许多企业风险），企业投资和产出增加的冲动没有了内在的制约力，当信贷环境宽松时，信贷量必然会快速膨胀。这种不负责任的状况在中国的国有企业和银行均存在，其结果是放开的信贷收不住。因式（15-9）不易看到货币变动与产出的关系，我们仍然用动态仿真方法，在设定就业量基本稳定时，假设货币有一短期的增加趋势，且货币冲击为泊松分布，则可得到产出的波动如图 15-8 所示。

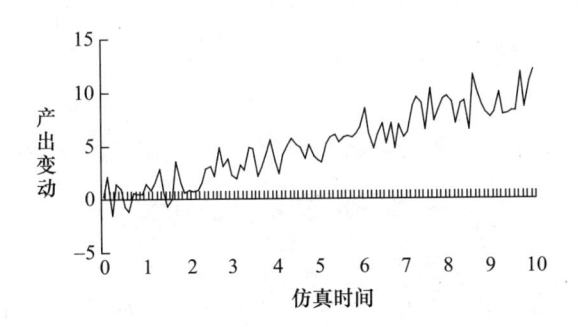

图 15-8　货币增加引起的产出上涨

图 15-8 表明，因货币增加导致了产出的同方向波动，只是受到了一些干扰和略有时滞而已。图 15-8 所显示的结果与中国的实际情况是符合的。模型结果表明，在中国"干中学"的经济增长阶段，可以通过特殊的金融制度安排，使企业借款利率和货币（信贷）供给增长变得不完全内生性，而很大程度上由国家的利率政策和货币（信贷）政策外生决定。鉴于银行缺乏筛选和监督投资项目的足够激励及手段，国家隐性担保下的信用扩张以及相应的货币供给很大程度上就不是内生的，而是由国家信贷政策和监管政策决定。通过这样的金融制度安排，国家可以较为灵活地调节利率或货币（信贷）政策，激励银行信用扩张，最大限度地加速企业投资和经济增长。

这种货币金融政策变化，如果没有当时对外开放的环境为依托，很容易导致宏观经济不稳定。我们可以设想，在封闭经济条件下，表现好的生产型企业在新货币金融政策环境下将获得更多资金，生产规模不断扩大，但因为好企业少，再加上中国劳动力资源丰富，居民收入水平提高跟不上生产规模增长，所以，社会需求因为居民收入水平较低而不可能相应扩大，这时社会商品将进入过剩状态，企业库存增加，产品销量下降，企业效益变差，银行为了控制风险，以后的贷款将下降，企业还贷困难，经营难以为继，好企业的生命期由此完结。这种结果不仅导致宏观经济波动，国家的经济增长也将减速。这种设想的结果在我国经济现实中是真实存在的（20世纪80年代后期），而且全球范围内更有拉美经济和苏联、东欧的例子为证。所以，要发挥货币金融政策变化的正效用需要对外开放，特别是扩大贸易渠道来解决，中国20世纪90年代后经济的继续高增长及东亚诸国的长期高增长，都与本模型揭示的货币金融机制相关。

第三节 开放经济中平衡规模扩张与通货膨胀的机制

根据上面的分析，在"干中学"的经济增长阶段，通过宽松的货币政策，以及存款、银行免予破产的国家隐性担保，银行信用扩张能够最大限度地加速企业投资和经济增长。然而，信用扩张并非毫无节制。这是因为，国家隐性担保下的银行信用扩张实质上等同于由国家隐性担保和利率管制相结合，复制信贷集中性均衡。这就意味着企业家（借款人）无论风险高低，均面对相同的合同利率，将不可避免地产生严重的逆向选择和道德风险问题，导致过多高风险，甚至不合格的企业家（借款人）获得贷款，带来银行不良信贷资产累积和投资过度，偏高的通货膨胀率等宏观经济不稳定成本。在封闭经济中，这种情况几乎无法避免。

在封闭经济中，如果金融市场不发达，只存在存款市场和贷款市场，风险中性的储蓄者拥有两种投资机会：（1）直接投资于无风险资产，即可储存的消费品，获得实际安全回报率 $r'(t)$；（2）间接持有银行发行的存款，投资于风险资产，即资本品，获得随机实际回报率 $R(t)$。假定储蓄者持有存款期望投资回报率为：$p(t)^e = \frac{P(t+1)^e}{P(t)} - 1$，其中，$P(t+1)^e$ 为 $t+1$ 期消费品预期价格指数，$P(t)$ 为 t 期消费品价格指数，$p(t)^e$ 为 t 期通货膨胀率。假定储蓄者理性，则资产市场均衡要求的无套利条件应成立，$r'(t) = R(t) = p(t)^e$。那么，银行信用扩张在封闭经济中的约束条件就是由信用扩张产生的通货膨胀率不能使持有存款期望投资回报率低于储存消费品的安全回报率 r_t，从而引发储蓄者放弃存款持有的全面资产组合调整。我们将 $p(t)^0$ 定义为这样一个临界预期通货膨胀率：一旦经济中现实的预期通货膨胀率 $[p(t)^e]$ 高于此临界预期通货膨胀率 $[p(t)^0]$，根据（国内）资产市场均衡无套利条件，储蓄者可以放弃存款持有，代之以消费品的储存，银行信用扩张也相应地成了无源之水。由此可见，为了持续实现信用扩张支持经济增长的功能，货币政策目标必须兼顾经济增长和通货膨胀控制。

鉴于持有存款货币还具有极为重要的用于支付、降低交易成本的功能，这时，储蓄者持有存款货币期望投资回报率就变为 $p(t)^e + m$，相应的（国内）资产市场均衡无套利条件就变为：$r'(t) = R(t) = p(t)^e + m$（$m$ 代表持有存款货币由消费品数量衡量的不随时间改变的便利交易效用）。很显然，由于持有存款货币便利交易功能，从而相应地提高临界预期通货膨胀率 $[p(t)^0]$。另外，储存消费品成本过于昂贵，实际安全回报率又偏低，这就意味着由储存消费品替代持有存款货币控制通货膨胀的机制只有在通货膨胀极为严重的情况下，才能发挥作用（如 1988 年部分地区的商品抢购）。由此可见，由储存消费品替代持有存款货币控制通货膨胀的机制，其作用有限。

以国家隐性担保下的信用扩张为基础，货币供给不完全内生，"干中学"的经济增长阶段又要求货币政策必须承担激励经济增长任务，试图在封闭经济中事先确定最优货币政策，平衡经济增长和通货膨胀控制将极为困难。

在开放经济中，货币政策平衡经济增长和通货膨胀控制的难题在一定程度上却可以通过基于资本管制的固定汇率制加以缓解。根据蒙代尔三角定理，在资本管制基础上，借助固定汇率制，不仅能够获得货币政策独立性，支持国家隐性担保下的金融中介（银行）信用扩张，加速经济增长，而且能够有效地抑制由此产生的通货膨胀。通过剖析实际汇率

决定中可能隐含的通货膨胀控制机制,可以揭示这一点。实际汇率是经过名义汇率调整的一国与外国之间价格水平的比率,公式为:

$e = EP_f/P_d$

其中,E 为用直接标价法表示的名义汇率,P_d 为国内价格水平,P_f 为国外价格水平。

其他条件给定,如果某国货币实际汇率升值,即 e 值下降,通常意味着该国国内可贸易品生产成本上升和国际竞争力下降。如上式所示,受制于国际收支平衡约束,通过固定汇率制,可以起到抑制通货膨胀的作用。假定国外价格水平 P_f 是外生给定的,通过盯住汇率制,使本国货币名义 E 保持不变,本国实际汇率则完全由本国价格水平 P_d 决定。为了保持国际收支基本平衡,无疑不能容忍通货膨胀的无限发展;否则,恶化本国可贸易品国际竞争力和国际收支基本平衡。由此可见,在开放经济中,通货膨胀率还必须与国际收支平衡约束条件相匹配。在"干中学"的经济增长阶段,国际收支平衡约束显得尤为重要,只有保持国际收支基本平衡,才可能获得引进国外技术所需的外汇有效供给。更为重要的是,为了保持名义汇率稳定所进行的外汇储备调整,还会使中央银行支持信用扩张的同时,获得有效的货币政策工具,起到自发调节货币供给和控制通货膨胀的作用。比如,信用扩张过度导致通货膨胀上升,恶化本国可贸易品国际竞争力和国际收支,在固定汇率制下,将引起外汇储备下降和基础货币供给减少,从而有助于抑制通货膨胀。

由此可见,在开放经济中,国家银行信用扩张约束条件除要保持与国内资产市场均衡无套利条件相匹配的通货膨胀率外,该通货膨胀率还必须与国际收支平衡约束条件相匹配。至于上述两个约束条件哪一个会发生实际作用,则取决于经济对外开放程度和两个临界预期通货膨胀率的相对高低。在经济对外开放度偏低的情况下,与国内资产市场均衡无套利条件相匹配的临界预期通货膨胀率 $[p(t)^0]$,无论高低,发生实际作用的可能性显然更大。不过,如果经济对外开放度足够高,与国际收支平衡约束条件相匹配的临界预期通货膨胀率可能更低,从而发挥实际作用。

基于资本管制的固定汇率制在缓和中国货币政策平衡经济增长和通货膨胀控制的难题方面发挥了相当重要的作用。以 20 世纪 90 年代中期为界,中国转轨开始以来,宏观经济运行的最重要差别莫过于此,在此之前，高速经济增长和偏高的通货膨胀率反复出现并存；在此之后，不仅继续保持高速经济增长，而且还成功地控制了通货膨胀。究其原因，关键在于20世纪90年代中期以后，随着对外开放度的不断提高，中国实际获得了基于资本管制的固定汇率制的通货膨胀控制有效机制，即通过国际收支，特别是贸易收支调节，控制通货膨胀。比如，从1994年到2005年7月，中国一直保持了单一盯住美元的策略，后改为盯住主要贸易伙伴的一篮子货币。至少从形成机制上看，人民币名义汇率的确定过程中没有机制反映经济基本面变化所带来的实际汇率调整的要求，无疑仍属固定汇率制。另外，中国长期以来存在较为严格的国际资本流动管制也是不争的事实。

但是，依靠大幅低估本币并实施固定汇率制的做法会导致贸易顺差大增，这是一种重商主义的结果，它会使贸易伙伴不满，从而要求改变汇率机制，并使本币由低估向正常状态以及直到高估状态转移。2005年7月后，中国的汇率已到了波动弹性增大的阶段，其结果是人民币不断升值，虽然目前的汇率水平尚未逆转外贸顺差格局，但通过外贸来控制国内通货膨胀却越来越难。

第四节 从动员型金融向市场配置型金融的转型

根据上面的分析，中国经济自转轨开始以来，高速经济增长的货币、金融政策、制度安排可概括为"三驾马车"：（1）国家隐性担保下的银行信用扩张；（2）兼顾经济增长和通货膨胀控制的货币政策；（3）基于资本管制的固定汇率制。在"三驾马车"的作用之下，中国转轨开始以来，特别是20世纪90年代中期以后，不仅获得高速经济增长，而且有效地控制了通货膨胀。其中，由国家隐性担保和利率管制相配合复制信贷集中性均衡，激励银行信用扩张，尽管会恶化信贷市场的逆向选择问题，为此付出银行不良信贷资产累积和宏观经济不稳定的成本，但从企业投资和经济加速增长中得到了弥补。基于资本管制的固定汇率制还有效地形成了银行信用扩张的有效约束条件，即与国际收支平衡约束条件相匹配的通货膨胀率，并由此获得相应的通货膨胀控制机制。通货膨胀控制机制成功地缓解了货币政策平衡经济增长和通货膨胀控制难题，使银行信用扩张加速企业投资和经济增长具有可持续性。

中国转轨时期高速经济增长的货币金融政策、制度安排"三驾马车"还可以用来合理解释中国转轨开始以来三大金融发展之谜：（1）银行信用扩张在造成货币、金融扭曲的同时，加速了企业投资和经济增长。换言之，配置资本效率并不理想的不规范货币、金融体制却能够支持高速经济增长。（2）金融深化，即 M2/GDP 不断上升的同时，并没有带来严重的通货膨胀。（3）中国经济长期保持约两位数增长率的同时，人民币实际汇率持续大幅贬值。改革开放最初 15 年前后，人民币对美元名义汇率和一篮子外国货币有效名义汇率，分别贬值 4—5 倍，实际汇率依据不同度量指标贬值一倍半到两三倍。

谜题一的出现，关键在于在"干中学"的经济增长阶段，在国家隐性担保下银行信用扩张能够最大限度地加速企业投资和经济增长，而基于资本管制的固定汇率制获得的通货膨胀控制机制却使信用扩张加速企业投资和经济增长具有了可持续性。

谜题二的出现，假定资本品生产具有现金优先约束，包括 M2 在内的存款货币供给无疑具有增长效应（实质上是货币正的非中性）。只要有效地控制了通货膨胀，M2/GDP 不断上升只不过是储蓄者愿意持有存款行为的自然结果。在非银行投资渠道不足的情况下，尤其如此。

谜题三的出现，由于基于资本管制的固定汇率制提供了有效的通货膨胀控制机制，基本堵死了人民币实际汇率升值的所有国内途径，从而产生与长期经济增长相伴随的人民币实际汇率持续大幅贬值。根据巴拉萨和萨缪尔森效应，由可贸易品部门相对高速生产率增长推动的经济增长，将带来所有部门工资和价格水平提高，在固定汇率制下，势必造成增长经济体的本币实际汇率升值。再考虑到国际收支平衡约束，即使没有工资水平普遍提高，增长经济体的本币实际汇率也应通过调整名义汇率或本国通货膨胀方式升值。很显然，由基于资本管制的固定汇率制获得通货膨胀有效控制机制意味着通过名义汇率调整，或中国通货膨胀方式升值人民币实际汇率均很难进行；而中国丰富的劳动力资源又压制了工资水平提高，从而促使将国内消费无法吸收的商品大量输出，回来的外汇通过结汇和对冲手段来消化，减少货币供应，控制了通货膨胀。

需要指出的是，上述情况的出现必须具备两个前提：一是"干中学"的经济增长阶段，即高投资能得到高增长；二是国际社会对中国资本管制，过度输出商品的容忍。在未来的经济增长中，随着这两个前提发生改变，中国转轨时期高速经济增长的货币、金融政策制度安排"三驾马车"势必同样需要面临转型。

首先，"干中学"经济增长源泉逐步枯竭将使银行信用扩张通过加速企业投资、推动经济增长的机制失灵。在未来的经济增长中，随着中外技术差距的缩短，特别是技术复杂程度的提高（意味着投资知识外溢效应下降），"干中学"在经济增长中的相对重要性将不可避免地下降，从而需要引入技术进步的增长源泉。鉴于技术进步推动的经济增长并非完全由社会总投资规模决定，而取决于资本配置效率。当经济进入技术进步构成经济增长的主要推动力阶段时，国家隐性担保下的银行信用扩张所产生逆向选择和道德风险问题的代价将越来越大，最终将不能由信用扩张加速的经济增长来弥补。

其次，国际社会（特别是发达国家）对中国资本管制、过度输出商品的容忍状况改变，使中国基于资本管制的固定汇率制获取的通货膨胀控制机制已逐步丧失。考虑到中国工业化阶段尚未完成，"干中学"经济增长源泉枯竭更多的还只是对金融制度安排"三驾马车"转型的潜在压力。那么，国际社会容忍状况改变已经构成现实压力。例如，随着中国对外贸易依存度的提高和金融开放的承诺逐步兑现，严格的资本管制显然难以为继。因此，即使"干中学"的经济增长阶段尚未结束，2005年的汇率制度改革也意味着基于资本管制的固定汇率制已率先瓦解，直接后果就是中国将丧失一个卓有成效的通货膨胀控制机制，加大货币政策平衡经济增长和通货膨胀控制的难度，并提高经济增长的相应成本。

所以，中国金融制度安排的"三驾马车"在一定阶段有其经济合理性，但并不意味着这种发展政策是最佳的，只能算是特定发展阶段的次优选择，况且这一机制要受到开放条件和不断推进的市场化进程的约束，不可能一直持续下去。在未来的经济增长中，中国转轨时期高速经济增长的金融制度安排"三驾马车"势必需要进行转型。目前和未来一段时间，当务之急是如何妥善应对资本管制逐步放松及人民币升值过程中所产生的流动性冲击风险。流动性冲击风险不仅来自国际资金，而且来自"迷失货币"的回归，其结果会导致通货膨胀或证券、房地产等资产价格出现泡沫的风险，从而造成宏观经济波动，影响经济增长进程。

基于资本管制的固定汇率制解体带来的挑战是如何重新构造一个有

效的通货膨胀控制机制。随着基于资本管制的固定汇率制解体，M2/GDP 继续上升可能诱发通货膨胀，中国将丧失一个卓有成效的通货膨胀控制机制，加大货币政策平衡经济增长和通货膨胀控制难度，并提高经济增长成本。尽管通过发展非银行的证券市场，给予储蓄者更多非银行资产投资渠道，一定程度上可以重构通货膨胀控制机制。因为，参照资产市场均衡无套利条件：$r'(t) = R(t) = p(t)^e + m$，通过引入一个新的资产市场，并形成风险收益率 $[r''(t)]$，替代成本过于昂贵的消费品储存投资方式。可操作性的措施是：在规范发展证券市场的基础上，由高评级的企业债或股票实际回报形成合理的风险收益，给予储蓄者更多非银行资产投资渠道，控制通货膨胀。不过，考虑到证券市场流动性偏高，存在诱发资产价格过度膨胀的泡沫风险，这种通货膨胀控制机制可能是次优的，在中国证券市场发展不规范的条件下，尤其如此。

由此可见，为了控制 M2/GDP 继续上升可能诱发的通货膨胀，关键还在于深化金融改革。推进金融改革，核心内容是科学确立货币的基本职能。过去，中国一直将货币作为促进经济发展的重要资源来看待，金融体系的重要任务则是合理分配该资源以使社会产出最大化，从而货币政策必须兼顾激励经济增长和控制通货膨胀，这是中国货币政策的两难选择，也是未来金融改革难点所在。我们认为，这种政策在经济发展的早期阶段确无过错。但目前中国经济发展的阶段变了，货币金融制度实施的环境不一样了，政策效果自然也不一样，货币的职能也应变。现代经济学的重要结论之一是，在市场基本均衡的条件下，货币的中长期效用是中性的。而在实践中，许多发达的市场经济国家已逐步放弃对货币量的监控，而只是简单使用利率手段。这种政策使用的前提当然是货币量不重要了，但更重要的是，货币的含义不同了，各类金融创新扩大了货币的内容，国家想管也管不了。对中国而言，目前取消政府的货币管理职责尚不具备条件，但简化货币政策目标却是可行的。处在目前的经济发展阶段，货币政策在兼顾经济增长和通货膨胀控制时，应将重点转向通货膨胀控制，逐渐淡化经济增长目标。因为目前企业融资来源正在多样化，促进经济增长的货币政策成本也越来越高。中国未来的货币政策应依环境变化构造一个有效的通货膨胀控制机制，其目的是为经济增长创造一个稳定的环境，将货币政策从激励经济增长的负担中解脱出来。

所以，中国金融制度应深化改革，以实现动员型金融向市场配置的转型。金融制度发展的方向为：（1）建立在银行筛选和监督投资项目的资本配置效率基础上的信用机制；（2）货币政策从激励经济增长任务中解脱出来，专职于控制通货膨胀和保持经济稳定；（3）实现国际资本自由流动和人民币浮动汇率。但这些目标的实现却不是短期可为的。我们认为，考虑到中国金融问题的复杂性，转型需采取渐进性策略。原因在于银行商业化、利率市场化和信贷市场引入竞争等消除国家隐性担保下的信用扩张改革不能一蹴而就；中国"干中学"的经济增长阶段尚未结束，只要能有效控制通货膨胀，金融资源加速经济增长的价值仍在。

随着金融改革不断深化，银行和证券市场资本配置效率会提高，M2比GDP更快地增长的现象将被弱化，因为资本配置效率提高意味着以更少的货币和信贷投放能获得同样的产出效果。随着时间的推移，在M2与GDP比例增量下调的作用下，M2/GDP持续上升的趋势将得以消除，通货膨胀压力也相应减轻。此外，银行日益根据利润最大化需要提供流动性，使货币供给内生化水平提高。货币供给内生化意味着信用扩张所固有的通货膨胀倾向减弱，有助于提高货币政策控制通货膨胀的效率。证券市场和银行资本配置效率提高使货币政策能从激励经济增长职能中逐步摆脱出来，专门用于通货膨胀控制。我们相信，在动员型金融向市场配置转型过程中，只要政策措施得当，能够有效地应对流动性冲击和通货膨胀风险，使金融体系继续为中国经济增长提供有效的服务。

第五节　宏观政策选择

从前面的分析可知，中国特殊的金融安排应逐步进行改革，近期在以下几个方面可以有所突破。

一　货币政策目标重点应转向稳定币值和抑制资产泡沫

长期M2/GDP过高积累了货币冲击的风险，通过固定汇率向国际输出的"货币"，随着人民币汇率体制的改革和人民币的升值预期，又会从海外移回国内。当前，在人民币升值的前提下，中国贸易—产业技术进步没有重大革新的条件，贸易顺差激增已经大幅度超过了正常贸易增长的均线，有人已经意识到这是非正常贸易能实现的快速增长，它更可能是金融行为,即通过假出口来实现"资产内移"(如《美国商业周刊》估计,中国正常贸易顺差中有 2/3 来自资产移动)。大量的贸易顺差直接垒高了外汇储备,为此而强制发出的货币又会导致资产价格上升,种种迹象表明,近几年,中国商品物价基本稳定,但资产价格大幅上升,这已经显现出了东南亚金融危机前资产泡沫的端倪。人们已经认识到,1997 年东南亚金融危机不是出在通货膨胀上,而是资产泡沫导致的危机。因此,货币政策目标要把稳定币值和抑制资产价格泡沫放到重要的目标上。

二 调整金融结构

中国发展到今天,已经成为全球的加工中心,制造业发展需要的不是建设产能的钱了,随着城市化步伐加快,要素价格重估,环保、社保等管制加强,税收严格化等都会引致制造业的竞争更为残酷。如果按资产定价原则衡量,许多企业的资产价格非常低,这为企业重组和并购提供了条件。新型服务业或高科技快速发展,资本金需求也处于饥渴状态,如我们熟悉的银行、证券、保险、房地产、互联网、生物技术和物流等都是如此,它们需要的资金也是股权投资,而不是银行贷款。中国经济原来是靠银行贷款完成初始资本发展的,资本金充足率一直是问题,进入 21 世纪以后,不论是传统制造业还是新型服务业或技术创新企业更需要的是股权,但银行不能再供给了,其他金融机构又供给不足。中国一方面上万亿元巨大的银行存款贷不出去,另一方面实体经济急需股权资本又难以从国内资本市场上融资。中国金融结构和发展需求的不相匹配,还表现为储蓄增长过快,而投资还没有充分利用好它们,带来了所谓的"全球金融失衡",中国输出的资金被转换为股权投资回来套中国资产的利,导致中国福利损失。

目前,中国产能过剩,大量资金从产业部门析出,同时逐步开放外国资金渠道,如果不能更广泛地拓宽资金运用渠道,在"限制下供应的金融资产"的价格必然更快增长(既包括股票价格的上涨,也包括房地产价格的上涨),这就是日本的教训(刘霞辉,2002)。中国还是发展中国家,需要大量资金搞建设,拓宽资源配置渠道和居民选择渠道,才能合理分流现有的银行储蓄。规范发展证券市场正好能解决这些问题。目前证券市场结构不合理,不但规模偏小、运行不够规范,而且品种少。一个有规模、有深度的证券市场不仅可以缓和银行改革不完全到位引发的信贷配给问题,而且还会快速吸收经济中过多的流动性,避免资产泡沫。我们可借此机会加快调整金融结构,让资本市场成为配置资源的主要场所,借"热钱"之势,调整中国的金融结构,通过发展资本市场吸纳和配置"热钱",使其为中国经济增长方式转变服务。

三 完善资本市场

2006年股改促使中国证券化率加速提高,但固定收益市场相对落后,市场处于分割状态(银行间和交易所两个市场)。固定收益的发行和监管更是多部门管理和相互掣肘,开放度很低,市场广度和深度都有所欠缺,急需完善资本市场的功能,大力发展固定收益市场。近几年,企业债券发行量逐步扩大,至2006年共有43家企业发行了45只共计1015亿元企业债券,但与银行贷款与股票融资量比,数量偏小。目前,中国企业债券市场表现出上市审批程序复杂(二级市场发行企业债券实行两次核准,即额度及发行核准),门槛过高(大都是国有大型企业,筹集资金的投向基本是大型基础设施项目);利率单一,不能体现企业差别等问题。应通过改革,做到在审核方面,按市场化原则取消全年一二批的传统方式,转变为成熟一家核准一家,同时规范风险控制机制,适当降低发债门槛,以加大企业债券供应量;在发行方面,以利率市场化为基准,体现不同发行人差别定价,使中国企业债券市场将真正进入按市场化运作的良性发展轨道,其规模不断扩大,真正成为证券市场的重要组成部分。

四 提高利率水平,稳定汇率预期

汇率制度改革和人民币升值预期是当前货币冲击的一个关键性因素,因此,只有稳定汇率预期,并逐步开放正规、可监管的资金流动渠道,提高资金流动的可监控性,才能抑制大量的套利资金进入。中国经济的风险依然高于发达国家,套利资金为获取利差是不会来中国的,仅仅是为了现在人民币的"慢慢升值"也不是很值的,套利资金是为了人民币升值和资产价格上涨而来。因此,应该提高利率水平,降低资产价格上涨预期,抑制套利资金。将利率水平提高到使其与中国经济的风险水平相匹配的程度,并更多地运用资金价格来调控资金流向(而不是被动地运用数量调节),才能逐步稳定汇率预期,降低风险,稳定经济。

参考文献

[1] 罗纳德·I.麦金农：《经济市场化的次序》，上海三联书店 1997 年版。

[2] 贝多广：《中国资金流动分析》，上海三联书店 1989 年版。

[3] 曹尔阶、李敏新、王国强：《新中国投资史纲》，中国财政经济出版社 1992 年版。

[4] 戴根有：《关于我国货币政策的理论与实践问题》，《金融研究》2000 年第 9 期。

[5] 郭浩：《中国的超额货币需求——稳健货币政策分析》，《管理世界》2002 年第 6 期。

[6] 韩平、李斌、崔永：《我国 M2/GDP 的动态增长路径、货币供应量和政策选择》，《经济研究》2005 年第 10 期。

[7] 黄达：《财政信贷综合平衡导论》，中国金融出版社 1984 年版。

[8] 贾春新：《金融深化：理论与中国的经验》，《中国社会科学》2000 年第 3 期。

[9] 李斌：《存差、金融控制与铸币税：兼对我国"M2/GDP 过高之谜"的再解释》，《管理世界》2006 年第 3 期。

[10] 刘明志：《中国的 M2/GDP（1980—2000）：趋势、水平和影响因素》，《经济研究》2001 年第 2 期。

[11] 刘树成、赵志君等：《金融开放与宏观稳定》，社会科学文献出版社 2004 年版。

[12] 卢锋：《人民币实际汇率之谜（1979—2005）——基于事实比较和文献述评的观察》，《经济学》（季刊）2006 年第 3 期。

[13] 秦朵：《居民储蓄——准货币之主源》，《经济学》（季刊）2001 年第 2 期。

[14] 尚明、吴晓灵、罗兰波：《银行信用管理与货币供应》，中国人民大学出版社 1992 年版。

[15] 石建民：《股票市场、货币需求与总量经济：一般均衡分析》，《经济研究》2001 年第 5 期。

[16] 世界银行：《1996 世界发展报告：从计划到市场》，中国财政经济

出版社 1996 年版。

[17] 世界银行:《2020 年的中国:新世纪的发展挑战》,中国财政经济出版社 1997 年版。

[18] 世界银行:《金融与增长——动荡条件下的政策选择》,经济科学出版社 1997 年版。

[19] 帅勇:《资本存量货币化对货币需求的影响》,《中国经济问题》2002 年第 3 期。

[20] 王晋斌:《金融控制、风险化解与经济增长》,《经济研究》2000 年第 4 期。

[21] 汪洋:《中国 M2/GDP 比率问题研究述评》,《管理世界》2007 年第 1 期。

[22] 伍志文:《"中国之谜"原因新解:金融资产膨胀说》,《财经科学》2003 年第 1 期。

[23] 余永定:《M2/GDP 的动态增长路径》,《世界经济》2002 年第 12 期。

[24] 曾令华:《论我国 M2 对 GDP 的比例》,《金融研究》2001 年第 6 期。

[25] 占明华、李生效:《货币与产出的关系(1995—2003)》,《世界经济》2005 年第 8 期。

[26] 张磊:《中国高速经济增长过程中的货币、金融扭曲》,中国社会科学院经济研究所博士后工作报告,2006 年。

[27] 张兴胜:《经济转型与金融支持》,社会科学文献出版社 2002 年版。

[28] 赵留彦、王一鸣:《中国货币流通速度下降的影响因素:一个新的分析视角》,《中国社会科学》2005 年第 4 期。

[29] 中国社会科学院经济所经济增长前沿课题组:《经济增长、结构调整的累积效应与资本形成》,《经济研究》2003 年第 8 期。

[30] 世界银行:《开放中的经济增长与政策选择》,《经济研究》2004 年第 4 期。

[31] 世界银行:《高投资、宏观成本与经济增长的持续性》,《经济研究》2005 年第 10 期。

[32] 中国社会科学院经济所经济增长与宏观稳定课题组:《干中学、低成本竞争机制和增长路径转变》,《经济研究》2006 年第 4 期。

[33] King, R. and R. Levine, 1993, "Finance and growth: Schumpter may be right", *Quarterly Journal of Economics*, 108 (3), pp. 717-738.

[34] Pagano, M., 1993, "Financial Markets and Growth: An Overview", *European Economic Review*, 37 (2-3), pp. 613-622.

[35] Rajan, R. and L. Zingales, 1998, "Finance Dependence and Growth", *American Economic Review* 88 (3), pp. 559-586.

第十六章　城市化、财政扩张与经济增长

摘要：本章探讨中国城市化和财政扩张的原理及机制，分析在从工业化主导向城市化主导的结构转变中，政府行为是如何转变的，其未来的边界与风险又如何。21世纪后城市化进入独立的大发展阶段，土地要素被重估，直接成就了政府的"土地财政"，扩张了公共基础设施的投资，推动了土地城市化和区域经济增长；但土地的供给特性和跨期分配效应导致了宏观风险增加，房地产价格上升过快，阻碍了人口城市化，去工业化特征明显。数量分析表明，土地财政和公共支出扩张虽然对城市化有直接加速效应，改变了时间轴上的贴现路径，但是，如果超前的土地城市化不能带来城市规模收益递增效果，且政府财政收支结构和筹资方式不能转变，则城市的可持续发展就会面临挑战。这些问题均已经出现，转变政府职能，改变财政体制和筹资模式，才能推动城市化带动的经济增长。

国际金融海啸的余波尚未完全消退，西方世界的主权债务危机又不断掀起波澜。当前，主要经济体美国、欧盟和日本都深陷债务泥潭，财政政策和货币政策"顶天立地"，经济增长困扰重重，主权信用相继降级，使世界经济再次遭遇沉重打击。在全球脆弱格局中，中国经济2009年、2010年的增长率分别达到9.2%、10.4%，一举跃升为世界第二大经济体，国家财政收入持续高速增长，国民人均收入跨进了中上收入国家区间。在外部需求受到明显抑制的不利条件下，中国能够率先从危机中复苏，并且有别于其他主要经济体而"例外"地实现经济高增长，不可忽视的是中国从工业化向城市化转变这一重大发展背景和利好因素。

20世纪90年代中后期以来，在外向型工业化快速发展的同时，中国城市化也开始了其加速历程：

首先，各类要素从乡村向城市聚集，使城市化率从90年代末期的约30%

提高到2010年的近50%。通过要素在空间上的再配置，促进了实物资本和人力资本的快速积累，引致了大规模的城市需求，形成了经济增长的巨大动力。

其次，伴随城市化与经济高增长，政府财政收入和支出大幅增加。2000年，公共财政收入、公共财政支出仅为1.34万亿元、1.58万亿元，到2010年达到8.3万亿元、8.96万亿元，年均增长20%、19%。如按IMF标准，2010年全口径计算的中国政府财政收入与财政支出，更是双双超过13万亿元，与两者在2000年均占GDP的23%相比，2010年都达到34%，同步上升了近11个百分点。作为城市化的重要推动力量，掌控土地资源和公共物品供给的政府成为土地红利和税收增长的受益者。

最后，城市化在提供经济增长的内在动力和财政扩张的正向激励之时，也面临着一系列亟待解决的问题和挑战。典型的如地价和房价的快速上涨，伴随近年来的汇率升值和国际大宗商品高涨，带来了制造业成本和城市生活成本的提高，使中国经济发展较快地从原先的低价工业化过渡到高价城市化阶段（课题组，2003）。在既有的分配格局下，资产部门的过快膨胀，使收益向政府和垄断企业集中，不同人群、不同地区收入差距不断扩大，社会不安定因素开始增多。面对城市建设和公共福利支出扩大带来的财政压力及融资压力加大，从中央到地方政府的资产负债表和损益表都出现了快速膨胀，地方政府的隐性债务问题以及与之关联的系统性金融风险，更是成为国内外各方格外关注的焦点。

对应于中国目前发展格局中的城市化高增长、财政扩张和高房价等事实，大量文献在借鉴西方经济理论（Barro，1993；Fisher and Turnorvsky，1998；Tiebout，1956；Shleifer and Vishny，1998；Sarkar，2000）的基础上，探讨了财政政策对于经济增长的作用、内在机制及存在的问题，其论题涉及财税体制改革、财政稳定、政府规模及效率、地区之间竞争与经济增长的关系、高地价高房价与宏观稳定，等等（曹广忠等，2007；贾康等，2008；刘成奎、王朝才，2008；金戈、史晋川，2010；张双长、李稻葵，2010；中国社会科学院财政与贸易经济研究所课题组，2011）。或者从政治经济学或制度经济学视角，探讨财政分权等制度的形成及效率（钱颖一等，1996；周黎安，2004；张晏、龚六堂，2005；张军等，2007；张璟、沈坤荣，2008）。

本章将在我们前期研究的基础上，进一步探讨形成目前经济增长格局和财政扩张的原理及机制，重点关注在中国特殊的经济环境和制度条件下,在从工业化主导向城市化主导的结构转变中,政府行为是如何转变的,其未来的边界与风险又如何。中心论点是:随着21世纪后城市化进入独立的大发展阶段,土地要素被重估,直接成为政府的"土地财政",扩张了公共基础设施投资,推动了土地城市化和区域经济增长;但土地的供给特性和跨期分配效应导致了宏观风险增加,房地产价格上升过快,阻碍了人口城市化,去工业化特征明显。数量分析表明,土地财政和公共支出扩张虽然对城市化有直接加速效应,改变了时间轴上的贴现路径,但是,如果超前的土地城市化率不能带来城市规模收益递增效果,且政府财政收支结构和筹资方式不能转变,则城市的可持续发展就会面临挑战。这些问题均已经出现,转变政府职能,改变财政体制和筹资模式,才能推动城市化带动的经济增长。

第一节 结构变动过程中的增长型政府财政行为:基本逻辑

政府财政是一个既古老而又常新的话题。自人类文明社会发端以来,财政一直被视为"庶政之母",政府收入和支出既是国家职能的表现,也是实施这一职能的载体和手段。从古典时期亚当·斯密提出的财政三项职责(防止外来侵略、维护司法公正、建立和维持一定的公共工程和一定的公共机构),到凯恩斯时代财政政策作用的空前发挥,再到当代财政履行公共物品的供应、实现分配的正义以及实施宏观稳定政策三项功能(布坎南、马斯格雷夫,2000),财政的目标和内涵一直在不断变动和扩展过程中,但也因各国经济发展的不同阶段而有很大区别。从可观察的实例来看,第二次世界大战以来,随着"福利国家"政策的流行,世界主要发达国家的财政支出占国内生产总值的份额都出现了上升,且政府债务不断累积(坦齐、舒克内希特,2005;高培勇,2010);而东亚新兴经济体则通过实施财政补贴等干预手段,来实现政府能动主义和市场增进,较快地完成了经济起飞和赶超(青木昌彦等,1998)。对于广大的后发国家而言,由于80年代拉美债务危机的惨痛教训,平衡政府财政,被视为经济市场化最优次序的首要步骤,"财政控制应该优于金融自由化,政府直接支出最好被限制在国内生产总值的较小份额,随着人均收入的增长而适当增长"（麦金农，1993）。

中国是从典型的"二元经济"和"缺口模型"起步而展开新时期工业化历程的，经济增长成为政府的重要目标。在资本稀缺、实物资本价格高昂的初始要素限制下，通过低价劳动力、低价甚至是无价的土地作为投入（加上征税能力不足、实际宏观税负相对较低等），保证了可贸易部门的边际产出提高和利润的实现，并通过出口退税（1985年开始实行）等措施，增强了其国际竞争力，外向型工业从而得以启动并迅速发展。此时期更重大的财政改革是费改税和分权让利，通过建立税收体系，向地方和企业释放财政管理权，同时减少中央财政在国民收入分配格局中所占的份额，地方税收和民间财力开始增长，极大地调动了地方政府发展经济的积极性。大量经济租金因而得以留在民间部门和基层政府，完成了工业化的初始激励，供给能力不断快速提升。在地方财政收入份额增长、中央政府的财政收入比重下降的情况下，1990年前后，国家又适度运用财政赤字货币化手段，以尽可能满足平衡财政收支的约束。

1992年邓小平同志南方谈话后，国际化因素在经济增长中的重要性上升。1994年外汇体制改革、1997年亚洲金融危机背景下出口退税率的大幅提高，进一步激发了可贸易部门迅速发展。在开放中，国际产业加快向内地转移，不断吸纳农村劳动力进入现代经济过程，外向型工业化带动了城市化发展；劳动力的产业和空间转移，优化了就业结构，提高了综合要素生产率，又使出口的"量"和"质"再次得到大幅度提升。由于出口部门的快速扩张，结合政府扩张性财政政策下的大规模投资，使中国度过了通货紧缩、内需不足的经济困境，对21世纪之后的资本形成和经济增长的带动作用非常明显。与此同时，要素价格的国际趋同也开始逐步出现（尽管不是完全趋同）。根据经典的H—O理论和巴拉萨—萨缪尔森定理，可贸易部门的快速增长有显著的要素价格传递效应，但这种趋同效应却因不同的要素而有着差异化特征：（1）随着实际汇率升值和可贸易部门如工业、农业部门的工资上涨，在部门间的劳动力流动条件下，带动非贸易品（服务业）的工资成本上升；（2）由于工业化用地的不断被征用，使土地的稀缺性上升，土地价格开始上涨；（3）随着持续的高积累和资本流动，工业资本相对稀缺性程度逐步降低，资本价格即真实利率在国际资本市场一体化背景下出现了下降。

要素价格变化尤其是土地价格上涨，与城市化加速发展和中国特殊的土地制度直接相关,对经济增长产生了深刻的影响。一方面,政府及某些获准进入土地市场的企业,可以在较低的融资成本与不断上涨的地价(房价)之间获取较大的利益;另一方面,也使政府有动力增加与土地城市化直接关联的公共资本投资。在政府的推动下,城市的数量和空间规模都出现了大幅扩张,城市化开始显现独立运行态势,从而也为地方政府解决 1994 年分税制之后不断增加的财政负担提供了机会。

20 世纪 90 年代之前的放权让利改革,降低了中央财政的份额。1990—1993 年,税收弹性系数基本在 0.3—0.9 之间徘徊,使中央政府面临严峻的财政收支形势,而 1993 年后高达两位数的通货膨胀率已不允许财政赤字货币化(1994 年实施的《中国人民银行法》禁止财政向银行举债)。分税制改革便在中央财力下降的情况下推出了,其表现是财权上收中央以扩大转移支付和大型公共支出、事权下放地方以促进经济和社会建设。随着中央政府收入和支出在全国财政总收入中的比重逐步提高,本级收入的比重从 1993 年的 22% 提高到 2010 年的 51%,中央政府的宏观调控能力和对地方政府的财政分配都大大加强了。不过事权下放之后,随着城市化不断扩张,却带来了地方政府大量公共支出的增加(见图 16-1)。

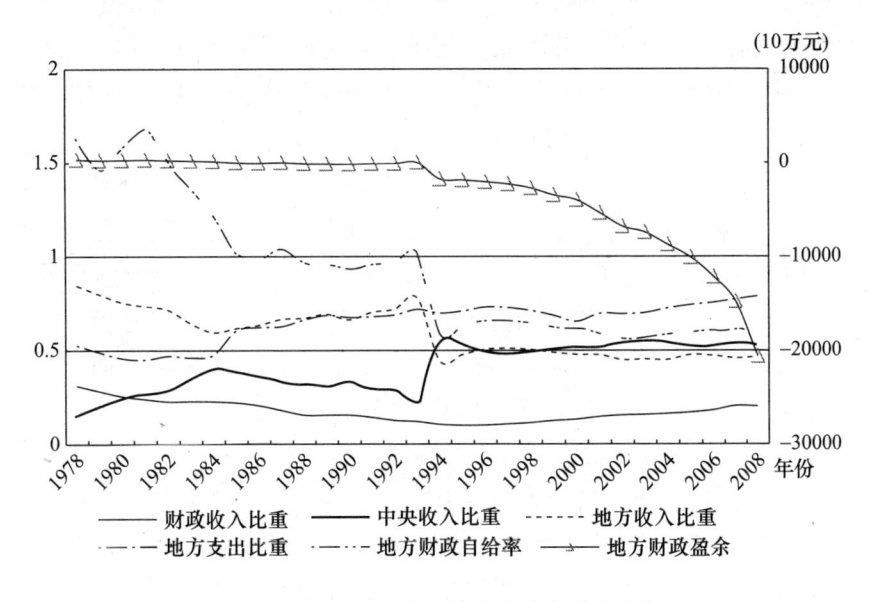

图 16-1 分税制前后的中央地方财政结构

资料来源:中经网,全部为决算数。

由于政府绩效考评与管理体制使地方政府将促进经济增长和扩大财政收入作为工作重心，在税收等预算内收入受限的条件下，不断增加的政府支出只能通过大量的预算外收入（各类收费及土地出让金等）和融资来解决。因此，21世纪以来政府财政规模的快速扩张，已经与土地为核心的城市化紧密地联系在一起了。

第二节　理解地权和土地财政：宏观有效性与微观不合理

从前面的讨论中不难看出，在增长为导向的发展目标下，政府财政行为确实保持了相当的灵活性和针对性，在推动经济繁荣和稳定方面起到巨大的作用，自身的财政收支也得以平衡并实现了结构性扩张。这种机理的发挥，除了与不同时期和不同条件下财政体制的改革有关，也与土地在中国特殊性质有关（其他自然资源也同此理）。

在中国特定的经济环境下，地权即土地的财产权利，具有双重分割特征：（1）所有权与土地使用权的分割（分离），一方面所有权是国家或集体垄断的，另一方面使用权又为形形色色的经济主体所拥有，经过一定的手续是可以转让的。（2）农村土地和城市土地、农耕用地和建设用地的分割，并由此形成了两套管理体系，而建设用地一直维持行政配置与指标管理。正是由于自然地理差异和土地制度的上述二元分割性，产生了不同的地价，形成了三种类型的级差地租：一是不同地区之间（如沿海和内地）的级差地租；二是一个地区内部城乡之间的土地变性质（由乡村集体用地、未用地变更为城市建设用地）带来的级差地租；三是一个城镇内部的土地变用途（城镇用地方向的转换，如民用转商用、低效变高效等）带来的级差地租。土地财政问题也由此产生。

政府与土地有关的收入有以下几种途径：一是"费"，即对土地相关的部门收费。仅土地部门的收费就有耕地开垦费、管理费、业务费、登报费、房屋拆迁费、折抵指标费、收回国有土地补偿费、新增建设用地有偿使用费等多项名目。二是"招拍挂"的土地出让金。由于中国仅允许有70年土地使用权，因此，土地出让金可视为政府收取的一次性"先付租金"或"特别税金（地税）"。三是"息"。地方政府以土地入股，所获得的股息或分红。四是"利"。土地资本化溢价后的资本利得。政府与土地有关的成本包括安置与拆迁成本、财务费用、行政管理费用等。在财政收支平衡约束下，土地财政必须满足在一个有限的跨期时段内，与土地有关的成本不能超过土地收入。或者说，前一期的土地成本必须得到下一期土地收入贴现的补偿。

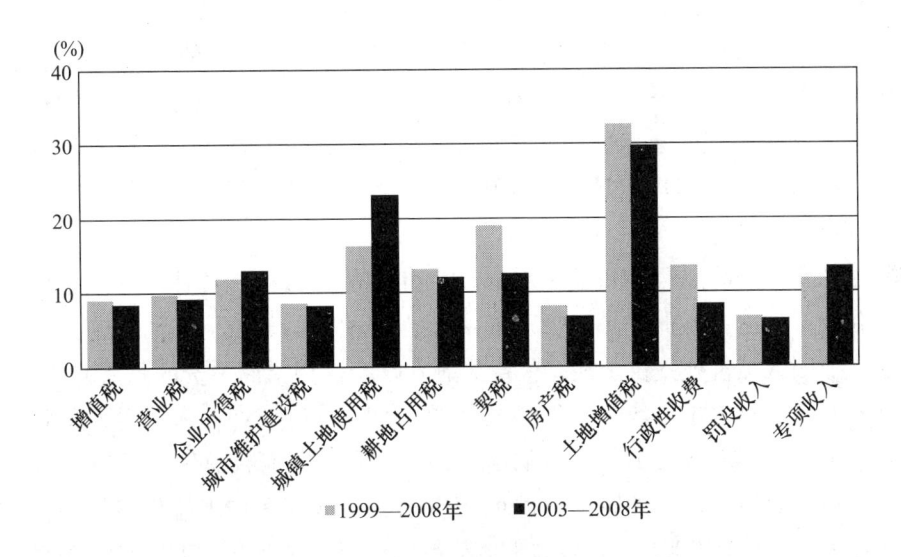

图 16-2　我国地税主要税种相对增长率

注：相对增长率=该税增长率/地税增长率，增长率是几何平均数，数据来自中经网。

由于政府是城镇建设土地的所有者、供给者与垄断者，在以经济增长为导向的发展目标下，通过土地的成本和收益权衡，可以使之具有宏观功能，首先促进经济增长，其次引导资源配置，最后带来了相应的跨期分配问题。

从土地的经济增长功能看，首先是数量效应。在以土地资本、实物资本和劳动所构成的总量生产函数结构下，政府可以不断通过土地资源的资本化，推动进入现代经济过程的人均土地资本的数量扩张，带来生产可能性曲线的向右平移，促进国家总体的资本形成和经济增长。假定以城镇建设用地来衡量进入现代经济过程的土地规模，可观察到的事实是城镇建设用地在改革开放以来得到了迅速扩张。尤其是 2001 年之后加速上升，至 2008 年，征用土地已达到 1.3 万平方公里。

其次是价格效应。土地价格的变化也具有经济增长效应，但其作用机制在低价工业化阶段和高价城市化阶段有所不同。在工业化阶段，政府通过无偿划拨、协议低价，甚至只是在企业上市时才定价（如一次性租金等形式）等特殊的土地政策补贴生产，虽然总体上当期土地收入很少，但是，由于工业企业所负担的土地成本很低，从而可保证实物资本有较高的边际产出，工业企业得到了保护与发展，促进了经济增长与就业，政府的财政收入也因工业税收（营业税和增值税等）的增加而提高。城市化阶段，在不考虑创新的情况下，实物资本产出一定会边际递减，但这时地价上涨，土地的边际产出在上升，因此，在从工业化资本形成主导向城市资本形成主导的结构转变中，经济增长不仅可以维持，甚至显现高涨态势。

从实际经济过程和数据来看，2000 年前后，城市化和住房、土地市场化改革的启动，促进了地方政府利用土地动机的转变。在此之前，通过工业园区廉价地提供土地，一直是地方政府竞相招商引资的重要砝码。在招商引资过程中，作为土地的经营者，地方政府或许并未获得地租收入，但是，可以获得工业发展的增值税等收入，因而在总体上具有"税租合一，以税代租"的特征。1998 年以前，全国的平均土地价格是一直下降的。地价从 2001 年开始的土地整治后出现明显上升，2002 年突破每亩 7 万元；随着 2007 年工业用地普遍采用"招拍挂"出让方式，工业用地价格迅速上涨，2007 年每亩土地价格接近 35 万元，2008 年和 2009 年更是猛然上升到每亩 40 万元和 50 万元（2006—2009 年，单位地价年均增长 32%）。土地出让收入也水涨船高。国土资源部公开的数据显示，1987 年全国的土地出让收入仅为 0.352 亿元，1989 年上升到 4 亿元左右，1991 年为 11.37 亿元。1992 年的房地产热，使当年土地收入猛增到 525 亿元，1994 年保持在 639 亿元的水平。由于宏观经济因素，1995—2000 年土地市场一直在低位运行，1995 年土地出让收入 388 亿元，到 2000 年土地出让收入仅为 596 亿元，依然未超过 1994 年的高点。2001 年以来，土地出让收入开始猛然攀升。2001 为 1295.98 亿元，2002 年达到 2416.79 亿元，2006—2008 年分别达到 7677 亿元、12217 亿元、9600 亿元，2009 年猛增至 1.59 万亿元，2010 年则再攀新高达到 2.9 万亿元。2001—2010 年十年间中国土地出让总收入增长近 24 倍。从局部来看，很多大城市的土地出让收入曾一度超过其税收收入，成为当地的"第一财政"。因此，2000年前后，随着土地市场的形成，通过垄断建设土地供给以获取高额的土地出让收入已经成为一种重要的政府行为特征，实现了地方政府利用土地动机向"租税分离、以租养税"的转变。伴随以土地为代表的自然资源与经济增长的相关性由数量相关转变为价格相关，土地财政已然成型（见表16-1）。

表16-1 土地财政与城市建设 单位：亿元、%

年份	城建资金			土地出让收入	
	总资金	其中土地出让金	土地出让金比例	总资金	用于城建比例
2004	5258	1100	20.92	6412	17.15
2005	5423	594	10.96	5884	10.10
2006	3541	882	24.91	7677	11.49
2007	4762	1669	35.04	12217	13.66
2008	5616	2105	37.49	9600	21.93
平均			25.86		14.87

资料来源：《中国城市建设统计年鉴》（2004—2008）。

因此，土地财政问题并不是近年才出现的，只不过从过去的负收入向今天的正收益转化罢了。政府作为土地所有者，在工业化阶段进行了无价、低价或折价补贴，降低土地税率，补贴经济增长；进入城市化阶段后，通过提高土地租金率和税收获取收益，促进土地资本形成和经济增长。因此，先补贴发展生产，在城市化阶段贴现土地收益，在中国现有经济环境下，具有宏观总体上的经济有效。不仅如此，土地财政还具有资源配置效应。土地资本化的合理推进，会引起经济资源如劳动力等从乡村向城市、从内地向沿海的流动，资本和劳动力从第一产业向第二产业，再到第三产业的结构转变，这样，总体上看，不仅要素数量投入增加，而且要素配置优化，带来全要素生产率的增长。但是，中国现实的情况却与上述配置机理出现了反差，政府主导下的土地财政扩张，增加了公共资本投资，有高的经济增长率和城市化率，但因为土地价格上涨过快，导致了生产成本和城市生活成本快速上扬，从而阻碍了人口城市化的发展（人口集聚度下降），不仅服务业没有大的提升，甚至有可能导致出现去工业化现象。

可见，土地财政的短期经济增长效应非常明显，但在资源配置机制上却出现了扭曲。从其跨期分配效果看，更具有微观上的不合理性。首先，由于政府行为助推下的地价上升、高价城市化的过快来临，国际化背景下全社会总体成本和物价快速上涨，加上对消费者的直接与间接征税，消费者剩余减少，社会不稳定因素增多。其次，地价的快速上涨，存在一个跨期的不对称分配效应。因为早期获得土地使用权的经济主体（企业或个人），最初付出的价格是极低的。但现在地价上升后，拥有地权者的潜在资本利得大幅上升，新进入者必须付出更高的价格才能获得土地使用权。也就是说，早期的土地成本经过跨期平滑之后，却由并未享受多大收益的后来者来承担，因而不太合理。最后，与土地相关的逐利增加，还会导致经济发展中的创新活动受压制。本章将在后面的数量分析中证明，这些问题是真实存在的。

第三节　公共投资和土地贴现的增长效应与边界

推动经济增长的资本可以划分为私人资本和公共资本，公共资本与城市化密切相关。我们分析的重点是公共资本，公共资本强调了政府支出所具有的生产性质，突出了政府支出具有提高私人资本边际产出的性质。它主要包括大型基础设施、城市循环体系、城市环境等硬件部分和城市福利与城市管理等软性部分。政府主导下的土地城市化发展中，公共投资与土地贴现之间表现为一种互相推动的自循环机理，但其边界与风险在哪，需要作一定的数量分析。本章构造了一个以公共资本投入为核心的一般均衡模型。为了突出公共资本的特性，设计了一个城市化与公共资本投入的特定函数。分析结果表明，城市化率与公共资本之间存在倒"U"形关系：一定程度的土地贴现收入有利于促进公共资本形成，推动城市化发展，但过度贴现会阻碍未来的城市化进程。

一　基本模型

设定如下生产函数：

$$F(K, L, G) = AK^{\alpha}L^{\beta}(G^{\nu})^{1-\alpha-\beta} \tag{16-1}$$

其中，K、L 和 G 分别表示私人物质资本、劳动力和公共资本，且 $\alpha + \beta < 0$。ν 为公共资本产出效应系数，其值区间为 $[0, +\infty)$，如果

$\nu=0$，表示公共资本 G 对产出没有任何影响；如果 $0<\nu<1$，表示公共资本 G 对产出产生影响，但公共资本并没有较好地发挥产出功能；如果 $\nu>1$，表示公共资本 G 对产出产生较大的影响。将式（16-1）变为人均形式，得：

$$f(k, g) = Ak^\alpha g^{1-\alpha-\beta} \qquad (16-2)$$

对式（16-2）两边求导数，得：

$$f_1(k, g) = \alpha A k^{\alpha-1} g^{1-\alpha-\beta},\ f_2(k, g) = (1-\alpha-\beta)Ak^\alpha g^{-\alpha-\beta} \qquad (16-3)$$

其中，$f_1(k, g)$ 为 k 对 $f(k, g)$ 的偏导数，$f_2(k, g)$ 为 g 对 $f(k, g)$ 的偏导数。假定人均有效公共资本与城市化发展存在着如下关系：

$$m = m(g) \qquad (16-4)$$

其中，m 表示城市化率，反映城市化发展水平，g 表示人均有效公共资本。为了分析简便，我们不妨将函数式（16-4）设定为如下线性函数形式：

$$m = m(g) = \alpha_0 + \alpha_1 g \qquad (16-5)$$

城市化过程中，土地贴现不同于地租，因为地租每年都可获取收益，而土地贴现是将地租贴现获取收入，土地贴现将受到土地资源的限制。这样，我们可假定城市化率与人均土地贴现收入存在如下关系：

$$b = (\alpha_2 + \alpha_3 m)(l - \alpha_3 m) \qquad (16-6)$$

其中，b 为人均土地贴现收入。式（16-6）的经济含义为：城市化率增大将会提升土地贴现收入，贴现收入与城市化率之间存在着正向关系。为分析上的简便，设贴现收入与城市化率之间存在着如下一次函数形式：$\alpha_2 + \alpha_3 m$，其中，α_2 和 α_3 为正值；城市化率与已贴现的土地量为 $\alpha_3 m$，假定城市化能贴现的最大土地量为 l，城市化率为 u 时，可获取的土地贴现收入流为 $(\alpha_2 + \alpha_3 m)(l - \alpha_3 m)$。这样，由式（16-5）和式（16-6）可得知人均土地贴现收入流与城市化率之间存在如下关系：

$$b = a_1 + a_2 g - a_3 g^2 \qquad (16-7)$$

其中，系数 a_1、a_2 和 a_3 均为正值，式（16-7）的经济含义为：目前我国处于城市化发展阶段，人均土地贴现收入流与城市化率之间存在着倒"U"形关系。形成 g 单位的人均公共有效资本需要投入的人均公共资本为：

$$b_1 = v^{-1} g \qquad (16-8)$$

政府决策的约束条件为：

$$\dot{k} = f(k, g) - c - \delta k + a_1 + a_2 g - a_3 g^2 - v^{-1} g \tag{16-9}$$

政府的目标是使消费者效用最大化：

$$\max_{c(t), k(t), g(t)} \int_0^\infty e^{-\rho t} u[c(t)] \mathrm{d}t \tag{16-10}$$

$$\text{s.t.} \ \dot{k} = f(k, g) - c - \delta k + a_1 + a_2 g - a_3 g^2 - v^{-1} g$$

其中，$c(t)$ 为消费，$u(\cdot)$ 为即时效用函数，具有正的递减的边际效用，ρ 为时间偏好率，$k(t)$ 为 t 时人均物质资本存量，$g(t)$ 为 t 时人均有效公共资本，$k(0)$ 为已知。

由式（16-10）定义如下的汉密尔顿函数：

$$H = u(c) + \lambda(f(k, g) - c - \delta k + a_1 + a_2 g - a_3 g^2 - v^{-1} g) \tag{16-11}$$

可得到最优条件：

$$\frac{\partial H}{\partial c} = u'(c) - \lambda = 0 \tag{16-12}$$

$$\frac{\partial H}{\partial g} = \lambda [f_2(k, g) + a_2 - 2a_3 g - v^{-1}] = 0 \tag{16-13}$$

欧拉方程为：

$$\frac{\partial \lambda}{\partial t} = \rho \lambda - \frac{\partial H}{\partial k} \tag{16-14}$$

由式（16-14）可得：

$$\dot{\lambda} = \lambda [\rho + \delta - f_1(k, g)] \tag{16-15}$$

由式（16-12）和式（16-14）可得：

$$-\frac{\dot{\lambda}}{\lambda} = -\frac{u''(c)\dot{c}}{u'(c)} = \lambda [f_1(k, g) - \rho - \delta] \tag{16-16}$$

假定效用函数为：

$$u(c) = \frac{c^{1-\theta} - 1}{1 - \theta} \tag{16-17}$$

得：

$$u'(c) = c^{-\theta} \tag{16-18}$$

得：

$$u''(c) = -\theta c^{-1-\theta} \tag{16-19}$$

由式（16-16）和式（16-19）可得到：

$$-\frac{u''(c)\dot{c}}{u'(c)} = f_1(k, g) - \rho - \delta \tag{16-20}$$

消费增长率为：

$$\frac{\dot{c}}{c} = \frac{1}{\theta}(\alpha A k^{\alpha-1} g^{1-\alpha-\beta} - \rho - \delta) \tag{16-21}$$

由式（16-13）可得：

$$(1-\alpha-\beta)Ak^{\alpha}g^{-\alpha-\beta} + a_2 - 2a_3 g - v^{-1} = 0 \tag{16-22}$$

当 $\dot{g} = \dot{k} = \dot{c} = 0$ 时，该系统达到稳定均衡点。这时，各均衡量 $\bar{k}$、$\bar{g}$ 和 $\bar{c}$ 存在着如下关系：

$$\alpha A \bar{k}^{\alpha-1} \bar{g}^{1-\alpha-\beta} - \rho - \delta = 0 \tag{16-23}$$

$$(1-\alpha-\beta)A\bar{k}^{\alpha} \bar{g}^{-\alpha-\beta} + a_2 - 2a_3 \bar{g} - v^{-1} = 0 \tag{16-24}$$

$$A \bar{k}^{\alpha} \bar{g}^{1-\alpha-\beta} - \bar{c} - \delta \bar{k} + a_1 + a_2 \bar{g} - a_3 \bar{g}^2 - v^{-1} \bar{g} = 0 \tag{16-25}$$

二 模型的经济分析

1. 当 $v = 0$ 时，无集聚效应

此时式（16-1）为：

$$F(K, L, G) = AK^{\alpha}L^{\beta} \tag{16-26}$$

式（16-26）表明公共资本无集聚效应。

2. 当 $v > 0$ 时，有集聚效应

当 $v > 0$ 时，由式（16-23）和式（16-24）可得均衡的人均有效公共资本与系数 v 的关系为：

$$\bar{g}'(v) = \frac{v^{-2}}{2a_3 + B} > 0 \tag{16-27}$$

其中，$B = A \times \frac{\beta(1-\alpha-\beta)}{1-\alpha} \times (\frac{\rho+\delta}{\alpha A})^{\alpha/(\alpha-1)} \times \bar{g}^{(\alpha-\beta-1)/(1-\varepsilon)} > 0$。

式（16-27）表明，公共资本产出效应系数 v 对均衡的人均有效公共资本产生正向影响。由式（16-23）和式（16-27）可得均衡的人均私人资本与系数 v 的关系为：

$$\bar{k}'(v) = (\frac{\rho+\delta}{\alpha A})^{1/(\alpha-1)} \times \frac{1-\alpha-\beta}{1-\alpha} \times g^{-\beta/(1-\alpha)} \bar{g}'(v) > 0 \tag{16-28}$$

式（16-28）表明公共资本产出有利于人均私人资本的增加。

由式（16-23）和式（16-24）可得到：

$$(1-\alpha-\beta)A\left(\frac{\rho+\delta}{\alpha A}\right)^{\alpha/(\alpha-1)} \times g^{-\alpha/(1-\alpha)} - 2a_3 g = v^{-1} - a_2 \quad (16-29)$$

式（16-29）确定了 $\dot{c}=0$ 时 g 的大小（见图16-3）。由式（16-23）和式（16-25）可得到：

$$c = A\left[\left(\frac{\rho+\delta}{\alpha A}\right)^{\alpha/(\alpha-1)} - \delta\left(\frac{\rho+\delta}{\alpha A}\right)^{1/(\alpha-1)}\right]g^{(1-\alpha-\beta)/(1-\alpha)} + a_1 + a_2 g - a_3 g^2 - v^{-1}g \quad (16-30)$$

式（16-30）确定了 $\dot{k}=0$ 时 c 和 g 之间的关系（见图16-3）。由 $\dot{c}=0$ 和 $\dot{k}=0$ 确定了均衡时私人资本 k、有效公共资本 g 和消费 c（即图16-3中的点 E）。若系数 v 增大，则 $\dot{c}=0$ 将会向右移动，而 $\dot{k}=0$ 则会向上移动，这样就会出现新的均衡点（点 E'）。由此可知，当系数 v 增大时，可产生消费、资本均增大的效应。

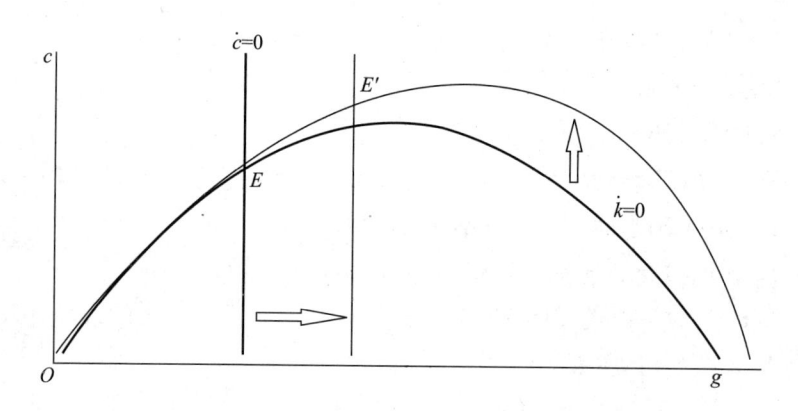

图 16-3　人均消费、人均私人资本与人均公共资本相位图

由式（16-8）和式（16-9）可得到土地贴现收入和公共资本投资与城市化之间的关系（见图16-4）。土地财政收入与城市化率之间存在倒"U"形关系，公共资本投资与城市化率之间也存在倒"U"形关系。但它们对应的城市化率转折点并不相同。由于我国耕地限制及粗放型的城市化发展模式，我国提供城市化发展的耕地有限，这就决定了我国土地财政收入的城市化率转折点不是很大。由于我国城市化的公共建设比较薄弱，公共资本投资将会在长期内随着城市化率提高而不断增加，这就决定了我国公共资本投资的城市化率转折点较大。为分析问题的简便，在图 16-4 中，我们假定公共资本投资与城市化率之间存在线性关系。城市化初期，土地贴现收入小于公共投入，此时可出现城市化土地贴现的负收入（如图 16-4 中的竖线部分）；当城市化达到一定水平后，土地贴现收入大于公共投入，此时可出现城市化土地贴现的正收入（如图 16-4 中的横线部分）。公共资本产出系数 ν 扩大了土地贴现总收入为正的城市化的区间（当系数 ν 增大时，公共资本投入线由 AB 转变为 AB'），目前我国的城市化正处于该阶段。但可获取的收入并不可持续，当城市化率超过一定水平以后，土地贴现收入就会小于公共投入，此时可出现城市化土地贴现的总的负收入。所以，土地财政不是长期可得的免费午餐，目前过快贴现未来现金流，将在未来一定的节点上使公共投资无法得到财政收入的支撑，财政收支缺口扩大，城市化不可持续。

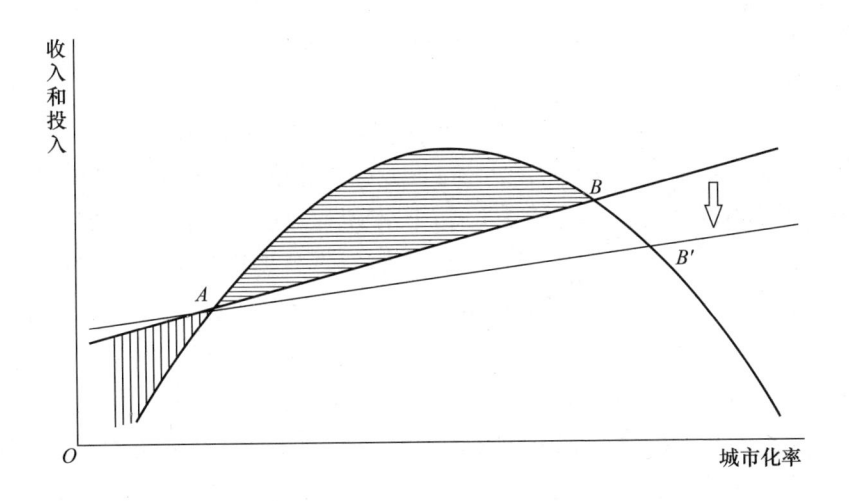

图 16-4　城市化、土地贴现收入的跨期配置

注：二次曲线表示土地贴现收入与城市化率之间的关系，直线表示公共资本投入与城市化率之间的关系。

第四节　公共资本增加的聚集效应与宏观成本

前面从中国的国情和抽象理论两个维度分析了土地财政支撑的公共

资本扩张的可行性及不可持续性，中国的现实表现又如何？众所周知，20世纪90年代后期开始，伴随着中国的快速城市化进程和由此带来的地面硬化，以基础设施形式存在的公共资本存量大幅增加（张军等，2007）。基础设施改善及其所对应的巨大的公共资本存量，已经从制约中国经济增长的"短板"，变成推动中国经济可持续增长的重要优势。但中国公共资本快速积累带来了什么问题？下面通过三个命题来予以解答。

命题1：城市化的快速推进，带来了城市空间规模扩大，却难以产生相应的集聚效果

城市化可以在两种意义上对经济增长方式产生影响：（1）城镇部门资本存量的增加，在其他条件不变的情况下，提高了城镇部门的人均资本水平，如果不存在完全硬性的人口流动控制，则追求区域工资溢价的劳动者将会从农村部门迁入城市部门，从而增加城市部门的人口密度，并带来集聚效果。（2）城市规模扩张，新增投资在空间上被新增的城市面积稀释，单位面积上的人均资本水平未必能提高，新扩容的城市部分人均资本水平甚至有可能下降，而导致劳动力流入不足，降低城市部门的人口吸引力，很难带来城市化产生的集聚效果。下面检验中国出现的是哪种结果。

数据全部来自《中国统计年鉴》，完整的数据时间长度为2001—2009年。在城市规模变量上，本书采用了国家统计局公布的城市建成区面积。采用城市人口密度来作为集聚程度变量。关于集聚程度的常规指数是Herfindahl - Hirschman指数和城市首要性指数（王小鲁，2010），都是在人口密度不能直接衡量时较好的城市人口集聚度指标。数据显示，从2001年开始，中国城市化的快速推进，不但带来了城市规模的扩张，也带来了城市集聚度的增加（见图16-5）。前者表征了公共资本投资与城市化率之间的正向关系［式（16-4）］，后者则显示出 $v>0$ 的城市聚集效应。近十年来，中国的建成区面积从2.4万平方公里增加到3.8万平方公里，面积增加近60%。与城市规模扩张相伴随的，是城市人口密度的不断增加，从每平方公里588人增加到每平方公里2147人，密度增加到原来的3.65倍。人口集聚带来了工业成本的降低，服务业的发展和新市场的形成。

通过集聚、创新推动增长的愿望，在"十一五"时期受到了挑战。最近一个五年计划以来，中国的城镇固定资产投资增加了1倍多，城市规模也呈现了明显的扩张，但是，人口密度却呈现不断下降的趋势，表征

第十六章 城市化、财政扩张与经济增长 | 469

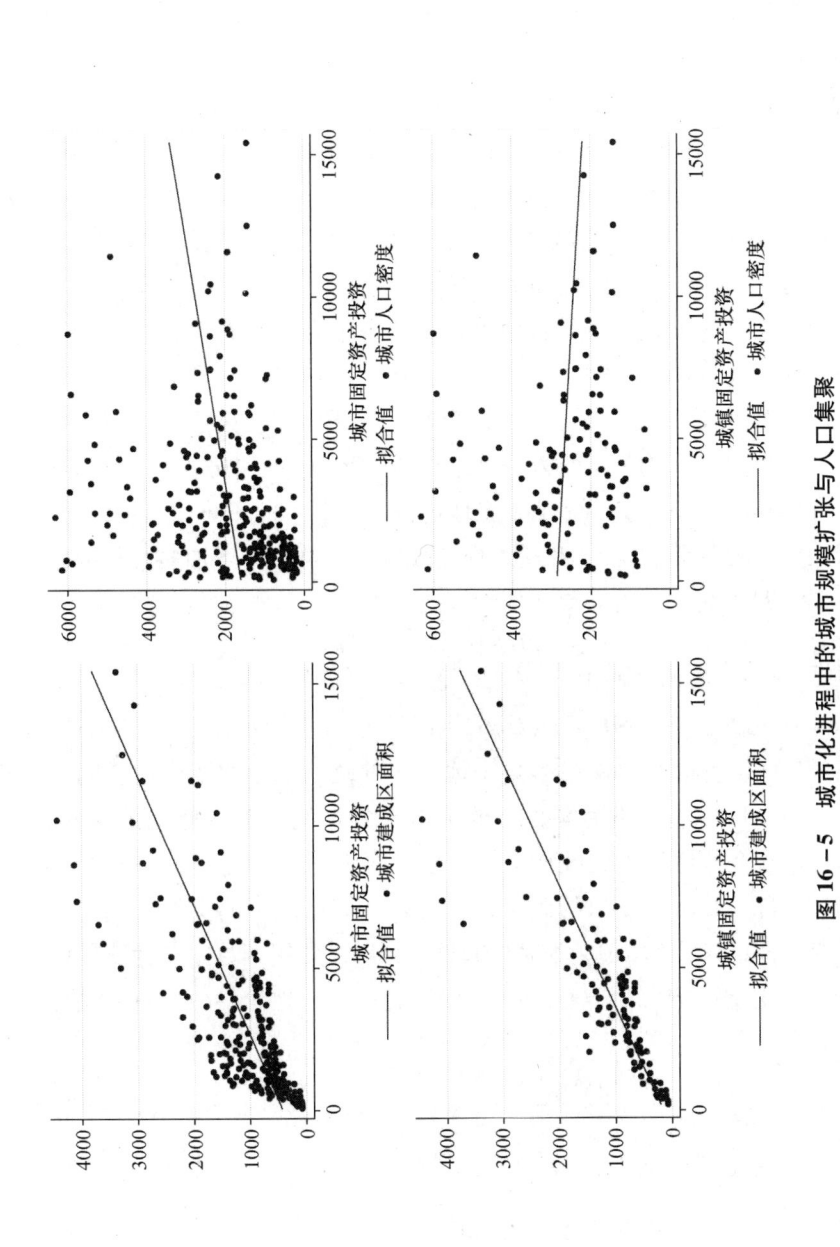

图 16-5 城市化进程中的城市规模扩张与人口集聚

注：上面两幅图是 2001—2009 年的数据，下面两幅图是 2005—2009 年的数据。左半部分表述城市化带来的城市规模扩张，右半部分表述城市化的集聚效应。

资料来源：有关年份《中国统计年鉴》。

城市化已经没有聚集效应($v<0$)。全国的城市人口密度从 2006 年的 2238 人/平方公里下降到 2008 年的 2080 人/平方公里，2009 年全国 31 个省级单位中，有 16 个省份的城市人口密度低于 2006 年。原因是大部分城市土地农转非的速度过快，已经远远超过了人口可能的转移速度。

命题 2：以土地为载体的城市化融资方式，推动了地价和房价上涨，在居民之间产生了较强的再分配作用

在城市经济中，不同地区的土地价格起到了平衡空间结构的作用。购房者通过一次性向城市土地所有者缴纳地租，将自己终身财富的一部分以土地出让金的形式重新进行财富分配。城市土地所有者将地租用于基础设施和经济建设，增加了市民福利，从而完成了再分配过程。假定居民效用是个人收入、公共服务、住房成本和交通成本的函数 $U = U(Y, A, H, T)$，其中，Y 为个人收入，A 为公共服务，H 为住房成本，T 为交通成本（Glazer，2008）。实际上，土地价格 P 对收入的影响机制有两个：直接增加收入的财富效应 Y_W 和通过规模效应及收益递增增加居民长期收入 Y_S。效用最大化的一阶必要条件为：

$$\frac{dU}{dP} = \frac{\partial U}{\partial Y}\frac{\partial Y}{\partial W}\frac{dW}{dP} + \frac{\partial U}{\partial Y}\frac{\partial Y}{\partial S}\frac{dS}{dP} + \frac{\partial U}{\partial A}\frac{dA}{dP} + \frac{\partial U}{\partial H}\frac{dH}{dP} + \frac{\partial U}{\partial T}\frac{dT}{dP}$$

$$= U_Y Y_{PW} + U_Y Y_{PS} + U_A A_P + U_H H_P + U_T T_P = 0 \qquad (16-31)$$

相对最优定价而言，如果影响土地价格的政策，导致四个途径的效用之和即式（16-31）不为零，土地价格的变化就必然降低居民福利。假定土地价格上涨通过再分配而改善了居民公共服务，土地价格对交通成本既有来自公共服务支出的改善，也有来自拥堵成本的负面影响，故假定不变。这意味着 $T_P = 0$。为简化起见，将居民效用函数定义为线性函数：$U = U(Y, A, H, T) = Y + A - H - T$，此时，土地价格变化对居民福利的影响为：

$$\frac{dU}{dP} = \frac{\partial Y}{\partial W}\frac{dW}{dP} + \frac{\partial Y}{\partial S}\frac{dS}{dP} + \frac{dA}{dP} - \frac{dH}{dP} \qquad (16-32)$$

以 2007 年为例，数据显示，城市的规模收益水平为 37% 左右，由此可假定目前城市的规模收益水平为 35%，即 $\frac{\partial Y}{\partial S} \times \frac{S}{Y} = 35\%$。也就是说，城市规模每扩大 1 倍，人均产出就增长 35%。资料显示，土地出让成本是房价的 1/3 左右，假定 $\frac{dW}{dP} = 3$。因此，每增加 1 元土地出让收入，相当于城市居民增加约 0.31 元的收入。城市建设资金的 25% 来自土地出让收入，土地出让收入的 15% 用于城市建设，假定 $\frac{dA}{dP} = 0.15$。此时，式（16-32）前三项之和为 0.46，结果取决于 $\frac{dH}{dP}$，即土地对于住房成本的影响，前面的分析中已经将其假定为 3。对于已有住房者而言，土地财政不会影响其居住成本，故 $\frac{dH}{dP} = 0$。此时，土地财政带来的净效用增量 $\frac{dU}{dP} = 0.46$，即每增加 1 元的土地出让收入，会增加 0.46 元的净效用。对于新购住房者而言，地价的上升影响了其居住成本，故 $\frac{dH}{dP} = 3$。此时，$\frac{dU}{dP} = -2.54$，即每增加 1 元的土地出让收入，会减少 2.54 元的效用。土地财政在购房者和已有住房者之间产生的分配效应，使购房者效用下降，已有住房者效用上升。

命题 3：不同产业承受成本冲击的能力不同，以土地为载体的城市化会导致"去工业化"

在其他条件不变的情况下，土地价格越高，意味着在该地区生活的成本（如房价和交通成本）和资本成本就越高，如果这些上升的成本不能被技术进步或者集群收益所抵消，那么，资本和劳动力就必须退出该地区。由于土地供给是垄断的，土地产品也必须具有垄断定价能力，才能以加成的方式抵消要素成本上升的影响。这就意味着，城市部门原有的竞争性产业（工业品）会由于土地成本的上升而失去竞争力，只有可以延伸要素垄断性的部门产出才会增加。如果不考虑技术进步的产业结构差别，竞争性部门的实际产出及其份额会下降，垄断性部门的产出可能也会下降，但是，其份额一定上升。下面中国城市化的实证分析证明了以上结论。

估计公式为：

$$y_t = a + \delta_0 x_t + \varphi z_t + \gamma t + \varepsilon_t \tag{16-33}$$

本章进行了省级层面的面板数据估计。在土地价格对产业结构影响的分析上，本章选择各地区工业增加值占国内生产总值比重（SVAD）作为主要的被解释变量 y_t。为了计量结果书写的方便，本部分将所有工业增加值比重用百分数来表示。解释变量 x_i 采用了土地价格 Landprice，数据来自各年度《中国国土资源年鉴》，通过出让收入/出让面积得到。控制变量 z_i 来自城市部门，包括每万人拥有公交车数量 BUS、城区人口密度 POPDEN、人均道路面积 ROAD、人均工资水平 WAGE 和每万人拥有公厕数量 TOIL，这些指标是研究城市规模和聚集效益的替代指标，本部分数据来自中经网，时间长度为 1999—2008 年，2009 年的数据没有得到。为了书写的方便，人口密度和工资水平采用对数值。在区域选择上，我们选择全国 31 个省级单位。本章主要采用固定面板 FE 估计。为了保持计量的精度，固定面板估计的所有方程都对空间单位进行横截面方差加权。本章也同时汇报了随机面板 RE 的部分估计结果和 Hausman 检验值（见表 16 – 2）。基于伍德里奇（2010）的建议，我们在解释变量部分引入了时间趋势 β_i，从而达到去趋势效果，防止出现伪回归问题。在方法选择上，本部分采用 OLS 估计和广义矩估计 GMM，选择后者主要是处理变量内生性问题。关于系统 GMM 和差分 GMM 的选择问题，本章改用前者，主要是因为数据时间太短，差分后信息损失太大。同时报告了两阶段最小二乘法的结果。在 GMM 估计中，解释变量中不包括时间趋势项，工具变量是除城市基础设施外所有变量的滞后 2 阶变量。

国家层面的数据支撑了本章关于土地财政所带来的土地价格上涨推动产业结构转变的判断（见表 16 – 2）。从结果来看，即使控制了城市化率、城市基础设施和工人实际工资，土地价格上涨对于产业结构的影响也很明显，土地价格上涨 1 倍，工业增加值占 GDP 比重会下降 3%—4%。

Hausman 随机性检验结果显示，采用固定面板估计是非常合适的，所有固定面板估计参数都优于随机面板估计。正是基于此，在下面的时变参数估计中，不再汇报随机面板估计结果。从计量结果可以看出，除城市每万人公共厕所数量与产业结构关系不显著以外，土地价格和其他各个控制变量都与产业结构呈现出明显的相关性。土地价格上升，无论在何种意义上都会推动产业结构去工业化，更多的公共交通（BUS）和城市基础设施（ROAD）、更大的人口密度（POPDEN），则倾向于提高工业增加值在国民经济的比重。

为反映土地价格在不同时期对于产业结构可能存在的不同影响，在前面选择固定面板检验的基础上，本章估计了土地价格对于产业结构影

表 16-2　土地价格与产业结构省级面板检测：不变价格参数估计

模型选择	FE	RE	FE	RE	FE	RE
Landprice	-0.050*** (0.013)	-0.050*** (0.019)	-0.050*** (0.013)	-0.050*** (0.019)	-0.070*** (0.011)	-0.069*** (0.017)
BUS	0.389*** (0.063)	0.274*** (0.090)	0.381*** (0.060)	0.295*** (0.086)	0.390*** (0.060)	0.325*** (0.086)
WAGE×10^{-2}	-0.032*** (0.004)	0.031*** (0.006)	-0.033*** (0.004)	0.030*** (0.006)	-0.040*** (0.003)	0.038*** (0.004)
POPDEN ×10^{-2}	0.070*** (0.013)	0.079*** (0.019)	0.070*** (0.013)	0.079*** (0.019)	0.067*** (0.013)	0.075*** (0.019)
ROAD	0.404** (0.161)	0.639*** (0.24)	0.430** (0.152)	0.571** (0.242)		
TOIL	-0.049 (0.112)	-0.177 (0.201)				
常数项	有	有	有	有	有	有
Hansman 检验 P 值		0.000		0.000		0.000
观测值	310	310	310	310	310	310
组数	31	31	31	31	31	31
调整的 R^2	0.956	0.394	0.956	0.391	0.952	0.388

注：被解释变量采用百分数，表中的 WAGE 和 POPDEN 系数和标准差都是实际值的 100 倍。

响的时变参数结果，以观察不同时期的土地政策，如何通过土地价格来影响长期增长（见表 16-3）。从结果可以看出，除公共厕所项目对于产业结构的影响并不显著外，基础设施、交通、工资和人口密度显示出更加稳健的结果。土地价格与产业结构的相关性呈现出明显的结构转折含义，从 2001 年开始，土地与工业增加值比重的相关性开始明显地从正相关转变为负相关，与本章对中国经济增长转折阶段的划分完全一致。2001 年以后，土地价格一直和工业增加值占 GDP 比重负相关，但是，相关性变得不再显著。随着土地价格在 2006 年当年上涨 57%，从每亩 22 万元增加到每亩 34 万元，相关性变得越来越显著。土地价格的过快上涨,将城市产业结构迅速推离工业化的轨道。

表16-3　　土地价格与产业结构省级面板检测：时变参数估计

模型选择	FE	FE	FE
Lp1999（P）	0.111（0.094）	0.108（0.097）	0.097（0.102）
Lp2000（P）	0.069（0.225）	0.066（0.244）	0.036（0.487）
Lp2001（P）	-0.076（0.128）	-0.082（0.096）	-0.096（0.043）
Lp2002（P）	-0.026（0.537）	-0.024（0.563）	-0.023（0.583）
Lp2003（P）	-0.034（0.226）	-0.032（0.235）	-0.024（0.350）
Lp2004（P）	-0.027（0.173）	-0.025（0.187）	-0.017（0.317）
Lp2005（P）	-0.030（0.172）	-0.029（0.180）	-0.015（0.467）
Lp2006（P）	-0.053（0.058）	-0.055（0.049）	-0.063（0.023）
Lp2007（P）	-0.049（0.001）	-0.051（0.001）	-0.067（0.000）
Lp2008（P）	-0.063（0.000）	-0.065（0.000）	-0.080（0.000）
BUS（P）	0.416（0.000）	0.419（0.000）	0.473（0.000）
WAGE×10^{-2}（P）	0.039（0.000）	0.040（0.000）	0.045（0.000）
POPDEN×10^{-2}（P）	0.061（0.000）	0.060（0.000）	0.063（0.000）
ROAD（P）	0.365（0.029）	0.355（0.029）	
TOIL（P）	-0.072（0.547）		
常数项	有	有	有
观测值	310	310	310
组数	31	31	31
调整的 R^2	0.956	0.956	0.955

注：被解释变量采用百分数，表中的 WAGE 和 POPDEN 系数和标准差都是实际值的100倍，括号外左侧为参数估计值，括号内是拒绝该值的概率。

第五节　政策建议

中国目前仍然处于经济赶超的道路上，增长型政府在经济和社会发展中的介入及影响程度，尽管已不比计划经济时期，但较西方福利型政府仍远为突出。通过政府干预下的经济动员、市场增进和结构转变，大量资源被驱动、集中和控制使用于工业化和城市化目的，使中国经济获得了非常规的加速增长效应。同时也要看到，政府长期以来对经济和社会事务的较多干预，也带来了巨大的宏观成本，在城市化加速发展背景下，很多问题已不可持续，因此需要进行进一步改革。

一 转变政府目标，规范政府行为

城市化本来是一个自发演进过程，城市的投资及回报也都具有长期性。但是，在政府"经营城市"的口号和巨大的经济利益驱动下，城市化慢变量被当作快变量来处理，中国一些省（市、自治区）开始脱离经济基本面大干快上，不顾成本地过度扩大城市和开发区规模，造成了土地城市化泡沫，也引发政府信用以及对未来现金流的严重透支。随着高地价与高房价维系的难度增大，而劳动力成本和政府的征地成本却都不断提高，为了保证原有的经济高增长，只有偏向于低成本的实物资本投资，通过低利率、高投资等政策，才能保证一种"自维持"的建设景气和增长周期。如此循环，尽管经济增长率似乎还比较高，但这种高增长率是以更大的过度投资和无效投资才换来的。随着经济效率边际递减、"干中学"效应衰减，有量无质的高投资所推动的赶超型增长模式所面临的困难会越来越多，政府追求的高税收、高支出政策也会难以为继。因此，政府应转变目标和职能，平衡短期和长期利益，减少对城市化和经济增长的干预与主导，消除各级政府单纯追求"快"而获激励的机制，通过政策引导增长模式转型，从对物的投资转向对人的投资，推动土地城市化向人口城市化的转变。

部门竞争、地区竞争尽管对于经济发展有促进的一面，但也不可避免地滋生了部门利益和地区利益偏向、职能角色错位、行政权力无序扩张等现象，并表现为一种政府行为"路径依赖"。路径依赖产生"锁定效应"，各层级政府为自身利益出发，对许多公共服务"利小不为"，而与经济有关的事务都是"利大而为之"、积极参与，都不愿放弃行业垄断及经济管制，大量采取设租、批租、权力明放暗收、越权审查和检查等政府行为，很多已经超越政府应有的职能边界。这种政府行为路径依赖的后果必然是经济社会发展的不均衡、不稳定和不可持续。因此，发展模式转型的关键在于利益格局和机制调整，在于政府自身从"增长型"向"服务型"政府的转变和改革。

二 提高财政透明度

20世纪后半叶以来，西方政府管理的一个重大动向是"透明财政新运动"，推行阳光预算和阳光行政服务。从中国现实看，尽管大量测算提供了政府财政收支的数据，但政府财政收支却似乎仍是一巨大的"黑箱"，很多利益和问题仍未得到有效的披露。与财政收入增长较快随之而来的是行政成本不断提高，不少地方出现了"财政吃紧"和"紧吃财政"相并存的悖论，"乱收费""吃空饷"等现象都十分严重。因此，必须加快与财政相关的人大立法，尽可能将政府收入和支出都阳光化，提高公共财政预算和支出的透明度，从而加大滥用公共资源的成本，使政府更加取信于民。这种透明公开的制度安排包括政府主动公开、立法机关质询、监察审计和对于揭发者的制度性保护以及社会公众、媒体的监督等。

三 推进政府收支体制的结构性改革，强化供给激励，提高居民收入分配的合理性

中国当前的税收结构以向工业部门课征的流转税为基础，随着城市化发展，居民的税收和未来享受的福利应该逐步匹配。城市化使政府收支结构基础发生了变化，税收结构应向流转和直接税并重的结构转变：

（1）激励实体部门创新，抑制金融投机。中国现行税制以流转税为基础，而发达国家则以所得税为基础。长期以来，中国税收的核心是企业生产流转，名义税率很高。过去，因征缴效率低，实际税负与名义税负有很大差距。随着税务电子化的发展和征缴力度的加大，实际税收水平与名义税收水平的差距已逐渐拉平。在目前的经济发展情景下，这一税收体制对实体部门是一种负激励，税负压力大。而资产部门的快速发展却没有相应的所得类税收予以匹配，比如对投资股票和权益所得实行免税。这种税收激励原则，在某种程度上是鼓励个人和企业去投机获取回报，直接扩大了实体和资产部门的收益率缺口。因此，税收体制改革的当务之急是对实体经济"减负"，重要的是将增值税抵扣从工业部门拓展到服务业部门，降低服务业税负，激励技术创新；尽快开征资产所得类税种，以实现税制与经济现实相匹配。

（2）建立个人综合纳税体系，调节收入分配，缩小收入差距。推进个人税制的综合改革，将个人的劳务所得和资产所得纳入统一征管平台，从完全分类纳税走向分类与综合相结合。降低名义税率，减少累进档次。开征物业税，一方面调节收入分配，另一方面使城市居民纳税与福利相

匹配。

（3）城市化直接推动了利益主体的变化，分税体制也需要改革。以使地方政府通过提高城市的聚集、竞争力等方式获得收益，改变过度依赖"土地财政"的行为。

四 正视城市化的融资风险以及可能的"周期性赤字"问题

所谓周期性赤字，是指经过经济和商业周期调整后，可能会出现的财政赤字。由于在经济繁荣期，财政收入会随着经济高增长而出现人为膨胀，此时的财政盈余可能掩盖了潜在的赤字；而在衰退期，财政收入一般会减速，而公共支出义务却未减轻（甚至因失业救济、政府救市等而有所增加），同时政府的债务负担会因衰退期的实际利率上升而大幅度增加。因此，政府实际的财政平衡，应当从经济繁荣—衰退的整个周期来考量才能保持其稳健性。

最近十年来，社会保障支出在财政支出中比重的不断上升和劳动保护的加强，显示出中国政府很强的福利主义倾向。目前中央财政用于民生的支出比重已经达到了2/3，并要求地方政府采取配套资金来支持相关项目建设。在相关政绩的支持下，福利竞赛愈演愈烈，地方财政早已不堪重负，"土地财政"和"融资平台"的公益性项目建设就成为当前部分地方政府为当地福利融资的重要手段。而中央政府对于土地财政的强制性支出限制，更是令很多地区地方财政捉襟见肘，社会福利的快速膨胀导致国民经济总体负债水平的不断上升，带来了宏观经济运行的新风险。从长期来看，社会福利具有很大的刚性，如果转向税收融资，必然会带来财政收入在国民经济比重的更快提高，尽管其本身并不能增加社会福利（坦齐、舒克内希特，2005）。

在城市化加速期，由于政府主导经济过程，承担了较大的融资任务，相应的风险必然由政府来承担（同时应对2008年国际金融危机，财政支出大幅扩张也构成了债务遗留问题）。通过地方融资平台（城投公司）投资的项目大多数具有成本高、投资额大、收益率较低和非排他性等特点，但目前融资平台还能正常运转的原因，是因为其成本被分担了：一是地方财政以土地、资本金等形式注入平台实体（政府获得级差地租等）；二是通过项目收益的形式由部分社会成员承担（比如高速收费）；三是由整个社会承担。国家审计署2011年6月底公布的全国地方政府性债务余额已逾10.7万亿元，这其中的大部分是银行贷款。多年来，我国的实际利率为负，有利于刺激投资，构成了存款人对借款人的补贴，融资平台的部分债务负担通过负利率在流转过程中被逐渐消化了。不仅如此，在低利率、高资产价格背景下表现出来的债务偿还能力较高，可以通过重新评估，重新抵押撬动更多的信贷资金，增强了支出扩张的惯性。但是，这种模式是不可持续的，未来一旦经济转向，资产泡沫破裂，实际利率上升，就会出现政府的资产负债表发生结构性转变，资产衰退，负债扩张，债务风险甚至危机的爆发将不可避免。因此，一方面，应加快解决遗留问题，如通过一定的法律或规则，将城市化中的地方政府融资问题列入监控范围，通过市政债券、信托、基金或政策性银行支持等方式，化解融资难题，同时硬化地方政府债务和预算约束，使之进入良性循环。另一方面，政府应从过多的增长型目标转向服务型目标，减少对城市化和经济增长的干预，真正履行起公共财政的职能，这才是未来解决问题的根本所在。

参考文献

[1] 布坎南、马斯格雷夫：《公共财政与公共选择》，类承曜译，中国财政经济出版社 2000 年版。

[2] 付敏杰：《城市化与中国经济增长》，博士学位论文，中国社会科学院研究生院，2011 年。

[3] 高培勇主编：《中国财政政策报告（2009/2010）——世界主要国家财税体制：比较与借鉴》，中国财政经济出版社 2010 年版。

[4] 蒋省三、刘守英、李青：《土地制度改革与国民经济成长》，《管理世界》2007 年第 9 期。

[5] 金戈、史晋川：《多种类型公共支出与经济增长》，《经济研究》2007 年第 7 期。

[6] 库兹涅茨：《现代经济增长》，戴睿、易诚译，北京经济学院出版社 1989 年版。

[7] 刘成奎、王朝才：《李嘉图等价定理的协整检验》，《经济问题》2008 年第 1 期。

[8] 麦金农：《经济发展中的货币与资本》第二版，周庭煜、尹翔硕、陈中亚译，上海人民出版社 1997 年版。

[9] 青木昌彦、金滢基、奥野－藤原正宽：《政府在东亚经济发展中的作用：比较制度分析》，中国经济出版社1998年版。

[10] 世界银行：《1994年世界发展报告——为发展提供基础设施》，中国财政经济出版社1994年版。

[11] 世界银行城市化与土地制度改革课题组：《城市化、土地制度与经济可持续发展——靠土地支撑的城市化还将持续多久》，世界银行，2005年。

[12] 唐在富：《中国土地财政的本质、风险与未来的出路》，《博士后交流》（中国社会科学院内部刊物）2010年第1期。

[13] 王小鲁：《中国城市化路径与城市规模的经济学分析》，《经济研究》2010年第10期。

[14] 维托·坦齐、卢德格尔·舒克内希特：《20世纪的公共支出》，胡家勇译，商务印书馆2005年版。

[15] 张双长、李稻葵：《"二次房改"的财政基础分析——基于土地财政与房地产价格关系的视角》，《财政研究》2010年第7期。

[16] 中国社会科学院财政与贸易经济研究所课题组：《中国财政收入规模：演变与展望》，《经济学动态》2011年第3期。

[17] 中国社会科学院经济研究所经济增长前沿课题组：《财政政策的供给效应与经济发展》，《经济研究》2004年第9期。

[18] 中国社会科学院经济所经济增长前沿课题组：《高投资、宏观成本与经济增长的持续性》，《经济研究》2005年第10期。

[19] Aaron, H. and Martin McGuire, 1970, "Public Goods and Income Distribution", *Econometrica*, Vol. 38, No. 6, pp. 907 – 920

[20] Balassa, B., 1964, "The Purchasing Power Parity Doctrine：A Reappraisal", *Journal of Political Economy* 72 (6), December, pp. 584 – 596.

[21] Barro, R. J., 1990, "Government Spending in a Simple Model of Endogeneous Growth", *Journal of Political Economy*, Vol. 98, No. 5, pp. S103 – S125.

[22] Barro, R. J. and Xavier Sala – I – Martin, 1992, "Public Finance in Models of Economic Growth", *Review of Economic Studies*, Vol. 59, No. 4, pp. 645 – 661.

[23] Besley, T. and Stephen Coate, 1991, "Public Provision of Private Goods and the Redistribution of Income", *American Economic Review*, Vol. 81, pp. 979 - 984.

[24] Duranton, Gilles and Diego Puga, 2004, "Micro - foundations of urban agglomeration economies", in *Handbook of Regional and UrbanEconomics*, Volume 4: Cities and Geography, edited by J. Vernon Henderson and Jacques - Franscois Thisse, North - Holland.

[25] Epple, D. and Richard E. Romano, 1996, "Public Provision of Private Goods", *Journal of Political Economy*, Vol. 104, No. 1, pp. 57 - 84.

[26] Golosov, M., Aleh Tsyvinski and Iván Werning, 2006, "New Dynamic Public Finance: A User's Guide", *NBER Macroeconomics Annual*, Vol. 21, pp. 317 - 363.

[27] Henderson, Vernon, 2003, "The Urbanization Process and Economic Growth: The So - What Question", *Journal of Economic Growth*, Volume 8, Number 1, pp. 47 - 71.

[28] Mirrlees, J. A., 1971, "An Exploration in the Theory of Optimum Income Taxation", *Review of Economic Studies*, Vol. 38, No. 2, pp. 175 - 208.

[29] Qian Yingyi and Barry R. Weingast, 1996, "China's Transition to Markets: Market - Preserving Federalism, Chinese Style", *Journal of Policy Reform*, 1, pp. 149 - 185.

[30] Tiebout, Charles, 1956, "A Pure Theory of Local Expenditure", *Journal of Political Economy*, 64, pp. 416 - 424.

[31] Shleifer, Andrei and Vishny, Robert W., 1998, *The Grabbing Hand: Government Pathologies and Their Cures*, Harvard University Press, Cambridge, MA.

[32] Samuelson, P. A., 1964, "Theoretical Notes On Trade Problems", *Review of Economics and Statistics* 46 May, pp. 145 - 154.

[33] Sarkar, M., 2000, Fiscal Decentralization and Human Development: Some Evidence from Argentina, City of New Haven: Department of Economics, Yale University.

第十七章 为什么中国经济不是过冷就是过热

摘要：经济波动是一种伴随着增长的正常现象，但如果在长期发展中总是出现波幅很大的震动，则需要分析这种波动是否正常。中国经济在改革开放以来的20多年内虽然强劲增长，但经济波动幅度很大。导致经济大幅波动的原因何在？本章通过一个改进的货币先行模型来探讨货币变动对经济波动的作用，基本结论是：因为中国市场发育水平低，频繁的货币供给量波动会引起经济的大起大落。

第一节 导言

经济增长与波动是一对孪生兄弟，它们共生于每一个经济体中，但并不是说这两者的关系在什么情况下都是正常的。相反，因为可能的人为干预会导致经济系统失调，使某些经济在特定时期出现不正常的过度波动，如美国的大萧条、日本泡沫经济破灭后出现的增长停滞等都不是经济的常态。中国经济的特定难题则是找不到一条较稳定的增长路径，使经济不是处在过冷就是过热的状态中。当然，统计表明，就经济波动而言，不发达经济整体要高于发达经济（刘霞辉，2004），这是不发达经济增长不稳定的表现，但也不是解释中国经济过度波动的合理原因。

图17-1显示了改革开放以来我国国内生产总值与金融机构贷款、全社会固定资产投资增长的演化路径，一个直观的感觉是增长波动与这两个因素同向。从波动周期的关系看，国内生产总值基本上与固定资产投资同步，但却滞后于金融机构贷款变动，这表明中国的贷款变动不完全是适应性的，而是政府有可能在利用货币供给工具推动投资和增长。众所周知，我国的金融机构贷款受国家货币政策的直接约束，基本上反映

了货币量的变动状况，所以，货币量的变动可能对我国的经济波动产生很大影响。经济过热抽银根、经济过冷松银根的政策运用也表明，上述结论应是有道理的。

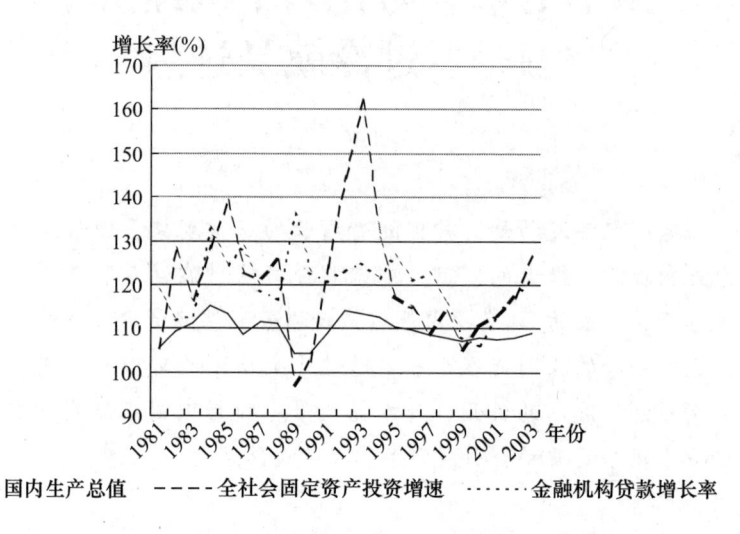

——— 国内生产总值　　- - - - 全社会固定资产投资增速　　……… 金融机构贷款增长率

图 17-1　我国国内生产总值与金融机构贷款、全社会固定资产投资增长的演化路径

经济波动问题是宏观经济学的古老而常青的课题。最早的系统研究为哈伯勒（Haberler，1937），该文献综述了在此之前关于经济波动的理论；伯恩斯和米切尔（Burns and Mitchell，1946）从时间序列数据入手，利用经济周期参考年表证明了有规则的经济周期的存在，并刻画了与经济周期各阶段有关的价格和数量序列的特征。但上述早期研究很快被凯恩斯理论取代，以凯恩斯理论为基础的所谓新古典综合通过建立可计量的多部门宏观模型将经济理论与经济政策融为一体，试图通过政策来影响经济周期。但在 20 世纪 70 年代中期，凯恩斯理论遇到了理论和实践上的双重挑战，经济波动问题的研究转向重点解释经济周期的特征，基本方法是利用冲击—传导过程来分析波动的变动原因和过程，政策不是重点。不过，对于冲击的来源和传导机制的性质认识并不统一，主要理论有两种：一种称为实际经济周期理论，它强调在竞争经济下技术冲击是宏观经济波动的原因（Kydland and Prescott，1982），该理论来源于卢卡斯（Lucas，1972）。早期理论认为，货币冲击对波动不起主要作用，但近期理论认为，货币冲击有一定的作用（Freeman and Kydland，2000）；Coleman，1996）。另一种称为新凯恩斯理论，认为总需求冲击是经济波动的主要因素，其重要假定是市场不完善导致的工资和价格黏性。这两种理论的差异现在并不是很大，只是强调的重点有差别。总需求冲击中最主要的因素是货币，对货币冲击怎样导致波动，比较标准的模型有三种：一种是含货币的效用函数模型，认为持有货币将产生效用，故将货币直接纳入个人的效用函数（Sidrauski，1967）；另一种是货币先行模型，认为某类消费品必须通过货币购买，这时的货币要先行持有，所以，在个人预算约束中含有货币（Clower，1967）；还有一种是时间购买模型，认为个人持有的货币与时间相关，且相互替换，这时货币事实上也进入了个人效用函数（Goodfriend，1987）。这些模型的基本结论是：如果市场完善，则货币冲击经济的力度不大。

前已述及，中国的经济波动有特殊性，货币的数量变动受政府控制，且经常作为调节经济增长的工具，以此判断，本章建立一个改进的货币先行模型来分析经济波动问题，加入了价格黏性。我们得到的基本结论是：因为中国市场发育水平低，价格有黏性，频繁的货币量波动会引起经济的大起大落。

第二节　基本模型

我们建立一个随机货币先行模型，经济由无限生存的代表性个人构成，个人的效用函数设为：

$$u(c_t, n_t) = E\int_0^\infty \beta^t \left[\frac{c_t^{1-\sigma}}{1-\sigma} + \frac{n_t^{1-\eta}}{1-\eta}\right] dt, \quad 0<\beta<1, \quad \eta, \sigma>0 \quad (17-1)$$

式（17-1）中，c_t 为人均消费，n_t 为闲暇，设个人的时间总量为1，故 $l_t = 1 - n_t$ 为个人的劳动供给量。设个人持有生产性资本且提供劳动，产出取决于劳动与资本的投入，$y_t = f(k_{t-1}, l_t, z_t) = e^{z_t} k_{t-1}^\alpha l_t^{1-\alpha}$，$z_t = \rho z_{t-1} + e_t$ 为满足一阶自回归过程的随机冲击项，e_t 为白噪声。

不考虑资本折旧及人口增长，设在每个时期个人持有总名义货币余额 M_{t-1} 并获得政府的货币发行 T_t，$\theta_t = \dfrac{\Delta M_t}{M_{t-1}}$ 为名义货币存量的增长率

$[M_t = (1+\theta_t)M_{t-1}]$,设 $\bar{\theta}$ 为平均增长率,$\mu_t = \theta_t - \bar{\theta}$ 遵从 $\mu_t = \gamma\mu_{t-1} + \varphi z_{t-1} + \omega_t$,$0 \leq \gamma \leq 1$,$\omega_t$ 为白噪声。设经济中流通的货币来源于政府的转移支付(货币发行),人均货币转移支付额为:$\tau_t = \dfrac{\theta_t}{1+\pi_t}m_t$,$m_t$ 为人均实际货币持有量,π_t 为该社会的通货膨胀率,m_t 的变动规律则为:$m_t = \left(\dfrac{1+\theta_t}{1+\pi_t}\right)m_{t-1}$。假设货币先行约束只对消费品购买时起作用,即 $P_t c_t \leq M_{t-1} + T_t$,$P_t$ 为价格,变为人均值后为:$c_t \leq \dfrac{m_{t-1}}{\Pi_t} + \tau_t = a_t$,$\Pi_t = \dfrac{P_t}{P_{t-1}} = 1 + \pi_t$,$a_t = \tau_t + \dfrac{m_{t-1}}{1+\pi_t}$ 为个人持有的实际货币余额与政府货币发行之和。基本经济约束为:$k_t = y_t - c_t + k_{t-1}$。个人的预算约束为:

$$f(k_{t-1}, l_t) + a_t + k_{t-1} \geq c_t + k_t + m_t \tag{17-2}$$

上述系统因涉及两个时期的优化,所以用动态规划工具较方便(如果将预算约束变换为当期,则可运用最大值方法,这是个人选择工具的偏好)。这时,代表性消费者的最优现值方程[是一个随机贝尔曼(Bellman)方程]为[如何运用动态优化方法来分析经济问题,参见 Stokey and Lucas(1989)]:

$$v(a_t, k_{t-1}) = \max[u(c_t, 1-l_t) + \beta E_t v(a_{t+1}, k_t)] \tag{17-3}$$

式(17-3)的一阶优化和包络条件为:

$$u_c = \beta E v_k(a_{t+1}, k_t)$$

$$\beta E v_k(a_{t+1}, k_t) = \beta E\left[\dfrac{v_a(a_{t+1}, k_t)}{1+\pi_{t+1}}\right] - u_l + \beta E v_k(a_{t+1}, k_t) f_l(k_{t-1}, l_t, z_t) = 0$$

$$v_a(a_t, k_{t-1}) = u_c$$

$$v_k(a_t, k_{t-1}) = \beta E v_k(a_{t+1}, k_t)[f_k(k_{t-1}, l_t, z_t) + 1] \tag{17-4}$$

式(17-4)中,为简化符号,u_c、v_k 等以变量为下标的函数均表示该函数对下标求偏导数,如 $u_c = \dfrac{\partial u(c_t, n_t)}{\partial c_t}$ 等,以后均沿用该表示法。我们注意到,式(17-4)是一个非线性随机偏微分方程组,不可能对其进行更进一步的分析,故须对该系统进行简化,将其化为一个线性方程组。线性化的思路是:设上述经济系统存在不依时间变化的稳定状态,在稳态附近则存在一个线性近似系统,它由稳态的一个小扰动所形成。如果该经济系统整体运行平稳，则线性近似系统可被认为是该经济系统的合理代表。

为得到式（17-4）的稳态解，先简化其表达式。将式（17-4）中的一、三式合并，得：

$$\frac{u_l}{u_c} = f_l(k_{t-1},\ l_t,\ z_t) \tag{17-4a}$$

将式（17-4）中的一、三、四、五式合并，注意到：$u_c = \beta E_t v_k(a_{t+1},\ k_t) = v_a(a_t,\ k_{t-1})$，得：

$$u_c = \beta E_t \left[\frac{u_c(c_{t+1},\ 1 - l_{t+1})}{1 + \pi_{t+1}} \right] \tag{17-4b}$$

$$u_c = \beta E_t R_t u_c(c_{t+1},\ 1 - l_{t+1})$$
$$R_t = f_k(k_t,\ l_{t+1},\ z_{t+1}) + 1 \tag{17-4c}$$

$$m_t = \left(\frac{1 + \theta_t}{1 + \pi_t} \right) m_{t-1} \tag{17-4d}$$

为简化符号，令 $\lambda_t = \beta E_t v_k(a_{t+1},\ k_t)$，故 $\lambda_t = \beta E_t R_t \lambda_{t+1}$。设下标带 0 的变量为其不随时间变化的稳态值，在式（17-4）中令所有含时变量取固定值，则可得到下面的稳态关系。由式（17-4c）得：$R_0 = \frac{1}{\beta}$；由式（17-4d）得：$\pi_0 = \theta_0$；由式（17-4a）得：$u_{l0} = f_l(k_0,\ l_0,\ 0)u_{c0}$；由 $z_t = \rho z_{t-1} + e_t$ 得：$z_0 = 0$（稳态产出无随机干扰）；$f_k(k_0,\ l_0,\ 0) = R_0 - 1$；$y_0 = c_0 = f(k_0,\ l_0,\ 0)$。为得到显性解，进一步令 $y_t = e^{z_t} k_{t-1}^\alpha l_t^{1-\alpha}$，同时又将式（17-1）代入式（17-4a）至式（17-4d），得：

$$\frac{u_l}{u_c} = (1 - \alpha) \frac{y_t}{l_t}$$

$$\alpha \frac{E_t y_{t+1}}{k_t} = R_t - 1 \tag{17-5}$$

由货币先行约束假设可知，在稳态时，$c_0 = \tau_0 + \frac{m_0}{1 + \pi_0}$，因稳态时可认为 m 不变，即 $m_0 = \tau_0 + \frac{m_0}{1 + \pi_0}$，故 $m_0 = c_0$。

由式（17-5）可得显性稳态值：

$$\frac{y_0}{k_o} = \frac{c_0}{k_0} = \frac{1}{\alpha} \left(\frac{1}{\beta} - 1 \right)$$

$$\frac{l_0}{k_0} = \left(\frac{y_0}{k_o}\right)^{\frac{1}{1-\alpha}}$$

$$\frac{m_0}{k_0} = \left(\frac{\Theta}{\Theta - \beta}\right) b \frac{c_0}{k_0}, \quad \Theta = 1 + \pi_0 \tag{17-6}$$

式（17-6）的第一式说明，稳态条件下产出（或消费）与投资的比固定不变；第二式说明，劳动力与投资的比和产出与投资的比正相关；第三式说明，货币与投资的比和消费与投资的比正相关。故在稳态条件下，产出、消费、劳动力、货币与投资的比将保持稳定关系。

将式（17-4）和式（17-6）线性化后得如下方程组［为简化表述，线性近似结果的推导放在附录。而且，本章以后的分析均对扰动项展开，并将其等同于原变量，故在式（17-7a）至式（17-7g）中去掉了附录中表示扰动的特殊记号］：

$$y_t = \alpha k_{t-1} + (1-\alpha) l_t + z_t \tag{17-7a}$$

$$\left(\frac{y_0}{k_0}\right) y_t = \left(\frac{c_0}{k_0}\right) m_t + k_t - k_{t-1} \tag{17-7b}$$

$$R_0 r_t = \alpha \left(\frac{y_0}{k_0}\right)(E y_{t+1} - k_t), \quad r = y_k(k, l, z) \tag{17-7c}$$

$$E_t \lambda_{t+1} = \lambda_t + r_t \tag{17-7d}$$

$$y_t + \lambda_t = \left(1 + \eta \frac{l_0}{1 - l_0}\right) l_t \tag{17-7e}$$

$$\lambda_t = -E_t(\sigma m_{t+1} + \pi_{t+1}) \tag{17-7f}$$

$$m_t = m_{t-1} - \pi_t + \mu_t \tag{17-7g}$$

式（17-7a）至式（17-7g）是一个完整的宏观经济模型，其中，式（17-7a）是生产函数；式（17-7b）表明，产出与货币供给和投资增长正相关；式（17-7e）至式（17-7g）表明，产出由就业量、货币量和货币增长率所决定。为进一步探讨货币与产出之间的关系，下面我们以此模型展开分析。

第三节 动态分析

首先，我们来分析货币供给机制。假设货币供给是外生的，但政府在确定货币供应量时不完全是适应性的，而是会考虑到市场的变动，依

照中国货币政策的执行规则,我们可将式(17-7g)扩展后变为:

$$m_t = v + m_{t-1} + g_1\zeta_t + g_2 v_t + g_3\zeta_{t+1} + \omega_t \tag{17-8}$$

其中,v 是平均货币供给增长率(可认为是常量),ω_t 是一随机波动(白噪声),ζ_t、v_t、ζ_{t+1} 分别为产出冲击、总需求冲击和货币需求冲击,它们是(17-7g)中货币供给冲击项的分解。式(17-1)是政府实行货币供给的方程,它表明货币供给是在考虑了市场运行的基础上给出的。我们认为,该式与中国货币管理的规则相符,因为中国货币供给量变动从长期来看基本上是一个平均货币供给增长率加上对经济运行的判断和上期货币供给的实现量,从结构上看,这是一个负反馈体系,有利于货币供应量的稳定。但现实却表明,中国货币供给量变动却很大,道理何在?事实上,式(17-8)已经蕴含了货币供给量过度波动的机理。只是因为它是一个带若干随机变量的方程,其变动不易看出规律。为此,我们采用动态仿真方法,在设定产出冲击、总需求冲击和货币需求冲击为泊松分布时,得到如图17-2所示的仿真结果。

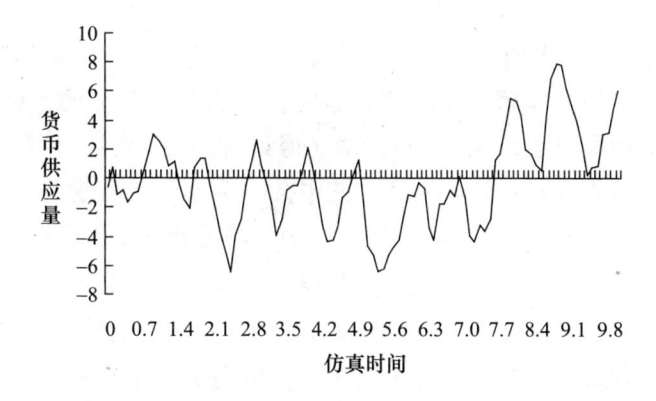

图17-2 货币供给的波动

图17-2表明,在受到市场供求因素的冲击时,政府货币供给的变动有一个增长率加快的趋势,并且增长率波动幅度非常大(为简化分析,我们做的是货币增长率加快的仿真,其反向同样可得)。之所以会出现该结果,可能的原因在于:一是货币供给规则有一定的适应性,不但与长期的平均货币增长率相关,而且与上期货币增长率相关,它会使货币增长率呈现一个向上或向下的趋势,所以,货币供给会有一定刚性,短期会出现增速或减速的加快现象,这是适应性系统的特点。但是,增长趋

势并不完全是自我强化的,而是一个负反馈,因为政府要综合市场信号,当货币供给过多或过少时,增长率会向反方向变动,从而出现类似我们所熟知的蛛网模型的结果,使货币增长率波动加大。二是因为人们预期的作用,总供求和货币需求变动都具有一定的自我强化效应,而且这些冲击都有一段时间的稳定性,这也使货币增长率在短期出现趋势,要么增加,要么减少。而且,市场总供求冲击和系统自身的白噪声会在一定条件下强化或减弱货币波动率,有时会产生系统共振,加大货币增长率波动。由仿真结果可知,虽然政府在确定货币供给规则时,已经考虑到了各种因素来减小货币增长率波动,但市场力量却使该愿望难以实现,波动不但非常剧烈,而且在短期会产生增加或减少趋势,从而使货币供给不稳,对产出和价格产生冲击。

其次,再看产出的变化。为方便简化,令 $\sigma = \eta = 1$,则由式(17 - 7e)至式(17 - 7g)三式简化后得:

$$m_t + E_t \mu_t + \left(1 + \eta \frac{l_0}{1 - l_0}\right) l_t = y_t \tag{17-9}$$

式(17 - 9)表明,产出由就业量、货币量和货币增长率变动所决定。依一般经济学原理,在均衡状态时,工资等于劳动的边际生产力。在生产函数中取对数并减去价格变动(得到的实际工资),而且用扰动项代表原变量可得:$w_t - p_t = y_t - l_t$,其中,w_t 为实际工资水平。如果企业使工人的实际工资等于劳动的边际生产力,则劳动需求水平取决于 $l_t = y_t - (w_t^c - p_t)$,其中,$w_t^c$ 为企业与劳动者签订的合同工资,是名义工资水平。在市场运行完善时,企业和劳动者都能观察到现实经济的客观情况,从而确定就业量;但当市场并不完善时,市场价格信号的传递受阻,企业和劳动者都不能合理判断出真实的市场状况,只能依扭曲的价格来组织生产。所以,货币量变动引起的市场相对价格调整会使企业误以为市场需求发生了变动,从而按不正确的信号生产。这一过程在特定条件下还可能强化:如果所有企业都依利润目标自由组织生产,则企业要考虑市场波动风险,合理地控制投资和产出,这时信贷需求受到内在制约;如果企业的生产受政府制约,则企业也将部分风险转到了政府〔事实上,在中国是政府主动承担了许多企业风险,见课题组(2004b)〕,企业投资和产出增加的冲动没有了内在的制约力,当信贷环境宽松时,信贷量必然会快速膨胀。这种不负责任的状况在中国的国有企业和银行均存在,其结果是放开的信贷收不住。因式（17-9）不易看到货币变动与产出的关系，我们仍然用动态仿真方法，在设定就业量基本稳定时，假设货币有一短期的增加趋势，且货币冲击为泊松分布，则可得到产出的波动如图17-3所示。

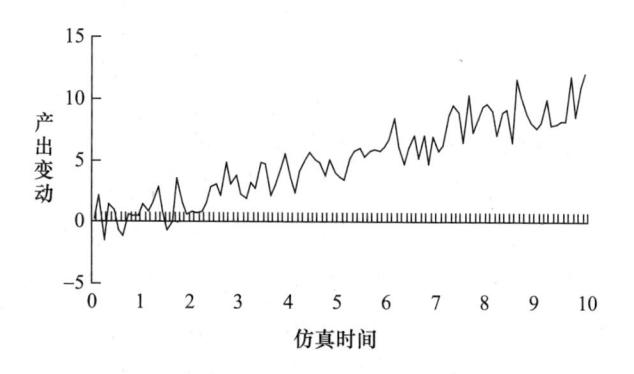

图17-3 货币短期增加引起的产出波动

图17-3表明，因货币的短期增加导致了产出的同方向波动，只是受到了一些干扰和略有时滞而已。图17-3所显示的结果与中国的实际情况是相符的。图17-1表明，在货币增加（银行信贷相应增加）时，产出会出现相应增加，同样也是略有时滞。

图17-2和图17-3是我们分析的主要结果，将它们综合后看到，因为市场发育的不完全会使市场信号传递出现扭曲，价格产生一定的黏性，企业容易受价格信号误导，加上政府在操作货币供给时带有一定的适应性，使一个良好的政策愿望产生了过大的货币供给量波动；再者，企业和银行不顾风险的投资，强化了货币、信贷变动趋势，其结果是产出会出现大的波动。当货币供给量不断地出现趋势性转换，不管过紧时还是过松时，都会使经济出现不是过冷就是过热的状况，我们认为，这就是中国宏观经济过度波动的机理。

第四节 中国的货币变动与经济波动：两个实例

前一部分的理论分析表明，货币变动会导致产出波动。为了直观地说明上述结果,下面以中国货币信贷变动实例来说明货币与产出的关系。我们选择了两个代表性时段:一个是 20 世纪 90 年代初,当时货币信贷政策受计划控制,目标是服务于保证增长,这时货币信贷政策目标是完全适应性的,货币供给和产出呈现蛛网式变动;另一个是 2003 年前后,货币信贷政策已不服务于保证增长,而是保持经济的平稳运行,因为投资扩张没有及时合理地控制,仍会出现货币信贷增长对产出及价格的冲击,由此引起产出波动。

一　20 世纪 90 年代初货币信贷变动与经济波动

为直观起见,我们将 20 世纪 90 年代初中国货币信贷变动做成表 17-1。该表显示,这一时段正处在改革的重要时期,商业银行体制尚未形成,货币量基本上由政府指令性计划控制,货币信贷供应由当时所需的经济增长率来定,这时的经济波动幅度非常大,造成波动的主要因素就是货币信贷量变动。当政府认为经济增长低于预期值时,会启用货币信贷手段刺激经济增长加速;若经济过热,价格上涨超出预期,政府会利用信贷管制,收缩货币量,使经济强行降温,但什么是合适的政策力度却不易把握,剧烈的产出波动不可避免。

表 17-1　20 世纪 90 年代初中国的信贷变动与经济波动

年份	货币政策	货币量变动	经济增长
1988	(1) 出台"十不贷"规定,紧缩货币;(2) 央行收回短期贷款;(3) 提高法定准备金与利率	(1) 1—8 月央行对专业行共多贷 361 亿元;(2) 下半年收贷,全年信贷增长 17%	价格闯关,工资失控,消费品抢购,上半年过热,下半年货币收缩过紧,经济增速不高
1989	(1) 全社会信贷总量监控,加强信贷管理;(2) 对贷款实行限额管理,以存定贷;(3) 提高利率	全年信贷增长 17.6%,但逐季上升	上半年增速不快,10 月开始负增长,全年增长率低,紧缩过度
1992	邓小平南方谈话后放松了贷款	货币、信贷增长快,全年信贷增长 19.75%,M2 增长 30.97%,现金投放增长 36.45%	经济过热,价格上涨;导致 1993 年经济紧缩及其后几年增速放缓

资料来源:《中国统计年鉴》(2003) 及周正庆《中国货币政策研究》(1993)。

二 2003 年前后货币信贷变动与经济波动

在经历了 20 世纪 90 年代后期经济的持续中低水平增长后，2004 年突然出现了经济过热征兆，政府又采取了紧缩的货币信贷政策。该政策引起了一些争议，原因是经济并没有出现整体过热，只是部分投资品行业过度增长，固定资产投资增长较快。而且有人认为，中国消费市场已呈供求均衡格局，中间品价格上涨无法传导到最终消费品，所以，经济整体不会过热。我们认为，这些观点站不住脚。首先看所谓局部热、整体不热的问题，表 17-2 的数据说明，从 2000 年开始至 2003 年的四年间，银行事实上长时间放松贷款，使贷款余额以不断加快的速度增长，2003 年该值已上升至超过 20%；相应的固定资产投资增速加快，2003 年该值也已超过 25%。我们不用追究这些信贷和投资都去了哪里，也不用问现在热的是何处，如此快速而长时间的信贷增长并没有对应的产出增加，其最终结果只能是价格上涨来平衡（中间品涨价只是过程的一个环节）。如果局部过热不是由货币、信贷增加引起，而是由其他行业流出资源形成倒不会形成整体过热，但现实是几年的快速信贷增长已引起了局部过热，有什么逻辑证明整体不会热？

表 17-2　　　　　　2004 年前的贷款与固定资产投资增长　　　　单位:%

年份	固定资产投资增长	贷款余额增长
1999	105.1	108.3
2000	110.3	106
2001	113	113
2002	116.9	116.9
2003	126.7	121.1

资料来源：《中国统计摘要》(2004)。

逻辑来自我们要分析的第二个问题，即有人认为，在目前中国的市场格局下，中间品价格上涨无法传导到最终消费品，所以，经济整体不会过热。现实是，2004 年整体物价已经上涨，这说明不传导是错误的结论，但错在哪里应做理论分析，以免今后再犯同样的错误。我们认为，经济学的传统智慧早已给出了明确答案，这就是一个被称为李嘉图效应的原理（Hayek，1969）。该原理是指在充分就业的条件下（这是一个不易判断的状态，可简化理解为经济均衡增长的条件下），消费需求的增长会引起投资下降；反之亦然。该原理的证明很简单，对经济基本恒等式 $k_t = y_t - c_t + k_{t-1}$ 两边取导数，并令 y_t 的导数为常数（均衡增长率），k_{t-1} 的导数为零，则消费和投资增长此消彼长。将该原理放到一个有货币存在的环境中能得到一个很深刻的结果，它表明，因为经济受货币流入、流出的冲击，在信息传递有时滞时（市场不完善时尤甚），使经济中的相对价格调整出现不同步，从而在一定时期出现相对价格的扭曲，只有在货币冲击停止作用后一定时期，价格才会逐步调整到新的合理结构，在相对价格调整过程中经济运行会出现假象。下面，我们利用李嘉图效应（价格调整的扩散原理）来分析中国的货币信贷变动与宏观经济间的关系（可能有人对李嘉图效应中的条件在中国是否满足提出异议，我们认为，所谓均衡增长状态，就是指该经济系统处在一个基本合理的增长区间内，从这一角度理解，中国经济运行近几年符合产生李嘉图效应的条件）。

在货币（信贷）不断增加阶段，先是投资上升，导致对投资品的需求增长，在进口无法满足增量需求时，因为市场供求基本均衡，只有提高投资品价格，从而使投资品价格上升先于其他价格。但该过程并不稳定，而是有加速性质。只有货币（信贷）以与投资增长相适应的速度不断加快增长速度才能维持投资增长，因为投资品价格上涨，需要投入更多的货币来维持投资增长，从而会形成螺旋。不但如此，因为投资过旺挤占了同样可用于消费品生产的资源（如交通运输、电力、资本、人力），从而导致涨价效应的扩散和货币需求的进一步扩大。但涨价扩散有时滞，不会马上波及消费品，因李嘉图效应发挥作用，投资增长会抑制消费增长，所以，这时的经济运行会给人一个假象，虽然投资过热，但消费不热甚至有点偏冷，有消费品价格也不可能上涨，从而有人会认为物价整体上不来。但经济的假象不可能长期维持，因为投资增长引起的需求不均衡正在不断地以扩散形式调整相对价格（只是在不同市场结构下调整的速度有快慢而已，如果市场发育水平低则相对价格调整过程慢、时滞长，又若政府干预部分市场则可能出现价格假象，延长相对价格调整过程），如果货币扩张过程继续，则消费品价格迟早要被波及。因为人们先前所认为的供求平衡状态是在投资扩张前的结果，当时的消费品价格由此条件决定，但当货币扩张后，因成本变化会导致企业对消费品重新定价，使整体物价上涨后才能恢复新的均衡。这时的消费者事实上别无选择，差不多所有商品都涨价，你找不到替代品，从而只能适应企业的提价要求，所以，投资品涨价就无情地转给了消费者，差别只在于时间早晚和涨价幅度大小而已。这里有一点需要说明的是，消费品生产者早已观察到了投资品涨价和消费品未涨价，为什么不去理性地缩减产量使消费品马上涨价？按微观经济学原理，处于成本上涨环境中的企业，边际成本上涨并非由单一企业承担而是由这类企业共同承担，所以，单个企业不愿独自削减产量，而是维持一个较大的产量，该效应会使消费品供给不减（Stigler，1966）。

如果将货币增长维持投资扩张的过程打乱，停止和压缩货币信贷增长，经济也不可能马上调整到原有均衡态，相对价格会再次出现调整，它使投资品价格快速掉头向下（因为需求减少所致），但消费品价格会在经济紧缩后出现上涨，并持续一段时间，因为依李嘉图效应，与投资增速慢对应的是消费增长快，而且生产成本一时下不来。这时经济给人的假象是紧缩没到位，容易出现政策的过度紧缩。2004年上半年紧缩政策实施后，许多人认为，经济已恢复常态，但此后几个月的消费物价却持续走高，就是一个例证。所以，在李嘉图效应作用下，很容易出现由货币信贷引起的过度经济波动。如果市场发育完善，信号传递快，则价格反应灵敏，易于发现问题并及时控制，市场波动幅度较小。若市场发育不完善，信号传递慢且失真，则价格反应时滞大，不易及时采取措施，宽松货币信贷环境易造成经济过热；一旦紧缩，措施又容易过烈，这时经济的大起大落在所难免。

我们看到，上面两个例子中货币信贷变动对宏观经济的冲击力度是不同的，原因是面对的市场环境不同，货币信贷工具的功能也发生了变化。但是，两种市场环境下货币信贷变动的冲击都存在，在政府不用货币信贷手段刺激经济增长的前提下，因为投资扩张没有合理的控制机制（这种状况不会马上改变），仍会出现货币信贷变动对产出及价格的冲击。

第五节　结　论

不论中国的实际经济增长路径如何，增长率的大幅波动是一个不争的事实。本章的分析表明，货币信贷量的变动是引起中国经济波动的重要因素。

关于货币政策的作用,弗里德曼(Friedman,1968)已做了近乎完美的分析。但作为一个发展中国家,在经济起飞早期,利用货币信贷政策促进资本积累并非要受指摘,本章也不是这个目的。我们探讨的是,在合理的货币规则和正常的投资条件下(课题组,2003),货币信贷为什么还会出现过度波动并冲击宏观经济。我们认为,在中国,因为微观投资主体的风险没有合理承担,内生投资制约力度小,政府放松对货币信贷的监控容易引起经济波动,而且市场发育不完善会使波动加剧。所以,在我国市场未完善、企业(特别是银行)风险没有合理承担前,政府还需要监控货币信贷市场的变动,并合理控制货币信贷增长。完全放弃货币信贷管理,试图用利率来调节市场在目前是不现实的。而且,为了减小货币信贷大幅波动对经济的冲击,货币信贷变动规则似应取长期值作为基准并适当考虑市场运行信号,尽量少考虑短期(特别是上一期)货币信贷量的变动,避免出现政策的适应性,从而平滑货币信贷量的波动。

在开放条件下,并考虑资产市场,货币信贷的变动会更复杂且不易控制(刘霞辉,2002;课题组,2004a),这会给货币政策实施造成更大的困难,限于篇幅,本章不再就此展开讨论。

参考文献

[1] 刘霞辉:《资产价格波动与宏观经济稳定》,《经济研究》2002年第4期。

[2] 刘霞辉:《人民币汇率已到了长期预期升值的阶段了吗?》,《经济研究》2004年第2期。

[3] 中国社会科学院经济研究所经济增长前沿课题组:《经济增长、结构调整的累积效应与资本形成》,《经济研究》2003年第8期。

[4] 中国社会科学院经济研究所经济增长前沿课题组:《开放中的经济增长与货币政策》,《经济研究》2004年第4期。

[5] 中国社会科学院经济研究所经济增长前沿课题组:《财政政策的供给效应与经济发展》,《经济研究》2004年第9期。

[6] Burns, A. and W. C. Mitchell, 1946, "Measuring Business Cycles", NBER.

［7］Clower, R. W., 1967, "A Reconsideration of the Microfoundations of Monetary Theory", *Western Economic Journal*, Dec, 6 (1), pp. 1 – 9.

［8］Coleman, W. J., 1996, "Money and Output: A Test of Reverse Causation", *American Economic Review*, March, 86 (1), pp. 90 – 111.

［9］Cooley, T. F. and G. D. Hansen, 1989, "The Inflation tax in a Real Business Cycle Model", *American Economic Review*, Sep., 79 (4), pp. 733 – 748.

［10］Freeman, S. and F. E. Kydland, 2000, "Monetary Aggregates and Output", *American Economic Review*, Dec., 90 (5), pp. 1125 – 1135.

［11］Friedman, M., 1968, "The Role of Monetary Policy", *American Economic Review*, March, 58 (1), pp. 1 – 17.

［12］Goodfriend, M., 1987, "Interest – Rate Smoothing and Price Level Trend – Stationary", *Journal of Monetary Economics*, 19 (3), May, pp. 335 – 348.

［13］Haberler, M., 1937, "Prosperity and Depression", United Nations.

［14］Hayek, F. V., 1969, "Three Elucidations of the Ricardo Effect", *Journal of Political Economy*, 77 (2).

［15］Kydland, F. E. and E. C. Prescott, 1982, "Time to Build and Aggregate Fluctuations", *Economitrica*, 5 (6), November, pp. 1345 – 1370.

［16］Lucas, R. E. Jr., 1972, "Expectations and the Neutrality of Money", *Journal of Economic Theory*, 4, pp. 103 – 124.

［17］Sidrauski, M., 1967, "Rational Choice and Patters of Growth in a Monetary", *American Economic Review*, May, 71 (2), pp. 534 – 544.

［18］Stigler, G. J., 1966, *The Theory of Price*, Macmillan Publishing Co., Inc.,《价格理论》, 商务印书馆 1992 年版。

［19］Stokey, N. L. and Lucas, R. E. Jr., 1989, *Recursive Methods in Economic Dynamics*, Harvard University Press.

附录：经济稳态附近非线性方程的线性化程序

将非线性方程在其稳态解附近线性化，以将线性方程近似代表原系统是复杂系统研究中的标准方法，其基本想法是：设想该系统在稳态附近的一个线性小扰动不会使系统变得不稳定，那么该线性小扰动就具有原系统的重要特征，而且原系统被简化为线性系统。所以，可单独对扰动变量进行研究，从而将对原非线性系统分析转到了线性系统分析。做法是：在式（17-4）、式（17-5）中，令 $m_t = m_0 + \tilde{m}_t m_0$，$c_t = \tilde{c}_t c_0 + c_0$，$y_t = \tilde{y}_t y_0 + y_0$，$k_t = \tilde{k}_t k_0 + k_0$，$l_t = \tilde{l}_t l_0 + l_0$，$\pi_t = \tilde{\pi}_t \pi_0 + \pi_0$，这里的每个变量都分解为稳态值与一线性小扰动值之和（如果 $\tilde{m}_t$ 是对 m_0 的扰动，它是比 m_0 至少小一个数量级的变量，可以认为 $\tilde{m}_t \approx \varepsilon$，而 ε 是一个数值很小的量），从而将对原变量的分析转到对扰动变量的分析。依此原理有：

(1) 可将 $k_t = y_t - c_t + k_{t-1}$ 变为：

$$k_0(1+\tilde{k}_t) = k_0(1+\tilde{k}_{t-1}) + y_0(1+\tilde{y}_t) - c_0(1+\tilde{c}_t)$$

而 $y_0 = c_0 = f(k_0, l_0, 0)$，故得：

$$\tilde{k}_t = \tilde{k}_{t-1} + \left(\frac{y_0}{k_0}\right)\tilde{y}_t - \left(\frac{c_0}{k_0}\right)\tilde{c}_t \tag{a1}$$

(2) 依同样的程序，又可将 $y_t = e^{z_t} k_t^\alpha l_t^{1-\alpha}$ 变为：

$$\tilde{y}_t = \alpha \tilde{k}_{t-1} + (1-\alpha)\tilde{l}_t + z_t \tag{a2}$$

(3) 将 $R_t = f_k(k_t, l_{t+1}, z_{t+1}) + 1$ 变为：

$$R_0(1+\tilde{r}_t) = 1 + \alpha\left(\frac{y_0}{k_0}\right)E_t\left(\frac{1+\tilde{y}_{t+1}}{1+\tilde{k}_t}\right) = 1 + \alpha\left(\frac{y_0}{k_0}\right)(1+E_t\tilde{y}_{t+1}-\tilde{k}_t)$$

由式（17-5）可知，$R_0 = 1 + \alpha\left(\frac{y_0}{k_0}\right)$，可得：

$$R_0 \tilde{r}_t = \alpha\left(\frac{y_0}{k_0}\right)E_t(\tilde{y}_{t+1}-\tilde{k}_t) \tag{a3}$$

(4) 由式（17-4c）和式（17-1）可知，$c_t^{-\sigma} = \beta E_t(R_t c_{t+1}^{-\sigma})$，在 $\tilde{c}_t$ 是一个小量时，可以得到：

$$c_t^a = [c_0(1+\tilde{c}_t)]^a \approx (c_0)^a(1+a\tilde{c}_t)$$

经化简并令 $m_t = c_t$，得：

$$E_t \tilde{\lambda}_{t+1} = \tilde{\lambda}_t + \tilde{r}_t \tag{a4}$$

(5) 依式（17-1），将式（17-4a）化为：

$$(1-\alpha)y_t l_t^{-1} u_c = h(1-l_t)^{-\eta}$$

而 $n_0(1+\tilde{n}_t) = 1 - l_0(1+\tilde{l}_t)$，有：

$$(1-l_t)^{-\eta} \approx n_0^{-\eta}\left(1+\eta\frac{l_0}{n_0}\tilde{l}_t\right)，得到：$$

$$\tilde{y}_t + \tilde{\lambda}_t = (1 + \eta \frac{l_0}{1-l_0}) \tilde{l}_t \qquad (a5)$$

(6) 同样,依式(17-1),将式(17-4b)化为:

$$c_t^{-\sigma} = \beta E_t \left(\frac{c_{t+1}^{-\sigma}}{1+\pi_{t+1}} \right)$$

利用式(a4)的结果,经简单运算得:

$$\tilde{\lambda}_t = -E_t(\sigma \tilde{m}_{t+1} + \tilde{\pi}_{t+1}) \qquad (a6)$$

(7) 式(17-4d)则可表示为:$m_0 (1+\tilde{m}_t) = \Theta (1+\mu_t) m_0$ 至 $\frac{(1+\tilde{m}_{t-1})}{\Theta (1+\tilde{\pi}_t)}$

可近似表示为:

$$\tilde{m}_t = \tilde{m}_{t-1} - \tilde{\pi}_t + \mu_t \qquad (a7)$$

将式(a1)至(a7)汇总并去掉扰动变量的记号,就可得正文中的式(17-7a)至式(17-g)。

第十八章　结构性减速与中国经济再调整

摘要：2012 年，中国 GDP 增长率明显下降，经济进入减速期。这一减速并非周期性波动带来的减速，而是由于全球经济危机与全球再调整、中国经济进入中等收入阶段后的结构变化、为应对经济结构问题实行的宏观调控、产业结构与企业价值链升级压力等内外部因素综合影响的结果。在这些因素的共同作用下，中国的潜在增长率下降趋势明显，中国原有的依靠人口红利、国际化红利与城市化红利的增长模式因内外部环境的变化而变得难以持续。中国经济面临着经济内在结构调整、人口结构变迁、劳动成本上升等潜在挑战，但如果采用适当的政策措施，这些挑战也有可能成为未来中国经济增长与发展的机遇。为应对中国经济增长的结构性减速，一方面要从需求侧"稳经济"，降低减速冲击；另一方面进行供给侧的积极调整，提升企业劳动生产率和产业竞争力，以达到"稳速增效"的政策目标。

美国次贷危机和欧洲主权债务危机的引爆与蔓延，终结了"冷战"后经济全球化带来的世界经济增长的黄金二十年。正在形成的全球经济格局重新洗牌，国际产业分工格局重新调整，生产要素全球流动与组合重新配置，给包括中国在内的发展中国家带来巨大的冲击。与此同时，中国经济也正值结构转型的关键时刻，旨在挤出经济泡沫、提升经济增长质量的宏观经济调控正在实施。当中国经济结构转型遭遇全球再调整，如何应对短中长期问题与挑战，妥善协调长短期经济发展战略目标，是中国经济现阶段面临的重大课题。

第一节　"结构性"经济减速

自 2008 年金融危机爆发以来，中国经济就面临严峻的形势。2008

年，为应对因出口锐减带来的需求疲软，中国政府出台了 4 万亿元的财政刺激计划，弥补外部需求缺口。虽然 4 万亿元使 2009 年、2010 年中国 GDP 保持了 9% 以上的增长率，但随后造成的资产价格飙升、通货膨胀压力剧增，其负面影响至今仍然存在。2010 年欧洲主权债务危机爆发，中国再度面临严峻挑战，但此时扩张性财政政策方案不再为中央政府所采用。中央政府采取了结构性政策组合，即一方面加强宏观调控，严控资产价格泡沫和粗放式增长；另一方面通过结构式减税等方式增强经济应对危机能力。在内外部因素作用下，2012 年中国经济面临空前严峻的形势，预期增长目标为 7.5%，全年预计增长 7.7%，2013 年经济增长目标依然是 7.5%，预计增长会略高于这一增长目标。

据我们的估算，到 2020 年，与许多经济学家的预期一致，经济增长的速度明显会低于 1980—2010 年的平均两位数增长，年均增长率将维持在 8% 上下，而且有逐步降低的趋势。"十三五"时期年均经济增长速度将低于"十二五"时期，经济增长已经不是简单地围绕原来 9%—11% 均值保持两位数的波动调整，而是可能下调至 7%—9%。这一增速均值的下调，意味着潜在增长率的下降，也意味着当前经济增长的减速不再是原有周期的波动调整，而带有明显的"结构性"减速特征，即由于长期的结构性因素导致的潜在增长率下降，引起的增长趋势改变，中国经济将进入结构性减速增长阶段。

一 经济增长减速

2012 年年初，各方对中国经济增长率的预期值都相对前几年进行了大幅下调，大多数机构预计在 8% 左右，中央政府将 2012 的经济增长目标确定为 7.5%。而随着经济形势的继续变化，有关机构又对该估计进行了数次下调。据国家统计局的统计数据，2012 年中国经济增长，第一季度 GDP 增速约为 8.1%，第二季度为 7.6%，第三季度为 7.4%，增速连续 9 个季度下滑，达 2009 年第一季度以来最低值。但由于季节等因素，预计第四季度 GDP 将回升至 7.7%，全年增长 7.7% 左右。

更为重要的是，本次经济增长率下滑出现了北京、上海、广东等原经济增长极增速大幅下降，几乎仅为原有水平的一半。虽然这些发达地区地方政府采取了一些政策措施努力刺激经济，但这些政策似乎都难以奏效。这说明发达地区经济体已逐渐进入减速通道，这给我国整体经济增长带来空前的压力。

经济增长率下滑最直接的体现就是企业利润下降，特别是大中型工业企业利润下滑，亏损企业增多。据国家统计局统计，2012年8月规模以上工业企业利润同比增幅从7月的-5.4%下滑至-6.2%，前8个月累计同比增幅从前7个月的-2.7%降至-3.1%，而中小企业的利润情况更不容乐观。

二 经济减速下的劳动市场供需平衡

虽然经济增长放缓，但是却没有出现像2008年和2009年经济危机期间那样巨大的农民工返乡潮。从中国人力资源市场信息监测中心公布的对全国100个城市的公共就业服务机构市场供求信息的统计结果可以看出，劳动力市场供需平衡，未出现大规模失业。该数据表明，2012年前三个季度，岗位空缺与求职人数比例分别为1.08%、1.05%、1.05%，与2011年同期相比有所上升。从这些数据看，就业形势似乎并不差。但从这一数据的长期趋势来看，自2010年第一季度起，全国岗位空缺与求职人数比例开始逐渐大于1，与2001年当时仅为0.7左右反差巨大，这表明目前尚未出现大规模失业现象有可能是被中国劳动力供需的长期变化趋势所导致。

按奥肯定律，自然失业率和增长率是一个均衡的关系，而中国传统的增长与就业的关系是：增长6个百分点保存量就业，两个点保增量就业，当前经济放缓并不导致失业的解释就是新增就业下降了；另一个解释是就业市场发生了变化、劳动产业率下降等，无论何种解释，都从一个侧面说明经济放缓符合潜在增长下降的要求。

三 价格水平与资产价格下行趋势明显，通货紧缩压力初现

在经济增长逐步下滑的情况下，物价水平也持续回落。上半年CPI同比上涨了3.2%，7月CPI同比增长1.8%，为30个月以来新低，8月物价有反弹，达到2%，9月价格再次回落到2%以内，可预计的2012年第四季度通货膨胀压力将继续下行，第四季度低于第三季度但仍在2%以下，全年物价2.6%。2014年物价下降，2015年物价翘尾因素下降，2013年通货膨胀水平低于2%。随着中国经济增长的减速，生产者价格（PPI）、原材料采购价格（RPI）指数3月开始负增长，而且近来有逐月加速负增长迹象，7月PPI达到-2.87%，8月PPI扩大到-3.5%，9月-3.7%，RPI扩大到-4.1%，导致制造业企业去库存，制造业进入"通货紧缩"状态，从GDP平减指数来评价，中国经济已经进入通货紧缩

状态。

第一，PPI 和 CPI 高度相关，而且 PPI 的波幅较大，因此，PPI 穿越 CPI 就成为一个重要信号。向上穿越表明通货膨胀压力较大，向下穿越表明通胀威胁基本解除。从 3 月开始，生产价格指数同比出现负增长，8 月同比负增长 3.5%。

第二，从技术面看，2014 年下半年翘尾因素大幅下滑，对 CPI 构成制约。依据翘尾因素分析，2012 年全年翘尾因素呈现前高后低态势，1 月最高，达到 3.03%，2—5 月大约为 1.9%，随后下降，9—12 月大约为 0.15%。

第三，输入性通货膨胀值得关注，但不会成为国内通货膨胀的主动力。国际上大宗商品价格起起伏伏，受到美国、日本、欧洲三大经济体定量宽松政策的影响，未来全球通货膨胀须引起关注。但在全球经济复苏乏力的情况下，大宗商品价格急剧上升的情况较难出现。

货币信用角度，货币总量、信贷总量与实际利率等指标表明，经济也有较大通货紧缩的压力。货币投放量方面，2011 年 9 月以来，M1 增速跌至个位数，进入 2008 年年底以来最低增长期，凸显货币投放显著放缓。1 月仅为 3.08%，不到 2011 年 12 月 7.85% 的一半，以后数月虽有逐渐回升，9 月达到 7.3%，仍然处于 2009 年 2 月以来的历史最低位，显示企业活期存款增速下行，社会平均资金周转速度下滑，经济整体扩张速度放缓。M2 增速自 2013 年 6 月开始下行，2014 年 1 月增速达到最低，仅为 12.39%，此后有所回升，9 月数据为 14.8%，这表明下行幅度小于 M1 增速。

信贷方面，社会融资总量季度累计增速从 2011 年以来连续 5 个季度增速为负值，第二季度小幅增长 0.25%，表明信贷总量增长无力。在通货膨胀下行的以存款利率为口径的实际利率自 2014 年 4 月开始由负转正，7 月超过了 1.2%，若考虑到银行普遍采取存款利率上浮 10% 的做法，居民的实际值为 1.5%。采用央票利率口径趋势相同，采用 shibor 口径目前实际利率已经超过 2.2%，而以 PPI 衡量下的企业贷款利率已经达到近 10% 了，当真实利率上升超过资本边际效率（MEC）时，企业盈利水平会大幅度下降，企业经济将逐步陷入困境。新增中长期人民币贷款自年初以来累计同比大幅度下滑，第一、第二季度累计同比分别下降 42% 与 31%，第三季度有所上升但幅度不够大，显示企业中长期借贷意愿低迷。

货币信贷视角下，以 M1 衡量的社会平均资金周转速度出现明显下滑，以 M2 衡量的货币总量增速也出现下行；随着生产者价格指数连续负增长，实际利率已经由负变为快速攀升，降息效果大打折扣；而企业长期投资与借贷意愿较前两年均有所减弱，显示 2014 年以来企业扩张产能意愿减弱，对未来可能出现的通货紧缩现象感到担忧。

实体经济方面，从当前的数据看，工业生产者出厂价环比和同比不断下滑，购入成本下降，意味着原材料生产厂商生产也处于收缩状态。从利润标准看，1—8 月工业企业利润下降 –3.1%，而 8 月利润下降则扩大到 –6.2%，以价格、成本和利润标准看实体经济陷入通货紧缩。在实体经济视角下通货紧缩已现端倪，企业部门加速去库存带来工业品价格连续 11 个月负增长，而且会进一步下滑。工业企业利润率收缩，未来去库存后就是去产能，这是长期以来产能过剩的产物，实体经济的紧缩会引起就业的调整，失业率可能会逐步上升。

在实体经济进入通货紧缩后，资产价格部门直接受到了风险的传递，资产价格本质上是投资者对未来收益的贴现。实体通货紧缩预期一旦产生，投资者对资产要求的回报率将伴随真实利率上升而持续上升，从而引致资产估值下行。我们可以通过比较上市公司利润和市值增速，考察估值的变动方向判断虚拟经济通货紧缩情况。

股票市场方面，尽管目前上市公司半年报尚未完全公布，第一季度数据显示，全体上市公司利润环比增速为 16.65%，而市值增速环比仅为 4.53%，反映投资者的悲观预期；对比上半年 GDP 增速以及资本市场平均涨幅（沪深 300），第二季度资本市场平均涨幅仅为 0.27%，低于 GDP 环比增速（1.8%）。

估值方面，最近一年内沪深两市市盈率和市场整体的托宾 Q 值（这里用市净率表示）持续下滑，部分行业市盈率已经低于金融危机时期（如银行），部分行业上市公司（如银行和钢铁）跌破净值。而经济的进一步下滑也会引起信用债的风险，2011 年 7 月的债务违约就极大地冲击了债券市场，经济进一步下滑，而为了让政府和企业能加大融资，放宽了债券准入条件，2012 年债券融资已经成为最重要的融资渠道了，但债券市场稳定的背后已经隐含了很大的实体风险，不过没有被完全揭示出来，这是源于中国信用基本由国家或政府担保下来，但经济下滑，信用风险一定会扩大到资产部门，并从股权市场传染到固定收益市场上。

第二节　中国经济再调整的内外部环境

2014 年中国经济面临的严峻增长形势，其原因是多方面的，既有来自经济危机与全球再调整的因素，又有中国经济发展阶段与结构变化所蕴含的结构调整，还有为应对中国经济泡沫和短期经济问题的宏观调控。认清中国经济再调整的内外部环境，有助于找到解决中国经济问题的对策。

一　全球经济危机与全球再调整

中国经济所面临的复杂形势首先直接受制于全球经济形势的影响。2007 年爆发的美国次贷危机和 2009 年爆发的欧洲主权债务危机及其在各国各个领域的蔓延，使中国经济经历了重大的需求冲击。中国出口的锐减，对以出口为主的广东、浙江等地经济造成了巨大的影响，也使这些以加工贸易为主的地区迅速面临产业结构升级与增长模式转型的压力。

各国为了应对经济危机，出台了大量的应对政策，对中国经济也造成了重要影响。为应对金融危机，美国政府相继推出了 QEI、QEII、QEI-II，欧洲央行已经用直接货币购买的方式（Outright Monetary Transaction，OMT）进行国家的主权债购买。日本央行扩大对国债购买，英国也一直采用量化宽松政策，全球四大储备货币国家都在积极应对经济放缓，核心是消除微观主体在经济放缓过程中的过度悲观预期，稳定资本市场。面对世界经济放缓，中国日益受到了外部压力的传递，如果没有进一步的稳定化措施，中国很容易陷入"减速—通货紧缩—负债表式衰退"过程中。

本次经济危机也暴露了西方发达国家经济中存在的许多结构性问题，各国政府纷纷对经济政策进行了战略性调整，这对于全球经济格局也将产生了重大影响。美国政府宣布启动制造业回流，欧洲各国政府也在力推再工业化。加上新的生产技术的产生，如 3D 打印机技术等的产生与发展，势必重塑全球产业链，将对"冷战"后形成的全球经济分工格局带来了致命的冲击，中国获益数十年的加工组装出口贸易将难以继续促进中国经济增长。

二 进入中等收入阶段后的全面减速

中国经济减速的长期趋势性原因可能是因为经济结构已发生了重要变化。中国经济在经历了改革开放 30 多年来的高速发展，人均 GDP 从 1978 年的 155 美元增长到 2010 年的 4428 美元（世界银行，2012），已进入世界银行定义的中高收入国家行列。

国际经验表明，进入中等收入国家行列往往会使快速增长经济体增长减速。Eichengreen、Park 和 Shin（2012）定义了快速增长经济体的增长放缓，即 7 年经济增长率至少下降 2 个百分点。根据这一定义，该文从 Penn World Tables 数据中识别出包括中国在内的 40 多个经济体曾出现过增长放缓的情形，而且这种放缓往往发生在当人均 GDP 达到 16740 美元（以购买力平价计算的 2005 年不变国际价格）左右时。笔者认为，这种经济增长放缓大多是由生产率增长放缓引起的。这种放缓有可能是多次阶梯式下降，也可能因为改革而延迟。正如他们所指出的，在外在条件不发生改变的前提下，中国将于 2015—2023 年到达经济放缓临界点，而此次经济危机将可能使中国经济加速进入减速通道。

从经济结构来看，进入中等收入国家行列也意味着需求和供给结构的重新调整。波特（2007）在回顾世界各国经济增长历史时发现，一国（地区）经济发展一般可分为生产要素导向阶段、投资导向阶段、创新导向阶段和富裕导向阶段四个阶段，每个阶段都有着不同的产业结构和经济增长模式。将中国情形与四个阶段对照可以看出，中国目前已处在投资导向阶段的末期，向创新导向阶段转型已成为目前中国经济发展的重要任务，而创新阶段对产业结构和企业战略的要求与前两个阶段完全不同，因而国家产业发展战略与有关政策也应全面调整，这就势必造成经济增长速度的调整。

类似地，罗斯托（2001）将经济发展进程分为传统社会、起飞前提条件、起飞、走向成熟、大众高消费时代五个阶段。根据他的定义，中国的改革开放仍然处于起飞阶段，通过大力发展轻工业部门与出口工业，中国经济获得了数十年的高速发展，经过 30 多年的经济快速发展，中国的起飞阶段已经完成，产业结构发生了重要改变。根据他有关成熟阶段是当一个社会已经把（当时的）现代技术有效地应用于其大部分资源的定义，中国也逐渐完成了成熟阶段，在成熟阶段接近结束时劳动力结构、产业领导者身份与人们对工业化的态度三项典型变迁都已经在中国上演，这意味着中国将进入大众高消费时代。根据这一变化，原有的产业结构、人们的生活方式、政府目标等都应进行相应的调整，这就是中国现阶段经济结构调整的意义所在。这种增长的阶段性也充分表明，依赖原有的增长方式不仅无益于经济增长，而且有可能因为难以适应经济结构与社会需求的需要而导致政治经济危机。

三 结构问题与宏观调控

中国经济近年来的高速增长，积累了大量结构性问题，调整经济结构以保持经济健康平稳增长，是目前中央政府进行宏观调控的主要目标。

突出的结构性问题首先是中国的产业结构主要是附加值低的加工产业，近年来由于城市化发展使许多资本密集型产业也得到了迅猛发展，然而这些产业价值低，生产模式粗放，经济效益低，不利于中国经济的长远发展。随着劳动成本的上升，这些产业很容易被周边相对更低劳动成本的国家如越南、柬埔寨等替代，因而尽早促进产业升级成为经济发达地区的发展战略。而许多原材料生产行业由于处于产业链最上端，对市场需求反应不够灵敏，容易出现产能过剩的现象。广东、江浙等地自2008年起就大力开展淘汰落后产能、淘汰低效产业以提升经济增长质量，取得了一定效果。中央政府于2008年起加强宏观调控，严格控制煤化工、多晶硅、风电制造、平行玻璃、钢铁、水泥等行业产能的增加，避免了大规模的非理性投资，从而避免了粗放式经济增长带来的高能耗与低效率。

所有制结构也是目前面临的重要结构性问题。国有企业垄断了几乎所有的战略资源行业，同时在许多领域占有支配性地位。2008年4万亿元刺激计划的出台，大批国有企业得到大量的金融与投资项目支持而有能力进行扩张，而许多民营企业得不到必要的救助和支持而不得不收缩甚至关闭，经济中"国退民进"现象明显。特别是随着宏观调控的加强，中央银行货币政策不断收紧，更使民营企业难以获得必要的金融支持，而国有企业能够轻易获得大量资金，这使国有经济规模进一步扩大。而由于国有经济自身的缺陷，决策的主体性不强，很容易使经济决策不能实现最优化，从而出现资源错配的现象。

重要的结构性问题还包括地方政府对土地财政的过度依赖。一方面，地方政府财政收入结构中，来自土地出让收入和房地产有关行业的税费收入比例过高，使地方政府热衷于发展土地财政，地价越炒越高，房价也随之水涨船高，这造成日益严重的资产泡沫现象，而挤出资产泡沫正是本轮宏观调控的主要目的。另一方面，地方政府的财政支出中，用于基础设施建设的比例过高，地方政府通过融资平台公司进行大规模基础设施投资，部分地区基础设施投资出现过度投资现象，甚至多次重复投资，修了挖、挖了修的反复建设等不良现象时有发生。这种基础设施投资的过分重视，不仅局部造成投资浪费，也造成地方债务风险，还造成实体经济得不到关注和支持，从而出现产业空心化的严重后果。

有学者认为，中国经济中还存在消费与投资的结构失衡，中国经济投资率过高。据国家统计局的数据，2011年我国投资率已达到49.16%，而世界各国在35%左右，日本最高的投资率也不过35%，因而这种发展模式是不可持续的。他们进一步认为，中国经济现在存在的许多问题的症结就是投资率过高。但是，这一问题也许是一个伪命题。在经济增长的特定阶段，高的投资率能为未来的发展提供足够多的资本存量，因而以已经具有很高资本存量的发达国家的标准来衡量中国是不够明智的，中国仍然需要在相当长一段时间内保持较高投资率以积累资本存量。正如罗斯托（2001）所指出的，经济发展进入大众消费阶段时，消费自然能成为驱动经济增长的动力。因此，建议政府试图降低投资率、提高消费率不仅有悖于经济人的个人理性，而且可能造成牺牲长期增长潜力的严重后果。

第三节　结构性减速的逻辑

带动中国经济高速增长的三大结构动力引擎的加速能力逐步下降。一是人口红利，包含劳动力和储蓄供给；二是国际化的红利，中国利用比较优势获得出口导向战略成功，成为世界第一大出口国；三是土地要素重估推动的城市化发展，仍有很大的余地，但其加速带动增长的动力在消退。人口红利转折已经出现，国际金融危机直接终结了全球化红利，而过快的土地城市化，也已经阻碍了城市化带动经济动能。而与三大动力匹配的市场化体制改革激励，因改革方向与多元化利益结构的协调也阻碍了改革的进一步推进，这些结构性因素加速消退的步伐已经越来越影响我国潜在增长率水平。

一　结构性因素引起潜在增长率下降

多项研究表明，结构性因素引起了中国经济潜在增长率近年来逐渐下降，是导致中国现阶段经济增速放缓的深层次原因。高路易（Kuijs，2009）认为，从供给方面来看，由于劳动人口的增长和全要素生产率提高的速度放慢，今后十年潜在产出的增长可能放缓：2015年的增长率预计为7.7%，2020年为6.7%，这意味着中国经济增速将有较大的下降。刘世锦、张军扩和侯永志等（2011）预计，我国经济潜在增长率很有可能在2015年前后降至6.5%—7.3%，时间窗口的分布是2013—2017年。蔡昉和陆旸（2012）在中国人口结构发生重大变化，特别是劳动年龄人口数量绝对减少的背景下，对中国GDP潜在增长率进行了估算，基于在劳动投入逐渐减少和资本投资增速下降的假设，结果表明，中国GDP潜在增长率将由1995—2009年的9.83%降至2011—2015年的7.19%、2016—2020年的6.08%。中国经济增长前沿课题组（2012）认为，中国经济潜在增长率在2016年之后将降到8%之下。由于内外部环境的迅速变化，有关潜在增长率下降的时间点极有可能提前到来。

中国潜在增长率的下降，其原因主要是资本产出弹性的下降使得通过大规模投资促进经济高速成长变得困难，而其他经济增长的促进因素如技术、人力资本等无法在短期内有大幅提高。中国经济近年来资本产出弹性或资本在GDP中的分配份额逐步下降趋势日益明显。参照白重恩和钱震杰（2009）的做法，我们根据国家统计局国民收入账户统计数据中收入法计算的各省GDP结构，简单计算了中国自1993年以来的劳动报酬、资本回报（含资本折旧与营业盈余）和生产税所占产出份额（见图18-1）。我们可以看出，自1999年以来，资本所占份额逐渐开始扩大，这源于应对1998年东南亚金融危机时国内严峻的通货紧缩局面采用的积极财政政策及其所导致的不断加速的城市化进程。但这一趋势从2007年期开始发生变化，近三年的资本份额有了较大幅度下降，而这一下降趋势极有可能因为城市化的减速而变得更为明显。

二 中国原有的经济增长动力机制面临全面调整

中国经济30多年的高速增长主要是由出口与投资推动的。在中国经济增长的前一阶段，人口红利和银行扭曲机制分别为中国经济发展提供了丰富的劳动和资本，创造了中国经济的大规模产能，而这一产能能够很好地被国际需求所吸收，同时中国的高额储蓄也能够被西方国家负储蓄所吸收。我国资源动用和投资储蓄的这些特点，结合中国经济"干中学"的规模收益递增，促进了中国经济的高速增长，对中国的赶超有重

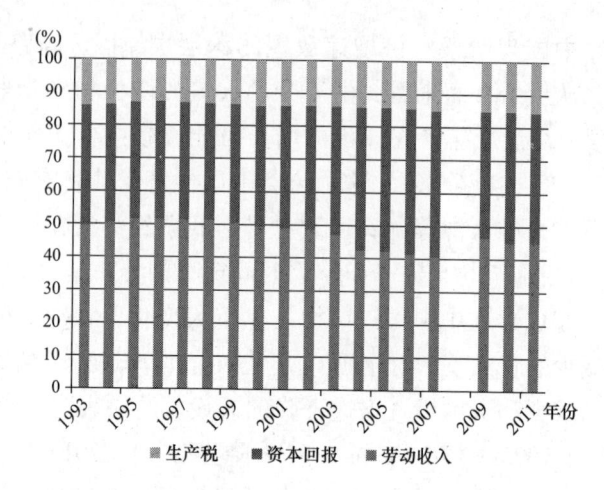

图 18-1　1993—2011 年中国经济劳动收入、资本回报与生产税占 GDP 份额

注：国家统计局没有提供完整的 2008 年全部省（市、自治区）按收入法计算的 GDP 及结构。

资料来源：CEIC data。

要意义。在东南亚金融危机发生后，中国城市化发展不断加速，基础设施投资、房地产业等发展迅速，中国经济内需得到有效启动，也是中国经济近十多年来高速发展的重要原因。

但本次经济危机以来，中国近年来的经济增长动力遇到了一系列的限制性条件，这种粗放式的经济增长模式面临根本性的调整。欧美经济的持续低迷减少了对中国产品的需求，中国的超高产能难以得到释放。城市化水平已达到 50%，在人口结构发生变迁、农村社会福利水平得到显著提高、城市面向新移民的社会保障体制仍然不健全等条件下，城市化水平难以迅速进一步提高。同时，城市基础设施建设已取得明显进展，特别是对于东部发达地区而言，城市基础设施提升空间已经十分有限，城市化带动经济增长潜力已经很小。

积极的财政政策目前也难以成为经济增长的引擎。与 2008 年政府有足够财政资源出台财政刺激计划不同，目前政府债务问题已经凸显，一方面，政府对房地产的调控仍然没有松动的迹象，有关土地的财政收入大幅下滑，实体经济受到世界经济危机的影响也减少了税基。另一方面，政府特别是地方政府由于近年来通过融资平台进行大规模基础设施建设，而融资平台公司因高额利息和回报期限不匹配等问题带来的债务风险问题日益引发关注，同时政府用于社会保障等的支出日益增加，人口老龄化带来的公共养老金缺口也将在未来给公共财政带来巨大的压力。这些因素都使各级政府不应也不敢实施积极的财政政策来促进经济增长。

三 提升产业和企业竞争力和效率

中国当前最大的调整来自制造业经济竞争力下降，体现在制造业全面的产能过剩，而作为出口第一大国，国际化品牌屈指可数，企业和产业均处于全球价值链的低端，因此产出和利润天花板效益明显。与此相应的是成本不断上升，汇率升值、土地成本、资金成本、劳动成本、公共基础设施使用成本、排污成本、税收和社保成本、大宗商品价格以及其他等费用增加，导致了制造业利润下降，债务负担加重，企业竞争力和劳动生产率下降。大量的制造业投资增长主要是增加厂房购置等土地投资，而非更新改造和企业升级的投资。企业成本优势下降，导致产业从发达地区向中西部转移，也出现了大量企业投资向东南亚转移。与此同时，由于中国的服务业劳动生产率仅相当于制造业的70%，发达城市如北京、上海、广州、深圳、天津等地的服务业大发展意味着工业部门劳动生产率进一步下降，经济有出现空心化的趋势。因此，中国产业结构的升级压力日益增大，提高各产业劳动生产率就成为中国目前迫切的任务。

一国人均GDP简单地分为劳动生产率（GDP除劳动人数）乘以人口红利（就业人口占总人口比重乘以劳动参与率），而人均GDP又可分为第一、第二、第三产业人均增加值（产业劳动生产率）之和，因此，从根本上讲，在劳动参与率不变的情况下，劳动生产率下降必然导致GDP的减速，如果要素向低劳动生产率配置，则劳动生产率下降更快，经济减速更明显。中国当前经济减速的一个核心问题就是当增长空间受到抑制后，企业如何从低附加价值区转向高附加价值区，提升竞争力和产业劳动效率。如果微观主体不能完成这一转变，从根本上讲，就很难再提高中国经济增长速度。政府在赶超发展阶段为企业提供了巨大的发展空间和要素集中机制，促进了经济的赶超和劳动生产率的随规模扩张，但当规模扩张加速期结束后，企业提升生产率的激励就应当转向为来自市场。但这种激励机制的转型是一个缓慢的过程，甚至是一个停滞过程。当前中国的问题是政府拓展企业发展空间的余地在递减，而市场激励又不足，产业和企业效率下滑，经济就很容易滑入减速阶段，而有效的抵御减速措施就是增效，产业附加值上升，如我国工业增值率当前只有20%多一点，与发达国家的增值率40%相差较大，如果我们工业减速20%，但增值率提高20%，我国实际上也有同样的福利提升余地，中国进入了"增效"阶段。

第四节　中国经济面临的挑战与机遇

尽管中国已进入结构性减速增长阶段，只要中国经济能持续保持"十二五"规划中确定的7%的增长速度，即便在"十三五"降低到5%—6%的增长，中国都能成功跨越中等收入陷阱，在2030年前后成为富裕国家。因此，当前重要的问题不是减速，而是结构性问题，是中国经济效率过低、竞争力不强的问题。提高经济效率和产业竞争力是中国从赶超转向可持续增长的核心，未来的政策基准是要在减速平稳化过程中不断调整经济结构，推进市场化改革，提升经济效率和产业竞争力，即实现"稳速增效"的政策目标。要实现这一政策目标，中国经济还需妥善应对如下挑战，如果处理得当，这些挑战也能为中国经济带来潜在的增长机遇。

一　经济的结构性在制约经济均衡稳定增长的同时，也为中国经济应对外来冲击提供了缓冲

中国作为一个处于赶超阶段的大国，重要特征就是其复杂的结构性。这种结构性首先表现为区域结构。中国东部、中部、西部地区发展高度不平衡，使经济增长呈现突出的不平衡特点。我们根据国家统计局《中国统计年鉴》（2012）计算了1978—2011年人均GDP最高省份与最低省份的相对比例（见图18-2），这一数据表明，近年来地区差距虽有缩小，但仍保持较高水平。

地区发展水平不均衡固然会使经济增长无法平稳均衡，不发达地区的经济状况可能会拖累发达地区经济体宏观调控的政策结果，发达地区的负外部性也可能降低不发达地区的经济增长速度。然而，地区发展水平乃至发展阶段的差异，也有益于中国应对外来冲击、实现产业结构转型而不至于严重影响净增长速度。发达地区的先进产业结构可以通过雁行模式促进不发达地区的产业结构演进，不发达地区可以为发达地区淘汰

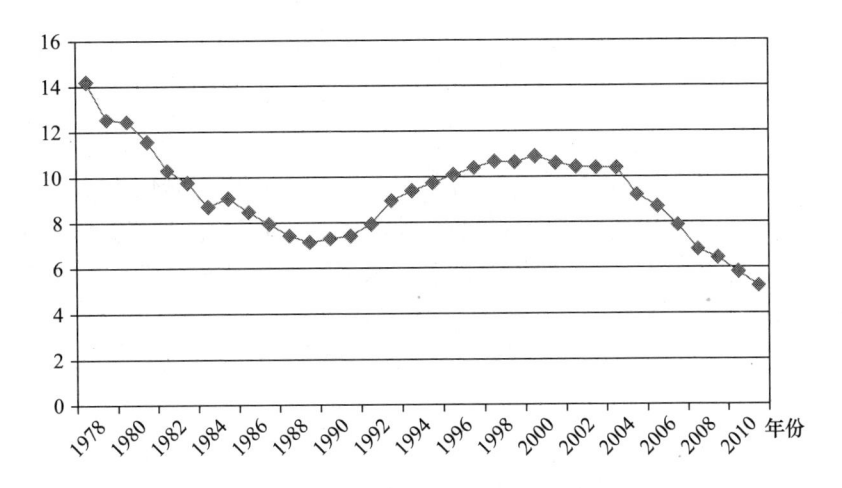

图 18-2　1978—2011 年各省人均 GDP 最高水平与最低水平之比

资料来源：CEIC。

的产能和产业提供落脚点和新的发展起点，不发达地区可以在相当长一段时间内为转移过去的企业提供较为便宜的劳动力和原材料，从而吸收一些因劳动力成本上升而希望转移的制造业企业。

处于赶超阶段的产业结构性也为中国经济应对挑战，进行结构转型提供了重要缓冲。中国仍然处于产业结构变迁过程中，第一产业富余劳动力持续向第二、第三产业转移仍然在大规模进行。根据各年度《中国统计年鉴》，我们可以绘出三次产业劳动力就业比重的变迁。可以看出，农业劳动力比重虽然已下跌至 2011 年的 34.8%，但工业水平仍然只上升到 29.5%。根据袁富华（2012）的发现，各国要突破中等收入陷阱而成为高收入国家，就要将工业劳动力比重长时间（40 年甚至以上）保持在相当高的水平（30% 以上）。从这个角度来看，中国经济只有 2011 年才达到接近 30% 的水平，而目前服务业的迅猛发展使中国第一产业转移过来的劳动力很有可能进入第三产业，从而要将中国制造业劳动份额保持在 30% 的水平可能是相当困难的事情，这也许是中国经济目前面临的重要问题。

过分强调服务业，过早发展服务业，将低端服务业与高端服务业混同，是中国有关产业结构容易犯的一个错误。中国经济增长前沿课题组等（2012）指出，发达国家的服务业化是效率导向的，而包括中国在内的许多发展中国家缺乏效率的服务业发展容易陷入低水平陷阱。从逻辑上说，现代服务业的发展需要大量人力资本，人力资本的生产往往需要大量的物质资本作为投入要素，而物质资本都是由工业部门生产的，因此，只有在相当长一段时间内保持第二产业就业份额在高位不变，才能为大规模发展现代服务业积累足够资本。因此，从这个角度来看，中国仍应当且能够通过大力发展第二产业来为未来经济增长提供至关重要的高水平的资本存量。

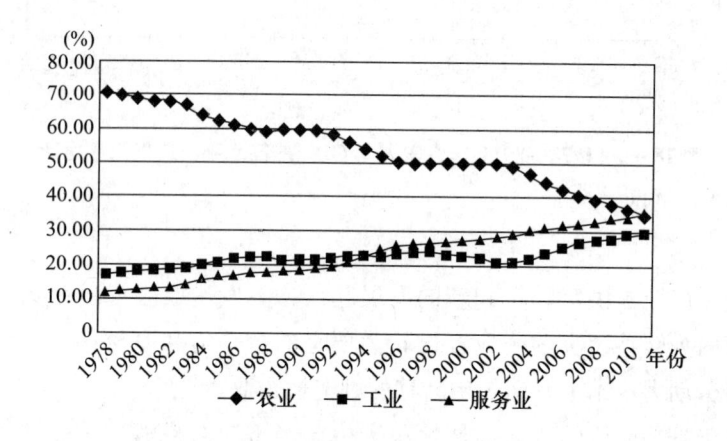

图 18-3　1978—2011 年三次产业劳动就业比重

资料来源：CEIC。

二　人口结构的变迁减少了未来的劳动供给，但人力资本的提高可以使有效劳动免予严重下降

根据第六次全国人口普查数据，由于中国人口出生率锐减带来的人口转变将迅速对劳动力市场产生冲击。"六普"数据表明，15—59 岁劳动年龄人口规模达到峰值为 9.40 亿，比以前预想的来得更早。由于生育率持续走低，人口老龄化速度加快，2011 年劳动年龄人口比重出现下降趋势，表明劳动力开始减少的"拐点"已经出现。

许多学者根据这一结果，强调人口结构变迁将给中国经济带来灾难性后果。但是，正如同许多增长理论研究所指出的，劳动主要是通过与人力资本或技术结合成有效劳动在生产中发挥作用的，因而人口变迁带来的劳动力数量减少，可以通过人力资本水平的提高或技术革新的采用来弥补。事实上，中国人均受教育水平近年来飞速提升，Barro 和 Lee

(2012) 计算了 146 个国家 1950—2010 年各年龄段人口平均受教育年限，中国 20—24 岁人口接受高等教育比例从 1980 年的 0.9% 上升到 2010 年的 26%，已略高于法国、瑞士、挪威等发达国家，这表明中国劳动者的人力资本水平在不断提高，从而能够有效地促进劳动生产率的提升。

三 劳动力成本上升在推动中国经济成本上升的同时，也有助于中国经济进入消费驱动型经济增长阶段

由于人口结构变化，近年来，中国劳动力成本逐渐开始上升，农村富余劳动力已经基本转移完毕、刘易斯拐点已成为对现阶段中国二元经济的基本共识，在这一认识基础上，许多学者提出，劳动成本上升对于中国经济会有重大的消极结果。

然而，正如莱恩纳特（Reinert，2007）所指出的，实际工资上升是经济体均衡发展的关键环节，实际工资水平上升、政府税基扩大和税收增加、企业的高投资率形成了经济的良性循环。从逻辑上说，更高的工资往往能够带来更高的需求，从而激发消费，促进经济增长，这是因为，旺盛的国内消费市场需求有助于中国大规模产能的释放，在中国经济规模报酬递增阶段，有利于实现更高的投资率和更高的利润率。同时，虽然人力成本的上升在短期内会提高投资成本，从而降低外来投资热情，但这对于现有企业来说会使它们广泛地研发或采用劳动节约型技术创新，更为重视附着于劳动的人力资本与生产技术的投资，有助于中国粗放式经济增长方式的转型，也有助于劳动者提高自身人力资本，从而促进产业结构转型。在技术和人力资本都得到提高的情况下，单位劳动及其附带的人力资本和技术所创造的产出可以大幅度提升，从而完全有可能弥补因劳动者数量减少所带来的劳动供给对产出的影响。

第五节 中国经济再调整："稳速增效"

中国经济增长已出现放缓的势头，这一放缓趋势可能是结构性的，需要从供给侧进行调整和改变，而不是仅仅靠需求刺激就能完成的，因此，针对经济结构性减速，一方面要从需求侧"稳经济"，降低减速冲击；另一方面要进行供给侧的积极调整，提升企业劳动生产率和产业竞争力。

一　进行中国版的资产购买，继续提升资本存量

中国城市化过程中已经积累了大量的基础设施投资和相应的负债，由于基础设施投资回报期长，而对应的负债主要来自银行贷款，从而期限较短，这使这些基础设施投资严重影响了地方政府的正常运营和银行等金融资产的安全。政府应该积极应对经济进一步减速导致的地方政府资产恶化引起的金融冲击，推出中国版的资产购买计划，通过发行特别国债等金融工具对长期限的城市化基础设施资产进行购买，以缓解地方政府的债务状况。这在银行改革中已经充分运用过了，而现在我们的工具更为丰富，只有调整当前的债务架构，才能继续扩大投资，提升中国资本存量。

资本存量是总产出水平的重要决定变量，投资是为了确保未来较高收入水平的重要变量。从各国经济发展历史来看，高水平投资是摆脱贫困陷阱与中等收入陷阱的重要手段。世界银行的世界发展指数（WDI）给出了世界各国1960—2010年以2000年不变美元价格计算的资本形成水平。我们根据这一数据计算出各国的人均资本形成额，并将中国、日本、韩国、美国以及世界低收入国家、中低收入国家、中高收入国家和高收入国家1960—2010年资本形成水平进行比较，可以看出中国的投资水平（见图18-4）。与世界平均水平相比，中国的资本形成水平仍非常低。由于中高收入水平国家包括巴西、阿根廷等公认为陷入中等收入陷阱的国家，我们或许不能以它们为参照。韩国、日本（特别是韩国），作为东亚快速成长的发达国家，是中国更为可靠的参照系。中国2010年的资本形成水平仅为10410亿美元（以2000年不变价格），约为韩国1983年的水平。考虑到韩国1983年后仍维持了十余年的高速增长，有理由相信高投资是韩国经济快速增长的重要原因。因此，中国现在的投资水平仍有很大的提高空间。

如果说年度资本形成额可能有偏差，经济中资本存量是否过多，更合适的观测指标是资本存量。我们根据WDI数据，采用永续盘存法计算出各国资本存量水平。Nehru 和 Dhareshwar（1993）计算出各国1960—1987年的资本存量水平，我们以他们计算的1987年的资本存量（调整汇率和通货膨胀率之后）作为初始水平，根据他们的数据推导出各国1983—1987年的平均资本折旧率作为1988—2010年的折旧率水平进行计算，并求出人均资本存量。由于 Nehru 等（1993）没有计算各收入组国

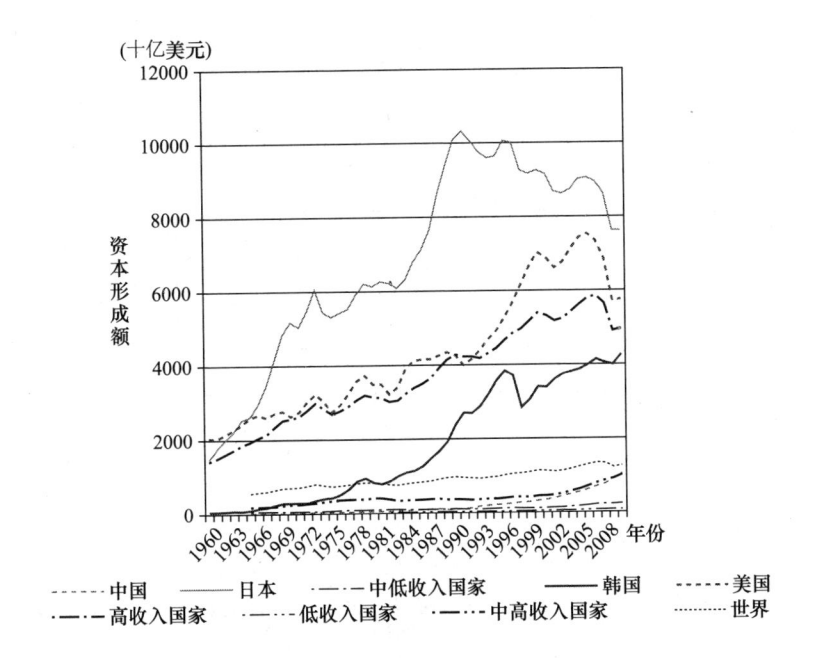

图 18-4　1960—2010 年中国与其他国家资本形成水平比较（2000 年美元）

资料来源：世界银行。

家或世界平均值，我们将中国的人均资本存量与阿根廷、巴西、印度、印度尼西亚、日本、韩国、美国、南非等国家进行比较。由图 18-5 可以看出，中国的资本存量水平不仅低于美国、日本、韩国等发达国家，还远低于巴西、阿根廷等发展中国家，略高于印度和印度尼西亚。

上述分析充分证明，中国经济现在的人均资本存量与年度人均资本形成额如此之低，应远未达到使边际报酬降低到微不足道的地步。同时，从上述两个数据还可以看出，中国经济要实现经济持续稳定增长，突破中等收入陷阱，就应当继续进行投资，提高资本存量。这也是赶超阶段经济快速增长的要求。由于现代技术进步越来越倾向于体现在资本形成中，即构成资本体现型技术进步（黄先海和刘毅群，2008），而对于赶超型经济而言，通过资本投资获得技术进步更为便捷和高效，因而持续扩大投资对于仍处在赶超阶段的中国经济而言具有重要的现实意义。

二　优化资源配置，提高全要素生产率

从总量上看，中国经济中投资数量与资本存量都远低于东亚经济体类

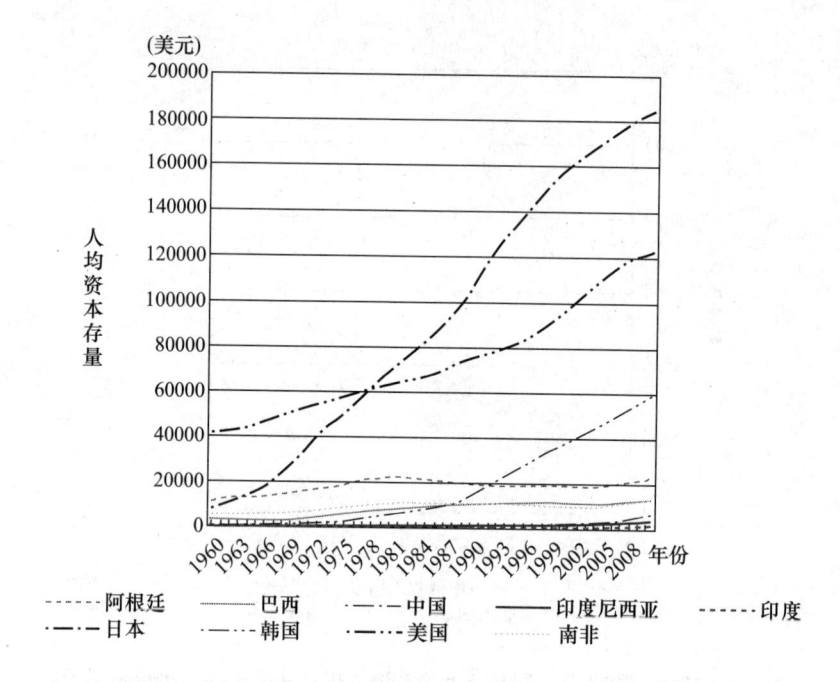

图 18-5　中国与其他国家人均资本存量比较（2000 年美元）

资料来源：1960—1987 年以当年本地价格计算的资本存量与资本折旧率来源于 Nehru 等（1993），汇率、人口均由世界银行（2012）计算。

似发展阶段的水平，但中国经济现阶段投资对经济增长的拉动力逐渐减弱，其主要原因可能是投资主体的不适当造成的资本错配。Hsieh 和 Klenow（2009）指出，中国的生产要素错配程度非常突出，如果中国能够调整资本配置结构，生产率将提高 30%—50%。

以基础设施为例，地方政府不断对城市进行投资，投资方向与区域单一，就有可能造成局部基础设施投资过度，表现为闲置的道路、机场等，从而难以通过进一步提高基础设施投资水平来促进经济增长。也就是说，在基础设施等固定资本投资中出现了突出的投资不平衡与错配问题。另外，资源配置机制改革，当前主要以政府为主导的资源配置，结构性收益下降，尽管中国仍有很多基础设施改善的余地，但已经不构成带动经济的主动力了，中国配置资源的方式一定要转到以市场为主导的配置资源方式上来，才能推动资源配置效率的提高。

从结构性改革来看，中国结构性的核心问题是政府干预要素配置方式的改革，最基本的改革路线是：（1）削减政府规模，大幅度取消政府行政审批权力;(2)国有企业战略性调整,以效率为准绳,推进国有企业的战略性重组,坚决淘汰那些大而弱的企业;(3)放松管制,特别是对现代服务业的管制,积极引导民间资金进入,以提升服务业的劳动生产效率;(4)财政体制改革,1994年中国的财政改革是适合工业化的,在城市发展的现阶段需要建立新的财政体制,要让城市有更大的财政和融资权力服务于城市建设和市民公共服务需求,推进个人税收直接征缴,将个人税收与公共服务联系起来,逐步建立现代公共财政体制;(5)金融体制改革,推进利率市场化,核心是建立储蓄保险制度,让资本市场有效地配置资源,推动创新。

三 调整产业发展政策,推进三次产业协调发展

作为一个发展中国家,产业协调发展是经济发展过程中的关键内容。我国应针对三次产业制定相应的政策。

对农业而言,要加大对农业的资本投入,努力提高农业的资本存量、技术水平与全要素生产力。我国农业发展有了数千年的历史,但至今传统农业仍然是中国农业生产的重要方式,大部分农民仍然采用传统农业进行生产,农业物质资本存量、农业基础设施建设水平仍然处于较低水平。图18-6是根据历年《中国统计年鉴》计算出的中国1979—2011年中国农业机械总动力增长率,可见,农业机械动力增长水平非常低,农业资本水平过低,农业劳动生产率一直处于低位运行,这些状况严重制

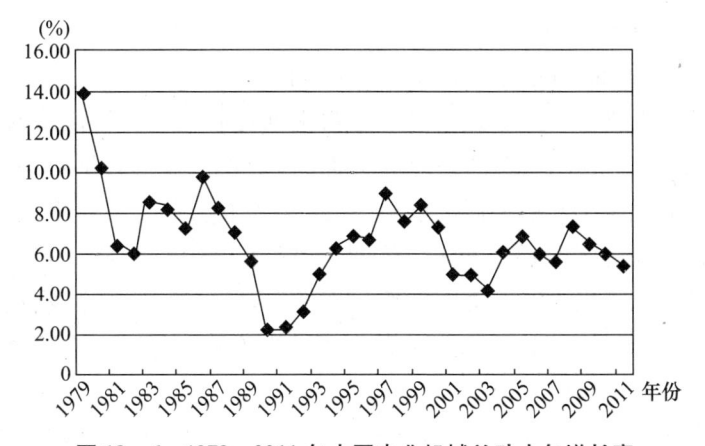

图18-6 1979—2011年中国农业机械总动力年增长率

资料来源:CEIC。

约着农业对工业部门发展的支持作用。通过增加农业资本投入，可有效地提高农业劳动生产率，提高农业部门所需劳动力水平，可为第二产业继续提供大量的富余劳动力，在人均受教育水平提高的同时，也能为第三产业发展提供丰富的具有一定教育水平的劳动力，有助于中国经济的长期稳定发展。

对工业而言，要加大对制造业的支持力度，推动制造业的长期稳定发展，以保证第二产业对第一、第三产业发展的资本品产出支持。这种支持主要应体现在对企业技术升级、人力资源建设、研发与创新的支持上，促进企业加快技术升级，提高企业人力资本、技术水平与劳动生产率。与此同时，加快市场监管体制的建立与完善，促进企业特别是制造业企业之间的良性竞争与合作市场秩序的形成；加快行政体制改革，理顺政府与市场、政府与企业的关系，减少政府对企业行为的不正当干预，努力发挥政府对企业经营环境的治理与监管功能；加强对国有企业特别是国有资源型垄断企业的监管，确保市场效率与规模经济、范围经济的平衡。

对服务业而言，要避免低端服务业过度发展，加大对现代服务业的支持，以效率导向，促进服务业的持续发展。大力发展为制造业服务的生产性服务业，扩大服务业对经济的促进作用；鼓励发展能提高劳动生产率、人力资本、技术水平的现代服务业，支持工业企业提高生产效率水平；加强教育投入，促进人力资本水平的提高，从而促进人力资本密集的现代服务业发展。

四　推行结构性改革，探索新的增长模式

首先，要推动经济从以主导产业为基准转向以城市为带动的空间配置为主的转变，这一转变的关键是找到城市化与产业（包括第一、第二、第三产业）竞争力相互协调的道路，城市化直接推高了产业投入的土地、劳动力、环保等多要素的价格，但同时也提供了基础设施、人口集聚等的规模收益，特别是城市集聚导致的规模报酬递增（创新）收益，如果它能超过产业成本，提高产业效率，则产业竞争力与城市化相容，否则会出现相互抵消效应。

其次，要降低经济增长预期，直面经济结构性减速的事实，以潜在增长率作为稳定政策的基准，利用减速的清洁机制去掉中国过剩的产能，并通过通货紧缩降低成本，走上"减速增效"的道路，提升产业和企业

的竞争力。

参考文献

[1] 波特:《国家竞争优势》,李明轩、邱如美译,华夏出版社2007年版。

[2] 罗斯托:《经济增长的阶段:非共产党宣言》,郭熙保、王松茂译,中国社会科学出版社2001年版。

[3] 刘世锦、张军扩、侯永志、刘培林:《陷阱还是高墙:中国经济面临的真实挑战与战略选择》,《财新·比较》2011年第3期。

[4] 白重恩、钱震杰:《国民收入的要素分配:统计数据背后的故事》,《经济研究》2009年第3期。

[5] Barro, Robert J., Lee, Jong-Wha, 2012, "A New Data Set of Educational Attainment in the World, 1950—2010", mimeo. http://www.barrolee.com/papers/Barro_Lee_Human_Capital_Update_2012Oct.pdf.

[6] Eichengreen, Barry, Park, Donghyun, Shin, Kwanho, 2012, "When Fast-Growing Economies Slow Down: International Evidence and Implications for China", *Asian Economic Papers*, 2012, 11(1), pp. 42—87.

[7] Kuijs, Louis, 2009, "China Through 2020: A Macroeconomic Scenario", World Bank China Office Research Working Paper, No. 9. Washington D. C.: The World Bank.

[8] Nehru, Vikram, Dhareshwar, Ashok, 1993, "A New Database on Physical Capital Stock: Sources, Methodology and Results", *Revista De Análisis Económico*, 8 (1), pp. 37—59.

[9] Reinert, Erik S., 2007, "How Rich Countries Got Rich, and Why Poor Countries Stay Poor", Carroll & Graf.